2011

浙江外事年鉴

《浙江外事年鉴》编纂委员会 编

ZHEJIANG FOREIGN AFFAIRS YEARBOOK

ZHEJIANG UNIVERSITY PRESS
浙江大学出版社

图书在版编目(CIP)数据

浙江外事年鉴2011/《浙江外事年鉴》编纂委员会编. —杭州：浙江大学出版社，2011.6

ISBN 978-7-308-08739-1

Ⅰ. ①浙… Ⅱ. ①浙… Ⅲ. ①外事管理—浙江省—2011—年鉴 Ⅳ. ①D827.55-54

中国版本图书馆CIP数据核字(2011)第105104号

2011

浙江外事年鉴

《浙江外事年鉴》编纂委员会 编

责任编辑	冯社宁
出版发行	浙江大学出版社 (杭州市天目山路148号 邮政编码310007) (网址：http://www.zjupress.com)
排　　版	杭州大漠照排印刷有限公司
印　　刷	浙江新华数码印务有限公司
开　　本	889mm×1194mm 1/16
印　　张	24.75
插　　页	64
字　　数	800千
版 印 次	2011年6月第1版 2011年6月第1次印刷
书　　号	ISBN 978-7-308-08739-1
定　　价	150.00元

如发现印装质量问题，影响阅读，请与印刷厂联系调换。

编辑说明

一、《浙江外事年鉴》由浙江省人民政府外事办公室主持编纂，是记载浙江省涉外工作年度大事、新事和要事的信息资料工具书。

二、《浙江外事年鉴》(2011)主要记述2010年1月1日至12月31日期间发生的涉外事件。鉴于浙江省人民政府外事办公室与浙江省人民政府港澳事务办公室合署办公这一实际情况，本年鉴将港澳工作也列入收编范围。

三、《浙江外事年鉴》(2011)基本保持2010卷的框架结构，"高校和企业外事"栏目新增中国美术学院、浙江农林大学、浙江传媒学院、宁波诺丁汉大学、浙江外国语学院、温州大学和宁波港集团有限公司。全书设图记、特载、浙江省情、省级外事、高校和企业外事、市县外事、外国人看浙江和附录八大栏目，共有条目1500余条。条目一般按事件发生时间的先后顺序排列。

四、本年鉴配备双重检索系统，书前有详细目录；书后备有索引，其范围详及条目。另外，配有英文目录，其内容详及篇目。为方便读者保存和查阅，配有光盘。

五、本年鉴所收内容(含图片)均由省外办各处(室)和下属单位、各市外事(侨务)办公室，以及省级各有关部门、单位提供，年鉴的编辑、出版过程得到全省各级各单位外事部门的高度重视与积极配合。借此，谨向参与年鉴编纂工作的领导和作者致谢。因编辑水平所限，书中难免有不足之处，敬请有关方面和广大读者批评指正。

《浙江外事年鉴》编辑部

2011年6月

省委书记、省人大常委会主任赵洪祝会见乌拉圭众议院议长罗克·阿雷吉。(2010年1月6日)

省委书记、省人大常委会主任赵洪祝会见博茨瓦纳驻华大使娜奥米·埃伦·马金达。(2010年2月24日)

省委书记、省人大常委会主任赵洪祝会见美国安达保险集团董事长埃文·格林伯格。(2010年3月15日)

省委书记、省人大常委会主任赵洪祝会见以色列IDB集团副主席阿维·费舍尔。(2010年5月8日)

省委书记、省人大常委会主任赵洪祝会见香港中华总商会会长蔡冠深。(2010年6月7日)

省委书记、省人大常委会主任赵洪祝会见保加利亚经济能源旅游部部长特赖舍·特赖科夫。(2010年6月15日)

省委书记、省人大常委会主任赵洪祝会见新加坡副总理兼内政部长黄根成。(2010 年 6 月 20 日)

省委书记、省人大常委会主任赵洪祝会见国际文化交流基金会主席冈特·铁驰一行。(2010 年 7 月 15 日)

省委书记、省人大常委会主任赵洪祝会见格林纳达总理蒂尔曼·托马斯。(2010 年 7 月 19 日)

省委书记、省人大常委会主任赵洪祝会见博茨瓦纳副总统蒙帕蒂·梅拉费。(2010 年 7 月 22 日)

省委书记、省人大常委会主任赵洪祝会见多哥总统福雷·埃索齐姆纳·纳辛贝。(2010年8月22日)

省委书记、省人大常委会主任赵洪祝等会见香港青年企业家代表团后合影。(2010年9月1日)

省委书记、省人大常委会主任赵洪祝会见韩国韩华集团董事长金升渊。(2010年9月9日)

省委书记、省人大常委会主任赵洪祝会见以色列农业部长沙洛姆·辛洪。(2010年10月13日)

省委书记、省人大常委会主任赵洪祝会见欧洲议会副议长米格尔·马丁内斯。(2010年10月14日)

省委书记、省人大常委会主任赵洪祝会见美国肯恩大学校长达伍·法拉希。(2010年10月19日)

省委书记、省人大常委会主任赵洪祝会见中美高级退役将领代表团。(2010年10月28日)

省委书记、省人大常委会主任赵洪祝会见非洲联盟委员会主席让·平。(2010年11月1日)

省委书记、省人大常委会主任赵洪祝会见土耳其国务部长扎法尔·恰拉扬。(2010年11月2日)

省委书记、省人大常委会主任赵洪祝会见澳洲联邦银行首席执行官罗礼士。(2010年11月4日)

省委书记、省人大常委会主任赵洪祝会见美国国务院政府间事务特别代表瑞塔·路易斯。(2010年11月26日)

省委书记、省人大常委会主任赵洪祝会见惠普公司全球副总裁、中国惠普有限公司总裁高瑞彬。(2010年12月20日)

省委副书记、省长吕祖善会见惠普公司全球执行副总裁谢恩·罗宾逊。(2010年1月15日)

省委副书记、省长吕祖善会见澳大利亚前总理、澳大利亚自然资源信托基金董事鲍伯·霍克。(2010年3月22日)

省委副书记、省长吕祖善会见阿尔及利亚民族院议长本·萨拉赫。(2010年5月2日)

省委副书记、省长吕祖善会见荷兰弗里福兰省省长傅比克。(2010 年 5 月 16 日)

省委副书记、省长吕祖善会见荷兰乌特勒支省省长罗尔·罗伯特森。(2010 年 5 月 19 日)

省委副书记、省长吕祖善会见前来参加第十二届浙洽会、第九届消博会的外国驻沪领馆官员代表团。(2010 年 6 月 7 日)

省委副书记、省长吕祖善会见全球中小企业联盟主席卡洛斯·马格里诺斯。(2010 年 6 月 23 日)

省委副书记、省长吕祖善出席浙江省人民政府与高盛集团战略合作备忘录签字仪式。(2010 年 12 月 14 日)

省政协主席周国富会见特立尼达和多巴哥总统乔治·理查兹和夫人。(2010 年 9 月 14 日)

省委常委、纪委书记任泽民会见匈牙利巴兰尼亚州佩奇市市长帕瓦·索特。(2010 年 5 月 12 日)

省委常委、常务副省长陈敏尔会见美国利宝集团董事长兼首席执行官柯理。(2010 年 12 月 1 日)

省委常委、宁波市委书记王辉忠会见正大集团董事长谢国民。(2010 年 12 月 13 日)

省委常委、秘书长李强会见摩洛哥独立党、人民力量社会主义联盟和进步与社会主义党组成的三党干部联合考察团。(2010年12月15日)

省委常委、杭州市委书记黄坤明会见法国赛诺菲公司全球工业事务部总裁、高级副总裁菲利普·卢斯坎。(2010年7月20日)

省委常委、宣传部长茅临生会见塞内加尔新闻部长兼政府发言人穆斯塔法·吉拉西。(2010年7月27日)

省人大常委会副主任王永明到机场迎接乌拉圭众议院议长罗克·阿雷吉。(2010 年 1 月 6 日)

省人大常委会副主任徐宏俊会见伊朗伊斯兰联合党国际事务副书记哈米德·礼萨·塔拉基。(2010 年 5 月 11 日)

省人大常委会副主任吴国华会见阿根廷新任驻沪总领事弗朗西斯科·米格尔·费罗。(2010 年 11 月 5 日)

省人大常委会副主任刘奇会见刚果（金）争取重建与民主人民党干部考察团。（2010年4月26日）

省人大常委会副主任程渭山会见美国国会立法助手代表团。（2010年4月2日）

省人大常委会副主任冯明会见阿尔及利亚国民议会财政与预算委员会主席穆罕默德·科奈。（2010年12月17日）

副省长金德水会见菲律宾贸工部副部长克里斯蒂诺·潘利利奥。(2010 年 9 月 21 日)

副省长龚正会见越南外交部副部长胡春山。(2010 年 4 月 9 日)

副省长龚正会见法国国民议会法中友好小组秘书长、蒙达尔纪市市长让·皮埃尔·多尔。(2010 年 5 月 19 日)

副省长龚正会见比利时法兰德斯大区首席大臣克里斯·彼得斯。(2010 年 5 月 26 日)

副省长龚正会见挪威石油与能源大臣泰里斯·约翰森。(2010 年 5 月 29 日)

副省长龚正会见美国默沙东公司主席兼首席执行官科瑞嘉。(2010 年 7 月 12 日)

副省长龚正会见澳大利亚驻沪总领事孔陶杰。(2010年12月21日)

副省长龚正会见德国驻沪总领事芮悟峰。(2010年12月27日)

副省长王建满会见戴尔公司全球副总裁杨超。(2010年7月23日)

副省长郑继伟会见立陶宛前总统帕克萨斯。(2010 年 4 月 15 日)

副省长、温州市委书记陈德荣会见捷克共和国上议院副主席米兰·什捷赫。(2010 年 8 月 27 日)

省政协副主席徐辉会见美国哈佛大学肯尼迪学院代表团。(2010 年 5 月 24 日)

省委书记、省人大常委会主任赵洪祝与埃及塞得港省省长穆斯塔法·阿卜杜拉特法签署两省建立友好关系协议书。(2010 年 9 月)

省委书记、省人大常委会主任赵洪祝与挪威北挪威省省长欧德·埃里克森会谈。(2010 年 9 月)

省委书记、省人大常委会主任赵洪祝与南非非国大全国执委、国民议会司法委员会主席拉马特洛迪、非国大全国执委马萨泰勒会谈。(2010年9月)

省委副书记、省长吕祖善会见美国纳斯达克证券交易所董事会主席巴尔德文。(2010年10月)

省委副书记、省长吕祖善拜会斐济总统奈拉蒂考。(2010年10月)

省委副书记、省长吕祖善会见印尼万丹省省长乔西娅。(2010年10月)

省政协主席周国富向沙特阿拉伯沙迦市政委员会主席萨利姆赠送青瓷瓶。(2010年4月)

省委副书记夏宝龙与哥斯达黎加总统府部长(总理)罗德里格·阿里亚斯·桑切斯举行会谈。(2010年3月)

省委常委、纪委书记任泽民拜会克罗地亚总统顾问鲍里斯·卡塔。(2010 年 5 月)

省委常委、常务副省长陈敏尔考察日本东京海洋经济。(2010 年 8 月)

省委常委、宁波市委书记巴音朝鲁访问印度工业联合会。(2010 年 4 月)

省委常委、秘书长李强与古巴马坦萨斯省政府会谈。(2010 年 10 月)

省委常委、杭州市委书记黄坤明会见捷克奥罗莫乌茨市第一副市长斯瓦特普鲁克和副市长哈娜。(2010 年 8 月)

省委常委、组织部长蔡奇在美国考察惠普公司。(2010 年 8 月)

省人大常委会副主任徐宏俊与加拿大安大略省议会议长皮特斯会谈后合影。(2010年6月)

省人大常委会副主任刘奇向罗马尼亚布拉索夫县委员会副主席欧驰·伊恩赠送礼品。(2010年6月)

副省长金德水与新西兰马努卡市市长布朗会面。(2010年5月)

副省长龚正在美国出席中国品牌商品博览会浙江品牌展开幕式。(2010 年 8 月)

副省长王建满出席 2010 俄罗斯·中国浙江旅游推介会。(2010 年 10 月)

副省长郑继伟在澳大利亚西澳州议会大厦发表演讲。(2010 年 5 月)

省政协副主席斯鑫良与以色列外交部亚太司司长露丝交流。(2010 年 9 月)

省政协副主席盛昌黎出席中国浙江－意大利托斯卡纳大区产业对接会。(2010 年 9 月)

省政协副主席陈艳华会见新西兰奥克兰大区主席迈克·李。(2010 年 11 月)

省委书记、省人大常委会主任赵洪祝会见阿联酋沙迦酋长国市政委员会主席萨利姆·欧贝德·沙姆斯。(2010 年 3 月 22 日)

省委书记、省人大常委会主任赵洪祝会见日本静冈县知事川胜平太。(2010 年 5 月 11 日)

省委书记、省人大常委会主任赵洪祝会见挪威北挪威省省长欧德·埃里克森。(2010年5月31日)

省委书记、省人大常委会主任赵洪祝会见澳大利亚西澳州议会上议院议长班睿·豪斯。(2010年6月7日)

省委书记、省人大常委会主任赵洪祝会见澳大利亚西澳州议会下议院议长格兰特·伍德姆斯。(2010年8月25日)

省委书记、省人大常委会主任赵洪祝会见意大利艾米利亚-罗马涅大区主席瓦斯科·埃拉尼。(2010年9月11日)

省委书记、省人大常委会主任赵洪祝会见美国印第安纳州州长米奇·丹尼尔斯。(2010年11月10日)

省委副书记、省长吕祖善会见韩国全罗南道知事朴晙莹。(2010年6月23日)

省委副书记、省长吕祖善会见捷克皮尔森州州长米拉达·艾玛诺娃。(2010年7月13日)

省委副书记、省长吕祖善与印度尼西亚万丹省省长乔西娅签署友好合作备忘录。(2010年8月20日)

省委副书记、省长吕祖善会见比利时西弗兰德省省长保罗·拜恩。(2010年9月13日)

省委副书记、省长吕祖善会见德国石荷州州长彼德·卡斯藤森。(2010 年 10 月 11 日)

省委副书记、省长吕祖善会见日本静冈县知事川胜平太。(2010 年 10 月 12 日)

省委副书记、省长吕祖善会见美国印第安纳州州长米奇·丹尼尔斯。(2010 年 11 月 12 日)

省委书记、省人大常委会主任赵洪祝与挪威北挪威省省长欧德·埃里克森签署两省关于建立友好省关系意向书。(2010年5月31日)

浙江省·静冈县友好交流项目签字仪式。(2010年10月12日)

省委常委、副省长葛慧君会见美国印第安纳州副州长贝基·斯科尔曼,两省州签署建立农业交流合作协议。(2010年6月4日)

省委常委、组织部长蔡奇会见牙买加圣詹姆斯大区议会主席、蒙特哥贝市市长查尔斯·辛克莱尔。(2010 年 10 月 14 日)

省人大常委会副主任刘奇会见澳大利亚西澳州议会上下两院议员代表团。(2010 年 9 月 28 日)

省人大常委会副主任冯明会见日本静冈县副知事岩濑洋一郎、副议长岩濑护。(2010 年 8 月 19 日)

副省长金德水与印度尼西亚万丹省省长乔西娅就具体合作事宜进行洽谈。(2010年8月20日)

副省长郑继伟会见澳大利亚西澳州政府副总理基姆·汉默斯。(2010年6月29日)

省政协副主席黄旭明会见澳大利亚西澳州议会上议院议员海伦·玛格丽特·莫顿。(2010年9月8日)

省友协会长梁平波会见福井县日中友好协会会长酒井哲夫率领的福井县日中友协代表团。(2010 年 10 月 16 日)

湘湖情——2010 浙江省·静冈县书法交流展开幕式。(2010 年 10 月 12 日)

浙江省–印第安纳州农业经贸投资研讨会。(2010 年 6 月 3 日)

澳大利亚西澳州议会上议院议长班睿·豪斯参观宁波港。(2010年6月7日)

韩国全罗道知事朴晙莹参观大韩民国临时政府杭州旧址纪念馆。(2010年6月23日)

捷克皮尔森州州长米拉达·艾玛诺娃一行参观阿里巴巴集团公司。(2010年7月13日)

澳大利亚西澳州议会下议院议长格兰特·伍德姆斯参观省人大常委会议事厅。(2010年8月24日)

浙江-比利时西弗兰德省商务日暨经贸合作备忘录签字仪式。(2010年9月13日)

美国印第安纳州州长米奇·丹尼尔斯考察万向集团。(2010年11月10日)

杭州市代市长邵占维会见摩根士丹利董事长约翰·麦克。(2010 年 11 月 7 日)

2010 杭州国际友城市长峰会留手印仪式后合影。(2010 年 10 月 15 日)

杭州市副市长佟桂莉会见诺基亚西门子公司通信运营部负责人赫伯特·梅茨。(2010 年 10 月 27 日)

宁波市市长毛光烈与越南总理阮晋勇出席中国（宁波）－越南经贸合作论坛签约仪式。（2010 年 4 月 29 日）

厄瓜多尔艺术大师美术作品展在宁波举办。（2010 年 7 月 14 日）

上海世博会首个主题论坛信息化与城市发展论坛分论坛之网络与信息产业对话会在宁波举办。（2010 年 5 月 15 日）

温州市市长赵一德会见香港特别行政区政府驻上海经济贸易办事处主任陈子敬。(2010年7月28日)

温州市政协主席包哲东会见捷克驻华大使利博尔·塞奇克。(2010年11月19日)

温州市副市长孟建新会见美国加利福尼亚州匹茨堡市副市长迈克尔·基。(2010年5月5日)

在嘉兴市·班布里市缔结友好城市 10 周年庆祝大会上，嘉兴市市长李卫宁向克莱顿·内维尔·海德等人颁发“嘉兴市荣誉市民”证书及金钥匙。(2010 年 11 月 1 日)

嘉兴市委副书记鲁俊陪同澳大利亚班布里市客人参观两市结好十周年图片展。(2010 年 11 月 2 日)

嘉兴市副市长蒋仁欢与美国马里兰州洛克维尔市代表团会谈。(2010 年 7 月 7 日)

湖州市委书记孙文友赴法国蒙达尔纪市进行友好访问。(2010年10月14日)

湖州市市长马以会见荷兰奈梅亨市市长托马斯·德·格拉夫。(2010年4月13日)

湖州市副市长李建平与瑞典卡尔马省地区委员会主席雷夫·拉尔森签署《湖州市人民政府与瑞典卡尔马省地区委员会相互理解备忘录》。(2010年1月14日)

绍兴市委书记张金如会见参加绍兴建城2500年庆典和第六届世界合唱比赛开幕式的友城代表团。(2010年7月15日)

绍兴市市长钱建民会见来绍参加两市结为友好城市25周年的日本西宫市代市长安富保。(2010年5月20日)

绍兴市副市长徐明光会见塞舌尔共和国前总统詹姆斯·曼卡姆。(2010年9月10日)

衢州市委书记孙建国会见摩洛哥孔子学院院长穆罕默德·沙利。(2010 年 9 月 28 日)

衢州市市长尚清会见印度驻上海总领事戴思锐。(2010 年 3 月 12 日)

衢州市副市长诸葛慧艳拜会日本驻上海总领事横井裕。(2010 年 4 月 9 日)

舟山市市长周国辉与挪威北挪威省政府代表团合影。(2010 年 5 月 26 日)

舟山市副市长王忠志会见日本气仙沼市代表团。(2010 年 1 月 22 日)

舟山市与意大利拉斯佩齐亚省签订《友好交流协议书》。(2010 年 11 月 11 日)

台州市委书记陈铁雄与波兰皮埃尔塞斯诺市市长约瑟夫·萨斯勒互赠礼品。(2010 年 12 月 10 日)

台州市市长吴蔚荣会见阿根廷驻沪总领事弗朗西斯科·费洛。(2010 年 11 月 29 日)

台州市副市长赵跃进会见俄罗斯弗拉基米尔州经贸厅厅长布拉尼斯拉瓦维奇。(2010 年 7 月 29 日)

金华市市长陈昆忠参加“栃木市–金华市友好交流20周年”纪念植树活动。(2010年9月4日)

金华市副市长金中梁会见美国“全球印第安纳”教育交流协会主席马可力。(2010年10月21日)

丽水市市长卢子跃与韩国丽水市市长金忠锡共同签署《加强友好交流与合作谅解备忘录》。(2010年11月1日)

韩国康津郡SAINT JOSEPH女子高中与丽水龙泉市第一中学学生交流。(2010年8月)

省委书记、省人大常委会主任赵洪祝拜会香港特别行政区行政长官曾荫权。(2010年1月11日)

“2010香港·浙江周开幕式——浙港服务业合作与展望”及签约仪式在香港举行。(2010年1月12日)

“2010 澳门·浙江周开幕式——浙澳商贸及旅游合作推介会”在澳门举行。(2010 年 1 月 14 日)

省委书记、省人大常委会主任赵洪祝拜会澳门特别行政区行政长官崔世安。(2010 年 1 月 15 日)

浙江品牌产品 (澳门)贸易展示中心在澳门开业。(2010 年 1 月 15 日)

“浙江省情介绍会暨迎春招待会”在上海举行。(2010 年 1 月 29 日)

省外办主任阮忠训在“浙江省情介绍会暨迎春招待会”上致辞。(2010 年 1 月 29 日)

乌拉圭众议院议长罗克·阿雷吉参观传化集团。(2010 年 1 月 8 日)

津巴布韦外长辛巴拉谢·蒙本盖圭和夫人访问浙江。(2010 年 2 月 27 日)

日本利民工程小额无偿援助项目签约仪式。(2010 年 3 月 9 日)

日本静冈县岛田市少年合唱团在杭州大剧院演出。(2010 年 3 月 27 日)

历史的跨越——纪念《澳门特别行政区基本法》颁布十七周年暨澳门回归十周年图片展。(2010 年 4 月 19 日)

纪念澳门基本法颁布十七周年研讨会在浙江大学举办。(2010 年 4 月 20 日)

越南总理阮晋勇和夫人参观宁波港。(2010 年 4 月 29 日)

中国 （宁波）–合作论坛。(2010 年 4 月 29 日)

阿尔及利亚民族院议长本·萨拉赫参观中国茶叶博物馆。(2010 年 5 月 2 日)

本·萨拉赫游览西湖。(2010 年 5 月 2 日)

菲律宾副总统诺利·德·卡斯特罗游览西湖。(2010年5月15日)

新加坡副总理黄根成游览杭州西溪国家湿地公园。(2010年6月21日)

黄根成参观西溪龙舟陈列馆。(2010年6月21日)

非洲研修班学员参加义乌“旅博会”开幕式。(2010年6月24日)

副省长陈加元到机场迎接塞尔维亚总理米尔科·茨韦特科维奇。(2010年6月25日)

米尔科·茨韦特科维奇参观中国茶叶博物馆。(2010年6月25日)

“2010 体验西澳–浙江省高中英语口语大赛”颁奖仪式。(2010 年 6 月 29 日)

副省长龚正等迎接到访的格林纳达总理蒂尔曼·托马斯和夫人。(2010 年 7 月 18 日)

蒂尔曼·托马斯参观杭州都锦生博物馆。(2010 年 7 月 19 日)

博茨瓦纳副总统蒙帕蒂·梅拉费参观阿里巴巴。(2010年7月23日)

蒙帕蒂·梅拉费参观义乌国际商贸城。(2010年7月23日)

斐济总理乔萨业·活伦盖·白尼马拉马参观宁波吉利汽车制造有限公司。(2010年8月10日)

乔萨业·活伦盖·白尼马拉马一行参观宁波港。(2010年8月10日)

多哥总统福雷·埃索齐姆纳·纳辛贝参观杭州湾跨海大桥。(2010年8月22日)

福雷·埃索齐姆纳·纳辛贝参观宁波港。(2010年8月22日)

特立尼达和多巴哥总统乔治·理查兹和夫人游览西湖。(2010年9月15日)

乔治·理查兹参观杭州都锦生博物馆。(2010年9月15日)

副省长陈加元向获得"西湖友谊奖"的外国专家颁奖。(2010 年 9 月 15 日)

莱索托首相卡利塔·莫西西利及夫人游览西湖。(2010 年 11 月 1 日)

卡利塔·莫西西利及夫人参观浙江省博物馆。(2010 年 11 月 2 日)

非盟主席让·平在温州参加《非洲之光》中文版首发式。(2010 年 11 月 3 日)

让·平参观温州大学。(2010 年 11 月 3 日)

2010 杭州国际马拉松赛在杭州举行。(2010 年 11 月 7 日)

全省友城工作会议在杭州召开。(2010年1月19日)

省友协第六届理事会2010年年会在杭州召开。(2010年3月30日)

全省境外记者采访接待工作培训班在杭州举办。(2010年4月18日)

浙江省第二期外办主任研修班在嘉兴举办。(2010年4月22日)

全省市外办主任会议在杭州千岛湖召开。(2010年8月13日)

浙江省外国人领事保护工作研讨会在义乌召开。(2010年11月4日)

全省因公出国（境）任务审批护照签证专办员培训班。（2010年11月5日）

《浙江外事年鉴》通讯员培训班在宁波举办。（2010年11月）

省外办团员青年在四明山革命老区参观学习。（2010年12月）

目　　录

特载

浙江省情

省级外事

2010 浙江外事

2010 年浙江省外事、港澳事务大事记

综　述

因公出国(境)管理和邀请外国人来华

领事业务

对外民间交往

出　访

来　访

（非友城团组）

亚洲

欧洲和非洲

美洲和大洋洲

友好城市交流

亚洲

欧洲和非洲

部门外事

省交通运输厅

省农业厅

省林业厅

省商务厅

省文化厅

省文联

省工商联

省残联

省贸促会

省农科院

高校和企业外事

高校外事

·浙江大学·

主要出访

主要来访

国际会议

合作项目

企业外事

市县外事

杭　州　市

友好城市交流

县(市、区)外事

宁　波　市

概述

重要外事活动

温　州　市

主要来访

县(市、区)外事

湖 州 市

概 述

市领导出访

重要外事活动

主要来访

友好城市交流

县(区)外事

绍 兴 市

台　州　市

丽　水　市

Table of Contents

Feature

Zhejiang in Overview

Foreign Affairs at the Provincial Level

Foreign Affairs in Higher Education Institutions and Enterprises

Foreign Affairs in Municipalities and Counties

Zhejiang in Foreigners' Eyes

Appendix

特载

Feature

努力开拓中国特色公共外交新局面

外交部部长　杨洁篪

近年来，公共外交逐渐成为我国外交工作新的增长点和着力点，在外交全局中的地位和作用进一步提升，重要性日益凸显。2009年7月，胡锦涛总书记在第十一次驻外使节会议上发表重要讲话，精辟论述了公共外交在我国外交工作中的重要地位和作用，指出公共外交作为整体外交的重要组成部分，是新形势下完善我国外交布局的客观要求，也是我国外交工作的重要开拓方向。他强调指出，开展好公共外交直接关乎我国际形象，外交工作要努力使我国在政治上更有影响力、经济上更有竞争力、形象上更有亲和力、道义上更有感召力。胡锦涛总书记的讲话第一次将公共外交提升到外交全局的战略高度，对新形势下推进公共外交具有重要指导意义。中国公共外交正迎来新的历史机遇，肩负新的时代使命，步入新的发展阶段。

一

公共外交作为对传统外交的继承和发展，通常由一国政府主导，借助各种传播和交流手段，向国外公众介绍本国国情和政策理念，向国内公众介绍本国外交方针政策及相关举措，旨在获取国内外公众的理解、认同和支持，争取民心民意，树立国家和政府的良好形象，营造有利的舆论环境，维护和促进国家根本利益。

公共外交具有以下鲜明特征：一是广泛性。公共外交面向社会各个阶层，包括官方与民间的各种双、多边对话交流，涵盖经济、教育、人文、传媒、科技、体育、军事等多个领域。二是互动性。公共外交不是单向灌输，而是注重通过双向交流，达成理解和共识。政府通过公共外交对公众民意产生影响，民意也对政府决策产生反作用。三是渐进性。国内外形势的不断发展决定了公共外交工作的长期性和复杂性，公共外交是一项系统工程，需要循序渐进，持之以恒，细水长流，以量变促质变。四是间接性。公共外交工作中，政府更多的是发挥组织、推进作用，由媒体、民间组织、智库、学术机构、知名人士及普通民众活动为主。

开展公共外交是顺应世界潮流和时代发展的必然选择，是为国家的自身发展和对外合作营造良好软环境的客观需要，是新形势下外交工作的重要开拓方向。

改革开放以来，我国取得巨大发展成就，与世界的关系发生了历史性变化。当代中国越来越离不开世界，世界也越来越需要中国，国际社会更加重视中国的地位和影响，重视加强对华合作。同时，由于意识形态、价值理念的差异、冷战思维的作祟及对中国快速发展的不适应，国际上对华偏见、误解和疑虑仍然存在，“中国威胁论”、“中国责任论”、“中国强硬论”、“中国傲慢论”层出不穷。面对复杂的舆论环境，我们必须通过开展公共外交，积极引导国际社会树立客观全面的“中国观”，更多地理解中国的历史文化、发展道路、治国理念、内外政策，树立和维护我国和平、发展、合作、负责任的国家形象，不断增强国际话语权，确保国家发展战略和外交方针政策顺利实施。

另一方面，随着我国经济社会不断发展，对外交往日益扩大，国内民众对外交和国际事务的关注度和参与度空前提升，参与塑造我国家形象的机会日益增多、维护国家利益的愿望更加强烈。外交工作应该倾听人民呼声，考虑民众诉求，寻求大众支持。同时，国内各界人民对我国国力、国际地位、作用和外交政策的认识和解读存在差异。引导公众客观认识我国所处的发展阶段和国际环境，理性看待中国与外部世界的关系，正确理解中国应发挥的国际作用及对外政策，形成正确的国家利益观，增强民族向心力和凝聚力，培养开放、包容、平和、理性的国民心态，是公共外交的重要职责。

综上所述，在外交工作主体、对象及手段日趋多元化，领域日益拓展，内涵不断丰富的新形势下，公共外交责无旁贷地成为外交工作的重要开拓方向。外交工作只有面向社会公众，着眼社会各界，与民意和舆论形成良性互动，才能把握主动，使国家的发展战略和对外政策产生亲和力和感召力。

二

公共外交有着深刻的历史渊源。新中国成立后，具有公共外交性质的人民外交、民间外交十分活跃，有力地配合国家外交，为我国打破帝国主义封锁，开展对外交往发挥了不可替代的作用。改革开放以来，我们在继承传统基础上吸收借鉴外国有益经验，根据我国发展和国际形势的发展变化，努力探索和开拓公共外交。中国公共外交在创新实践的过程中不断发展，形成了鲜明的中国特色。

第一，中国特色公共外交以中国特色社会主义理论、特别是中国特色外交理论为指导。邓小平理论、“三个代表”重要思想、科学发展观等重大战略思想，以及共同努力建设持久和平、共同繁荣的和谐世界等具有中国特色的外交理念，是中国公共外交的指导思想，对公共外交的性质、方向和准则具有重要指导意义。

第二，中国特色公共外交以促进中国与世界的共同发展共同繁荣为目标。中国公共外交紧密围绕党和国家中心工作，以服务改革发展稳定大局为根本出发点，以维护和促进国家整体利益为最高准则。中国无意输出意识形态、价值观，无意对他国发展道路、内外政策施加影响。中国的公共外交活动，旨在拉近中国与世界的距离，向外部世界展示一个真实的中国、一个致力于维护世界持久和平、推动各国共同繁荣的中国，消除外界对中国的偏见、误解和疑虑。同时，致力于增进各国人民之间的友好合作、相互了解与信任，为世界和平与发展作出贡献。

第三，中国特色公共外交坚持统筹国内国际两个大局。新形势下，我国发展的内外联动性增强，国内问题国际化和国际问题国内化的趋势日益明显。公共外交要立足本国，放眼世界，注重全局谋划，统筹改革发展稳定的国内大局与和平发展合作的国际大局，坚持在统筹国内国际两个大局中加以推进，兼顾好国内国外两个方面，即在致力于引导外国公众正确认识中国的同时，努力使国内公众更加全面了解国际形势和中国外交，实现两者相辅相成、相互促进的良性互动局面。

第四，中国特色公共外交注重将弘扬中华文明与借鉴吸纳其他文明有机结合。五千年中华文明源远流长，博大精深，为我们开展公共外交提供了丰富的思想和智慧来源。中华文化强调以人为本，主张“和为贵”，重视“亲仁善邻”、“和衷共济”，具有开放包容、兼收并蓄的特点。推动中华文明与世界其他文明的相互交流与借鉴，也是公共外交的应有之义。

第五，中国特色公共外交既继承传统又与时俱进。新中国成立后，毛泽东主席、周恩来总理确立了“民间先行，以民促官”、“以官带民，官民并举”等基本方针，不仅打破了西方对新中国的封锁和围堵，在中日邦交正常化和中美建交过程中发挥了重要作用，也带动了“人民外交”、“民间外交”的大发展。邓小平同志高度重视民间外交，大力推进对外交流，为我国的改革开放营造了良好的国际环境。江泽民同志继往开来，深入推进全方位外交，争取了更多国际理解和支持，进一步拉近了中国与世界的距离。党的三代中央领导集体大力推动开展人民外交、民间外交并取得辉煌成就，为开拓中国特色公共外交留下了宝贵财富。在新时期，以胡锦涛同志为总书记的党中央高度重视、大力推进公共外交。不久前，胡锦涛主席对美国进行国事访问，取得了圆满成功。胡主席身体力行，通过访前接受美国主流媒体联合书面采访、访问期间与奥巴马总统共见记者、出席美国友好团体欢迎宴会并发表重要演讲、与中美两国企业家和青少年进行面对面交流等方式，面向美国各界人士，全面阐述我对发展相互尊重、互利共赢的中美合作伙伴关系的政策主张和中国的和平发展战略，受到国际舆论广泛关注和积极评价，堪称新时期中国公共外交的范例。新形势下，人大、政府、政协在各自领域积极开展公共外交，媒体、智库学者、非政府组织、社会团体、工商企业及各界人士也努力发挥各自作用，中国特色公共外交形成了政治经济文化相结合、各部门各地方相配合、国内国外相协作的全方位、多层次的良好局面。

三

公共外交是一项庞大的系统工程，需要各相关部门的通力合作，形成合力。近年来，外交部紧密围绕党和国家中心任务和外交全局，努力创新公共外交的方式方法，推动中国公共外交事业的发展。

一是加强高访和重大外交活动的公共外交设计。围绕我国家领导人出访和出席多边国际会议等契机，统筹安排各项公共外交活动，多角度阐释我原则立场和政策主张。

二是加强对外舆论工作和公众交流活动。我们不断完善信息发布机制，一年召开近百场例行记者会，遇热点敏感问题和突发事件第一时间发布权威信息。通过吹风、座谈、联谊、组织采访活动等方式，为外国记者在华工作提供协助和便利，帮助他们全面了解、客观报道中国。举办内容丰富、形式多样的"公众开放日"活动，开放外交历史档案，拉近外交和民众距离，听取民意，吸收民智，通过举办研讨会等形式搭建外交部面向国内外政府高层、学术和工商界、媒体以及公众的新平台。不久前推出的"蓝厅论坛"活动受到国内外关注。

三是加强公共外交体制机制建设。外交部在新闻司成立"公共外交办公室"，不断充实其架构和职能，着力推进部内部外的统筹协调工作，对驻外使领馆公共外交工作进行指导，加强与政党、人大、政协及商务、文化、教育、科技、媒体、智库等各部门、各领域间的沟通联系。成立公共外交咨询委员会，对外积极介绍我国情理念，解读我政策主张。

四是加强公共外交干部队伍建设。努力打造一支具有较强公共外交意识和能力，既会写又能说，既深入分析形势又擅长宣示政策的合格骨干队伍。注重对各级外交干部的培训，要求外交官练好"内知国情、外知世界、善于沟通"的基本功。我们还通过多种方式加强与媒体和研究机构的人员交流，选派业务骨干到国内外大学、研究机构研修，不断提高综合素质。

今后，我们将坚持以党的十七大和十七届五中全会精神为指导，以服务国内科学发展和加快转变经济发展方式为主线，为"十二五"规划顺利开局营造良好的外部环境。我们将紧紧围绕首脑外交、国内大型活动和重要时间节点，广泛开展政策宣示，进一步提高中国国家形象；优化公共外交日常和应急管理机制，加强信息发布和舆论引导；为外国记者在华采访继续提供服务和便利，通过他们向世界全面客观传递中国的信息；鼓励更多外交人员走向社会、走进公众，介绍国际形势、我国国情和外交工作；支持和参与国内外举办中国主题的论坛、研讨会等，借助权威平台发出中国声音；利用国内各部门、各地方在海外开展的各领域人文交流活动，推动不同文明的对话和交流；加强与我国在海外企业、华人华侨、留学生的交流，发挥其参与我国公共外交活动的积极性；加强新媒体利用，借助网络、手机等新型载体与社会各界公众进行及时、有效的交流。

（摘编自《求是》2011年第四期）

浙江

浙江省情

Zhejiang In Overview

【自然地理】 浙江省位于中国东南沿海长江三角洲南翼，东濒东海，南接福建，西与江西、安徽相连，北与上海、江苏为邻。境内最大的河流钱塘江，因江流曲折，又称“浙江”。省以江名，简称为“浙”。省会杭州市。

全省陆域面积10.18万平方千米，是中国面积最小的省份之一。全省面积中，山地和丘陵占70.4%，平原和盆地占23.2%，河流和湖泊占6.4%。全省耕地总面积198.37万公顷(2975.49万亩)，人均只有0.57亩。

一、地形地貌 浙江地形复杂，整个地势由西南向东北倾斜。西南部多山，龙泉市境内的黄茅尖海拔1929米，为本省最高山峰，也是华东地区最高山峰。中部以丘陵为主，大小盆地错落分布于丘陵山地之间，主要的有金衢盆地。东北部是低平的冲积平原，著名的有杭嘉湖平原、宁绍平原等。全省大致可分为浙北平原、浙西中山丘陵、浙东丘陵、中部金衢盆地、浙南山地、东南沿海平原及滨海岛屿等6个地形区。

浙江的海域面积广阔，达26万平方千米。海岸曲折，形成众多的港湾，如杭州湾、象山湾、三门湾、台州湾、温州湾、乐清湾等。杭州湾是本省最大的港湾，钱塘江河口呈喇叭形，由于潮汐的作用，在海宁附近形成举世闻名的钱江潮。浙江的大陆岸线北起平湖市金丝娘桥，南至苍南县虎头鼻，长达2200千米。海岛岸线总长4700千米，居全国首位。沿海岛屿星罗棋布，形同串珠，北自嵊泗县花鸟山岛，南至苍南县七星岛，面积500平方米以上的岛屿共有2878个，约占全国海岛总数的40%，是全国岛屿最多的省份。舟山岛面积502.65平方千米，是中国第四大岛。

二、江河湖泊 本省河流众多，主要有钱塘江、瓯江、灵江、苕溪、甬江、飞云江、鳌江、京杭运河(浙江段)等8条水系。钱塘江全长约605千米，在浙江境内361千米，是本省第一大江。浙江的湖泊主要分布在杭嘉湖平原和宁绍平原。杭州西湖、绍兴东湖、嘉兴南湖、鄞州东钱湖为浙江四大名湖。东钱湖面积22平方千米，为本省最大湖泊。这些湖泊不仅有灌溉之利，且有许多名胜古迹，是著名的旅游胜地。新安江水库即千岛湖，是本省最大的人工湖泊，面积约580平方千米，也是国家级风景名胜区。

三、气候 浙江地处亚热带中部，属季风气候区，年温适中，四季分明，光照充足，雨量充沛。年平均气温在15℃～18℃之间，年日照时数在1100～2200小时之间，年均降水量在1100～2200毫米之间。1月、7月分别为全年气温最低和最高的年份，5月、6月为集中降雨期。因受海洋影响，浙江温、湿条件比同纬度的内陆季风区优越，是中国自然条件最优越的地区之一。

【历史人文】 浙江历史悠久，是中国古代文明的发祥地之一。早在45万年(一说为80万年)前的旧石器时代早期，就有远古人类在今天的安吉、长兴一带境内活动。境内已发现新石器时代遗址1000余处，最著名的有距今7000～6000年的河姆渡文化、距今7000～5800年的马家浜文化和距今5300～4000年的良渚文化；近年又发现并确认了距今7500～6500年的跨湖桥文化和距今1万年的上山文化。

春秋时浙江分属吴、越两国，战国时属楚。秦时分属会稽郡、鄣郡、闽中郡。西汉时分属丹阳郡和会稽郡。东汉时分属丹阳、吴和会稽三郡。三国时入东吴版图，属扬州。南朝时分属扬州、东扬州。隋时实行州(郡)、县两级政区制，今浙江省区域范围分属苏州、杭州、湖州等11州。后来又在州之上设置一级政区“道”，今浙江各县分属浙江东道、浙江西道，“浙江”作为行政区域名称自此始。五代十国时为吴越国地，属江南道。北宋时属两浙路。南宋建都临安(即今杭州)，分置两浙西路和两浙东路，浙江变成全国的政治、经济和文化中心区域。元时以行省为一级政区，今浙江之地属江浙行省的一小部分；元至正二十六年(1366)，朱元璋率军攻占杭州后设置浙江等处行中书省，简称浙江行省。明太祖洪武九年(1376)改称浙江承宣布政使司，简称浙江布政司；洪武十四年(1381)湖州、嘉兴两府划归浙江布政司,从此浙江辖杭、嘉、湖、宁、绍、台、金、衢、严、温、处等11府,1州(安吉州),75县,所辖区域基本定型。清康熙初年改浙江布政司为浙江省,沿袭至今。

浙江文化灿烂,素称"文物之邦"。全省有杭州、宁波、绍兴、衢州、金华、临海等6座国家级历史文化名城,温州、余姚、湖州、舟山、东阳、嘉兴、兰溪、天台、松阳、瑞安、龙泉等11座省级历史文化名城;有西塘、乌镇、南浔、安昌、慈城、石浦等6个国家级历史文化名镇,俞源、郭洞等2个国家级历史文化名村;有全国重点文物保护单位132处,省级历史文化街区、村镇78处,省级文物保护单位382处;浙江省列入国务院公布的两批国家级非物质文化遗产名录的"非遗"项目有129项,数量居全国第一。其中龙泉青瓷传统烧制技艺、蚕桑丝织技艺、篆刻、剪纸、传统木拱桥营造技艺等5个项目入选联合国教科文组织"人类非物质文化遗产名录"。历史上,浙江手工业十分发达,如春秋战国时越国的铸剑术,东汉时的制瓷技术和铜镜制作工艺,唐代以后的丝绸织造、寺院建筑、佛像雕塑、造纸、印刷、造塔、造船等技艺,均居当时领先地位。始镌于南齐的新昌大佛寺弥勒佛像,被称为"江南第一大佛";建于北宋的杭州六和塔和内塔建于唐代、外塔建于北宋的湖州飞英塔等,被誉为全国造塔工艺的典范。浙江藏书之盛自古闻名,宁波天一阁、杭州文澜阁、湖州嘉业堂、瑞安玉海楼等著名藏书楼素负盛名,已逾百年历史的浙江图书馆是中国最早建立的省级公共图书馆之一。浙江书画艺术流派纷呈,在中国书画史上占有重要地位。绍兴兰亭是中国的"书法圣地",成立于1904年的西泠印社是中国最早以研究印学为主的学术团体和专业金石书画出版机构,建立于1928年的中国美术学院(前身为国立艺术院)是中国最早的美术高等教育学校。浙江民间艺术绚丽多姿。东阳木雕、青田石雕、温州黄杨木雕和瓯塑(简称"三雕一塑")蜚声中外,龙舞、狮舞、竹马、高跷、灯会遍及城乡,山歌、田歌、渔歌、民间器乐种类繁多,剪纸、刺绣、染织、编织和灯彩异彩纷呈。浙江戏剧艺术底蕴丰厚,是中国古老南戏的诞生地。越剧是浙江第一大剧种,也是中国第二大剧种,此外还有绍剧、婺剧、瓯剧、甬剧、姚剧、湖剧等多个剧种。

浙江历代名人辈出,在哲学、政治、军事、科技、文化等各个领域都涌现了许多杰出人物。东汉时,王充著《论衡》,传播唯物论思想;袁康撰《越绝书》;赵晔撰《吴越春秋》,开地方志先河。东晋南朝时有山水诗人谢灵运和书法家王羲之。隋唐五代有诗人骆宾王、贺知章、孟郊、罗隐,早期词人张志和,书法家智永、虞世南、褚遂良,政治思想家陆贽,建立吴越国的钱镠。北宋有抗金名将宗泽和科学家沈括。南宋有大诗人陆游和金华学派的吕祖谦、永嘉学派的叶适、永康学派的陈亮。元时有书画家赵孟頫和画家黄公望、吴镇、王蒙、王冕。明代有一代名臣于谦,思想家王守仁,文学家宋濂、刘基,书画家徐渭,藏书家范钦,地理学家王士性,水利家潘季驯,针灸家杨继洲。明清之际有思想家黄宗羲,史学家谈迁,画家陈洪绶、戴进。清代有史学家全祖望、万斯同、章学诚,戏剧家洪昇、李渔,药学家赵学敏,画家蓝瑛,大词人朱彝尊,等等。历史上许多著名人物如秦始皇、白居易、王安石、范仲淹、苏轼、朱熹、李清照、岳飞、戚继光等等,都在浙江留下许多佳话和遗迹。民国时期,浙江的教育与文化在全国独领风骚,浙江籍的先进人物积极宣传科学、民主与自由,提倡新的伦理道德,提倡新文学,在全国起了先锋的作用。其中的佼佼者如文学巨擘鲁迅,中国新文化运动的猛将钱玄同,北京大学首任校长蔡元培,商务印书馆馆长张元济,等等。20世纪具有全国乃至世界影响的浙江籍教育家、学者、诗人、作家和画家更是不胜枚举,例如:兼革命家、思想家和学者于一身的反专制斗士章太炎;参与制订《大清新刑律》,首次全面引入西方法律制度的晚清法学家沈家本;追求自由和爱情的新月派诗人徐志摩;诗人戴望舒;小说家郁达夫、茅盾;作家周作人、朱自清、梁实秋、夏衍;创建西泠印社的书画篆刻艺术大师吴昌硕；画家潘天寿、丰子恺；国学大师王国维；佛学大师和艺术大师李叔同；佛学专家马一浮；倡导“新人口理论”的学者兼教育家马寅初；教育家经亨颐、马叙伦、夏丏尊、蒋梦麟、竺可桢、罗家伦；哲学家、思想家杜亚泉、张东荪、戴季陶、曹聚仁；经济学家千家驹；文艺理论家冯雪峰；语言学家陈望道；历史学家蔡东藩、范文澜、吴晗；考古学家罗振玉、唐兰、夏鼐、陈梦家；等等。此外，还有巾帼英雄秋瑾，辛亥革命志士陶成章，书画家任伯年，科学家茅以升、钱学森、童第周、苏步青等一大批浙籍名人。据不完全统计，东汉以来载入史册的浙江籍文学家逾千人，约占全国的1/6；新中国成立以来的“两院”院士（学部委员）中，浙江籍人士占了近1/5。

悠久的开放历史培育了浙江人博采众长的开放心态。一大批浙江人到海外谋生，使浙江成为重要的侨乡。长期以来，浙江人在求生存谋发展的生活实践中，充分挖掘自身的潜力，形成了依靠自己的聪明才智和专业技能外出谋生的传统。这不仅孕育出了门类齐全的手工业，而且培养出了成千上万能工巧匠，形成了区域性的产业传统，著名的有东阳的木匠、泥水匠，永康的铁匠，义乌的麦芽糖艺人，台州的绣花女，温州的皮鞋匠，永嘉的弹棉花郎，等等。这些世代相传的专业技能，加上头脑灵活、善于经营的个性，构成了浙江特殊的专业性人力资源优势。浙江人艰苦卓绝，无远不届，孕育了著名的“浙商”群体。在改革开放年代，浙江人的开拓创新精神得到空前的发扬光大，形成了“自强不息、坚韧不拔、勇于创新、讲求实效”的“浙江精神”。

【区划人口】 至2010年底，浙江省有杭州、宁波两个副省级城市，温州、嘉兴、湖州、绍兴、金华、衢州、舟山、台州、丽水等9个地级市，下辖36个县（包括1个民族自治县）、22个县级市和32个市辖区，728个镇、443个乡、341个街道。

据2010年第6次全国人口普查，2010年末浙江常住人口为5442.69万人，其中省外流入人口1182.40万人，占21.72%。男性人口、女性人口分别占总人口的51.38%、48.62%。2010年人口自然增长率为4.58‰。

浙江为民族散杂居省份。据2000年第五次全国人口普查统计，浙江有少数民族53个，常住人口39.54万人，约占总人口的0.86%。全省万人以上的少数民族有畲族、土家族、苗族、布依族、回族、壮族、侗族等7个。世居浙江的少数民族是畲族、回族和满族等，其他少数民族大多为新中国成立以后特别是改革开放以来因工作或婚嫁落户浙江的。畲族为浙江最大的少数民族，设有全国唯一的畲族自治地方——景宁畲族自治县，全省还有18个畲族乡镇。

【交通运输】 浙江陆、海、空交通较为发达。铁路交通以省会杭州为枢纽向四周辐射，有沪杭、浙赣、萧甬、宣杭、金温、甬台温等干线，营业里程1760.9千米；另外，沪杭高速铁路已经开通，杭甬、杭长（杭州至长沙）、宁杭（南京至杭州）等高速铁路正在建设中。至2010年末，全省公路总里程110177千米，其中投入运营的高速公路总里程3383千米，形成覆盖除舟山外的10个地市及70多个县（市、区）的高速公路网络。全省行政村通路通达率达到98%以上。浙江水运发达，全省内河航道总长9704千米，内河重点港口9个；沿海拥有万吨级以上泊位159个，形成了以宁波-舟山港和温州、海门、乍浦四大港口为主体的港口群。2010年全部港口货物吞吐量11.27亿吨；主要沿海港口货物吞吐量7.88亿吨，集装箱吞吐量1404万标准箱。宁波-舟山港集装箱吞吐量1314.65万标准箱，居世界第6位。浙江拥有杭州萧山国际机场等7座空港，2010年旅客吞吐量2871.4万人次。

【资源特色】 浙江海洋资源十分丰富。海岸线总长约6900千米，居全国首位。其中：大陆岸线2200千米，居全国第5位；可建万吨级以上泊位的深水岸线290.4千米，占全国1/3以上，可建10万吨级以上泊位的深水岸线105.8千米。浙江海域是中国海洋渔业资源蕴藏量最为丰富、渔业生产力最高的渔场，其中舟山群岛是中国最大的海洋渔业基地。东海大陆架盆地具有开发前景良好的石油和天然气资源。沿海一带具有多宜性的滩涂资源。此外，还有理论储量丰富的潮汐能、潮流能、波浪能、温差能、盐差能等海洋能资源以及丰富的风能资源。

浙江矿产资源以非金属矿产为主。在探明储量的矿产中，石煤、明矾石、叶蜡石、生产水泥用凝灰岩、建筑用凝灰岩等储量居全国第1位，萤石居全国第2位，硅藻土居全国第3位。有色金属、黑色金属、煤等矿产比较贫乏。

浙江林地面积660.74万公顷，经济林、竹林资源较为丰富。经济林面积107.95万公顷，占森林面积的18%。柑橘、茶叶、油茶、蚕桑和板栗是本省传统的五大经济树种，合计占经济林面积75.87%。此外，杨梅、山核桃、香榧等特色经济林发展较快。竹林面积83.34万公顷，占全国的1/6，竹业产值约占全国1/3。植物资源丰富，素有“东南植物宝库”之称，有百山祖冷杉、普陀鹅耳枥、天目铁木、银杏等52种野生植物列入国家重点保护名录。野生动物种类繁多，有兽类、鸟类、爬行类、两栖类野生动物689种，有98种动物被列入国家重点保护野生动物名录，其中云豹、黑麂、白颈长尾雉、黄腹角雉、扬子鳄等18种为国家一级保护动物。浙江省重点保护动物74种。全省有天目山、清凉峰、乌岩岭、大盘山、古田山、凤阳山-百山祖、九龙山和南麂列岛海洋自然保护区等8个国家级自然保护区以及4个省级自然保护区，有省级以上森林公园107个。全省森林覆盖率59.07%(按国家口径，不含灌木林)，居全国前列。

浙江山川秀丽，旅游资源非常丰富，自然风光与人文景观交相辉映，有“鱼米之乡、丝茶之府、文物之邦、旅游胜地”之称。全省有重要地貌景观800多处，水域景观200多处，生物景观100多处，人文景观100多处，还有可供旅游开发的主要海岛景区(点)450余处。2010年，浙江省有国家级风景名胜区18个、省级风景名胜区41个，国家级旅游度假区1个(即杭州之江国家旅游度假区)、省级旅游度假区18个。省会杭州是中国七大古都之一，也是著名风景、旅游城市。以杭州西湖为中心，星罗棋布的风景名胜遍布全省。浙东一片，可以游水乡，谒佛国，亦可寻觅唐诗之踪；浙南一片，北接括苍，东临大海，以奇山异水、飞瀑流泉著称海内；浙西一片，集天地之灵气，聚山川之精华，西湖、富春江-新安江与安徽黄山连成一线，三个国家级重点风景名胜区连接成中国著名的黄金旅游线之一；浙北一片，著名的京杭大运河纵贯富饶的杭嘉湖平原，是著名的蚕乡，是丝绸文明的发祥地之一，也是丝绸之路的起点，并与苏州、无锡、宜兴等地共同形成了古运河-太湖旅游区。2010年，全省接待国内旅游者2.95亿人次，国内旅游收入3045.5亿元；接待入境旅游者684.7万人次，入境旅游收入39.3亿美元。全年旅游总收入3312.6亿元。

【经济建设】 1949年，中华人民共和国成立，开启了中国历史的新纪元，浙江省从此跨入一个改天换地的新时代。

1978年改革开放以来，浙江在发展社会主义市场经济的过程中，走出了一条具有浙江特色、又好又快的发展路子。浙江是改革开放的先发先行之地。改革开放30多年来，浙江面貌发生了翻天覆地的变化，经济社会发展实现了“五大历史性跨越”。一是实现了从资源小省向经济大省的历史性跨越，全省综合经济实力显著增强，各项主要经济指标在全国保持领先地位。2010年全省生产总值27227亿元，居全国省区市第4位(除台湾省，下同)；人均生产总值52059元(按年平均汇率折算为7690美元)，列上海、北京、天津之后，居全国第4位。二是实现了从计划经济向市场经济的历史性跨越，全省体制机制形成先发优势。冲破了传统经济体制的束缚，构建起了相对完善的区域市场经济体制。浙江成为全国市场化程度最高的省份之一，并成为中国大陆民营经济第一大省，民营经济占经济总量70%以上。浙江是市场大省，2010年末全省有各类商品交易市场4146家，全年有形市场成交总额12717亿元。义乌中国小商品城是全世界最大的小商品市场。浙江人还在境内外兴办了一批“浙江商城”、温州街和其他市场。三是实现了从农业社会向工业社会的历史性跨越，全省经济结构持续优化升级。2010年，全省规模以上工业增加值从1978年的47亿元增加到10397亿元，二、三产业合计比重占生产总值的95%，已占据全省经济的主导地位。浙江由落后的农业社会迈入了先进的工业社会。四是实现了从封闭型经济向开放型经济的历史性跨越，全省国际化程度不断提高。2010年，浙江省已与全球220多个国家和地区建立了经贸关系，全年实现外贸进出口总额2535亿美元，其中出口总额1805亿美元、进口总额730亿美元；合同利用外资200.5亿美元，实际到位外资110亿美元。2010年，浙江省实际对外直接投资额26.2亿美元，继续居全国各省市第一位。在境外新设企业和机构630家。五是实现了从基本温饱向总体小康的历史性跨越，全省人民生活水平迅速提升。2010年，全省城镇居民人均可支配收入27359元，农村居民人均纯收入11303元，扣除价格因素，分别比上年实际增长7%和8.6%。浙江城镇居民人均可支配收入连续10年居全国第3位，农村居民人均纯收入连续26年列各省区第一位。全省全面小康社会实现程度已达93.5%。

【社会文化】 浙江省是全国省、区中第一个基本普及从学前3年到高中段15年教育的省份，2010年高等教育毛入学率达到45%。2010年末，全省有普通高校80所(含筹建1所)，普通高校在校生88.49万人。全省共有公共图书馆97个，博物馆90个。全省有线电视用户超过1100万户，所有乡镇和99.3%的行政村实现了有线电视联网。移动电话用户5047万户，互联网用户3670万户。

文化、卫生、体育和计划生育、环境保护等工作不断加强，生态环境恶化的趋势整体上得到初步遏制。2010年末，全省有卫生机构16298个，其中医院、卫生院合计2237个，医院和卫生院床位总数16.9325万张。医生总数11.4450万人。

居民居住条件不断改善。城镇居民90%左右的家庭拥有自己的房产，人均住房使用面积35.3平方米，农村居民人均居住面积58.53平方米。每百户城镇居民汽车保有量26.43辆，每百户农村居民汽车保有量7.79辆。消费结构明显变化，体现发展与享受需求的交通、通信、文教、娱乐和生活服务、休闲旅游等方面的支出比重快速上升。浙江省社会保障体系逐步完善，已有1170万人参加了养老保险，864万名城镇职工参加失业保险，1334万人参加基本医疗保险。失业职工基本生活费和企业离退休人员养老金社会化发放率均达100%，养老金水平和职工参加医疗保险率居全国前列，在中国较早地实施了城乡一体的最低生活保障制度。2010年全省群众安全感满意率达到95.82%，已连续7年超过90%，高于全国平均水平。

【对外交往】 浙江具有悠久的对外交往史。早在1200多年前的盛唐时期，浙江的丝绸、陶瓷、茶叶等特产，就通过海路和著名的“丝绸之路”远销中亚和欧洲。13世纪时意大利著名旅行家马可·波罗来到杭州，称赞“杭州是世界上最华丽的城市之一”。

改革开放以来，与浙江省开展交流、合作的国家和国际组织逐年增多。截至2010年末，浙江已与日本、美国、德国、法国、英国、巴西、南非等国家建立了247对友好关系，其中省级友好关系55对。浙江省人民对外友好协会与世界上30多个国家和地区开展友好往来。浙江省已与世界上200多个国家和地区建立了经济、贸易、科技、文化等各种友好交流关系，形成了纵横四海、覆盖全球的国际交流网络。来浙江省工作的各国经济、文教专家和留学人员逐年增多。国际媒体对浙江现象兴趣浓厚，对浙江省进行了全方位的深度报道。这些对外交流活动加快了浙江省国际化进程和现代化步伐，增进了各国人民之间的友谊和合作。

省级外事

Foreign Affairs at
the Provincial Level

2010 浙江外事

【概况】 2010 年，全省外事系统紧紧围绕省委、省政府中心工作，以服务国家总体外交和浙江省经济社会发展为根本，以打造"经济外事"、"诚信外事"、"优质外事"三大品牌为中心，开拓进取，扎实工作，各项事业全面协调发展，取得新的成绩。

一、服务总体外交取得新成效

把"地方外事必须服从、服务于国家总体外交"这一理念贯穿外事工作的方方面面，更加积极主动地配合、服务国家对外关系大局。全力以赴做好世博外事工作，统筹外宾访浙、省领导出席各国"世博馆日"和世博会"浙江活动周"开幕式各项活动，抓好世博"环沪护城河"涉外安保工作，为世博外事提供有力的组织保障，得到省委书记赵洪祝的充分肯定。世博会期间，省外办先后接待 58 批 1691 人次副部级以上重要外宾团组访浙，浙江的知名度和影响力得到提升。积极推进高层交往，全年接待副部级以上重要外宾团组 138 批 2605 人次。赵洪祝、吕祖善等省领导通过出访和接待来访，全面阐释我内外政策主张，从全局上把握和推动浙江对外交流合作稳步发展。有针对性地做好密克罗尼西亚、特立尼达和多巴哥、博茨瓦纳等国和非盟等国际组织高层的参访接待工作，巩固与南太平洋、拉美、非洲等地区国家的传统友谊，营造于我有利的国际环境。妥善解决友城日本静冈县"3776 计划"、挪威北挪威省省长访浙的具体问题，实现配合国家总体外交和维护浙江省友城关系任务的双落实。

二、"经济外事"跨上新台阶

始终坚持外事要"依靠发展、服务发展、促进发展"这条主线，积极促进全省产业结构调整和经济转型升级。充分利用省级领导出访和在外举办大型经贸活动的契机，搭建招商选资、招才引智平台。赵洪祝、吕祖善等省领导出访取得丰硕成果，分别会见挪威、埃及、南非、美国、斐济和印尼等国首脑政要、企业高管，签订建立友好关系协议书，举办大型经贸推介会，签署一系列经贸项目协议书(备忘录)，有力地推动了双方重大项目合作。将接待工作与经贸、科技、农业、能源等合作项目紧密结合起来，以实质性项目为载体，努力把外事工作对经济转型升级的服务促进作用落到实处，进一步提升浙江经济的国际化水平。制发《外事为民营企业"走出去"服务若干意见》，简化企业人员出访审批手续，积极推广 APEC 商务旅行卡，为全省开放型经济和企业实施"走出去"战略提供有力支持。充分利用"浙洽会"、"消博会"、"农博会"和"浙江商务周"等平台，广泛邀请外宾，做好引介和接待工作，积极为企业牵线搭桥。圆满完成"2010 港澳·浙江周"各项任务，巩固和发展了与港澳地区的更紧密经贸关系。加强应急能力建设，探索并实践"预防性"领事保护，妥善处理涉外国人案(事)件 616 件、领事保护案(事)件 65 件。

三、对外交流与合作实现新突破

充分发挥各级政府、各界人士和重大活动的作用，借以构建更为广阔的对外交往空间。注重友城工作的可持续发展，积极推动各地、各部门与友城开展对口交流，提高交流层次和水平，"大友城"建设取得新进展。全省新结友城 15 对，其中省本级 3 对，友城总数达到 247 对。日本静冈县"3776 计划"顺利完成，省市两级共 4 个友城获得全国友协"对华友好城市交流合作奖”。发挥、利用民间友好团体的优势和特点，开展以文化艺术、教育体育等为主要内容的民间对外交流活动，推动青年学生国际交流，取得良好反响。省友协统筹安排梁平波会长出访荷兰、匈牙利和英国，接待国外民间团体来访66批732人次，拓展民间对外交流渠道。密切与外国驻华使领馆的联系，加强与各国驻沪总领馆的互信和合作，举办浙江省外国人领事保护工作研讨会和“签证官看民企——走进金华”等活动，有效发挥了外国驻华使领馆在涉外事件处理、海外领事保护、民营企业“走出去”等方面的独特渠道作用。

四、公共人文外事迈出新步伐

以打造品牌活动为载体开展公共人文外事，着力提高浙江的知名度和影响力。成功举办浙江省情介绍会暨迎春招待会、以“走进嘉兴”为主题的第3届“使领馆年”活动，绍兴第6届世界合唱比赛、杭州市友城市长峰会、浙江省高中英语口语大赛、“外国友人看浙江”征文比赛等活动亮点纷呈，为增进世界对浙江的了解和认识、扩大浙江对外开放发挥了积极作用。积极推进教育国际交流合作，启动“千校结好”行动计划，参与“全球印第安纳”项目，加大与友城各类学校的交流互动，利用外事资源提升浙江省的教育国际化水平。寓外宣于“公共外事”之中，全省接待境外记者91批320人次，积极引导境外媒体客观、正面报道浙江经济社会发展成就；组派新闻代表团赴美、日进行专访，宣传友城合作成效，树立浙江省“更有亲和力和感召力”的新形象。

五、外事统筹管理提高到新水平

提请召开省委外事工作领导小组会议，部署全省外事和因公出国（境）管理工作，加强省委对外事工作的领导。完善计划和量化管理，严格审批审核把关，坚决制止公款出国（境）旅游的不正之风。全省办理因公出国（境）团组8587批28968人次，其中党政干部和参公管理事业单位出国10219人次，比核准计划数减少1297人次。协调管理全省民间组织开展国际交流工作，进一步加强外事宏观管理。加大对各市外事工作的指导支持力度，调动各市的积极性和主动性，推动全省外事工作均衡协调发展。深入开展“深化作风建设年”、“创建学习型机关”活动，加强干部队伍能力建设，举办各类培训班10余个，培训人员1000余人次，省市县三级外办自身和干部队伍建设得到加强。省外办在“万人评组工”活动中位居100家省直单位第2名，各项工作和队伍建设得到好评。省外服中心机构类别调整为纯公益类财政适当补助事业单位，为中心可持续发展创造了有利条件。

【全省友城工作会议】 2010年1月19日，省政府在杭州召开全省友城工作会议，这是浙江省开展友城工作30年来首次召开全省性友城工作大会。副省长龚正出席会议并讲话。

会议全面总结了全省友城工作取得的成绩和经验，指出，进一步推进友城工作，实现友城关系的深化发展，必须重视并继续实践四条基本经验。一是既要服从和服务于国家总体外交，也要服从和服务于地方经济社会发展；二是既要重视友好交往，也要注重实质性合作；三是既要靠官方推动，也要注重民间交往；四是既要重视经济交往，也要加强人文社会领域的交流合作。

会议强调，国际国内新形势对全省友城工作提出了新要求，世界城市合作新动向为友城工作开辟了新空间，加强和改进友城工作的需要对友城工作提出了新课题，各地、各部门必须充分认识城市在国际舞台的重要地位，充分认识加强友城工作的重要性和紧迫性，进一步提高友城工作的质量和水平。

会议要求，在今后的友城工作中要切实把握“四个坚持”，即：坚持“两个服务”，实现相互促进；坚持官民并举，实现互利双赢；坚持统筹兼顾，实现资源共享；坚持分类指导，实现特色发展。要着力抓好五个方面：一是发挥地方优势，全力配合国家总体外交。二是加大拓展力度，构筑全方位对外交往格局。力争经过3～5年的努力,实现全省友城总量达到300对左右,平均每个建制县有1～2对友城的目标,逐步形成在各大洲均有点、在重点国家和地区有深度交往关系,布局更加合理、结构更趋完善的国际友城体系。三是强化务实合作,实现友城工作可持续发展。要加强高层互访,适时举办周年节庆、重大涉外活动,着力打造友城交往特色项目、精品项目,积极探索多城市合作机制和模式,推进友城多边合作,大力推进平台和项目建设,构建更广阔的国际合作平台;要用足友城优势,深化经贸旅游、农渔水利、能源资源环保等领域合作,着重加大服务全省经济结构调整和产业转型升级的力度。要拓宽合作领域,大力推进人文社会领域交往,进一步加强与友城科技教育部门、大专院校、科研机构及高新技术企业的交流合作,提升服务科教兴省、文化大省和教育强省等战略的能力水平。四是协同配合,提高友城交往社会参与度。坚持官民并举,调动各方力量广泛、深入参与友城工作。充分发挥友协、工青妇组织等民间团体和社会知名人士的作用,加强与友城知名民间团体、非政府组织和社会名流的互动往来,巩固友城工作基础。五是加强组织领导,构建"大友城"工作格局。建立全省友城工作联席会议制度,着力构建优势互补、资源共享、友城共建的"大友城"工作格局;要加大对友城间的重要交流活动、重大合作项目和友城协调促进机构日常运作的支持力度;要进一步加强友城工作能力建设,充分发挥友协在友城工作中的作用,着力建立一支适应全省加快对外开放和友城工作快速发展需要,政治强、业务熟、外语精、管理优的高水平友城工作队伍。

会议由省政府副秘书长夏海伟主持,省外办主任阮忠训就《浙江省人民政府办公厅关于进一步加强国际友城工作的若干意见(征求意见稿)》作了说明。各市、有关县(市、区)分管外事工作负责人和外办主任,省直有关单位负责人等近300人参加会议。

外交部长杨洁篪专门给大会发来贺信。

【浙江省情介绍会暨迎春招待会】 2010年1月29日在上海举办。美国、俄罗斯、德国、日本、加拿大等40个国家驻沪总领事、领事、签证官员以及部分驻华机构代表100余人应邀与会,其中包括24个国家驻沪总领事。

省外办主任阮忠训向来宾介绍了2009年度浙江省经济社会发展和"诚信外事"建设情况,通报了2010年与各国驻沪总领馆的交流合作设想。中外双方就如何继续办好"使领馆年"、"签证官看民企"等系列活动进行了坦诚的交流和探讨,并就进一步加强领事保护、因私签证代办等领域的合作达成广泛共识。

各国领馆官员对浙江省"诚信外事"建设的有序推进表示赞赏和肯定,纷纷表示将进一步深化与浙江省在领事认证、因私签证代办等业务上的合作,关注并支持浙江省的海外领事保护工作。

【第3届"使领馆年"活动】 2010年4月7日至9日,省外办与嘉兴市政府共同举办以"走进嘉兴——梦中的五彩水乡"为主题的第3届"使领馆年"活动。保加利亚、土耳其、波兰、白俄罗斯、匈牙利、挪威、美国、加拿大等25个国家驻华大使、驻沪总领事及特派代表等共43人应邀参加本次活动。

"走进嘉兴"活动期间,外国使节团参观了嘉兴市博物馆和丝绸博物馆等文化设施,游览了嘉兴南湖、环城河等风景名胜,实地考察了嘉兴市有关企业以及新农村建设的成就,并出席了"嘉兴市情介绍会",听取市委书记陈德荣对嘉兴市人文、历史、旅游、经济、社会发展、对外交往、生态环境保护等情况的介绍。

"走进嘉兴"活动加深了各国驻华使节对嘉兴市经济社会发展情况的认识和了解,提升了嘉兴市在各国驻华使领馆中的知名度。

【上海世博会"浙江活动周"】 2010年6月18日至22日在上海世博园宝钢大舞台举行。应浙江省邀请,美国、俄罗斯、澳大利亚、阿根廷、新加坡、阿联酋、尼日利亚等26个国家的36名外国驻沪总领馆官员出席开幕式，其中总领事 17 人。开幕式结束后，各国客人参观了世博“浙江馆”。

各国驻沪领馆官员对开幕式活动给予高度评价。

【温家宝在杭州会见塞尔维亚总理】 参见第 74 页**【塞尔维亚总理访问浙江】**。

【日本静冈县“3776 名县民访浙计划”完成】 2010 年 9 月，日本静冈县政府、议会及城建、环保、体育、健康福利、青年交流等各领域共 7 个代表团访问浙江。至此，2010 年已有 3776 名静冈县县民访问浙江，静冈县“3776 名县民访浙计划”顺利完成。

“3776 名县民访浙计划”由静冈县知事川胜平太提议实施，“3776”为富士山高度。该计划是两省县友城史上人员访问数量最多的单个交流项目，目的是为两省县官民互动、发展友好关系和进一步加强经贸、教育、环保、研修等领域的务实合作注入新的动力。6 月 30 日至 7 月 1 日，“3776 名县民访浙计划”首团，以静冈县东部五城市（沼津、三岛、下田、伊东、热海）商工会议所成员组成的“静冈县东部富士之乡 3776 友好访华团”一行 61 人访问浙江。

【浙江世博外事工作取得积极成效】 2010 年上海世博会期间，省外办根据中央和省委、省政府的部署，全力参与世博，服务世博，贡献世博，依托世博平台，广泛开展和推动与世界各国的交流合作。

（一）为确保世博外事活动提供组织保障。省外办把世博外事列为年度工作的一大重点，把世博会作为开展对外交往的综合性平台，大力促进双边与多边互动、政府与民间并举，增强世博外事的综合效应。成立省外办世博外事工作领导小组，制订《省外办上海世博会工作方案》，设立“世博外事工作组省外办联络窗口”，建立健全世博外事工作机制，举办“世博与外事”全省外办主任研修班，为确保各项世博外事活动顺利开展提供组织保障。

（二）全力做好外宾接待。世博会期间，省外办接待重要外宾访浙团组 195 批 2930 人次，其中副部级以上团组 58 批 1691 人次；配合外交部、中联部接待外国高层访浙团组 19 批 328 人次。来访团组数量之多、规格之高、密度之大为近年之最，有效增进了浙江与来访国（地区）的友好关系，为推动双方务实合作创造了良好条件。

（三）促进对外经贸合作。把上海世博会作为经济外事的重要窗口，坚持以政促经，以经推政，为全省对外经贸交流合作穿针引线，为“引进来”、“走出去”战略服务。世博会期间，省本级与来访国家、省州县共举办经贸类主题论坛 7 场，签署经贸、科技、能源、农业、旅游、环保等领域合作协议（备忘录）22 个，接待世界知名跨国公司高层团组 13 批 123 人次，签署航空、电信、中小企业合作协议（框架）6 个。

（四）拓展国际交往空间。广泛开展以世博会为平台、以友城为主渠道的对外交往，不断强化对外交流合作，为加快浙江发展营造国际新环境。世博会期间，省外办接待友城来访团组 64 批 1428 人次；全省新结国际友城 6 对；与省级友城开展多领域的交流合作，共举办学术研讨、论坛 5 场。浙江工业大学、浙江工商大学等与友城学校签署合作协议（备忘录）7 个。日本静冈县“3776 名县民访浙计划”顺利完成，增进了浙静人民的相互了解和友谊，为浙静友好注入新的活力。各市也充分利用友城资源，扩大对外开放。杭州市组织的国际友城市长峰会，配合世博会主题论坛，将国际友好与世博平台有机结合，深化了与各友城的互信合作。浙江省友城工作得到全国友协的充分肯定，省级友城日本静冈县、澳大利亚西澳州，杭州市友城英国利兹市、宁波市友城德国亚琛市获得全国友协颁发的“对华友好城市交流合作奖”。

（五）推动公共人文外事。全省外事系统依托世博会平台，广泛开展公共人文外事，努力提升浙江的国际知名度和影响力。宁波、绍兴和杭州市成功举办信息化与城市发展、经济转型与城乡互动、和谐城市与宜居生活三个世博主题论坛；省外办邀请 26

个国家36名驻沪总领馆代表出席世博会"浙江活动周"开幕式，统筹协调省领导、有关部门负责人出席美国、日本、澳大利亚等八国世博馆馆日和"香港活动周"，安排重要外宾参观世博会浙江馆，接待联系35批92人次外国记者对浙江进行全方位、多角度、深层次的采访，增进世界对浙江的认识了解。省友协接待外国民间友人38批422人次，丰富多彩的民间友好活动，拉近了浙江与世界的距离，成为连接各国人民的情感纽带，为浙江外事的发展打下了更加坚实的民意基础。

（周赵行）

附：浙江外事部门组织机构暨负责人名录

（2010年12月31日止）

省外办（港澳办）

党组书记、主　任：阮忠训

党组成员、副主任：彭　波、顾建新、陆国灏

党组成员、省友协专职副会长：虞希华

巡 视 员：汪银儿

各市外办

·杭州市外办·

主　任：谢国建

副主任：解崇明、杜士根

·宁波市外办·

主　任：孔玮玮

副主任：郑醒尘、孟庆海、叶荣钟、黄　平（2010年7月起）

·温州市外办·

主　任：陈爱珍

副主任：陈瓯平、池晓荣

港澳办副主任：叶小琳

·湖州市外办·

主　任：黄春安

副主任：徐汝忠、潘宇文

·嘉兴市外办·

主　任：马洪涛

副主任：陈国华、邱锦月

·绍兴市外侨办·

主　任：傅陆平（2010年12月止）

副主任：张小华、盛伯钧、周　英

·金华市外侨办·

主　任：罗月霞

副主任：程广兴、章　宏

·衢州市外侨办·

主　任：叶正义

副主任：周立年

纪检组长：许　力（2010年12月止）

·舟山市外侨办·

主　任：张文安

副主任：葛　斌、徐燕峰、陈国强

·台州市外办·

主　任：项文敏

副主任：徐跃莲、朱丹君、应真箭

·丽水市外办·

主　任：杨晓宏

副主任：潘毅平、蓝　华、吴一平

省友协第六届理事会常务理事名录

会　　长：梁平波

常务副会长：阮忠训

副 会 长：马以芝

专职副会长：虞希华

副秘书长：邢绘东、吴晓东、郑竹筠

2010年浙江省外事、港澳事务大事记

1 月

6日 省委书记、省人大常委会主任赵洪祝会见乌拉圭众议院议长罗克·阿雷吉一行。省人大常委会副主任王永明，省人大常委会秘书长姚民声，省外办主任阮忠训、副主任彭波等参加会见。

10～16日 省政府在香港、澳门举办"2010港澳·浙江周"活动。省委书记、省人大常委会主任赵洪祝，省委常委、秘书长李强，副省长龚正，省政协副主席徐冠巨，省港澳办主任阮忠训、副主任陆国灏等出席活动。

15日 省长吕祖善会见美国惠普公司全球执行副总裁谢恩·罗宾逊和3COM公司首席执行官毛渝南一行。省政府秘书长张鸿铭、省外办副主任彭波等参加会见。

17日 浙江海外联谊会在深圳举办迎春团拜会。省委副书记夏宝龙出席，省港澳办副主任陆国灏等陪同参加。

19日 全省友城工作会议在杭州召开。副省长龚正出席。省外办主任阮忠训，副主任彭波、顾建新、陆国灏，省友协专职副会长虞希华，各市、有关县(市、区)分管外事工作负责人、外办主任，省直有关单位负责人等近300人参加会议。

20日 省外办召开全省外办主任会议，表彰2009年度全省外事系统先进集体和先进个人，总结2009年全省外事工作，研究部署2010年外事工作。省外办主任阮忠训，副主任彭波、顾建新、陆国灏，省友协专职副会长虞希华以及全省各市、县(市、区)外办主任等出席会议。

28日 省委书记、省人大常委会主任赵洪祝、省长吕祖善、省政协主席周国富会见省政协港澳华侨委员和特邀委员。省港澳办主任阮忠训等参加会见。

29日 省外办在上海举行2010年度浙江省情介绍会暨迎春招待会。美国、俄罗斯、德国、日本、加拿大等40个国家的驻沪总领事、领事、签证官员以及部分驻华机构代表100余人应邀与会。省外办主任阮忠训，副主任彭波、顾建新、陆国灏，省友协专职副会长虞希华等出席会议。

2 月

24日 省委书记、省人大常委会主任赵洪祝会见博茨瓦纳驻华大使娜奥米·埃伦·马金达一行。省委常委、秘书长李强，省外办主任阮忠训、副主任顾建新等参加会见。

27日 津巴布韦外交部长辛巴拉谢·蒙本盖圭一行经杭州访问义乌。省外办主任阮忠训前往机场迎接。

3 月

1日 省委外事工作领导小组召开2010年第一次会议。省委书记赵洪祝主持会议。省长吕祖善，省委常委、政法委书记、公安厅厅长王辉忠，省委常委、秘书长李强，省委常委、省军区政治委员林恺俊，副省长龚正，省安全厅厅长汪瀚，省外办主任阮忠训参加会议。

2日 副省长龚正会见阿联酋驻沪总领事诺拉·珠玛一行。省外办副主任陆国灏等参加会见。

3～14日 省友协会长梁平

波率团访问荷兰、匈牙利和英国。省友协专职副会长虞希华等陪同出访。

6日　省委书记、省人大常委会主任赵洪祝，省长吕祖善会见在北京参加全国“两会”（全国人大、全国政协会议）的部分港澳浙江籍全国人大代表和全国政协委员。省人大常委会副主任王永明，省政协副主席盛昌黎、徐冠巨、徐辉、姚克、冯明光，省港澳办副主任彭波等参加会见。

10日　副省长龚正会见奥地利新任驻沪总领事海因茨。省外办主任阮忠训、副主任顾建新等参加会见。

13日　副省长龚正率团访问日本、印度尼西亚和新加坡。省外办副主任陆国灏等陪同出访。

13日　省委副书记夏宝龙率团访问墨西哥、古巴和哥斯达黎加。省外办主任阮忠训等陪同出访。

15日　省委书记、省人大常委会主任赵洪祝会见美国安达保险集团董事长埃文·格林伯格一行。省委常委、秘书长李强，省外办副主任彭波等参加会见。

17日　副省长郑继伟出席2010年对港澳文化工作研讨会。省港澳办副主任彭波等参加会议。

22日　省委书记、省人大常委会主任赵洪祝会见阿联酋沙迦酋长国市政委员会主席萨利姆·沙姆斯一行。省委常委、秘书长李强，省外办副主任彭波等参加会见。

22日　省长吕祖善会见并宴请澳大利亚前总理、澳大利亚自然资源信托基金董事鲍伯·霍克一行。省政府秘书长张鸿铭、省外办副主任彭波等参加会见。

23日　省友协会长梁平波会见以静冈县原议长、县日中友好议员联盟会长天野一为团长的日本静冈县日中友好议员联盟代表团一行。省友协专职副会长虞希华等参加会见。

30日　省友协在杭州召开第6届理事会2010年年会。省友协会长梁平波在会上讲话。省友协常务副会长阮忠训向理事会报告2009年友协工作情况和2010年工作思路。省友协专职副会长虞希华主持会议。

31日　副省长龚正会见匈牙利新任驻沪总领事库蒂·拉斯洛一行。省外办主任阮忠训参加会见。

31日　副省长龚正会见丹麦驻沪总领事何丽兰一行。省外办主任阮忠训参加会见。

4　月

2日　省人大常委会副主任程渭山会见美国国会立法助手代表团一行。省外办副主任顾建新等参加会见。

7～9日　省外办与嘉兴市政府共同举办以“走进嘉兴——梦中的五彩水乡”为主题的第3届“使领馆年”活动。25个国家驻华大使、驻沪总领事及特派代表等共43人应邀参加活动。省外办主任阮忠训、副主任顾建新等出席本次活动。

9日　副省长龚正会见越南外交部副部长胡春山一行。省外办主任阮忠训、副主任陆国灏等参加会见。

11日　省委副书记夏宝龙会见美籍华人、著名国际刑侦专家、美国康涅狄格州警政厅终身荣誉厅长、美国纽海文大学终身教授李昌钰一行。

11～23日　省政协主席周国富率团访问阿联酋、瑞士。省外办主任阮忠训等陪同出访。

13日　副省长郑继伟会见印度驻沪总领事戴思锐。省外办副主任陆国灏等参加会见。

15日　副省长郑继伟会见立陶宛前总统帕克萨斯一行。省外办副主任顾建新等参加会见。

16日　省人大常委会副主任徐宏俊会见秘鲁民族主义党主席奥扬塔·胡马拉·塔索一行。省外办副主任彭波等参加会见。

18日　副省长龚正会见前来参加“历史的跨越”——纪念《澳门特别行政区基本法》颁布17周年暨澳门回归10周年图片展开幕式的澳门特区行政法务司司长陈丽敏一行。省港澳办副主任陆国灏等参加会见。

19日　副省长龚正与澳门特区行政法务司司长陈丽敏一起出席“历史的跨越”——纪念《澳门特别行政区基本法》颁布17周

年暨澳门回归10周年图片展开幕仪式并致辞。省港澳办副主任陆国灏等参加活动。

21日 省委常委、省纪委书记任泽民会见越南共产党中央检查委员会副主任梅值一行。省外办副主任陆国灏等参加会见。

22～24日 省外办举办以"世博与外事"为主题的第2期全省外办主任研修班。全省各市及部分县区外办主任共60余人参加研修班。省外办副主任顾建新主持研修班，并就外事系统做好世博外事工作进行专题部署。

25日 省政协副主席冯明光会见港澳代表人士国情研修班学员，近26位港澳浙江籍代表人士参加研修班。

26日 省人大常委会副主任刘奇会见刚果（金）争取重建与民主人民党干部考察团一行。省外办副主任彭波等参加会见。

26日 副省长龚正会见博鳌亚洲论坛秘书长周文重。省外办主任阮忠训，省友协专职副会长虞希华等参加会见。虞希华陪同周文重在浙江考察调研。

27～29日 越南总理阮晋勇和夫人访问浙江。阮晋勇一行乘专机抵达杭州时，副省长龚正，省外办主任阮忠训、副主任陆国灏等前往机场迎接。

27日 省委书记、省人大常委会主任赵洪祝会见越南总理阮晋勇夫妇一行。省委常委、秘书长李强，副省长龚正，省政协副主席冯明光，省外办主任阮忠训、副主任陆国灏等参加会见。

28日 省长吕祖善会见阮晋勇总理一行。会见结束后，吕祖善与阮晋勇共同出席中国（浙江）-越南经贸合作论坛开幕式并致辞。论坛上，副省长龚正代表浙江省政府与越南胡志明市签署加强友好交往备忘录。省政府秘书长张鸿铭，省外办主任阮忠训、副主任陆国灏等参加上述活动。

28日 省委常委、宁波市委书记、宁波市人大常委会主任巴音朝鲁在宁波会见越南总理阮晋勇一行。省外办副主任陆国灏等参加会见。

29日 阮晋勇总理出席中国（宁波）-越南经贸合作论坛并致辞。论坛上，宁波市政府与越南同奈省签署友好合作备忘录。副省长龚正，省外办副主任陆国灏等参加上述活动。

30日 副省长金德水会见诺基亚西门子杭州和上海研发中心负责人许健。省外办副主任顾建新等参加会见。

5 月

2日 密克罗尼西亚总统莫里访问义乌市。中国驻密克大使张卫东，省外办主任阮忠训、副主任彭波陪同访问。

2日 省长吕祖善会见阿尔及利亚民族院议长、阿总统个人代表本·萨拉赫一行。省人大常委会副主任冯明、省政府秘书长张鸿铭、省外办副主任顾建新等参加会见。

6日 副省长王建满与国际航空电讯集团总裁维奥朗德举行早餐会，并一起出席杭州萧山国际机场与国际航空电讯集团合作协议书签字仪式。

8日 省委书记、省人大常委会主任赵洪祝会见以色列IDB集团副主席阿维·费舍尔一行。省委常委、秘书长李强，省外办主任阮忠训、副主任陆国灏等参加会见。

9日 副省长龚正会见荷兰驻华大使裴靖康、荷兰皇家航空公司总裁兼首席执行官哈特曼，并一起出席在杭州萧山国际机场举行的杭州-阿姆斯特丹直达航线首航仪式。省友协专职副会长虞希华等参加会见和首航仪式。

11日 省委书记、省人大常委会主任赵洪祝会见日本静冈县知事川胜平太、议长浜井卓男率领的静冈县代表团。省委常委、秘书长李强，副省长龚正，省友协会长梁平波，省外办主任阮忠训、副主任陆国灏等参加会见。

11日 省人大常委会副主任徐宏俊会见伊朗伊斯兰联合党国际事务副书记哈米德·礼萨·塔拉基一行。省友协专职副会长虞希华等参加会见。

12日 省委常委、纪委书记任泽民会见匈牙利巴兰尼亚州首府佩奇市市长帕瓦·索特一行。省外办主任阮忠训、副主任顾建新等参加会见。

12日 副省长龚正与日本

静冈县知事川胜平太一起出席由省应急办、省地震局和静冈县共同举办的浙江省·静冈县防灾会议并致辞。省外办副主任陆国灏等参加会议。

12日 副省长龚正会见乌干达贸工部部长卡因达·奥泰费尔和乌干达驻华大使查尔斯·马迪波·瓦吉杜索一行。省外办副主任顾建新等参加会见。

12日 省高级法院院长齐奇会见斯洛伐克最高法院院长什捷凡·哈拉宾一行。省外办主任顾建新等参加会见。

14日 省委书记、省人大常委会主任赵洪祝会见菲律宾副总统诺利·德·卡斯特罗一行。省委常委、宁波市委书记、宁波市人大常委会主任巴音朝鲁，省委常委、秘书长李强，副省长龚正，省外办主任阮忠训、副主任陆国灏等参加会见。

15日 省人大常委会副主任冯明应邀出席荷兰弗里福兰省在上海世博会荷兰馆举办的中荷联谊活动。省外办副主任顾建新等陪同参加。

15日 省友协会长梁平波会见马耳他中国友好协会主席雷诺·卡莱亚一行。省友协专职副会长虞希华等参加会见。

16日 省长吕祖善会见荷兰弗里福兰省省长傅比克一行，并一起出席省商务厅与弗里福兰省经济发展署合作框架协议书、省贸促会与弗里福兰省商会合作协议书签字仪式。省政府秘书长张鸿铭，省外办主任阮忠训、副主任顾建新等参加上述活动。

18日 副省长龚正会见外国驻华使馆武官代表团一行。省外办副主任顾建新等参加会见。

19日 省长吕祖善会见荷兰乌特勒支省省长罗尔·罗伯特森一行。省政府秘书长张鸿铭，省友协专职副会长虞希华等参加会见。

19日 省委常委、纪委书记任泽民率浙江省代表团出访瑞典、匈牙利和克罗地亚。省外办主任阮忠训等陪同出访。

19日 副省长龚正会见以法国国民议会法中友好小组秘书长、法国蒙达尔纪市镇联合体主席、蒙达尔纪市市长多尔为团长的蒙达尔纪市镇联合体代表团一行。省外办副主任顾建新等参加会见。

19日 副省长龚正会见联合国商品共同基金总裁阿里·慕秋姆一行。省外办副主任顾建新等参加会见。

19日 省友协会长梁平波会见荷兰乌特勒支省省长罗尔·罗伯特森一行。省友协专职副会长虞希华等参加会见。

22日 省委常委、副省长葛慧君会见肯尼亚林业与野生动物部部长魏克萨，布隆迪教育部部长罗斯，不丹国务秘书、皇家农业与林业部副部长谢鲁伯，牙买加国务部长麦克和塞拉利昂农业部副部长托马斯。省外办副主任顾建新等参加会见。

22日 省友协会长梁平波会见墨西哥参议院副议长西门内斯一行。

24日 省政协副主席徐辉会见美国哈佛大学肯尼迪学院代表团一行。省外办副主任彭波等参加会见。

26日 副省长龚正会见比利时法兰德斯大区首席大臣克里斯·彼得斯一行。省外办副主任顾建新等参加会见。

26日 副省长王建满会见万国邮联国际局总局长达扬一行。省外办副主任陆国灏等参加会见。

28日 省友协会长梁平波会见英国苏格兰中国协会主席詹尼斯·迪克逊一行。省友协专职副会长虞希华等参加会见。

29日 副省长龚正会见挪威石油与能源大臣泰里斯·约翰森、北挪威省省长欧德·埃里克森一行。省外办副主任顾建新等参加会见。

31日 省委书记、省人大常委会主任赵洪祝会见挪威北挪威省省长欧德·埃里克森一行，双方签署建立友好省关系意向书。省委常委、秘书长李强，副省长龚正，省外办主任阮忠训、副主任顾建新等参加上述活动。

6 月

2日 副省长龚正会见香港台湾工商大陆参访团一行。省港澳办副主任陆国灏等参加会见。

4日 省委常委、副省长葛慧君会见美国印第安纳州副州长贝基·斯科尔曼一行，双方签署《浙江省-印第安纳州农业交流合作协议》。省外办主任阮忠训、副主任彭波等参加上述活动。

6日 省友协会长梁平波会见德国德中协会主席格莱格·保罗夫妇、副主席亚历山大·贝尔夫妇一行。省友协专职副会长虞希华等参加会见。

7日 省委书记、省人大常委会主任赵洪祝会见澳大利亚西澳州议会上议院议长班睿·豪斯一行。省委常委、宁波市委书记巴音朝鲁，省委常委、秘书长李强，省政协副主席、省工商联主席徐冠巨，省外办主任阮忠训、副主任彭波等参加会见。

当晚，省人大常委会副主任刘奇会见豪斯一行。省外办主任阮忠训、副主任彭波等参加会见。

7日 省委书记、省人大常委会主任赵洪祝会见前来参加浙洽会的香港中华总商会会长蔡冠深一行。省委常委、宁波市委书记巴音朝鲁，省委常委、秘书长李强，省政协副主席、省工商联主席徐冠巨，省港澳办主任阮忠训、副主任陆国灏等参加会见。

7日 省长吕祖善会见应邀参加第12届浙江投资贸易洽淡会、第9届中国国际日用消费品博览会（简称“浙洽会”、“消博会”）的各国驻沪领馆代表团一行。宁波市市长毛光烈、省政府秘书长张鸿铭、省外办副主任顾建新等参加会见。

7日 省人大常委会副主任刘奇会见应邀参加浙洽会、消博会的尼日利亚代表团一行。

7日 省政协副主席冯明光会见参加浙洽会、消博会的日中经济贸易中心理事长青木俊一郎一行。

7日 中国第9支赴利比里亚维和警队在杭州举行出征仪式，12月开赴利比里亚维和任务区。此次维和警队全部由浙江省公安民警组成，共18人。此次民事维和任务为期一年。

7～17日 省人大常委会副主任徐宏俊率浙江省人大代表团访问美国和加拿大。

10日 省政协主席周国富会见澳大利亚西澳州议会上议院议长班睿·豪斯一行。省外办主任阮忠训、副主任彭波等参加会见。

15日 省委书记、省人大常委会主任赵洪祝会见保加利亚经济能源旅游部部长特赖舍·特赖科夫一行。省委常委、秘书长李强，省外办主任阮忠训、副主任顾建新等参加上述活动。

18日 上海世博会“浙江活动周”开幕式在世博园举行，26个国家36名驻沪总领馆官员（其中总领事17人）参加开幕式。省外办主任阮忠训、省友协专职副会长虞希华等参加开幕式活动。

20日 省委书记、省人大常委会主任赵洪祝会见新加坡副总理兼内政部长黄根成一行。省委常委、秘书长李强，副省长龚正，省外办主任阮忠训、副主任陆国灏等参加会见。

21日 省委常委、杭州市委书记黄坤明会见新加坡副总理兼内政部长黄根成一行，省外办副主任陆国灏等参加会见。

22日～7月3日 省人大常委会副主任刘奇率省人大代表团访问英国、保加利亚和罗马尼亚。

23日 省长吕祖善会见韩国全罗南道知事朴晙莹。省政府秘书长张鸿铭、省外办主任阮忠训、省友协专职副会长虞希华等参加会见。

23日 省长吕祖善会见全球中小企业联盟主席卡洛斯·马格里诺斯一行。省政府秘书长张鸿铭，省外办主任阮忠训等参加会见。

24日 省委常委、常务副省长陈敏尔会见世界交易所联合会主席兼芝加哥期权交易所董事长兼首席执行官威廉·布拉斯基一行。省外办副主任彭波等参加会见。

25日 中共中央政治局常委、国务院总理温家宝在杭州与塞尔维亚总理茨韦特科维奇举行会谈。省委书记、省人大常委会主任赵洪祝，外交部副部长王光亚等参加会谈。

29日 副省长郑继伟会见澳大利亚西澳州副总理基姆·汉默斯一行。省外办主任阮忠训、副主任彭波等参加会见。

当日，郑继伟和基姆·汉默

斯共同出席“2010体验西澳——浙江省高中英语口语大赛”颁奖仪式。省友协会长梁平波、省外办副主任彭波、省友协专职副会长虞希华等出席活动。

30日 省委常委、副省长葛慧君会见澳大利亚西澳州政府内阁成员、农业与食品部部长唐纳德·特里·雷德曼一行。省外办副主任彭波等参加会见。

30日 副省长王建满会见香港港龙航空有限公司行政总裁唐伟邦一行。省港澳办副主任陆国灏等参加会见。

7 月

5日 副省长龚正会见日本静冈县日中友好协议会新任理事长栗原绩一行。省友协专职副会长虞希华等参加会见。

6日 省友协会长梁平波会见日本静冈县日中友好协议会新任理事长栗原绩一行。省友协专职副会长虞希华等参加会见。

12日 副省长龚正会见美国默沙东公司主席兼首席执行官科瑞嘉一行。

13日 省长吕祖善会见捷克皮尔森州州长米拉达·艾玛诺娃一行。省政府秘书长张鸿铭，省外办主任阮忠训、副主任顾建新等参加会见。

15日 省委书记、省人大常委会主任赵洪祝会见第6届世界合唱比赛主办方之一、国际文化交流基金会主席冈特·铁驰一行。省委常委、秘书长李强，省外办主任阮忠训，省友协专职副会长虞希华等参加会见。

15～26日 第6届世界合唱比赛在绍兴举行。这是浙江省已举办的规模最大的国际性文化赛事。

18日 省人大常委会副主任程渭山会见新西兰奥克兰地区委员会主席麦克·李一行。省外办副主任彭波等参加会见。

19日 省委书记、省人大常委会主任赵洪祝会见格林纳达总理蒂尔曼·托马斯一行。省委常委、秘书长李强，副省长龚正，省外办主任阮忠训、副主任彭波等参加会见。

22日 省委书记、省人大常委会主任赵洪祝会见博茨瓦纳副总统蒙帕蒂·梅拉费一行。省委常委、秘书长李强，副省长龚正，省外办主任阮忠训、副主任顾建新等参加会见。翌日，双方举办“博茨瓦纳-浙江投资论坛”，省商务厅与博茨瓦纳出口发展和投资总局签署关于开展经贸交流与合作备忘录。

23日 副省长金德水会见世界银行国际金融公司气候变化局候任局长莫哈森·哈里里一行。省外办副主任彭波等参加会见。

26日 副省长龚正会见汤加公主萨洛特·皮洛莱乌·图伊塔一行。省外办主任阮忠训、副主任彭波等参加会见。

27日 省委常委、宣传部长茅临生会见塞内加尔新闻部长兼政府发言人穆斯塔法·吉拉西一行。省外办副主任顾建新等参加会见。

8 月

4～13日 副省长金德水会见美国AES太阳能有限公司总裁鲍博·海菲尔一行。省外办副主任陆国灏等参加会见。

4～13日 省委常委、常务副省长陈敏尔率团访问日本、新加坡。省外办副主任彭波等陪同出访。

9～11日 斐济总理乔萨亚·沃伦盖·姆拜尼马拉马一行访问浙江。9日，宁波市委副书记、市长毛光烈会见姆拜尼马拉马一行。省外办副主任陆国灏等参加会见。

13日 省外办召开全省市外办主任会议，总结2010年上半年全省外事工作，研究部署下半年主要任务和“千校结好”行动计划。省外办主任阮忠训，副主任顾建新、陆国灏，省友协专职副会长虞希华和11个市外办主任、部分县(市、区)外办主任参加会议。

16日 省委常委、组织部长蔡奇会见日本静冈县副知事大村慎一一行。省外办副主任彭波、陆国灏等参加会见。

19～30日 省委常委、组织部长蔡奇率团访问日本、美国和牙买加。省外办副主任彭波等陪同出访。

19日 省人大常委会副主任冯明会见日本静冈县副知事岩濑洋一郎、副议长岩濑护一行。省外办主任阮忠训、副主任陆国灏等参加会见。

20日 省长吕祖善会见印度尼西亚万丹省省长乔西娅一行。会见结束后，双方共同签署两省友好合作备忘录。副省长金德水，省政府秘书长张鸿铭，省外办主任阮忠训、副主任陆国灏等参加上述活动。

20日 副省长金德水与印度尼西亚万丹省省长乔西娅共同出席工作会谈并致辞。省外办主任阮忠训、副主任陆国灏等参加工作会谈。

21日 省委书记、省人大常委会主任赵洪祝分别会见前来出席第5届中日韩旅游部长会议的日本国土交通大臣前原诚司和韩国文化体育观光部长柳仁村，以及中日韩旅游部长会议代表。省委常委、秘书长李强，副省长王建满，省外办主任阮忠训、副主任陆国灏等参加会见。

21～23日 副省长王建满出席第5届中日韩旅游部长会议开幕式及闭幕式等活动。

22日 省委书记、省人大常委会主任赵洪祝会见多哥总统福雷·埃索齐姆纳·纳辛贝一行。省委常委、秘书长李强，省委常委、副省长葛慧君，省政协副主席徐辉，省外办主任阮忠训、副主任顾建新等参加会见。

24日 省人大常委会副主任吴国华与澳大利亚西澳州议会下议院议长格兰特·伍德姆斯举行工作会谈。

25日 省委书记、省人大常委会主任赵洪祝会见澳大利亚西澳州议会下议院议长格兰特·伍德姆斯一行。省委常委、秘书长李强，省人大常委会副主任吴国华，省人大常委会秘书长姚民声，省外办主任阮忠训等参加会见。

29日 省人大常委会副主任刘奇会见法国议会两院法中友好小组代表团一行。

9　月

1日 省委书记、省人大常委会主任赵洪祝会见以香港百仁基金会创会主席、香港恒基兆业地产集团副主席李家杰为团长的香港青年企业家代表团一行，并出席“生态文明浙江从这里起步——‘生态城市·生态建筑’高峰论坛”。省委常委、秘书长李强，省港澳办主任阮忠训等参加上述活动。副省长王建满参加会见。

8日 副省长郑继伟会见比利时西弗兰德省副省长根特·皮尔崔一行。双方出席并见证两省科教项目合作协议签字仪式。省外办副主任顾建新等参加上述活动。

8日 省政协副主席兼秘书长黄旭明会见澳大利亚西澳州议会上议院议员海伦·莫顿。省外办副主任彭波等参加会见。

9日 省委书记、省人大常委会主任赵洪祝会见出席“经济转型与城乡互动”上海世博会主题论坛（在绍兴举办）的各国嘉宾。省外办主任阮忠训参加会见。

9日 省委书记、省人大常委会主任赵洪祝会见来浙出席“2010中国浙江商务周”开幕式的非洲各国嘉宾。省委常委、秘书长李强，副省长龚正，省外办主任阮忠训等参加会见。

9日 省委书记、省人大常委会主任赵洪祝会见韩国韩华集团董事长金升渊一行。省委常委、秘书长李强，副省长龚正，省外办主任阮忠训等参加会见。

9日 省长吕祖善会见来浙出席“2010中国浙江商务周”活动的新加坡总理公署部长陈惠华，保加利亚经济、能源和旅游部长安格洛夫，部分国家驻沪总领事等嘉宾。省政府秘书长张鸿铭、省外办副主任顾建新参加会见。

10日 副省长龚正分别会见锦江麦德龙现购自运有限公司高级副总裁吕国满、沃尔玛中国首席运营官罗世诚。省外办副主任顾建新等参加会见。

10日 副省长龚正会见来浙出席“2010中国浙江商务周”的保加利亚经济、能源和旅游部副部长埃弗格尼·安格洛夫。省外办副主任顾建新等参加会见。

10日 省友协会长梁平波会见由哥伦比亚、哥斯达黎加、洪都拉斯和萨尔瓦多等四国地方政府和区域性组织负责人组成的2010中国国际友好城市大会拉美地区代表团。

11日 省委书记、省人大常委会主任赵洪祝会见意大利艾米利亚-罗马涅大区主席瓦斯科·埃拉尼。副省长郑继伟，省外办主任阮忠训、副主任顾建新等参加会见。

13日 省长吕祖善会见比利时西弗兰德省省长保罗·拜恩。双方出席两省结好10周年庆祝宴会并致辞。省委常委、常务副省长陈敏尔，省政府秘书长张鸿铭，省外办主任阮忠训、副主任顾建新等参加上述活动。

13日 省友协会长梁平波会见日本静冈县前知事石川嘉延夫妇。省友协专职副会长虞希华等参加会见。

14日 省政协主席周国富会见特立尼达和多巴哥总统乔治·理查兹夫妇。省外办主任阮忠训、副主任彭波等参加会见。

14日 省人大常委会副主任徐宏俊会见博茨瓦纳哈博罗内市市长莱索利。

14日 副省长陈加元会见约旦参议员阿曼尔·法尔哈。

15日 省政协主席周国富会见日本静冈县前知事石川嘉延夫妇。省外办主任阮忠训，省友协专职副会长虞希华等参加会见。

15日 省委常委、组织部长蔡奇会见美国摩托罗拉公司高级副总裁、公共事务与传播部总裁海伦·昙迪。省外办副主任彭波等参加会见。

15日 省政府举行浙江省外国专家“西湖友谊奖”颁奖大会。副省长陈加元出席，省外办副主任陆国灏参加颁奖大会。

16日 省外办、省纪委牵头召开2010年度全省因公出国（境）党风廉政建设联席会议。省政府办公厅、省委组织部等10余家成员单位参加会议。

19日～10月2日 省委书记、省人大常委会主任赵洪祝率浙江省代表团出访挪威、埃及和南非。省外办主任阮忠训等陪同出访。

21日 副省长金德水会见菲律宾贸工部副部长克里斯蒂诺·潘利利奥夫妇。省外办副主任彭波参加会见。

28日 省人大常委会副主任刘奇会见以澳大利亚西澳州下议院议员保罗·迈尔斯为团长的西澳州议会上下两院议员代表团。省外办副主任彭波等参加会见。

10　月

11日 省长吕祖善会见德国石荷州州长卡斯藤森一行。副省长龚正，省政府秘书长张鸿铭，省外办主任阮忠训、副主任顾建新等参加会见。

12日 省长吕祖善会见日本静冈县知事川胜平太一行，并与川胜平太共同出席浙江省·静冈县友好交流项目签字仪式。副省长龚正，省友协会长梁平波，省政府秘书长张鸿铭，省外办主任阮忠训、副主任陆国灏，省友协专职副会长虞希华等参加上述活动。

12日 省人大常委会副主任冯明会见日本静冈县议会议长天野进吾一行。

12日 省人大常委会副主任冯明、副省长龚正、省友协会长梁平波会见静冈县友好访华团一行。省外办主任阮忠训、副主任陆国灏，省友协专职副会长虞希华等参加会见。

12日 副省长龚正出席浙江省·石荷州经济合作协议签字仪式及石荷州投资说明会并致辞。省外办副主任顾建新等参加说明会。

12日 省友协会长梁平波出席“湘湖情——2010浙江省·静冈县书法交流展”开幕式并致辞。省外办副主任陆国灏、省友协专职副会长虞希华等参加开幕式。

13日 省委书记、省人大常委会主任赵洪祝会见以色列农业部部长沙洛姆·辛洪一行，出席并见证双方相关合作协议签字仪式。省政协副主席、传化集团董事长徐冠巨，省外办主任阮忠训、副主任陆国灏等参加上述活动。

13日 省友协会长梁平波会见日中友好协会副会长、福井县日中友好协会会长酒井哲夫一行。省友协专职副会长虞希华等参加会见。

13～22日 副省长王建满率浙江省旅游促销团访问法国、俄罗斯和捷克。

14日 省委书记、省人大常委会主任赵洪祝会见欧洲议会副议长米格尔·马丁内斯夫妇一行。省人大常委会秘书长姚民声，省外办主任阮忠训、副主任顾建新等参加会见。

14日 省委常委、组织部长蔡奇会见牙买加圣詹姆斯大区议会主席、蒙特哥贝市市长查尔斯·辛克莱尔一行。省外办副主任彭波等参加会见。

14日 省委常委、杭州市委书记黄坤明会见以色列农业部部长沙洛姆·辛洪一行。省政协副主席、传化集团董事长徐冠巨，省外办副主任陆国灏等参加会见。

15日 省政协主席周国富会见澳门特区行政长官崔世安一行。省委常委、宣传部长茅临生，省政协副主席兼秘书长黄旭明，省港澳办主任阮忠训等参加会见。

19日 省委书记、省人大常委会主任赵洪祝会见美国肯恩大学校长达伍·法拉希一行。中国国际教育协会会长、教育部原副部长、第36任联合国教科文组织执行理事会主席章新胜，浙江大学党委书记张曦，省外办副主任彭波等参加会见。

21日 省委常委、纪委书记任泽民会见匈牙利南多瑙河大区委员会经济发展委员会主席莱斯洛·瓦格·萨般一行。省外办主任阮忠训等参加会见。

26日 省友协会长梁平波会见越南广宁省友好联合会主席阮志升一行。省友协专职副会长虞希华等参加会见。

28日 省委书记、省人大常委会主任赵洪祝会见中美高级退役将领代表团。省委常委、秘书长李强，省委常委、省军区政委林恺俊，省外办副主任彭波等参加会见。

28日～11月10日 省长吕祖善率省政府代表团出访美国、斐济和印度尼西亚。省政府秘书长张鸿铭，省外办主任阮忠训等陪同出访。

11 月

1日 省委书记、省人大常委会主任赵洪祝会见非洲联盟委员会主席让·平一行。省委常委、秘书长李强，省外办副主任顾建新等参加会见。2日，副省长、温州市委书记陈德荣会见赴温考察的让·平一行。李强全程陪同让·平一行访问浙江。

1日 省政协主席周国富会见莱索托首相帕卡利塔·莫西西利一行。省政协副主席兼秘书长黄旭明、省外办副主任陆国灏等参加会见。

1～5日 省委副书记夏宝龙率浙江省代表团访问香港。

2日 省委书记、省人大常委会主任赵洪祝会见土耳其国务部长扎法尔·恰拉扬一行。副省长陈加元、省外办副主任顾建新等参加会见。3日，副省长龚正出席土耳其-中国商务交流早餐会并致辞。浙江省与土耳其其签订商务合作框架协议。顾建新等参加早餐会。

4日 省委书记、省人大常委会主任赵洪祝会见澳洲联邦银行首席执行官罗礼士一行。省委常委、秘书长李强，省委常委、杭州市委书记黄坤明，杭州市委副书记、代市长邵占维，省外办副主任彭波等参加会见。

4日 第3届浙江省外国人领事保护工作研讨会在义乌市召开。省外办、省高级法院、省检察院、省公安厅、省司法厅及义乌市相关负责人，以及来自美国、保加利亚、新西兰、德国、日本、韩国、尼日利亚等23个国家驻沪领馆领事官员参加会议。

5日 省人大常委会副主任吴国华会见阿根廷新任驻沪总领事弗朗西斯科·米格尔·费罗一行。省外办副主任彭波等参加会见。

7日 副省长王建满会见日本栃木县副知事麻生利正一行。省外办副主任陆国灏等参加会见。

9日 浙江品牌(印尼)中心在印尼首都雅加达开业，中国浙江-印尼万丹经贸交流会在印尼万丹省举行。省长吕祖善出席活动并致辞。

10日 省委书记、省人大常委会主任赵洪祝会见美国印第安纳州州长米奇·丹尼尔斯一行。省委常委、秘书长李强，省外办副主任彭波等参加会见。

12日 省长吕祖善会见美国印第安纳州州长米奇·丹尼尔斯一行。省政府秘书长张鸿铭，省外办主任阮忠训、副主任彭波等参加会见。

15日 由省友协、省对外文化交流协会、浙报集团共同主办的第2届“外国友人看浙江”征文活动结束。此次征文活动共收到来自美国、英国、日本、德国、俄罗斯、菲律宾、肯尼亚、巴西、新加坡、澳大利亚等10个国家81位友人的81篇文章。美国特勒西·托马斯的《海宁是我的家》获一等奖。

16日 副省长龚正会见牙买加前总督肯尼斯·霍尔爵士一行。省外办主任阮忠训、副主任彭波等参加会见。

25～26日 《浙江外事年鉴》通讯员培训会议在宁波举行。省外办各处室、各市外办、省直有关单位、部分高校及企业的通讯员参加培训。

26日 省委书记、省人大常委会主任赵洪祝会见美国国务院政府间事务特别代表瑞塔·路易斯一行。省委常委、秘书长李强，省外办主任阮忠训，省友协专职副会长虞希华等参加会见。

29日 副省长龚正会见摩洛哥国王首席顾问阿祖莱夫妇一行。省外办副主任顾建新等参加会见。

12 月

1日 省委常委、常务副省长陈敏尔会见美国利宝集团董事长兼首席执行官柯理一行。省外办副主任彭波等参加会见。

2日 副省长龚正会见加拿大驻沪总领事潘乃德一行。省外办主任阮忠训、副主任彭波等参加会见。

14日 省长吕祖善与美国高盛集团副董事长麦克·埃文斯一行举行工作会谈。省政府秘书长张鸿铭，省外办主任阮忠训、副主任彭波等参加会谈。

15日 省委常委、秘书长李强会见由摩洛哥独立党、人民力量社会主义联盟、进步与社会主义党组成的三党干部联合考察团。省外办主任阮忠训、副主任顾建新等参加会见。

16日 省委书记、省人大常委会主任赵洪祝会见澳门新闻界高层访问团。省委常委、宣传部长茅临生，省港澳办主任阮忠训等参加会见。

16日 省友协会长梁平波会见日本静冈县日中友好协议会理事长栗原绩一行。省友协专职副会长虞希华等参加会见。

17日 省人大常委会副主任冯明会见阿尔及利亚国民议会财政与预算委员会主席穆罕默德·科奈一行。省外办副主任顾建新等参加会见。

17日 副省长龚正参加浙静经济交流促进机构第19次会议。省外办副主任陆国灏等参加会议。

20日 省委书记、省人大常委会主任赵洪祝会见美国惠普公司全球副总裁、中国惠普有限公司总裁高瑞彬。省委常委、秘书长李强，省外办副主任彭波等参加会见。

21日 副省长龚正会见澳大利亚驻沪总领事孔陶杰。省外办副主任彭波等参加会见。

27日 副省长龚正会见德国驻沪总领事芮悟峰一行。省外办副主任顾建新等参加会见。

28～30日 省外办举办全省外事干部培训班。省直有关单位，高校，各市、县(市、区)外办相关负责人等近100人参加培训。省外办副主任顾建新出席培训班开班和结业仪式。

30日 副省长陈加元会见获国家“友谊奖”、“西湖友谊奖”的在浙外国专家。省外办副主任顾建新等参加会见。

(周赵行)

综　　述

因公出国(境)管理和邀请外国人来华

【概况】 2010年,全省因公出国(境)工作有三个特点:一是制止公款出国(境)旅游专项工作成效显著。党政机关出国10219人次,占全年计划的88.7%,比上年下降11.8%,完成年初确定的"2010年在2009年基础上再压缩10%"的目标。二是专项工作长效机制初步形成。充分发挥因公出国(境)党风廉政建设联席会议作用,进一步完善计划管理,在继续严格控制党政干部因公出国(境)数量的基础上,对出访团组实行分类指导,优化结构,并加强监督检查,有效提高了管理水平。三是加大为经济社会发展服务的力度,出访团组任务结构进一步优化。在党政干部出国人次比上年减少的同时,经贸、教育、科技等领域出访人数大幅增加。全省因公出国(境)总人数28938人次,比上年上升22.1%,其中经贸类出访团组14991人次,教育科技等专业培训、交流类团组5969人次,分别占51.8%、20.6%。

【制定制止公款出国旅游专项工作要点】 2010年初,下发《制止公款出国旅游专项工作2010年工作要点》(简称《要点》)。省外办根据《要点》精神,结合浙江实际,代拟了《浙江省制止公款出国(境)旅游专项工作2010年工作要点》,报经省纪委以专项工作厅际联席会议名义下发,要求全省严格执行党中央、国务院和省委、省政府有关文件精神,坚持"分类指导、优化结构、确保重点、加强监管"的原则,巩固专项工作成果,探索建立禁止公款出国(境)旅游长效机制,将专项工作推向深入。

【开展因公出国(境)专项检查】 2010年初及7月,省外办与省纪委、省委组织部对各市、省直单位和高等院校、企业等近130家单位因公出国(境)工作情况进行了两次检查,并将检查结果向省委领导及省委外事工作领导小组作专题汇报,得到省委领导的充分肯定。

【对党政机关组织因公出国双跨团组进行检查】 2010年4月,省外办联合省纪委,以自查和抽查相结合的方式,对近三年省直厅局下属中心、学会、协会组织因公出国双跨团组情况进行全面检查。通过检查,基本掌握了全省双跨团组的有关情况,针对存在的问题提出了改进建议,并将检查情况上报中纪委预防腐败室和部际联席会议办公室。

【完善因公出国(境)团组计划管理】 2010年,根据专项工作统一部署,结合上年实施情况,省外办对全省因公出国(境)团组的计划管理工作进行了修订和完善。一是明确计划管理的对象范围为党政机关和参公管理事业单位人员,其他人员根据有关规定和实际工作需要申报出访任务;二是明确参加双跨团组的党政机关和参公管理事业单位人员列入派出单位计划;三是根据工作性质的特殊性,对外经贸、文教、侨务、旅游等部门实行分类管理。年初,省外办将全省2010年度因公出国(境)计划汇总后,按照以上原则及中纪委提出的"2010年在2009年基础上再压缩10%"的控制目标,与各地、各部门沟通协商，努力做到既压缩目标，又满足全省正常对外交往的需要。经提请省委外事工作领导小组专题会议研究通过，2010年度因公出国(境)计划人员总量比上年度压缩11.7%。

【强化出访团组行前教育和外事纪律教育】 2010年，省外办采取多种方式保证行前教育和外事纪律教育落实到位。一是以省纪委、省委组织部、省外办名义下发《关于进一步加强外事纪律教育的通知》，要求各派出单位高度重视行前教育工作，切实落实责任，确保外事纪律教育落到实处；出访团组和人员要严肃外事纪律、增强安全保密意识并重视对外形象。二是决定把出访团组是否进行外事纪律教育列入年度因公出国(境)"三查"(即组团单位自查，审批单位互查，省纪委、省委组织部、省外办联合抽查)工作中，督促行前教育落实到位。三是对于有需要的单位，省外办有关职能处室派专人上门为其出访团组进行行前教育。

【外事为民企服务新举措】 2010年7月9日，根据全省民营企业实际，省外办下发《外事为民营企业"走出去"服务的若干意见》，提出确定重点服务对象、创新出国管理、拓展友城资源、畅通签证渠道、提供领事保护、加强指导培训和做好沟通协调等七项举措，为民营企业"走出去"提供全方位服务。

【全省因公出国(境)党风廉政建设联席会议】 2010年9月16日在杭州召开，由省外办牵头举办。省政府办公厅、省委组织部等10余家成员单位出席会议。会议通报了1至8月全省因公出国(境)党风廉政建设和专项工作基本情况，交流了专项工作的做法和经验，研究了工作中的热点、难点问题，就下一阶段工作思路达成共识。

【全省因公出国(境)任务审批、护照签证专办员培训班】 2010年11月5日在杭州举办。来自省级部门、省属企业、省属高校和多家中央在浙机构共125个单位及11个市和下属县(市、区)外办的近270位专办员参加培训。培训班总结了因公出国(境)管理工作的成绩和存在的问题，提出了加强专办员队伍建设的基本要求；对专办员进行了因公出国(境)工作最新政策规定、任务报批注意事项、申办护照和签证的新情况及领馆的新要求等方面的培训，并对学员进行了检验培训效果的书面测试。

【邀请外国人来华工作座谈会】 2010年12月28日，省外办召开邀请外国人来华工作座谈会，全省20余家审批权单位参加。会议传达了外交部对邀请外国人来华制度进行改革的有关文件精神，研究部署贯彻落实办法，统一申办条件，进一步规范全省邀请外国人来华工作。

(陶允冀)

附表　2010年浙江省因公出国、赴港澳和邀请外国人来华审批情况

类　别	项　目	批数(港澳)	人数(港澳)
审批情况	任务审批团组	7790(1337)	27669(4012)
	任务确认团组	797(57)	1299(110)
	邀请外国人来华	24205	34630
出访任务分　类	友好访问	581	2577
	经贸活动	5306	14911
	科技交流	262	842

续表

类　别	项　目	批数(港澳)	人数(港澳)
出访任务分　类	文体交流	346	2303
	人员培训	409	2821
	国际会议	457	867
	业务考察	674	3148
	其他任务	552	1499

领事业务

【概况】 2010年,全省外事系统进一步健全完善涉外工作协调机制,不断提高涉外突发事件的应变处置能力和预防预警能力,努力加强与各国驻华使领馆的交流和联系,积极做好上海世博会"环沪护城河"安保工作,为建设"平安浙江"创造良好的社会环境,为浙江省"走出去"战略和"创业富民、创新强省"战略服务。

(一)依法、妥善、及时处理各类涉外突发案(事)件。 省外事系统统计,2010年全省发生各类涉外突发案(事)件616起。其中,省内涉外突发案(事)件551起,省外办参与处理协调43起。省内涉外突发案(事)件包括外国人在浙江自然或意外死亡、"三非"(非法入境、非法滞留、非法就业)事件以及经济纠纷、合同诈骗、抢劫、走私毒品等民事、刑事案件。境外突发案(事)件65起,省外办参与处理22起。境外突发案(事)件包括浙江省公民在外遭遇自然灾害、重大事故等事件,还包括境外劳务纠纷、渔事案件以及浙江省公民在海外失踪、死亡、被绑架劫持等事件。在处理各类涉外突发事件过程中,省外办均在第一时间与有关部门取得联系,及时采取相应措施,化解矛盾,解决问题,保护中外当事人合法利益,避免事态扩大或力争将危机解决于萌芽状态。同时,防范与处置并重,健全涉外突发事件预警机制,完善应急预案,提前预防并积极主动处理各类涉外突发案(事)件。

(二)做好上海世博会"环沪护城河"涉外安保工作。 按照省世博安保领导小组总体部署,成立全省外事系统世博安保工作领导小组,省外办主要领导任组长,分管领导任副组长,相关处室主要负责人及各市外办分管负责人为小组成员,领导小组办公室设在省外办领事处。4月15日至11月5日期间,省外办相关处室和各市外办确定专门联络员,实行联络员手机值班制度,确保联系畅通。制订安保工作任务方案,理清各级外事系统涉外安保工作目标任务,理顺部门职责,确保涉外安保工作责任到人、到岗。同时,发挥浙江省涉外突发事件应急领导小组机制的作用,制发上海世博会期间浙江省涉外突发事件应急处置工作的有关文件,加强与有关部门协同配合,形成世博涉外安保工作合力。依法、文明、稳妥处置世博会期间各类涉外突发案(事)件,为世博会顺利举行营造稳定、和谐的社会环境。

(三)进一步密切与外国驻华使领馆的联系,创新方式、加强合作,为浙江省经济社会发展服务。 举办"走进浙江"使领馆年系列活动,不断完善和强化浙江省与各国驻沪领馆的磋商机制。做好浙江省投资贸易洽谈会、中国国际日用消费品博览会、浙江省农业博览会的外宾邀请及有关涉外礼宾工作,充分利用领馆资源为浙江的经济和社会发展服务。召开浙江省外国人领事保护工作研讨会,邀请各国驻沪总领事馆相关领事参会。会同省公检法司等部门,共同研究省内外国人领事保护工作,增进互信,加强合作。

【上海世博会外事工作专题培训班】 2010年3月23日至24日，省外办配合上海世博会外事工作协调小组领事组，在杭州举办上海世博会外事工作专题培训班，重点就涉外案(事)件处理、涉外文化项目审批管理等进行培训。外交部、公安部、文化部等部门领导，省直机关相关单位代表，各市、县(市、区)外办代表等共55人参加培训。

【“走进嘉兴——梦中的五彩水乡”使领馆年系列活动】 参见第14页**【第3届“使领馆年”活动】**。

【浙江省外事渔政代表团访问日本、韩国】 2010年7月26日至8月4日，由省外办组团，省海洋与渔业局、舟山市外办、台州市外办和两市海洋与渔业局参加的浙江省外事渔政代表团访问日本和韩国，与中国驻外使领馆和当地有关渔政执法部门座谈交流，建立联系和互信。

【浙江省涉外管理培训班】 2010年9月10日在杭州举办。外交部领事司国内领事处、领事保护中心领导和省外办有关负责人就涉外突发案(事)件处理、中国公民和机构海外安全与领事保护工作等对学员进行培训。省直机关相关单位代表，各市、县(市、区)外办代表共80余人参加培训。杭州、宁波、舟山、义乌等市外办围绕各自涉外管理工作交流发言。

【浙江省外国人领事保护工作研讨会】 2010年11月4日在义乌市召开。省外办、省高级法院、省检察院、省公安厅、省司法厅和义乌市相关负责人，美国、保加利亚、新西兰、德国、日本、韩国、尼日利亚等23个国家驻上海总领事馆领事官员参加会议。

会议总结交流了浙江省外国人领事保护工作经验，强调要进一步健全与各国驻上海总领事馆的磋商机制，做好在浙外国人领事保护工作，继续增进双方互信合作，为外国人领事保护工作营造良好合作氛围。同时，要大胆探索，积极营造适宜外国人工作、学习、生活、就医的环境，建立并完善外国人服务设施，提高外国人对中国的认可度。

与会各国领事官员高度赞赏浙江省对外国人领事保护所做的努力，并对浙江省的工作表示感谢。

（易书莉）

护照签证

【概况】 2010年，全省办理因公出国(境)团组10564批33095人(出国8838批28012人，赴港澳1726批5083人)，与上年相比，批数上升15.8%，人数上升20.6%。省外办办理因公出国(境)团组5633批18985人(出国4904批16493人，赴港澳729批2492人)，与上年相比，批数上升15.9%，人数上升21.5%。受理急件和特急件4556批，占受理总批数的81%。

全省颁发因公护照13643本(公务护照2562本，公务普通护照11081本)，签发因公赴港澳通行证3697本、因公赴港澳签注5413个。省外办颁发因公护照7865本(公务护照1479本，公务普通护照6386本)；签发因公赴港澳通行证2096本、因公赴港澳签注2919个；开具出境证明1021份；收缴公务护照(包括部分省管干部的公务普通护照)4184本；注销无效证照4154本；销毁过期证照41017本；为办理境外换发护照、补发旅行证等回复外交部、中国驻外使领馆函件29份。

全省办理因公签证9138批次37249人次，与上年相比，批次上升19.2%，人次上升25.6%。省外办办理因公签证6068批次25947人次，批次和人次分别比上年上升15.1%、20.6%。因公签证获签率99.77%。出访国家中，居前三位的分别为美国3572人次、日本2005人次、德国2001人次。

【领事认证】 2010年，全省办理领事认证141260份。省外办办理领事认证137601份，比上年上升3%(其中：民事类认证73601份，下降11%；商业类认证64000

份,增长26%)。办理埃及、意大利、西班牙领事认证数量居国别前三位,分别为37476份、26471份和19036份。代办外交部及外国驻华使馆领事认证536份。代办外国驻沪总领馆领事认证60094份。代办阿根廷驻沪总领馆商业发票认证4908份。审核意大利家庭团聚材料4073户。回复外国驻沪总领馆查核照会57份。

【因公证照收缴管理】 2010年,浙江省采取五项措施,继续做好因公证照收缴管理工作。一是坚持因公证照专人办理制度,并定期对专办员进行培训。二是坚持对因公证照收缴保管单位的监督检查,要求其每年进行两次自查。三是坚持实行因公证照使用登记管理制度。四是坚持采用多种形式的证照催缴工作方式。五是坚持对各因公证照收缴保管单位进行定期抽查制度。年内,省外办分两次对省工商银行、省供销社、浙江出入境检验检疫局、省人力社保厅等20余家单位进行因公证照收缴保管工作检查,经抽查,护照收缴率均为100%。省外办负责收缴的公务护照和省管干部证照的收缴率也达100%。

【因公电子护照项目建设】 2010年,省外办继续稳步推进因公电子护照项目建设。2009年省外办被外交部领事司确定为全国因公电子护照项目试点单位后,成立了"因公电子护照筹备工作小组",并落实人员、资金、场地和技术等。至2010年底,已完成密钥机房和护照制作室建设、软件开发签约及设备采购等。

【深化特色优质服务】 2010年,省外办深化"同步办理"和"绿色通道"两大特色服务,为因公出国(境)团组提供优质服务。继续全面实行因公出国(境)任务审批和护照签证同步办理的做法;对省领导和重要出访团组开设"绿色通道",实行专人办理护照签证、专人跟踪签证动态、专人收缴护照、专人保管档案材料的做法。全年受理"同步办理"团组1100批次,通过"绿色通道"办理的重点团组53批次。

【圆满完成"2010港澳·浙江周"办证工作】 2010年1月,"港澳·浙江周"在香港、澳门举办。省领导和来自省商务厅、省新闻办、省发改委、省旅游局等单位的30多个团组400多人参加此次活动。由于出访人员多,且团组在港澳的停留时间、访问地点、出入境次数及签注种类各不相同,办证机构提前介入团组的办证工作,在两周内完成了400余人的通行证及签注,保质保量地完成了"2010港澳·浙江周"办证工作。

【"签证官看民企——走进金华"暨签证工作座谈会】 2010年10月14日至16日在金华举行,由省外办和金华市政府主办。省外办副主任彭波,金华市委常委、常务副市长劳红武,16位外国驻沪总领馆官员,金华市(县、市、区)外办主任及56家企业负责人参加座谈会。

会上,通报了浙江省民营企业出国签证的基本情况,分析了民营企业在签证中遇到的困难。民营企业"走出去"得到了各国领馆的理解、支持和帮助。

【加强与外国驻沪领馆的交流和合作】 2010年,省外办相关机构先后43次拜访或接待美国、加拿大、德国等14个国家驻沪总领馆官员,就签证、领事认证存在的问题寻求解决办法,保持友好的工作磋商机制。组织英国、阿根廷、德国、伊朗等重点业务往来国家的中方助理来浙江调研,加强交流与沟通。

参加外交部和外国驻华使领馆召开的各类工作会议,了解政策动态,指导日常工作。年内先后参加中澳签证工作座谈会、中德签证工作座谈会、中比签证工作座谈会、中英签证工作座谈会、中韩签证工作座谈会和中法签证工作座谈会。

经与德国、丹麦驻沪总领馆多次协商,6月,省外办获得德国、丹麦领馆领事认证代办权。

(蒋　岚)

·浙江省对外交流服务中心·

【概况】 浙江省对外交流服务中心(简称“省外服中心”)是社会公益类纯公益性事业单位,隶属浙江省人民政府外事办公室。省外服中心分别在北京、上海设有办事处。省外服中心受省外办委托,主要从事以下业务:(1)负责因公护照的颁发及管理工作;(2)负责因公签证的代办及管理工作;(3)负责因公赴港澳通行证的签发及管理工作;(4)负责领事认证的签署及管理工作;(5)负责外交部认证、外国驻华使馆认证和外国驻沪领馆认证的代办工作;(6)负责《被授权单位签证通知表》的审发及管理工作;(7)负责APEC商务旅行卡的申办及管理工作。

【办理因私签证】 2010年,省外服中心办理因私签证10470批次24164人次,分别比上年上升21%、26%。其中:办理日本签证7633批次19482人次,韩国签证2324批次3739人次,澳大利亚签证158批次282人次,新西兰签证70批次82人次,新加坡签证82批次113人次,巴西签证47批次74人次,其他国家签证156批次392人次。因私签证获签率98%。此外,代办各市、县(市、区)外办因公护照签证220批次502人次;代办各市、县(市、区)外办领事认证1142份;代填(打)签证表格2228份;审核意大利家庭团聚签证涉外文书4023户;受理法国签证用公证书直送2524份;受理希腊签证查核401人次;代办因私APEC商务旅行卡72人次。

【全省因私签证业务培训会】 2010年初,日本、韩国等国因私签证政策有较大变化,为及时调整相应的申办要求,进一步规范申办程序,省外服中心于3月27日在杭州举办全省因私签证业务培训会。会上,各地市因私签证专办员学习了因私签证的最新政策,分析了因私签证代办工作中存在的问题,对今后工作提出了建议和要求。

【日、韩签证工作座谈会】 2010年7月23日至24日在舟山召开,由省外服中心主办,日本、韩国驻沪总领馆签证领事和舟山民营企业代表参加会议。会上,通报了2009年以来浙江省民营企业因私赴日、韩签证的基本情况,分析总结了日、韩签证中存在的问题和困难,并就今后浙江省民营企业与日、韩领馆进一步增进互信、加强合作,创造“互赢”环境提出了建设性意见。与会代表就签证中遇到的问题进行了交流。会后,日、韩签证官考察了舟山市海力生集团和富丹食品有限公司两家民营企业。

【为企业和大型团组做好延伸服务】 2010年9月,省外服中心受理了浙江省火电建设公司赴埃及参加某电站安装工程项目人员因私签证9批155人次。为促使该境外工程项目按时开工,省外服中心积极与埃及驻沪总领馆进行沟通和协调,确保了该团组顺利获签,按时成行。12月,省教育厅一行20人赴美培训,省外服中心主动上门,从因公护照签证申办、材料收集准备、签证打表到申办签证提供一条龙服务,使团组顺利通过面谈并获得签证。

【为民营企业申办APEC商务旅行卡】 2010年,浙江省对外贸易交往有所回暖,民营企业申办因私签证和因私申请APEC商务旅行卡人员随之增加。为满足企业“走出去”的需求,省外服中心根据外交部相关要求,结合浙江省民营企业实际情况,为浙江省民营企业的高管和外销人员共72人次申办了APEC商务旅行卡。

【外事信息服务】 2010年,省外服中心通过省外办门户网站和浙江签证网做好外事信息服务工作,发布最新护照签证、领事认证业务信息,建立远程在线服务平台,方便申办单位和个人网上办事咨询。全年受理网上办事咨询181条。

(蒋　岚)

附表1　2010年浙江省外办办理因公出国(境)团组情况

（按出访国家和地区及批次人次统计）

临时因公团组：7949(批次)/30856(人次)

项目 / 出访国(地区)	会议	科学技术	友好访问	经济贸易	文化体育	其他	留学培训	合计
日本	67/111	40/92	98/386	275/770	38/130	45/141	24/48	587/1678
韩国	51/79	13/43	45/183	84/299	18/110	28/128	5/8	244/850
泰国	9/10	2/2	6/29	14/34	3/5	2/5	2/5	38/88
新加坡	35/58	718	16/67	77/292	21/106	16/52	25/214	197/807
香港	56/137	27/110	74/436	354/980	35/227	49/156	95/364	692/2462
澳门	21/72	2/2	16/50	39/165	8/28	7/15	2/2	95/334
亚洲其他地区	72/99	63/217	133/719	639/2270	68/384	139/667	14/18	1128/4374
德国	38/72	39/102	32/119	292/991	32/188	45/192	50/265	528/1929
英国	21/33	36/105	31/131	117/463	19/87	54/252	53/186	331/1257
法国	28/48	25/73	20/78	189/679	26/108	39/193	17/42	344/1221
意大利	24/104	22/109	14/63	111/383	8/31	25/116	7/49	211/855
瑞士	15/99	12/63	15/85	66/308	10/132	17/79	4/23	139/789
俄罗斯	8/14	6/29	21/116	63/284	6/33	20/123	2/2	126/601
欧洲其他地区	63/183	37/212	92/461	268/1131	51/267	97/492	17/62	625/2808
澳大利亚	42/67	31/90	48/230	85/326	11/50	43/189	36/235	296/1187
新西兰	5/15	12/60	34/183	48/238	7/33	31/155	1/1	138/685
大洋洲其他地区		1/2	7/40	5/19	1/5	1/5		15/72
美国	153/241	101/244	97/412	423/1379	56/301	75/313	146/796	1051/3685
加拿大	29/42	31/92	56/289	129/554	19/97	59/274	17/57	340/1405
巴西	10/15	10/40	25/132	89/347	10/69	26/123		170/726
美洲其他地区	18//48	9/38	49/277	148/592	14/81	33/167		271/1203
南非	8/13	9/35	15/88	73/345	5/25	29/136	2/6	141/648
埃及	1/1	8/43	19/105	51/281	8/35	20/1069	2/6	109/577
非洲其他地区	8/13	6/20	13/62	87/447	3/7	16/66		133/615
合　计	**782/1574**	**549/184**	**976/4741**	**3728/13578**	**477/2589**	**916/4146**	**521/2387**	**7949/30856**

附表2　2010年浙江省外办申办外国签证统计表

本年度因公出国人员总计：6068批次，25947人次

出访国(地区) \ 人次 项目	会议	科学技术	劳务输出	友好访问	经济贸易	文化体育	其他	留学培训	合计
泰国	9	2		27	31	2	3	2	76
新加坡	12			60	166	12	33	6	289
日本	101	84		379	1297	108	132	32	2133
韩国	76	43		195	314	108	133	5	874
亚洲其他地区	62	227		654	1698	360	652	9	3662
俄罗斯	14	35		127	308	20	123		627
英国	33	97		132	536	90	257	159	1304
瑞士	94	56		85	304	128	78	22	767
意大利	102	104		72	414	36	125	47	900
法国	46	69		76	707	106	192	39	1235
欧洲其他地区	231	335		596	2209	429	663	318	4781
美国	196	234		411	1312	303	332	784	3572
加拿大	41	89		315	544	102	311	49	1451
美洲其他地区	35	17		156	525	73	148		954
非洲地区	20	74		214	793	66	266	10	1443
大洋洲地区	76	140		459	574	55	359	216	1879
合　计	**1148**	**1606**	**0**	**3958**	**11732**	**1998**	**3807**	**1698**	**25947**

新闻文化

【概况】 2010年，省外办以上海世博会为中心，做好外国记者采访、对外宣传、对外文化交流等工作。

探索外国记者管理工作新方法，打造良好的外部舆论环境。通过举办培训班，对全省外事干部、外宣工作人员和涉外人员进行培训，掌握政策法规，学习工作方法，使外国记者管理工作落实到基层。制订预案、做好防范，与省外宣办共同编印《境外记者采访管理工作手册》。按照正面引导为主的方针，及时提供正面采访素材，努力引导他们客观报道浙江。把好外国记者入境采访关，全年签发外国记者来华采访函电和通过省外办来浙江采访的外国记者58批175人次。

树立品牌意识，《浙江外事年鉴》编辑质量稳步提高。努力培养和建设一支优秀的通讯员队伍，办好每年一次的通讯员培训班，对优秀通讯员给予表彰。一丝不苟做好年鉴编纂出版工作，认真细致地抓好编纂出版工作的每个环节，确保年鉴质量。2010卷年鉴新增部分高等院校和省部属企业、民营企业，更好地体现了大外事的格局。不断改进年鉴的装帧设计等，提高年鉴的整体水平，在全国年鉴评比中获得很高的荣誉。

做好门户网站维护工作。

及时更新信息，处置乱码、网页无法显示、遭受恶意攻击等突发事件，保障浙江外事门户网站的安全正常运行。全年发布各类新闻信息1000多条。改进工作流程，简化工作程序，方便省内招收外国留学生机构办理202表的审批和签证，全年办理202表3835份。

开展丰富多彩的对外宣传和文化交流活动。2月，编印出版《浙江概览》(2010)。10月，制作完成摄影专集《方寸世界》。11月，组织浙江省新闻代表团赴美国、日本采访友城领导及经济、文化交流情况。全年承担各类重要外事活动摄影任务140余批，制作相册赠送重要外宾和领导30余批。

【《浙江外事年鉴》屡获嘉奖】 经过多年努力，《浙江外事年鉴》进入全国一流年鉴行列，在各类评比中屡获佳绩。在第4届全国年鉴编纂出版质量评比中，《浙江外事年鉴》(2009)获得综合特等奖，2010年4月在济南颁奖。11月，经浙江省地方志办公室推荐，《浙江外事年鉴》(2009)参加由中国地方志指导小组办公室和中国地方志协会主办的全国地方志系统第2届年鉴评奖，再次获得综合特等奖。

【2010年度“西湖友谊奖”】 2010年9月15日，2010年度“西湖友谊奖”颁奖大会在杭州举行，30名在浙江省工作的外国专家获此荣誉称号，他们分别来自美国、日本、德国、加拿大、新加坡等14个国家，涉及农业、教育、医学、机电、电力、轻工、物流等10多个行业。副省长陈加元为获奖外国专家颁奖，省外办副主任顾建新等出席活动。

“西湖友谊奖”是省政府专门为在浙江省作出突出贡献的外国专家设立的最高荣誉奖项，是实施省委、省政府“人才强省”战略，积极引进国外人才智力，促进技术创新的一项重要举措。自1997年设立“西湖友谊奖”以来，先后有388位在浙江省工作的外国专家获奖，其中33人经推荐获得国家“友谊奖”。

【“梦行浙江”系列活动】 2010年11月至12月，省外宣办、省教育厅、省外办、省广电集团等联合主办第4届“梦行浙江”外国留学生系列活动。此次活动以“中国梦、浙江情”为主题，为外国留学生量身定做了一系列文化内涵丰富，参与性、互动性、趣味性强的活动项目。一是组织全省22所高校近500名留学生参加的中华才艺展演。二是举行第2届浙江省政府来华留学生奖学金颁奖仪式，共有25所高校的300名优秀留学生获得此项奖学金。三是组织留学生参加“浙江行、浙江情”——百名留学生教育基地参观活动，实地参观了浦江“江南第一家”以及东阳中国木雕城等地。

整个活动立足于增进外国留学生对浙江的了解和认识，激发他们对浙江的友好和情感，营造“学在浙江、乐在中华”的良好氛围。

【浙江省新闻代表团访问美国和日本】 2010年11月17日至26日，应美国印第安纳州、日本福井县政府的邀请，浙江省新闻代表团对美国印第安纳州和日本福井县进行采访。

在美国，印第安纳州副州长贝基·斯科尔曼会见代表团一行。斯科尔曼高度评价双方的交流合作成果，表示印第安纳州政府十分珍视与浙江省的友好关系，支持和鼓励双方加强合作，并表达了进一步开拓和深化双方在农业领域的合作意愿等。访问期间，代表团采访了印州博物馆馆长汤姆·金、印第安纳波利斯大学校长皮兹、萨格莫研究院院长海恩、“全球印第安纳”教育交流协会当选主席马可力、罗比小学校长凯乐·费斯勒等，了解印第安纳波利斯大学接受浙江大学宁波理工学院派遣留学生情况，罗比小学与杭州天长小学交流情况，萨格莫研究院与浙江省社科院合作情况等。代表团出访前，还采访了正在杭州访问的美国印第安纳州州长米奇·丹尼尔斯。

在日本，福井县副知事旭信昭会见代表团一行。旭信昭高度赞赏双方在经济、文化、教育等领域取得的合作成果，表示县政府将继续推动县内企业到中国及浙江开展经贸活动，同时表示将为包括浙企在内的中国企业到福井投资兴业提供帮助，并希望进一步扩大双方在医药及旅游领域的合作。代表团采访了日华化学株式会社会长江守干男、福井县立恐龙博物馆研究员，访问了鲁迅先生的恩师藤野严九郎故居、永平寺等与浙江有历史渊源和交流合作的名胜与机构，并与福井县观光营业部部长五十岚嘉也、福井县日中友协会长酒井哲夫以及福井放送、福井电视、福井新闻等福井县主要媒体进行了10余次座谈、交流和采访活动。

【《浙江外事年鉴》通讯员培训会议】 2010年11月25日至26日在宁波召开，各市外办，各厅局、部门、学校、企业外事处及省外办各处室和下属单位年鉴通讯员共80余人参加培训。培训会总结了2010年年鉴编纂工作情况，布置了2011年撰稿任务，表彰了2010年度优秀通讯员。省外办副主任顾建新到会并讲话，他指出：2010年《浙江外事年鉴》的编纂工作实现了质的飞跃，主要体现在样式新、内容广、质量高和反响好四个方面，得到专家和读者的一致肯定，其中凝聚着各位通讯员的辛勤劳动。对于2010年的编纂工作，提出四点要求：一是以高度的责任感和荣誉感，对待外事年鉴编纂工作；二是以专业的敬业精神，做好本地本部门材料的收集工作；三是以过硬的文字水平，组织好年鉴条目的撰写工作；四是注意年鉴编纂过程中的保密工作。会上，《浙江外事年鉴》编辑结合2010卷年鉴来稿情况进行了辅导授课。

（沈国权）

附表　2010年外国记者在浙江采访情况（部分）

序号	国家	机构名称	记者姓名及人数	采访时间	采访地点	采访内容
1	美国	探索频道“工厂制造”摄制组	安德鲁·约翰·麦克唐纳等3人	1月24～27日	杭州、台州	张小泉剪刀生产流程及工艺、浙江天宇灯饰有限公司
2	德国	Pro7电视台	安德烈娅·亚森等3人	3月5～6日	义乌	制作科学类系列纪录片《伽利略》，采访义乌商贸城
3	日本	托福新公司	加藤步	3月3～6日	东阳	东阳江北亭塘小学学生挑战绳网跳绳吉尼斯世界纪录等
4	巴西	《圣保罗州报》	克劳地亚·特雷维桑等2人	3月1～2日	义乌	义乌国际物流中心、小商品市场、梦娜袜业等
5	日本	静冈电视台	筑山英信等6人	3月4日	杭州	拍摄西湖、龙井茶、杭州料理（外婆家餐馆）等
6	日本	NEXUS公司	福田智彰等2人	3月10～13日、25～29日	杭州	以茶文化为主题，拍摄茶馆、虎跑泉、梅家坞、龙井村、西湖名胜等
7	日本	TBS电视台	河野千绘等3人	3月22～25日	温州	中国成衣业情况，温州美特斯·邦威工厂
8	法国	电视一台	艾洛蒂·保科斯等2人	3月23～24日	宁波港	以《洋山：世界第一大港》为主题，采访报道上海港口集运和达飞轮船（中国）有限公司的发展情况

续表

序号	国家	机构名称	记者姓名及人数	采访时间	采访地点	采访内容
9	法国	BO TRAVALL 制片公司	弗郎西斯·费尔夫等4人	3月28日～4月6日	杭州	杭州主要旅游景点
10	日本	铁木真电视节目制作公司	中井大纪等2人	4月8～17日	东阳	拍摄横店影视城不同时期不同风格的建筑等
11	法国	法国电视台	高勐等3人	4月10日	杭州	胡庆余堂中药博物馆和湖畔居茶楼
12	德国	Along Mekong 电影制片公司	博恩德·吉尔巴赫等3人	4月10～26日	杭州、乌镇	制作题为《追寻马可·波罗的足迹》的纪录片，拍摄外景
13	德国	自由撰稿人	英格·林克	4月13～21日	杭州	浙江大学化工机械研究所与浙江科技学院对外交流情况
14	日本	TBS 摄制组	田岛敦等2人	4月中旬	杭州	拍摄西湖风景区、历史遗迹、文物、江南文化、杭州市容
15	美国	《纽约时报》	张大为等2人	5月10日	杭州	杭州郊区劳改农场
16	挪威	《斯塔万格晚报》	克里斯汀·雅各布森等2人	5月19～26日	宁波	宁波北欧工业园区
17	日本	托福新公司	合田伊知郎等3人	5月21～22日	杭州	漫画家夏达
18	美国	纽约时报北京分社		5月中旬	台州	政府采取哪些措施帮助企业应对国际金融危机
19	奥地利	记者俱乐部	11人	6月13～14日	绍兴	文化产业发展情况
20	英国	Chimerica 电视公司	米兰妮·弗尔等6人	6月12～14日	温州	温州经济腾飞和企业家成功的故事，温州街景
21	英国	BBC	卡罗琳·玛丽等2人	6月15～16日	温州	永嘉县伯特利阀门有限公司
22	法国	BFM 商业调频电台	安瑟瑞·莫雷尔	6月24～27日	宁波	宁波湖头渡船厂，太平洋造船集团与法国 BOURBON 船东公司合作情况
23	日本	富士电视网	北泽辉久等2人	6月28日～7月1日	宁波	“圣久世中国宁波世纪东方商业广场店”运营情况
24	塞尔维亚	TANJUE 通讯社等	尤罗斯·派珀等4人	6月25日	杭州	随同塞尔维亚总理访浙

续表

序号	国家	机构名称	记者姓名及人数	采访时间	采访地点	采访内容
25	韩国	韩国佛教天台宗	郑慈云等4人	7月5～10日	杭州、宁波、天台	制作天台宗圆觉大祖师诞辰100周年短片
26	法国	《费加罗报》北京记者站	海风	7月5日	义乌	国际商贸城的历史和规模等
27	英国	《星期日泰晤士报》香港中国图片社	理查德·帕特里克·琼斯	7月8～9日	嘉善	浙江昱辉阳光能源有限公司环境污染问题
28	日本	读卖新闻社	向井友子等4人	8月21～24日	杭州、湖州	日本国土交通大臣前原诚司访华随行记者
29	日本	富士电视	原田充等3人	8月25～30日	宁波	世界排球锦标赛，转播日本队比赛实况
30	日本	朝日新闻社	若松润	9月4～8日	宁波	在华日企及在华日本人
31	日本	朝日新闻社	山村哲史	9月7～21日	上海、杭州	日企在华销售及产品物流情况
32	韩国	KBS电视台	朴丁洙等2人	9月9～13日	杭州	省教育厅、浙江科技大学、韩语培训中心、国际学校
33	印度	DNA Money报社、《印度中小企业》杂志、《金融快报》	沙勤·玛帕塔等3人	9月10～11日	杭州	阿里巴巴第7届网商大会暨第6届西湖论剑
34	印度	印度《商业日报》、《电讯报》	拉什米娜·艾森汉·雷瓦希等2人	9月10～11日	杭州	阿里巴巴第7届网商大会暨第6届西湖论剑
35	日本	《朝日周报》	松原央	9月29日～10月7日	横店	在中国工作的矢野浩二等日本演员等
36	德国	西南电视台，ALONG MEKONG影片制作公司	贝恩德·格尔巴切等4人	10月5～15日	杭州	拍摄京杭大运河
37	日本	朝日新闻社	斋藤德彦	10月14～16日	宁波	杉杉集团
38	美国	美国广播公司新闻公司ABC NEWS	2人	11月5～18日	杭州、温州、义乌	拍摄中国专题片
39	法国	法兰西24小时电视台	巴普蒂斯特·巴列霍斯	11月17～19日	嘉兴	污染治理企业，淘汰落后产能企业
40	美国	Salon. com网站、《大西洋》月刊、国家公共广播电台等	安德鲁·伦纳德等5人	11月20～21日	杭州	浙江省自主创新、环保及促进地区经济发展等情况

续表

序号	国家	机构名称	记者姓名及人数	采访时间	采访地点	采访内容
41	日本	托福新公司	坂井秀之等2人	11月22～27日	杭州	拍摄《亚洲成长在于合作——巨人中国》
42	德国	TWIN—PRESS	马林·库默尔等2人	12月1～5日	舟山	参加"德国记者镜头里的中国30年摄影展"活动
43	日本	东京电视台	村上龙之助等8人	12月4～10日	杭州	采访浙江吉利汽车制造有限公司副总裁赵福全及公司研发情况
44	巴基斯坦	《新闻报》、《每日时报》等	穆罕默德·马利克等5人	12月6～7日	杭州	拜会省领导，参观阿里巴巴、义乌市等
45	日本	NHK电视台	小仓洋平等3人	12月7～11日	台州	拍摄《在生产业的中日合作》，采访浙江京城再生资源有限公司所属威达公司

省外办机关建设

【概况】 2010年，办机关党委在上级党委和办党组领导下，以创新"经济外事"、"诚信外事"、"优质外事"三大品牌为目标，以推进基层组织建设为重点，全面加强党的思想、组织、作风建设。

2010年末，全办系统有党员1579名。年内预备党员转正41名，新发展党员4名。办理党员调动手续466人，其中转入组织关系333人、转出133人。

2010年，省外办新设行政财务处，内设行政科、计财科、保卫科和车队4个科室，主要职责是负责机关行政后勤、财务、外事礼品、安全保卫工作。

【全面加强基层党建】 2010年，完成支部改选，一批相对年轻的同志走上支部书记的岗位。针对本办系统机构改革、处室和人员调整的新情况，机关党委对支部构架重新进行调整，按地域相近、统一分管、人员平衡三原则设立11个支部(总支)。

不断增添党的新鲜血液，增加党支部活力。平均每月有4位同志入党或转正。

树立榜样，评比先进。通过评优的导向性工作，在省外办形成了人人积极工作、争当模范的好风气。机关党委组织开展了报告会、论坛、运动会、评议会、培训会、捐献活动、会员活动、外出参观、兴趣小组、多媒体视频点播等多种形式的学习交流活动，取得较好的效果。

【举办"迎春联欢会"及"纳凉晚会"】 2010年2月初，机关党委、工会、团委联合组织"迎春联欢会"，办机关、直属单位的干部职工、离退休老同志共300多人欢聚一堂，共迎新年。8月27日晚，举办以"展示风采增进友谊"为主题的纳凉晚会，加强了处室之间、部门之间、同事之间的联系，增进了友谊。

【全面实施"深化作风建设年"活动】 2010年初，省委、省政府决定，在全省各级机关开展"深化作风建设年"活动，机关党委结合省外办实际制订实施方案。深化岗位目标管理责任制，科学界定和细化每个部门和岗位的工作职责，做到人人有任务、有目标、有责任，形成层层抓落实、人人抓落实的机制；建立重点工作项目专责制，成立专责小组，明确牵头领导，落实责任人，保障重点工作项目高效运转；建立重大项目和重要工作限时办结制，实行严格的阶段控制和定期报告、通报制度，及时发现和解决问题；建立以目标倒逼进度、时间倒逼程序、督查倒逼落实的机制，抓好落实工作；大力培育和宣传身边的正面典型，努力营造弘扬新风正气、抵制歪风邪气的良好舆论氛围，努力形成想干事、会干事、能干事、干成事的良好工作环境。

【开展"机关学习年"活动】 根据省直机关工委关于组织开展"机关学习年"活动的部署，在全办开展"机关学习年"活动，强调学好四方面内容，狠抓四项制度，把好五个环节。重点学习马克思主义、毛泽东思想、邓小平理论和"三个代表"重要思想，尤其是加强科学发展观的学习；学习胡锦涛总书记在第十七届中纪委第三次全会上的重要讲话及《党员干部廉洁从政若干准则》、《建立健全和预防腐败体系2008—2012年工作规划》和《关于实行党政领导干部问责的暂行规定》等党纪法规；学习现代化建设所必需的各方面知识；学习全国"两会"和省"两会"等重要会议精神，准确把握形势。通过学习，掌握与政府依法行政紧密相关的法律知识，认真践行国际公约及涉外法律法规。配合学习年，机关党委汇集了一批多媒体学习参考资料上传内网，供干部职工学习参考。

【完善流动党员管理工作】 2010年，机关党委指导外服中心制订了年度流动党员工作计划和要点，主要是：(1)按照统一的要求组织党员民主评议。由于流动党员比较分散，集中学习及评议非常困难，主要通过电子邮件的方式将关于评议工作的通知及具体安排、学习材料等群发给各位党员，党员通过电子邮件反馈评议总结材料。(2)深入调研，探索如何做好流动党员的民主评议工作，做好流动党员基础组织建设调研和规划工作。(3)把组建基层党委的工作与加强流动党员组织建设工作结合起来，开展适合流动党员的各项特色活动。(4)加强非公有制企业"双强争先"(发展强、党建强、争创先锋)培育工作。力争在2011年"七一"前夕，将多家非公有制企业培育成为省级"双强"先进企业，省外服公司重点业务单位诺基亚西门子通信技术(北京)有限公司、中讯申软计算机技术(上海)有限公司入选培育名单。

【2008—2009年度党员评议工作】 2010年上半年，省外办开展了2008—2009年度党员评议工作。机关和直属单位党员185人，外企流动党员1143人，在认真学习《中国共产党章程》及有关文件精神的基础上，按照评议的内容和要求，对照党员标准，进行自我总结，肯定成绩，找出差距，明确努力方向，形成书面评议材料；在支委会上开展批评与自我批评，逐个进行民主评议，由各支部对每个党员评出格次，省外办党员全部在合格以上。其中22人被评定为优秀，受到机关党委的表彰。人秘培训支部被机关党委推荐为省直先进支部。

【组织党团员积极投入抗旱抗震救灾】 2010年3月，西南地区遭遇历史罕见的特大旱灾，给人民群众生产生活带来很大影响。办机关党委接到有关部门通知后，迅速做好动员、组织工作，开展"结对帮扶活动"，建议干部职工每人捐献10元爱心款。短短一星期内，省外办各处室及外服中心、外服公司、花家山庄共有405位干部员工捐献爱心款4503元。

4月，青海玉树地区发生地震，省外办按照上级有关通知精神，认真做好抗震救灾宣传发动工作。机关党委在相关处室的支持下，做好协调工作，两天时间即筹集3.5万元捐赠款请省慈善总会转交玉树受灾地区。

【组建机关纪律检查委员会】 经省机关工委审批同意，2010年12月7日，省外办机关纪律检查委员会正式建立。

【开展"小金库"治理自查自纠】 2010年6月，省外办按照省治理"小金库"工作领导小组办公室的要求，开展了全面、彻底的自查自纠工作。经自查，省外办机关和省对外交流服务中心、省外事培训中心、杭州花家山庄等直属事业单位均未发现"小金库"问题。

【深入开展节能减排主题活动】 2010年，省外办深入贯彻落实

《节能法》、《公共机构节能条例》以及省政府建设节约型机关的工作部署，开展了一系列节能减排活动。建立节能减排责任制，各处室、直属单位主要负责人为本部门节能工作第一责任人；建立节能监督员制度，专人监督落实本部门的节能工作；切实做好节水、节电、节油、节约办公用品消耗工作，合理压缩各项经费开支，切实降低行政运行成本。节能减排主题活动取得显著成效。

（葛志宇　王碧波）

外事服务

·浙江省对外服务公司·

【概况】 浙江省对外服务公司（简称“省外服公司”）创立于1984年，隶属浙江省人民政府外事办公室，是浙江省最早从事人力资源服务、综合涉外服务的专业机构。省外服公司旗下包括人力资源服务、移民留学服务、国际教育培训、国际贸易、国际交流等主营板块。

【人力资源核心业务】 2010年，省外服公司推出“蓝拓人力”品牌，致力于打造大中华区人力资源服务的升级平台，以区域开发为依托，以大客户开发为目标，形成为客户提供“招聘、培训、派遣”或业务流程外包的一体化人力资源服务。省外服公司与诺基亚西门子、摩托罗拉、惠普、爱立信、葛兰素史克、渣打银行、TATA信息技术、LG电子、三星电子、索尼、松下、中国人保、安邦保险、加多宝、西子奥的斯、浙江移动、中国农业银行、光大银行等中外知名企业开展了人力资源服务领域的深度合作。至2010年末，省外服公司共有人事外包企业客户2000余家，雇员人数超过50000名，设立全国性服务网点130个。在招聘、猎头服务方面，为省内200余家知名企业招募近2600人，并新增百个有效招聘渠道。面向客户企业提供各类法律、财务、管理咨询服务及解决方案1000余件，办理代表处设立、工商注册、年检、变更、延期、个人证件等商务服务1330件。为客户企业提供百场内部培训服务，依托学习培训网资源构建企业网络学习平台，并承接宁波北仑区人力资源开发中心“万名员工课堂”项目及杭州经济技术开发区人才开发中心“大学生创业与就业项目”的培训服务外包。由公司自主研发、基于全球最大软件供应商微软的基础软件和最新技术构建的行业级综合信息化应用系统——浙江外服人力资源外包服务综合业务信息系统，2010年1月全面上线使用，进一步开发了企业客户端及供应商客户端功能。

【涉外服务业务】 2010年，省外服公司推出致力于推动中国公民海外发展的服务平台“汉和海外发展中心”。通过该中心的中外律师、教育顾问、外语人才、注册会计师等精英团队通力协作，为客户量身打造个性化的海外发展规划，提供高品质投资移民、出国留学等综合涉外服务。年内，省外服公司在全省举办海外投资发展说明会16场，包括赴加拿大、美国、澳大利亚、德国、英国、西班牙、新加坡等国的商业类、独立技术类及家庭类海外定居和发展的因私出入境中介服务项目，全年签约率和成功率均列全省同行前茅。截至2010年底，省外服公司派遣的在日本研修生144人，为158人提供留学、签证等相关服务，组织英国夏令营团5个，美国留学特色项目进一步完善。国际交流方面，全年接待团组121批4934人，还承接了澳门特区的“澳门基本法图片展”、外交部在千岛湖举办的集体婚礼、中美军事交流以及上海世博会参观等大型接待服务工作。全年完成国际贸易进口设备总金额超过3000万美元。

【组织机构建设】 2010年5月，省外服公司接连设立了江苏分公司、台州分公司、嘉兴分公司、衢州分公司、舟山分公司和绍兴分公司。为进一步深化浙江外服旗下“蓝拓人力”的品牌培育和战略推广，又设立了浙江蓝拓人力资源服务有限公司宁波分公司和全资成立北京蓝拓人力资源顾问有限公司。

【社会责任建设】 2010年1月12日，省外服公司策划组织了

“新起点—新征程”浙江外服2010品质文化之夜活动，向社会献演法国大型音乐舞剧《巴黎圣母院》。在人力资源增值服务领域，省外服公司针对各类企业人力资源经理，举办了“面试洞察力”、“企业团队领导力构建”、“了解80后特质”等9场人力资源管理沙龙活动。在社会公益事业方面，省外服公司全体员工向青海省玉树灾区捐赠抗震救灾款5万元，并向玉树结古镇第三完全小学师生捐赠冬衣（被）2000件。11月至12月，省外服公司组织志愿者服务总队先后赴浙江交通职业技术学院、杭州职业技术学院，开展两场职业指导类型的志愿者服务活动。

2010年，省外服公司被杭州市上城区人民政府授予“重点纳税大户”荣誉称号，被中国质量诚信企业协会授予“浙江省质量满意优秀信用单位”称号，被杭州市人民政府办公厅授予“杭州市优秀大学生创业实训（见习训练）机构”称号，还被杭州海关授予“海关A类企业”荣誉称号。

（钱岐君）

·杭州花家山庄·

【概况】 2010年，花家山庄（简称“山庄”）营业收入2880万元，比上年增长4.7%，主营收入创历史新高。实现利税519.04万元，首次上缴所得税64.8万元。

【做好经营接待工作】 2010年，山庄接待重要来宾263批次，各类会议团队846批次。其中有：省委书记、省人大常委会主任赵洪祝会见并宴请博茨瓦纳驻华大使、新加坡副总理，以色列IBD集团客人，格林纳达客人；省政协主席周国富会见并宴请特立尼达和多巴哥总统以及澳大利亚西澳州上议院议长；省委常委、省纪委书记任泽民会见并宴请匈牙利佩奇市市长；省委常委、组织部长蔡奇会见并宴请日本静冈县副知事；省人大常委会副主任程渭山宴请美国国会立法助手代表团；省人大常委会副主任冯明会见并宴请日本静冈县知事；副省长龚正会见并宴请汤加公主、法国蒙达尔纪市镇联合体代表团；副省长郑继伟会见并宴请澳大利亚西澳州副总理；省政协副主席黄旭明会见并宴请澳大利亚西澳州客人；省友协会长梁平波会见并宴请马耳他马中友协、墨西哥参议院副议长、拉美地区代表团；省外办主任阮忠训宴请巴基斯坦驻沪总领事、澳大利亚驻沪总领事、加拿大驻沪总领事、捷克皮尔森州州长等。接待全省外办主任会议、浙江省涉外管理培训班、全省民间组织协调管理工作培训班、全省外事干部培训班等。在接待中，做到事先筹划、周密部署、专人跟踪、精心准备，确保万无一失。在菜肴上根据客人的风俗习惯和爱好，不断创新求变，确保质量，获得好评；在环境和台面布置上精益求精，力求创意；在服务上做到优质规范，细致周全。全年会议接待宾客满意率在96%以上。

【强化管理水平】 2010年，山庄推行全员岗位薪酬制，对一线员工、老员工、外地员工给予各类补贴。根据岗位设置要求和实际情况重新定岗定编，减员增效，在岗人数缩减6%，员工增资5%～30%。全员岗位薪酬制运行平稳，员工反映良好。

举办各类业务专题讨论会，采取一系列措施，不断提高管理水平：增设成本核算和管事岗位，加强成本控制力度；餐饮部门引入“五常法”；升级软件系统，完善信息化管理；人性化摆放会议桌，提供素食菜谱，调整自助餐台布置，实施网络专供、车辆分区停放，为客人提供景区交通指引图等，得到宾客的赞许。

在质量监督上，量化管理人员质监记录的质量和数量，并将其作为考核依据；加大质监回查力度，问责当事部门；不定期开展专项检查，全年落实整改问题196条；外请专业老师培训“职业形象塑造与服务接待礼仪”，组织开展餐饮前值台员台型创意比赛、第3届厨师比武大赛、消防灭火器使用演练等系列活动。开展各类培训36次，参与人员500人次，取得较好的效果。

【基建工作】 2010年，山庄投入300万元，重点用于外环境改造、二号楼改造和设施更新，取得阶段性成果。二号楼改造于8月份开工，进展顺利；重新铺设主干道路和侧石，改造石桥；改造主干道路灯及景观照明，改造一号楼草坪景观，设置木平台休闲茶座；对辅助房进行外立面改造；对主要区域进行修整和景观改造；投入100万元，将商业自来水管道接入3幢营业楼；对一号楼大门及金桂厅等6个包厢进行翻新改造；对部分客房、会议室、过道等重新装修，改善了外环境面貌，完善了硬件设施，服务档次得到提升。

（郎　恩）

·浙江省外事培训中心·

【概况】 2010年，浙江省外事培训中心（简称“省外事培训中心”）围绕“发挥外事优势，促进人才培训，服务转型升级”的目标，在全省外事系统举办和协办各类培训班10余个，培训人员1000余人次。

【为迎接上海世博会举办培训】 2010年3月份，配合外交部，在杭州举办“上海世博会外事工作专题培训班”。华东六省市外办和浙江省11个地市外办的有关负责人参加培训。外交部、公安部、文化部有关负责人围绕“世博安保”主题分别为学员授课。

4月1日至2日，配合外交部，在绍兴县举办第18期全国地级市外办主任培训班。来自全省外事系统、省级有关部门的200余名代表参加培训。外交部副部长吕国增到会并讲话，外交部外管司、新闻司、礼宾司、领事司等有关司局领导为学员授课。

4月18日至23日，省外办、省政府新闻办在省委党校联合举办全省境外记者采访接待工作培训班。来自全省有关部门和各市的87位新闻发言人、负责境外记者接待工作的135位负责人参加培训。国务院新闻办公室、外交部新闻司、上海市政府新闻办等单位的负责人，清华大学、浙江省委党校的专家和省外办、省政府新闻办的领导，分别就坚持正确舆论导向、媒体应对与沟通、外事接待与礼宾常识、世博期间引导境外媒体等内容作专题讲座。

4月22日至24日，在嘉兴市举办以“世博与外事”为主题的第2期全省外办主任研修班。来自全省各市、县（市、区）的外办主任60余人参加研修。外交部相关司局负责人和上海世博局专家分别介绍了世博外交与地方外事、世博期间的国际舆论引导和媒体管理、世博涉外事件处置以及上海世博会筹备情况等，杭州、宁波、绍兴和嘉兴等地结合各自实际，就如何围绕上海世博会做好外事服务工作进行了经验交流。研修期间，省外办领导就全省外事系统做好世博外事工作进行了专题部署，并组织学员参观上海世博园。

【努力培养学习型干部队伍】 全省首期英语特训班。7月至8月，由省外事培训中心与浙江大学联合举办，为期8周，开设高级阅读与笔译、新闻时事论坛、高级口译、高级听力与讨论四门课。另外，还主办了专题讲座。来自全省各地的24名学员参加特训班学习。全部学员顺利结业，并获得浙江大学颁发的高级研修班证书。

全省外事干部培训班。12月28日至30日在杭州举办。来自省直部门、高等院校及科研单位、地方外办的100余名新到岗和新进外事部门的干部参加培训。培训班开设了“当前国际形势与我国外交战略”、“公共外交与外国记者管理”、“外事礼宾礼仪”、“因公出国（境）管理”、“护照签证工作管理”、“新时期友城工作”、“领事保护与涉外事件处置”等讲座。

机关语言干部培训。对机关语言干部，一是进行每周2次4课时的集中培训，主要以翻译能力和岗位建设为主，用“压迫式”的培训方式使学习成为外语干部的一种习惯。二是利用友城等渠道为语言干部提供培训，有计划、有针对性地派遣外事干部前往国外及国内相关单位进行工作实践培训。先后安排欧非处一名干部赴意大利艾米利亚—罗马涅大区进行为期3个月的工作实习研修；安排美大处一名干部赴外交部参加为期一周的英语培训；安排业务处4名干部赴浙江大学参加为期两个月的英语特训班学习。

（张月祥）

港澳事务

【“2010 港澳·浙江周”活动】 2010年1月10日至16日，浙江省在香港、澳门举办“2010港澳·浙江周”活动。浙江省代表团和各分团在港澳两地总共安排了40多项活动，以经贸交流为主线，辅以新闻发布、媒体见面、高层拜访会见和文艺演出等，活动形式多样、内容丰富，取得圆满成功。

“浙江周”期间，省委书记、省人大常委会主任赵洪祝率浙江省代表团先后拜会全国政协副主席董建华，香港特区行政长官曾荫权，澳门特区行政长官崔世安，香港、澳门中联办，外交部驻香港、澳门特派员公署等中央政府驻港澳机构的主要负责人，走访香港贸发局、香港中华总商会、香港厂商联合会、澳门中华总商会、澳门厂商联合会、香港浙江省同乡会联合会和澳门苏浙沪同乡会，实地考察了香港兴业国际集团旗舰项目“愉景湾”、凤凰卫视、嘉里集团、渣打银行、华润集团、中银集团和富春公司，会见港澳政界、工商界知名人士。在港澳期间，代表团还应邀出席了香港、澳门各界举行的大型欢迎宴会，与浙籍乡贤欢聚一堂，畅叙乡情。

在各次拜访活动中，赵洪祝介绍了浙江近年来经济社会发展情况、应对国际金融危机冲击的各项措施和成效。他表示，时隔五年，浙江省再次赴港澳举办“浙江周”活动，旨在贯彻中央“一国两制”方针，进一步深入推进CEPA实施和深化浙江与港澳三地之间的经贸合作和交流。港澳两地特区政府和各界人士纷纷表达了与浙江建立更紧密合作关系的愿望，并相信通过此次活动，有利于进一步增进浙江与港澳特区政府、港澳各界人士之间的了解，有利于进一步拓展合作空间，实现优势互补、互利互惠的双赢局面，有利于为今后在更广领域、更高层次开展务实合作奠定更牢固的基础。

省委常委、秘书长李强，副省长龚正，省政协副主席、省工商联主席徐冠巨，省港澳办主任阮忠训等参加“港澳·浙江周”活动。

【浙江海外联谊会迎春团拜会】 2010年1月17日在深圳举行。浙江省领导和来自香港、澳门等地区的近300名乡贤欢聚一堂，畅叙乡情友情，展望美好未来。

副省长龚正主持团拜会，省委副书记夏宝龙出席并致辞。夏宝龙指出，过去的一年，浙江改革开放和现代化建设各项事业取得新的成就，是全省人民团结奋斗的结果，也是港澳同胞、台湾同胞和海外侨胞大力支持、守望相助的结果。新的一年，希望各位乡贤一如既往地关心、支持和参与浙江的建设，发挥自身优势，凝聚各方力量，为推动浙江科学发展、加快经济转型升级献计出力，共同开创更加美好的明天。

全国人大常委会委员、香港特区立法会原主席范徐丽泰，全国人大代表、澳门特区基本法委员会委员林笑云，台湾中国统一联盟主席纪欣在团拜会上致辞。

省港澳办副主任陆国灏参加团拜会。

【2009—2010 年香港巡回展】 2010年1月26日，由香港特别行政区政府驻上海经济贸易办事处、省政府港澳事务办公室等主办的“2009—2010年香港巡回展”杭州站展览在杭州西城广场揭幕。

省港澳办副主任陆国灏等出

席开幕典礼。

“2009—2010 年香港巡回展”旨在向杭州市民介绍香港最新的经济社会发展状况、香港与内地包括浙江的经贸合作以及香港参与 2010 年上海世博会的情况，以进一步促进香港与杭州两地的联系和友好交流。

【省领导会见省政协港澳华侨委员和特邀委员】 2010 年 1 月 28 日，省委书记、省人大常委会主任赵洪祝，省长吕祖善，省政协主席周国富等与前来出席省政协十届三次会议的港澳华侨委员和港澳台侨委特邀委员欢聚一堂，畅叙友情，共商推进浙江可持续发展大计。

会见时，赵洪祝表示，在我省积极应对国际金融危机中，港澳华侨委员充分发挥联系港澳台同胞和海外侨胞的重要桥梁和纽带作用，为我省经济回升向好劳心劳力、献计献策，作出了积极贡献。刚刚结束的“港澳·浙江周”活动，为深入推进浙江与港澳地区的交流合作特别是金融、商贸旅游、物流等服务业领域的合作，建立了一个很好的平台，希望港澳华侨委员以“港澳·浙江周”活动的成功举办为契机，进一步发挥独特优势，一如既往地关心、支持和帮助浙江的改革发展事业，同时积极参政议政、建言献策，为推动浙江与港澳地区建立全方位、多领域交流合作关系而不懈努力。

省港澳办主任阮忠训等参加会见。

【省领导会见出席全国“两会”的部分港澳代表委员】 2010 年 3 月 6 日，省领导会见在北京参加全国“两会”的部分港澳浙江籍以及与浙江关系密切的港澳全国人大代表、全国政协委员。

省政协主席周国富主持见面会，省委书记、省人大常委会主任赵洪祝致辞。省领导吕祖善、王永明、盛昌黎、徐冠巨、徐辉、姚克、冯明光以及省港澳办副主任彭波等参加会见。

中央政府驻香港联络办副主任黎桂康、周俊明，中央驻澳门联络办副主任徐泽，全国政协副主席董建华，全国人大常委会委员范徐丽泰、贺一诚，全国政协常委会委员余国春、陈永棋、杨孙西、杨俊文等出席会见活动。

【第 24 批地方港澳干部赴香港考察访问】 2010 年 3 月 14 日至 20 日，丽水市外办副主任吴一平、衢州市外办副主任周立年、义乌市口岸办副主任吴璀建参加由国务院港澳办组织的第 24 批地方港澳干部赴香港考察团。在港期间，考察团先后访问了香港特区政府律政司、廉政公署、政制与内地事务局、行政署、运输与房屋局、投资推广署、商务与经济发展局、公务员事务局、政府新闻处、康乐与文化事务署、入境事务处、财经事务及库务局，参观了立法会、香港规划与基建展览馆、香港历史博物馆及香港社区设施等，全面系统地了解了香港特区政府的架构、运作以及香港经济和社会等各方面的情况。

【对港澳文化工作研讨会】 2010 年 3 月 17 日在杭州召开。文化部副部长赵少华、副省长郑继伟等出席。

会议总结了 2009 年的对港澳文化工作，分析了对港澳文化工作面临的形势和挑战，并就做好下一阶段工作提出要求。

来自中国文联港澳台办、国家文物局、中国对外文化集团公司、中外文化交流中心和 14 个省、区、市文化厅(局)的近 50 名有关负责人参加会议。省港澳办副主任彭波参加研讨会。

【澳门行政法务司司长访问浙江】 2010 年 4 月 18 日至 23 日，澳门特区行政法务司司长陈丽敏率澳门特区政府代表团访问浙江，出席澳门特区政府在浙江举办的“历史的跨越——纪念《澳门特别行政区基本法》颁布 17 周年暨澳门回归 10 周年图片展仪式、《澳门基本法》研讨会，并赴杭州、绍兴、桐乡等地参观考察。

18 日下午，副省长龚正会见陈丽敏一行。龚正向客人简要介绍了改革开放 30 年来浙江经济社会发展情况和应对国际金融危机、保持经济平稳健康发展的情况。他说，澳门自回归以来，与我省的交往日益密切，文化交流不断加深。今年1月份我省在澳门成功举行了“浙江周”活动，得到澳门特区政府和澳门各界人士的大力支持。澳门除了在服务业及旅游管理方面有丰富的发展经验外，也是中国与葡语系国家发展经济贸易合作关系的平台和载体，衷心希望客人能一如既往地致力于维护团结稳定的大局，为促进浙江与澳门的交流合作和共同发展作出新的努力。

陈丽敏说，澳门取得的成就与内地各省市的大力支持分不开，希望今后澳浙两地能进一步加强合作，全面促进两地的发展。

省政府副秘书长夏海伟、省港澳办副主任陆国灏等参加会见。

【“历史的跨越”图片展】 2010年4月19日，“历史的跨越”——纪念《澳门特别行政区基本法》颁布17周年暨澳门回归10周年图片展在浙江图书馆揭幕，副省长龚正出席开展仪式并致辞。

龚正说，澳门回归十年来，在中央政府和祖国内地大力支持下，特区政府带领澳门社会各界人士取得了前所未有的发展成就，浙江与澳门的合作也取得了新的巨大成就。这次在浙江省举办为期一个月的“历史的跨越”图片展，向浙江民众集中展示了澳门不同时期的风貌，尤其是澳门回归祖国以来的新景象，是浙江与澳门两地合作交流的一件大事。相信通过这次展览，必将进一步加深浙澳两地人民之间的感情，增进相互了解，拉近彼此距离。浙江省政府将与澳门特区政府及各界一起努力，建立更为紧密的交流和合作关系。

澳门特区行政法务司司长陈丽敏在致辞中表示，澳门与浙江之间有着很好的合作基础，尤其是浙江在澳门举办的“浙江周”活动，取得了非常好的效果。澳门和浙江经济发展的互补性非常突出，期望两地不断加强合作，进一步拓展合作空间，实现优势互补，共同打造互利互惠的双赢局面。

省政府副秘书长夏海伟、省港澳办副主任陆国灏等出席开幕式并参观图片展。

【浙江赴港招聘现代服务业高端人才】 2010年5月8日，省委组织部、省人力资源和社会保障厅、省港澳办在香港举办“2010浙江-香港现代服务业高端人才招聘会”，这是浙江省继2009年之后第二次大规模组团赴香港举办高层次人才招聘活动。

此次招聘会，全省组织74家知名企事业单位参加，推出项目20多个、中高层次岗位1100多个。招聘会吸引了不少香港服务业高端人才，现场接待应聘人员1610人，达成合作意向项目8个、聘用意向471人。

【香港中华总商会会长访问浙江】 2010年6月7日，省委书记、省人大常委会主任赵洪祝在宁波会见香港中华总商会会长蔡冠深一行。

赵洪祝对蔡冠深会长一行访问浙江和出席浙洽会、消博会表示欢迎，并介绍了浙江经济社会发展情况。他说，香港中华总商会是香港历史最悠久、规模最大的商会之一，在香港工商界的影响十分深远。蔡先生和广大会员一直以来都非常关心和支持浙江经济社会发展，利用在香港工商界的影响为促进浙港两地企业的交流合作作出了积极贡献。我们真诚希望总商会和蔡先生能一如既往地做好穿针引线、牵线搭桥的工作，为浙港两地深化合作、共同发展作出新的贡献。

省委常委、宁波市委书记巴音朝鲁，省委常委、秘书长李强，省政协副主席、省工商联主席徐冠巨，省港澳办主任阮忠训、副主任陆国灏等参加会见。

【香港甬港联谊会成立30周年庆典】 2010年6月18日在香港举行。来自海内外的“宁波帮”代表人士和各界友好人士600余人参加庆典活动，宁波市委副书记唐一军、香港甬港联谊会会长严信才等到会并致辞。省委统战部、省港澳办、省侨办等部门有关负责人到会祝贺并与甬港联谊会互赠礼品。

香港甬港联谊会在著名甬籍爱国港胞、香港中华总商会会长王宽诚倡导下于1980年8月成立。三十余年来，香港甬港联谊会历届会长、各位乡贤等向家乡捐赠教育、卫生、福利等公益项目上千项，捐赠金额达5亿元人民币。该会有25位乡贤被宁波市人大常委会授予“宁波市荣誉市民”称号，7位乡贤被浙江省人民政府授予“爱乡楷模”。

省港澳办副主任陆国灏参加上述活动。

【香港港龙航空行政总裁访问浙江】 2010年6月30日，副省长王建满会见来访的香港港龙航空有限公司行政总裁唐伟邦一行。

王建满说，2009年浙江省空港运输人数已突破2500万人次，航空市场前景看好。浙江对港龙航空来浙积极开拓业务表示支持，希望港龙航空进一步发挥优势，为乘客提供更好的服务。唐伟邦对浙江省的长期支持表示感谢，并简要介绍了港龙航空在浙江的发展情况及未来发展计划。

省政府办公厅副主任谢济建、省港澳办副主任陆国灏等参加会见。

【香港青年企业家访问浙江】 2010年8月31日至9月2日，以香港百仁基金创会主席、香港恒基兆业地产有限公司副主席李家杰为团长的香港青年企业家访问团访问浙江。

9月1日，省委书记、省人大常委会主任赵洪祝会见李家杰一行。赵洪祝介绍了浙江经济社会发展情况。他说，汇集各界青年精英的香港百仁基金、香港菁英会是香港重要的青年社团，在推动内地与香港交流合作方面起了重要作用。我们期待更多的香港青年朋友到浙江来考察交流、投资兴业，把香港先进的经营发展理念和经验带到浙江，在获取投资回报的同时，为浙江经济社会发展作出积极贡献。浙江省有关部门将进一步改进工作、提高效率、优化服务，切实保障投资者权益，努力营造更加优越的投资发展环境。

9月1日下午，由香港百仁基金、香港菁英会协同浙江省民营企业发展联合会共同举办的“建设生态文明浙江从这里起步——‘生态城市·生态建筑’高峰论坛”在浙江省人民大会堂举行。省委书记、省人大常委会主任赵洪祝，建设部副部长仇保兴，省委常委、省委秘书长李强，杭州市代市长邵占维，省港澳办主任阮忠训，香港中联部青年部主任韩淑霞，香港百仁基金创会主席李家杰、施荣忻，香港菁英会主席白富鸿，以及来自浙江省各地的民营企业家代表出席论坛。

访浙期间，访问团与浙江青年代表举行了联欢活动；考察了广宇集团、阿里巴巴公司，并与其负责人座谈交流；赴浙江大学紫金港校区拜会浙江大学发展委员会主席张俊生，并游览了西湖、雷峰塔等名胜。

【澳门土生葡人青年代表团访问浙江】 2010年9月3日至8日，应国务院港澳办和澳门中联办的邀请，以全国政协委员、澳门仁慈堂会员大会主席欧安利为团长的澳门土生葡人青年代表团访问浙江。该代表团是澳门土生葡人团体继2005年及2008年后第三次组团到访内地，旨在增强年轻一代土生葡人对内地经济、社会、文化等方面的了解，进一步密切与内地的联系，增进友谊。

访浙期间，代表团分别到杭州、宁波、绍兴、余姚、奉化等地考察访问。

【澳门苏浙沪同乡会举行国庆和会庆活动】 2010年9月20日，澳门苏浙沪同乡会庆祝国庆61周年及该会成立14周年联欢晚会在澳门万豪轩酒楼举行。全国人大常委、澳门立法会副主席贺一诚，以及近300名来宾和该会会员参加庆典活动。省港澳办副主任陆国灏等专程前往庆贺。

【澳门特区行政长官访问浙江】 2010年10月15日至16日，澳门特区行政长官崔世安一行15人在出席上海世博会“澳门馆日”活动后，对浙江进行公务访问。此系崔世安就任澳门特首后首次对浙江进行正式访问。

15日下午，省政协主席周国富会见崔世安一行。周国富代表省委书记、省人大常委会主任赵洪祝对客人到访表示欢迎，并介绍了浙江经济社会发展情况。他说，近年来，浙江与澳门在经贸、文化、旅游等领域开展了形式多样的交流和合作，取得了积极成效。尤其是今年1月浙江在澳门成功举办“浙江周”活动，有力地推动了两地关系的发展。今后，我们愿意进一步扩大交流，鼓励和推动两地经贸往来，为双方互利合作开辟更广阔的空间，为促进浙澳共同繁荣多作贡献。

崔世安高度评价浙江取得的发展成就。他表示，澳门回归10年来，在中央政府和内地省市的大力支持下，经济社会取得了新发展，澳浙两地的交流也得到了进一步加强。通过此次访问，进一步加深了对浙江的了解，同时希望今后澳浙两地继续加强合作，实现共同发展。

省委常委、宣传部长茅临生，省政协副主席兼秘书长黄旭明，省港澳办主任阮忠训等陪同会见。

【澳门新闻界高层访问团访问浙江】 2010年12月16日，省委书记、省人大常委会主任赵洪祝会见来访的澳门新闻界高层访问团一行。省委常委、宣传部长茅临生，省港澳办主任阮忠训等陪同会见。

赵洪祝向访问团简要介绍了浙江近期经济社会发展情况。他说，澳门是内地与葡语系国家开展经济贸易合作的窗口，也是我省实施“走出去”和“引进来”战略的一个重要平台。浙江省委、省政府高度重视与澳门的交流和合作。特别是《内地与澳门关于建立更紧密经贸关系的安排》实施以来，浙江和澳门在新的起点上形成了全方位交流与合作的良好局面。希望澳门新闻界朋友一如既往地关心和支持浙江，关注和宣传浙江的经济社会发展，帮助我们把一个创业创新、充满活力、商机无限的浙江真实、充分地展现给澳门同胞和海外华人，为浙澳两地的共同繁荣继续发挥积极作用。

在浙期间，访问团考察了杭州、绍兴、义乌等地。

【香港驻沪经贸办主任访问浙江】 2010年12月29日，香港特别行政区政府驻上海经济贸易办事处主任陈子敬一行到浙江考察访问。

陈子敬一行此次考察，主要是了解浙江省经贸概况和浙江经济社会发展近况，探讨进一步加强浙港政府间的交流及浙港两地在经济、文化、教育等各领域的合作。省港澳办副主任彭波会见并宴请陈子敬一行，省发改委、省商务厅等单位有关负责人参加会见和宴请。

在浙期间，陈子敬一行还拜会了省侨办、杭州市政府领导，参观了阿里巴巴(中国)网络技术有限公司。

（章文平）

· 知识窗 ·

孔子学院

孔子学院即孔子学堂，它并非一般意义上的大学，而是推广汉语和传播中国文化与国学的教育和文化交流机构，一般下设在国外的大学和研究院之类的教育机构里。孔子学院最重要的一项工作就是给世界各地的汉语学习者提供规范、权威的现代汉语教材；提供最正规、最主要的汉语教学渠道。孔子学院总部设在北京，境外的孔子学院都是其分支机构，主要采用中外合作的形式开办。孔子是中国传统文化的代表人物，孔子学院秉承孔子“和为贵”、“和而不同”的理念，推动中国文化与世界各国文化的交流与融合，以建设一个持久和平、共同繁荣的和谐世界为宗旨。

2004年11月21日，全球第一所“孔子学院”在韩国首都首尔挂牌。截至2010年10月，全球已建立322所孔子学院和369个孔子课堂，分布在96个国家和地区。国内61所高校和机构参与孔子学院的合作办学，主要提供到国外教授中文的教师和招募志愿者。

浙江省从2005年到2010年，已有8所高校与8个国家合作共建了11所孔子学院，开办了2个孔子课堂。

对外民间交往

【概况】 2010年，浙江省人民对外友好协会(简称“省友协”)继续发挥自身优势，以打造品牌活动为载体开展公共人文外事，全方位、多层次、宽领域开展对外民间友好交流工作，着力提高浙江的知名度和影响力。

全年接待来自美国、日本、德国、英国、澳大利亚、荷兰、墨西哥、印度、马耳他等国的代表团组66批732人次。其中重要来宾有：美国国务院政府间事务特别代表路易斯，墨西哥议会副议长西门内斯，荷兰乌特勒支省省长罗伯特森，德国中国协会主席保罗，马耳他中国友好协会主席卡莱亚，日本中国友好协会副会长酒井哲夫，日本静冈县前知事石川嘉延，静冈县日中友好协议会理事长栗原绩，英国苏格兰-中国协会主席迪克森等。此外，还接待了外交部前副部长、博鳌亚洲论坛秘书长周文重和全国友协副会长李建平等国内重要宾客。组派出访团组9批80余人次。

【省友协副会长会见日本静冈县新老知事】 2010年1月10日至12日，日本静冈县新任知事川胜平太和前知事石川嘉延一行访问北京。省友协专职副会长虞希华在北京会见并宴请川胜平太、石川嘉延一行。虞希华简要回顾了浙江省与静冈县开展友好交流的情况，对前知事为推动两省县友好交流所作的积极贡献予以高度评价，希望新任知事在前任的基础上，继续推进两省县在经济、旅游、文化、体育、人才培养、青少年交流等各领域的交流与合作。川胜平太表示，将继续推动静冈县与浙江省的友好交流，并将以上海世博会为契机，率领3776名(与日本富士山高度同)静冈县民访华。川胜平太还推荐静冈县内盛产名茶的川根本町与龙泉市开展友好交流。

【日本三光三岛(株)社长来浙考察】 2010年1月18日至22日，日本静冈县三光三岛株式会社社长大川元司一行来浙江考察投资环境。大川元司一行先后考察了丽水经济技术开发区、萧山经济技术开发区，参观了浙江友成控股有限公司和浙江太阳机械有限公司等日资企业。

省友协专职副会长虞希华会见大川元司一行。他希望三光三岛株式会社在合适时机投资浙江。

【日本阪神高速公路公司代表团访问浙江】 2010年1月26日，日本阪神高速公路公司执行官中林正司一行来浙访问，参加浙江沪杭甬高速公路有限公司举办的高速公路养护技术研讨会。

省友协专职副会长虞希华会见代表团，向客人介绍了浙江省的经济形势及对日交流情况，希望中日高速公路养护等方面的技术合作不断取得进步。

【日本福井县自然体验共同学习中心理事长访浙】 2010年1月27日至29日，日本福井县自然体验共同学习中心理事长辻一宪访问浙江，就中日环保教育和青少年自然体验活动与省友协、绿色浙江环保协会及杭州市第十三中学进行磋商。双方商定，年内共同实施以下交流活动：(1)5月1日至7日，组织浙江省中学生野营团赴福井县开展中日青少年野营活动;(2)7月底8月初,邀请福井县自然体验共同学习中心负责人来浙参加浙江省第9届青少年绿色营活动,并举办环保人才培训班;(3)邀请福井县水环境保护教育的相关人士参加浙江省的护水项目——钱塘江水质监测活动。

【"人民友谊贡献奖"颁奖仪式】 2010年3月3日、4日分别在衢州、宁波两地举行。全国友协副会长李建平分别向俄罗斯科学家希特里维和德国友人赫伯特·普罗姆波颁发"人民友谊贡献奖",以表彰他们为两市经济社会发展和对外交往所作的突出贡献。省外办副主任彭波出席仪式。

【省友协代表团访问荷兰、匈牙利和英国】 2010年3月3日至14日,以省友协会长梁平波为团长的浙江省友协代表团对荷兰、匈牙利及英国进行友好访问。

在荷兰,代表团与荷中友协总部及鹿特丹分会就今后如何进一步开展经济、文化、教育、青少年交流等进行了会谈,并与荷中友协鹿特丹分会签订《友好交流协议书》。代表团还分别拜会荷中商会、大西洋太平洋交流计划署、荷兰国家舞蹈团、青年音乐基金会等友好交流机构,探讨了今后开展合作的可能性。

在匈牙利,原匈牙利驻华大使、匈牙利-中国友好协会会长叶桐会见代表团,双方表示要在原有友好关系的基础上,继续加强联系,促进友谊和合作。代表团还拜访了匈中经贸商会,考察了匈牙利中国商贸城。

在英国爱丁堡,代表团与苏格兰-中国协会签订《友好交流协议书》。

◎省友协代表团与荷中友协鹿特丹分会签署《友好交流协议书》

【日本静冈县日中友好议员联盟代表团访问浙江】 2010年3月23日至25日,以静冈县原议长、县日中友好议员联盟会长天野一为团长的日本静冈县日中友好议员联盟代表团访问浙江。

23日晚,省友协会长梁平波会见并宴请代表团。梁平波对静冈县议会不久前成立"日中友好议员联盟"表示祝贺,并对静冈县议会全体议员加入联盟予以高度评价。他希望静冈县日中友好议员联盟今后在两省县经济、文化、旅游、青少年等各个领域的交流与合作中发挥更加积极的作用。

省人大常委、浙江工业大学副校长盛颂恩,省友协专职副会长虞希华参加会见和宴请。

在杭期间,代表团一行参观考察了杭州经济技术开发区。

【日本岛田市少年合唱团访浙演出】 2010年3月24日至28日,日本静冈县岛田市少年合唱团一行55人访问浙江。25日和27日,合唱团分别在湖州升华音乐厅、杭州大剧院与当地中小学生同台演出。

在杭期间,省友协专职副会长虞希华会见合唱团并观看演出。

在浙期间,合唱团还参观了湖州市第四中学、爱山小学和杭州市青少年活动中心,与浙江中

◎日本岛田市少年合唱团在杭州演出

小学生开展音乐、书法、绘画、体育等交流。

【省友协第6届理事会年会】 2010年3月30日在杭州举行。会议由专职副会长虞希华主持，常务副会长阮忠训作2009年工作情况和2010年工作思路报告，会长梁平波作《统筹兼顾，科学务实，努力开创我省民间对外交往工作新局面》的讲话。各省级单位、团体、学校、外事系统的80余位理事出席会议。省文联、省农业厅、省侨办、嘉兴市外办、浙江理工大学等理事单位代表及来自德国、匈牙利、奥地利的海外理事在会上发言。会上，向12位新理事颁发了聘书。

【"2010体验西澳——浙江省高中英语口语大赛"决赛】 2010年4月23日至24日在杭州市第十三中学举行。从全省各地高中选拔出来的优秀选手128人参加决赛。澳大利亚西澳州圣·希尔达学校的英语文学专家裘迪·顿及西澳州彻基兰学校英语语言专家保罗·杰弗里等担任决赛评委。经过统一的听力和口语考试，选拔出一等奖25名、二等奖30名、三等奖50名。获一等奖学生于8月赴西澳州进行为期两周的交流访问。

【博鳌亚洲论坛秘书长访问浙江】 2010年4月26日至5月4日，博鳌亚洲论坛秘书长周文重偕夫人访问浙江。

4月26日，副省长龚正会见周文重一行。省外办主任阮忠训、省友协专职副会长虞希华参加会见。

在浙期间，周文重一行先后在杭州、绍兴、义乌、温州等地会晤各市领导并赴有关市场和企业考察调研。

【浙江省中学生代表团赴日参加野营活动】 2010年5月1日至7日，由省友协组织，杭州市第十三中学教育集团选派的浙江省中学生代表团一行30人，赴日本参加在福井县小浜市举行的日中青少年野营活动。活动内容有海上划船、制盐野炊、手工制作、夜间探险、观察星座、篝火晚会、文艺表演、分组讨论等，中学生们体验了民宿，了解日本的民风民情。

【杭州-阿姆斯特丹直达航线首航仪式】 2010年5月9日在杭州萧山国际机场举行。副省长龚正、荷兰驻华大使裴靖康分别代表双方出席仪式并致辞。龚正对杭州-阿姆斯特丹直达航线开通表示祝贺。龚正指出，该航线的开通，对进一步密切浙江与荷兰乃至欧洲地区的人员来往、经贸合作、文化交流将提供极大的便利，对推动浙江省对外开放将产生重大影响，希望荷兰皇家航空公司经营的这条航线取得双赢。

省政府副秘书长夏海伟、省友协专职副会长虞希华、中国南方航空公司副总经理何宗凯以及荷兰皇家航空公司总裁哈曼特等出席首航仪式。

杭州-阿姆斯特丹直达航线是浙江省第一条直达洲际航线。

【日本静冈县日中友协会长访问浙江】 2010年5月10日至12日，日本静冈县议会议员、县日中友好协会会长渥美泰一随第一批"静冈县富士之乡3776访华团"访问浙江。

12日，渥美泰一赴桐乡市访问，与桐乡市副市长张江琳及市外经贸局、教育局、农经局、外办等部门负责人就进一步加强两地青少年交流及扩大在经贸、旅游、文化等领域的交流交换意见，并达成共识。渥美泰一还参观考察了桐乡振兴西路小学、世贸中心商贸城、华庄生态农业园等。

【马中友协主席访问浙江】 2010年5月15日至17日，马耳他中国友好协会主席雷诺·卡莱亚一行4人访问浙江。

15日，省友协会长梁平波会见卡莱亚一行。梁平波感谢马中友协为推动中马友好所作的积极贡献，并表示今后两会之间要加强联系，继续巩固双方的传统友谊。

省友协专职副会长虞希华参加会见。

在浙期间，代表团参观了中国茶叶博物馆、西溪湿地等，并与长兴县经济开发区、浙江传化集团就旅游度假区投资开发和共同开发洗洁剂技术及市场等事宜进行了洽谈。

【荷兰乌特勒支省省长访问浙江】 2010年5月19日至22日，荷兰乌特勒支省省长罗尔·罗伯特森一行访问浙江。

19日，省长吕祖善会见罗伯特森一行。吕祖善简要介绍了浙江省经济社会发展情况以及应对金融危机的一系列举措。他说，浙江省正在积极调整优化产业结构，着眼于实现可持续发展，加快发展现代服务业，高度重视教育、科技、文化事业发展，切实保护生态环境，并以开放的姿态，学习借鉴各国、各地区的成功经验。乌特勒支省在发展现代服务业与高新技术产业方面成效明显，双方有着广阔的合作空间。

罗伯特森表示，浙江省经济社会发展取得的成就给他留下了深刻印象，希望此次访问能够推动两省及有关城市建立友好关系。罗伯特森还邀请浙江方面有关人员参加5月23日在上海世博会荷兰馆举办的“乌特勒支周”活动。

当晚，省友协会长梁平波宴请罗伯特森一行。

在浙期间，罗伯特森一行考察了嘉兴市和温州市。

【墨西哥参议院副议长访问浙江】 2010年5月22日，墨西哥参议院副议长阿图罗·西门内斯一行访问浙江。省友协会长梁平波会见西门内斯一行，向客人简要介绍了浙江省经济社会发展情况，并就浙江省与墨西哥开展友好交流和合作事宜与墨方进行了探讨。

【日本饭田建设(株)社长访问浙江】 2010年5月26日至31日，日本枥木县枥木市的饭田建设株式会社社长饭田昌利一行访问浙江。饭田昌利一行考察了临安市太湖源镇农村饮用水情况。饭田昌利表达了向临安市免费提供一套价值70余万元、在日本刚开发不久的紫外线杀菌设备的意愿，以改善当地居民的饮用水水质，还表示今后将继续推进与浙江在设备制造等领域的实质性交流。

【英国苏格兰-中国协会主席访问浙江】 2010年5月28日，英国苏格兰-中国协会主席詹尼斯·迪克逊访问浙江，省友协会长梁平波会见迪克逊。梁平波感谢英国苏中协会长期以来为促进中英之间的友谊与交流所作的贡献。双方表示，今后将加强联系，全面落实不久前签订的友好交流协议书的相关内容，进一步促进理解和友谊。

【德中协会主席访问浙江】 2010年6月5日至8日，德国中国协会主席格莱格·保罗夫妇、副主席亚历山大·贝尔夫妇等访问浙江。

6日晚，省友协会长梁平波会见保罗一行，并简要介绍了浙江省经济社会发展情况。保罗对浙江省取得的成就表示祝贺。双方回顾了近年来两会之间开展的交流与合作，一致表示将进一步扩展交流合作的层面，探讨新的交流内容，为促进中德两国人民的了解和友谊添砖加瓦。省友协专职副会长虞希华参加会见。

在浙期间，保罗还赴宁波大学参观，并作题为《德国历史上对于中国哲学及其影响力的分析研究》的专题演讲。

【外国驻沪总领馆代表出席世博“浙江活动周”开幕式】 2010年6月18日，上海世博会“浙江活动周”开幕式在世博园宝钢大舞台举行。中共中央政治局委员、上海市委书记俞正声到会祝贺，浙江省委书记、省人大常委会主任赵洪祝鸣锣宣布开幕。省长吕祖善、上海市市长韩正以及中国贸促会副会长王锦珍分别致辞。美国、澳大利亚、阿根廷、阿联酋、新加坡、白俄罗斯、土耳其、乌克兰、匈牙利、葡萄牙、尼日利亚、芬兰、意大利、瑞士、罗马尼亚、保加利亚、比利时、挪威、荷兰、丹麦、卢森堡、俄罗斯、韩国、尼泊尔、斯里兰卡、泰国等国的36位驻沪总领馆代表(其中总领事17位)出席开幕式。开幕式后，与会代表参观了浙江馆，品尝了龙井茶。浙江馆馆长陈如昉向客人赠送了精美的青瓷礼品。

省外办主任阮忠训、省友协专职副会长虞希华出席开幕式。

【非洲国家非政府组织负责人研修班考察浙江】 2010年6月23日至28日，非洲国家非政府组织负责人研修班一行33人来浙考察。

28日晚，省友协专职副会长虞希华会见代表团一行。虞希华表示，希望通过代表团来访，进一步加深相互了解，拓展双方在经贸、旅游、文化等领域的交流与合作。来访客人表达了与浙江省开展交流合作的意愿。

在浙期间，代表团赴义乌出席了义乌旅游博览会开幕式，参观了义乌国际商贸城，并赴金华考察了希望小学和移民新村等扶贫项目，在浙师大听取了非洲研究院的报告。代表团还参观考察了杭州经济技术开发区和钱江新城，听取达之路公司关于中非经贸合作的讲座及浙江大学关于浙江民营经济发展的讲座，并与浙江广厦集团和浙江省贸促会进行了座谈交流。

【“2010体验西澳——浙江省高中英语口语大赛”颁奖仪式】 2010年6月29日在浙江图书馆举行。副省长郑继伟、省友协会长梁平波、省政府副秘书长马林云、省外办副主任彭波、省友协专职副会长虞希华、省广电集团副总编辑顾顺坤，以及澳大利亚西澳州政府副总理基姆·汉默斯、反对党副党魁罗杰·库克、西澳州政府副总理办公室主要政策顾问梅琳达·海因斯、西澳州驻华商务代表处首席代表庄彬俊等中外嘉宾和一等奖获得者及优秀指导教师、优秀组织奖单位代表、学生家长等200余人出席颁奖仪式。郑继伟、基姆·汉默斯等分别在仪式上致辞，双方对此项活动予以充分肯定，并表示今后将继续举办。

【日本静冈县日中友好协议会理事长访问浙江】 2010年7月5日至7日，日本静冈县日中友好协议会新任理事长栗原绩一行访问浙江。

5日，副省长龚正会见栗原绩一行。龚正向客人介绍了浙江省经济社会发展近况及经济特色，并就进一步加强两省县在经济、旅游、人才培养等领域的交流合作与日方交换意见。

6日，省友协会长梁平波会见栗原绩一行。梁平波祝贺栗原绩就任静冈县日中友好协议会理事长，并对该协议会长期以来致力于发展中日特别是浙静友好予以高度评价，希望栗原绩继续推进浙静民间友好交流事业向前发展。

省友协专职副会长虞希华出席会见活动。

【国际文化交流基金会主席访问浙江】 2010年7月15日，省委书记、省人大常委会主任赵洪祝在绍兴会见第6届世界合唱比赛主办方之一、国际文化交流基金会主席冈特·铁驰一行。赵洪祝感谢国际文化交流基金会与绍兴市共同举办第6届世界合唱比赛。他说，世界合唱比赛被誉为合唱界的“奥林匹克”，已成为国际合唱界最有生命力、影响力的活动。浙江省高度重视这次活动，将其视作促进文化大发展大繁荣、推动文化大省建设的重要机遇，视作扩大对外开放、展示浙江形象的重要平台。相信通过各方共同努力，本届世界合唱比赛一定会办成“和谐、精彩、难忘”的盛会，希望国际文化交流基金会与浙江省进一步加强协作、密切配合，确保比赛顺利圆满完成。

冈特·铁驰高度评价浙江省和绍兴市为比赛所付出的努力，并表示愿意通过更多的形式加强与浙江的文化交流。

省委常委、秘书长李强，省外办主任阮忠训，省友协专职副会长虞希华等参加会见。

【中日韩俄少年棒球赛】 2010年7月30日至8月4日在杭州市第十三中学举行，由省友协和杭州市西湖区教育局主办，杭州市第十三中学教育集团承办。省友协专职副会长虞希华、省体育局副局长应祖明等出席开幕式，日本中国友好协会副会长、福井县日中友协会长酒井哲夫为棒球赛开球。日本福井市少年棒球队、韩国水原市少年棒球队、俄罗斯纳霍达卡市少年棒球队、中国无锡市东北塘中学棒球队和杭州市第十三中学棒球队等共5个队参加比赛。杭州队获得第一名，韩国队、无锡市队、日本队和俄罗斯队分获第二名至第五名。

【2010体验西澳——浙江省高中生代表团访问澳大利亚】 2010年8月1日至16日，获得“2010体验西澳——浙江省高中英语口语大赛”一等奖的24名学生赴澳大利亚西澳州进行友好访问。西澳州副总理基姆·汉默斯会见代表团一行。代表团拜访了西澳州议会，参观了当地5所高中和西澳大学等4所大学。学生们还入住当地居民家庭，体验西澳州居民生活。

【浙江两友城获对华交流合作奖】

2010年9月8日至10日，由全国友协、中国国际友好城市联合会主办的2010中国国际友好城市大会在上海召开。

大会向中外友城颁发了对华友好城市交流合作奖、友城交流合作奖和特别贡献奖。浙江省两个省级国外友城——日本静冈县、澳大利亚西澳州获对华友好城市交流合作奖。

◎中日韩俄少年棒球赛日本队与俄罗斯队比赛

【拉美地区代表团访问浙江】 2010年9月10日至13日，由来自哥伦比亚、哥斯达黎加、洪都拉斯和萨尔瓦多四国的地方政府和区域性组织负责人组成的代表团，在参加2010中国国际友好城市大会后访问浙江。

10日，省友协会长梁平波会见代表团一行。梁平波说，省友协作为省级民间交流的重要窗口，希望延续与拉美国家的友谊，并促进双方在多领域的实质性交流。外方代表、哥斯达黎加加纳斯市市长卡特娅·玛利亚·埃尔南德斯介绍了拉美国家对华交流的情况，表达了今后开展更多对华实质性交流的强烈意愿，并愿意与对口组织加强联系，进一步促进拉中交流合作。

访浙期间，代表团参观了杭州钱江新城、义乌国际商贸城及义乌新光饰品公司等。

【日本静冈县前知事访问浙江】 2010年9月10日至17日，日本静冈县前知事石川嘉延夫妇及随行人员访问浙江。

省政协主席周国富、省友协会长梁平波、省友协前会长沈祖伦和省政协前副主席徐鸿道分别会见并宴请石川嘉延一行。周国富感谢石川嘉延先生多年来为推动浙江省与静冈县友好关系发展所作的积极努力。他说，老知事在任16年间，两省县高层领导互访频繁，经贸、科技、文化、教育、体育、旅游、新闻、青少年等各领域的交流活跃，硕果累累，双方关系堪称浙江省与国际友城友好合作的典范。希望石川嘉延先生今后利用丰富的人脉资源和重要影响力，一如既往地关心、支持浙静友好关系的发展。梁平波称赞石川嘉延是一位德高望重的老知事，对其在任期间为促进中日友好特别是浙静友好交流合作所作的贡献予以高度评价，希望他继续关注浙静民间友好事业。沈祖伦和徐鸿道希望与老朋友一起发挥各自余热，为进一步推动两省县的友好合作出谋划策。

石川嘉延表示，在任知事 16 年间，能为日中友好、特别是为静冈县与浙江省的友好交流合作尽自己绵薄之力感到高兴，为双方交流合作取得的成绩感到欣慰。他说，浙江是他最喜欢访问的地方，今后将继续尽其所能推动两县省的友好交流与合作。

省政协副秘书长李火林、省外办主任阮忠训分别参加上述有关会见和宴请。省友协专职副会长虞希华全程陪同石川嘉延在浙活动。

【日本静冈县各界代表团访问浙江】 2010 年 10 月 11 日至 14 日，以静冈县日中友好协议会理事长栗原绩为团长的日本静冈县各界代表团一行 115 人访问浙江。该团是“静冈县富士之乡 3776 访华团”的系列团，由静冈县经济界、产业界、学术界、新闻界、县内自治体等 23 个团体的代表组成。

12 日下午，栗原绩等代表团主要成员和同时来访的静冈县知事川胜平太一起拜会省长吕祖善、省友协会长梁平波等。晚上，全体团员参加由省政府主办的欢迎宴会。

在浙期间，代表团赴舟山进行了参观考察。

【湘湖情——2010 浙江省·静冈县书法交流展】 2010 年 10 月 12 日至 16 日在萧山湘湖美术馆举行，由省友协和日本静冈县日中友好协议会共同主办。省友协会长梁平波出席开幕式并致辞。正在浙江访问的静冈县知事川胜平太率县政府代表团、静冈县书法振兴协会会长杉浦太奎率静冈县书法交流团参加开幕式。本次展览共展出中日书法作品 200 件（中日双方各 100 件，其中各含 50 件中小学生书法作品）。

【日中友协副会长访问浙江】 2010 年 10 月 12 日至 17 日，以日本中国友好协会副会长、福井县日中友好协会会长酒井哲夫为团长的福井县日中友协代表团一行 34 人访问杭州。

13 日，省友协会长梁平波会见代表团一行。梁平波说，中日两国人民世代友好，既符合两国的根本利益，也是亚太地区和世界和平与繁荣的需要。作为地方民间组织，浙江省友协将充分利用自身优势，继续以民促官，与福井县日中友协共同努力，推动中日关系健康稳定发展。酒井哲夫说，日中友好协会自成立以来一直致力于日中友好事业，为日中邦交正常化以及两国关系的发展奠定了坚实基础。他表示，要培养自己的子孙后代参与日中友好事业，努力使日中友好世代相传。

省友协专职副会长虞希华参加会见。

【越南广宁省各友好团体联合会代表团访问浙江】 2010 年 10 月 26 日，以广宁省友好联合会主席阮志升为团长的越南广宁省各友好团体联合会代表团访问浙江。

省友协会长梁平波会见代表团一行。梁平波说，中国与越南是友好邻邦，有着深厚的传统友谊，省友协将一如既往为加深中越两国人民的友谊做有益工作。阮志升说，广宁省与浙江省已经在诸多方面开展交流与合作，希望今后双方能紧密合作，为促进两国人民的了解和友谊添砖加瓦。

省友协专职副会长虞希华参加会见。

【第 5 届“锦湖韩亚杯”中国大学生韩语演讲大赛浙江赛区比赛】 2010 年 10 月 28 日在浙江树人大学举行。本次比赛为全国 9 个分赛区之一，由全国友协、中韩友协、韩中友协共同主办，省友协、浙江树人大学、韩国韩亚航空公司驻杭办事处承办，韩国锦湖韩亚集团协办。省友协专职副会长虞希华、浙江树人大学副校长陈新民到会祝贺。省内设有韩语专业的 4 所大专院校经过初赛选拔出16名优秀学生参加比赛，约250名韩语专业学生出席观摩。

比赛分命题演讲和选题回答两部分。最终，浙江越秀外国语学院的张思思和浙江旅游职业学院的沈斌分别获得第一、第二名，入围11月27日在天津市举行的全国总决赛。

【美国国务院政府间事务特别代表访问浙江】 2010年11月26日至27日，美国国务院政府间事务特别代表瑞塔·路易斯一行访问浙江，商讨构建中美省州长论坛事宜。

26日下午，省委书记、省人大常委会主任赵洪祝在省人民大会堂会见路易斯一行。赵洪祝简要介绍了浙江省的基本情况以及与美国的合作概况。他说，浙江省与美国各州的经济互补性较强，各领域合作前景广阔。相信中美省州长论坛会成为中美地方政府间友好往来和互利合作的有效平台。希望借助这个平台，进一步深化浙江省与包括新泽西州和印第安纳州在内的美国各州的经贸往来和人文交流。他表示，浙江省非常愿意听取美方对中美地方合作提出的意见和建议，积极配合中国外交部和中国人民对外友好协会共同推动论坛早日运行。

路易斯说，此次来访是受美国国务卿希拉里委派，与中方有关部委、地方政府商讨构建中美省州长交流论坛事宜。美国政府对推动此项交流的实施高度重视，这也将是2011年初中国国家主席胡锦涛访美期间双方磋商的议题之一。浙江省经济发达，与美方合作潜力很大，希望浙江省积极参与该论坛。

省委常委、秘书长李强，省外办主任阮忠训，省友协专职副会长虞希华等参加会见。

在浙期间，路易斯一行还与省教育厅、商务厅、旅游局、中小企业局、贸促会等进行了座谈交流。

【印度非政府组织考察团访问浙江】 2010年12月1日至5日，以印和团书记处成员阿迪卡里·比斯瓦鲁普为团长的印度和平与团结组织考察团访问浙江。代表团此访旨在考察浙江省改革开放30年的成就，参观民营企业和新农村建设。代表团重点参观了杭州萧山区航民村、绍兴柯岩街道河塔村和宁波奉化市滕头村。

【日本静冈县经济交流代表团访问浙江】 2010年12月16日至19日，以静冈县日中友好协议会理事长栗原绩为团长的日本静冈县经济交流代表团访问浙江，参加浙江静冈经济交流促进机构2010年年会。

16日晚，省友协会长梁平波会见并宴请代表团一行。梁平波对静冈县实施的“富士之乡3776访华团”计划圆满成功表示祝贺，并称赞此次活动为两省县友好交流史增添了新的篇章。他预祝本次浙静经济交流促进机构会议取得圆满成功。

栗原绩对浙江省为静冈县实施的“富士之乡3776访华团”计划所给予的大力协助及热情接待表示感谢。他说，现在到访浙江省的县民人数已达5500人次，大大超过当初3776人的计划，这也是双方友好关系不断发展的一个证明。

双方均表示，要继续促进相互了解及在经济、文化等各领域的交流，进一步巩固友好合作关系。

省友协专职副会长虞希华参加会见和宴请。

（钱飞瑛）

附表　2010年省友协接待的部分来访团组

序号	来访时间	团组名称	人数	主要活动
1	1月6～8日	日本栃木县佐野市日中友协理事长宫森胜市	1	参观杭州市大关小学，商谈在佐野市举办中日儿童书画作品展事宜
2	3月4～6日	日本静冈县日中友好协议会专务理事伊藤利信	3	商谈年度交流项目
3	3月19～21日	荷兰中国友好协会鹿特丹分会副会长黄敦品	1	商谈年度交流计划

续表

序号	来访时间	团组名称	人数	主要活动
4	3月25日	日本浜北市中小学生交流团	9	开展中小学生交流
5	4月1～3日	日本阿斯尔·可拉罗足球俱乐部董事长山本浩义	1	访问绿城足球学校，商谈举行中日小学生足球交流比赛等事宜
6	4月19～22日	日本九州日中民间文化交流协会代表团	24	拜访省友协，参加义乌文化产品博览会
7	5月10～12日	日本静冈县日中友好协议会副理事长村上光广	2	拜访省友协，就进一步扩大两省县民间友好交流事宜交换意见
8	5月21～23日	日本北海道日中友协代表团	3	拜访省友协，就双方进一步加强交流合作进行会谈
9	6月9～11日	澳大利亚中国友好协会副主席内维尔·格林	1	拜访省友协，参观诸暨理查德英语学校
10	6月18～23日	日本枥木县佐野市日中友协理事长宫森胜市	1	拜访省友协，考察衢州市，并商谈在日举办小学生书画展及衢州农民画展事宜
11	7月21日	日本福井县坂井市副市长北川贞二	3	拜访省友协，表达坂井市与嘉兴市建立友城关系的愿望
12	7月29日	日本大阪府日中友协代表团	17	就两地开展青少年交流、职业学校校际交流等事宜交换意见
13	7月30日～8月4日	日中友好协会副会长酒井哲夫	5	来杭参加中日韩俄少年棒球比赛开幕式，并访问淳安、龙游、东阳、义乌等地
14	8月2～3日	日本静冈县议员安间英雄	1	与省友协商谈静冈县磐田市在浙江省物色友好城市、推动中日青少年足球交流等事宜
15	8月10日	日本日中科技文化中心理事长凌星光	5	拜访省友协，就开展中日科技交流交换意见
16	8月16～18日	日本东京都日中友协访华团	13	与省友协商谈友好交流合作事宜
17	8月19日	日本静冈县日中友好协议会专务理事伊藤利信	1	与省友协、省围棋协会商谈举办第4届浙江省·静冈县业余围棋友谊赛等事宜
18	9月22～27日	澳大利亚西澳州麦特劳里高中校长弥尔顿·布驰尔	36	麦特劳里高中与杭州市第十四中学续签姐妹学校交流备忘录
19	9月29日～10月1日	原日本国会众议院议员杉山宪夫	2	与省友协商谈中日青少年交流等事宜
20	10月16～20日	日本饭田建设(株)社长饭田昌利	2	考察临安市太湖源镇，并商谈饮用水紫外线杀菌合作项目
21	10月28日	日本福井县坂井市友好代表团	15	拜访省友协，商谈友好交流事宜
22	12月15日	日本静冈市日中友好协会副会长岩间弘政	2	拜访省友协，就今后两会间的交流合作交换意见
23	12月23～27日	日本福井县第11次中学生羽毛球交流团	18	羽毛球训练，并与浙江体育职业技术学院学生进行交流比赛

出　访

【夏宝龙率团访问墨西哥、古巴和哥斯达黎加】 2010年3月13日至24日，应墨西哥下加利福尼亚州州长、古巴马坦萨斯省人民权力代表大会副主席和哥斯达黎加阿拉胡埃拉市市长的邀请，省委副书记夏宝龙率浙江省代表团访问上述三国。

在墨西哥，代表团与下加州政府、企业和工商会负责人就进一步扩大两省州在经贸、教育、文化、旅游等方面的交流与合作进行了会谈，并签署会谈纪要。代表团访问了下加州自治大学，参观了下加州移民局、墨西哥缤特力高科技无线话机生产公司等。

在古巴，代表团与马坦萨斯省人民代表大会主席托巴斯、副主席贝雷斯进行了会谈，双方就两省在经贸、教育、医疗等领域进一步加强交流合作交换意见。

在哥斯达黎加，代表团拜会总统府部长(总理)罗德里格·阿里亚斯·桑切斯，双方就进一步加强交流与合作交换意见。代表团还访问了阿拉胡埃拉省，与阿拉胡埃拉市市长乔伊斯探讨了保持长期友好联系、加强全面交流合作的设想。

出访期间，代表团还会晤了中国驻墨西哥蒂华纳总领事、驻古巴大使和驻哥斯达黎加大使。

【巴音朝鲁率团访问印度和以色列】 2010年4月10日至18日，省委常委、宁波市委书记巴音朝鲁率宁波市代表团访问印度和以色列。

在印度，代表团会晤了印度通讯与信息技术部部长派乐特，双方就开展信息化技术交流与合作交换意见；出席宁波-印度经贸交流恳谈会，印度工业联合会副会长兼高级顾问库马，以及塔塔化学公司、印度煤矿工业公司等印度工商企业代表参加座谈。代表团还考察了塔塔集团钢铁公司，希望双方尽早实现实质性的交流合作。

在以色列，代表团与以色列外交部副部长丹尼·阿雅伦举行会谈，并会晤贸工部副部长奥瑞特·诺克德。代表团还参观考察了以色列著名的风险投资企业——英飞尼迪和基布茨集体农场等。

【周国富率团访问阿联酋和瑞士】 2010年4月11日至23日，应阿联酋沙迦工商会和瑞士弗利堡州的邀请，省政协主席周国富率浙江省代表团访问上述两国。

在阿联酋，代表团考察了浙江企业家投资的迪拜鞋城、迪拜轻工城等；会晤沙迦市政委员会主席萨利姆·欧贝德·沙姆斯，双方一致表示，要尽快促进浙江-沙迦合作促进委员会成立，以推动友好协议各项条款的落实与实施。代表团还拜会沙迦工商会副主席塞义德，双方达成进一步推动经贸合作的意见。代表团还访问了沙迦大学、阿布扎比未来能源公司。

在瑞士，代表团出席了在弗利堡州举行的“瑞士新能源展”。周国富与弗利堡州州长比特·冯朗特共同为浙江省展台剪彩，代表团一行随后参观了浙江展台。随后，周国富出席了“瑞士新能源展”开幕式，并作为特邀嘉宾发表主题演讲。比特·冯朗特、州议会主席索朗日·贝尔塞、州政府卫生和社会事务部部长德米埃尔等会见代表团，双方就两省州加深友好合作、特别是拓展新能源领域合作事宜进行了探讨。周国富分别接受了瑞士国家电视台、瑞士(德语区)电台和弗利堡州电台的采访。

【郑继伟率团访问澳大利亚和印度】 2010年5月2日至8日，副省长郑继伟率浙江省卫生代表团访问澳大利亚和印度。

在澳大利亚，代表团与西澳州副总理兼卫生部长基姆·汉默斯举行工作会谈，出席了西澳州政府、议会、州发展部和西澳大学举办的招待会。参加了浙江-西澳州大学校长论坛、两省州大学合作协议签字仪式等活动。此外，代表团还访问了西澳州卫生部、州疾病预防控制中心、西澳大学、明水老年病院、查尔斯医院等。

在印度，代表团会见了印度卫生和福利国务秘书特利维蒂，双方就医学教育、职工在职教育、对农村及偏远地区医务人员的激励机制、传统医学的应用和发展等领域进行了交流。

【任泽民率团访问瑞典、匈牙利和克罗地亚】 2010年5月19日至30日，应瑞典乌普萨拉省、匈牙利南多瑙河大区及克罗地亚伊斯特利亚省的邀请，省委常委、纪委书记任泽民率浙江省代表团访问上述三国。

在瑞典，乌普萨拉省省长彼得·伊加德会见代表团。双方对10年来两省友城的合作交流工作予以充分肯定，并就教育、经贸、反腐败等领域的合作进行了深入的交流。任泽民还实地考察了浙江李宇集团在该省艾富卡勒市投资3亿元人民币兴建的“龙门”商贸城。

在匈牙利，南多瑙河大区主席菲里克·费格尔率政府主要官员会见代表团。双方就企业投资、旅游、环保、葡萄酒业等方面的合作进行了商谈。代表团还考察了葡萄酒酿造和营销企业。

在克罗地亚，该国总统顾问鲍里斯·卡塔会见代表团。伊斯特利亚省省长雅克维奇、副省长范德伦·格鲁比斯科分别会见代表团，双方就新能源、文化、旅游、教育、烟草业、反腐败等方面的合作进行了深入交流，取得广泛共识。

【金德水率团访问印度尼西亚、新西兰和斐济】 2010年5月27日至6月7日，应印度尼西亚万丹省、新西兰马努卡市和斐济巴省理事会(省政府)的邀请，副省长金德水率浙江省政府代表团访问上述三国。

在印尼，代表团会见了印尼工业部长穆罕默德·希达悦、劳工和移民部长穆海明·伊斯干达尔、收费公路局局长努汀、印尼中华总商会总主席纪辉琦等，出席了浙江华立集团与印尼Sapto Utomo Hidayat集团合作开发印尼木薯种植农场备忘录签字仪式。代表团还会见了万丹省副省长穆罕默德·马斯达克等，考察了万丹省的投资环境，双方就浙江企业在印尼的矿产资源开发、农业产业开发、工业产品贸易以及印尼中国工业园区建设等进行了磋商。

在新西兰，代表团会见了马努卡市市长布朗、UUNZ集团首席执行官陈金明等，就浙江与马努卡市在信息技术、生物医药、现代物流等方面开展合作进行了交流。

在斐济，代表团会见了巴省理事会主席苏库罗和斐济交通部前部长华西尼、巴省控股集团首席执行官欧西等，就浙江与巴省在航运、矿产和五金贸易、有线电视台建设等方面的合作进行了交流，并签订浙江省与巴省政府建立友好交流关系协议。

【刘奇率团访问英国、保加利亚和罗马尼亚】 2010年6月22日至7月3日，应英国约克·恒勃大区发展署、保加利亚瓦尔纳大区和罗马尼亚布拉索夫县委员会的邀请，省人大常委会副主任刘奇率省人大代表团访问上述三国。

在英国，代表团与约克·恒勃大区发展署进行了水资源保护和利用方面的专题座谈，考察学习约克·恒勃大区在水资源保护、利用方面的主要做法和经验，双方探讨了今后加强该领域交流合作的可能性。代表团还拜会了发展署主席霍奇金森。

在保加利亚，代表团与瓦尔纳大区政府及市议会举行交流座谈会，大区主席西蒙诺夫、瓦尔纳市议长阿普斯托罗夫、大区副主席内格罗夫，以及专程从首都索非亚前来的大区执政党领袖、国会议员迪米特罗夫等参加座谈会。

在罗马尼亚，代表团与布拉索夫县委员会副主席欧驰·伊恩、议会议长乔治·杜图及布县总建筑规划师等进行了交流，就环境保护和可再生能源利用等进行了探讨。

【徐宏俊率团访问美国和加拿大】 2010年6月7日至17日，应美国纽约州参议院和加拿大安大略省政府间事务内阁办公室的邀请，省人大常委会副主任徐宏俊率省人大代表团访问上述两国。

在加拿大，安大略省议会议长史蒂夫·皮特斯会见代表团一行。议会副秘书长道格拉斯·阿诺特和议会常委会副秘书长凯奇·科奇向代表团介绍了州议会的组织结构、运作及立法程序等。代表团一行参观了安大略省议会大楼。

在美国，代表团与纽约州参众两院议员就立法、预算监督及议会工作机制等问题进行了交流。代表团会见了纽约市议会议员罗伯特·杰克逊、纽约中心驻中国首席副代表杨学峰、美国亚美商业发展中心总裁王章华等，与他们就有关问题交换了意见。访问期间，代表团还出席了第9届"50杰出亚裔企业家"颁奖典礼。

【龚正率团访问加拿大、美国和法属圭亚那】 2010年8月3日至14日，副省长龚正率浙江省政府代表团访问加拿大、美国和法属圭亚那。

代表团出席了商务部与浙江省政府、福建省政府共同举办的"2010中国品牌出口商品美国展"开幕式，龚正致辞。浙江省共设展位110个，是参展企业最多、展出面积最大的省份。

代表团通过走访侨胞家庭、考察侨胞企业以及座谈交流等形式广泛接触侨团、侨领，重点走访了加拿大浙江同乡总会、加拿大杭州同乡会、美国浙江联合总会、美国江浙工商总会、法属圭亚那江浙沪华侨联合会等。

此外，加拿大国会议员苏克·达利瓦的代表杜志新、民主党国会议员法定候选人刘劲铮，法属圭亚那省议会第一副议长等与代表团进行了交流。

【陈敏尔率团访问日本、新加坡】 2010年8月4日至13日，应日本静冈县政府和新加坡总理公署的邀请，省委常委、常务副省长陈敏尔率浙江省政府代表团访问日本和新加坡。

在日本，代表团与大阪府副知事和政策企划部、商工劳动部等进行了会谈，参观了大阪湾临海工业区、八丈岛地热发电厂和东京台场人工岛等，与日本离岛中心、离岛振兴协议会进行了座谈交流。

在新加坡，代表团与新加坡总理公署部长兼财政部、交通部第二部长陈惠华进行了会谈，并与国家贸易与工业部、国际企发局、海事与港务局等有关部门交谈，考察了新加坡港务集团、圣陶沙集团、劲升逻辑公司、裕廊化工区等。

【蔡奇率团访问日本、美国和牙买加】 2010年8月19日至30日，应日本静冈县政府、美国圣何塞市政府和牙买加圣詹姆斯大区的邀请，省委常委、组织部长蔡奇率浙江省代表团访问上述三国。

在日本，代表团与静冈县知事川胜平太、副知事大村慎一郎等举行会谈，双方就环保、防灾应急、农业等方面的合作交流进行了探讨；参观了汽车线束生产量居世界第一的矢崎总业株式会社；举办了浙江省（东京地区）海外高层次人才恳谈会。

在美国，代表团举办了浙江省（硅谷）海外高层次人才恳谈会；拜会惠普公司高层和摩托罗拉公司高层；考察了浙江清华长三角研究院设在硅谷的创新创业基地，并与海外高层次人才座谈交流；为浙江省海外高层次人才浙江大学工作驿站硅谷联络处成立授牌。在加拿大转机期间，代表团在多伦多举行了海外高层次人才小型恳谈见面会。

在牙买加，代表团分别与圣詹姆斯大区主席考罗德斯，蒙特哥贝市市长辛克莱尔，牙买加工党副主席、住房与水利部长霍里斯·郑，旅游部长巴特雷特等，就商贸、农业、旅游等交流了合作意向；出席蒙特哥贝市议会授予蔡奇代表该市最高礼遇的“城市之钥”仪式；参观了蒙特哥贝自由贸易区及自由港；实地考察了拟议中的“义乌-牙买加西半球贸易中心”项目。

【黄坤明率团访问瑞典、捷克和俄罗斯】 2010年8月23日至9月3日，省委常委、杭州市委书记黄坤明率杭州市代表团访问瑞典、捷克和俄罗斯。

在瑞典，代表团访问了沃尔沃集团总部，与集团副总裁、亚洲区总裁等商讨了杭州东风日产柴汽车有限公司与沃尔沃合作在杭投资发展沃尔沃集团的P9103项目。代表团一行还考察了斯德哥尔摩附近的绿色生态典范新区——哈马碧滨水新城。

在捷克，奥罗莫乌茨市第一副市长斯瓦特普鲁克和副市长哈娜会见代表团，双方商讨今后在教育、文化、园艺、历史文化遗产保护和申遗等方面开展实质性的交流。

在俄罗斯，圣彼得堡市副市长、对外联络委员会主席普若霍连科会见代表团，双方表示将在经贸、科技、教育、文化、体育等方面开展全方位交流。代表团还访问了圣彼得堡市城市建设与建筑委员会。

【斯鑫良率团访问以色列、英国和爱尔兰】 2010年9月1日至12日，省政协常务副主席斯鑫良率浙江省政协代表团访问以色列、英国和爱尔兰。

代表团与以色列外交部亚太司司长露丝、旅游局市场营销副总监奥伦·特奥里进行了会谈；拜访了英中贸易协会主任柯彤福；与爱尔兰旅游局市场营销和研发主任盖里·凯勒荷进行工作交流，与爱尔兰企业、贸易和就业部科学技术和创新咨询委员会马克·法赫提进行了座谈。

【茅临生率团访问奥地利、匈牙利和波兰】 2010年9月7日至18日，应奥地利对华友好及文化关系促进协会、匈牙利多瑙电视台、波兰欧洲中华电视有限公司的邀请，省委常委、宣传部长茅临生率浙江省新闻文化交流代表团访问上述三国。

在奥地利，代表团在维也纳举办了“印象浙江”摄影图片展开幕式，中国驻奥地利大使史明德、奥地利联邦议会常务副议长苏珊·纽维特、奥地利外交部文化司副司长本哈德·克鲁格等出席，奥地利各界及当地华人华侨代表80多人参加开幕式。

在匈牙利，代表团与多瑙电视台常务副台长纽里·陶马什及国际关系部、战略发展部负责人进行了交流洽谈，双方就进一步深化电视节目交流合作交换意见。代表团举办了“中国浙江电视节目展播”活动。代表团还拜访了巴兰尼亚州副州长哈维斯·佐尔坦和佩奇市市长帕瓦·佐尔特，考察了佩奇市“欧洲文化之都”活动的组织运作情况。

在波兰，代表团拜访了波兰欧洲中华电视有限公司，与董事长陈彪就浙江广电集团与欧洲中华电视有限公司建立友好合作关系、开设固定电视播出窗口、开展节目交流等事项进行了洽谈，并签署合作意向书，这是浙江在东欧国家开设的第一个固定的外宣窗口。

【盛昌黎率团访问荷兰、瑞士和意大利】 2010年9月7日至18日，省政协副主席盛昌黎率浙江省政府代表团访问荷兰、意大利和瑞士，参加由省贸促会等主办的2010浙江企业“走进欧盟”活动。

在荷兰，代表团在鹿特丹参加了2010中国浙江-荷兰产业对接洽谈会。盛昌黎、鹿特丹市副市长鲍耶、鹿特丹商会会长范德维特等出席活动开幕式并致辞。43家浙江企业与50多家荷兰企业分别就新能源、纺织服装、机械电子、造船、农渔等产品对接进行了洽谈，并就五金、服装、电子等产业的投资、销售、研发达成合作意向。

在意大利，代表团参加了在佛罗伦萨举行的2010中国浙江-意大利托斯卡纳大区产业对接洽谈会。盛昌黎、佛罗伦萨省旅游与商务部部长贾考莫·比利、意大利劳动与社会政策部移民政策司司长纳特·弗拉尼、佛罗伦萨省商会贸促局副主席布西等出席对接会开幕式并致辞，浙江与托斯卡纳企业进行了对接洽谈，并在纺织、服装、礼品、电子商务、新能源等项目上达成多个合作意向。代表团还分别会见了罗马、米兰、托斯卡纳地区的浙商社团和企业，详细了解浙商在意大利的经营和生活情况。

在瑞士，代表团在卢加诺出席了中国浙江-瑞士提契诺州产业研讨会，20 多家瑞士企业与浙江企业就今后开展合作和交流进行了研讨。会后，省贸促会分别与提契诺州经济财政部、瑞中经济协会提契诺州分会签署合作协议。

【赵洪祝率团访问挪威、埃及和南非】 2010 年 9 月 19 日至 30 日，省委书记、省人大常委会主任赵洪祝率浙江省代表团访问挪威、埃及和南非。

在挪威，代表团会见了北挪威省省长欧德·埃里克森，双方就进一步落实两省建立友好关系事宜达成共识。此外，代表团与北挪威省有关部门举行座谈，考察了当地渔场、企业等，双方就深化各领域的交流与合作进行了广泛深入的探讨。

在埃及，代表团与塞得港省省长穆斯塔法·阿卜杜拉特法进行了会谈，并签署建立两省友好关系协议书。代表团一行还考察了塞得港和苏伊士运河，探讨了开展港口航运交流与合作的可能性。

在南非，代表团在比勒陀利亚分别会晤南非非国大全国执委、南非国民议会司法委员会主席恩戈阿科·拉马特洛迪，非国大全国执委比利·马萨泰勒，南非外交和国际合作部副部长西萨·尼恩贝。双方表示看好浙江与南非互利合作的前景，将共创共享发展机遇、共同应对各种挑战，真诚推动浙江与南非的友好往来和交流合作不断取得新发展。

◎省委书记、省人大常委会主任赵洪祝与埃及塞得港省省长穆斯塔法·阿卜杜拉特法会谈

访问期间，代表团一行在开罗和约翰内斯堡分别与在当地创业发展的华人华侨、企业家代表座谈，考察了浙江巨石集团在开普敦阿特兰蒂斯工业区的南非华夏复合材料有限公司，并与公司负责人、工作人员座谈交流。赵洪祝希望海外浙江企业抢抓机遇，加快发展，守法经营，为当地经济社会发展多作贡献，树立和维护浙江企业的良好形象，为增进浙江人民与各国人民的相互了解与友谊、扩大浙江与所在国的友好合作、推进浙江经济转型升级和浙江省经济的持续发展而积极献策出力。

代表团还会晤了中国驻挪威大使唐国强、驻埃及大使武春华、驻南非大使钟建华和驻约翰内斯堡总领事李江宁等。

【李强率团访问墨西哥、古巴和加拿大】 2010 年 10 月 10 日至 21 日，应墨西哥下加利福尼亚州、古巴马坦萨斯省和加拿大魁北克省政府的邀请，省委常委、秘书长李强率浙江省代表团访问上述三国。

在墨西哥，代表团与下加利福尼亚州政府劳工部部长雷纳托·桑多瓦·弗朗哥、经济部副部长保罗·阿丰索·卡里略·雷西诺举行工作会谈，双方就推动落实两省州领导人会谈纪要有关事项交换了意见，就进一步开展旅游双边交流、互派高校留学生、组织企业家投资考察、开放两地市场等达成原则性共识。代表团还考察了墨西哥国立自治大学，就政府应急管理等问题与设在该校的中墨研究中心负责人和专家学者进行了座谈交流。

在古巴，代表团与马坦萨斯省人民权力代表大会副主席劳尔·帕郝斯·埃雷拉、阿雷克斯·冈萨雷斯·因克兰举行了工作会谈，双方签署会谈纪要，承诺在医疗卫生、水产养殖、文化等领域开展务实合作的基础上，扩大在经贸、教育、旅游等方面的交流。会谈后，举行了浙江省赠送马省碎石机交接仪式。代表团还参观了马坦萨斯大学、哈瓦那大学等。

在加拿大，代表团与魁北克省政府国际关系部副部长罗伯特·基廷举行了会谈，双方就进一步拓展合作交流关系交换意见。代表团一行考察了魁北克省公共安全部的应急管理流程、机制和指挥协调保障设施，参观了多伦多大学和不列颠哥伦比亚大学，双方就政府高级管理人才培训教育等问题进行了座谈交流。

【王建满率团访问法国、俄罗斯和捷克】 2010年10月13日至22日，副省长王建满率浙江省旅游促销团访问法国、俄罗斯和捷克。

代表团分别在巴黎和莫斯科举办旅游推广和旅游文化展示活动，国际旅游联合会主席埃里克·杜吕克和俄罗斯联邦旅游署国际合作局局长卡罗夫金、俄罗斯世界无国界组织主席维金斯基以及来自法国、俄罗斯两国的140多家旅行社、媒体代表分别参加了两地的推介会。代表团还拜访了捷克国家旅游局、巴黎市旅游局，双方就旅游产品设计、市场开发等进行交流，达成共识。此外，代表团成员还参加了捷克皮尔森国际旅游展。

【吕祖善率团访问美国、斐济和印度尼西亚】 2010年10月28日至11月10日，省长吕祖善率浙江省代表团访问美国、斐济和印度尼西亚。

在美国，代表团会见了美国商务部少数族裔经济发展署、美国中小企业署大纽约局、全球中小企业联盟、JP摩根、美国国际贸易技术中心等政商界代表，出席了浙江省中小企业局与美国有关方面一系列合作备忘录的签字仪式。举办“浙江-美国中小企业合作周”开幕式活动，浙江170多家中小企业和美国近千家企业分别参加了在华盛顿、费城等4个城市举行的合作洽谈活动。此外，代表团访问了纳斯达克证交所，与董事会主席弗德巴尔德文进行会谈并签署合作备忘录，希望加强双方合作，推动更多浙江中小企业到纳斯达克上市。与美国富顿集团签署中美品牌与市场拓展合作基地建设合作备忘录，与美国宾夕法尼亚大学沃顿商学院签署浙江企业家(美国)培训基地合作备忘录，与马里兰州签署美国浙江科技园合作备忘录。代表团还考察了IBM总部研发中心，双方举行会谈，在现代物流、聚光太阳能技术应用和海水淡化、芯片设计投资等方面达成合作意向，并签署合作备忘录；与高

◎省长吕祖善为浙江品牌产品印尼贸易展示中心开业剪彩

盛副董事长麦克·埃文斯等进行会谈，就合作推动浙江海洋经济发展、促进中小企业成长等达成共识；与印第安纳大学普渡大学联合校区达成关于在医疗特别是癌症预防治疗方面开展合作交流的意向；会晤印第安纳州州长丹尼尔斯，商讨两省州下一步加强合作交流的事项。代表团还参观了肯恩大学、印第安纳大学普渡大学联合校区。

在斐济，代表团与斐济总统埃佩利·奈拉蒂考和总理姆乔萨亚·沃伦盖·姆拜尼马拉马进行了会谈，双方对推动旅游行业和企业合作交流，促进旅游市场繁荣发展达成共识。双方同意，利用义乌商品展示销售平台，加强商贸产业合作，为斐济等南太平洋岛国提供更好的产品和服务，利用斐济良好的农业资源条件，探寻在种植业、养殖业和农副产品加工等方面的合作途径；利用浙江水电开发的经验，根据斐济的发展规划，引导浙江企业参与斐济的水电资源开发。

在印尼，代表团参加了中国浙江-印尼万丹经贸交流会和浙江品牌(印尼)中心开业仪式等活动，考察了工业园区。浙江品牌(印尼)中心与中国工商银行(印尼)有限公司签署战略合作协议，与印尼雅加达省签署经贸合作备忘录；浙江物产集团与印尼达尼多煤矿集团签署煤炭采购协议等。有关方面和企业还在万丹签署了中国浙江-印尼万丹工业园合作开发、浙江-万丹省水泥合作项目和促进双边经贸合作的备忘录。代表团与印尼公共事务部就浙江企业投资印尼交通等基础设施和矿产资源开发等进行了探讨，达成共同推动相关工作的意向。

访问期间，代表团还分别会晤中国驻美国大使张业遂、驻纽约总领事彭克玉、驻斐济大使韩志强等。

【徐辉率团访问韩国】 2010年11月2日至4日，应韩国全罗南道知事朴晙莹的邀请，省政协副主席徐辉率浙江省学术代表团访问韩国。

代表团拜会了全罗南道知事朴晙莹，双方表示希望进一步推进经贸、农业、交通、海洋等领域的交流与合作。代表团出席了第12届中韩学术研讨会，省教育厅、浙江理工大学和浙江教育科学研究院代表在研讨会上发表演讲。访问期间，代表团一行还考察了全罗南道教育厅、大佛大学孔子学院、木浦大学，浙江理工大学与木浦大学签订交流合作协议。

【陈艳华率团访问日本、澳大利亚和新西兰】 2010年11月21日至12月2日，省政协副主席陈艳华率浙江省政协代表团访问日本、澳大利亚和新西兰。

在日本，代表团与静冈县副知事大村慎一及县文化部、国际交流局及国际友协官员进行了会谈，双方就进一步开展合作达成共识。代表团还拜会静冈县议会议长天野进吾、副议长岩濑洋一郎以及相关议会官员，向他们介绍了人民政协的性质、地位和作用，以及近年来浙江省在改善民生、提升人民生活品质方面的新作为。此外，代表团还考察了静冈县沼上清扫工场和静冈县地震防灾中心。

在澳大利亚，西澳州下议院议长伍德汉姆斯、副总理基姆·汉默斯等会见代表团。代表团应邀参观了议会大厦，并观摩了上议院和下议院的两场辩论会。代表团还听取了西澳州发展部副部长麦克考文、格林塞勒及中国处高级项目官员关于西澳州与中国经贸交流合作项目有关情况的介绍，双方就西澳州与浙江深化合作、优势互补、互利共赢、共同发展交流了看法。

在新西兰，新当选的大奥克兰市议员、奥克兰大区议会原主席麦克·李会见代表团，表示愿意继续推动两地的交流与合作。代表团考察了基督城的灾后处理情况、皇后镇的生态环境建设，以及奥克兰附近的农畜牧场。

（沈国权）

来　　访

（非友城团组）

亚　　洲

【巴基斯坦驻沪总领事访问浙江】 2010年1月20日至21日，巴基斯坦驻沪总领事扎法尔·哈桑一行访问浙江。20日晚，省外办主任阮忠训宴请扎法尔一行。

访浙期间，总领事一行拜会了省商务厅、省工商联和省贸促会，并与部分企业座谈。

【阿联酋驻沪总领事访问浙江】 2010年3月2日，阿联酋驻沪总领事诺拉·珠玛一行访问浙江。

副省长龚正会见诺拉·珠玛一行。龚正表示，近年来浙江与阿联酋经贸往来日益频繁，投资领域不断扩大。希望借助浙江-沙迦合作促进委员会这一平台，双方在投资、经贸、科技、旅游、教育等领域的交流合作将更加密切。诺拉·珠玛欢迎中国和浙江的企业前往阿联酋投资，并希望浙江省与沙迦酋长国及其他酋长国在经贸、旅游文化等各领域开展交流合作。

省政府副秘书长夏海伟、省外办副主任陆国灏等参加会见。会见后，陆国灏宴请诺拉·珠玛一行。

在浙期间，诺拉·珠玛拜访了省商务厅、省发改委，详细了解了浙江经贸、投资等现状。

【日本援助龙泉污水处理站建设项目在杭签字】 2010年3月9日，"日本利民工程小额无偿援助浙江省龙泉市安仁镇分散型污水处理站建设项目"签字仪式在杭州举行，新任日本驻上海副总领事平木场弘人出席签字仪式。省外办主任阮忠训、副主任陆国灏等出席。

此次日方援助资金主要支持建设龙泉市安仁镇分散型污水处理站项目，援助金额8.4万美元。

【越南外交部副部长访问浙江】 2010年4月8日至11日，越南外交部副部长胡春山一行访问浙江杭州、宁波等地。胡春山此行是为越南总理阮晋勇出席上海世博会并顺访浙江做前期访问。

8日，副省长龚正会见并宴请胡春山一行，省政府副秘书长夏海伟、省外办副主任陆国灏、省商务厅副厅长周日星等参加会见和宴请。

在浙期间，代表团分别与浙江省及宁波市相关部门座谈，商讨越总理访问事宜，并考察了宁波港、雅戈尔集团等。

【越南共产党中央检查委员会干部培训团考察浙江】 2010年4月20日至24日，越南共产党中央检查委员会副主任梅值（正部级）率越共检查委员会干部培训团来浙江培训和考察。

21日，省委常委、省纪委书记任泽民会见并宴请培训团一行，省外办副主任陆国灏参加上述活动。

【越南总理访问浙江】 2010年4月27日至29日，应中国政府的邀请，越南政府总理阮晋勇偕夫人一行170余人访问浙江杭州、宁波两地。

27日下午，阮晋勇一行乘专机抵达杭州时，副省长龚正，省政府副秘书长夏海伟，省外办主任阮忠训、副主任陆国灏等前往机场迎接。

◎副省长龚正(右三)等到机场迎接越南总理阮晋勇(左二)

27日晚,省委书记、省人大常委会主任赵洪祝会见并宴请阮晋勇一行。赵洪祝简要介绍了浙江省近年来经济社会发展和参与上海世博会的情况。在谈到浙江省与越南的交往时,赵洪祝表示,浙江的发展离不开与越南等中国周边国家的交流合作。此次阮晋勇总理率团来我省考察,并分别在杭州和宁波召开经贸合作论坛,签署经贸、旅游等领域的合作备忘录,这是双方加强互利合作的重要举措。希望浙越双方进一步发挥各自优势,深化各领域的交流与合作。赵洪祝邀请阮晋勇总理一行参观世博浙江馆。阮晋勇表示,此次浙江之行给他留下了深刻而美好的印象,越南人民对中国、浙江改革开放所取得的巨大成就表示钦佩,希望越中、越浙双方能深化互利合作,共同推进友好关系。他指出,此次随团来访的成员中有80余名越南企业家,希望通过举办经贸合作论坛及签署友好合作备忘录等形式推动双方在经贸、投资、旅游、文化及教育等领域的合作。他希望能早日开通越浙直航航线,方便双方人员往来。省委常委、秘书长李强,副省长龚正,省政协副主席冯明光,省政府副秘书长夏海伟,省外办主任阮忠训、副主任陆国灏,省商务厅厅长金永辉,省旅游局局长赵金勇等参加会见和宴请。

28日上午,省长吕祖善会见阮晋勇总理及越南代表团主要成员。吕祖善表示,浙越双方合作潜力巨大,基础良好。希望双方今后能认真落实即将签署的经贸、旅游等领域的合作协议,推动双方交流合作实现新的发展。吕祖善指出,浙江省已经在越南前江省设立了规模较大的龙江工业园区,希望越南政府能够积极支持并推动浙江企业在工业园区投资设厂。此外,浙江的能源、交通及旅游产业具有较强实力,希望能与越南在上述领域开展交流合作。阮晋勇表示,越中、越浙在经贸、投资、旅游等领域的合作发展迅速。近四年来,越浙经贸合作平均每年增长25%,今年一季度经贸合作增幅甚至达到了70%,这为越南和浙江带来了切实的利益,也为越中友好合作关系作出了重要贡献。越南政府将为中国和浙江企业家提供最大程度的便利,希望此次访问能够将越浙关系推向新的高度。副省长龚正,省政府秘书长张鸿铭、副秘书长夏海伟,省外办主任阮忠训,省商务厅厅长金永辉,省旅游局局长赵金勇,省政府办公厅副主任陈广胜,省外办副主任陆国灏等参加会见。会见结束后,吕祖善和阮晋勇共同出席了在浙江世贸君澜大饭店举办的中国(浙江)-越南经贸合作论坛开幕式,并分别致辞。开幕式结束后,吕祖善和阮晋勇共同见证了龚正代表浙江省政府与越南胡志明市人民委员会签署关于加强友好交往备忘录,金永辉代表省商务厅与越南工贸部亚太司签署经贸合作备忘录,赵金勇代表省旅游局与越南旅游总局签署旅游合作备忘录。张鸿铭、夏海伟、阮忠训、陈广胜、陆国灏等参加签约活动。签字仪式结束后,龚正陪同阮晋勇一行游览了杭州西湖及雷峰塔。当天下午,龚正陪同阮晋勇一行赴宁波访问。

28日晚,省委常委、宁波市委书记、宁波市人大常委会主任巴音朝鲁会见并宴请阮晋勇夫妇及越南代表团主要成员。宁波市委常委、秘书长王剑波,副市长邬和民,省外办副主任陆国灏等参加会见和宴请活动。

29日上午,中国(宁波)-越南经贸合作论坛在南苑饭店举行。阮晋勇及宁波市委副书记、市长毛光烈分别在开幕式上致辞。开幕式结束后,毛光烈代表宁波市政府与越南同奈省签署友好合作备忘录。龚正、夏海伟、邬和民、陆国灏等出席开幕式和签字仪式。

在宁波访问期间,代表团参观了天一阁、宁波港和杭州湾跨海大桥。

【以色列IDB集团副主席访问浙江】 2010年5月8日,以色列IDB集团副主席阿维·费舍尔一行访问浙江。

省委书记、省人大常委会主任赵洪祝会见并宴请费舍尔一行。赵洪祝向来宾介绍了浙江省经济社会发展近况。他表示,IDB集团与浙江省在经贸投资、新能源、科技等领域的合作潜力巨大,前景看好。浙江省委、省政府将一如既往地支持并推动浙江省与以色列在各领域的互利合作。费舍尔表示,以色列一贯重视发展同中国和浙江的友好关系,希望双方开展互利共赢的交流合作。省委常委、秘书长李强,省外办主任阮忠训,省发改委主任厉志海,省外办副主任陆国灏等参加会见和宴请。

8日下午,代表团前往宁波参观访问并签署合作协议。

【伊朗伊斯兰联合党代表团访问浙江】 2010年5月10日至12日,以伊斯兰联合党国际事务副书记哈米德·礼萨·塔拉基(副部级)为团长的伊朗伊斯兰联合党代表团访问浙江。

11日晚,省人大常委会副主任徐宏俊会见并宴请哈米德一行。徐宏俊指出,浙江省与伊朗经贸联系紧密、合作频繁。希望哈米德副书记此行能进一步增进对浙江省党建、民营经济、民族宗教政策等各方面的了解,推动双方开展更广领域、更高层次的交流合作。哈米德表示,此次代表团来访,深刻体会到中国和浙江改革开放取得的巨大成就,希望今后双方能进一步加强在政治、经贸领域的交流合作。省人大常委会外事工作委员会副主任阮龙生、省友协专职副会长虞希华等参加会见和宴请。

访浙期间,哈米德一行还与省委组织部、省经信委、省民宗委有关处室负责人就浙江省党建、民营经济、民族宗教政策等进行了座谈,并考察杭州滨江高新技术开发区,参观了浙江正泰太阳能有限公司和浙江大华技术股份有限公司等,游览了杭州雷峰塔、中国丝绸博物馆、河坊街、西溪国家湿地公园等。

【菲律宾副总统访问浙江】 2010年5月14日至16日,菲律宾副总统诺利·德·卡斯特罗一行赴宁波出席上海世博会"信息化与城市发展主题论坛",顺访杭州。

14日,省委书记、省人大常委会主任赵洪祝在宁波会见卡斯特罗一行。省委常委、宁波市委书记巴音朝鲁,省委常委、秘书长李强,副省长龚正,省委副秘书长舒国增,省政府副秘书长夏海伟,省外办主任阮忠训,宁波市委常委、秘书长王剑波,宁波市副市长邬和民,省外办副主任陆国灏等参加会见。

15日上午,德·卡斯特罗出席在宁波举行的"信息化与城市发展主题论坛"开幕式并发言。当天,德·卡斯特罗一行赴杭州参观游览。

【新加坡驻沪总领事访问浙江】 2010年6月3日至4日,新加坡驻沪总领事叶伟杰一行访问浙江,为新加坡副总理黄根成来访打前站。省外办副主任陆国灏会见并宴请叶伟杰一行,双方就黄根成副总理来访有关事宜进行了商洽。

在杭期间,叶伟杰一行还拜访了浙江大学、杭州市外办,考察了西溪国家湿地公园等。

【驻沪总领馆官员出席世博会“浙江活动周”开幕式】 2010年6月18日，上海世博会“浙江活动周”在世博园宝钢大舞台启幕。应浙江省邀请，来自阿联酋、尼泊尔、泰国、韩国、新加坡、斯里兰卡等6个亚洲国家的9名驻沪总领馆官员出席开幕式。开幕式活动结束后，六国驻沪总领馆官员参观了上海世博会浙江馆。

【新加坡副总理访浙】 2010年6月20日至22日，新加坡副总理兼内政部长黄根成一行访问浙江。

20日下午，省委书记、省人大常委会主任赵洪祝会见并宴请黄根成一行。赵洪祝向客人简要介绍了浙江省经济社会发展情况和应对国际金融危机、保持经济平稳较快发展的举措。赵洪祝指出，在中新两国政治、经贸关系保持良好发展势头的大背景下，浙新各领域的交流合作也跃上了一个新台阶。特别是自2003年浙新经贸理事会成立以来，双方在经贸、科技、教育、人才等领域开展了形式多样的合作，取得了显著成果。相信在双方政府和人民的共同努力下，浙新友好往来与合作将实现更大发展。黄根成表示，作为新中经贸理事会新方主席，他将继续致力于推进新中友好合作，希望浙江企业前往新加坡寻找投资机遇，开展互利合作。省委常委、秘书长李强，副省长龚正，省政府副秘书长夏海伟，省外办主任阮忠训、副主任陆国灏，省商务厅副厅长周日星等参加会见和宴请。

21日中午，省委常委、杭州市委书记黄坤明在西湖龙船上宴请黄根成一行。

21日下午，黄根成一行访问浙江大学，与校长杨卫就浙江大学与新加坡科技设计大学合作事宜进行了探讨，达成若干共识。

在杭期间，黄根成一行还游览了西溪国家湿地公园，考察了西溪悦榕庄酒店、西溪天堂房产开发项目。

21日下午，黄根成一行考察了义乌国际商贸城、义乌梦娜袜业有限公司等。义乌市委书记黄志平宴请代表团一行。

【日本外务省次官访问浙江】 2010年7月18日，日本外务省次官(外交部副部长)薮中三十二一行对浙江进行非正式访问。薮中三十二一行考察了杭州下沙经济技术开发区，并游览了雷峰塔、新西湖等。省外办副主任陆国灏陪同客人考察和游览。

【韩国韩华集团董事长访浙】 2010年9月9日至10日，韩国韩华集团董事长金升渊一行访问浙江。

9日，省委书记、省人大常委会主任赵洪祝会见金升渊一行。赵洪祝指出，韩华集团作为韩国知名大企业，长期以来在中国各地开展投资合作，为促进中韩双边合作作出了积极贡献。浙江省委、省政府将积极致力于为韩华集团等国际知名跨国公司在浙江的投资经营创造良好环境。金升渊表示，韩华集团在宁波的PVC项目进展顺利。韩华集团有意在第一期工程结束后再进行第二期建设，希望今后有机会与浙江在太阳能发电、生物工程、药品研发等领域开展互利合作。

省委常委、秘书长李强，副省长龚正，省政府副秘书长夏海伟，省外办主任阮忠训，省国资委主任陈正兴，省发改委副主任崔凤军，省商务厅副厅长周日星等参加会见。会见结束后，金升渊一行参加了“浙江商务周”开幕式和欢迎晚宴。

【约旦妇女代表团访问浙江】 2010年9月14日，副省长陈加元会见并宴请以约旦参议员阿曼尔·法尔哈为团长的约旦妇女代表团，省政府副秘书长陈龙、省妇联主席厉月姿等参加会见和宴请。约旦妇女代表团是应中华全国妇女联合会邀请参加在沪举办的“妇女与城市发展及纪念第4次世界妇女大会15周年论坛”活动并顺访浙江的。

【菲律宾贸工部副部长访问浙江】 2010年9月21日，菲律宾贸工部副部长克里斯蒂诺·潘利利奥夫妇一行访问浙江。

副省长金德水会见潘利利奥一行。金德水说，潘利利奥先生在任贸工部副部长后不久即访问浙江省，表明了对浙菲开展友好交流与合作的重视。金德水表示,浙江民营经济发达,民营企业"走出去"愿望强烈,希望菲贸工部与浙江省工商联等相关部门保持密切的联系沟通,鼓励更多的企业家赴对方国家投资兴业。

潘利利奥表示,此次浙江之行给他留下了深刻而美好的印象,尤其是浙江省的经济发展速度和政府管理水平令他深感钦佩。中菲两国一直是联系密切的合作伙伴,菲政府正在抓紧制订完善的投资政策及配套服务措施,吸引更多包括浙江企业家在内的中国企业家前往投资。

省工商联党组书记、常务副主席汤为平,省外办副主任彭波,省贸促会副会长邵志华等参加会见。

当天下午,代表团考察了吉利集团和娃哈哈集团,潘利利奥对两家企业负责人发出了赴菲考察的邀请。

【以色列农业部长访问浙江】 2010年10月13日至14日,以色列农业部长沙洛姆·辛洪一行访问浙江。

13日晚,省委书记、省人大常委会主任赵洪祝会见并宴请辛洪一行。赵洪祝简要介绍了浙江省情和经济社会发展近况,并指出,以色列在农业、科技、生物医药等领域的成功经验值得浙江学习,浙江省政府将加大工作力度,继续推动双方的实质性合作。

辛洪表示,此次浙江之行给他留下了深刻而美好的印象,中国、浙江近几年取得的巨大发展成就令他深感钦佩。他说,以色列愿与中方分享高科技农业成果,携手解决发展过程中共同面临的缺水、缺少土地资源等难题。希望浙以双方在农业种植、养殖等领域的合作不断深入。

会见结束后,赵洪祝和辛洪出席并见证了浙江传化生物技术有限公司和传化江南大地发展有限公司与以色列凯伊玛公司、以色列海施蒂尔有限公司、S. P. Slin有限公司相关合作协议的签字仪式。省政协副主席、传化集团董事长徐冠巨,省外办主任阮忠训,省科技厅厅长蒋泰维,省农业厅厅长孙景淼,杭州市委常委、萧山区委书记洪航勇,杭州市副市长何关新,省外办副主任陆国灏等参加会见、宴请并出席签约仪式。

13日下午,以方代表团及随团企业家与浙江省相关厅局、企业家在传化集团举行中以农业技术合作论坛。徐冠巨和辛洪出席论坛并致辞。

14日中午,省委常委、杭州市委书记黄坤明会见并宴请代表团一行。徐冠巨、何关新、陆国灏等参加会见和宴请。在杭期间,代表团参观了浙江省农业高科技示范园区及传化集团总部,游览了雷峰塔,参观了中国茶叶博物馆等。

【日本关西四府县观光协会代表团访问浙江】 2010年11月9日至10日,以大阪观光协会事业推介部担当部长西迫登为团长的日本关西大阪府、京都府、兵库县、奈良县四府县联合代表团访问浙江。省外办副主任陆国灏会见代表团一行。10日,代表团分别访问了省旅游局和杭州市旅游委员会,并举办观光旅游推介会。

【马来西亚巫统干部考察团访问浙江】 2010年12月8日至11日,马来西亚巫统干部考察团访问浙江。代表团与省委组织部座谈,了解浙江省党建情况。省委组织部副部长陈小恩、省外办副主任陆国灏等参加座谈。座谈结束后,陆国灏宴请代表团一行。

在杭期间,代表团考察了西子奥的斯电梯有限公司,并赴嘉兴考察。

【日本国际茶道·香道丹月流宗家访问浙江】 2010年12月8日,日本国际茶道·香道丹月流宗家丹下明月夫妇一行拜会省外办。省外办副主任陆国灏会见并宴请丹下明月夫妇。丹下夫妇从1990年起来浙江省交流茶道,为浙江树人大学客座教授。

(陈昱臻)

欧洲和非洲

【外交部非洲司司长访问浙江】 2010年1月31日至2月3日,外交部非洲司司长张明一行访问浙江。省外办主任阮忠训宴请张明一行，副主任顾建新陪同张明等访问了杭州、金华、台州，考察了浙江师范大学、义乌小商品市场、吉利集团、宝石缝纫机集团。

【博茨瓦纳驻华大使访问浙江】 2010年2月24日，博茨瓦纳驻华大使娜奥米·埃伦·马金达一行访问浙江。

省委书记、省人大常委会主任赵洪祝会见马金达一行。赵洪祝说，中博建交30多年来，双边关系健康稳定发展。浙江省与博茨瓦纳经济互补性强，在矿产、钻石加工、农业等许多领域存在利益共同点，开展互利合作的愿望强烈、基础扎实、前景广阔。浙江愿与博方一起努力，推动双方友好关系迈上新台阶。

马金达介绍了博茨瓦纳的钻石、煤、硅酸盐、皮革等资源，表示希望在矿产、电子、医药、农业等领域同浙江开展合作，继续为加强双方各领域友好合作关系作出贡献。

省委常委、秘书长李强，省外办主任阮忠训、副主任顾建新等参加会见。会见结束后，阮忠训宴请马金达一行。

马金达一行还拜访了省中小企业局，与省进出口银行举行会谈，并接受了浙江卫视采访。

【津巴布韦外长访问浙江】 2010年2月27日至28日，津巴布韦外交部长辛巴拉谢·蒙本盖圭一行访问义乌市。义乌市市长何美华会见并宴请蒙本盖圭一行。何美华说，2009年，义乌市出口到津巴布韦的小商品贸易额达500万美元，义乌欢迎更多的津巴布韦客商前来采购商品和参加"义博会"等相关展会，同时欢迎津巴布韦商品在义乌国际商贸城非洲产品展示馆展销，让津巴布韦的商品通过"义乌市场"这一平台走向世界。

蒙本盖圭说，义乌市的知名度很高，通过此次实地参观，他将积极推动津巴布韦与浙江、与义乌发展交流合作关系。

访问义乌期间，蒙本盖圭一行实地考察了义乌国际商贸城和义乌金绣花边有限公司。

【奥地利驻沪总领事访问浙江】 2010年3月10日，奥地利新任驻沪总领事海茵茨一行访问浙江。

副省长龚正会见海因茨一行。他说，近年来浙江与奥地利的友好关系不断深化，在经贸、文化、科技等领域的合作不断拓展，希望海因茨此行能进一步增进对浙江的了解，推动浙江与奥地利在各领域的交流合作。

海因茨表示，将大力支持和推动浙江省与奥地利的友好合作。在上海世博会期间，他将介绍奥地利团组顺访浙江。

省外办主任阮忠训、副主任顾建新参加会见。会见前，阮忠训宴请海因茨一行。双方就进一步加强浙江与奥地利的友好合作，特别是浙江与下奥州及萨尔茨堡州的友好往来进行了探讨。

【丹麦驻沪总领事访问浙江】 2010年3月31日，丹麦驻沪总领事何丽兰一行访问浙江。

副省长龚正会见何丽兰一行。他说，中丹建交60年来，双方友好关系不断深化，两国特别是浙江与丹麦在经贸、文化、科技等领域的合作不断拓展。2010年是世博年，希望利用上海世博会这一平台，进一步促进双方在经贸、科技和新能源等领域的交流合作。

何丽兰介绍了丹麦在杭州和宁波等地的投资情况以及上海世博会丹麦馆的准备工作，邀请龚正届时赴上海参观世博会丹麦馆。

省外办主任阮忠训、省商务厅厅长金永辉参加会见。会见后，省外办副主任陆国灏宴请何丽兰一行。访浙期间，何丽兰还拜会了杭州市副市长佟桂莉。

【匈牙利驻沪总领事访问浙江】 2010年3月31日，匈牙利新任驻沪总领事库蒂·拉斯洛一行访问浙江。

副省长龚正会见库蒂·拉斯洛一行。他说，近年来浙江与匈牙利的友好关系不断深化，在经贸、文化、科技等领域的合作不断拓展，希望库蒂·拉斯洛此行能进一步增进对浙江的了解，推动浙江与匈牙利在各领域的交流合作。

省外办主任阮忠训参加会见。会见后，阮忠训宴请库蒂·拉斯洛一行，双方就进一步加强浙江与匈牙利的友好合作，特别是浙江与巴兰尼亚州的友好往来进行了探讨。

【法国战略研究所学者访问浙江】 2010年4月2日至4日，以法国战略研究所所长弗朗索瓦·热雷为团长的法国专家学者团访问浙江。3日，省外办副主任顾建新宴请外宾，向他们介绍了浙江经济发展及应对全球金融危机的情况，并与外宾就人民币汇率等问题交换了看法。

访浙期间，代表团考察了义乌国际商贸城和华鸿控股集团。

【立陶宛前总统访问浙江】 2010年4月14日至16日，立陶宛前总统帕克萨斯一行访问浙江。

15日，副省长郑继伟会见并宴请帕克萨斯一行，向客人简要介绍了浙江经济社会发展情况。帕克萨斯说，这是他第一次访华，浙江在应对国际金融危机方面成效显著，值得立陶宛学习，他将积极推动立陶宛与中国特别是与浙江的交流和合作。

省外办副主任顾建新参加会见和宴请。

访浙期间，帕克萨斯一行游览了西湖，参观了中国茶叶博物馆、胡雪岩故居等。

【刚果(金)争取重建与民主人民党干部考察团访问浙江】 2010年4月25日至29日，以政治局委员奥吉坦杜为团长的刚果(金)争取重建与民主人民党干部考察团访问浙江。

26日，省人大常委会副主任刘奇会见并宴请代表团。刘奇说，浙江十分重视发展与刚果(金)的友好关系，双方在经贸、文化等方面可以优势互补，合作潜力很大。愿与贵方共同努力，不断加强交流合作，增进了解，促进彼此在各领域的合作，实现共同发展。

奥吉坦杜表示，希望能与浙江加强在政治、经济、文化、教育等领域的交流和合作。

省外办副主任彭波等参加会见和宴请。

在浙期间，代表团一行游览了西湖、雷峰塔、西溪湿地，参观了嘉兴南湖中共一大会址、嘉兴市委党校、华友钴业集团和绍兴袍江开发区等。

【诺基亚西门子公司代表团访问浙江】 2010年4月30日，诺基亚西门子公司杭州上海研发中心负责人许健访问浙江。

30日，副省长金德水会见许健一行，并介绍了浙江经济社会发展情况和研发环境优势。他说，浙江与诺基亚西门子公司始终保持着良好的合作关系，希望诺基亚西门子公司更好地服务于浙江通信信息产业的发展，培养更多的创新型人才。

许健通报了诺基亚西门子杭州研发中心的经营情况及业务发展规划，希望浙江省政府、滨江区政府能一如既往地对公司的发展，特别是对全球尖端的3G和4G研发项目，以及TD－LTE独立研发项目等给予帮助与支持。

省政府副秘书长孟刚、省外办副主任顾建新等参加会见。

【阿尔及利亚民族院议长访问浙江】 2010年5月1日至2日，阿尔及利亚民族院议长、阿总统个人代表本·萨拉赫一行访问浙江。

2日，省长吕祖善会见并宴请本·萨拉赫一行。吕祖善指出，阿尔及利亚是浙江的重要合作伙伴，近几年，浙江对非、对阿经贸合作发展迅速，相信今后双方在基础设施、建材、经贸等领域的合作一定会结出更加丰硕的果实。

本·萨拉赫表示，阿尔及利亚地理位置优越，浙江企业可以通过阿尔及利亚打开非洲、欧洲以及阿拉伯国家市场，他将积极推动阿尔及利亚与中国特别是浙江的交流合作。

省人大常委会副主任冯明、省政府秘书长张鸿铭、省外办副主任顾建新等参加会见和宴请。

访浙期间，本·萨拉赫一行游览了西湖、雷峰塔，参观了中国茶叶博物馆、胡雪岩故居。

【国际航空电讯集团总裁访问浙江】 2010年5月6日，国际航空电讯集团总裁维奥朗德一行访问浙江。

副省长王建满与维奥朗德一行举行早餐会，随后一起出席杭州萧山国际机场与国际航空电讯集团合作签字仪式。王建满表示，浙江要保证给予旅客安全和舒适的环境，通过合作，双方一起努力，达到双赢的目的。国际航空电讯集团首席执行官福韦德表示，今后会不断增加对中国的投资，采用新的设备和技术，进一步加强萧山国际机场各方面的建设。

【荷兰驻华大使等访问浙江】 2010年5月9日，荷兰驻华大使裴靖康、荷兰皇家航空公司总裁兼首席执行官哈特曼一行访问浙江。

副省长龚正会见代表团，祝贺由荷兰皇家航空公司执行的杭州-阿姆斯特丹直达航线正式开通。

省政府副秘书长夏海伟、省友协专职副会长虞希华参加会见。

【乌干达贸工部部长访问浙江】 2010年5月12日，乌干达贸工部部长卡因达·奥泰费尔以及乌干达驻华大使查尔斯·马迪波·瓦吉杜索一行访问浙江。

副省长龚正会见奥泰费尔一行。他说，乌干达自然资源丰富，与浙江经济互补性很强，双方经贸合作潜力很大。浙江重视并珍惜与乌干达的友好关系，相信客人此行能进一步增进对浙江的了解，拓展合作领域，挖掘合作潜力，提升合作水平，更好地推进双方共同发展、共同繁荣。

省政府副秘书长夏海伟、省外办副主任顾建新等参加会见。

【荷兰弗里福兰省代表团访问浙江】 2010年5月16日至17日，以省长傅比克为团长的荷兰弗里福兰省代表团访问浙江。

16日，省长吕祖善会见并宴请代表团。吕祖善表示，浙江正致力于经济结构调整和经济发展方式转变，注重环境保护，提倡绿色GDP，在电子、医药、环保等领域与弗里福兰省有着广阔的合作空间。

傅比克表示，弗里福兰省在高科技领域，特别是航空材料及遥感技术方面居世界领先水平，希望与浙江在新技术领域开展合作。

会见结束后，双方共同见证了浙江省商务厅与弗里福兰省经济发展署合作框架协议、浙江省贸促会与弗里福兰省商会合作协议书签字仪式。

省政府秘书长张鸿铭，省委副秘书长、省农办主任夏阿国，省政府副秘书长陈广胜，省外办主任阮忠训，省科技厅厅长蒋泰维，省商务厅厅长金永辉，省贸促会会长铁建设，省外办副主任顾建新等参加会见、宴请和签字仪式。

访浙期间，傅比克一行拜会省农办和省科技厅，弗里福兰省经济发展署与省科技厅签署双方合作框架协议。

15日，省人大常委会副主任冯明应傅比克的邀请，赴上海世博会荷兰馆参加了弗里福兰省举办的中荷联谊活动，省外办副主任顾建新等参加联谊活动。

【联合国商品共同基金总裁访问浙江】 2010年5月19日，联合国商品共同基金总裁阿里·慕秋姆访问浙江。

副省长龚正会见代表团一行。龚正说，浙江非常愿意与基金会扩大交流，推进在农业、科技、贸易等领域的合作，推动双方友好关系迈上新的台阶。

省政府副秘书长夏海伟、省外办副主任顾建新等参加会见。

慕秋姆此次访浙，主要是考察由商品共同基金资助、中国农业科学院茶叶研究所执行的有机茶项目。

商品共同基金是政府间金融机构，有163个成员国，中国是创始成员之一。

【法国蒙达尔纪市镇联合体代表团访问浙江】 2010年5月19日至21日，以法国国民议会法中友好小组秘书长、蒙达尔纪市镇联合体主席、蒙达尔纪市市长多尔为团长的法国蒙达尔纪市镇联合体代表团访问浙江。

19日，副省长龚正会见并宴请多尔一行。龚正指出，浙江省与法国在经济、贸易等领域有着密切的联系，相信代表团此行必将进一步加深双方人民的友谊，并推动双方各领域的交流合作迈上新台阶。

多尔表示，蒙达尔纪与中国特别是与浙江有着长久的友谊，在经贸、旅游等领域也有很多共通点，相信双方今后可以在新能源等领域开展交流。

省政府副秘书长夏海伟、省外办副主任顾建新等参加会见和宴请。

访浙期间，多尔一行游览了西湖等名胜，并访问友好城市湖州市。

【国际竹藤组织成员国代表团访问浙江】 2010年5月22日，国际竹藤组织成员国竹藤产业发展部级研讨班代表团访问浙江。

省委常委、副省长葛慧君会见代表团，并介绍了浙江经济社会及竹藤产业发展情况。她说，浙江省的竹藤产业、科技和贸易发展迅速，省政府愿意与其他国家分享浙江竹藤产业方面的经验和技术，进一步加强浙江省与竹藤组织各成员的联系和交流。

肯尼亚林业与野生动物部部长魏克萨代表全团表示，希望与浙江省保持密切联系，开展竹藤产业及其他领域的交流与合作，并提出希望引进竹种等具体合作意向。

省政府副秘书长陈龙、省外办副主任顾建新等参加会见。

【万国邮联国际局总局长访问浙江】 2010年5月26日，万国邮联国际局总局长达扬一行访问浙江。副省长王建满会见代表团，省邮政管理局局长杨世忠、省外办副主任陆国灏参加会见。

26日至28日，万国邮政联盟邮政政策及监管研讨会在杭州召开。

【比利时法兰德斯大区首席大臣访问浙江】 2010年5月26日，比利时法兰德斯大区首席大臣克里斯·彼得斯一行访问浙江。

副省长龚正会见克里斯·彼得斯一行。龚正指出，浙江省与位于法兰德斯大区的西弗兰德省是友好省，双方高层关系密切，在经贸、教育等领域开展了富有成效的交流与合作。相信克里斯·彼得斯此行必将进一步加深浙江省与法兰德斯大区两地人民的友谊，并推动双方的交流合作迈上新台阶。

克里斯·彼得斯高度赞扬西弗兰德省与浙江省的交流成果，并表示浙江省与法兰德斯大区在经贸等领域合作潜力很大，相信今后双方会在更多领域开展交流、深化合作。

省政府副秘书长夏海伟、省商务厅厅长金永辉、省外办副主任顾建新等参加会见。

在浙期间，克里斯·彼得斯一行考察了杭州吉利集团总部，并赴上虞出席了浙江阳光集团股份有限公司与法兰德斯投资贸易局合作签约仪式。

【挪威石油与能源大臣访问浙江】 2010年5月29日，挪威石油与能源大臣泰里斯·约翰森一行访问浙江。

副省长龚正会见泰里斯·约翰森以及同时来访的北挪威省省长欧德·埃里克森。龚正表示，浙江省与挪威在经贸、能源等领域的合作不断扩大，特别是在清洁能源、新能源和可再生能源等方面合作潜力巨大，相信约翰森此行将进一步增进对浙江的了解，推动双方的交流合作迈上新台阶。

约翰森说，挪威政府对环境保护、应对气候变化高度重视，挪方愿意同中国特别是浙江省开展能源合作。

省政府副秘书长夏海伟、省外办副主任顾建新等参加会见。会见结束后，顾建新宴请代表团一行。

在杭期间，代表团考察了亚太小水电研究与培训中心和睿博水电科技有限公司，游览了西湖名胜。

【罗马尼亚民主自由党副主席访问浙江】 2010年5月31日，罗马尼亚民主自由党副主席斯托伊卡夫妇一行访问浙江。斯托伊卡此访主要是参加5月在北京举行的首届中欧政党高层论坛，并考察中国有关城市。

省外办副主任顾建新宴请斯

托伊卡夫妇，双方就今后开展友好交流及互利合作进行了探讨。

【保加利亚经济能源旅游部长访问浙江】 2010年6月15日，保加利亚经济能源旅游部部长特赖舍·特赖科夫等访问浙江。

省委书记、省人大常委会主任赵洪祝会见并宴请特赖科夫一行。他说，浙江与保加利亚经贸合作发展态势良好。浙江省与保加利亚瓦尔纳大区结好以来，双方各领域的交流合作取得了令人鼓舞的成果，宁波市与瓦尔纳市、宁波港与瓦尔纳港友好交流合作也已逐渐展开。相信经过双方共同努力，浙江与保加利亚各领域的交流合作特别是经贸领域的合作必将进一步提升层次、扩大成效。

特赖科夫希望进一步深化保加利亚与浙江省的经贸关系，欢迎浙江企业到保加利亚开展投资、贸易和旅游活动。

会见结束后，省商务厅厅长金永辉与特赖科夫共同签署经贸合作备忘录。

省委常委、秘书长李强，省外办主任阮忠训，省商务厅厅长金永辉，省外办副主任顾建新等参加上述活动。

访浙期间，代表团一行参观了中国茶叶博物馆，游览了西湖。

【塞尔维亚总理访问浙江】 2010年6月，应国务院总理温家宝的邀请，塞尔维亚总理米尔科·茨韦特科维奇一行访问中国。25日，温家宝总理在杭州西湖国宾馆会见米尔科·茨韦特科维奇一行，双方进行了会谈。省委书记、省人大常委会主任赵洪祝，外交部副部长王光亚等参加会谈。

在杭期间，茨韦特科维奇一行参观了中国茶叶博物馆，并游览了西湖。

◎塞尔维亚总理米尔科·茨韦特科维奇(左二)参观中国茶叶博物馆

副省长陈加元，省政府副秘书长夏海伟，省外办主任阮忠训、副主任顾建新等前往机场迎送并陪同茨韦特科维奇一行在杭活动。

【中联部副部长访问浙江】 2010年7月13日至17日，中联部副部长李进军一行访问浙江，出席在浙江师范大学举办的中非非政府组织在落实联合国千年发展目标方面的地位和作用研讨会开幕式并致辞。李进军一行与浙江师范大学非洲研究院进行了座谈，并考察金华市、义乌市和淳安县。

【博茨瓦纳副总统访问浙江】 2010年7月22日至23日，博茨瓦纳副总统蒙帕蒂·梅拉费一行访问浙江。

22日，省委书记、省人大常委会主任赵洪祝会见并宴请蒙帕蒂·梅拉费一行。赵洪祝说，近年来，浙江与博茨瓦纳的高层往来日益频繁，交流与合作领域不断拓展。浙江省与哈博罗内市建立了友好关系，双方在经贸领域的合作也取得了长足进展。浙江将一如既往支持浙江企业"走出去"投资兴业，也欢迎博茨瓦纳企业来浙发展。

蒙帕蒂·梅拉费表示，博茨瓦纳与浙江的经贸往来日益频繁，浙江企业在博投资取得了较好成绩，希望有更多浙江企业到博茨瓦纳投资兴业，也期待双方进一步加强其他领域的交流合作。

◎博茨瓦纳副总统蒙帕蒂·梅拉费参观义乌国际商贸城

省委常委、秘书长李强，副省长龚正，省政府副秘书长夏海伟，省外办主任阮忠训、副主任顾建新等参加会见和宴请。

23日，“博茨瓦纳-浙江投资论坛”在浙江西子宾馆举行，省商务厅与博茨瓦纳出口发展和投资总局签署关于开展经贸交流与合作备忘录。博茨瓦纳贸易与工业部长马卡托·马雷苏、省商务厅厅长金永辉、省外办副主任顾建新出席论坛。

访浙期间，蒙帕蒂·梅拉费一行考察了义乌家具市场、义乌国际商贸城、诸暨浙江达亨集团、阿里巴巴集团，参观了中国茶叶博物馆，游览了西湖。代表团部分成员与省进出口银行进行了会谈。

【罗马尼亚驻沪总领事访问浙江】 2010年8月11日，罗马尼亚新任驻沪总领事塔库一行访问浙江。省外办副主任顾建新宴请塔库一行，双方就浙江与罗马尼亚进一步加强经贸、艺术、旅游等领域的交流和合作进行了探讨。

【多哥总统访问浙江】 2010年8月21日至22日，多哥总统福雷一行访问浙江。

22日，省委书记、省人大常委会主任赵洪祝会见并宴请福雷一行。赵洪祝说，多哥是西非重要国家，发展潜力巨大，浙江重视发展与多哥的友好关系，积极推动双方在各领域的交流合作，并取得了一定成效。双方在农业、矿产开发、港口运输等领域有着广阔的合作空间。相信总统阁下此次来访，将进一步增进双方人民之间的了解和友谊，推动双方开展更广泛、更密切、更有成效的交流合作，促进双方合作关系迈上一个新台阶。

福雷说，近年来多哥与浙江省的经贸交流合作日益频繁，浙江企业在多哥投资取得了较好成效。欢迎更多浙江企业前往投资兴业，也希望双方企业本着互利共赢的原则积极开展其他领域的合作交流。

省委常委、秘书长李强，省委常委、副省长葛慧君，省政协副主席徐辉，省外办主任阮忠训，省商务厅厅长金永辉，省外办副主任顾建新等参加会见和宴请。

21日，宁波市市长毛光烈在宁波会见并宴请福雷一行，顾建新等参加会见和宴请。

在浙期间，代表团一行参观了杭州湾跨海大桥和北仑港，游览了西湖。

【非盟副主席访问浙江】 2010年9月14日至15日，非盟副主席姆温查一行访问浙江。

15日，姆温查一行考察了浙江师范大学，与浙师大党委书记梅新林、校长吴锋民、非洲研究院院长刘鸿武等进行了座谈。吴锋民为姆温查颁发了荣誉教授聘书。姆温查在图文中心发表题为《非洲形势与中非关系》的演讲，并回答了在座师生的提问。

省外办副主任顾建新宴请代表团，双方就浙江与非洲进一步开展交流合作进行了探讨。

【苏丹南方自治政府劳工与公共服务部长访问浙江】 2010年9月25日至27日，以苏丹南方自治政府劳工与公共服务部部长艾伍特·邓·阿奎尔为团长的代表团访问浙江。代表团考察了浙江农业生产和农村经济发展状况及经验，农村劳动力转移使用，农业集约化、多种经营及专业合作组织等情况。

26日，省政府副秘书长俞仲达宴请代表团一行。

【欧洲议会副议长访问浙江】 2010年10月14日至15日，欧洲议会副议长马丁内斯夫妇访问浙江。

14日，省委书记、省人大常委会主任赵洪祝会见并宴请马丁内斯一行。赵洪祝说，浙江与欧洲各国的友好往来和务实合作不断发展，尤其是双向经贸往来日益密切。浙江将继续支持双方扩大人文交流，加强经贸合作，切实增进双方人民的友谊和福祉。浙江省人大愿与欧洲议会共同努力，积极开展高层往来，增进相互了解，扩大合作共识，为浙欧友好关系发展作出贡献。

马丁内斯表达了加强欧洲与浙江在各领域的交流合作，特别是立法机构之间交流的意愿。

省人大常委会秘书长姚民声，省外办主任阮忠训、副主任顾建新等参加会见和宴请。

访浙期间，代表团一行参观了中国茶叶博物馆，游览了西湖名胜。

【莱索托首相访问浙江】 2010年11月1日至2日，莱索托首相莫西西利一行访问浙江。

1日，省政协主席周国富会见并宴请莫西西利一行。周国富指出，近年来，中莱双方高层互访频繁，各领域合作有效拓展，民间交流更加活跃。浙江与莱索托在经贸、医药、文化、旅游等领域合作也取得了积极成果。希望首相通过此次访问，能进一步加深对浙江的了解，推动双方在更广领域、更高层次的交流与合作，实现共同发展与繁荣。

莫西西利说，莱索托是南部非洲极具发展潜力的国家，其产品进入北美、欧盟和澳大利亚市场没有关税和配额限制，因此企业在莱索托投资发展有助于开拓上述市场。希望进一步加强与浙江的交往，不断推动双方在医药、旅游、农业和纺织业等领域的互利合作。

省政协副主席兼秘书长黄旭明、省政协副秘书长叶子挺、省商务厅厅长金永辉、省食品药品监管局局长黄萌、省外办副主任陆国灏等参加会见和宴请。

在浙期间，代表团考察了杭州前进制药有限公司，参观游览了西湖、雷峰塔、胡雪岩故居等名胜。

【非盟主席访问浙江】 2010年11月1日至3日，非盟主席让·平一行访问浙江。

1日，省委书记、省人大常委会主任赵洪祝会见并宴请让·平。赵洪祝说，2009年以来，浙江省与非洲的交流合作取得了新的发展，浙江致力于通过务实的合作与交流，实现与非洲人民共同发展的目的，希望非盟和让·平主席对浙江在非企业和项目给予一如既往的支持。

让·平表示，中非友谊源远流长，他愿意继续促进非洲各国与中国、特别是浙江发展经贸、投资、教育、文化等多领域的交流合作，实现互利共赢。

省委常委、秘书长李强，省外办副主任顾建新参加会见和宴请。

2日，副省长、温州市委书记陈德荣在温州会见并宴请赴温考察的让·平一行。

3日，省委常委、秘书长李强在温州宴请让·平一行。

访浙期间，让·平还在温州出席了其新作《非洲之光》中文版首发仪式。省委常委、秘书长李强，副省长、温州市委书记陈德荣等出席仪式。

【土耳其国务部长访问浙江】 2010年11月2日至3日，土耳其国务部长扎法尔·恰拉扬一行访问浙江。

2日，省委书记、省人大常委会主任赵洪祝会见并宴请恰拉扬一行。赵洪祝指出，土耳其是浙江省重要的经贸伙伴，双方经贸合作顺畅、成效显著，在中土两国贸易中占有重要地位。希望双方进一步推动经贸、旅游、能源、基础设施建设等领域的务实合作。

恰拉扬表示，希望通过此访

进一步增进土浙企业家间的相互了解，加强双方合作。

副省长陈加元、省商务厅厅长金永辉、省外办副主任顾建新等参加会见和宴请。

3日，“土耳其—中国商务交流早餐会”在杭州举行，副省长龚正出席并致辞，浙江与土耳其签署商务合作框架协议。省政府副秘书长夏海伟，省商务厅厅长金永辉，省外办副主任顾建新，以及浙江46家大型企业代表参加早餐会。

在浙期间，恰拉扬一行考察了吉利集团和阿里巴巴集团。

【俄罗斯外交官联合会代表团访问浙江】 2010年11月19日至22日，俄罗斯外交官联合会代表团访问浙江。

20日，省外办副主任顾建新宴请代表团一行，双方就浙江省与俄罗斯特维尔州开展友好交流进行了探讨。

21日，绍兴市副市长徐明光会见、宴请代表团一行。

访浙期间，代表团游览了杭州西湖、雷峰塔，以及绍兴沈园、鲁迅故居等名胜。

【摩洛哥国王首席顾问访问浙江】 2010年11月28日至29日，摩洛哥国王首席顾问阿祖莱夫妇访问浙江。

29日，副省长龚正会见并宴请阿祖莱夫妇。龚正说，尽管目前浙江与摩洛哥的进出口贸易额规模不是很大，但双方合作潜力巨大。相信阿祖莱此行将进一步推动中国与摩洛哥，特别是浙江省与摩洛哥在经贸、文化等多领域的交流与合作。

阿祖莱说，近年来摩洛哥经济持续增长，双方合作潜力巨大。阿祖莱提出希望与浙江的中国茶叶博物馆合作，以进一步加强双方在茶文化及其衍生领域的交流与合作。

省政府副秘书长夏海伟，省外办副主任顾建新参加会见和宴请。

在浙期间，阿祖莱夫妇考察了中国茶叶博物馆，与该馆负责人就双方合作在摩洛哥索维拉省建立摩洛哥国家茶叶博物馆的设想进行了交流。此外，阿祖莱夫妇还游览了杭州西湖名胜，考察了都锦生丝绸博物馆及河坊街。

【摩洛哥三党干部联合考察团访问浙江】 2010年12月14日至18日，摩洛哥独立党、人民力量社会主义联盟、进步与社会主义党三党干部联合考察团访问浙江。

15日，省委常委、秘书长李强会见考察团一行。李强说，摩洛哥是浙江省重要的经贸伙伴，近年来，双方交流合作不断加强，相信考察团此行能进一步加深双方了解，增进友谊，扩大合作，实现共赢发展，促进友好关系再上新台阶。

考察团团长、独立党执行委员会委员布齐迪表示，浙江之行给考察团全体成员留下了深刻印象，希望今后能进一步加强交流，加深合作。

省外办主任阮忠训、副主任顾建新等参加会见。会见结束后，顾建新宴请考察团一行。

在杭期间，考察团一行考察了省委党校，与该校负责人就干部培训等议题进行了座谈；参观了杭州经济技术开发区；游览了西湖名胜和河坊街。考察团一行还考察了海宁皮革城、南湖革命纪念馆，游览了西塘古镇。

【阿尔及利亚国民议会财政与预算委员会主席访问浙江】 2010年12月16日至18日，阿尔及利亚国民议会财政与预算委员会主席穆罕默德·科奈访问浙江。

17日，省人大常委会副主任冯明会见并宴请科奈一行。冯明说，阿尔及利亚是非洲的重要国家，也是浙江的重要合作伙伴。近年来，浙江对非、对阿的交流合作不断增多，浙江在阿的一些投资项目进展顺利，相信今后双方在经贸等各领域的合作定会结出丰硕的果实。

科奈说，阿尔及利亚是非洲和欧洲的连接点，阿方欢迎浙江企业前往投资，开展合作。浙江企业可以通过阿尔及利亚打开非洲、欧洲以及阿拉伯国家市场。

省人大财经委副主任钱宝荣，省人大常委会外事委副主任阮龙生，省外办副主任顾建新等参加会见和宴请。

访浙期间，代表团一行考察了杭州经济技术开发区，游览了西湖、雷峰塔等名胜。

【德国驻沪总领事访问浙江】 2010年12月27日，德国驻上海总领事芮悟峰访问浙江。

副省长龚正会见芮悟峰一行。龚正指出，浙江省与德国石荷州在经贸、能源、教育、人力资源开发等领域开展了广泛的交流，取得丰硕成果。2011年双方将迎来结好25周年，希望继续拓展在海洋经济、环保等领域的合作，希望芮悟峰此行能进一步增进对浙江的了解，推动浙江与德国在各领域的交流合作。

芮悟峰表示，浙江与德国已建立了良好的经贸合作基础，希望双方有更多企业开展经贸投资往来。

省商务厅厅长金永辉、省外办副主任顾建新参加会见。中午，顾建新宴请芮悟峰一行。

（张　浩）

美洲和大洋洲

【乌拉圭众议院议长访问浙江】 2010年1月6日至8日，乌拉圭众议院议长罗克·阿雷吉一行访问浙江。

6日，省委书记、省人大常委会主任赵洪祝会见并宴请阿雷吉一行。赵洪祝介绍了浙江省情和应对国际金融危机的情况，并表示浙江愿与乌拉圭一起努力，推动双方在各领域的互利合作。

◎省人大常委会副主任王永明（左五）等到机场迎接乌拉圭众议院议长罗克·阿雷吉（左六）

省人大常委会副主任王永明、秘书长姚民声，省外办主任阮忠训、副主任彭波等参加会见和宴请。

访浙期间，阿雷吉一行考察了义乌国际商贸城、梦娜袜业、杭州都锦生织锦厂、传化大地高科技农业园区。

【美国惠普公司全球执行副总裁访问浙江】 2010年1月14日至15日，美国惠普公司全球执行副总裁谢恩·罗宾逊一行访问浙江。

15日，省长吕祖善会见罗宾逊，表示浙江省政府将全力支持包括惠普公司在内的跨国企业在浙发展，希望惠普公司能进一步拓展在浙业务。罗宾逊表示将逐步加大对杭州研发中心的投入。

省政府秘书长张鸿铭，杭州市委常委、副市长沈坚，省政府办公厅副主任陈广胜，省外办副主任彭波等参加会见。

【美国驻沪总领事访问浙江】 2010年3月8日至11日，美国驻沪总领事康碧翠一行访问浙江。

8日，省政府副秘书长夏海伟会见康碧翠并介绍了改革开放30年来浙江省经济社会发展所取得的成就，以及浙江省应对国际金融危机的有关举措和成效。康碧翠表示，美国驻沪总领事馆希望加强与浙江的联系，为双方交流往来提供更有效和直接的服务。省外办副主任彭波参加会见。

8日，康碧翠一行与省内各界妇女代表共进午餐，庆祝“三八”妇女节，并参观了杭州玫琳凯公司、浙江美术馆、义乌国际商贸城和义乌博物馆。

【美国安达保险集团董事长访问浙江】 2010年3月14日至15日，美国安达保险集团董事长埃文·格林伯格一行访问浙江。

15日，省委书记、省人大常委会主任赵洪祝会见并宴请格林伯格。赵洪祝表示，浙江省欢迎安达集团来浙投资开展业务，并将为其发展创造良好环境。格林伯格表示，希望与浙江建立长期的合作关系。

省委常委、秘书长李强，省外办副主任彭波等参加会见和宴请。

【澳大利亚前总理访问浙江】 2010年3月21日至23日，澳大利亚前总理、澳大利亚自然资源信托基金董事鲍伯·霍克一行访问浙江。

22日，省长吕祖善会见并宴请霍克一行。吕祖善对霍克为推动中澳友好事业所作的贡献表示感谢，并表示浙江省希望能借助澳大利亚自然资源信托基金这个间接投资工具，有效规避投资澳大利亚能源资源过程中的非经济壁垒。霍克表示，自然资源信托基金团队愿与浙江企业开展交流，同时愿意为更多的浙江企业赴澳投资提供协助。

省政府秘书长张鸿铭、省外办副主任彭波等参加会见和宴请。

【美国国会立法助手代表团访问浙江】 2010年4月2日至4日，美国国会立法助手代表团访问浙江。

2日，省人大常委会副主任程渭山会见并宴请代表团。程渭山介绍了浙江经济社会发展的特点，以及浙江省人民代表大会制度的基本情况。美国国会立法助手团团长、亚拉巴马州共和党联邦参议员谢尔比办公室主任阿兰·汉森表示，希望美中关系能够取得积极、正面和建设性的发展，并希望通过此访进一步加深对浙江省有关情况的了解。

省外办副主任顾建新等参加会见和宴请。

【秘鲁民族主义党主席访问浙江】 2010年4月16日至17日，秘鲁民族主义党主席奥扬塔·胡马拉·塔索一行访问浙江。

16日，省人大常委会副主任徐宏俊会见并宴请胡马拉一行。徐宏俊向客人介绍了浙江经济社会发展近况，以及浙江省应对国际金融危机的相关举措和取得的成效。胡马拉表示，秘鲁民族主义党十分重视发展同中国共产党之间的友好关系，希望能与中国特别是浙江加强在政治、经济、文化、教育等领域的交流与合作。

省外办副主任彭波等参加会见和宴请。

【密克罗尼西亚总统访问浙江】 2010年5月2日至3日，密克罗尼西亚联邦总统莫里在出席上海世博会开幕式后顺访义乌。2日，义乌市委书记黄志平会见并宴请莫里。3日，义乌市市长何美华宴请莫里。莫里一行参观了浪莎集团和义乌国际商贸城四期。

省外办主任阮忠训、副主任彭波等陪同莫里一行参观访问。

【墨西哥移民总局代表团访问浙江】 2010年5月17日至19日，以墨西哥移民总局监察及核查长官何塞·安东尼奥·罗布雷斯·乌尔吉萨为团长的墨西哥移民总局代表团访问浙江，与省公安厅出入境管理局进行工作会谈。18日，省外办副主任彭波宴请代表团。

【美国哈佛大学肯尼迪政府学院代表团访问浙江】 2010年5月23日至25日，美国哈佛大学肯尼迪政府学院代表团访问浙江。

24日，省政协副主席徐辉会见并宴请代表团。他表示，浙江省高度重视教育事业的发展，希望代表团此次来访能加深彼此的了解和共识，促成友好交流与合作。

省外办副主任彭波等参加会见和宴请。

【新西兰奥克兰地区委员会主席访问浙江】 2010年7月18日至19日，新西兰奥克兰地区委员会主席麦克·李一行访问浙江。

18日，省人大常委会副主任程渭山会见并宴请麦克·李。程渭山介绍了浙江省经济社会发展情况，以及浙江省应对国际金融危机的措施。麦克·李表示，新中自由贸易协议的签订有力地推进了新中经贸往来，新中未来合作充满了潜力，希望双方进一步加强经贸联系，推动互利合作。

省外办副主任彭波等参加会见和宴请。

【格林纳达总理访问浙江】 2010年7月18日至20日，格林纳达总理蒂尔曼·托马斯一行访问浙江。

19日，省委书记、省人大常委会主任赵洪祝会见并宴请托马斯。赵洪祝表示，浙江省将一如既往地鼓励和推动双边经贸往来，为双方互利合作开辟广阔空间，希望加强双方往来，增进了解。托马斯表示，希望能够学习借鉴浙江农业和旅游业发展经验，并与中方一起促进中格以及中国和加勒比国家之间的关系。

省委常委、秘书长李强，副省长龚正，省政府副秘书长夏海伟，省外办主任阮忠训、副主任彭波等参加会见和宴请。

在浙期间，托马斯一行参观了传化大地农业科技园、都锦生丝绸博物馆，游览了西湖名胜。

【世界银行国际金融公司气候变化局候任局长访问浙江】 2010年7月23日，世界银行国际金融公司气候变化局候任局长莫哈森·哈里里一行访问浙江。副省长金德水会见哈里里一行。金德水表示，浙江非常愿意与世界银行国际金融公司扩大交流，共同应对气候环境变化产生的新问题。哈里里表示，国际金融公司正在实施中国能源效率融资项目，通过有效的金融创新方法支持中国企业开展节能减排。公司希望能与浙江省合作，为助推浙江工业经济转型升级作出贡献。

省政府副秘书长孟刚、省外办副主任彭波等参加会见。

【汤加公主访问浙江】 2010年7月26日至28日，汤加王国公主萨洛特·皮洛莱乌·图伊塔一行访问浙江。

26日，副省长龚正会见并宴请皮洛莱乌一行，介绍了浙江省经济社会发展近况，并预祝上海世博会"汤加馆日"活动取得圆满成功。皮洛莱乌表示，汤加王国赞赏中国政府奉行的"国家不论大小强弱一律平等"的原则，希望有更多的浙江商人赴汤加投资设厂，推动双方经贸往来。

省政府副秘书长夏海伟，省外办主任阮忠训、副主任彭波等参加会见和宴请。

【美国AES太阳能有限公司总裁访问浙江】 2010年8月3日至4日，美国AES太阳能有限公司总裁鲍博·海菲尔一行访问浙江。

4日，副省长金德水会见并宴请鲍博·海菲尔。他希望美国AES太阳能有限公司能在浙江开展投资合作项目，实现互惠共赢。鲍博·海菲尔表示希望能进一步加强与浙江的合作，共同推进新能源产业发展。

省外办副主任陆国灏等参加会见和宴请。

【斐济总理访问浙江】 2010年8月9日至11日，斐济群岛共和国总理乔萨亚·沃伦盖·姆拜尼马拉马一行访问宁波、义乌和诸暨。

9日，宁波市委副书记、市长毛光烈会见并宴请姆拜尼马拉马一行。在宁波期间，姆拜尼马拉马一行参观了宁波吉利汽车制造有限公司和浙江造船有限公司。

10日，义乌市委书记黄志平会见姆拜尼马拉马一行。11日，义乌市市长何美华宴请拜尼马拉马一行。在义乌期间，姆拜尼马拉马一行参观了国际商贸城。当天，姆拜尼马拉马还访问了诸暨市天洁集团有限公司。

省外办副主任陆国灏等陪同尼马拉马一行参观访问。

【特立尼达和多巴哥总统访问浙江】 2010年9月14日至15日，特立尼达和多巴哥（简称"特多"）总统乔治·理查兹夫妇访问浙江。

14日，省政协主席周国富会见并宴请理查兹夫妇。周国富表示，浙江省愿与特多进一步加强合作，并鼓励浙江商人赴特多投资兴业。理查兹表示，特多正在积极寻找新的工业发展道路，期待特中两国在油气开发及加工等领域开展交流与合作。

访浙期间，理查兹参观了杭州都锦生织锦厂和杭州湾跨海大桥,并游览了西湖名胜。

省外办主任阮忠训、副主任彭波等参加会见和宴请。

【摩托罗拉高级副总裁访问浙江】 2010年9月14日至15日,摩托罗拉公司高级副总裁、公共事务与传播部总裁海伦·昙迪一行访问浙江。

15日,省委常委、组织部长蔡奇会见并宴请昙迪一行。蔡奇表示,浙江十分重视通信、软件等产业发展,浙江省与摩托罗拉公司始终保持着良好的合作关系,今后将一如既往地对摩托罗拉公司在浙江发展给予最大的支持。昙迪通报了摩托罗拉杭州研发中心的经营情况和未来在浙业务发展规划,表示希望浙江能继续支持公司发展。

省外办副主任彭波等参加会见和宴请。

【墨西哥下加州文化厅厅长访问浙江】 2010年10月23日至26日,墨西哥下加州文化厅厅长诺尔萨卡拉伊一行访问浙江,拜访省文化厅,探讨双方开展文化交流事宜。25日,省外办主任阮忠训宴请诺尔萨卡拉伊一行。

【中美高级退役将领代表团访问浙江】 2010年10月27日至30日,中美高级退役将领代表团访问浙江,参加第3次中美高级退役将领交流活动。

28日,省委书记、省人大常委会主任赵洪祝会见并宴请代表团。赵洪祝指出,中美两军交往作为两国关系的重要组成部分具有不可替代的特殊地位,希望双方能够围绕共同关心的全局性、战略性问题进行坦诚交流,推进合作。美方代表团团长、美军参谋长联席会议前副主席威廉·欧文斯上将说,中美高级退役将领交流是以民间友好形式开展的一项重要交流活动,有助于推动中美两军交流,增强中美两国的互信合作,实现互利双赢。

省委常委、秘书长李强,省委常委、省军区政委林恺俊,省外办副主任彭波等参加会见和宴请。

【澳洲联邦银行首席执行官访问浙江】 2010年11月3日,澳洲联邦银行首席执行官罗礼士一行访问浙江。

4日,省委书记、省人大常委会主任赵洪祝会见代表团。赵洪祝指出,澳洲联邦银行与杭州银行开展合作以来,在技能转移、业务合作等方面开展了多层次的合作,推动了浙江金融发展和管理水平的提升。罗礼士表示,他对澳洲联邦银行与杭州银行的战略合作表示满意,希望两行的合作能继续得到浙江省委、省政府的支持。

省委常委、秘书长李强,省委常委、杭州市委书记黄坤明,杭州市委副书记、代市长邵占维,省外办副主任彭波等参加会见。

【阿根廷驻沪总领事访问浙江】 2010年11月5日,阿根廷驻沪总领事弗朗西斯科·费罗一行访问浙江。省人大常委会副主任吴国华会见费罗。他指出,浙江省与阿根廷开展经贸合作具有良好的基础和广阔的前景。浙江省一贯积极鼓励省内企业前往包括阿根廷在内的南美洲国家开展国际贸易合作。费罗表示,阿根廷十分重视与浙江省的经贸往来,欢迎浙江省企业前往阿根廷投资设厂,也希望阿根廷的牛肉、红酒以及皮革等优质产品能够进入浙江市场。

省外办副主任彭波等参加会见。

在杭期间,费罗一行还参加了“2010国际休闲产业博览会”开幕式,拜访了省贸促会和杭州市有关部门。

【牙买加前总督访问浙江】 2010年11月16日至17日,牙买加前总督肯尼斯·霍尔夫妇访问浙江。

16日,副省长龚正会见并宴请霍尔夫妇。龚正表示,浙江省与牙买加圣詹姆斯大区是友好省州,杭州市与蒙特哥贝市是友好城市,双方开展各领域交流合作具有良好的基础。希望双方能利用友城平台,进一步深化在经贸、旅游和农业等领域的交流合作。霍尔表示,牙买加拥有丰富的旅游和农业资源,希望能进一步加强与中国及浙江省的合作。

省政府副秘书长夏海伟，省外办主任阮忠训、副主任彭波等参加会见和宴请。

【美国利宝集团董事长兼首席执行官访问浙江】 2010年11月30日至12月2日，美国利宝集团董事长兼首席执行官柯理一行访问浙江。

12月1日，省委常委、常务副省长陈敏尔会见并宴请柯理一行。陈敏尔表示，浙江真诚欢迎像利宝集团这样的世界500强企业来浙投资，并将一如既往地提供全方位的优质服务。柯理表示，利宝集团将致力于为浙江经济社会发展提供支持，实现双赢发展。

会见结束后，陈敏尔出席了利宝保险有限公司浙江分公司开业典礼。省政府副秘书长冯波声、省外办副主任彭波等出席。

【加拿大驻沪总领事访问浙江】 2010年12月1日至2日，加拿大驻沪总领事潘乃德访问浙江。

2日，副省长龚正会见潘乃德。龚正指出，近年来，浙江省与加拿大的双边贸易迅速增长，友好关系不断深化，合作领域不断拓展。潘乃德表示，希望进一步加强与浙江省在卫生、教育等领域的合作与交流，并在适当的时间在浙江举办"加拿大主题日"活动，以扩大加拿大在浙江的影响。

省外办主任阮忠训、副主任彭波参加会见。会见结束后，阮忠训宴请潘乃德。

访浙期间，加拿大驻沪总领馆政治及公共事务领事陈素敏访问了浙江大学和浙江行政学院，探讨了校际合作及公务员培训等方面的交流合作事宜。

【美国高盛集团副董事长访问浙江】 2010年12月14日，美国高盛集团副董事长麦克·埃文斯一行访问浙江。省长吕祖善与埃文斯举行工作会谈。吕祖善表示，浙江欢迎高盛集团参与浙江省的海洋经济和金融平台建设，实现互利双赢。省发改委、省交通运输厅等部门负责人分别介绍了浙江省发展海洋经济战略的有关情况。埃文斯表示，浙江省的海洋经济具有很大的发展潜力，高盛愿意与浙江省合作，实现双赢发展。

会谈结束后，吕祖善和埃文斯出席双方战略合作备忘录签字仪式，并共进午餐。

省政府秘书长张鸿铭、副秘书长陈广胜，省外办主任阮忠训、副主任彭波等出席上述活动。

【美国国会助手代表团访问浙江】 2010年12月18日至20日，美国国会助手代表团访问浙江。代表团先后拜访了杭州贝因美集团、动漫创作中心、杭州玫琳凯有限公司和都锦生丝织厂，了解浙江省改革开放和经济社会发展情况。

【惠普公司全球副总裁访问浙江】 2010年12月20日至21日，美国惠普公司全球副总裁、中国惠普有限公司总裁高瑞彬一行访问浙江。

20日，省委书记、省人大常委会主任赵洪祝会见并宴请高瑞彬一行。赵洪祝表示，浙江需要与惠普这样的国际大公司合作，快速发展的浙江经济和不断扩大的浙江市场也将为参与者带来巨大的商机。高瑞彬表示，惠普愿为中国经济发展方式转变以及浙江中小企业发展提供服务，为浙江经济社会发展作出应有的贡献。

省委常委、秘书长李强，省外办副主任彭波等出席会见和宴请。

【澳大利亚驻沪总领事访问浙江】 2010年12月21日，澳大利亚驻沪总领事孔陶杰一行访问浙江。

副省长龚正会见孔陶杰一行。龚正肯定了浙江省与澳大利亚特别是西澳州在各领域的交流与合作，希望总领事继续为促进双方友好关系努力。孔陶杰表示，将极力促成澳大利亚联邦高层代表团访问浙江，推动双方互利合作。省政府副秘书长夏海伟，省外办副主任彭波等参加会见。省外办主任阮忠训宴请孔陶杰一行。

访浙期间，孔陶杰还拜访了省商务厅。

（任　远）

友好城市交流

亚　洲

·日　本·

【浙江省与日本静冈县友好交流概况】 2010年1月28日至30日，浙江省外办工作小组访问静冈。工作组拜访了静冈县企画部部长、静冈县日中友好协会、静冈县议会事务局、静冈县教育委员会社会教育课等，并与静冈县企画部就2010年度交流事宜进行工作会谈。

2月30日，静冈县研修生阿九津光代结束在浙江的研修回国。

3月1日至5日，以静冈县教育委员会青少年课青少年班班长角川重晴为团长的先遣团访问浙江。省外办副主任陆国灏会见角川重晴一行，双方就2010年度浙江静冈青年交流事宜交换意见。4日，先遣组拜访省青联，就2010年度互派青年交流团等事宜进行工作会谈。

3月1日至5日，以静冈县国际室专门监县裕子为团长的静冈定期考察团来浙江访问。省外办副主任陆国灏会见并宴请考察团。考察团访问龙泉市期间，龙泉市委书记赵建林、市长梁忆南分别会见代表团，副市长叶新亚全程陪同代表团考察参观。考察团此行是为静冈县川根本町与龙泉市结好作前期考察。

3月22日至31日，以省人大农业与农村委员会副主任汪志芳为团长的浙江省人大代表团对静冈县进行友好访问。代表团拜访了静冈县知事和议会议长。

3月22日，2009年度静冈县交流公务员宫野舞结束在浙江的研修回国。

4月23日，静冈县公务员平尾和规抵杭开始为期一年的研修。

5月5日，静冈县国际课课长代理若田部孝和该县上海事务所所长野村芳一访问浙江，为5月静冈县知事访浙做前期准备。省外办副主任陆国灏会见并宴请若田部孝等。若田部孝等与省外办进行了工作座谈。

5月10日至12日，静冈县知事川胜平太和议长浜井卓男率友好访华团128人访问浙江。这是川胜平太知事提议于2010年组织3776名静冈县民访问浙江省的首个访问团。11日晚，省委书记、省人大常委会主任赵洪祝会见并宴请访华团。赵洪祝说，川胜知事和浜井议长亲率"3776访问计划"的第一个访问团来访，充分体现了浙静的深情厚谊，我们期待访问团陆续来访，并将全力做好接待工作。在谈到两省县的友好关系时，赵洪祝表示，双方友好关系在各自政府、议会和人民的共同努力下不断实现新的发展，已成为浙江省国际友好关系的典范之一。我们对今后两省县的合作充满信心和期待，希望双方能继续深化在经贸、教育、文化、新闻、青少年交流等领域的交流与合作。赵洪祝指出，双方在防灾减灾方面开展交流合作意义深远。访问团将在访浙期间召开浙江省·静冈县防灾会议，这是双方交流防灾减灾经验的良好契机，希望会议取得成功。最后，赵洪祝邀请访问团在上海访问期间参观世博浙江馆。川胜平太表示，"3776访问计划"的最终目的就是为了增进人民相互了解，深化两省县交流合作，静冈县政府和议会将会继续大力推进浙静友好关系。他说，富士山静冈机场已开通，实现了静冈与上海的直航，这意味着静冈与浙江的人员往来、经贸合作将更为便捷。希望赵洪祝书记能率团访问静冈，推动两省县更广领域的交流合作。省委常委、秘书长李强，副省长龚正，省友协会长梁平波，省政府副秘书长夏海伟，省外办主任阮忠训，省发改委主任厉志海，省教育厅厅长刘希平，省农业厅厅长孙景淼，省文化厅厅长杨建新，省旅游局局长赵金勇，团省委书记周柳军，省贸促会会长铁建设，省外办副主任陆国灏，省林业厅副厅长俞坚，省商务厅副厅长韩杰，省卫生厅副厅长叶真，省海洋与渔业局副局长陈宗尧，省妇联副主席金敏等参加会见和宴请。11日，访问团参观了杭州钱江新城、滨江高新经济技术开发区及阿里巴巴(中国)有限公司。

5月12日上午，由省应急办、省地震局和静冈县共同举办的浙江省·静冈县防灾会议在省地震局召开。副省长龚正、静冈县知事川胜平太出席会议并致辞。龚正指出，静冈县作为日本的防灾先进县，在应对突发事件的体制、机制、灾害监测预警、应急救援队伍和技术等方面的经验值得浙江省学习和借鉴。希望通过此次会议，进一步推动双方在防灾方面的全面合作与交流。川胜平太表示，静冈县非常愿意与浙江省合作，提供先进的技术、装备和实践经验，为浙江省防灾减灾事业贡献自己的力量。省政府副秘书长夏海伟、省外办副主任陆国灏等参加会议。当天上午，访问团前往宁波访问考察。中午，省委常委、宁波市委书记巴音朝鲁会见并宴请访问团部分成员。下午，访问团参观了宁波港集团，经杭州湾跨海大桥前往上海。13日，代表团参观了上海世博园日本产业馆和浙江馆。

6月30日，以静冈县东部五城市(沼津、三岛、下田、伊东、热海)商工会议所成员组成的“静冈县东部富士之乡3776友好访华团”访问浙江。该团为“3776访问计划”来访代表团之一。7月1日上午，该团在花家山庄浙静友好会馆举行了“富士山拼图”仪式。省外办副主任陆国灏参加仪式并致辞。

6月30日，静冈县教委社会教育课久米昭洋一行访问浙江，就8月静冈青年代表团访浙事宜进行工作磋商。省外办副主任陆国灏会见并宴请久米昭洋一行。

7月1日，以局长小泉英五郎为团长的静冈县企业局一行访问浙江，拜会省建设厅并参观杭州九溪水厂。

7月4日至6日，静冈县定期协议团访问浙江。5日，代表团与省外办副主任陆国灏就8月和10月静冈县“3776访问计划”系列活动的筹备工作进行磋商。

7月25日至26日，静冈县教委社会教育课课长释精子一行访问浙江。26日上午，省外办副主任陆国灏与代表团进行工作座谈，就8月静冈县青年代表团访浙及今后两省县青少年交流等事宜交换意见。

7月29日至30日，以环境局局长石野功为团长的日本静冈县环境考察代表团访问浙江。代表团与省环保厅举行了工作座谈，就环境保护方面的举措和取得的成果交换意见。代表团还拜会杭州市环保局和杭州市固体废弃物处理中心，考察了西溪湿地。

8月16日至17日，副知事大村慎一率静冈县友好访华团访问浙江。16日晚，省委常委、组织部长蔡奇会见并宴请大村慎一一行。省外办副主任彭波、陆国灏，省文化厅副厅长来颖杰参加会见和宴请。17日，大村一行与省外办、省农业厅、省应急办、省气象局、省地震局、省环保厅、浙江-静冈经济交流促进机构、浙江省茶叶研究会等单位的负责人举行第一次浙江省-静冈县工作座谈。日方在会上提出四项议案，包括签订民间防灾协定和两省县环境局间协议、2012年在浙江举办物产观光展和世界茶文化节。双方就提案内容进行了探讨。访浙期间，大村慎一一行还考察了杭州雅马哈公司等。

8月18日至21日，副知事岩濑洋一郎、副议长岩濑护率静冈县友好访华团访问浙江。19日晚，省人大常委会副主任冯明会见并宴请访华团一行。省人大常委会副秘书长、办公厅主任李理，省外办主任阮忠训，省人大常委会外工委副主任阮龙生，省委宣传部副部长、外宣办主任吕建楚，

◎静冈县知事川胜平太(左二)参观杭州雅马哈乐器有限公司

省外办副主任陆国灏,省旅游局副局长朱红炜等参加会见和宴请。20日,岩濑洋一郎率政府分团与省外办、省外宣办、省文化厅、省旅游局、省友协、省文联、省交响乐团等单位举行第二次浙江省-静冈县工作座谈。双方就10月份川胜平太知事率大型代表团来访以及2012年浙静结好30周年纪念活动提出了各自的建议及想法,并就加强媒体、旅游、文化和研修生互派等交流内容进行磋商。19日,代表团部分成员游览西溪湿地、雷峰塔,并参观了钱江新城和阿里巴巴(中国)有限公司。其中,岩濑护率议会分团于20日上午赴绍兴参观了中国轻纺城。

8月19日至22日,应静冈县政府邀请,省委常委、组织部长蔡奇率浙江省代表团出访日本。参见第60页**【蔡奇率团访问日本、美国和牙买加】**。

8月30日至9月10日,省外办副主任陆国灏率工作小组对日本、菲律宾和越南三国进行友好访问。代表团除了参加在日本长崎举办的第12届中日韩友好城市大会外,在静冈县分别拜会了知事川胜平太、副知事岩濑洋一郎和大村慎一、静冈县日中友好协议会理事长栗原绩和部分各界友好人士等。

9月2日,静冈县公共住宅及建筑业担当代表团访问浙江,拜会省建设厅并考察钱江新城,主要了解浙江公共住宅发展情况及浙江建筑业最新发展情况。

9月8日,静冈县知事川胜平太一行访问浙江。8日晚,省外办主任阮忠训宴请川胜平太一行。9日,阮忠训陪同客人参观了中国茶叶博物馆、南宋官窑博物馆、雷峰塔,并与国际茶文化研究会座谈。

9月8日至10日,静冈县企业局代表团访问浙江。9日,代表团拜会浙静经济交流促进机构,参观杭州萧山经济技术开发区和静冈永田汽车零部件公司。10日,代表团参观了嘉兴经济开发区。

9月9日,静冈县健康福利访问团访问浙江,其中福利分团访问了省民政厅和省老年活动中心,医疗卫生分团访问了省卫生厅和浙江民政康复中心,双方就开展卫生和福利方面的合作交流交换意见。

9月13日,静冈县生活交通安全课课长片桐文宏一行访问浙江,代表团访问了省交通管理局,双方就交通领域业务进行了交流。

9月17日,浙江省4名研修生赴静冈县进行为期6个月的研修。

9月20日,静冈县企画广报部广报局广报课长垣内俊一一行访问浙江。垣内俊一一行分别访问了省新闻办、浙江日报报业集团和省广电集团,就浙静结好30周年之际双方开展媒体之间交流交换意见。

9月28日,静冈县教育代表团一行拜会省教育厅,参观了杭州青少年活动中心、杭州市政府机关幼儿园、杭州市崇文实验学校、杭州市采荷中学和杭州杨绫子学校。

10月11日至14日,静冈县知事川胜平太和议会议长天野进吾率友好访华团559人访问浙江。这是“3776访浙计划”最后一批正式访问团。12日，省长吕祖善在省人民大会堂会见代表团主要成员。吕祖善说，川胜平太知事提出的“3776访浙计划”，得到我省的积极回应。在双方共同推动下，这一计划已于9月底顺利完成。今年，静冈县还荣获中国人民对外友好协会颁发的“对华友好城市交流合作奖”，这是对浙静几十年友好交流事业的最大肯定。吕祖善希望两省县继续加深了解，不断巩固并拓展友好合作关系，为促进中日友好作出积极贡献。川胜平太表示，作为第4776名访问浙江的静冈人，感到非常高兴。此次浙江之行，两省县又要签订防灾、环保、交响乐方面的合作协议，他深切感受到静冈县和浙江省的友好关系正在不断向前发展。为了庆祝即将到来的浙静结好30周年，双方要进一步巩固友好关系，推动互利合作。会见结束后，双方共同举行了浙江省·静冈县友好交流项目签字仪式，吕祖善和川胜平太共同见证了省灾害防御协会与静冈县防灾用品普及促进协议会、省环保厅与静冈县生活·环境部、省交响乐团与静冈县爱乐管弦乐团签订友好合作协议。省友协会长梁平波，省政府秘书长张鸿铭，省政府副秘书长夏海伟、陈广胜，省外办主任阮忠训，省发改委主任厉志海，省环保厅厅长徐震，省文化厅厅长杨建新，省外办副主任陆国灏等有关部门负责人参加会见和签字仪式。

12日，省人大常委会副主任冯明在省人民大会堂会见静冈县议会议长及议会代表团。省人大常委会外事工作委员会副主任阮龙生、农业与农村委员会副主任汪志芳、代表与选举任免工作委员会副主任龚昌成等参加会见。当晚，省人大常委会副主任冯明、副省长龚正、省友协会长梁平波宴请静冈县代表团。夏海伟、阮忠训、阮龙生、汪志芳、龚昌成、陆国灏等参加宴请。

12日上午，川胜平太率政府团参加在萧山举办的浙江省·静冈县书法交流展剪彩仪式。下午，代表团访问浙江日报报业集团。

13日上午，川胜平太率政府团参观静冈县企业——杭州雅马哈乐器有限公司。中午，政府团前往绍兴市访问。绍兴市委书记张金如会见和宴请代表团。下午，政府团参观了鲁迅故居和兰亭。同日，天野进吾率议会团参观了钱江新城和萧山经济技术开发区。

10月12日，静冈朝日电视常务董事拓一郎等访问省广电集团。双方就机构运行、渠道建设、广告营销等内容进行了交流探讨。

10月13日，静冈放送常务董事桂英治等访问省广电集团。双方回顾了历年来交流合作的领域与成果，并就进一步推动在节目交流、联合制片、品牌宣传等方面的互惠合作进行洽谈。

10月28日，日本静冈县企业立地推进课一行访问省外办，就静冈3776名县民访浙实施情况和今后双方的交流合作交换意见。

11月15日至19日，静冈县水利课一行访问浙江。在浙期间，代表团访问省环保厅，与有关处室举行工作会谈，参观了杭州九溪水厂、诸暨城南水厂，并赴绍兴市参观考察。

11月21日至24日，省政协副主席陈艳华率省政协代表团访问静冈县，会见副知事大村慎一和议会议长天野进吾，就省政协与该县议会交流交换意见。代表团还参观了静冈地震防灾中心、静冈新沼上垃圾处理工厂等设施，重点就应急防灾和环境保护进行学习考察。参见第64页**【陈艳华率团访问日本、澳大利亚和新西兰】**。

12月6日至10日，省外办组织来自日本三县和韩国全罗南道的在浙研修生一行赴舟山、台州等地进行省内研修活动。研修生们参观了民营企业，考察了历史古迹。

12月17日，浙江省·静冈县经济交流促进机构第19次会议在省人民大会堂举行。浙江省方面主席代表、副省长龚正，副主席代表、副秘书长夏海伟，商务厅厅长金永辉，省外办副主任陆国灏等参加会议。会上，双方就进一步加强经济交流进行了探讨，并提出各自建议。

【浙江省与日本枥木县友好交流概况】 2010年2月底，枥木县研修生高桥唯能结束在浙江的研修回国。

6月6日至11日，枥木县国际课国际经济担当川岛惠介和枥木县香港事务所所长川边贵之代表枥木县参加在宁波举行的浙洽会，此为枥木县首次派团参展。9日，参展团来杭，先后拜会省外办、省科技厅、省对外科技交流中心、省商务厅、省旅行社协会等单位，并考察了杭州大厦、万象城等，了解杭州市进口食品市场情况。

9月1日，浙江大学医学院第二附属医院和浙江省环境保护科学设计研究院环评二所2名研修生分别赴枥木进行为期5个月的研修。

9月1日，枥木县1名研修生来浙江进行为期半年的语言研修。

9月11日，枥木县国际课副主干三上聪访问杭州，为11月副知事麻生利正访浙做前期准备。

11月7日至11日，副知事麻生利正率枥木县定期协议团访问浙江。7日晚，副省长王建满会见并宴请代表团一行。在谈到两省县友好关系时，王建满表示，今后两省县应在巩固现有成果的基础上进一步加强包括经贸、旅游等领域的交流与合作。麻生利正表示，两省县在教育、文化、体育等领域的交流取得了明显成效，希望今后进一步加强经济，尤其是旅游方面的交流与合作。省政府办公厅副主任谢济建、省外办副主任陆国灏、省旅游局副局长方敬华等参加会见和宴请。8日上午，麻生利正等考察了杭州市容，部分团员与省外办亚洲处举行工作会谈。8日下午，代表团考察了枥木县在浙投资企业——东晨橡胶有限公司，参观了万象城。8日晚，代表团参加了浙江省·枥木友人茶话会，陆国灏等出席。9日上午，代表团分别走访了浙江中青旅和浙江中旅集团，推介枥木县旅游资源。

12月18日至22日，枥木县立博物馆人文科一行访问浙江省博物馆，双方就进一步开展交流交换了意见。

【浙江省与日本福井县友好交流概况】 2010年1月底，省外办亚洲处工作小组访问日本。在福井县期间，工作小组拜会了副知事旭信昭；与福井县观光营业部国际市场战略课就2010年度交流事宜进行工作会谈，双方就进一步开展友好交流达成共识。工作组还拜访了福井县日中友好协会、福井电视台等机构。

2月底，福井县4名研修生结束在浙江的研修回国。

3月1日至4日，福井县观光联盟代表访问浙江，与浙江省多家旅行社就两地开展旅游合作交换意见。

4月29日，福井县议员铃木宏纪赴海盐参观秦山核电站。

6月3日至7日，福井放送株式会社代表团访问省广电集团。双方就完善双边协议内容、促进互惠合作、推动人员互访等事宜进行会谈。

7月8日至13日，浙江省自然博物馆馆长康熙民率团参加福井县立恐龙博物馆建馆10周年纪念暨特别展览开幕仪式。

7月9日至11月7日，由福井县立恐龙博物馆和福井新闻社主办、浙江省自然博物馆、自贡恐龙博物馆、世界恐龙谷、泰国矿物资源局以及瑞典附属进化博物馆、日本兵库县立人与自然博物馆协办的“恐龙时代的开启——巨大恐龙的进化”展览在福井县立恐龙博物馆展出，浙江省恐龙蛋、含胚胎蛋化石、云南龙幼体、峨眉龙头骨等8件(组)珍稀化石标本参展。

9月1日，浙江大学医学院附属第二医院、浙江卫视影视频道和花家山庄3名研修生赴福井县进行为期7个月的研修。

9月1日，福井县研修生4人来浙江进行为期半年的语言研修。

9月22日至10月16日，福井县立恐龙博物馆东洋一博士等3人来浙，与浙江省自然博物馆共同进行东阳市的恐龙发掘工作，发掘出大批恐龙、翼龙和鸟类脚印化石以及甲龙化石。

10月18日，福井县国际/市场战略课工作人员访问省外办，就2011年浙江省和福井县的交流内容进行讨论。

11月24日至26日，浙江省新闻代表团访问福井县，采访了副知事旭信昭、日华化学株式会社会长江守干男、福井县立恐龙博物馆研究员，访问了藤野严九郎故居、永平寺等与浙江有历史渊源和交流合作的名胜，并与福井县主要媒体进行座谈和交流。

12月19日至20日，福井县观光营业部部长五十岚嘉也一行访问浙江，分别拜会省政府副秘书长夏海伟、省友协专职副会长虞希华，访问了省旅游局、浙江日报报业集团、省广电集团等单位。

·韩 国·

【浙江省与韩国首尔市友好交流概况】 2010年5月6日至10日，浙江青年艺术团赴韩国访问，参加由首尔市政府举办的文化节——“地球村”庆典活动。艺术团为首尔市民献演了舞蹈、琵琶独奏、杂技等具有浓郁中国特色的节目。

5月5日至13日，省委办公厅派员参加首尔人力资源发展中心举办的“电子政务”研修项目。

6月20日至27日，省委办公厅派员参加首尔人力资源发展中心举办的“城市环境政策”研修项目。

7月4日至11日，省委办公厅派员参加首尔人力资源发展中心举办的“城市交通政策”研修项目。

9月6日至8日，浙江省经济和信息化委员会派员参加在首尔举办的2010世界城市电子政务协议体创立大会。

11月21日至27日，浙江省嘉兴市政府派团参加在首尔举办的“2010中国高级公务员市政进修”项目。

【浙江省与韩国全罗南道友好交流概况】 2010年3月3日，全罗南道2010年度交换公务员尹善周来杭，在浙江大学和省商务厅进行为期一年的研修。省外办副主任陆国灏宴请尹善周。

3月22日至31日，省人大常委会农业与农村委员会副主任汪志芳率省人大常委会代表团对韩国进行友好访问。代表团分别拜访了全罗南道副知事李相勉、副议长李镐均和洪二植等，参观了光阳制铁所、光阳集装箱码头和全南医院等。

3月中旬，省商务厅选派一名公务员赴全罗南道进行为期一年的研修。

6月2日，全罗南道知事朴晙莹在韩国地方长官选举中再次当选为全罗南道知事。省长吕祖善发函表示祝贺。

6月23日至24日，全罗南道知事朴晙莹率代表团来浙访问。23日下午，省长吕祖善会见并宴请朴晙莹一行。吕祖善祝贺朴晙莹再次当选全罗南道知事，并简要介绍了浙江省经济社会发展近况和应对国际金融危机的相关举措。吕祖善指出，两省道自1998年建立友好关系以来，在经贸、文化、教育等领域开展了广泛的交流，友好关系稳步发展。相信通过双方政府和人民的共同努力，两省道今后的友好交流合作将会取得更大成果。吕祖善预祝全罗南道“2012丽水世博会”取得成功。朴晙莹表示，两省道自结好以来，在经贸、公务员培训、青少年交流等多个领域的合作卓有成效。此次访问浙江，旨在进一步推动全罗南道与中国、与浙江的友好关系。浙江是中国经济发展最活跃、最有潜力的地区之一，他本人对继续深入推动两省道友好交流与合作充满期待。省政府秘书长张鸿铭、省外办主任阮忠训、省发改委副主任黄勇、省商务厅副厅长韩杰、省友协专职副会长虞希华等参加会见和宴请。24日，代表团参观了韩国临时政府杭州旧址纪念馆和慧因高丽寺等。

6月28日至7月7日，以长三角(浙江)民营经济研究会常务副会长王玉娣为团长的长三角(浙江)民营经济研究会代表团对韩国、香港进行友好访问。在全罗南道访问期间，副知事李相勉会见代表团。代表团应邀参观了将举办2013年世界园艺博览会的顺天湾湿地生态公园，拜会顺天市副市长杨卜完，考察了全罗南道文化产业振兴院及中小企业产品陈列馆，并与振兴院下属的文化企业负责人座谈。在韩国期间，代表团还考察了三星电子公司，参观三星电子水原总部、三星电子器兴半导体工厂以及三星未来馆等。

7月30日至8月4日，全罗南道青少年交流团在舟山进行交流访问。访问期间，交流团进行了住家体验，参观了普陀山、朱家尖、沈园和水产品加工厂。

9月13日，以议员韩升珠为团长的全罗南道女村长代表团赴萧山航民村参观考察。代表团与村委会进行了座谈，参观了航民村幼儿园、文化中心及农家。这是全罗南道政府第二次组派女性村长代表团来浙江访问。

11月2日至4日，应全罗南道知事朴晙莹的邀请，省政协副主席徐辉率浙江省学术代表团赴全罗南道出席第12届中韩学术研讨会并进行友好访问。参见第64页【徐辉率团访问韩国】。

12月6日至10日，省外办组织全罗南道在浙研修的公务员赴舟山、台州等地进行省内研修活动。

·泰　国·

【浙江省与泰国彭世洛府友好交流概况】 2010年1月末，为庆祝中国传统节日春节，应泰国彭世洛府华侨协会的要求，省外办采购了灯笼等一批节日装饰用品寄往该府，用于由彭世洛市政府、七侨团联合机构、华侨协会和醒民学校等联合举办的春节庆祝活动。

5月14日，泰国彭世洛府醒民学校校董会主席李志山夫妇访问浙江，与省外办就2010年高层互访及派遣支教老师等事宜进行沟通。

7月，浙江省派出3名教师赴彭世洛府醒民学校支教。3名教师均来自海宁市，其中2名参加暑期支教项目，1名参加为期一年的支教项目。

·印度尼西亚·

【浙江省与印尼东爪哇省友好交流概况】 2010年5月，省旅游局组织旅游考察小组赴东爪哇省参加泗水国际旅游节。

【浙江省与印尼万丹省友好交流概况】 2010年8月19日至22日，万丹省省长乔西娅一行访问浙江。20日晚，省长吕祖善会见并宴请乔西娅一行。吕祖善表示，希望通过此次访问，能够开拓两省在经贸、民航、科技、教育、文化、旅游等领域的友好交流和合作。乔西娅表示，万丹省期待与浙江省在基础设施建设、能源、贸易等领域的深入合作。会见结束后，吕祖善和乔西娅签署两省友好合作备忘录。副省长金德水，省政府秘书长张鸿铭，省政府副秘书长孟刚、陈广胜，省商务厅厅长金永辉，省外办主任阮忠训、副主任陆国灏，省经信委副主任凌云，省工商联副主席陈以正等参加会见、签约仪式及宴请活动。20日下午，代表团与浙江省相关厅局、企业举行工作会谈，副省长金德水出席会谈并致辞。金德水表示，浙江省政府非常重视与万丹省未来的合作，双方在能源结构、产业结构等方面具有互补性。浙江省有意在万丹省建立一个中国工业园，希望万丹省在土地、税收和政策等方面给予优惠。孟刚、阮忠训、金永辉、陆国灏、凌云、陈以正等参加会谈。21日，代表团考察了杭钢集团炼钢厂及山亚南方水泥有限公司。在杭期间，代表团还游览了西湖、岳庙。

9月21日至29日，省政府副秘书长孟刚率领省政府投资合作考察团赴印度尼西亚访问，会晤万丹省省长乔西娅。考察团与印尼方探讨了在万丹省建立工业园区的可能性，考察了万丹省推荐的工业园区地块，参观了钢铁厂及水泥市场等，与勒巴克县副县长就建设水泥厂等进行了会谈。

10月28日至11月8日，省长吕祖善率省政府代表团对美国、斐济和印度尼西亚进行友好访问，在印尼期间访问了万丹省。参见第63页【吕祖善率团访问美国、斐济和印度尼西亚】。

·阿联酋·

【浙江省与阿联酋沙迦酋长国友好交流概况】 2010年1月底，组建成立浙江省-沙迦酋长国合作促进委员会，副省长龚正担任该委员会浙方主任，省外办、省教育厅、省商务厅、省文化厅、省体育局、省旅游局、省贸促会为该委员会成员单位。

3月21日至24日，沙迦酋长国市政委员会主席萨利姆·欧贝德·沙姆斯一行访问浙江。22日，省委书记、省人大常委会主任赵洪祝会见并宴请萨利姆一行。赵洪祝表示，浙江省-沙迦酋长国合作促进委员会的成立和运作，将更有利于友好关系协议的落实，促进双方交流合作。萨利姆表示，将采取措施落实协议的各项内容，重点促进经贸、旅游、教育、文化等各领域的友好交流与合作。省委常委、秘书长李强，省委副秘书长舒国增，省农业厅厅长孙景淼、省外办副主任彭波等参加会见和宴请。萨利姆一行还拜访了省商务厅、省建设厅、浙江大学，参观了杭州滨江高新技术开发区、浙江正泰太阳能有限公司等。

4月11日至14日，省政协主席周国富率团访问阿联酋，其间拜会沙迦酋长国有关单位。参见第58页**【周国富率团访问阿联酋和瑞士】**。

·越　南·

【浙江省与越南胡志明市友好交流概况】 2010年4月28日，中国(浙江)-越南经贸合作论坛在杭州举行。越南总理阮晋勇和浙江省省长吕祖善出席开幕式并讲话。开幕式结束后，双方领导见证浙江省与越南胡志明市签署关于加强友好交往备忘录。

8月30日至9月10日，省外办副主任陆国灏率省外办工作小组对日本、菲律宾和越南三国进行工作访问。在越南期间，工作小组分别拜会胡志明市外办、越南共青团胡志明市委员会、教育培训厅和卫生厅等政府部门，为落实两省签署的合作协议和开展两地交流交换意见。

·菲　律　宾·

【浙江省与菲律宾布拉干省友好交流概况】 2010年8月30日至9月10日，省外办副主任陆国灏率省外办工作小组对日本、菲律宾和越南三国进行工作访问。在菲律宾期间，工作小组访问了布拉干省，省长威赫尔米诺·阿尔瓦拉多为代表团举行了盛大的欢迎仪式，双方进行了友好交流。

（陈昱臻）

欧洲和非洲

·瑞　典·

【浙江省与乌普萨拉省友好交流概况】 2010年5月，省委常委、省纪委书记任泽民率浙江省代表团访问乌普萨拉，省长彼得·伊加德会见代表团，双方就教育、经贸、反腐败等领域的合作进行了深入交流。代表团还实地考察了浙江李字集团在该省艾富卡勒市投资兴建的“龙门”商贸城。

·克罗地亚·

【浙江省与伊斯特利亚省友好交流概况】 2010年5月，省委常委、省纪委书记任泽民率浙江省代表团访问伊斯特利亚省。省长雅克维奇、副省长范德伦·格鲁比斯科分别会见代表团，双方就新能源、文化、旅游、教育、烟草业、反腐败等方面的合作进行了深入交流。任泽民还看望了克罗地亚的华人华侨代表。

·匈　牙　利·

【浙江省与巴兰尼亚州友好交流概况】 2010年5月11日至14日，巴兰尼亚州首府佩奇市市长帕瓦·索特一行访问浙江。省委常委、省纪委书记任泽民会见并宴请帕瓦·索特一行。省外办主任阮忠训，省纪委常委、秘书长丁世明，省文化厅巡视员齐有为，省外办副主任顾建新参加会见和宴请。11日晚，帕瓦·索特一行出席了佩奇市Mecsek民间舞蹈专场演出。阮忠训、顾建新等观看演出。

5月，省委常委、省纪委书记任泽民率浙江省代表团访问南多瑙河大区(巴兰尼亚州为南多瑙河大区的组成部分)，大区主席菲里克·费格尔会见代表团。双方就企业投资、旅游、环保、葡萄酒业等方面的合作进行了具体商谈。佩奇市市长帕瓦·索特会见并宴请代表团，双方表示了要进一步加强交流与合作的愿望。代表团还考察了当地葡萄酒酿造和营销有关企业。

10月21日，南多瑙河大区委员会经济发展委员会主席莱斯洛·瓦格·萨般一行访问浙江。省委常委、省纪委书记任泽民宴请莱斯洛·瓦格·萨般一行。双方就浙江省与匈牙利的交流合作进行了交流。省外办主任阮忠训参加宴请。代表团在杭州举办了匈牙利品酒节。

·比利时·

【浙江省与西弗兰德省友好交流概况】 2010年5月26日至28日，西弗兰德省发展署业务拓展经理傅立司一行访问浙江，与省外办探讨了西弗兰德省省长保罗·拜恩率政府及企业代表团来访及两省结好10周年庆祝事宜。省外办副主任顾建新宴请傅立司一行。

9月6日至9日，副省长根特·皮尔崔率西弗兰德省教育代表团访问浙江。8日，副省长郑继伟会见并宴请根特·皮尔崔一行。会见结束后，郑继伟出席了浙江省科协与西弗兰德省政府、浙江工业大学与西弗兰德省大学、浙江工商大学与西弗兰德省大学、杭州师范大学与西弗兰德省天主教大学合作协议签字仪式。省政府副秘书长马林云、省外办副主任顾建新等参加上述活动。访浙期间，西弗兰德省政府与省教育厅合作举办了高等教育研讨会，西弗兰德省3所高校代表分组考察了浙江工业大学、浙江工商大学、浙江中医药大学等，并分别签署相关框架合作协议。

9月12日至15日，以省长保罗·拜恩为团长的西弗兰德省代表团访问浙江。13日，省长吕祖善会见保罗·拜恩一行。吕祖善表示，浙江省与西弗兰德省在经贸、教育等多个领域的合作取得了可喜成绩，特别是两省建立了经济和贸易促进委员会，为推动两省经贸合作提供了良好平台。会见结束后，"浙江省·西弗兰德省建立友好关系10周年"庆祝宴会在省人民大会堂举行。吕祖善与保罗·拜恩分别致辞。省委常委、常务副省长陈敏尔，省政府秘书长张鸿铭，省政府副秘书长冯波声、陈广胜，省外办主任阮忠训，省商务厅厅长金永辉，省外办副主任顾建新等出席上述活动。13日，省商务厅、省工商联与西弗兰德省发展署合作举办了"浙江省·西弗兰德省商务日"。省政协副主席徐冠巨与保罗·拜恩分别致辞。访浙期间，代表团分别考察了传化集团物流中心、宁波经济技术开发区、省农科院和绍兴县等。

11月，浙江省行政监察考察团访问西弗兰德省。代表团与比方就加强政府公职人员的行政监察、纪律约束、职业道德教育等进行了座谈。

·埃及·

【浙江省与塞得港省友好交流概况】 2010年9月，省委书记、省人大常委会主任赵洪祝率浙江省代表团访问塞得港省，并与省长穆斯塔法·阿卜杜拉特法签署友好交流关系协议书。代表团考察了塞得港省港口、苏伊士运河等。

·挪威·

【浙江省与北挪威省友好交流概况】 2010年5月25日至31日，北挪威省省长欧德·埃里克森一行访问浙江。31日，省委书记、省人大常委会主任赵洪祝会见并宴请欧德·埃里克森一行。赵洪祝指出，浙江省与北挪威省在能源(特别是新能源和可再生能源，如水电、风能、太阳能等)、经贸、旅游、海洋渔业、海洋技术、教育等方面有很多相似性，合作前景十分广阔。埃里克森指出，此次访华，通过与浙江省签订两省建立友好省关系意向书，拓展未来合作空间，实现互利共赢。会见结束后，赵洪祝与埃里克森共同签署《中华人民共和国浙江省与挪威王国北挪威省关于建立友好省关系意向书》。省委常委、秘书长李强，副省长龚正，省政府副秘书长夏海伟，省外办主任阮忠训，省发改委主任厉志海，省商务厅厅长金永辉，省海洋与渔业局局长赵利民，省旅游局局长赵金勇，省外办副主任顾建新等参加会见和宴请。在浙期间，代表团拜会了省发改委、省商务厅、省海洋与渔业局，考察了浙江海洋学院和南海实验学校，并游览了杭州西湖和普陀山。

9月，省委书记、省人大常委会主任赵洪祝率浙江省代表团访问北挪威省，会晤省长欧德·埃里克森，考察了罗弗敦群岛的渔场、企业和短途陆海交通及能源基础设施建设运营情况。

10月19日至20日，以省长欧德·埃里克森为团长的北挪威省政府代表团在上海世博会挪威馆举办"北挪威日"活动。省外办副主任顾建新等参加"北挪威日"开幕式。浙江工业大学与北挪威纳尔位克大学在开幕式上签署两校合作协议。"北挪威日"期间，世博会挪威馆举办了以海产品、旅游、太阳能、石油泄漏治理技术、进出口及物流、隧道技术等为主题的研讨会和洽谈会。浙江省组派省商务厅、省海洋与渔业局、省旅游局等厅局以及近20家相关企业与会，杭州联华华商集团公司与挪方POLAR QUALITY公司达成进口三文鱼的意向。

10月21日至23日，以省长欧德·埃里克森为团长的北挪威省政府代表团访问浙江。21日，省外办主任阮忠训代表省委书记、省人大常委会主任赵洪祝宴请代表团一行。省科技厅厅长蒋泰维、省商务厅厅长金永辉、省环保厅厅长徐震、省海洋与渔业局局长赵利民、浙江海事局局长高军、省贸促会会长铁建设、省教育厅副厅长蒋胜祥、省发改委副主任陈智伟、省旅游局副局长朱红炜、省外办副主任顾建新等参加宴请。在浙期间，代表团考察了杭州经济技术开发区，拜会了省总工会，游览了西湖，参观了中国茶叶博物馆，并赴湖州安吉、桐乡乌镇等地考察。

·意 大 利·

【浙江省与坎帕尼亚大区友好交流概况】 2010年2月5日，坎帕尼亚大区科学城代表团一行访问浙江，与省商务厅和省科技厅探讨开展经贸、科技合作等事宜。省外办副主任顾建新宴请代表团。

11月，由省外办副主任顾建新率领的省外办工作组访问坎帕尼亚大区。工作组与大区副主席朱赛佩·德·米塔、大区主席外交顾问弗朗切斯科·卡罗杰罗以及来自经济、科技、中小企业联盟、对外贸易委员会、船务公司的代表进行了会谈。会谈结束后，工作组拜会了那不勒斯港务局主席，双方探讨了在技术、经营管理方面开展交流的可行性。

【浙江省与艾米利亚-罗马涅大区友好交流概况】 2010年5月25日至27日，艾米利亚-罗马涅大区经济发展、工业生产和信息产业部国际化办公室负责人茹本·萨切多蒂一行访问浙江，拜会省经信委、省外国专家局和中国美术学院，就双方合作事宜交换意见。

9月11日，省委书记、省人大常委会主任赵洪祝会见艾米利亚-罗马涅大区主席瓦斯科·埃拉尼一行。赵洪祝说，希望双方以中意建交40周年和即将在意大利举办的"中国文化年"为契机，推动两省区在经贸、教育、文化、科技、旅游等领域的友好交流与互利合作不断迈上新台阶。埃拉尼说，浙江与艾米利亚-罗马涅大区有很多相似之处，希望今后进一步加强政治、经贸、文化等领域，特别是机械制造领域的交流合作。访浙期间，代表团一行参观了中国茶叶博物馆，游览了西湖名胜。

10月28日，意大利艾米利亚-罗马涅大区政府官员乔卢卡·巴尔多尼一行访问浙江，拜会省经信委和省文化厅，就与浙江合办机械论坛和意大利浙江文化节，以配合意大利"中国文化年"活动等事宜进行了探讨。

11月，省外办副主任顾建新率省外办工作组访问艾米利亚-罗马涅大区。工作组与大区生产、能源、可持续发展、绿色经济和行政统一审批部部长强·卡尔罗·姆扎莱利及来自企业国际化、旅游、文化部门的官员举行了会谈。工作组还考察了博洛尼亚大学，与校领导及相关教授探讨了如何进一步加强博洛尼亚大学与浙江大学、浙江工业大学的校际合作，并逐步拓展与浙江其他重点院校的交流。

·瑞　士·

【浙江省与提契诺州友好交流概况】 2010年4月3日至9日，提契诺州卢加诺市学生交流团访问浙江。6日，省外办主任阮忠训宴请交流团一行。

·德　国·

【浙江省与石荷州友好交流概况】 2010年6月7日，石荷州经济技术促进公司外资处处长高斯一行访问浙江。双方探讨了石荷州州长卡斯藤森访浙及举办大型经贸推介会等事宜。

6月28日，省外办副主任顾建新宴请石荷州赴浙江交流实习公务员玛德。在浙期间，玛德拜访了两省州促进委员会成员单位，参观了浙江大学、浙江科技大学，游览了西湖名胜。

9月，浙江9名专业人员赴石荷州参加物流专业培训。

10月10日至15日，州长卡斯藤森率石荷州代表团访问浙江。11日，省长吕祖善会见并宴请卡斯藤森一行。吕祖善表示，浙江省与石荷州自建立友好省州关系以来，在经贸、科技、文教、卫生、体育和人力资源开发等方面开展了多层次的交流与合作，希望两省州在原有合作基础上，积极拓展新能源、环保、海洋经济等领域的交流合作，确保双方合作交流持续深入发展。卡斯藤森表示，在双方的共同努力下，两省州的友好关系得到了长足的发展，他对双方今后的交流合作充满信心。会见结束后，吕祖善接受了德国北德电视台的专访。副省长龚正，省政府秘书长张鸿铭，副秘书长夏海伟、陈广胜，省外办主任阮忠训、副主任顾建新，省商务厅厅长金永辉，省环保厅厅长徐震，省文化厅巡视员齐有为等参加会见和宴请。

10月11日，浙江省·石荷州经济合作签字仪式及石荷州投资说明会在黄龙饭店举行。龚正和卡斯藤森分别致辞并见证了石荷州经济技术促进中心与浙江省国际投资促进中心、德国禾闰能源系统有限公司与浙江运达集团、德国因特保有限责任公司与浙江华仪集团、德国雷神安修司有限公司与因特沙特海洋技术系统股份公司等的合作签字仪式。在浙期间，卡斯藤森考察了德国RAKO包装公司、浙江运达风电公司和浙江工业大学、浙江科技学院，并见证了浙江科技学院与吕贝克应用科技大学签署合作协议。代表团还游览了西湖，参观了中国茶叶博物馆，并赴宁波考察了浙江造船厂、浙江万里学院等。

11月，浙江省行政监察考察团访问石荷州。代表团就加强政府公职人员行政监察、纪律约束、职业道德教育等，与德方进行了交流与座谈。

·捷　克·

【浙江省与皮尔森州友好交流概况】 2010年7月13日至15日，皮尔森州州长艾玛诺娃一行访问浙江。13日，省长吕祖善会见并宴请艾玛诺娃一行。吕祖善说，捷克装备制造等行业素负盛名，希望通过双方共同努力，进一步深化在机械制造以及教育、医疗等领域的交流与合作，推动两省州友好关系迈向更高水平。艾玛诺娃说，此次访问是皮尔森州政府代表团首次访浙，她将积极推动两省州在各领域的交流与合作。省政府秘书长张鸿铭、副秘书长陈广胜，省外办主任阮忠训、副主任顾建新等参加会见和宴请。访浙期间，代表团一行参观了中国茶叶博物馆，考察了邵逸夫医院和阿里巴巴集团，游览了西湖、雷峰塔等名胜。

·南　非·

【浙江省与东开普省友好交流概况】 2010年8月31日至9月3日，以克莫丝为团长的东开普省立法委员会道路及公共工程专委会代表团访问浙江。代表团先后与嘉兴市人大城建农经委、湖州市交通局、省交通厅、省人大外事工作委员会和内务司法委员会举行会谈，双方就道路桥梁的建设与维护、道路安全、基础建设预算审批与监管等问题交换了意见。代表团还参观了西湖、南湖、南浔古镇等。

9月7日至10日，东开普省ASGISA代表团访问浙江，前往宁波和义乌，为东开普省的学习计划做准备。

·西班牙·

【浙江省与阿斯图里亚斯大区友好交流概况】 2010年9月13日至16日，阿斯图里亚斯大区经济发展协会会长维克多·马洛金一行访问浙江。代表团参观了舟山海洋经济园，拜会省科技厅、省商务厅和省外国专家局，就两省区在经贸、科技、人员培训等领域的合作交流进行了探讨。代表团还看望了在浙留学的大区留学生。15日，省外办副主任顾建新宴请马洛金一行。

11月，省外办副主任顾建新率省外办工作组访问阿斯图里亚斯大区。工作组与大区主席文森特·阿伦斯、大区工业和就业部长冈萨雷斯、大区教育和科技部长安德雷斯、大区经济发展协会会长维克多·马洛金及其他相关部门负责人举行会谈。会谈结束后，顾建新与安德雷斯召开新闻发布会，向新闻媒体介绍了两省区业已开展的友好合作及未来的合作设想。工作组还考察了希洪港、奥维耶多大学，与奥维耶多大学就进一步加强与浙江相关院校的交流举行洽谈并达成共识。

·博茨瓦纳·

【浙江省与哈博罗内市友好交流概况】 2010年9月14日至16日，哈博罗内市市长莱索利一行访问浙江。14日，省人大常委会副主任徐宏俊宴请莱索利一行。

·瑞士·

【浙江省与弗利堡州友好交流概况】 2010年4月，省政协主席周国富率浙江省代表团访问弗利堡州。参见第58页**【周国富率团访问阿联酋和瑞士】**。

·丹麦·

【浙江省与西兰岛大区友好交流概况】 2010年11月，省外办副主任顾建新率省外办工作组访问西兰岛大区。工作组与大区开发署主席以及经贸和医疗卫生部门官员举行了会谈。工作组考察了CAT科技园，听取哥本哈根投资促进局、瑞索国家实验室、CAT科技园和罗斯基勒大学相关代表的情况介绍，探讨了加强双方中小企业、大学、科研机构在节能环保技术方面的合作事宜。工作组还考察了西兰岛大学学院和科格商学院，两所学校都表达了与浙江院校开展校际交流的合作意向。

·英国·

【浙江省与约克·恒勃大区友好交流概况】 2010年6月，省人大常委会副主任刘奇率省人大代表团访问约克·恒勃大区。代表团拜会了大区发展署主席霍奇金森，并与大区发展署进行水资源保护和利用方面的专题座谈，探讨今后双方加强该领域交流合作的可能性。

·保加利亚·

【浙江省与瓦尔纳大区友好交流概况】 2010年6月，省人大常委会副主任刘奇率省人大代表团访问瓦尔纳大区。代表团与大区政府及市议会举行交流座谈会，大区主席西蒙诺夫、瓦尔纳市议长阿普斯托罗夫、大区副主席内格罗夫，以及专程从索非亚前来的大区执政党领袖、国会议员迪米特罗夫等参加座谈会。

·乌克兰·

【浙江省与罗夫诺州友好交流概况】 2010年12月8日，省外办副主任顾建新会见罗夫诺州议会经营发展与吸引投资委员会常务主席沙托夫·亚历山大一行，双方就未来进一步发展友好关系、加强合作等事宜进行了探讨。

（张　浩）

美洲和大洋洲

·美　国·

【浙江省与印第安纳州友好交流概况】 2010年3月17日至20日，美国"全球印第安纳"教育交流协会代表团访问浙江。代表团成员分别前往各自姐妹学校参观交流，并考察了衢州市5所中小学，准备介绍给印州学校以结成姐妹学校。17日，省外办主任阮忠训、副主任彭波等宴请代表团。

3月17日至20日，5月7日，6月18日至19日，美国"全球印第安纳"董事邹东江一行访问浙江，分别拜会省外办和浙江省体育技术职业学院，商讨浙江省与印第安纳州开展体育交流事宜。省外办副主任彭波宴请邹东江一行。

4月3日至11日，印第安纳州安德森大学教师保拉·博力访问浙江，与浙江中医药大学进行护理学领域的学术交流。

4月13日至18日，印第安纳州马里恩市市长韦恩·西伯尔德一行访问浙江，与安吉远凯公司探讨投资合作事宜。13日，省外办副主任彭波宴请代表团。

4月25日至27日，印第安纳州太平洋贸易公司总裁凯利一行访问浙江，拜会省农业厅、省发改委、省环保厅和杭州市外办，探讨交流合作事宜。26日，省外办副主任彭波宴请凯利一行。

4月25日至27日，印第安纳州富兰克林市市长弗莱德·帕里斯一行访问杭州、台州，与台州市路桥区探讨建立友好城市关系事宜。27日，省外办副主任彭波宴请帕里斯一行。

6月2日至5日，印第安纳州副州长贝基·斯科尔曼一行访问浙江。4日，省委常委、副省长葛慧君会见斯科尔曼一行。葛慧君希望，在双方共同努力下，浙印友好关系跨上更高台阶。斯科尔曼表示，印州政府将一如既往地推动两省州在农业、经贸、科研等领域的互利合作。会见结束后，葛慧君和斯科尔曼签署《浙江省与印第安纳州建立农业友好合作关系协议书》。省政府副秘书长陈龙，省外办主任阮忠训、副主任彭波等参加会见、签字仪式。在杭期间，两州政府共同举办了"浙江-印第安纳州农业经贸投资研讨会"。

7月18日至22日，印第安纳州阿尔卡特郡郡长特伦斯·约瑟夫·罗迪诺一行访问浙江，与金华市探讨建立友好城市关系事宜。21日，省外办副主任彭波宴请罗迪诺一行。

8月24日至26日，印第安纳州太平洋贸易公司总裁凯利一行访问浙江，拜访省人大、省发改委、省农业厅、省环保厅、省商务厅、中国进出口银行浙江省分行和中国银行浙江省分行等，探讨交流合作事宜。25日，省外办主任阮忠训宴请凯利一行。

10月16日至21日，美国"全球印第安纳"教育交流协会代表团访问浙江。代表团成员分别前往各自姐妹学校参观交流。"全球印第安纳"教育交流协会主席马可力还考察了台州市和金华市的10所中小学，准备介绍给印州学校以结成姐妹学校。20日，省外办、省教

◎印第安纳州州长米奇·丹尼尔斯接受浙江电视台专访

育厅与“全球印第安纳”教育交流协会共同举办浙江省-印第安纳中小学校长教育交流研讨会，省外办副主任彭波等参加研讨会。

10月17日至22日，肯恩大学校长达伍·法拉希一行访问浙江。19日，省委书记、省人大常委会主任赵洪祝会见并宴请法拉希一行。赵洪祝表示，浙江长期以来重视高等教育，非常珍惜与肯恩大学的合作，希望代表团通过此次考察推进实质性合作。中国国际教育协会会长、教育部原副部长、第36任联合国教科文组织执行理事会主席章新胜，浙江大学党委书记张曦，省委副秘书长潘家玮，省外办副主任彭波等参加会见和宴请。在杭期间，法拉希拜访了浙江大学、浙江传媒学院、杭州师范大学、浙江大学城市学院，并访问了温州大学等，与多所院校达成合作意向。

19日晚，省外办主任阮忠训从外地出差回来后，专程拜访了法拉希一行。

在温州访问时，副省长、温州市委书记陈德荣会见并宴请法拉希一行。

11月10日至14日，印第安纳州州长米奇·丹尼尔斯一行访问浙江。10日，省委书记、省人大常委会主任赵洪祝会见并宴请丹尼尔斯一行。赵洪祝表示，浙江与印州的友好关系已经走过了23个年头，彼此之间的共同利益日渐增多，各方面交流日趋密切。希望与丹尼尔斯州长一道，共同致力于深化两省州友好关系。丹尼尔斯表示，印州十分珍视与浙江省的友好关系，将继续推动两省州在经贸、投资、教育等领域的合作不断取得新的进展。省委常委、秘书长李强，省外办副主任彭波等参加会见和宴请。12日，省长吕祖善会见并宴请丹尼尔斯一行。吕祖善表示，希望双方能在良好合作的基础上，继续深化科技、经贸、教育、文化、医疗等领域的交流与合作，促进两省州友好关系再上新台阶。丹尼尔斯表示，印州欢迎浙江企业前往投资兴业，并将努力营造良好的发展环境，促成更为丰硕的合作成果。省政府秘书长张鸿铭、副秘书长李学忠，省外办主任阮忠训等参加会见和宴请。在浙期间，丹尼尔斯还出席了由印州政府、省外办、省发改委、省商务厅共同举办的浙江省-印第安纳州经贸投资研讨会，拜访了部分浙江企业，接受了媒体专访。

【浙江省与新泽西州友好交流概况】 2010年6月18日，美国新泽西州经济发展部主任卡米尔·塞勒访问浙江，与省外办、省商务厅探讨交流合作事宜。省外办副主任彭波宴请塞勒。

·澳大利亚·

【浙江省与西澳州友好交流概况】 2010年3月27日至31日，西澳州雕塑家托尼·琼斯一行访问浙江，拜访中国美术学院，商讨交流合作事宜。

4月10日至12日，澳大利亚前驻沪总领事、西澳大学孔子学院院长安道卫一行访问浙江，探讨西澳州与浙江省中小学进行教育交流的可能性。11日，省外办副主任陆国灏宴请安道卫一行。

4月23日至27日，西澳州学校代表、圣修达女子学院教师楚迪·邓恩一行访问浙江，担任“2010体验西澳-浙江省高中英语口语大赛”外方评委，并与浙江省学校探讨建立姐妹学校事宜。

6月6日至12日，西澳州上议院议长班睿·豪斯一行访问浙江。7日，省委书记、省人大常委会主任赵洪祝会见豪斯一行。赵洪祝强调，浙江与西澳州都是投资的热土，经济互补性很强，希望双方开展广泛的合作，推动双方友好关系进一步发展。豪斯表示，西澳州与浙江的友城交往是澳中两国友好关系的重要组成部分，两省州的交流合作已拓展到诸多领域，西澳州上议院将一如既往地支持双方的交流合作。省委常委、宁波市委书记巴音朝鲁，省委常委、秘书长李强，省政协副主席徐冠巨，省委副秘书长舒国增，省外办主任阮忠训、副主任彭波等参加会见。9日，省人大常委会副主任刘奇在宁波宴请代表团，阮忠训、彭波等参加宴请。10

◎澳大利亚西澳州上议院议长班睿·豪斯访问宁波钢铁公司

日，省政协主席周国富会见并宴请豪斯。周国富表示，双方在教育、经济、环保、农业及科技等领域开展了广泛的交流与合作，成果显著。今后，双方要继续加强交流，实现友好关系新发展。豪斯表示，西澳州人民珍视与浙江人民的友谊，今后将进一步推动双方友好关系的发展。阮忠训、彭波等参加会见和宴请。在浙期间，豪斯一行还访问了宁波市和绍兴市，出席第12届浙洽会开幕式，参观了宁波钢铁公司和北仑港。

6月28日至7月1日，西澳州副总理基姆·汉默斯一行访问浙江。29日，副省长郑继伟会见并宴请汉默斯一行。郑继伟表示，浙江省和西澳州在经济、农业、能源、教育、科研等领域有着很强的互补性，希望双方能进一步加强往来，深化合作。汉默斯表示，青少年是两省州发展的未来，西澳州政府欢迎25名英语口语大赛的优胜者前往珀斯访问。会见结束后，郑继伟和汉默斯共同出席了西澳州西海岸技术学院与浙江医学高等专科学校合作协议签约仪式。省政府副秘书长马林云，省外办主任阮忠训、副主任彭波等参加上述活动。29日下午，汉默斯出席“2010体验西澳-浙江省高中英语口语大赛”颁奖仪式和“浙江省-西澳州职业院校学生艺术联展”开幕式。省友协会长梁平波、省政府副秘书长马林云、省外办副主任彭波、省友协专职副会长虞希华等参加颁奖仪式和开幕式。访浙期间，汉默斯还观赏了“浙江-西澳文化之夜”中学生音乐会，走访了杭州外国语学校、省疾病预防控制中心。

6月29日至30日，西澳州政府内阁成员、农业与食品部部长唐纳德·特里·雷德曼一行访问浙江。30日，省委常委、副省长葛慧君会见并宴请雷德曼一行。葛慧君指出，双方在农业科研、种子种苗培育等领域合作潜力巨大。她预祝西澳州和浙江大学在大麦研究等领域的合作项目早日取得成功。省政府副秘书长陈龙、省外办副主任彭波等参加会见和宴请。当天，雷德曼一行还参观了浙江大学和西澳大学植物营养基因组学联合实验室和大麦联合研究实验室，并拜访省农业厅。

6月29日至7月3日，西澳州中学生代表团访问浙江。代表团观赏了“浙江-西澳学生文化之夜”晚会，与杭州外国语学校、杭州市第二中学、杭州市高级中学、浙江大学附属中学和绍兴高级中学等高中学生进行了排球友谊赛等友好交流活动。

8月23日至25日，西澳州议会下议院议长格兰特·伍德姆斯一行访问浙江。25日，省委书记、省人大常委会主任赵洪祝会见并宴请伍德姆斯一行。赵洪祝表示，西澳州获得全国友协和全国友城联合会颁发的“对华友好城市交流合作奖”，这是对两省州多年来开展友好交流合作成果的充分肯定。希望双方立法机构间建立健全定期互访等交流机制，为两省州友好关系发展注入新的活力。伍德姆斯表示，西澳与浙江在能源资源领域具有很大的合作潜力，希望双方进行更多的对话和沟通，促进双方各领域的合作交流。省委常委、秘书长李强，省人大常委会副主任吴国华，省人大常委会秘书长姚民声，省外办主任阮忠训等参加会见和宴请。24日，省人大常委会副主任吴国华与伍德姆斯进行了工作会谈,双方一致同意继续推进互访交流。在杭期间,代表团还与省发改委就能源合作和发展规划等问题进行了沟通。

9月8日至9日,西澳州总理科林·巴内特的全权代表、上议院议员海伦·莫顿,赴上海出席全国友协"对华友好城市交流合作奖"颁奖典礼前顺访浙江。8日,省政协副主席兼秘书长黄旭明会见并宴请莫顿。黄旭明表示,浙江与西澳结好23年来,在各个领域的合作取得了丰硕成果,他期待在西澳州上议院的支持下,两省州友好关系能更上一层楼。莫顿表示,此次西澳州获得"对华友好城市交流合作奖",相信两省州未来发展前景更加美好。省外办副主任彭波等参加会见和宴请。在杭期间,莫顿还考察了浙江大学与西澳大学合作的大麦联合研究实验室。

9月28日至29日,以下议院议员保罗·迈尔斯为团长的西澳州议会上下两院议员代表团访问浙江。28日,省人大常委会副主任刘奇会见并宴请代表团。省外办副主任彭波等参加会见和宴请。在杭期间,代表团出席了由省疾控中心举办的"中澳合作提高应对流感大流行的应急能力"项目国际论坛开幕式,见证了西澳州奥伯托小学与杭州市行知小学签署校际合作备忘录,并参观华为杭州研究所。

10月7日至8日,西澳州珀斯市市长丽萨·斯卡菲迪一行访问浙江,参加在杭州举办的上海世博会高峰论坛"城市的创新与可持续发展"第六主题论坛。7日,省外办主任阮忠训宴请斯卡菲迪一行。

10月12日,西澳州教育培训部讲师安·渥他维一行访问浙江,拜访浙江省妇女权益机构,探讨西澳州与浙江在妇女教育培训方面交流合作的可能性。

10月26日至29日,西澳大学医学院院长伊安·帕迪一行访问浙江,先后拜访浙江大学、浙江大学医学院附属第一医院、浙江省科协和浙江省贸促会,商讨进一步交流合作事宜。27日,省外办副主任彭波宴请帕迪一行。

12月14日,西澳州教育服务部代表、西澳大学国际部主任布鲁斯·麦金托什一行访问浙江,了解浙江省教育发展及对外交流情况。省外办副主任彭波宴请麦金托什一行。

·巴　西·

【浙江省与巴拉那州友好交流概况】 2010年7月16日至19日,以州政府特别顾问里贾娜·佩苏齐为团长的巴拉那州政府代表团访问浙江。代表团考察了安吉毛竹基地和竹产品加工厂,并访问省农科院和浙江大学。16日,省外办主任阮忠训宴请代表团一行。

·牙 买 加·

【浙江省与圣詹姆斯大区友好交流概况】 2010年10月13日至16日,圣詹姆斯大区议会主席、蒙特哥贝市市长查尔斯·辛克莱尔一行访问浙江。14日,省委常委、组织部长蔡奇会见并宴请辛克莱尔一行。蔡奇表示,浙江省十分重视与圣詹姆斯大区及蒙特哥贝市的友好关系。此次杭州市与蒙特哥贝市签署建立友好城市关系协议书,希望双方今后进一步增进了解,加强合作。辛克莱尔表示,蒙特哥贝市非常重视与杭州市的友好关系,建议由双方政府部门搭建平台,为双方合作提供便利。省外办副主任彭波等参加会见和宴请。在杭期间,代表团出席了2010杭州市国际友好城市市长峰会,辛克莱尔与杭州市委副书记、代市长邵占维共同签署建立友好城市关系协议书,并参加相关活动。

10月12日至16日,牙买加"浙江-圣詹姆斯大区姐妹关系委员会"主席克林顿·陈访问杭州、义乌,进行考察交流。

(任　远)

附表　浙江省友好关系一览表

序号	我方城市	对方城市	对方国家	序号	我方城市	对方城市	对方国家
1	浙江省	新泽西州	美国	32	温州市	德克萨斯州博尔郡	美国
2	浙江省	得克萨斯州	美国	33	温州市	新泽西州尤宁郡	美国
3	浙江省	印第安纳州	美国	34	安吉县	艾尔蒙迪市	美国
4	浙江省	纽芬兰省	加拿大	35	嘉兴市	印第安纳州布鲁明顿市	美国
5	浙江省	巴拉那州	巴西	36	嘉兴市	洛克维尔市	美国
6	浙江省	科罗尼亚省	乌拉圭	37	嘉兴市	昆西市	美国
7	浙江省	圣詹姆斯大区	牙买加	38	嘉兴市	坦帕市	美国
8	浙江省	马坦萨斯省	古巴	39	嘉兴市	德鲁蒙市	加拿大
9	浙江省	梅里达州	委内瑞拉	40	桐乡市	安大略省韦兰市	加拿大
10	浙江省	米却肯州	墨西哥	41	嘉善县	明尼苏达州摩瑞斯市	美国
11	浙江省	巴省	斐济	42	秀洲区	林肯郡	美国
12	杭州市	印第安纳波利斯市	美国	43	平湖市	华盛维尔市	美国
13	杭州市	马萨诸塞州波士顿市	美国	44	绍兴市	新泽西州萨默塞特郡	美国
14	杭州市	蒙特哥贝市	牙买加	45	绍兴市	密苏里州开普吉拉多市	美国
15	杭州市	帕拉马里博市	苏里南	46	绍兴市	加利福尼亚州卡马里罗市	美国
16	杭州市	库里蒂巴市	巴西	47	绍兴市	佛罗里达州杰克逊威尔市	美国
17	杭州市	坎昆市	墨西哥	48	绍兴市	贝伦市	巴西
18	杭州市	迪南市	斐济	49	诸暨市	拉朗地市	美国
19	余杭区	印第安纳州安德森市	美国	50	诸暨市	印第安纳州曼西市	美国
20	宁波市	密尔沃基市	美国	51	上虞市	洛克哈特市	美国
21	宁波市	杰克逊维尔市	美国	52	衢州市	明尼苏达州雷德温市	美国
22	宁波市	特拉华州威尔敏顿市	美国	53	台州市	伊基克市	智利
23	宁波市	休斯顿市	美国	54	台州市	圣保罗州桑托斯市	巴西
24	宁波市	桑托斯市	巴西	55	台州市	桑贡萨洛市	巴西
25	宁波市	萨里市	加拿大	56	舟山市	加利福尼亚州里士满市	美国
26	宁波市	曼萨尼约市	墨西哥	57	丽水市	罗威市	美国
27	慈溪市	加州贝克斯菲尔德市	美国	58	浙江省	西澳州	澳大利亚
28	余姚市	沃尔纳特市	美国	59	浙江省	波纳佩州	密克罗尼西亚
29	温州市	加利福尼亚州匹茨堡市	美国				
30	温州市	本拿比市	加拿大	60	杭州市	堪培拉市	澳大利亚
31	温州市	帝王郡	美国	61	宁波市	奥克兰大区怀特克里市	新西兰

续表

序号	我方城市	对方城市	对方国家	序号	我方城市	对方城市	对方国家
62	北仑区	宝活市	澳大利亚	93	浙江省	伊斯特利亚省	克罗地亚
63	温州市	伊普斯维奇市	澳大利亚	94	浙江省	西兰岛大区	丹麦
64	嘉兴市	班布里市	澳大利亚	95	浙江省	中部马其顿省	希腊
65	湖州市	阿拉特市	澳大利亚	96	浙江省	瓦尔纳大区	保加利亚
66	绍兴市	白马市	澳大利亚	98	杭州市	特兰托市	意大利
67	金华市	高士夫市	澳大利亚	99	杭州市	比萨市	意大利
68	上虞市	维多利亚州云顿市	澳大利亚	100	杭州市	西约克郡利兹市	英国
69	温岭市	昆士兰州洛根市	澳大利亚	101	杭州市	尼斯市	法国
70	浙江省	上诺曼底大区	法国	102	杭州市	卢加诺市	瑞士
71	浙江省	卢瓦尔·歇尔省	法国	103	杭州市	布达佩斯市	匈牙利
72	浙江省	阿尔卑斯—滨海省	法国	104	杭州市	喀山市	俄罗斯
73	浙江省	新西伯利亚州	俄罗斯	105	杭州市	德累斯顿市	德国
74	浙江省	车臣共和国	俄罗斯	106	杭州市	奥维耶多市	西班牙
75	浙江省	赤塔州	俄罗斯	107	宁波市	维罗纳市	意大利
76	浙江省	瓦莱达奥斯塔自治区	意大利	108	宁波市	佛罗伦萨市	意大利
77	浙江省	坎帕尼亚大区	意大利	109	宁波市	巴塞罗那市	西班牙
78	浙江省	艾米利亚—罗马涅大区	意大利	110	宁波市	维也纳新城市	奥地利
79	浙江省	弗利堡州	瑞士	111	宁波市	北威州亚琛市	德国
80	浙江省	提契诺州	瑞士	112	宁波市	上诺曼底大区鲁昂市	法国
81	浙江省	汝拉州	瑞士	113	宁波市	塔尔图市	爱沙尼亚
82	浙江省	迦太罗尼亚大区	西班牙	114	宁波市	维斯普雷姆市	匈牙利
83	浙江省	阿斯托里亚斯大区	西班牙	115	宁波市	瓦尔纳市	保加利亚
84	浙江省	石荷州	德国	116	宁波市	斯塔万格市	挪威
85	浙江省	西弗兰德省	比利时	117	宁波市	安特卫普市	比利时
86	浙江省	巴兰尼亚州	匈牙利	118	宁波市	诺丁汉市	英国
87	浙江省	约克·恒勃大区	英国	119	宁波市	敖德萨市	乌克兰
88	浙江省	乌普萨拉省	瑞典	120	宁波市	彼得哥什市	波兰
89	浙江省	下奥州	奥地利	121	温州市	那不勒斯市	意大利
90	浙江省	卢夫诺州	乌克兰	122	温州市	普拉托市	意大利
91	浙江省	皮尔森州	捷克	123	温州市	瓦伦西亚大区阿利坎特市	西班牙
92	浙江省	北挪威省	挪威	124	温州市	勒瓦鲁瓦市	法国

续表

序号	我方城市	对方城市	对方国家	序号	我方城市	对方城市	对方国家
125	温州市	科沃拉市	芬兰	156	椒江区	季米托洛夫市	保加利亚
126	温州市	吉森市	德国	157	浙江省	东开普省	南非
127	温州市	圣彼得堡市	俄罗斯	158	浙江省	塞得港省	埃及
128	温州市	巴塞罗那市	西班牙	159	浙江省	哈博罗内市	博茨瓦纳
129	瑞安市	瓦伦西亚大区库耶拉市	西班牙	160	杭州市	阿加迪尔市	摩洛哥
130	湖州市	蒙达尔纪市	法国	161	杭州市	开普敦市	南非
131	湖州市	雷嘎纳斯市	西班牙	162	宁波市	马拉喀什市	摩洛哥
132	长兴县	特鲁艾尔市	西班牙	163	宁波市	曼德拉市	南非
133	长兴县	卡尔马省	瑞典	164	宁波市	科托努市	贝宁
134	安吉县	布希-圣乔治市	法国	165	温州市	沃湾市	纳米比亚
135	嘉兴市	圣地费尔市	挪威	166	温州市	让蒂尔港市	加蓬
136	嘉兴市	里比市	丹麦	167	金华市	金·威廉姆斯市	南非
137	嘉兴市	哈勒市	德国	168	浙江省	静冈县	日本
138	桐乡市	巴塞罗那省马达罗市	西班牙	169	浙江省	福井县	日本
139	绍兴市	海滨夏隆省鲁瓦扬市	法国	170	浙江省	枥木县	日本
140	绍兴市	卢瓦尔·歇尔省布洛瓦市	法国	171	浙江省	全罗南道	韩国
141	绍兴市	拜罗伊特市	德国	172	浙江省	首尔市	韩国
142	绍兴市	吕贝克市	德国	173	浙江省	布拉干省	菲律宾
143	绍兴市	马切拉塔省	意大利	174	浙江省	达尔汉乌勒省	蒙古
144	绍兴市	列宁大区	俄罗斯	175	浙江省	承天-顺化省	越南
145	诸暨市	欧文卡利	瑞典	176	浙江省	彭世洛府	泰国
146	诸暨市	波里市	芬兰	177	浙江省	哈瓦利省	科威特
147	上虞市	托伦特市	西班牙	178	浙江省	沙迦酋长国	阿联酋
148	金华市	霍拉布隆市	奥地利	179	浙江省	万丹省	印尼
149	金华市	迪恩市	德国	180	杭州市	京都府向日市	日本
150	金华市	考沃拉市	芬兰	181	杭州市	岐阜县岐阜市	日本
151	东阳市	克罗斯特伯格市	奥地利	182	杭州市	福井县福井市	日本
152	衢州市	库塔伊西市	格鲁吉亚	183	杭州市	上尾市	日本
153	衢州市	万纳佐尔市	亚美尼亚	184	杭州市	全罗南道丽水市	韩国
154	台州市	波尔巴市	葡萄牙	185	杭州市	庆尚北道庆山市	韩国
155	台州市	纳维尔市	法国	186	杭州市	佛统市	泰国

续表

序号	我方城市	对方城市	对方国家	序号	我方城市	对方城市	对方国家
187	杭州市	万象市	老挝	218	平湖市	福井县小浜市	日本
188	杭州市	本格特省碧瑶市	菲律宾	219	绍兴市	富山县福光町	日本
189	杭州市	勒利德布尔市	尼泊尔	220	绍兴市	福井县芦原町	日本
190	杭州市	贝特谢美什市	以色列	221	绍兴市	兵库县西宫市	日本
191	淳安县	奥多摩町	日本	222	绍兴市	枥木县小山市	日本
192	萧山市	山梨县山梨市	日本	223	绍兴市	水原市	韩国
193	宁波市	岛根县益田市	日本	224	绍兴市	全罗南道丽川郡	韩国
194	宁波市	长野县上田市	日本	225	绍兴市	汉城市龙山区	韩国
195	宁波市	南砺市	日本	226	绍兴市	静冈县富士宫市	日本
196	宁波市	京都府长冈京市	日本	227	诸暨市	象泻町	日本
197	宁波市	全罗南道顺天市	韩国	228	诸暨市	中央省伦县	蒙古
198	宁波市	大邱市	韩国	229	上虞市	京畿道富川市	韩国
199	余姚市	全罗南道罗州市	韩国	230	上虞市	茨城县神栖市	日本
200	余姚市	茨城县常陆太田市	日本	231	新昌县	庆尚南道陕川郡	韩国
201	象山县	爱媛县吉田町	日本	232	绍兴县	全罗南道潭阳郡	韩国
202	象山县	瓮津郡	韩国	233	台州市	务安郡	韩国
203	奉化市	琦玉县入间市	日本	234	台州市	福井县敦贺市	日本
204	鄞州区	富山县城端町	日本	235	天台县	岩手县平泉町	日本
205	温州市	广岛县吴市	日本	236	天台县	全罗南道和顺郡	韩国
206	温州市	仁川广域市中区	韩国	237	天台县	枥木县岩舟町	日本
207	温州市	宫城县石卷市	日本	238	临海市	江原道横城郡	韩国
208	湖州市	忠清北道清州市	韩国	239	温岭市	大田广域市西区	韩国
209	湖州市	灵岩郡	韩国	240	衢州市	苏姆盖依特市	阿塞拜疆
210	湖州市	静冈县岛田市	日本	241	衢州市	枥木县佐野市	日本
211	安吉县	宫之城町	日本	242	金华市	枥木县枥木市	日本
212	安吉县	全罗南道潭阳郡	韩国	243	舟山市	宫城县气仙沼市	日本
213	嘉兴市	福井县春江町	日本	244	舟山市	伊慕斯市	菲律宾
214	嘉兴市	静冈县富士市	日本	245	普陀区	全罗南道谷城郡	韩国
215	嘉兴市	江原道江陵市	韩国	246	丽水市	静冈县三岛市	日本
216	海盐县	福岛县富冈町	日本	247	龙泉市	康津郡	韩国
217	海盐县	全罗南道长兴郡	韩国				

部门外事

省发改委

【涉外工作概况】 2010年,浙江省发展和改革委员会接待来访外宾10余批次100余人次。承办2010港澳·浙江周活动、浙江-印第安纳州经贸投资研讨会;组织参加第2届中国对外投资合作洽谈会;组团出访美国印第安纳州。

【美国驻沪经济领事访问省发改委】 2010年1月21日,美国驻上海经济领事马迪安一行访问省发改委。省发改委有关部门负责人向客人介绍了浙江省经济发展及经济结构调整情况。双方就进一步扩大和加强交流与合作交换了意见。

【阿联酋驻沪总领事访问省发改委】 2010年3月2日,省发改委副主任黄勇会见来访的阿联酋驻上海总领事诺拉·珠一行。黄勇介绍了浙江省经济社会发展情况,双方就进一步建立省发改委与阿联酋驻沪总领事馆的合作机制,推动浙江与阿联酋的经贸投资合作交换了意见。

【丹麦西兰岛大区专家代表团访问省发改委】 2010年5月10日,丹麦西兰岛大区专家代表团拜访省发改委,就大区与浙江省在能源、环保、中小企业风险投资等领域的合作事宜进行沟通交流。省发改委有关部门介绍了浙江省对外开放、利用外资以及新能源发展、环保事业发展、中小企业风险投资等情况。双方就加强双边交流和投资领域的合作进行了商谈。

【挪威北挪威省省长访问省发改委】 2010年5月31日,挪威北挪威省省长欧德·埃里克森一行访问省发改委,就北挪威省与浙江省在能源等方面的合作事宜进行沟通交流。省发改委有关部门介绍了浙江省利用外资、新能源发展等情况;挪方表达了与浙江省开展新能源合作,推进清洁发展机制项目的合作意向。

【美国印第安纳州副州长访问省发改委】 2010年6月3日,美国印第安纳州副州长贝基·斯科尔曼一行访问省发改委,双方就两省州开展农业经贸合作进行了沟通和交流。

【澳大利亚西澳州下议院议长访问省发改委】 2010年8月24日,澳大利亚西澳州下议院议长格兰特·伍德斯姆一行访问省发改委。省发改委副主任黄勇向客人介绍了浙江省经济发展情况和"十二五"规划设想。双方就进一步加强两省州在能源、现代物流和旅游等领域的合作进行了交流。

【省发改委考察团访问美国】 2010年9月20日至21日,省发改委副主任黄勇率考察团访问美国印第安纳州,与印州相关政府部门、行业协会、商会及企业等,就在能源、矿产资源、工业制造等新兴产业方面的投资与合作事宜进行了深入的交流。

【浙江-印第安纳州经贸投资研讨会】 2010年11月11日在杭州召开,由省发改委会同省外办、省商务厅共同举办。美国印第安纳州州长米奇·丹尼尔斯率印州政府及企业家代表一行20余人出席研讨会。

研讨会上，印第安纳州政府有关人员介绍了该州投资环境及鼓励投资的行业，并解答了浙江企业代表提出的问题。部分浙江企业表示有意投资印州。

（徐　峰）

省经信委

【涉外工作概况】 2010年浙江省经济和信息化委员会接待各类外事访问考察团组11批次；自组因公出国（境）团组15批次32人次，分别赴英国、意大利、西班牙、瑞士等国家和地区进行培训考察、商务洽谈等活动；派遣16批16人次，参加国家和省有关部门组织的赴国外考察学习团组。

【省经信委生物技术产业考察团赴以色列、南非考察】 2010年2月21日至3月2日，由省经信委副主任郑一方率领的生物技术产业考察团赴以色列、南非考察。考察团一行与两国经济、科技主管部门，企业发展技术咨询中介机构，行业龙头企业及中小企业培育基地等开展了研讨交流活动。

【中美专家为浙江企业信息技术应用出谋划策】 2010年4月11日至13日，第8届中美工程技术研讨会信息技术专题组在浙江省开展专题研讨活动。专题组共有48名专家，其中美方专家22名。工信部科技司司长闻库出席启动仪式，省经信委副主任高鹰忠、邓国强参加活动。中工会是中美两国间工程技术领域最高级别的研讨会，每两年举办一次。

专题组围绕印染行业信息技术应用、物流信息化发展、电子商务、金融业信息服务外包及互联网环境下新型业态发展等5个专题，与浙江省阿里巴巴、浙大网新、恒生电子等23家企业分别进行了深入研讨，并对《浙江省信息技术"倍增"行动计划——印染行业专项行动》提出意见和建议。

【中瑞循环经济合作培训班】 2010年4月16日至5月7日在瑞士举行，省经信委副主任凌云带领培训班成员参加培训。本次培训班是浙江省政府与瑞士弗里堡州政府签订的为期五年的循环经济合作框架中的子项目。

【英国信息通信产业代表团访问省经信委】 2010年4月29日，英国驻上海副总领事雅克·布克率英国信息通信产业代表团访问省经信委，省经信委副主任邓国强会见代表团。双方就进一步落实2009年英国投资贸易总署和省经信委签署的《关于建立长期战略合作关系备忘录》有关内容进行了磋商，初步形成下一步工作计划。英国通信代表团还与浙江电信、浙江移动、浙江联通分别进行了技术和业务方面的交流。

【省经信委考察团赴意大利、希腊和以色列考察】 2010年5月23日至6月3日，省经信委副主任吴家曦率产业集群发展和升级考察团赴意大利、希腊和以色列，专题考察产业集群、海运产业、科技产业发展情况。考察团听取了当地政府、华人商会和企业有关情况介绍，与地方政府官员、商会、工业园区、科技公司负责人进行了工作交流。

【省中小企业局与全球中小企业联盟签署合作备忘录】 2010年6月23日，省中小企业局局长高鹰忠与全球中小企业联盟签署合作备忘录。省长吕祖善出席，并会见全球中小企业联盟主席卡洛斯·马格里诺斯一行。吕祖善在会见时指出，浙江有260万家中小企业，是浙江经济发展的重要力量。全球中小企业联盟是全球中小企业合作与交流的重要组织者和推动者，浙江省希望加强与联盟的合作，培育一批体现浙江特色的中小企业成长案例，希望全球中小企业联盟在人员培训、金融支撑、技术支持、营销网络建设等方面给予浙江中小企业更多的帮助和指导。卡洛斯说，我们对浙江近年来的发展成就特别是中小企业发展状况表示赞赏。希望能有更多的浙江中小企业健康成长案例与世界分享。

【省经信委通信与传感网产业合作交流考察团赴西班牙、瑞士和奥地利考察】 2010年8月28日至9月8日，由省经信委副巡视员林华任团长的考察团，赴西班牙、瑞士和奥地利进行通信与传感网产业发展合作交流活动。考察团重点考察了欧洲在通信与传感网领域的先进技术、运营模式和产业发展状况，与相关高校、公司和行业主管部门进行了交流。考察团还调研了华为奥地利公司开拓信息通信业务情况，与之探讨了浙江省通信及信息服务业“走出去”发展模式。

【国际商业机器(IBM)代表访问省经信委】 2010年9月2日，省经信委副主任邓国强会见国际商业机器(IBM)中国有限公司首席代表佘端志一行。双方就服务外包、市场拓展、行业培训、产品服务等方面开展合作进行了交流。

8月9日，由宁波国家高新区和国际商业机器公司(IBM)共建的宁波国际智慧物流软件与信息服务外包产业园正式签约。IBM还将在产业园筹建以智慧物流软件开发为主要内容的“IBM智慧物流中心”，使宁波成为IBM在中国大陆继北京、上海、西安之后的第四个研发基地。

【罗马尼亚信息产业代表团访问省经信委】 2010年9月3日，由罗马尼亚经贸商务环境部参赞马留斯·卓格斯带队的信息产业代表团访问省经信委。省经信委副主任邓国强会见代表团。双方就罗马尼亚IT企业与浙江省在服务外包、行业培训、协会交流、企业互访等方面开展合作进行了沟通。

【2010西博会投资合作周杭州工业经贸洽谈会】 2010年10月11日在杭州举行，由省经信委和杭州市人民政府联合主办。会议重点围绕航空产业、轨道交通与船舶制造等装备制造业，军民两用技术转化等高新技术及新兴产业进行了相关信息发布、项目对接。浙江省150多家企业，英国、澳大利亚等国企业及部分央企的近30位代表出席会议，部分企业达成合作意向。

【省经信委考察团赴英国、西班牙和葡萄牙考察】 2010年10月11日至22日，由省经信委副主任王素娥率领的浙江省玻璃行业考察团赴英国、西班牙和葡萄牙，考察玻璃行业结构调整情况。考察团先后走访英国伦敦市政府、玻璃行业协会、皮尔金顿玻璃公司，西班牙巴塞罗那市政府、艾尔姆玻璃制品公司西班牙分公司和葡萄牙Better玻璃制品制造公司，了解各国政府对玻璃生产企业的有关政策、发达国家玻璃生产企业的生产技术及发展方向，借鉴发达国家经验，促进浙江省玻璃行业结构调整和产业转型升级。

【浙静经济交流研讨会】 2010年10月12日在杭州举行，由省经信委和浙静经济交流促进机构浙江省委员会事务局共同举办。30多家日本静冈企业代表和浙江省10余家公司30多名企业代表参会，进行了交流洽谈。

【第12届西湖国际中小企业研讨会】 2010年10月24日在杭州开幕。来自美国、英国、澳大利亚、新西兰、印度、印度尼西亚、南非、尼日利亚和中国香港等近20个国家和地区的专家学者，以及近200位来自中国内地高校、中小企业发展研究机构的专家和中小企业代表参加会议。会议围绕“中小企业管理”与“市场营销”两大主题，进行了广泛的讨论和交流。

西湖国际中小企业研讨会是杭州西湖国际博览会的重要组成部分。

【“浙江-美国中小企业合作周”在纽约启动】 2010年10月29日，浙江-美国中小企业合作周暨项目对接会在美国纽约举行，标志着“浙江-美国中小企业合作周”正式启动。浙江省仪器仪表、汽车零部件等12个行业、170多家中小企业近200位领军人物出席对接会。省长吕祖善出席对接会并作主旨演讲。吕祖善强调，中美双方共同实施《浙江省中小企业全球化“绿卡”计划》，在贸易、投资、科技、金融、培训等方面寻求合作，鼓励浙江中小企业走出去，加快产业转型升级。吕祖善指出，中小企业要从产品“走出去”、经营“走出去”向产业“走出去”转型，鼓励直接到美国等工业化国家发展产业，并指出要从五个方面加强与美方的合作：一是探索建立融资合作；二是深入推进商贸合作；三是加强科技创新合作；四是推进企业家培训合作；五是鼓励企业“走出去”。为了推进上述五个方面的合作，省中小企业局与美方纳斯达克证交所等有关方面签署了融资等4项备忘录。

此次浙江-美国中小企业合作周由浙江省人民政府和全球中小企业联盟、美国商务部、美国中小企业署主办，浙江省中小企业局、美中国际合作交流促进会和美中商盟共同承办。

【美国国务院政府间事务特别代表访问浙江】 2010年11月26日，美国国务院政府间事务特别代表瑞塔·路易斯一行访问浙江。省经信委副主任、省中小企业局局长高鹰忠会见瑞塔一行。高鹰忠向客人介绍了浙江中小企业发展的基本情况，着重通报了刚在美国结束的浙江-美国中小企业合作周活动所取得的丰硕成果。他指出，浙江与美国在设立研发制造基地、开展技术贸易、品牌推广、上市融资等方面有巨大的合作空间，建议双方中小企业管理机构建立常态的联系机制，搭建类似于“浙美合作周”这样的合作交流平台，继续扩大和加强中小企业间的交流与合作。

【“浙企走进欧盟”研讨会】 2010年11月26日至27日在杭州召开，由省委政策研究室、省经信委共同组织举办。研讨会邀请欧盟委员会贸易总司前副总司长、经济学家皮埃尔·德福安和省经信委、省商务厅以及法律、会计服务机构的有关专家，分别围绕欧盟贸易投资政策、“十二五”国内外经济形势、进出口公平贸易、对外投资与经济合作以及企业走进欧盟需注意的法律、税务、财务问题等，开展针对性的解读和研讨。省经信委副主任郑一方作《“十二五”浙江工业经济发展有关工作思考》的专题演讲。全省90余名有赴欧盟投资意向或已在欧盟投资的企业高管及地方经济和信息化主管部门负责人参加研讨会。

【加拿大-浙江软件产业交流会】 2010年12月2日在杭州召开，省经信委和加拿大驻上海总领事馆联合举办。多家加拿大著名软件公司代表和浙江省28家相关软件公司参会。双方企业进行了交流对接。加拿大驻上海总领事潘乃德出席并致辞。加拿大不列颠哥伦比亚省、安大略省、魁北克省驻上海办事处首席代表出席会议。省经信委副主任邓国强出席会议并介绍了浙江省软件产业发展环境、浙江省软件产业发展情况，以及浙江与加拿大在软件行业合作的前景。

【2010英中（浙江）携手创新信息与通信产业合作论坛】 2010年12月7日在伦敦举行，省经信委与英国投资贸易总署共同主办。此次会议是2010世界技术大会的主题论坛之一，会议围绕“新一代移动通信技术和产业发展”主题，研讨有关技术发展趋势，交流英国和浙江的成功商业模式，寻求双方信息产业和企业间更深层次的合作。省经信委副主任邓国强出席会议并致辞。会上，英国投资贸易总署与杭州市信息化办公室签署建立长期战略合作关系备忘录。来自沃达丰、英国电信等英国企业的代表50多人参会，并与浙大网新、浙江鸿程等浙江信息产业企业进行了交流。

（朱　嵘）

省教育厅

【涉外工作概况】 2010年，浙江省教育厅接待外宾15批110余人。

全省高校系统各类出国留学人员291人，其中国家公派48

人、单位公派188人、自费出国55人。

全省高校外国留学生首次突破万人，达10571人，比2009年增长28.6%。其中学位生3328人，增长22%。全省聘请长期外国文教专家1154人次、外籍教师1830人次，外国专家和教师主要来自美国、加拿大、澳大利亚、英国、日本、德国、法国和韩国等国家，其中12位专家获得2010年度浙江省"西湖友谊奖"。

2010年，全省中外合作办学机构和项目共招收新生9848人，其中专科以上层次学生4102人。

【英国教育专家来浙讲课】 2010年3月11日，省教育厅邀请英国伦敦教育学院玛丽·道教授和利兹大学教育学院迈克尔·威尔逊博士在杭州为浙江省110名骨干校长班学员上培训课。两位专家分别作题为《学校领导力》和《学校发展与评估》的专题讲座，并与学员们就学校的发展与评估进行了探讨。省教育厅巡视员张绪培会见两位专家及英国驻沪总领事馆官员，并与来宾就浙江省教师培训项目进行了商谈。

【中英盖普项目20周年庆祝会】 2010年4月9日在杭州召开。会议回顾总结了项目在中国20年的发展情况和取得的成绩，并就今后进一步改善项目管理、扩大项目交流的可行性方案进行了探讨。省教育厅副厅长蒋胜祥，省外办、省公安厅出入境管理局相关负责人，英国盖普组织主任保罗·龙伯尼、盖普组织西南地区主任和华东地区主任、盖普志愿者代表，项目省市教育厅(局)代表、项目学校和派出教师代表等共40余人出席庆祝会。

【浙江-西澳高校校长论坛】 2010年5月6日在澳大利亚西澳州首府珀斯举行。浙江省和西澳州共16家高校和教育机构参加论坛。双方高校校长就高等教育国际化、高等职业教育发展、高校创新等主题开展了广泛的交流研讨。副省长郑继伟出席论坛并致辞。省教育厅副厅长李鲁和省高校校长访问团参加了论坛的交流研讨活动。

【高校优秀青年骨干教师出国研修项目联合评审会】 2010年6月28日至30日，国家留学基金管理委员会在杭州召开2010年浙江省高校优秀中青年骨干教师出国研修项目联合评审会。经过面试评审，浙江省有105位教师获得国家公派高级研究学者和访问学者资格，其中人文社科类52人、理工农医类53人。该项目由国家和省财政全额资助。

【比利时西弗兰德省教育代表团访问浙江】 参见第91页**【浙江省与西弗兰德省友好交流概况】**。

【浙江省-印第安纳州中小学校长教育交流研讨会】 2010年10月20日在杭州召开。以美国"全球印第安纳"教育交流协会主席马克力为团长的访华团和浙江省部分中小学校长参加研讨会。省外办副主任彭波、省教育厅巡视员张绪培等出席研讨会。

【日本静冈县代表团访问省教育厅】 2010年10月21日，以静冈县文化学术局局长宇佑美稔为团长的日本静冈县代表团访问省教育厅。副厅长蒋胜祥会见日本客人。双方就大学生交流等事宜进行了友好商谈。日本客人还分别访问了浙江大学、浙江理工大学和杭州电子科技大学。

【浙港中小学教师教育交流座谈会】 2010年10月28日在省教育厅召开，副厅长何杏仁、省市中小学教师和香港"行政长官卓越教学奖"获奖教师杭州交流团出席交流会。香港交流团还前往杭州外国语学校和崇文小学进行了听课交流等活动。

【中外中小学"千校结好"活动正式启动】 2010年10月，由省外办和省教育厅共同组织策划的浙江省中小学校与国外友好城市开展"千校结好"活动正式启动。经层层推荐、筛选，省教育厅向省外办推荐了全省各地891所中小学校参加该项活动。

【第4届"梦行浙江"暨省政府来华留学生奖学金颁奖典礼】 2010年11月12日，由省教育厅、省政府新闻办、省外办和省广电集团联合主办的浙江省外国留学生第4届"梦行浙江"暨浙江省政府来华留学生奖学金颁奖典礼在浙江工商大学举行。省委教育工委副书记、副厅长蒋胜祥和省政府新闻办、省外办、省公安厅出入境管理局等领导出席颁奖典礼，并为获奖留学生代表颁奖。参见第35页**【"梦行浙江"系列活动】**。

【《浙江省高等教育国际化发展规划(2010—2020年)》出台】 《浙江省高等教育国际化发展规划(2010—2020)》于2010年底正式出台。《规划》由浙江省高等教育国际化发展的宏观背景、现状与问题、指导思想与目标任务、保障措施等四部分组成。这是浙江省首个高等教育国际化规划。

【报送汉语教师志愿者】 2010年，省教育厅向国家汉语国际推广领导小组办公室报送赴美汉语教学志愿者项目候选人12人，关键语言教师项目候选人8人，孔子学院中方院长候选人9人，孔子学院合作院校汉语教师志愿者14人，国家公派汉语教师项目候选人11人，孔子学院(课堂)汉语教师候选人19人。

（钱晓晴）

省科技厅

【涉外工作概况】 2010年，浙江省科学技术厅组织19批35人次赴国(境)外进行业务考察、培训、展览，与国外科研机构、大学以及企业开展科技合作；组织实施国际科技合作项目57项，引进一批技术，经过消化、吸收、再创新，形成一批自主知识产权；接待国外专家学者、友好人士、驻华使领馆和政府官员20多批；举行科技论坛、研讨会、项目对接会、展览会20多场；首次举办2010中国·浙江国际科技合作交流大会；组织全省科技外事管理干部进行培训，80多名科技外事管理人员参加学习。

【以色列驻沪总领事等访问省科技厅】 2010年1月21日，省科技厅厅长蒋泰维会见来访的以色列驻沪总领事艾雅克、以色列生公司总裁乔丹·西贝尔、依赛通讯公司总经理拉尼·霍瑞什一行。

生公司是一家拓展中国业务和企业融资的跨国咨询公司。该公司携5家以色列企业项目资料来浙寻找合作伙伴。

省科技厅有关处室、浙江省信息研究院、浙江省对外科技交流中心领导和专家及相关企业人员参加会见。中方企业代表在听取以方项目情况介绍后表示，愿意与以方企业开展科技合作与交流。艾雅克同意蒋泰维提出的在浙江临安青山湖科技城内建立以色列科技产业园的设想，表示愿意进一步推动该项工作。

【英国驻沪科技创新领事访问省科技厅】 2010年1月21日，英国驻沪科技创新领事理查德·米尔斯访问省科技厅，了解浙江科技发展现状，为推动英国与浙江的高校、企业和科研院所开展科技合作寻找机会。

省科技厅国际科技合作处负责人向理查德·米尔斯介绍了浙江产业结构、科研实力以及重点发展的科技领域等情况。双方就如何开展科技合作进行了探讨。

【加拿大艾伯塔省高教科技部副部长访问省科技厅】 2010年2月3日，省科技厅厅长蒋泰维会见来访的加拿大艾伯塔省高教科技部副部长罗纳德·J·戴克一行，双方就2010年在杭州举行艾伯塔·浙江清洁能源论坛进行了商谈，初步确定了论坛的主办和承办单位、时间、地点、主题、规模以及会议形式等，并对阶段性工作作了具体安排。

【以色列驻沪总领事考察青山湖科技城】 2010年3月11日，以色列驻沪总领事艾雅克考察临安青山湖科技城。

临安市领导向艾雅克介绍了

科技城总体规划、发展目标、区位优势以及科研机构引进情况等，并向以色列科研机构、企业以及科研人员发出邀请，欢迎他们来科技城投资创业。

艾雅克观看了科技城规划模型，并进行了实地考察。他表示，将尽其所能促成以色列企业、科研机构来科技城投资创业。

12日，省科技厅厅长蒋泰维在杭州会见艾雅克一行，双方就促进浙江与以色列科技交流、产业合作，以及签署双边科技合作协议等事宜交换了意见。

【芬兰驻沪科技领事考察青山湖科技城】 2010年3月23日，芬兰国家技术创新局驻上海总领事馆科技领事赫亚宁考察临安青山湖科技城。科技城管委会领导向芬兰客人介绍了科技城总体规划和优惠政策。

24日，赫亚宁一行与省科技厅国际科技合作处就促进浙江与芬兰科技合作，以及芬兰善科工程技术咨询(上海)有限公司在浙建立科研机构等事宜进行了交流洽谈。

【IBM代表团访问浙江】 2010年3月30日至31日，IBM公司副总裁陈自强率代表团访问浙江。省科技厅厅长蒋泰维会见并宴请IBM代表团一行。

31日，代表团在省科技厅与浙江有关企业、高校和科研机构代表座谈。陈自强介绍了IBM专家在纳米技术、光伏技术、生物医药材料以及物联网领域的研究成果和最新进展。浙江参会代表对IBM公司最新研究成果颇感兴趣，希望在相应领域与IBM开展合作。

访浙期间，代表团一行参观了浙大网新和杭州水处理技术研究开发中心，双方进行了交流，并就具体合作项目进行了磋商。

【加拿大皇家科学院院士访问省科技厅】 2010年4月7日，省科技厅副厅长李凤英会见来访的加拿大皇家科学院院士麦道格·贝洛塞维克。李凤英简要回顾了浙江省与艾伯塔省之间的科技合作情况，介绍了青山湖科技城，表示欢迎加方到该城设立研究机构。省科技厅农村处负责人介绍了浙江省水产养殖方面的相关情况，希望在鱼疾病防治等领域与加方开展科技合作。

贝洛塞维克是国际公认的环境微生物学、水环境卫生学和比较免疫学领域的学术领袖。贝洛塞维克此次来访，旨在加强与浙江大学等高校之间的校际科研交流，寻求合作伙伴。

【荷兰弗里福兰省代表团访问省科技厅】 2010年5月17日，荷兰弗里福兰省省长傅比克率团访问省科技厅，厅长蒋泰维会见傅比克一行。

蒋泰维介绍了浙江省经济、科技、文化、教育和主要产业发展现状。他认为，浙江与弗里福兰省具有互补性和合作潜能，特别是在农业、新能源技术和海洋资源开发利用等领域合作前景广阔。傅比克表示，他将继续推动弗里福兰省与浙江省在重点科技领域的项目合作和交流。

会见后，蒋泰维与弗省发展署副署长丁默士签署科技合作框架协议。

【浙江·艾伯塔清洁能源论坛】 2010年5月20日在杭州举行，由省科技厅和加拿大艾伯塔省高等教育科技厅主办。浙江省内清洁能源类企业、研究机构、大学的60多位代表与会。省科技厅副厅长寿剑刚出席论坛并致辞。

论坛围绕风电、生物质能和清洁煤三大主题，举行了报告会和项目对接会。

在浙期间，艾伯塔省的11位新能源领域专家考察了浙江大学能源清洁利用国家重点实验室、浙江省能源与核技术应用研究院、浙江运达风力发电工程有限公司、浙江工业大学工业催化研究所和浙江东江能源科技有限公司，与浙江的新能源专家进行了交流。

【省科技厅与西班牙阿斯图里亚斯工业与就业部签署科技合作协议】 2010年6月21日，中国·西班牙阿斯图里亚斯企业经贸论坛在上海浦东举行。省科技厅国际科技合作处副处长周锦红，浙江省对外科技交流中心主任王一琦应邀参会。周锦红、王一琦分别代表省科技厅和浙江省对外科技交流中心同阿斯图里亚斯工业与就业部、阿斯图里亚斯地区经济发展协会签署科技合作协议。

【美国哥伦比亚大学工程应用科学学院院长访问省科技厅】 2010年6月23日，省科技厅副厅长丁康生会见来访的美国哥伦比亚大学工程应用科学学院院长费尼斯基·佩纳·默拉一行。

丁康生向客人介绍了浙江省科技概况，浙江省高校、科研机构和科技园区情况以及相关科技政策，希望哥伦比亚大学与浙江大学等院校和研究机构建立关系，开展合作交流。

默拉介绍了哥伦比亚大学工程应用科学学院的科研情况，以及开展国际科技合作现状，并邀请丁康生访问哥伦比亚大学。

双方就开展双边科技合作与交流模式进行了探讨。

【美国安盈资本亚太区董事长访问省科技厅】 2010年7月19日，省科技厅副厅长寿剑刚会见来访的美国安盈资本亚太区董事长欧文斯一行。

欧文斯此次来访，旨在了解浙江科技发展现状及浙江企业情况，寻找合作伙伴。寿剑刚听取了欧文斯的情况介绍，表示愿意探讨和推动安盈资本与浙江企业在互利双赢的基础上，开展多领域、多种形式的投资。

【意大利托斯卡那大区经济促进局局长访问省科技厅】 2010年7月19日，省科技厅副厅长曹新安会见来访的意大利托斯卡那大区经济促进局局长斯地法诺·吉奥瓦内利一行及意大利驻中国大使馆官员，双方商讨了"中意区域技术与创新论坛"相关事宜。

2010年是意大利"中国文化年"，中国科技部国际合作司和意大利托斯卡那大区定于11月10日至12日在意大利佛罗伦萨举行"中意区域技术与创新论坛"。省科技厅受科技部合作司委托，与意大利托斯卡那大区经济促进局具体承办上述论坛。

经讨论，省科技厅将组织浙江、山东、天津和重庆四省市企业、大学和科研院所参加论坛。托斯卡纳经济促进局安排托斯卡纳大区企业及相关单位参加论坛，并做好相关协调工作。

【浙江省四单位被授予"国际科技合作基地"称号】 2010年8月23日，科技部国际合作司授予19家单位第6批"国际科技合作基地"称号。浙江省海洋开发研究院、浙江恒基光伏电力科技股份有限公司、宁波诺丁汉大学、浙江大学宁波理工学院等4家单位入选。

"国际科技合作基地"是科技部为落实《"十一五"国际科技合作规划纲要》，实现国际科技合作方式从"人员交流＋项目合作"的简单方式向"项目、基地、人才"三位一体方式战略性转变而推出的重大举措。科技部国际合作司从2006年开始在全国设立"国际科技合作基地"项目。截至2010年8月，该司已批准207家"国际科技合作基地"，其中浙江省14家。

【以色列TEUZA投资公司代表团访问浙江】 2010年8月26日，省科技厅厅长蒋泰维会见来访的以色列TEUZA投资公司首席执行官阿维·科伯斯一行。

蒋泰维向客人介绍了浙江省科技发展情况，以及浙江与以色列科技合作和交流情况，并希望以色列科技界和产业界与浙江企业建立良好的合作关系。

科伯斯介绍了TEUZA投资公司情况，表示公司要在推进以色列与浙江科技合作和交流方面发挥作用。

双方就省科技厅、临安市政府和以色列TEUZA投资公司签订《关于共建浙江以色列科技产业园合作备忘录》事宜进行了协商。

【2010中国·浙江国际科技合作交流大会】 2010年10月27日至31日在杭州举行，由科技部、浙江省人民政府共同主办，省科技厅等单位承办。大会邀请世界知名研发机构、科技园区、高校院所和大型跨国企业代表参会，举

办高层论坛、技术转移对接洽谈、海外留学人员招聘会、企业考察等多种活动。参加各场活动的国内外人员共5000余人，其中240人来自美国、德国、意大利、英国、俄罗斯、加拿大、日本、韩国、新加坡、澳大利亚、以色列等国家，海外留学人员110人。

省委书记、省人大常委会主任赵洪祝，科技部副部长杜占元，中外科技外交官代表等出席大会开幕式并讲话。省领导李强、刘奇、金德水、盛昌黎等出席会议。与会领导为获得"浙江省国际科学技术合作奖"的组织和个人颁奖。开幕式上，浙江省20项国际科技合作重点项目签约。

大会开幕式后，国外代表分赴浙江11个市地，参加国际技术转移专家嵊州行、日本中小企业经营管理与现场诊断专家湖州嘉兴行、清华海外学子浙江行等17项子活动。在子活动中，通过专家实地考察和交流洽谈，达成一批科技合作意向，共签订48项科技合作项目。

中国驻英国、美国、俄罗斯、德国、意大利和以色列的科技外交官出席开幕式，并参加"2010中国(温州)新能源与节能技术交易会"以及"驻外科技外交官杭州温州行"等活动。

【中意区域技术与创新论坛】 2010年11月10日至12日在意大利佛罗伦萨举行，由中国科技部和意大利托斯卡纳大区共同举办。全国政协副主席、科技部部长万钢，意大利托斯卡纳大区主席恩里科·罗西出席论坛并致辞。省科技厅副厅长曹新安，意大利托斯卡那大区经济促进局局长斯地法诺·吉奥瓦利出席开幕式。

本次论坛内容包括中意区域技术与创新展，生命科学与健康工业研讨会，可持续发展社会的能源技术和新材料研讨会，机器人、机电一体化、医疗器械研讨会等。

受科技部委托，展会和研讨会由省科技厅牵头，省对外科技交流中心承办，共组织浙江、山东、天津、重庆四省市45家企业、大学和科研院所的97位代表，携101个科技合作项目参会。会上，中意双方开展项目合作洽谈112次，达成合作意向57项。其中，浙江众泰控股集团有限公司、浙江恒基光伏电力科技股份有限公司、湖州德马物流系统工程有限公司和中国计量学院等11家单位与意大利企业、院所、大学达成合作意向。

【以色列驻沪总领事等访问省科技厅】 2010年11月15日，省科技厅厅长蒋泰维会见来访的以色列驻沪总领事艾雅克、以色列工贸部副首席科学家米娜·戈达克和工贸局成果产业化部亚洲处主任阿维·鲁维顿。蒋泰维向客人介绍了临安青山湖科技城情况，并向以色列企业、科研院所、研发机构以及科学家等发出诚挚邀请，欢迎他们来浙江投资创业。

米娜·戈达克介绍了以色列首席科学家办公室的职能和工作情况，表示愿意为在浙江建立以色列产业园而努力。

双方就签订《浙江以色列科技合作谅解备忘录》事宜进行了协商。

【美国斯坦福大学代表团访问浙江】 2010年12月10日，斯坦福大学美国-亚洲技术管理中心主任理查德·达世尔率团访问浙江。

在浙期间，代表团成员参观了浙江大学信息与电子工程系实验室，并在浙江大学玉泉校区图书馆举办专题讲座。

省科技厅厅长蒋泰维会见代表团一行。

(张　健)

省高级人民法院

【外事工作概况】 2010年，浙江省高级人民法院组织全省法院出访8批84人次；本院人员参加双跨团组出访5人次，赴美国、芬兰、希腊、法国、保加利亚、俄罗斯等国家考察、培训；接待来自芬兰、哥伦比亚、斯洛伐克、美国等国客人4批32人次。送达涉外司法文书711件。

【芬兰司法部代表团访问省法院】 2010年3月16日，芬兰司法部国际事务司顾问尤希·蒂卡宁率芬兰司法部代表团访问省法院。省法院副院长朱深远会见并宴请代表团一行。双方就金融危机对司法的影响、调解在刑事案件审判中的应用以及诉讼与非诉讼纠纷解决机制衔接等话题进行了座谈。

【浙江法官代表团赴澳大利亚、新西兰考察】 2010年3月16日至25日，省法院副院长高杰率浙江法官代表团访问新西兰和澳大利亚，着重考察政府行政权力的行使及争议处理、法院行政审判机制、民事和刑事审判的新类型案件等。代表团还听取了澳大利亚昆士兰州最高法院法官符瑞堡等的专题发言；参观了新西兰和澳大利亚两国法院的设施。

【斯洛伐克最高法院院长访问浙江法院】 2010年5月12日，应最高人民法院的邀请，斯洛伐克最高法院院长什捷凡·哈拉宾、副总理兼司法部长维拉·佩德里科娃一行访问浙江法院。省法院院长齐奇会见并宴请代表团，省外办副主任顾建新、省法院副院长朱深远参加会见。

代表团在杭期间，参观了杭州市中级人民法院，并与民事、刑事审判法官座谈。

【浙江法官代表团赴芬兰、挪威考察】 2010年6月14日至23日，省法院党组副书记、副院长王幼璋率浙江法官代表团，赴芬兰和挪威进行司法考察。代表团分别与两国的法官就司法政务和审判质效管理、陪审制度、刑事审理方式改革、刑罚的运用及量刑规范化等议题进行了交流与座谈；旁听了挪威卑尔根上诉法院对一起家庭暴力案件的庭审，观摩了陪审团制度的运作方式。

【浙江法官代表团赴捷克、匈牙利和俄罗斯考察】 2010年6月23日至7月4日，省法院副院长俞新尧率浙江法官代表团赴捷克、匈牙利和俄罗斯考察，围绕法院职能、法官任命、案件审理期限、审判管理等问题与三国法院法官进行了座谈交流。

【哥伦比亚最高法院院长访问省法院】 2010年7月22日，哥伦比亚最高法院院长阿鲁布拉一行访问省法院，省法院院长齐奇、副院长高杰会见并宴请代表团。

【浙江法官代表团赴法国培训】 2010年8月21日至9月10日，省法院研究室副主任葛宏伟率浙江法官代表团，赴法国进行以“法国行政审判机制”为主题的培训交流。培训期间，代表团与法国的法官及法律专业人士进行了交流，参观了法国最高法院、巴黎上诉法院、巴黎大审法院，并与法国国家法律咨询委员会总负责人进行了视频交流。

【浙江法官代表团赴美国、加拿大考察】 2010年9月20日至29日，省法院副院长朱深远率浙江法官代表团赴美国、加拿大进行司法考察。代表团参观了美国加利福尼亚高等法院、新泽西最高法院、费城高等法院、美国联邦最高法院、新泽西劳工法院以及加拿大安大略上诉法院等，在旧金山大学法学院听取了法学报告，并与当地法官进行了座谈。

【浙江法官代表团赴澳大利亚培训】 2010年9月25日至10月15日，浙江法官代表团赴澳大利亚进行以“诉讼模式与法院管理”为主题的培训交流。代表团着重学习了澳大利亚法院的管理体系以及破产法和公司法，并实地考察了澳大利亚联邦高等法院、维多利亚州最高法院、昆士兰州最高法院、新南威尔士州最高法院、墨尔本地方法院等。

【浙江法官代表团赴美国培训】 2010年11月21日至12月11日，浙江法官代表团赴美国进行以“美国刑事量刑机制”为主题的司法培训。其间，培训团访问了洛杉矶高等法院、华盛顿特区联邦法院、新泽西州最高法院等，旁听了缓刑听证和医疗纠纷案的庭审。

【美国大法官访问省法院】 2010年12月2日，美国联邦巡回上诉法院首席大法官雷德一行访问省法院，与民事三庭负责人就知识产权保护问题进行了座谈。雷德对浙江法院平等、公正保护中外知识产权权利人合法权益，注重诉讼调解和促进知识产权转化等方面所取得的成效给予高度评价。

（徐亦男）

省检察院

【涉外工作概况】 2010年，浙江省人民检察院组织检察代表团3批17人次分别赴法国、德国、瑞典、奥地利、美国、韩国访问考察；接待匈牙利、韩国来访团组2批9人次；1人次参加省有关部门组团赴美国培训，1人次参加最高人民检察院组团赴德国培训，1人次参加省有关部门组团赴香港特别行政区培训。

年内，接受最高人民检察院交办，省检察院办理国际司法协助案件1件；办理香港特别行政区廉政公署个案协查案件4件；办理澳门特别行政区检察院个案协查案件1件。

应美国、荷兰、瑞典、印度、尼日利亚等国驻上海总领事馆的要求，省检察院安排领事探视被羁押的外籍犯罪嫌疑人11人次。

【协助罗马尼亚总检察院调查取证】 2010年初，罗马尼亚总检察院请求中国最高人民检察院就某刑事案件提供司法协助。根据外方的协查委托，犯罪嫌疑人中国公民金爱兰（音译）在罗马尼亚从事贸易活动，没有做财务会计记录，以此逃避支付相关税款和费用，涉嫌触犯罗马尼亚法律所规定的洗钱罪，案涉一家浙江温州企业，高检院于2月8日将该案交省检察院办理。省检察院会同温州市人民检察院，到相关企业和人员处进行调查取证，于3月16日完成协助调查取证工作并将相关证据材料通过高检院移交罗马尼亚总检察院。

【韩国釜山地方检察厅代表团访问省检察院】 2010年3月24日至25日，韩国釜山地方检察厅检事长朴基俊率代表团访问省检察院。副检察长顾雪飞会见朴基俊一行，双方就共同关心的问题进行了深入的探讨和交流，表达了进一步加强交流和合作的愿望。

【浙江省检察代表团访问法国、德国】 2010年6月16日至25日，省检察院副检察长庄建南率浙江省检察代表团对法国、德国进行访问考察。代表团分别访问了法国驻最高法院总检察院和德国黑森州检察院，考察了法、德两国检察机关开展公益诉讼的立法与实践，交流了反腐败方面的经验和做法。

【匈牙利检察代表团访问省检察院】 2010年8月3日至5日，匈牙利总检察长科瓦奇·道马什（按副总理级接待）率团访问省检察院。检察长陈云龙会见科瓦奇·道马什一行。在杭期间，匈牙利检察代表团参观访问了西湖区人民检察院并与杭州市、西湖区检察院领导进行了座谈交流。

【浙江省检察代表团访问瑞典、奥地利】 2010年8月10日至19日，省检察院党组成员、政治部主任吴效芳率浙江省检察代表团，对瑞典和奥地利进行访问考察。访问期间，代表团分别与瑞典赫尔辛堡检察院、奥地利林茨检察院，就各自的法律体制、检察机关职能、检察官职责和运作模式等进行了座谈。代表团重点考察了瑞典社区矫正等恢复性司法方面的成功经验。

【陈云龙出席国际反贪局联合会年会并访问香港】 2010年11月1日至6日，最高人民检察院在澳门举办国际反贪局联合会第4次年会，省检察院检察长陈云龙随中国检察代表团出席年会。会后，陈云龙随团于6日至9日访问香港。

【浙江省检察代表团访问美国和韩国】 2010年11月2日至11日，应美国联邦专利与商标局和韩国首尔市政府的邀请，省检察院副检察长顾雪飞率浙江省检察代表团，对美国和韩国进行访问考察。

在美国期间，代表团分别拜访了美国联邦专利与商标局和联邦司法部，与美方进行了交流探讨，重点考察在知识产权保护方面如何建立行政执法与刑事司法的对接机制，建立集打击、预防、保护于一体的立法知识产权保护体系。

在韩国期间，代表团与首尔高等检察厅进行了座谈交流，探讨了法律职业人的培养问题。

（莫舟强）

省公安厅

【涉外工作概况】 2010年，浙江省公安厅派遣42批75人次出国（境）访问、考察、培训；接待国外来访团组12批160人次。

【浙江省公安考察团访问香港】 2010年1月25日至29日，厅党委副书记、副厅长张景华率浙江省公安考察团赴香港考察。

在港期间，考察团分别访问了香港警务处警察总部及监管处、警察学院、入境事务处及指挥中心、办证及制证中心等部门，会晤香港警务处、入境事务处负责人，以及中央政府驻香港联络办公室警务联络部部长谢小青等，双方就香港警务处和入境事务处情报部门设置及运行模式等进行了交流。

【泰国警察代表团访问浙江】 2010年4月22日至25日，泰国警察副总监旺可警上将率泰国警察代表团来浙考察警务工作。22日晚，省公安厅副厅长徐定安会见并宴请代表团。代表团参观了杭州、舟山、宁波三地的公安机关。

【发展中国家大型活动安全保卫研修班】 2010年5月11日至31日在杭州举办，由商务部主办，公安部国际合作局承办，浙江警察学院负责实施。来自亚洲、非洲、南美洲等地发展中国家警察部门的25名司、处级官员参加研修。在浙期间，研修班官员还考察了杭州市公安局和义乌市公安局。

【亚非国家出入境管理研修班】 2010年6月2日至22日在杭州举办，由商务部主办，公安部国际合作局承办，浙江警察学院负责实施。来自亚洲、非洲的发展中国家出入境管理部门的25名司、处级官员参加研修。在华期间，研修班官员还考察了杭州、上海和陕西西安三地的公安机关。

【浙江公安机关单独组建的维和警队赴利比里亚】 2010年6月13日，由浙江省公安机关单独组建的中国第九支赴利比里亚维和警队从北京启程，赴任务区执行为期一年的轮换任务。维和警队共18名队员，分别来自刑侦、治安、特警、交警等警种和部门。18名队员经过省公安厅初选、公安部考核等层层选拔，在中国维和警察培训中心接受了两个月强化训练，掌握了执行维和任务的基本理论和警务技能，并顺利通过联合国甄选考试。

【韩国全南地方警察厅代表团访问浙江】 2010年6月28日至7月1日，厅长朴雄圭率韩国全南地方警察厅代表团来浙进行警务考察。28日晚，省公安厅副厅长徐定安会见并宴请代表团。

【非洲法语国家中高级警官研修班】 2010年6月29日至7月19日在杭州举办，由商务部主办，公安部国际合作局承办，浙江警察学院负责实施。来自非洲发展中国家的25名司、处级官员参加研修。在浙期间，研修班官员还考察了杭州、绍兴两地的公安机关。

【约旦执法指挥研修班】 2010年7月1日至15日在杭州举办，由公安部国际合作局主办，浙江省公安厅承办，浙江警察学院负责实施。来自约旦警察部门的10名官员参加研修。在浙期间，研修班官员还考察了杭州、义乌两地的公安机关。

【泰国禁毒代表团访问浙江】 2010年7月29日至31日，泰国中央肃毒委员会减少需求局局长安差里率泰国禁毒代表团来浙考察禁吸戒毒和禁毒预防教育工作。30日晚，省公安厅副厅长郑兴军会见并宴请考察团一行，国家禁毒办、省禁毒办、省公安厅禁毒总队有关负责人参加会见。在浙期间，代表团官员考察了杭州市疾病控制中心、杭州市上城区清波街道社区戒毒和杭州市朝晖中学的禁毒预防宣传教育。

【浙江省公安厅考察团访问新加坡、德国和埃及】 2010年8月11日至22日，厅政治部主任华乃强率浙江省公安厅考察团，赴新加坡、德国和埃及进行警务考察。考察团参观访问了德国柏林市警察局、埃及警察学院和新加坡警察部队，并就现代警务工作运行模式、信息化建设、队伍管理、教育训练机制、警察公共关系等与对方进行了交流。

【浙江省公安厅考察团访问加拿大、古巴】 2010年8月21日至30日，副厅长张景华率浙江省公安厅考察团赴加拿大、古巴进行警务考察。考察团参观了加拿大渥太华皇家骑警总部、多伦多警察局和古巴内政部，重点就警务部门的情报体系架构、情报研判结果运用等与对方进行了交流。

【澳大利亚西澳州警察厅代表团访问浙江】 2010年8月23日至9月1日，西澳州警察厅首席运营官格雷戈里率澳大利亚西澳州警察厅代表团来浙考察。23日晚，省公安厅政治部主任华乃强会见并宴请代表团。代表团访问了杭州、衢州的公安机关。

【柬埔寨高级警官研修班】 2010年9月13日至27日在杭州举办，由公安部国际合作局主办，浙江省公安厅承办，浙江警察学院负责实施。来自柬埔寨警察部门的10名司、处级官员参加研修。在浙期间，研修班官员还考察了新昌的公安机关。

【中国与东盟高级执法官员研修班】 2010年9月19日至30日在杭州举办，由公安部国际合作局和浙江省公安厅主办，浙江警察学院负责实施。来自东盟成员国的高级执法官员和东盟秘书处负责主管地区执法合作事务的官员共25人参加研修。23日，省公安厅政治部主任华乃强到浙江警察学院，为中国与东盟高级执法官员研修班官员作警力资源管理讲座。

【浙江省公安厅特警考察团访问匈牙利】 2010年10月20日至25日，应匈牙利国家警察培训中心的邀请，浙江省公安厅特警考察团赴匈牙利考察。考察团重点研究了匈牙利警务训练工作的组织体系、训练机制、施训模式和特种警务技能的训练方法，并就建立警务技能交流的工作机制与匈警方进行了交流。

【巴基斯坦高级警官研修班官员访问浙江】 2010年11月3日至4日，由公安部国际合作局主办、中国人民公安大学承办的外警培训项目——巴基斯坦高级警官研修班一行14人来浙考察。3日晚，省公安厅政治部主任华乃强会见并宴请研修班一行。在浙期间，研修班一行参观了杭州市公安局特警支队，游览了西湖风景名胜。

【浙江省公安出入境考察团访问香港】 2010年11月9日至15日，浙江省公安出入境考察团赴香港考察，重点就香港实行电子护照的先进经验、出入境管理业务工作、制证中心的管理和建设等进行了考察研究。

【浙江省公安教官培训团赴澳大利亚培训】 2010年11月9日至30日，省公安厅反恐及处突防暴教官培训团一行16人赴澳大利亚警察学院培训。培训团参加了第一届国际执法与保安会议，以及西澳州警察学院有关媒体应对策略、模拟街景现场执法、反恐模拟教学等活动，参观了西澳州警察学院的教育培训设施等，并与西澳州的反恐、特警、水警机构交流了反恐及防暴处突方面的有关情况。

【2010警察与科学“国际执法培训”国际讲坛】 2010年11月10日至14日在杭州举行，由公安部国际合作局和浙江省公安厅共同主办，浙江警察学院承办，来自英国、法国、德国、美国、加拿大、澳

大利亚六国的15名专家，以及中国公安部有关业务局领导，全国各省、市公安厅、局及警察院校的50名代表参加讲坛。11日上午，省公安厅政治部主任华乃强出席在浙江警察学院举行的国际讲坛开幕式并致辞。

【浙江省公安厅考察团访问美国、韩国】 2010年11月12日至21日，省公安厅督察长华远平率浙江省公安厅考察团赴美国、韩国考察。考察团参观了美国纽海文大学李昌钰研究所、新泽西州山德布鲁克警察局，以及韩国首尔警察厅，就警察队伍管理体制机制、监督信息化等与对方进行了交流。

【浙江省公安厅考察团访问巴西、阿根廷】 2010年11月25日至12月4日，副厅长徐定安率浙江省公安厅考察团赴巴西、阿根廷考察。考察团主要就两国的警察执法管理、执法规范，打击刑事犯罪、经济犯罪的工作机制，科技强警等内容与对方进行了交流。

【省公安厅成功完成首例引渡案件】 2010年12月7日，省公安厅接到公安部国际合作局《关于请协调办理向韩国移交被请求引渡人朴柱铎的函》，要求省公安厅于12月9日向韩方移交被请求引渡人朴柱铎，并协助办理相关手续。接函后，副厅长徐定安批示，要求安全、顺利完成引渡工作。9日，在公安部国际合作局的指导下，省公安厅在杭州萧山国际机场成功完成浙江省公安史上首例引渡案件的对外移交工作，被请求引渡人朴柱铎顺利移交韩国法务部官员。

【朝鲜警察代表团访问浙江】 2010年12月10日至12日，朝鲜人民保安部内务军司令部副参谋长金世贤少将率朝鲜警察代表团访问浙江。10日晚，省公安厅副厅长徐定安会见并宴请代表团。在浙期间，代表团参观了杭州市公安局指挥中心和特警支队。

【浙江省公安考察团访问美国、加拿大】 2010年12月13日至22日，浙江省公安厅金融押运考察团赴美国、加拿大考察。考察团参观了美国国际先进安防协会和加拿大达藤国际公司，并就保安服务公司的监管、职责、管理制度等内容与对方进行了交流。

（吴冬夏）

省司法厅

【涉外工作概况】 2010年，浙江省司法行政系统应邀出访德国、荷兰、美国、瑞典、挪威、澳大利亚、英国、巴西、智利、法国和中国香港等国家和地区共17个团组113人次；接待来自芬兰和香港地区的访问团组5个31人次。

【芬兰司法部专家工作组访问浙江】 2010年3月15日至17日，芬兰司法部高级顾问尤希·蒂卡宁率芬兰司法部专家工作组访问浙江，与省司法厅就《中华人民共和国司法部和芬兰共和国司法部合作与交流谅解备忘录2010—2012年执行计划》有关内容举行工作会谈。省司法厅副厅长季培军、吴强军、葛炳瑶参加会谈。在浙期间，芬兰专家还访问了省高级人民法院和省律师协会，参观了省女子监狱。

【香港律政司和法律、仲裁界代表团访问浙江】 2010年4月23日，香港律政司副法律政策专员潘英光率领由香港律政司、香港贸易发展局、香港律师会、香港大律师公会和香港国际仲裁中心代表组成的代表团到省司法厅进行交流访问。副厅长吴强军、省律师协会会长章靖忠会见代表团，双方就进一步加强两地法律服务、仲裁事务的交流合作进行了座谈交流。

【省司法厅干部随司法部团组赴德国、荷兰和美国培训】 2010年6月19日至7月9日，省司法厅选派厅国家司法考试处副处长叶芳随司法部团组前往德国进行司法考试管理干部培训。

7月17日至8月6日，省司

法厅选派厅司法鉴定管理处处长潘广俊随司法部团组前往荷兰进行司法鉴定管理干部培训。

11月6日至27日，省司法厅选派厅社区矫正工作指导处副处长徐祖华随司法部团组前往美国进行社区矫正培训。

【浙江警官职业学院组团赴澳大利亚培训】 2010年7月18日至8月23日，浙江警官职业学院组织25名教师赴澳大利亚查尔斯特大学进行警察领域课程体系开发项目培训；组织24名骨干教师赴博士山TAFE学院进行安防、信息技术类课程体系开发项目培训。

【浙港司法交流培训】 根据省司法厅与香港特别行政区政府律政司2004年1月签署的《法律服务合作协议书》，2010年8月31日至9月11日，省司法厅选派两名业务骨干，赴香港特别行政区政府律政司交流培训。10月11日至22日，香港特别行政区政府律政司选派一名高级检控官来浙江交流考察。

【中芬罪犯矫正与康复研讨会】 2010年9月15日至16日在杭州召开，由中芬两国司法部主办，浙江省司法厅承办。司法部党组副书记、副部长陈训秋，芬兰司法部常务秘书蒂那·阿斯托拉，省委常委、副省长葛慧君出席会议并致辞。中芬两国司法部和部分省（市）从事罪犯矫正与康复的官员及专家学者共70余人参加研讨。省政府副秘书长陈龙，省司法厅厅长赵光君及司法部相关部门负责人出席研讨会。研讨会开幕式前，陈训秋、葛慧君会见了芬兰司法部代表团。研讨会期间，芬兰代表团参观了省女子监狱。

◎中芬罪犯矫正与康复研讨会

【省司法厅代表团赴瑞典、挪威和丹麦考察】 2010年10月23日至11月3日，省司法厅副厅长陈志忠一行前往瑞典、挪威和丹麦，就三国法律援助制度和法律援助组织架构、体系、援助对象和范围、经费渠道和保障、案件受理与纠纷解决机制、法律援助人员培训和法律援助工作主要经验等进行考察。

【省外国人领事保护研讨会代表参观省女子监狱】 2010年11月3日，来杭出席浙江省外国人领事保护研讨会的各国驻沪总领馆官员一行24人，参观浙江省女子监狱。随着浙江省对外开放和外向型经济的进一步发展，在浙的外国人数量迅速上升，涉外案件和外国人领事保护事件也随之增多。为让驻沪总领馆官员了解中国监狱教育改造罪犯的情况，特别是外国籍罪犯的改造情况，省外办专门安排了此次参观。来宾们参观了监狱教学楼、服刑人员心理健康指导中心、习艺场所、监舍等，观看了服刑人员的文艺演出，听取了有关情况介绍，对监狱科学、文明的管理予以充分肯定。

【省监狱管理局组团赴英国培训】 2010年11月23日至12月13日，省监狱管理局副局长俞振华一行赴英国进行监狱管理体系及罪犯矫正业务培训，并参观访问有关监狱。

【香港大律师公会代表团访问省律师协会】 2010年11月24日，香港大律师公会代表团在公会前主席、资深大律师袁国强的率领下访问省律师协会。省律师协会副会长李根美、沈田丰，秘书长陈三联会见代表团，双方就进一步加强两会之间的交流合作进行了座谈。

【省司法厅代表团赴美国考察】 2010年12月5日至10日，省司法厅副厅长季培军一行赴美国考察。代表团参观访问了美国西洛杉矶学院公共安全培训中心，双方就浙江警官职业学院与该院之间开展教学交流合作事宜进行了探讨。

【省司法厅代表团赴巴西、智利和法国考察】 2010年12月6日至15日，省司法厅厅长赵光君一行赴巴西、智利和法国，考察三国的司法制度、律师制度、仲裁制度及调解工作情况。访问期间，巴西里约热内卢州司法部检察总长费尔南多·迪奥尼索、巴西全国仲裁调解委员会主席佛利蒂尔古、巴西圣保罗诺劳亚律师事务所主任度尔沃、智利全国律师协会国际合作交流司司长阿图罗·科恩、法国上赛纳省大律师公会主席杜特尔等分别会见赵光君一行。

【省司法厅干部赴英国考察】 2010年12月14日至19日，省司法厅基层工作处处长陆德兴一行，应英国非诉讼调解中心的邀请，赴英国考察非诉讼调解的基本架构、程序、方法及法律效力，非诉讼调解与司法审判之间的衔接和联系等。

（陈俊伟）

省人力社保厅

【国际劳工组织社会保障司司长访问浙江】 2010年1月13日，国际劳工组织社会保障司司长迈克等来浙江考察社会保障工作。省人力资源和社会保障厅副厅长钟关华向客人介绍了浙江省社会保险扩面工作尤其是城乡居民养老保险的情况。迈克对浙江省的社会保障工作，尤其是城乡居民养老保险制度给予高度评价和充分肯定，认为浙江省是中国内地社会保障工作做得最好的省份之一，有很多先进的做法值得其他国家借鉴。双方还就事业单位养老保险制度改革、社保信息化建设两个项目进行合作的可行性进行了交流。

【第4届长三角（江苏）外国文教专家供需见面会】 2010年4月24日在江苏省南京市召开，由江苏省人力资源和社会保障厅、浙江省外国专家局、上海市外国专家局联合举办。来自浙江、上海、江苏的100家外国专家聘请单位参会，推出招聘岗位1373个，来自美国、英国等28个国家和地区的736名外国专家到场洽谈。浙江省共有22家大专院校、中等教育和语言培训机构等设展招聘，推出外国专家需求岗位254个，86名外国专家与聘用单位达成聘用意向。

【2010浙江-香港现代服务业高端人才招聘会】 参见第46页【浙江赴港招聘现代服务业高端人才】。

【第12届浙洽会海外人才智力引进系列活动】 2010年6月8日至12日，在第12届浙洽会期间，省人力社保厅会同宁波市人事局举办了国（境）外培训机构推介会、海外高层次人才智力合作洽谈会、外国专家组织和机构代表实地考察等三项主题活动。在国（境）外培训机构推介会上，13个经国家外国专家局认定的国（境）外培训机构或知名大学进行了推介，并与浙江省出国（境）培训组团需求单位进行了沟通洽谈。英国、法国、比利时、日本等11个国家15个专家组织和人才中介机构的19位负责人（代表）参加了海外高层次人才智力合作洽谈会，就浙江省各市、有关部门和企事业单位推出的440余项引智项目进行对接洽谈，共达成合作意向243项。

【海外高层次人才恳谈会】 2010年8月20日至30日，浙江省在日本东京、美国硅谷和华盛顿举办海外高层次人才恳谈会。来自全省的26家大专院校、科研院所和企事业单位参加招聘活动，共推出引才需求岗位665个、科技项目需求37个。共有880余名海外高层次人才参加恳谈会，其中70%以上具有博士学位或高级专业技术职务。恳谈会上，共达成海外人才引进和项目合作初步意向540个，当场与浙江省参会单位签订人才和项目合作协议32项，其中海外高层次人才引进协议23项、项目合作协议9项。

【西班牙阿斯图里亚斯大区经济发展协会会长访问浙江】 2010年9月13日至16日，西班牙阿斯图里亚斯大区经济发展协会会长维克多·马努尔·马罗金等一行访问浙江。访浙期间，省外国专家局局长黎雯等与客人就浙江省与阿斯图里亚斯大区加强国际人才、科技等领域的交流和合作交换了意见。代表团还前往舟山"中国海洋科技创新引智园区"考察，与舟山人力资源、港务、交通、科技等部门进行了合作洽谈。

【省政府颁发2010年度"西湖友谊奖"】 参见第35页**【2010年度"西湖友谊奖"】**。

【土耳其中东行政学院代表团访问浙江】 2010年12月9日至10日，土耳其中东行政学院董事会成员梅拉尔·特泽尔一行访问浙江。省人力社保厅副厅长傅七宝、省外国专家局局长黎雯及有关人员与代表团进行了业务座谈。双方就公务员的录用、考核、培训等议题进行了交流与探讨。

【慰问在浙外国专家和国际友人新年音乐会】 2010年12月30日晚在浙江音乐厅举行，由省政府主办，省人力社保厅、省文化厅承办。副省长陈加元及省政府办公厅、省人力社保厅、省文化厅、省外办等部门负责人与在浙工作的400余名外国专家和国际友人及其配偶欢聚一堂。陈加元代表省政府向外国专家和国际友人致以新年的问候和祝愿。会上，德国联邦交响乐团演奏了《蓝色多瑙河》、《茉莉花》等中外交响乐名曲。新年音乐会由省政府副秘书长施利民主持。

（奚灵平）

省国土资源厅

【涉外工作概况】 2010年，浙江省国土资源厅完成因公出国(境)报批任务9批53人次，其中参团3批次3人次、组团6批次50人次。接待来访外宾1批11人次。

【越南自然资源与环境部代表团访问浙江】 2010年1月17日至19日，越南自然资源与环境部副部长阮孟显率团来浙江考察访问，学习考察浙江在土地利用规划、土地开发、土地争议调处等方面的成功经验。省政府副秘书长陈国平会见并宴请越南代表团，省国土资源厅厅长楼小东、副厅长王永民、副巡视员张志勋分别会见越南客人。

17日，楼小东与越南代表团进行会谈，介绍了浙江省在土地利用总体规划编制、基本农田保护、土地集约利用、农民权益维护及土地管理法制建设等方面的情况，并回答了越方提出的问题。阮孟显说，浙江省关于土地管理和利用、加强耕地和基本农田保护等方面的许多先进经验，对越南非常有益。

18日，代表团考察了桐庐县富春江镇"省级基本农田保护示范区"，观看了基本农田保护信息系统演示。19日，代表团前往嘉兴市秀洲区王店镇考察了新农村、新社区生态景观样板村——建林村聚宝湾，参观了嘉兴南湖中共一大纪念馆。

【浙江省国土资源考察团访问巴西、智利和秘鲁】 2010年7月10日至21日，以省国土资源厅执法监察局局长张国斌为团长的浙江省国土资源考察团，赴巴西、智利和秘鲁三国进行考察交流。

在巴西，考察团访问了圣保罗州经济发展部地理测绘研究所，了解巴西土地管理的发展与现状等，双方建立了合作联系渠道。

在智利，考察团拜访了智利农业部政策研究司，双方交流了土地资源管理方面的经验。

在秘鲁，考察团访问了秘鲁土地产权规范化委员会，了解该国在抛荒地利用合法化方面的工作与经验。

【浙江省国土资源厅考察团访问阿联酋、埃及和南非】 2010年7月12日至23日，以厅纪检组长陈松根为团长的浙江省国土资源厅考察团赴阿联酋、埃及和南非进行考察交流。

在迪拜，代表团考察了迪拜在土地规划、开发和土地资源集约利用方面的情况及管理办法，特别是考察学习了迪拜填海建岛缓解用地紧张的措施；实地考察了棕榈岛集团，了解该集团在房地产开发和建设中土地利用等情况。代表团还考察了阿联酋温州商会、迪拜鹿迪贸易公司、迪拜中国商品城。

在埃及，代表团与从事土地管理的专家等进行了交流，详细了解埃及在国土资源管理方面的相关法律、法规、监督体制，以及沙漠土地的开发利用等。

在南非，代表团先后拜会和考察BEI电子工业公司、E-BEST国际贸易公司、联合矿业公司、东方矿业公司等，与BEI电子工业公司初步洽谈了矿产资源投资开发合作事宜。

【浙江省国土资源厅考察团访问英国、挪威和芬兰】 2010年8月18日至29日，以副厅长王永民为团长的浙江省国土资源厅考察团赴英国、挪威和芬兰进行考察交流。

在英国，考察团与英国国家森林资源署有关负责人等，就森林和林地在国土资源和生态环境保护中的作用以及相关法律法规与监督机制等进行了交流，并考察了伦敦“绿带”。英国的“绿带”政策，是将城市周边的森林、公园和农田等作为不可侵占的自然带，通过设置“绿带”限制城市的扩展和小城镇的集中连片。

在挪威，考察团与挪威自然资源管理委员会有关负责人等就土地和自然资源管理制度，以及国土资源开发、利用及保护等有关政策进行了交流学习，并考察了挪威自然资源信息中心。

在芬兰，考察团与芬兰国家土地调查局负责人等，就土地调查、土地登记发证、土地信息系统及相关法规政策等，进行了交流学习，并考察了芬兰国家土地调查局土地信息采集制作中心。

【浙江省国土资源厅考察团访问巴西、墨西哥和古巴】 2010年11月20日至12月1日，以副厅长马奇为团长的浙江省国土资源厅考察团赴巴西、墨西哥和古巴进行考察交流。

在巴西，考察团与里约热内卢市环保局等有关部门和专家座谈交流了巴西土地资源利用、土地规划与环境生态保护、土地制度建设等情况，双方就土地制度改革中遇到的问题进行了探讨。

在墨西哥，考察团与墨西哥州政府交流了土地利用规划、用途管制、土地使用和产权制度建设等方面的情况，重点交流了土地制度建设中的问题与改革思路。

在古巴，考察团与哈瓦那市人大有关官员座谈交流了土地利用规划、土地使用和土地制度改革等情况，重点了解了古巴正在探索的土地使用制度改革的具体做法和目标措施等。

【浙江省国土资源厅考察团访问南非、肯尼亚和塞舌尔】 2010年11月24日至12月5日，以厅长楼小东为团长的浙江省国土资源厅考察团赴南非、肯尼亚和塞舌尔进行考察交流。

在南非，考察团与农林渔业部代表及开普敦办公室发言人座谈交流了南非土地利用规划情况、矿业权配置情况；应邀参加南部非洲浙江商会、温州商会、义乌商会等组织的座谈会；走访浙江华友钴业股份有限公司驻南非办事机构、浙江嘉利珂钴镍材料有限公司南非分公司，与其负责人和员工座谈，了解浙江企业在非洲投资勘查开采矿山的情况，以及对国土资源管理工作的意见和建议。

在肯尼亚，考察团与纳库鲁市市长助理、市政府部门代表以及前任市长进行了工作交流；访问了肯尼亚环境与自然资源部地质矿产局，与该局代局长及有关部门负责人进行了座谈交流；实地考察了肯尼亚的浙江合作企业——肯尼亚金钟国际有限公司电池加工厂，与企业负责人及员工进行了座谈交流。

在塞舌尔，考察团与该国土地规划与住房建设部秘书长、土地规划与住房建设部总干事、国家发展部首席建筑师、土地住房项目规划机构评估与销售总监等多位负责人及专家座谈，并考察了自然保护区。

【浙江省国土资源代表团赴澳大利亚培训】 2010年11月28日至12月18日，浙江省国土资源代表团赴澳大利亚进行业务培训，培训重点为澳大利亚土地资源管理、矿产资源管理及信息化在相关领域的应用等。

（周　展）

省交通运输厅

【涉外工作概况】 2010年，浙江省交通运输厅组织出访团组19批，参加交通运输部等组织的双跨团组15批，共计出国人数119人次；完成政审批件33个、行前安全教育19次；护照收缴率达到100%。

【厅领导随省政府代表团访问日本、印尼和新加坡】 2010年3月13日至24日，副省长龚正率浙静浙福机构、浙新经贸理事会代表团赴日本、印度尼西亚和新加坡访问。省交通运输厅副厅长储雪青随团出访。

【西堠门大桥在国际桥梁大会上获奖】 2010年6月6日至9日，国际桥梁大会执委会在美国匹兹堡召开第27届国际桥梁大会。舟山跨海大桥中的西堠门大桥被国际桥梁大会授予"古斯塔夫·林德萨尔奖"。

国际桥梁大会是具有重大影响的国际桥梁学术会议，在世界桥梁界有广泛的影响力。此次会议共设4个工程奖，用于表彰近期完成的世界范围内的优秀桥梁工程项目。西堠门大桥以其在工程结构、美学价值、环境和谐等方面的杰出成就被授予古斯塔夫·林德撒尔奖。

·相关链接·

西堠门大桥

舟山跨海大桥由岑港大桥、响礁门大桥、桃夭门大桥、西堠门大桥、金塘大桥等5座大桥及隧道等连接而成，两端分别连接舟山本岛与宁波市镇海区，2009年12月25日正式通车。西堠门大桥是5座跨海大桥中技术要求最高的特大型跨海桥梁，主桥为两跨连续钢箱梁悬索桥，主跨1650米，是世界上跨径最大的钢箱梁悬索桥，也是世界上第一座分体式钢箱梁悬索桥。

【德国外贸交通学院代表团访问交通职业技术学院】 2010年6月11日，德国外贸和交通学院信息技术学院院长彼得·安德斯一行访问浙江交通职业技术学院，副院长姚钟华等会见彼得·安德斯一行。双方就国际合作项目、办学资金来源、学生的学习方式等问题进行了交流与探讨。

【澳大利亚西海岸科技学院代表团访问交通职业技术学院】 2010年6月28日，澳大利亚西海岸科技学院国际项目部主任保·林楠一行访问浙江交通职业技术学院，院长王怡民等会见保·林楠一行。双方就两院合作举办师资培训进行了详细的商讨。

【浙江省公路桥梁建设考察团访问英国、匈牙利和捷克】 2010年7月20日至31日，省交通运输厅厅长郭剑彪率浙江省公路桥梁建设考察团赴英国、匈牙利和捷克访问。代表团与三国相关单位的管理人员和专家，就大型跨海大桥建设施工的安全管理及养护办法、沿海地区高速公路和桥梁建设的发展规划、高速公路网络规划及管理运营体制、桥梁施工过程中的安全监控和保障措施、桥梁质量检测的先进技术等问题进行了交流、学习与研讨。

【新西兰丰盛湾理工学院代表团访问交通职业技术学院】 2010年7月21日，新西兰丰盛湾理工学院国际事务顾问罗塞儿·兰顿偕夫人访问浙江交通职业技术学院，院长王怡民等会见罗塞儿·兰顿一行。双方就合作办学、教师交流、学生短期互访等进行了磋商。

【南非东开普省专家访问省交通运输厅】 2010年9月2日，南非东开普省立法委员会道路及公共工程专委会主席克莫丝一行拜访省交通运输厅，副厅长储雪青等会见克莫丝一行。双方就城镇道路、桥梁建设和维护等问题进行了交流探讨。省交通运输厅、省公路局和省交通规划设计院的有关人员参加会见。

【浙江省港口集疏运体系考察团访问西班牙、葡萄牙】 2010年9月14日至23日，省交通运输厅副厅长郑黎明率浙江省港口集疏运体系考察团赴西班牙、葡萄牙访问。代表团与两国有关管理人员及专家，就现代港口与外围交通网衔接技术、现代港口集疏运体系信息化建设与管理的先进理念和技术等进行了交流和探讨。

【浙江省大学生职业生涯教育和职业指导考察团访问日本和韩国】 2010年9月17日至26日，浙江交通职业技术学院院长王怡民率浙江省大学生职业生涯教育和职业指导考察团赴日本、韩国访问。考察团与日本城西大学、韩国永进专门大学的有关专家，就职业生涯教育组织机构、职业生涯教育内容、自我服务形式、指导教师(专门化)培养和发展的机制及模式等问题进行了探讨和学术交流，并参观了两所大学。

【德国交流团访问交通职业技术学院】 2010年10月9日，德国外贸交通学院交流团50余位师生访问浙江交通职业技术学院，学院党委书记戚步云、院长王怡民、副书记金仲秋等会见来访师生。双方进行了座谈交流。王怡民向德国师生介绍了学院的基本情况，并陪同客人参观了新校区、学生寝室、海运学院和汽车学院实验实训室。德国师生还听取了浙江交通职业技术学院运输管理学院副院长潘国强的“物流与供应链可视化”观摩课，双方学生代表进行了乒乓球友谊赛。

【浙江省交通考察团访问澳大利亚和新西兰】 2010年10月19日至28日，省交通运输厅副厅长、省公路管理局局长李良福率浙江省公路交通安全设施考察团赴澳大利亚、新西兰访问。代表团成员与对方有关专家就公路交通安全设施的新材料、新技术、新设备应用等问题进行了广泛的研讨、交流和学习。

【新加坡南洋理工学院代表团访问交通职业技术学院】 2010年11月3日，新加坡南洋理工学院国际职教研修中心课程经理赵典明、高级讲师陈翼平访问浙江交通职业技术学院，院长王怡民、党委副书记金仲秋等会见赵典明一行，双方就合作办学、教师进修培训等事项进行了磋商。

【浙江省交通考察团访问意大利、埃及和南非】 2010年11月14日至25日，省交通运输厅副厅长储雪青率浙江省港口规划建设及国际海运发展访问团访问意大利、埃及和南非。代表团成员与三国有关专家就港口的规划设计与建设、港口和航道的管理运营模式机制等问题进行了交流和探讨。

【中日韩运输与物流发展论坛】 2010年12月2日至3日在杭州召开。交通运输部副部长翁孟勇、浙江省副省长王建满到会并致辞。论坛设“构建东北亚物流信息服务网络”、“建立中日韩无缝物流服务体系”、“发展环境友好型物流”、“实现物流安全性与高效性的平衡”4个专场，来自中日韩三国的有关官员、企业和院校的20名专家进行了演讲和交流。其间，中国交通运输部、日本国土交通省、韩国国土海洋部共同签署《东北亚物流信息服务网络合作备忘录》，宣布东北亚物流信息服务网络正式成立。300余位与会代表参观了浙江物流电子枢纽。

【英国驻沪贸易投资领事访问省交通运输厅】 2010年12月

3 日，英国驻沪总领事馆贸易投资领事露易丝一行拜访省交通运输厅，双方就公路、港航建设与规划等问题进行了探讨和交流。

【浙江交通走出国门】 2010 年，省交通运输厅所属浙江省交通规划设计研究院在海外市场开拓上取得新的突破，除承接柬埔寨 6A 号公路、巴萨河大桥及接线、5 号公路、214 号公路等工程的勘察、设计及前期工作外，又获得了赞比亚奇帕塔、隆达济至查马公路、老挝 10 号公路等项目的勘察、设计业务。5 月 31 日，在柬埔寨洞里萨河大桥工程建成通车典礼上，为表彰浙江省交通规划设计研究院在柬埔寨项目建设中所作出的特殊贡献，柬埔寨首相洪森亲自授予该院院长吴德兴"国际合作杰出贡献勋章"。

（顾朱官）

省农业厅

【涉外工作概况】 2010 年，浙江省农业厅组派各类出访团组 15 批 82 人次；参加农业部和省有关部门组团 5 批 6 人次。接待来自美国、加拿大、澳大利亚、日本、韩国、以色列、泰国、苏丹等 10 多个国家、地区和国际组织的外宾 16 批 114 人次。

【日本静冈县产业部长访问浙江】 2010 年 2 月 9 日，省农业厅厅长孙景淼会见来访的日本静冈县产业部部长堀川知广一行，双方就进一步加强人员交往、技术交流、品种互换等方面的合作进行了探讨。

【以色列驻沪总领事访问浙江】 2010 年 3 月 11 日至 12 日，以色列驻上海总领事艾雅克一行来浙江考察。艾雅克一行参观了传化集团的种子种苗栽培车间、温室花卉基地等，先后与传化集团和勿忘农集团的领导座谈，听取他们关于企业基本情况的介绍以及与以色列方面进行农业合作的设想。艾雅克表示，愿意成为促进浙江与以色列农业合作的桥梁与纽带，做好双方企业间的对接服务工作。

【浙江省农业代表团访问美国和加拿大】 2010 年 3 月 12 日至 21 日，以省农业厅副厅长冯一鹤为团长的浙江省农业代表团赴美国和加拿大考察访问。

在美国，代表团参加了美国西部天然食品展，了解浙江农产品出口企业参展情况，听取了美国坦尼科学院胡增建博士关于美国食品安全监管的专题介绍。

在加拿大，代表团拜访了不列颠哥伦比亚省小企业与技术经济发展部，与该省农业部、小企业与技术经济发展部，以及中国驻温哥华总领事馆科技处等官员和专家进行了座谈，就下一步的农业合作与交流进行了探讨。

【泰国驻华使馆参赞访问浙江】 2010 年 4 月 9 日，省农业厅纪检组长杜康会见并宴请泰国驻中国大使馆公使衔参赞颂蓬·尼穆楚阿一行，双方就浙江与泰国在农业种质资源、农产品贸易、农民专业合作社等领域的合作进行了磋商。

【浙江省农业代表团访问新加坡、泰国和印度】 2010 年 4 月 20 日至 5 月 1 日，以省农业厅纪检组长杜康为团长的浙江省农业代表团赴新加坡、泰国和印度考察访问。

在新加坡，代表团率领 20 家浙江农产品出口企业参加了新加坡亚洲食品展。

在泰国，代表团拜访了泰国农业部次长办公室、合作社促进司、泰国扶农营销机构、安颂府畜牧局、诗丽吉皇后示范农场、塔拉泰农产品批发市场、春武里农场等部门和单位，与有关官员进行了友好交流。

在印度，代表团拜访了印度有机农业研究开发中心和有关农场。

【澳大利亚西澳州农业厅长访问浙江】 2010 年 5 月 13 日，省农业厅副厅长赵兴泉会见来访的澳大利亚西澳州农业厅厅长罗伯·德兰一行。赵兴泉向外宾介绍了近几年浙江农业发展情况，希望进一步加强与西澳州在农业领域的合作与交流，促进两省州农业的发展。罗伯·德兰希望进一步推进与浙江在啤酒大麦、羊毛、羽扇豆等领域的贸易合作。

访浙期间，罗伯·德兰一行参观了宁波麦芽厂、宁波利华羊毛有限公司等。

【浙江省农业代表团访问韩国、澳大利亚和新西兰】 2010年5月31日至6月11日，以省农业厅副厅长赵兴泉为团长的浙江省农业代表团赴韩国、澳大利亚和新西兰，就现代农业生态文明建设等进行专题访问。

出访期间，代表团与韩国全罗南道农业技术院进行了深入的交流，拜访了澳大利亚新南威尔士州初级产业部，实地考察了澳大利亚墨尔本提姆·朱莉家庭牧场、新西兰恒天然合作集团公司和韩国咸平微生物发酵饲料工厂、光州家畜粪尿资源化工厂等。

【美国印第安纳州副州长访问浙江】 2010年6月2日至4日，美国印第安纳州副州长贝基·斯科尔曼率农业代表团访问浙江，考察浙江农业企业和贸易企业，浙江与印州共同举办了农业经济投资研讨会。省农业厅厅长孙景淼出席研讨会，并向外宾介绍了浙江农业发展情况。

【澳大利亚西澳州农业与食品部长访问浙江】 2010年6月30日，省农业厅厅长孙景淼会见来访的澳大利亚西澳州农业与食品部部长唐纳德·特里·雷德曼一行。孙景淼回顾了近年来两省州农业交流的成果，希望进一步加强与西澳州在农业领域的合作与交流，促进两省州农业的发展。雷德曼介绍了大麦、羽扇豆等西澳州特色产业，双方就农业经贸与合作进行了探讨和交流。

【韩国全罗南道农业技术院代表团访问浙江】 2010年8月9日，省农业厅厅长孙景淼会见以院长朴敏洙为团长的韩国全罗南道农业技术院代表团。孙景淼向外宾介绍了浙江农业发展情况以及近年来浙江发展生态循环农业的总体思路和主要措施。双方对进一步开展友好合作与交流达成一致意见。

【中韩生态循环农业研讨会】 2010年8月10日在杭州召开，省农业厅副厅长赵兴泉和韩国全罗南道农业技术院院长朴敏洙出席会议并致辞。来自省农业厅和韩国全罗南道农业技术院的50多位专业技术人员参加研讨会。研讨会上，中韩4位农业专家阐述了发展生态循环农业的重要性以及主要做法。

【浙江省农业代表团访问墨西哥、古巴和日本】 2010年8月15日至25日，以省农业厅厅长孙景淼为团长的浙江省农业代表团赴墨西哥、古巴和日本考察访问。

在墨西哥，代表团拜访了该国农业部，考察了农产品生产与加工企业、农产品市场等。

在古巴，代表团拜访了该国农业部、哈瓦那市政府，并与马坦萨斯省外办、农业局进行了友好交流。

在日本，代表团与静冈县经济产业部进行了会谈，出席了两省县第17次农业促进会。代表团还考察了静冈县农业协会，双方就下一步农业交流进行了座谈。

【美国太平洋贸易公司总裁访问浙江】 2010年8月25日，省农业厅副厅长赵兴泉会见来访的美国印第安纳州太平洋贸易公司总裁凯利一行，双方就浙江与印第安纳州农业代表团互访、省农业厅与印第安纳州农业部建立长期联络机制等事项达成一致意见，并就两省州开展农产品贸易的可能性进行了磋商。

【苏丹南方政府代表团访问浙江】 2010年9月26日，省农业厅副厅长朱志泉会见来访的苏丹南方政府代表团，向外宾介绍了浙江省和浙江农业概况，重点介绍了浙江农业十大主导产业发展现状，并回答了外宾提出的问题。代表团参观了余杭农业高新园区，表示要加强双方的合作与交流。

【日本农业协同组织代表团访问浙江】 2010年10月12日，省农业厅副厅长赵兴泉会见以田代武满为团长的日本农业协同组织代表团。赵兴泉介绍了浙江农业发展情况，并就日方提出的农业人口老龄化和农业自给率低等问题，介绍了浙江的具体情况以及相关经验。田代武满介绍了日本农协组织在农业发展中的作用。双方都表示，要进一步加强在农业方面的交流与合作，促进两地农业发展。

【以色列农业企业代表团访问浙江】 2010年10月13日，省农业厅副厅长赵兴泉会见农业部长沙洛姆·辛洪率领的以色列农业企业代表团，出席浙江省和以色列农业企业对接会并致辞。来自浙江省和以色列的20多家农业企业参加会议，并互相交流，寻求合作项目和合作对象。

【浙江省农业代表团访问韩国、新西兰和澳大利亚】 2010年10月24日至11月4日，以省政府副秘书长陈龙为团长的浙江省农业代表团赴韩国、新西兰和澳大利亚考察访问。

在韩国，代表团与全罗南道农业技术院院长朴敏洙就深化两省道农业交流与合作进行了会谈，参加了第9届韩国农业博览会，并参观了全罗南道绿茶研究所、宝城茶园、丹阳社区新农村建设以及蔬菜种植大户等。

在新西兰，代表团拜访了新西兰农业发展委员会，参观了新西兰植物与食品研究所，并就农业科研体制、政策等与新方进行了交流。

在澳大利亚，代表团与西澳州农业和食品部部长罗博·德兰就两省州农业友好交流与合作进行了会谈，听取了有关官员、专家对西澳州农产品国际贸易、粮食、园艺生产等情况的介绍，参观了沃克欧弗葡萄酒庄园、特兰多斯无土栽培种植农场以及悉尼农产品批发市场等。

【浙江省农业代表团赴美国培训】 2010年11月16日至12月6日，由省农业厅组织的现代水果生产加工技术培训团赴美国进行相关培训，参加培训的学员主要由杭州、嘉兴、绍兴、金华、台州等水果产业重点市县的专业技术及管理人员组成。培训期间，代表团拜访、参观了乔治亚大学农学院提夫顿分校等，大学，以及加利福尼亚州阳光景国际市场公司、旧金山月光农场等。

【浙江农产品出口企业赴国外参展】 2010年，省农业厅组织农产品出口企业分别参加了阿联酋迪拜、日本东京、美国、比利时布鲁塞尔、新加坡、韩国、巴西、法国巴黎等16个国际食品博览会，参展企业297家次，参展人员588人次，共设摊位379个。

（楼建锋）

省林业厅

【涉外工作概况】 2010年，浙江省林业厅组织出访团组3批15人次，参加国家林业局、浙江省妇联组团5批5人次；接待来访外宾1批40人次。

【国际竹藤组织部级研讨班代表团访问浙江】 2010年5月22日，以肯尼亚林业与野生动物部部长诺厄·韦凯萨为团长的国际竹藤组织成员国竹藤产业发展部级研讨班代表团访问浙江。

省委常委、副省长葛慧君会见代表团，向客人介绍了浙江的地理、人文历史和经济发展情况，特别提到浙江十分重视对山区资源的保护、毛竹低产林改造和竹子深加工以及毛竹产业在林业经济中的贡献。

代表团考察了安吉竹博园、安吉国际竹艺商贸城和竹产业生产企业，着重研修了安吉竹藤在扶贫、环保和贸易发展中的巨大潜力，在气候变化领域的贡献。代表团成员对安吉竹产业的发展和高附加值非常赞赏，对竹子在农民收入中发挥的重要作用很感兴趣，并希望与安吉县在竹子引种、技术转让等方面加强交流合作。

国际竹藤组织成立于1997年，是第一个总部设在中国的独立的非营利性政府间国际组织。

【浙江省林业代表团访问德国、法国】 2010年10月18日至27日，省林业厅副厅长吴鸿率浙江省林业代表团访问德国、法国。

代表团走访了德国弗莱堡大学林业研究中心、黑森州林业局和法国米拉马斯植物生物修复研究中心，实地考察了德国巴登-符腾堡州沃尔法赫地区“黑森林”典型的择伐林经营体系、海德堡森林的近自然经营与保护，法国的城市和道路绿化，并与德国、法国有关专家和管理人员就近自然森林经营、珍贵乡土树种的培育、高效土地利用模式等进行了深入的探讨与交流。

【浙江省林业代表团访问澳大利亚、新西兰】 2010年10月20日至29日，省林业厅副厅长张全洲率浙江省林业代表团访问澳大利亚、新西兰。

代表团走访了澳大利亚新南威尔士州投资与产业部，新西兰自然资源和环境署、新西兰新中经贸协会、新西兰林业有限公司，实地考察了澳大利亚悉尼皇家植物园与伐木市场、凯恩斯库莲达热带雨林公园、布里斯班森林公园，新西兰罗托鲁瓦鹿业产业发展公司、罗托鲁瓦红杉林保护区以及辐射松速生人工林基地，并与澳大利亚、新西兰有关专家就森林分类经营、生态补偿、林业生态建设与保护、森林生态旅游、林业产业等进行了深入的交流与探讨。

【浙江省林业代表团访问日本、美国】 2010年11月25日至12月4日，省林业厅副厅长俞坚率浙江省林业代表团访问日本、美国。

代表团走访了日本千叶县木更津市政府，美国加利福尼亚州林业与防火局，实地考察了日本木更津市、美国夏威夷地区林业植被规划和布局情况、夏威夷旅游景区开发和森林植被保护之间的协调利用情况、夏威夷地区森林资源培育项目和森林物种的保护状况、加利福尼亚州森林防火设备配置情况及营造林技术应用成效，并与日本、美国有关专家和管理人员就森林培育、林业种苗生产与管理、城乡绿化、森林资源保护与开发利用等进行了深入的交流和探讨。

（肖　林）

省商务厅

【概况】 2010年，浙江省商务厅主办了2010中国浙江商务周，越南-中国(浙江)经贸合作论坛，博茨瓦纳-浙江投资论坛，埃及浙江企业、浙商代表座谈会，土耳其-浙江经贸早餐会等活动；承办了2010香港·浙江周、2010澳门·浙江周、印尼中国产品现象研修班、非洲英语国家经济管理研修班、2010浙江出口商品(大阪)交易会、2010年度中美法律交流研讨会、浙江省-石荷州经济合作签字仪式暨北德石荷州投资说明会、浙江省-印第安纳州经贸投资研讨会等；组织参加了浙-新经贸理事会第6次会议、第12届浙江投资贸易洽谈会、第107届及108届广交会、第7届中国-东盟博览会、2010中国(上海)国际跨国采购大会、中国品牌出口商品美国展、浙江省-静冈县经济交流研讨会、浙江省-静冈县经济交流促进机构第19次会议。

全年接待外宾45批逾300人次，其中副总领事以上及世界500强企业中国区负责人以上级别的外宾逾50人次。

【2010香港·浙江周】 2010年1月11日至13日在香港举行。

全国政协副主席董建华，省领导赵洪祝、李强、龚正、徐冠巨等出席开幕式；香港立法会主席曾钰成，全国人大常委会委员、香港立法会前主席范徐丽泰，香港各界人士及在港浙籍乡贤等400余人参加。省委书记、省人大常委会主任赵洪祝在开幕式上作主旨演讲，副省长龚正主持开幕式。

“2010香港·浙江周”的主要活动包括：浙江周新闻发布会、开幕式暨浙港服务业合作与展望，浙江省暨杭州、宁波、舟山、义乌市现代物流推介会，浙港金融交流合作恳谈会，浙江旅游推广活动，民企提升国际竞争力高峰论坛以及浙江小百花越剧团新版越剧《梁祝》演出等，其中，服务业的交流与合作成为此次浙江周的最大亮点。

【2010澳门·浙江周】 2010年1月13日至16日在澳门举行。

澳门特别行政区行政长官崔世安，省领导赵洪祝、李强、龚正、徐冠巨等出席开幕式；中央驻澳门联络办主任白志健、副主任高燕，外交部驻澳门特派员公署特派员卢树民，澳门立法会主席刘焯华、澳门特区政府经济财政司司长谭伯源，澳门知名人士及在澳浙籍乡贤等近400人参加。崔世安在开幕式上致辞，省委书记、省人大常委会主任赵洪祝作主旨演讲，副省长龚正主持开幕式，省商务厅厅长金永辉就“浙澳商贸合作”作了推介。

在随后举行的签约仪式上，双方签署总投资9100万美元，协议利用澳资3350万美元的8个项目合作协议。

“2010澳门·浙江周”的主要活动包括：新闻发布会、开幕式暨浙澳商贸旅游合作推介会、浙江风情大型图片展暨浙江旅游宣传日、浙江中华老字号暨浙澳名优商品展销会、浙江品牌产品(澳门)贸易展示中心开业典礼等。

【新加坡伊顿国际教育集团董事长访问省商务厅】 2010年1月14日，厅长金永辉会见来访的新加坡伊顿国际教育集团董事长胡锦珠、新加坡杭州科技园总经理沈荣大一行。双方就伊顿国际教育集团在新加坡杭州科技园设点建校事宜进行了交流。

【巴基斯坦驻沪总领事访问省商务厅】 2010年1月21日，副厅长韩杰会见来访的巴基斯坦新任驻沪总领事扎法尔·哈桑一行。韩杰介绍了浙江商务发展近况，并就加强双方在贸易、投资、基础设施建设等领域的合作与扎法尔·哈桑进行了交流。

【阿联酋驻沪总领事访问省商务厅】 2010年3月2日，厅长金永辉会见阿联酋新任驻沪总领事诺拉·珠玛。金永辉介绍了浙江省投资环境和投资政策，并就扩大浙江省与阿联酋贸易往来、推动浙江企业“走出去”落户阿联酋等事项与诺拉·珠玛进行了交流。

【阿联酋沙迦酋长国市政委员会主席访问省商务厅】 2010年3月23日，副厅长陈如昉会见来访的阿联酋沙迦酋长国市政委员会主席萨利姆·欧倍德·沙姆斯一行。双方就加强交流、促进经贸合作多样化发展进行了深入的探讨。

【新加坡国际企业发展局官员访问省商务厅】 2010年4月14日，厅长金永辉会见来访的新加坡国际企业发展局中国司副司长王俐恩一行。双方就继续以浙江—新加坡经济贸易理事会为平台，促进双向投资、实现互利共赢达成共识。

8月10日，副厅长陈如昉会见新加坡国际企业发展局中国司副司长、浙新经贸理事会新方秘书长王俐恩一行。双方就新加坡总理公署部长、财政部兼交通部第二部长陈惠华访浙日程安排进行了商讨。

【组织参加第107届、108届广交会】 2010年4月15日至5月5日，第107届中国进出口商品交易会(简称“广交会”)在广州举行。本届广交会浙江省展位数6494个(不含杭州、宁波)，参展企业2918家，参展人员2万人次。浙江参展企业成交19.09亿美元，呈恢复性增长态势。

10月15日至11月4日，第108届广交会在广州举行。本届广交会浙江省展位数10708个，参展企业5001家。其中浙江交易团(不含杭州、宁波)共有展位6318个，参展企业2962家，成交20.1亿美元，比上届增长5.3%。

【越南-中国(浙江)经贸合作论坛】 2010年4月28日在杭州举行，由省商务厅与越南工商会、越南驻中国大使馆共同主办。越南总理阮晋勇、省长吕祖善出席并致辞。副省长龚正、中国驻越南大使孙国祥、越南工贸部部长武辉煌、越南驻华大使阮文诗出席论坛，越南政府有关部门、各市代表，双方企业代表等共400多人参会。

会上，双方签署3项政府间合作备忘录及多项企业间合作协议，其中省商务厅与越南工贸部亚太司签署了《关于建立定期经贸交流机制备忘录》。

【乌干达贸工部长访问浙江】 2010年5月11日至13日，乌干达贸工部部长奥泰费尔及驻华大使瓦吉多索一行访问浙江。副省长龚正、省商务厅厅长金永辉先后会见奥泰费尔一行，省商务厅副厅长胡潍康全程陪同客人参访。

【俄罗斯企业促进俄中经贸关系协会主席访问省商务厅】 2010年5月14日，副厅长韩杰会见俄罗斯企业促进俄中经贸关系协会主席阿尔焦姆·谢苗诺夫·亚历山大罗维奇。双方就组织浙江省企业参加2010年俄罗斯联邦纺织轻工业产品和纺织设备大型展览会，加强在轻工领域的合作进行了深入的探讨。

【省商务厅与荷兰弗里福兰省签署合作协议】 2010年5月16日，在省长吕祖善和荷兰弗里福兰省省长傅比克的共同见证下，省商务厅厅长金永辉和荷兰弗里福兰省经济发展署副署长丁默士在杭州签署经贸合作框架协议。根据该协议，两省将加强在物流、再生能源、金融、机械制造、旅游、农业、科技等领域的合作。

【澳门参展商会会长访问省商务厅】 2010年5月21日，厅长金永辉、副厅长周日星会见澳门参展商会会长李贤良一行。杭州市贸易局、澳门贸促局杭州联络处负责人参加会见。

李贤良汇报了商会在浙江打造与浙江品牌产品（澳门）贸易展示中心对口的、富有澳门特色的常年展览中心的计划，省商务厅对此表示支持，并邀请商会参加由浙江省主办的大型经贸活动。

【省商务厅领导拜会荷兰乌特勒支省省长】 2010年5月24日，省商务厅副厅长徐焕明赴上海世博会荷兰馆，拜会荷兰乌特勒支省省长罗布森。双方介绍了各自经济结构与发展情况，并就加强在现代服务、教育、生命科学等领域的合作进行了广泛深入的交流。

杭州、宁波市外经贸局以及省教育厅负责人参加会谈。

【巴西中国浙江商会代表团访问浙江】 2010年6月7日，巴西中国浙江商会会长张江欧一行访问浙江。省商务厅党组成员、省纪委驻厅监察专员、纪检组长秦忠会见张江欧一行，双方就加强联系，携手为企业提供服务进行了交流。张江欧一行考察了萧山经济技术开发区。

【美国新泽西州经济发展部主任访问省商务厅】 2010年6月18日，省商务厅副厅长徐焕明会见美国新泽西州经济发展部主任卡米尔·塞勒一行。塞勒邀请省商务厅组织企业于2011年赴美参加新泽西州与浙江结好30周年庆祝活动，并举办经贸推介会。

【韩国全南研究发展院代表团访问省商务厅】 2010年7月20日，韩国全南研究发展院研究员曹彰完一行来省商务厅调研。副厅长韩杰会见韩国客人，并介绍了浙江省利用外资与对外投资情况，双方表示将继续加强全方位经贸合作。会见后，曹彰完一行考察了杭州下沙经济技术开发区。

【博茨瓦纳-浙江投资论坛】 2010年7月23日在杭州举行。此次论坛为配合博茨瓦纳副总统蒙帕蒂·梅拉费访问浙江而举办，由省商务厅、省外办与博茨瓦纳贸易和工业部、博茨瓦纳出口发展和投资总局共同主办，浙、博双方政府官员及浙江外经贸企业共100余人参加。

省商务厅副厅长韩杰主持论坛，省商务厅厅长金永辉、博茨瓦纳贸工部部长马卡托·马累苏、博茨瓦纳出口发展与投资总局局长雅各布·恩凯泰分别作主旨演讲，浙江在博投资企业代表发言。会上，省商务厅与博茨瓦纳出口发展和投资总局签署合作备忘录，双方承诺将互邀企业参加在两地举行的贸易与投资促进活动，推进落实重要合作项目。与会企业就在博开发矿产、投资工业园区等合作事项与博方官员进行了互动。

【印尼前内阁部长访问浙江】 2010年7月28日,印尼前内阁部长阿卜杜勒·拉蒂夫一行访问浙江。阿卜杜勒·拉蒂夫是印度尼西亚最大的零售百货商店Pasaraya和Lativi电视频道的创始人之一。阿卜杜勒·拉蒂夫此访的主要目的是考察浙江百货类工厂,以扩大对中国百货类商品的采购量。

【新加坡大型经贸考察团访问浙江】 2010年8月1日至7日,新加坡80人大型经贸考察团访问浙江,赴杭州、宁波、舟山展开贸易、投资方面的考察活动。其间,考察团举办了"新加坡-杭州经贸交流会",参观了杭州湾新区、北仑港和中国最大的红酒保税仓储中心,并考察了舟山港口物流业、舟山经济开发区和海洋食品加工示范区,与部分企业就物流、食品、海鲜加工等项目达成初步合作意向。浙新经贸理事会中方秘书长、省商务厅巡视员鞠雅莲会见考察团主要成员。

【组织参加"中国品牌出口商品美国展"】 2010年8月8日至11日,由商务部和浙江省人民政府共同主办的"中国品牌出口商品美国展"以"展中展"方式参加美国拉斯维加斯消费品展。"中国品牌展"展览面积近5000平方米,设标准展位250个。浙江省有80余家企业参展,展位110个,接待客户10083人次,成交金额2135万美元。副省长龚正、省政府副秘书长夏海伟、省商务厅巡视员鞠雅莲出席展会开幕式。

【瑞典东南部四省代表团访问省商务厅】 2010年8月10日,厅长金永辉、副厅长韩杰会见瑞典东南部卡尔马、布莱金厄、克努鲁贝里和延雪平四省负责人及陪同来访的瑞典驻上海总领事姚汉森一行。双方就进一步开展经济与环保领域的合作、共同探索可持续发展进行了交流。省环保厅、杭州市外经贸局、长兴县有关负责人参加会见。

【尼尔森媒介研究亚太区董事长访问省商务厅】 2010年8月11日,副厅长徐焕明会见尼尔森媒介研究亚太区董事长钟睿楚、思亚飞灵投资顾问有限公司总裁李森智等。尼尔森媒介研究有意与杭州华数公司成立合资企业。

【印度尼西亚中国产品现象研修班】 2010年8月17日在杭州举行,印尼外交部、贸易部、经济部、工业部、卫生部、国家计委、国家标准化署等部门官员参加研修班。省商务厅厅长金永辉会见研修班官员及商务部国际商务官员研修学院负责人一行。双方就浙江省与印尼经贸往来情况进行了座谈。省商务厅相关人员陪同客人考察了杭州经济技术开发区。

【莱索托商务代表团访问省商务厅】 2010年8月24日,厅长金永辉、副厅长陈如昉会见莱索托王国贸工大臣莱贝萨、旅游与文化大臣恩齐尼率领的政府官员、私营企业家代表一行。双方就加强经贸、文化和旅游合作进行了交流。

【非洲英语国家经济管理研修班】 2010年8月31日在杭州举行,省商务厅副厅长胡潍康会见参加研修班的官员以及商务部陪同人员一行。双方就加强浙江与非洲的经贸合作进行了探讨。

【浙江与保时捷控股公司开展合作】 2010年9月9日,奥地利保时捷控股公司总裁安马克来杭参加"2010中国浙江商务周"开幕式,在与吕祖善省长会见时提出将保时捷北京办事处迁至杭州、更好地服务于保时捷在中国的主要市场的计划。

10月27日,省商务厅副厅长周日星会见保时捷控股有限公司中国区首席执行官阿林克、首席财务执行官石赋良,就保时捷拟在杭州设立办事处进行商谈。

10月28日,在省政府举行的"2010北京-浙江服务业推介会"上,周日星与保时捷控股公司签署进一步加强合作的备忘录。

【2010中国浙江商务周】 2010年9月9日至14日在杭州举行，由省商务厅主办。商务周吸引了来自欧美、亚洲、非洲等近60个国家和地区的300多家境外机构与企业、省内外5000多家企业参加。省委书记赵洪祝、省长吕祖善出席开幕式并会见有关境外嘉宾。省领导陈敏尔、李强、黄坤明、龚正和杭州市代市长邵占维等出席开幕式并参加相关活动。省人大常委会副主任冯明、省政协副主席徐冠巨出席商务周相关活动。

商务周主要有开幕式、商务对接超市、第7届中国中华老字号精品博览会、杭州网货交易会、达之路非洲投资高峰论坛等15项活动。整个活动参与人数27万人次，贸易成交额16.5亿元，促成境外意向投资合作项目40个，意向投资金额2000万美元。商务周期间，发布了2009年度浙江省出口前100家企业、第二批浙江出口名牌、2009年度浙江省百强外商投资企业、浙江省国家保护和促进的中华老字号名单。

【2010浙江出口商品(大阪)交易会】 2010年9月14日至17日在日本大阪举行，简称"大阪展"，由商务部和浙江省人民政府主办，省商务厅和日本大阪国际见本市委员会共同承办。本届交易会展会面积7000平方米，设标准展位360个，参展企业229家。到会日方专业客商近5000人，实际成交1996万美元，比上届增长5.3%；意向成交7373万美元，增长8.0%。

展会期间，省商务厅代表团拜访了大阪市役所经济局、日本贸易振兴机构、大阪府商工劳动部等，就加强浙江与大阪及日本关西地区的经贸合作进行了深入探讨。

【西班牙阿斯图里亚斯地区经济发展协会主席访问省商务厅】 2010年9月15日，副厅长韩杰会见来访的西班牙阿斯图里亚斯地区经济发展协会主席维克多·曼努埃尔·冈萨雷斯·马里金一行。双方就进一步开展两地合作进行了深入的探讨。阿斯图里亚斯地区物流与工业园区总经理恩利盖介绍了该区在建的Zalia物流工业园区的基本情况，并欢迎浙江投资者前往投资兴业。

【组织参加2010中国(上海)国际跨国采购大会】 2010年9月15日至18日，由商务部和上海市人民政府共同主办、浙江省商务厅等全国23个省市商务主管部门协办的2010中国(上海)国际跨国采购大会(简称"跨采会")在上海世贸商城举行。应组委会邀请，省商务厅副厅长胡潍康出席组委会工作会议、2010中国(上海)国际跨国采购大会开幕式及高峰论坛等活动，并看望浙江参展企业。

包括联合国七大采购机构在内的300家国际采购商参加大会，提供了2000多种产品的采购清单，采购总金额达200多亿美元。

为帮助企业融入国际市场，搭建采供双方交流合作的平台，省商务厅统一组织机电、纺织、电子、食品、服装、家具、工贸等行业的110多家企业参加本届大会，并在优质供应商产品展示区专门设置"中国·浙江展区"。

【意大利经济发展部代表团访问省商务厅】 2010年9月17日，副厅长韩杰会见来访的意大利经济发展部经济发展和整合司司长阿尔多·曼库尔蒂、经济发展国家大区政策统一司司长文森佐·多纳托、意大利引进外资及企业发展署外资事务总监朱塞佩·阿尔库奇一行。浙江省国际投资促进中心与意大利引进外资及企业发展署签署关于促进浙江在意大利投资的合作备忘录。

【埃及浙江企业、浙商代表座谈会】 2010年9月25日在埃及举行，会议由中国驻埃及大使馆公使衔参赞曹甲昌主持。省委副秘书长舒国增、省外办主任阮忠训、省商务厅厅长金永辉等浙江省政府代表团全体成员，以及19家在埃及浙江企业、浙商代表共38人参加会议。

正在埃及访问的省委书记、省人大常委会主任赵洪祝主持召开了在埃及浙江企业、浙商代表座谈会。赵洪祝向与会的浙江企业、浙商代表通报了浙江经济社会发展情况。在听取浙江企业、浙商代表的发言后,赵洪祝充分肯定了广大浙江企业和浙商在海外创业创新所取得的成绩,希望广大海外浙商积极建言献策,为家乡的经济社会发展贡献力量,并提出了三点期望。

会后,金永辉宴请参加座谈会的在埃及浙江企业和浙商代表。

【中国美国商会业务发展总监访问省商务厅】 2010年10月9日,副厅长韩杰会见来访的中国美国商会业务发展总监李锋。韩杰希望中国美国商会能够发挥自身资源优势,向优秀的会员企业推介浙江,为浙美企业间的合作搭建桥梁。李锋表示,今后将通过多种形式使更多的商会会员企业接触了解浙江,并在此基础上推动美浙之间的经贸合作。

【默沙东中国区总裁访问省商务厅】 2010年10月11日,副厅长徐焕明会见来访的世界500强企业默沙东中国区总裁冯纳玺一行。徐焕明听取了默沙东公司在杭州下沙投资新建厂房的计划汇报,对该公司进一步扩大在浙投资表示欢迎,并要求有关处室进一步做好服务工作,优化外商投资环境。

【德国石荷州州长访问浙江】

2010年10月11日至12日,德国石荷州州长彼德·卡斯藤森访问浙江省,省长吕祖善会见卡斯藤森一行,省商务厅厅长金永辉等参加会见。

12日,浙江省-石荷州经济合作签字仪式暨北德石荷州投资说明会在杭州举行。副省长龚正、卡斯藤森出席并致辞。省政府副秘书长夏海伟、省商务厅副厅长韩杰以及省外办、省工商联负责人出席。德国石荷州代表团成员以及省内各地企业约200人参加会议。会上,石荷州经济技术促进中心与浙江省国际投资促进中心续签合作协议,双方将继续深入开展双向投资促进活动、交流项目信息、服务企业投资等。

【浙江省-静冈县经济交流研讨会】 2010年10月12日在杭州举行,由浙江-静冈经济交流促进机构举办。来自日本静冈县的60余名企业家代表和部分浙江企业代表出席会议。省商务厅副厅长韩杰代表浙江静冈机构浙江省委员会致辞;省商务厅亚非处负责人在会上作题为《开拓浙静经济交流新模式》的基调发言;静冈县日中友好协议会理事长栗原绩和静冈县经济产业部部长崛川知广也在大会上发言。随后,双方企业进行了互动交流。

【喀麦隆政府代表团访问省商务厅】 2010年10月13日,副厅长韩杰会见来访的喀麦隆地方政府特别基金总理事阿蔻艾一行。双方就加强友好合作进行了交流。

【墨西哥中华企业家协会主席访问省商务厅】 2010年10月15日,副厅长韩杰会见来访的墨西哥中华企业家协会主席包荣林。双方就加强联系,促进经贸合作进行了交流。包荣林邀请浙江省企业参加2011年的墨西哥中国展。

【2010年度第15届中美法律交流研讨会】 2010年10月18日在杭州举行,由商务部、国务院法制办、美国商务部、浙江省人民政府主办,省商务厅承办。中美法律交流研讨会中美经贸法律交流活动是轮流在两国举行的部级双边法律交流活动。本次研讨会是2010年度中美法律交流活动的第一场,会议主题是"出口促进和贸易救济法律制度",旨在通过对法律制度和法学理论的探讨促进中美经贸关系和谐健康发展。

美国商务部法律总顾问克里、商务部国际贸易谈判副代表崇泉出席开幕式并讲话。来自美国商务部、浙江省有关部门、律师事务所、高校、企业和研究机构的代表80余人参会,并就有关问题与美方进行了热烈而深入的讨论。

【参加第7届中国-东盟博览会】

2010年10月19日,第7届中国-东盟博览会在广西南宁开幕。浙江省副省长龚正、省商务厅副厅长周日星出席博览会开幕式及第7届中国-东盟商务与投资峰会开幕式。

本届展会浙江省展出面积820平方米，主要参展商品为建材、珠宝、电子电器、食品加工与包装机械等。浙江省获得第7届中国-东盟博览会投资促进活动"最佳组织奖"。

【西班牙马德里工商会常务委员访问省商务厅】 2010年11月1日，厅巡视员鞠雅莲会见来访的西班牙马德里工商会常务委员虞洪光一行。双方就进一步加强两地经贸往来进行了交流。

【土耳其-浙江经贸早餐会】 2010年11月3日在杭州举办，省商务厅与土耳其国务部、土耳其外贸署共同举办。副省长龚正、土耳其国务部长扎法尔·恰拉扬出席并致辞，省政府副秘书长夏海伟，省商务厅厅长金永辉、副厅长胡潍康出席论坛，双方政府部门及企业70余人参会。

会上，土方对土耳其投资环境作了推介，双方企业代表介绍了各自业务范围及合作项目情况，并表达了继续深化贸易投资合作的意向；省商务厅与土耳其外贸署签署经贸合作备忘录。

【阿联酋国民联合银行上海代表处首席代表访问省商务厅】 2010年11月5日，副厅长陈如昉会见来访的阿联酋国民联合银行上海代表处首席代表西夏姆·侯赛因。双方就服务浙阿企业、深化双边经贸合作进行了交流。

【省商务代表团访问印度尼西亚、柬埔寨】 2010年11月6日，省商务厅厅长金永辉率商务代表团访问印度尼西亚和柬埔寨。

在印尼，代表团参加了在雅加达召开的印尼投资贸易说明会。省商务厅和雅加达省经济事务厅共同举办了中国浙江-印尼雅加达企业交流会。金永辉与雅加达省经济事务厅厅长哈山吧瑟理作主旨演讲。省工商联副主席汤为平出席交流会，中、印尼双方70多位企业代表到会，就开展经贸合作进行了深入的交流和探讨。

省商务代表团于8日至9日参加了省长吕祖善在万丹省和雅加达省的公务活动。

在柬埔寨，金永辉率浙江省商务代表团拜访了柬埔寨发展理事会。双方就加强沟通，推动项目和企业合作，以及下一阶段的合作重点进行了深入交流。

【浙江省-印第安纳州经贸投资研讨会】 2010年11月11日在杭州举行，由浙江省人民政府与美国印第安纳州政府共同主办。印第安纳州州长米奇·丹尼尔斯、省商务厅副厅长韩杰出席研讨会并致辞，双方政府部门及企业逾百人参会。双方企业就生命科学、农业、汽车和新能源等领域的项目进行了对接洽谈。

【日本大阪见本市委员会理事长访问省商务厅】 2010年11月19日，厅长金永辉会见来访的日本大阪见本市委员会理事长鳄渊文雄一行，副厅长陈如昉与客人就进一步合作办好大阪展进行了会谈。

【美国国务院政府间特别事务代表访问省商务厅】 2010年11月26日，来华协调构建中美省州长交流对话机制的美国国务院政府间特别事务代表瑞塔·路易斯一行与省有关部门代表在省商务厅举行座谈。副厅长韩杰主持座谈会，省教育厅、省贸促会、省旅游局、省友协负责人参会。浙方参会代表分别从经贸、教育、旅游等领域介绍了浙江省与美国的友好合作近况，并提出加强合作的建议。美方表示将努力促使中美省州长交流对话机制更加有效，并从签证办理等方面给予更多支持。

【浙江省·静冈县经济交流促进机构第19次会议】 2010年12月17日在省人民大会堂召开，副省长、浙静机构浙江省委员会主席代表龚正出席会议并致辞，省商务厅厅长金永辉作为浙静机构浙江省委员会副主席代表作机构年度总结报告。

会议认为，浙静机构双方要把握中日、两省县交流的新动向，尽快着手为迎接2012年浙江静冈结好30周年庆典活动做好准备。

【澳大利亚驻沪总领事访问省商务厅】 2010年12月21日，澳大利亚驻沪总领事孔陶杰一行拜会副省长龚正及省商务厅。

副厅长陈如昉会见孔陶杰一行，双方就进一步加强经贸投资合作进行了交流。

（李 杨 李 琳）

省文化厅

【对外对港澳工作概况】 2010年，浙江省文化厅实施对境外文化交流项目747起8070人次。其中：对外文化交流项目471起5558人次；对港澳文化交流项目108起1308人次。项目总数中，引进项目599起6262人次，派出项目148起1808人次。

【“香港·浙江周”和“澳门·浙江周”文艺演出】 2010年1月，省委、省政府在港澳分别举办“香港·浙江周”和“澳门·浙江周”。省文化厅厅长杨建新参加省政府代表团在港澳的访问活动，并现场指导文化项目的实施，组建了由巡视员齐有为为团长的港澳浙江周文化分团，组派浙江小百花越剧团和浙江歌舞剧院“彩蝶女乐”乐队分别赴香港、澳门演出。

10日，浙江小百花越剧团在香港星光戏院演出新版越剧《梁祝》，中联办宣传文体部副部长等多位领导、驻港部队首长，400余位香港政府官员、媒体高层、文化名人，以及近两千香港观众、戏迷出席观看。

14日，浙江歌舞剧院“彩蝶女乐”乐队在澳门旅游塔为出席2010“澳门·浙江周”的300余位嘉宾演出富有江南风情的民乐专场。澳门特区政府官员、驻澳中联办和特派员公署领导以及澳门工商界、浙江同乡会代表观看演出。

【丝绸之路——中国丝绸艺术展】 2010年2月3日至4月15日，省文化厅组织“丝绸之路——中国丝绸艺术展”赴哈萨克斯坦首都阿斯塔那和阿拉木图巡回展出，这是中国文化部与哈萨克斯坦文化信息部签署的文化合作纪要的重要项目。此次展览共有145件(套)展品，主要是中国历代丝绸艺术品，以丝绸之路为主题，结合历史上中哈友好往来的部分档案，对中国丝绸艺术和中哈友好交流进行较为全面的展示。

【浙江青年艺术团参加首尔文化节】 2010年5月6日至10日，受省政府委派，省文化厅组织浙江青年艺术团赴韩国参加首尔文化节——“地球村”庆典活动，表演了具有浓郁中国特色的舞蹈《溜溜的康定》、《采茶舞曲》、《俏花旦》，杂技《滚灯》、《力量》，琵琶独奏《龙船》等节目，受到首尔市民和外国游客、各国参演团体的好评。

【浙江小百花越剧团赴德国演出】 2010年5月15日至22日，浙江小百花越剧团赴德国威斯巴登市参加国际五月艺术节演出。近500名各国驻法兰克福的领事馆官员、政要及2000余名德国观众观看演出。演出结束后，中国驻法兰克福总领事温振顺陪同威斯巴登市市长米勒等上台与演员合影并交谈。中国驻法兰克福总领事馆专门发来贺信，盛赞新版越剧《梁祝》“构思新颖巧妙，舞台布景中西合璧、美轮美奂”，“对增进中德人民之间的相互了解和友谊起到了积极作用”。

【浙江民间工艺参加俄罗斯“中国文化节”】 2010年8月30日至9月7日，浙江手工艺家代表团赴俄罗斯参加“中国文化节”活动，举办“物华天工——浙江民间手工艺精品展”。中国文化部副部长杨志今，中国驻俄罗斯大使李辉，俄文化部国务秘书、副部长楚科夫斯卡娅参观了展览。

“物华天工”浙江民间手工艺精品展44件展品选自省内国家级、省级工艺美术大师的优秀作品，涵盖刺绣、制扇、木雕、制伞、刻纸、制剑等多种传统手工艺。

【浙江小百花参加瑞士文化风景线艺术节活动】 2010年9月16

日至22日，受文化部委派，浙江小百花越剧团赴瑞士参加“2010年瑞士文化风景线艺术节·中国主宾国”法语区开幕式演出活动，上演新版越剧《梁祝》。当地联合国机构和其他国际组织负责人、40多个国家常驻日内瓦代表团的大使、官员，联合国计划开发署日内瓦办事处、联合国文化委员会、国际红十字会、世界卫生组织的高级官员，旅居瑞士的华侨华人等各界人士近2000人观看演出。

【2010芬兰·中国浙江文化节】2010年9月28日至2011年1月9日，省文化厅和芬兰赫尔辛基大都会区艺术委员会在芬兰埃斯堡联合主办“2010芬兰·中国浙江文化节”，推出“天上人间——五千年中国丝绸文化展”、“龙飞凤舞——浙江民间艺术表演”、“田野海风——浙江农民画渔民画展”三大项目，展示了浙江的远古文明、现代民俗风情和文化艺术成果，这是历年来中国在芬兰举办的规模最大、内容最丰富、参与观众最多的一次文化活动。

9月28日，“2010芬兰·中国浙江文化节”在埃斯堡现代艺术博物馆开幕，赫尔辛基大都会区艺术委员会主席约尼·米卡宁，芬兰联合党议员、埃斯堡博物馆联合会主席汉娜·丽娜·赫明，埃斯堡现代艺术博物馆馆长马库·瓦科宁，浙江文化节代表团团长、省文化厅副厅长来颖杰，中国驻芬兰大使馆临时代办马强，以及来自赫尔辛基、埃斯堡等地的芬兰各界人士和华人华侨代表800余人出席开幕式。

【文艺团体出国交流演出频繁】2010年，浙江省各文化艺术团体出国演出活跃，主要的有：浙江京剧团两度赴阿联酋演出戏曲艺术秀《国色天香》，浙江歌舞剧院参加2010年春季“中国主题音乐会《和》”在美国的巡回演出，浙江省群众艺术馆组织临安龙凤表演艺术团赴德国参加第27届欧洲民间艺术节，浙江昆剧团10多名演员在香港10余所大、中学校进行为期两周的“昆曲艺术进校园”教育及推广活动。

【对外学术交流与合作】 2010年，浙江省博物馆、浙江省文物考古研究所、中国丝绸博物馆、浙江省自然博物馆、浙江艺术职业学院、浙江图书馆等单位分别与日本京都国立博物馆、美国大都会博物馆、美国斯坦福大学博物馆、法国吉美亚洲艺术博物馆、德国歌德学院、爱尔兰格林菲斯学院、日本静冈县立中央图书馆、日本福井县立恐龙博物馆、加拿大自然博物馆等文化机构开展学术交流和合作。浙江交响乐团分别与日本静冈交响乐团和塞尔维亚贝尔格莱德爱乐乐团建立友好交流与合作关系；浙江美术馆引进“安塞尔·亚当斯经典摄影展”、“从20世纪走向21世纪——日本当代版画展”、“美国当代版画艺术展”等高水平外展项目。

【对外文化贸易取得新进展】2010年，浙江省积极推动文化产品和服务“走出去”，努力扩大浙江文化产品和服务的国际市场份额。国有、民营文化艺术团体积极营销，大力开拓海外市场，浙江国华演艺有限公司、绍兴县小百花艺术中心、浙江曲艺杂技总团、浙江京剧团、浙江昆剧团、杭州杂技总团、温州市越剧团分别赴美国、阿联酋、香港等国家和地区商演；中国丝绸博物馆、浙江省博物馆、浙江省自然博物馆分别赴芬兰、日本、美国商展，获得良好的社会和经济效益。以企业为主体的文化产品与服务出口贸易活跃。在5月“2010年戛纳电视节”展会上，中南卡通成功出售原创和代理的5部动画片，使中国动画片首次进入西欧主流平台。中南卡通的动画片已销往70余个国家和地区，出口量占全国总出口量80%以上。省文化厅继续完善商业性文化产品出口指导目录的评选和资助机制，2010年有10家单位的11个项目入选指导目录，是该机制建立以来入选项目最多的一年。

【营业性涉外演出繁荣有序】2010年，浙江省积极引进国外及港澳等地区高水平艺术院团和优秀艺人，活跃演出市场，丰富社会文化生活。全年引进文艺演出项目566项，为历年来最多。一批世界知名的大型艺术团组来浙江巡演，其中有瑞典韦姆兰交响乐团、荷兰皇家爱乐管乐团、朝鲜平壤艺术团、智利圣地亚哥国家芭蕾舞团、奥地利“世界之舞”歌舞团、比利时皇家斯科特乐团、美国温第安纳管乐团等。

（张　雁）

附表1　2010年省文化厅其他重要出访团组

序号	出访时间	团长(职务)	人数	出访地点	备　注
1	11月17～26日	厅长杨建新	5	印度、以色列	商谈2011年春节派遣艺术团赴印度演出事宜，与以色列博物馆商讨合作事宜
2	12月14～15日	厅长杨建新	2	香港	商洽接受文物捐赠事宜
3	12月19～24日	巡视员齐有为	3	埃及	与开罗中国文化中心洽谈浙江省与埃及2011～2012年文化交流合作计划和项目

附表2　2010年省文化厅接待的重要来访团组

序号	来访时间	团组名称(团长职务)	团　长	人数	会见(宴请)	备　注
1	6月7～9日	新加坡政府文化代表团	新加坡新闻通讯艺术部政务次长陈振泉	4	副厅长来颖杰宴请，绍兴市副市长丁晓燕宴请	考察绍兴市文化场馆及历史遗迹
2	10月11～15日	美国纽瓦克博物馆代表团		2		考察西泠印社、浙江省博物馆
3	10月18～26日	墨西哥下加利福尼亚州文化厅访问团	墨西哥下加利福尼亚州文化厅厅长安赫尔·诺萨尔卡拉伊·诺萨尔卡拉伊	3	副厅长来颖杰宴请	商讨2011年两省州文化交流事宜
4	11月13～15日	美国JAM制作公司总裁	阿诺德·格兰纳特	1	副厅长来颖杰宴请	考察商业性演出项目

省卫生厅

【涉外工作概况】　2010年，浙江省卫生厅审核和组织出国（境）团组96批314人次；邀请境外来访团组8批51人次，接待来访团组17批176人次。

【出台援外医疗队员技术职称晋升优惠政策】　为提高援外医疗队员的待遇，2010年2月4日，省人力社保厅与省卫生厅联合下发《关于给援非医疗队专业技术人员确认专业技术资格的通知》。根据《通知》精神，援外医疗队专业技术人员只要达到规定的任职年限和条件，无需按传统程序参加职称晋升评审，可由省人力社保厅直接确认。

【省卫生厅与加拿大建立长期合作关系】　2010年3月27日至4月11日，加拿大艾伯塔省首席公共卫生官安德鲁·卡里沃一行访华。在浙江访问期间，省卫生厅厅长杨敬会见安德鲁·卡里沃。双方进行了会谈，并达成在公共卫生和社区卫生服务等领域的合作意向。

9月，省卫生厅副厅长马伟杭率浙江省卫生代表团访问艾伯塔省，代表浙江省卫生厅与艾伯塔省卫生和福利部首席公共卫生官办公室签订长期合作协议。

12月1日至5日，加拿大家庭医师学会代表团访问浙江。省卫生厅副厅长马伟杭会见代表团，并向客人介绍了浙江省正在深入开展的医疗卫生体制改革，特别是社区卫生服务网络建设、全科医生培养以及就此开展的国际合作。在浙期间，代表团访问了省卫生厅、浙江大学医学院、浙江省人民医院和杭州市北山街道社区卫生中心等。

【贾庆林接见浙江援纳米比亚医疗队】 2010年3月28日，全国政协主席贾庆林率团访问纳米比亚期间，接见了浙江省援纳米比亚医疗队队员，听取了医疗队的工作汇报，对医疗队的工作给予充分肯定和高度评价。他说："医疗队的工作非常有特色有意义，我代表党和国家感谢你们。"他鼓励队员继续努力，为中纳友谊作出贡献。这是继2009年2月胡锦涛主席在马里接见浙江省医疗队后，中央领导再次接见浙江省派遣的医疗队员。

【第2届浙江-艾伯塔生命科学论坛】 2010年3月31日至4月1日，第2届浙江-艾伯塔生命科学论坛暨新型细胞技术在公共卫生领域中的应用研讨会在杭州举行。参加论坛的有来自加拿大、美国、德国、越南、香港等国家和地区以及上海、广东等省市的相关专家学者，浙江省疾病预防控制中心和杭州、台州、绍兴等市级疾病预防控制中心的专业人员，以及罗氏诊断公司、艾森生物科学公司等企业代表共160余人，其中加拿大派遣了20多人的专业团队参加会议。

研讨会上，来自加拿大艾伯塔省毒理中心、渥太华大学，美国国家环境保护局和浙江省疾病预防控制中心等单位的11位专家作专题学术报告。浙江省和艾伯塔省项目团队就细胞毒理模型项目合作进行了专题讨论。

【浙江省卫生代表团访问澳大利亚和印度】 参见第59页**【郑继伟率团访问澳大利亚和印度】**。

【首次全省卫生外事工作座谈会】 2010年5月20日，省卫生厅组织召开首次浙江省卫生外事工作座谈会。全省各市卫生局和省级医疗卫生单位领导及外事部门负责人参加会议。会上，省卫生厅厅长杨敬对浙江省近年来的卫生外事工作作了总结，并提出工作要求。副厅长马伟杭对2010年卫生系统涉外工作作了部署。各单位代表就如何做好对外交流工作和援外医疗工作等进行了交流。

【省卫生厅与丹麦开展医疗卫生交流】 2010年5月24日至6月4日，省卫生厅副厅长张平率医疗机构改革发展交流团赴丹麦等国访问。访问丹麦期间，代表团与丹麦卫生部以及哥本哈根大学附属医院进行了交流。

10月27日至29日，丹麦哥本哈根大学附属医院院长托本·佩德森率代表团访问浙江。省卫生厅副厅长马伟杭会见代表团一行。双方就医院管理理念、医疗服务、人才培养、科研发展、医院建设等进行了交流，并探讨了未来合作事宜。代表团还访问了浙江省人民医院，双方交流了各自的优势学科，并初步达成合作意向。

【中法合作区域卫生规划项目试点工作启动】 经过省卫生厅与法国卫生部一年多的共同准备，2010年，中法合作区域卫生规划项目正式启动。双方确定"精神卫生"和"妇幼卫生"作为2010年试点项目的分规划，首先在湖州地区试行。

5月和9月，法国卫生部分别派遣多名精神卫生和围产期保健专家来浙江指导项目工作，双方举办了中法精神卫生规划研讨会和区域规划围产期分规划研讨会。省卫生厅于6月和10月分别派遣精神卫生规划交流团和围产期及妇幼卫生规划交流团赴法国访问，参加了法国卫生部举办的区域卫生规划精神卫生分规划研讨会和区域卫生规划-围产期保健和妇幼卫生分规划研讨会。

【援中非医疗队获"中非国家荣誉勋章"】 为表彰浙江省第13批援

中非医疗队对中非人民健康和中非国家医疗卫生事业发展作出的贡献，中非总统博齐泽亲自签发授勋令，授予全体16名队员“中非国家荣誉勋章”，并于2010年8月20日举行隆重的授勋仪式。

【启动省级医疗单位国际合作项目】 从2010年起，浙江省财政设立“省级医疗单位国际合作项目”，每年列入250万元预算，资助省级医疗单位开展国际合作交流。项目规定，每年从省级医疗卫生单位派遣45名临床人员赴国外进修，同时聘请5名外国专家来浙江讲学、科研合作等。根据项目要求，省卫生厅从16家省级医疗单位上报的200多个项目中选出50个作为2010年度资助项目，并报省财政厅审核。省卫生厅力争通过该项目培养一批业务骨干，提高一些学科的临床水平。

多年来，省卫生厅与世界发达国家的医疗机构开展了形式多样的医学合作与交流，成效显著，被省长吕祖善誉为“投入少、产出大的项目”，并要求“每年在安排省级医院专项中要加大这方面的投入比例”。

【中英临床沟通及问诊技能培训班】 2010年10月26日至28日在杭州举办，省卫生厅、省医师协会、英国皇家全科医师学会联合举办。来自英国皇家全科医师学会的3名全科医生向200多名浙江省社区医务工作者阐述了医患临床沟通的理论与实践技巧，并到当地社区卫生服务中心进行示范坐诊、教学等活动。

◎马里医院代表团在浙江大学医学院附属第二医院参观学习

【省卫生厅与德国开展合作项目】 2010年，省卫生厅与德国开展了两个合作项目，即因万特奖学金（医院管理）项目和中德临床医师进修项目。根据双方达成的协议，经省卫生厅选拔推荐，2010年浙江省有2人获得因万特奖学金，前往德国参加为期一年的医院管理培训。此外，省卫生厅在总结2009年工作经验的基础上，继续开展临床医生赴德国培训项目，50名临床医生赴德国对口医院参加为期3个月的临床专业培训。

为扩展人才培养和学术交流的对外渠道，促进中医药国际合作交流，2010年10月，省卫生厅与德国弗伦斯堡大学波罗的海国际学院签订《医疗合作意向书》，双方同意，将在中医药教学和临床、浙江医生赴德国专业培训、留学攻读学位和参加短期管理培训以及建设养老院等方面开展合作。

【马里医院代表团来杭实习】 2010年11月8日至12日，以院长卡内为团长的马里医院代表团在杭州进行临床实习。代表团拜会了省卫生厅，并在浙江省人民医院和浙江大学医学院附属第一医院、第二医院参观学习。

【浙江两位援外工作者获“中国援外奉献奖金奖”】 2010年是中国对外援助60周年，省卫生厅配合卫生部、商务部开展“中国援外奉献奖”的组织推选活动并推荐5名候选人，其中洪禹思和江浩斌两人被商务部授予“中国援外奉献奖金奖”。

（麻欢萍）

省环保厅

【涉外工作概况】 2010年，浙江省环境保护厅接待来自瑞典、挪威、德国、日本、美国、丹麦、斯里兰卡等国的外宾11批46人次；组织或参加赴欧洲、美国、加拿大、韩国、澳大利亚、新西兰、埃及、南非、以色列、巴西、阿根廷、古巴、日本、新加坡等国家和地区考察、培训和研修技术交流团组26批56人次。

【丹麦西兰岛大区代表团访问省环保厅】 2010年5月11日，丹麦西兰岛大区区域发展与国际关系部首席顾问克里斯蒂安·普利姆戴尔率团访问省环保厅。

省环保厅有关业务处室负责人向客人介绍了浙江省的环境现状和环境保护成果，代表团成员也介绍了他们的环保领域研究课题，双方进行了交流与讨论，并表达了未来进一步合作的意向。

【省环保代表团访问瑞典、丹麦和英国】 2010年5月30日至6月10日，省环保厅副厅长章晨率省环保代表团赴瑞典、丹麦、英国进行区域及城市大气污染防治考察。

代表团在拜访瑞典环保局、丹麦环境保护署和英国剑桥市政厅时，详细了解了三国大气环境管理体系、清洁空气的内容、目标及实施成效，大气污染源控制的对策和措施，以及污染源控制的经济策略等。在访问哥本哈根市政厅时，代表团与有关专家交流了城市空气污染管理的做法和经验，了解了该市机动车尾气污染控制的对策。代表团还考察了剑桥路边空气污染监测站网建设等。

【省环保代表团访问美国、加拿大和韩国】 2010年6月2日至13日，省环保厅厅长徐震率代表团赴美国、加拿大和韩国进行环境管理和生态考察。

在美国，代表团与印第安纳州环境管理局就政府环境管理部门的职能配置、水气声渣等多项环境污染防治的组织、环境执法监督以及加强环境宣传和公众参与等进行了交流，省环保厅与印第安纳州环境管理局签署建立环境保护友好合作关系协议。代表团实地考察了污水处理厂和自来水厂、电镀企业废水处理设施以及城市生态公园，还考察了世界第一个国家立法保护的自然保护区——黄石国家公园。

在加拿大，代表团参加了由魁北克省经济创新和出口部、环保局和魁北克大学共同组织的有关水体蓝藻防治和低碳经济的研讨会。双方就湖泊、水库及河流蓝藻形成的原因，蓝藻产生的机理、防控手段和经验教训，以及温室气体减排、应对气候变化工作等进行了交流与探讨。省环保厅与魁北克大学就蓝藻污染防控和人员交流达成初步合作意向。

在韩国，代表团访问了环境署，了解了韩国饮用水源保护的立法、管理机构设置、水质监控等情况以及韩国政府扶持环保产业发展的情况。韩国KORBI生物科技公司介绍了其水质检测技术及主要产品，以及与浙江省环境保护科学设计研究院的合作进展。

【省辐射环境监测站与丹麦理工大学签署合作协议】 2010年8月16日，省辐射环境监测站与丹麦理工大学里瑟国立实验室在省环保厅进行了辐射环境领域的技术交流，并签署技术交流合作备忘录，双方将进行辐射环境领域的研究与合作。

【斯里兰卡西方省农业、工业和环境部代表团访问省环保厅】 2010年8月31日至9月1日，斯里兰卡西方省农业、工业和环境部部长乌达亚率团访问浙江。

省环保厅安排斯里兰卡客人游览了杭州西溪湿地，参观了安吉县高家堂村，浙江的优美生态环境与生态省建设成果给客人留下了深刻印象。

【省环保厅与日本静冈县签署合作协议书】 2010年10月12日，省环保厅与日本静冈县生活·环境部参加了浙江省政府组织的合作协议书签订仪式。省环保厅厅长徐震和日本静冈县生活·环境部部长松浦敏明在省长吕祖善的见证下，分别代表双方签署两省县在环境领域建立友好合作关系协议书。

【德国石荷州环境代表团访问省环保厅】 2010年10月12日，德国石荷州州务秘书泽赏一行10人访问省环保厅。副厅长卢春中会见德国客人，双方就两省州在环保领域的交流与合作进行了座谈，并就2011年省环保系统人员赴德培训达成一致意见。

2010年，省环保厅派出3名技术人员赴德国石荷州进行为期3个月的研修。

【省环保代表团访问埃及、以色列和南非】 2010年10月29日至11月9日，省环保厅副厅长吴玉琛率省环保代表团赴埃及、以色列和南非进行环境污染治理技术、辐射环境监测技术考察。

在埃及，该国环境事务局介绍了对水资源的管理、综合利用及节水技术、水资源质量的监测等。在拜访开罗大学环境学院时，吴玉琛简要介绍了浙江省节能减排工作和"811"环境保护新三年行动。

在以色列，代表团访问了提比利亚市政府，该市有关负责人介绍了微灌技术在以色列的发展和应用。代表团还访问了特拉维夫大学环境学院，考察了提比利亚市区环境、以色列重要的水资源地——加利利湖。

在南非，代表团访问了该国环境观察网，了解环境观察网的基本情况以及南非生态保护现状，代表团成员、宁波市环境保护科学研究设计院院长张冰介绍了中国的环境影响评价制度。南非环境观察网与宁波市环境保护科学研究设计院就互派研修生达成意向性协议。代表团访问了温兹堡市，了解该市在环境保护和污染控制方面的经验。在访问开普敦环境保护局时，代表团听取了南非最大的国有电力公司依斯康姆有关库贝赫核电站运行情况，以及高、低放射性废物的处理情况介绍。代表团还实地考察了南非的生态环境。

【省环保代表团访问瑞典、挪威和英国】 2010年11月4日至15日，省环保厅党组成员、纪检组长周振煊率代表团赴瑞典、挪威和英国进行环保考察。

代表团在拜访斯德哥尔摩环保局时，了解了瑞典的环境法律体系建设、环保管理机构组建，以及生活垃圾和电子废物管理领域创新性的环境管理模式。在挪威奥斯陆，代表团与市政厅的官员就城市建设过程中如何减少温室气体排放量、建立绿色能源利用系统和倡导低碳环保消费模式等进行了交流。在拜访英国米尔顿城市发展研究中心时，重点了解了英国在城市规划过程中如何体现可持续发展的环保理念，以及环保管理领域扩大公众参与度的成功经验。

（邱中云）

附表　2010年省环保厅部分出访团组

序号	出访时间	单位(团长)	出访国家或地区	访问内容
1	3月15日～6月11日	省环科院韩翀	德国	应邀赴德国进行环保技术研修
2	3月16～27日	省辐射环境监测站杨维耿	美国	赴美国赛默飞世尔科技公司进行学习和交流
3	5月19～22日	省辐射环境监测站陈彬	日本	与日本分析化学中心就环境放射性测量项目比对进行交流
4	9月13～17日	省环科院王浙明	韩国	参加东亚生态学会联盟第4届国际研讨会

续表

序号	出访时间	单位(团长)	出访国家或地区	访问内容
5	10月4～10日	省环科院韦彦斐	美国	参加第2届中美环保产业论坛，参观2010美国国际水处理设备及技术展览会并参观环境工程设施等
6	10月21～25日	省环科院徐鹏炜	美国	参加学术研讨会，访问水资源管理的有关政府部门、科研机构和公司等
7	10月22日～11月2日	省环科院吴康跃	德国、法国、瑞士	考察生态环境保护和环保新技术
8	12月4～15日	省环保厅陈爱民	巴西、阿根廷、古巴	考察生态环境和饮用水源地保护

省广电局

【涉外工作概况】 2010年，浙江省广播电影电视局自组出国团组3批28人，其中一批为培训团组。参加双跨团组3批3人。

【浙江省广电局考察团访问俄罗斯、印度】 2010年10月10日至19日，以省广电局党组成员、副巡视员傅宏章为团长的浙江省广播电影电视局考察团对俄罗斯、印度进行考察访问。

在俄罗斯，考察团访问了华为科技公司，与俄罗斯有线电视运营商交流了基于EMR、SMR和IPQAM等集成式硬件前端的数字化改造项目，并考察了俄罗斯广播电台、俄罗斯公共电视台、独立电视台。

在印度，考察团访问了Zee TV公司，与公司高管进行了交流，并商谈相关合作事宜。考察团还考察了印度宝莱坞影视拍摄制作基地。

【浙江广播电视业务管理团赴美国培训】 2010年10月15日至11月4日，浙江广播电视业务管理培训团赴密苏里大学培训，参加培训的学员主要是市县级广播电视业务管理人员。其间，培训团一行听取了美国电视媒体概况介绍，听取了电视产业媒体融合与新媒体发展战略等5个专题讲座，实地考察了KOMU电视台、ABC电视台“早间新闻”栏目、CBS电视台新闻秀节目制作以及凤凰卫视美洲总部等，并与之进行了业务交流。

【加拿大、巴西举办“浙江电视周”】 2010年10月28日至11月3日，浙江电视台与加拿大城市电视台合作，在加拿大举办“浙江电视周”。同时，在巴西也举办了“浙江电视周”。“浙江电视周”期间，放映了《新浙江》、《人间天堂》、《敢为人先》、《世博里的浙江味》、《东极岛的经度纬度》、《我们结婚吧》等6部电视专题片，介绍当代浙江的经济发展和生态环境，以及当代浙江人的物质文化生活、价值取向和精神追求。“浙江电视周”期间，每天20分钟在有关城市电视台播放上述节目。

10月31日至11月9日，以省广播电影电视局局长张宝贵为团长的浙江省广播电影电视代表团赴加拿大、巴西，参加“浙江电视周”活动。其间，张宝贵接受了加拿大广播公司和巴西记录电视网的专访，介绍了浙江影视业的发展，特别对浙江影视制作及对外交流合作、横店影视基地的情况作了详细介绍。代表团考察了加拿大国家广播公司和巴西圣保罗市的记录电视网，与对方就广播电视知识产权方面的问题进行了交流。

（汪　震）

省体育局

【涉外工作概况】 2010年，浙江省体育局派遣68批212人次，赴34个国家和地区参加比赛或交流访问；澳大利亚、加拿大、法国、意大利、日本、韩国、俄罗斯、美国、伊朗、叙利亚等22个国家和地区的33个团（队）341人次来浙江进行足球、篮球、排球、武术等运动项目的交流、训练和比赛。

【2011年亚洲杯预选赛杭州赛区比赛】 2011年1月，亚洲杯预选赛中国主场杭州赛区的比赛继续在浙江省黄龙体育中心举行。1月6日，中国队0∶0战平叙利亚队。至此，中国队在黄龙体育中心主场与越南、黎巴嫩和叙利亚的3场比赛全部结束，成绩为两胜一平，最终中国队在亚洲杯预选赛小组循环赛中六战四胜一平一负积13分小组出线，将参加2011年在卡塔尔举行的亚洲杯决赛阶段的比赛。

【中国第2届室内五人制国际足球锦标赛】 2010年6月8日至10日在浙江省黄龙体育中心体育馆举行，由中国足球协会主办，浙江省足球协会、黄龙体育中心、杭州市体育局共同承办。中国、伊朗、巴西和日本等4支球队参加比赛，巴西队获得冠军，日本队列第二，中国队列第三。

【第7届浙江国际传统武术比赛】 2010年7月9日至12日在浙江省黄龙体育中心体育馆举行，由省体育局、省友协主办。省友协会长梁平波为本届比赛题写主题词“继承传统文化，促进和谐文明”，国家体育总局武术运动管理中心主任高小军发来贺词并亲临现场宣布比赛开幕。

来自法国、日本、美国、荷兰、意大利、墨西哥、俄罗斯、澳大利亚、马来西亚等13个国家的102名选手和中国香港、澳门等地区及内地15个省、市、自治区258个代表队的4467名选手报名参赛。本次比赛设普及、规定、自选和传统武术系列的各类拳种、各种兵器、各种风格的8168个单练、109项对练和182项集体项目，产生总团体和六大年龄组男女12项个人全能冠军。

【2010杭州国际马拉松赛】 2010年11月7日上午，由中国田径协会和浙江省体育局主办、为国际马拉松协会认可的世界级马拉松赛事——2010杭州国际马拉松在浙江省黄龙体育中心广场举行。15000多名运动员及长跑爱好者参加比赛，其中外国运动员500多名，来自31个国家。

本次马拉松设全程（42.195千米）、半程（21.0975千米）、短程（13.8千米）、迷你（6.8千米）以及情侣跑和家庭跑（1.2千米）6个组别的比赛，男子全程前三名被肯尼亚选手包揽，女子全程前三名分别是大连艺术学校体育俱乐部的魏杰、陶丽丽以及埃塞俄比亚选手阿贝贝。

【浙籍运动员亚运会取得好成绩】 2010年11月12日至27日，浙江省37名运动员参加了在广州举行的第16届亚洲运动会的比赛。浙江参赛运动员在射击、游泳、赛艇、柔道、拳击、篮球、排球等14个大项的比赛中，共获得26金10银7铜，为历史最好成绩。省委、省政府专门发了贺信，祝贺浙江运动员取得优异成绩。

【第3届世界太极拳健康大会】 2010年12月8日至12日在浙江省黄龙体育中心举行，由国家体育总局武术运动管理中心、中国武术协会、浙江省体育局主办。国际武术联合会名誉主席、国家体育总局原局长伍绍祖莅临大会并宣布大会开幕。

来自中国、美国、法国、德国、瑞典、巴西、墨西哥、荷兰、日本、马来西亚等16个国家和地区的1235名运动员参加692项拳、597项器械及76项集体项目的比赛。

【日本京都日中武道研究会研修团访问浙江】 2010年12月28日至2011年1月4日，以吉村京子为团长的日本京都市日中武道研究会研修团访问浙江，这是该研究会组织的第27次访问团。为了把中国武术带回日本，也使日本武道传入中国，研究会访华成员在杭州过新年，学习太极拳、太极剑等中国传统的武术项目。此次研修团访问浙江，还与桐庐县、建德市武术协会等进行了中国武术和日本武道交流。

（刘　杰）

附表1　2010年省体育局部分出访团组

序号	出访时间	团组名称	团组负责人	出访人数	出访国家或地区	备　注
1	2月5～10日	马拉松	沈达军	5	日本	组团
2	2月8～12日	田径	陈银河	5	日本	参团
3	2月10日～3月25日	游泳	朱志根	6	澳大利亚	组团
4	2月25日～3月1日	游泳	徐国义	4	日本	参团
5	2月28日～3月12日	跆拳道	闻人云涛	2	墨西哥	参团
6	3月10～17日	体操	赵坤杰	5	日本	参团
7	4月6～17日	举重	王才喜	3	乌兹别克斯坦	参团
8	4月19日～5月1日	象棋	于幼华	1	越南	组团
9	4月26日～5月4日	体操	童瑞瑶	3	澳大利亚	参团
10	4月27日～5月5日	射击	苏志清	8	德国	组团
11	4月30日～6月28日	游泳	徐国义	7	澳大利亚	组团
12	5月10～23日	男排	徐先涛	2	伊朗	参团
13	5月17～27日	科研	杨威斌	2	芬兰、德国	组团
14	5月18～29日	女排	汪慧敏	2	马来西亚	参团
15	5月19～24日	田径	陶剑荣	7	新加坡	参团
16	5月20日～6月3日	武术	张春艳	5	新西兰、汤加、瓦努阿图	参团
17	5月27日～6月2日	武术	徐仁军	6	加拿大	组团
18	6月9～14日	体彩	蒋萌	5	香港	组团
19	6月10～22日	举重	邵国强	2	保加利亚	参团
20	6月16～21日	排球	徐先涛	2	日本	参团
21	6月20日～7月2日	女篮	沈怡	1	泰国	参团
22	6月28日～7月5日	田径	张仁杰	5	越南	参团
23	7月5～12日	田径	陶剑荣	11	香港	组团
24	7月10日～10月5日	网球	林罡	8	西班牙	组团

续表

序号	出访时间	团组名称	团组负责人	出访人数	出访国家或地区	备　注
25	7 月 13～20 日	技巧	薛梁富	3	波兰	参团
26	7 月 14～23 日	群众体育	应祖明	6	美国、加拿大	组团
27	7 月 16～27 日	田径	金其超	2	加拿大	参团
28	7 月 24 日～8 月 10 日	航模	葛萌	4	匈牙利	参团
29	8 月 7～11 日	游泳	张亚东	2	香港	组团
30	8 月 12～28 日	田径	黄海炳	2	新加坡	参团
31	8 月 13～18 日	青奥会	吕林	9	新加坡	组团
32	8 月 13～28 日	排球	汪慧敏	4	新加坡	参团
33	8 月 15～24 日	体育综合	李云林	6	巴西、美国	组团
34	9 月 8～13 日	田径	张仁杰	2	法国	参团
35	9 月 29 日～10 月 12 日	排球	徐先涛	2	泰国	参团
36	10 月 1～12 日	篮球	王志刚	18	美国	组团
37	10 月 2～9 日	教学	李建设	3	美国	组团
38	11 月 5～10 日	彩票	扈忠东	6	澳大利亚	组团
39	11 月 13～21 日	蹦床	赵坤杰	4	法国	参团
40	12 月 11～21 日	游泳	徐国义	5	阿联酋	参团
41	12 月 20～29 日	体育综合	夏建成	5	南非、埃及	组团
42	12 月 21～30 日	乒乓	王兵	5	香港	组团

附表 2　2010 年省体育局接待的部分访浙团组

序号	来访时间	团组名称	团组负责人	来访人数	来访目的
1	1 月 3～7 日	亚足联	當麻政明	6	比赛
2	1 月 4～7 日	叙利亚国家足球队	阿雷夫·斯洛	24	比赛
3	6 月 1～6 日	中国国际女排邀请赛	魏纪中	60	比赛
4	6 月 8～11 日	中国室内国际五人制足球赛		63	比赛
5	7 月 8～12 日	第 7 届浙江国际传统武术比赛	山森由美等	102	比赛交流
6	7 月 30 日～8 月 2 日	美国爱荷华州青少年女子足球队		24	访问交流
7	10 月 30 日～11 月 6 日	美国洛杉矶飞鹰明星职业男子篮球俱乐部	马克月卡夫	11	交流比赛
8	10 月 20 日～11 月 9 日	尼泊尔武术队	潘特·卡科	16	训练
9	11 月 5～10 日	韩国釜山马拉松队	吴东石	6	交流比赛
10	11 月 11～18 日	卡塔尔田径队	欧启·克拉格	15	训练

省海洋与渔业局

【涉外工作概况】 2010年,浙江省海洋与渔业局组织出访考察团13个、培训团1个,共27人次。出访国家有澳大利亚、新西兰、美国、日本、韩国、英国、挪威、阿根廷、乌拉圭、新加坡、阿联酋、阿曼等。接待外宾3批15人次,分别来自日本、马尔代夫、挪威等国家。实施引进外国专家项目10个,邀请挪威、匈牙利、美国、日本、马来西亚和英国等国家的渔业专家10人次来访。

【省淡水所专家赴匈牙利学习考察】 2010年3月8日,根据省淡水所与匈牙利渔业、水产养殖和灌溉研究所签订的项目合作协议,省淡水所种质资源室副主任朱俊杰赴匈牙利学习考察。朱俊杰重点学习了匈牙利CIE水产养殖技术,即"精养与粗养结合的养殖模式",并参观了CIE水产养殖系统示范性养殖场。

【日本专家来省海洋所交流】 2010年4月9日,日本"人工鱼礁渔场造成计画指针编集委员会"委员、原国立高知大学农学部教授木村晴保来省海洋所作学术报告,并与省海洋所的专家进行学术交流。

【省养殖所与马来西亚理科大学签署合作备忘录】 2010年4月20日,省养殖所与马来西亚理科大学在北京签署合作谅解备忘录。省养殖所副所长陈少波和马来西亚理科大学海洋与海岸带研究中心主任凯伦·雅哈亚分别代表双方在《备忘录》上签字。《备忘录》内容包括双方共同致力于环境保护研究、水生动物遗传育种研究以及今后双方共同确认的其他相关领域研究。

【挪威北挪威省代表团访问省海洋与渔业局】 2010年5月31日,以省长欧德·埃里克森为团长的挪威北挪威省代表团访问省海洋与渔业局,局长赵利民会见代表团,科技外经处负责人向客人介绍了浙江省渔业情况。挪威客人对浙江省的海洋环境保护、自然灾害防御等工作很感兴趣。赵利民回答了客人提出的问题。双方表示,浙江和北挪威同为渔业大省,希望今后加强合作。

【浙江省渔业考察团访问澳大利亚和新西兰】 2010年5月25日至6月3日,省海洋与渔业局副局长俞永跃率浙江省渔业考察团赴澳大利亚、新西兰进行考察学习。

代表团参观了澳大利亚塔斯马尼亚大学海洋与南极研究所、水产养殖与渔业研究所,与有关人员就渔业管理方法和健康水产养殖等课题进行了座谈交流;代表团还参观了牡蛎养殖加工与休闲基地、三文鱼深水网箱养殖基地、海马保护区。在新西兰,代表团拜访了海产品行业委员会,并与有关人员进行了座谈交流。

【马尔代夫大使访问省海洋与渔业局】 2010年6月5日,马尔代夫驻华大使阿哈迈德·拉蒂夫访问省海洋与渔业局。副局长俞永跃会见客人,双方就共同关心的渔业科技研究、远洋渔业许可证发放、渔业技术培训等问题进行了交流,并表达了合作意愿。

【匈牙利渔业专家访问省淡水所】 2010年6月10日,匈牙利国家渔业、水产养殖与灌溉研究所丹尼斯·盖尔博士访问省淡水所,考察该所主持的省重大国际合作项目"淡水名优水产品种环境友好型养殖关键技术研究与示范"。丹尼斯·盖尔参观了项目示范点湖州中湖生态农业发展有限公司和德清县吴越水产养殖有限公司,并就中华鳖和青虾环境友好型养殖模式、水质管理等内容与省淡水所专家进行了交流。双方认为,两所在鱼病研究、水质管理和科技人员培训等方面有互补性,可以进行长期合作交流。

【中国-以色列"水产养殖技术与健康管理"培训班】 2010年8月2日至3日在省养殖所举办,由中国和以色列联合开设,省科协、省水产学会和省养殖所主办,以色列政府提供资助。来自温州医学院等高校学生以及温州沿海县(区)海洋主管部门、渔业技术推广站、研究所等十几家单位的近百人参加培训。

培训班上,以色列农业部渔业和水产养殖司、以色列国家鱼类健康实验室主任伊扎克·本加拉诺等讲解了以色列鱼类养殖的技术要点、鱼类养殖的病害预防以及防治用药,并介绍了以色列的新型养殖技术。

【2010 海洋生态文明(温州)国际论坛】 2010 年 10 月 16 日至 20 日在温州举办,由国家海洋局国际合作司、温州市政府、省海洋与渔业局和省科协共同主办。论坛获得联合国开发计划署、美国国家海洋和大气局、泰国国家科学博物馆、泰国东方大学、马来西亚理科大学、保护国际基金会等国际组织和机构的支持。来自美国、加拿大、泰国、马来西亚、科特迪瓦等 8 个国家以及香港等地区海洋研究领域的科学家和中国内地海洋学界知名的科学家及各级政府管理部门的官员 180 余人参加论坛。与会专家围绕"生物多样性保护与可持续性利用"、"海洋保护区建设与网络化"两个议题进行了探讨。

【水产专家参加中日韩海洋渔业资源管理研讨会】 2010 年 10 月 25 日至 30 日,省海洋水产研究所所长徐汉祥赴日本参加第 21 届中日韩海洋渔业资源管理研讨会,在会上作题为《东海主要渔场初级生产力分布及渔业资源蕴藏量估算》的学术报告。

【浙江与日本长崎县签订渔业交流备忘录】 2010 年 11 月 1 日至 5 日,以长崎县水产部次长荒川敏久为团长的日本长崎县渔业代表团和水产考察团对浙江省进行友好访问。代表团参观了杭州市农科院水产研究所、千岛湖方鼎水产食品有限公司以及千岛湖巨网捕鱼的场景。2 日,省海洋与渔业局与代表团就海洋渔业资源保护、渔业资源增殖放流政策等问题进行了讨论,就加强双方水产交流合作、特别是水产研究机构的交流合作事宜进行了交流,并签订两省县渔业交流备忘录。

【浙江省渔业考察团访问英国和挪威】 2010 年 11 月 9 日至 18 日,以省海洋与渔业局副局长陈宗尧为团长的浙江省渔业考察团对挪威和英国进行访问考察。考察团考察了挪威国家水产蛋白质研究中心、挪威生命科学大学、挪威水产养殖研究所、英国斯特林大学水产学院等,了解了两国在水产营养与饲料、鱼类良种选育、健康养殖、病害防控等领域相关技术研究的进展,并与有关研究人员进行了座谈,就未来双方合作进行了探讨。

【组织"名优水产品环境型养殖模式技术培训团"赴美培训】 2010 年 11 月 31 日至 12 月 20 日,浙江省组织"名优水产品环境友好型养殖模式技术培训团"赴美国进行学习培训。培训团成员由来自全省海洋与渔业系统的有关行政机构、科研教育院所、推广机构的管理和技术人员组成。本次培训的主要目的,是学习和了解美国渔业发展概况、水产质量与环境控制等方面的先进技术和管理方法,以及美国新技术、新品种的研究应用。在美期间,培训团还走访了海、淡水养殖场,试验场和水产品加工厂。

【省海洋所深化鱼类网箱养殖技术合作】 2010 年,省海洋水产研究所加强与比利时专家及国际铜业协会关于网箱设施及养殖技术的合作。比利时贝卡尔特公司亚洲研发中心和国际铜业协会确定在中国海域进行金属网衣网箱的产业化试验,并决定在省海洋与渔业局即将建立的舟山朱家尖传统网箱改造升级基地进行试验示范,同时聘请省海洋所的徐君卓研究员担任试验的技术顾问。

(叶　丹)

省食品药品监管局

【涉外工作概况】 2010 年,浙江省食品药品监督管理局共组织

14个因公出国(境)团组,合计83人,分别赴希腊、美国、加拿大、埃及、南非、日本、香港等国家或地区开展技术合作和交流访问。

【省食品药品监管局代表团访问瑞士、希腊和肯尼亚】 2010年6月22日至7月3日,省食品药品监管局局长黄萌率团访问瑞士、希腊和肯尼亚。在瑞士,代表团与日内瓦药品监管局首席药品工程师劳伦·福尼尔就药剂师管理方面的情况进行了交流。在希腊,代表团与药品生产和批发零售商皮尔法伯医药公司进行了药品质量标准和注册认证方面的情况交流和沟通。

【浙江医高专教师赴香港培训】 2010年7月25日至8月7日,浙江医药高等专科学校选派18名讲师以上职称教师赴香港理工大学,进行医药职业技能培训。

【浙江医高专代表团访问埃及和南非】 2010年10月9日至5日,浙江医药高等专科学校党委书记眭宝良一行赴埃及开罗大学和南非开普半岛科技大学,进行食品学科建设和课程设置的交流,并商洽选派教师开展进修培训等事宜。

【省食品药品监管局代表团访问美国】 2010年10月22日至31日,省食品药品监管局巡视员赵光云一行访问美国玫琳凯集团公司总部,对产品质量控制情况进行全面了解,参观了产品研究中心和质量控制实验室。代表团此次访问,主要是为对杭州玫琳凯公司开展属地行政监管提供质量管理依据。

【省食品药品监管局代表团访问美国】 2010年10月26日至11月4日,省食品药品监管局副局长黑振海一行赴美国博士伦公司总部进行友好回访。代表团此访,主要是与美方对召回的“润明除蛋白隐形眼镜护理液”中微量铁元素水平较高,可能导致护理液变色和提前失效的问题进行技术性研讨。双方讨论确定了有关检验标准,作为产品注册的依据。

(曹丽云)

省新闻出版局

【涉外工作概况】 2010年,省新闻出版局(版权局)积极组织开展对外合作与交流,鼓励和支持有关出版、发行、出版物进出口经营单位开展促进浙版出版物“走出去”工作,扩大中华文化的国际影响力,提高浙江省出版发行业参与国际市场竞争的能力。制定浙江省新闻出版业“十二五”规划,提出未来五年“走出去”工作的目标任务和工作措施。

【浙江版权贸易代表团访问韩国、日本】 2010年6月30日至7月9日,由省版权局、省政府新闻办公室共同组织,以省新闻出版局副局长单烈为团长的浙江省版权贸易代表团赴韩国、日本开展版权贸易,分别举办了“浙江版权贸易图书展”,并与韩、日两国出版界进行了广泛的交流和版权贸易业务洽谈。其间,浙江省数千种新近出版的优秀图书在日本和韩国设专柜展销,受到日本《每日新闻》等主流媒体的关注;浙江少儿出版社与韩国KYOWON出版集团签署版权贸易战略合作伙伴关系协议,与日本集英社达成动漫作品版权引进合作意向;浙江大学出版社与京都朋友书店达成联合出版的合作意向;华人集团与日本国际动漫公司签订动漫剧本《郑和下西洋》的版权输出合同。

【组织参加第17届北京国际图书博览会】 2010年8月30日至9月3日,省版权局组织14家图书出版社、浙江印刷集团及浙江华硕国际贸易有限责任公司等单位参加第17届北京国际图书博览会,参展出版物1500多种。其中,代表浙版图书“走出去”最新成果的《中国印刷史》、《流淌的母亲河》、《中国科技进展丛书》以及代表浙江出版实力的最新版重点图书《王国维全集》、《中国非物质文化遗产丛书》、《西湖全书》等受到与会者的关注。博览会期间,浙江省出版社与美国、德国、英国、韩国、越南等国家和地区的出版机构达成版权贸易、合作出版协议和意向共250多项。

【浙江出版考察团访问印度、土耳其】 2010年8月30日至9月8日，以原省新闻出版局局长钟桂松为团长的浙江出版考察团访问印度、土耳其，考察两国出版业，分别与印度印中文化交流中心、土耳其伊斯坦布尔市文化局的官员及APA集团负责人进行会谈，并实地考察了印度著名的大型连锁书店和土耳其最大的印刷企业APA印刷集团。其间，杭州日报报业集团有关负责人与APA集团总裁就开展印刷合作可行性等事宜进行了探讨。

【第2届亚太数字期刊大会】 2010年10月14日至15日在杭州举行。本届大会由国际期刊联盟和中国期刊协会主办，省新闻出版局和杭州市政府承办。国家新闻出版总署副署长李东东，省委常委、宣传部长茅临生和国际期刊联盟主席、中国期刊协会会长等出席会议。来自日本、韩国、新加坡、印尼、美国、英国、德国等15个国家和地区的500余名嘉宾与会，方正集团、法国桦谢集团、日本NHK出版集团、印度世界媒体集团等期刊界、出版界、信息产业界的一流刊社及期刊数字相关企业参会。

【一批单位和项目获国家文化出口重点企业和重点项目】 经推荐和评选，浙江大学出版社、浙江出版联合集团公司、浙江华硕国际贸易公司、温州日报报业集团等4家单位被商务部、文化部、广电总局和新闻出版总署等中央六部门评为2009—2010年度全国文化出口重点企业，浙江少年儿童出版社出版的《成语故事绘本》被评为2009—2010年度全国文化出口重点项目。

（陈清贵）

浙江检验检疫局

【涉外工作概况】 2010年，浙江出入境检验检疫局强化进出口产品检验监管，严格履行口岸把关职能，提高口岸卫生和动植物检疫监管工作有效性，确保浙江辖区口岸安全；积极开展国际交流与合作，较好完成美国食品和药物管理局、欧盟消费者保护总司食品兽医办公室、意大利ECO认证公司、日本新东亚株式会社等有关国际机构人员的来访接待任务。组织和承办“小商品检测技术国际交流会”等多个国际性会议。组织或参加有关团组赴欧美、非洲、东南亚等国家和地区，执行进口商品预检、境外企业考核、现场检查评审、技术交流培训、相关业务考察等任务。

【浙江局派员参加国际食品法典委员会会议】 2010年3月1日至5日，国际食品法典委员会食品进出口检验与认证分委会第18届会议在澳大利亚召开。浙江局认证处处长丁艺宏随同国家质量监督检验检疫总局代表团参加会议。

【浙江局专家参加第9届中日蜂蜜技术交流会】 2010年4月7日，中国食品土畜产进出口商会蜂产品商会和日本全国蜂蜜公正取引协议会在北京共同举办第9届中日蜂蜜技术交流会。浙江、湖北、江苏、秦皇岛检验检疫局的相关人员作为技术专家参加会议。会上，浙江局专家专门就检验检疫部门对出口蜂蜜的质量控制、监管措施和养蜂基地备案等作了介绍，并就日方提出的蜂蜜掺假、抗生素残留、养蜂用药控制和养蜂基地管理等问题作了详细解答。

【进出口化妆品检验检疫监督管理办法研讨会】 2010年4月22日，国家质检总局进出口食品安全局、标准法规研究中心组织北京、上海、福建、广东、浙江、珠海等地系统内化妆品检验检疫专家在义乌召开《进出口化妆品检验检疫监督管理办法》修订研讨会。国家质检总局进出口食品安全局副局长林伟等出席会议。

近年来，中国化妆品市场发展迅猛，市场规模仅次于美国、欧盟，居世界第三位，化妆品进出口量逐年递增，化妆品市场环境出现新的变化。通过对《进出口化妆品检验检疫监督管理办法》的研讨，旨在了解掌握化妆品监督管理的新需求，进一步提高对进出口化妆品质量安全的监管工作。

【中韩进出口水产品卫生管理会议】 2010年7月7日至8日在杭州召开，浙江检验检疫局副局长王继蓬出席会议并致欢迎词。

会议由国家质检总局食品局副局长林伟和韩国农林水产食品部渔业资源官孙在学共同主持。国家质检总局食品局、国家认监委、浙江局、山东局的代表与韩国外交通商部、农林水产食品部、国立水产物品质检查课及韩国驻华使馆的代表，就《中华人民共和国国家质量监督检验检疫总局和大韩民国农林水产食品部关于进出口水产品卫生管理协议》相关内容的明确、组建中韩水产品卫生安全联合专家工作组、水产品安全卫生限量标准和检测方法、进出口水产品卫生安全法规信息通报、远洋捕捞水产品出证等进行了深入的讨论。

【美国食品和药物管理局官员巡查温州水产品加工企业】 2010年7月15日至16日，美国食品和药物管理局（简称“美国FDA”）巡查官员大卫·穆尔黑德到瑞安市华盛水产品加工厂（简称“华盛”）进行巡查。

美国食品和药物管理局负责对出口到该国的食品企业进行巡查。通过巡查，穆尔黑德认为华盛生产工人卫生意识良好、操作规范，卫生控制措施有效，车间设施设备完好，有关记录翔实，对其卫生控制能力表示满意。

华盛水产品加工厂是温州水产品出口龙头企业，美国是其主要出口市场之一。虽然华盛曾多次接受国外官方检查，但高要求的美国的官方检查尚属首次。为此，温州出入境检验检疫局主动派出专家帮助企业，为其收集曾接受美国FDA局检查企业的有关资料，与企业技术人员探讨迎检方案，协助企业加强员工培训、确定模拟生产现场等，帮助华盛顺利通过美国美国食品和药物管理局官员的第一次巡查。

【省检科院与意大利ECO公司合作取得进展】 2010年9月6日，意大利知名的ECO认证公司副董事长巴比里、总经理赞布罗塔等一行访问浙江省检验检疫科学技术研究院（简称“省检科院”）市场业务部，双方进行了业务合作洽谈，达成多项共识。

巴比里一行参观了玩具实验室和电气实验室，详细询问了设备和测试情况，并与现场技术人员进行了沟通。双方还就实验室资质、欧盟指令等进行了探讨，达成初步意向，决定首先在玩具和电气方面进行业务合作。

【小商品检测技术国际交流会】 2010年9月16日在义乌举行，义乌出入境检验检疫局主办。来自埃塞俄比亚、肯尼亚等8个国家的质检官员、国内外多家大型检测机构代表以及检验检疫系统30多名专家、领导出席交流会。

会上，埃塞俄比亚、肯尼亚等国家产品质量官员解读了进出口商品贸易法规、欧盟法规中食品接触材料以及玩具等消费品的技术标准要求，并针对一些特定小商品的产品质量控制、部分仪器应用技术以及国内外检测技术标准、法规等进行了交流。

【发展中国家技术法规宣讲会】 2010年9月16日在义乌召开，国家质检总局主办。国家质检总局副局长孙大伟出席会议并讲话，省政府副秘书长夏海伟，浙江检验检疫局局长阎震，义乌市市长何美华、副市长季金甫和中非、尼日利亚、科特迪瓦等国家驻华使馆官员及质检官员等出席会议。来自36个国家的79名质检官员及中国10余个直属检验检疫局、企业、部分第三方检验机构的代表近340人参会。

孙大伟作大会主旨演讲。他强调，应当加强产品质量的检验监管，实现更高水平的工业品安全，将“义乌论坛”变成发展中国家工业品安全合作交流的一个长效磋商机制。

与会各方就近几年发展中国家在产品质量安全方面制订的技术法规、市场准入条件，以及技术标准运用、进口监管措施等进行了交流。

【欧盟代表团考察输欧植物监管体系】 2010年9月17日至19日，以美塔·凡莱迪为代表的欧盟委员会消费者保护总司食品兽医办公室3名官员访问浙江检验检疫局，并考察了浙江局辖区输欧盆栽植物检疫监管及出证情况。

在浙期间，欧盟代表团听取了浙江局出口盆栽植物检疫监管及出证体系介绍，实地考察了输欧盆栽植物种植基地，详细了解欧方关注的有害生物的防控情况，特别是针对星天牛的防控措施。双方就中国五针松出口欧盟等事宜进行了技术交流。欧盟代表团对浙江局输欧盆栽植物监管情况表示充分肯定，认为浙江局输欧植物检疫监管体系科学有效，完全符合欧盟现行的植物检疫要求。

◎欧盟植检代表团来浙江考察输欧植物监管体系情况

【杭州地区肝素钠生产企业通过美国FDA检查】 肝素钠是从猪或其他动物肠粘膜中提取的抗凝血药，有“动物黄金”之称，价格高达4万～5万元/千克。近年来，美国食品和药物管理局加严了对进口肝素钠的检查力度，并对肝素钠采用新的生产控制方法。

为了验证中国对美国出口肝素钠企业是否符合美国FDA有关肝素钠新标准的相关要求，2010年11月，FDA分别派出两个检查组，对杭州出入境检验检疫局辖区内的浙江凯胜畜产品加工有限公司、杭州龙扬生物科技有限公司两家肝素钠生产企业进行为期4天的全面检查。为了帮助企业顺利通过美国FDA检查，杭州局在年初即指导企业做好迎检准备工作，并给予全面指导。FDA官员检查后认为，杭州检验检疫局辖区两家生产企业生产控制方法基本符合美国FDA对肝素钠生产的控制方法，允许两家企业继续向美国出口肝素钠。

【日本客人访问台州检验检疫局】 2010年11月9日，日本新东亚株式会社及经销商一行就台州保鲜西兰花恢复出口日本一事专程访问台州检验检疫局。副局长张祖舜会见日本客人，向他们详细介绍了检验检疫部门作为官方监管机构，在会同有关各方狠抓源头管理、积极应对日本“肯定列表制度”、确保出口西兰花质量安全方面所做的工作。日本客人高度认同台州局所做的工作，并表示，作为经销台州保鲜西兰花多年的进口商，对台州保鲜西兰花的质量安全完全有信心。

因受“毒饺子”事件等影响，台州保鲜西兰花出口日本停滞了近三年。日本客户此次来台州进行实地考察，旨在了解实际情况，争取2010年产季恢复进口台州保鲜西兰花。

【美国食品和药物管理局代表团访问舟山】 2010年11月11日，美国食品和药物管理局副局长迈克尔·泰勒一行到舟山参观访问。

代表团分别与检验检疫人员和企业人员进行了座谈，并参观了浙江海博食品有限公司生产加工现场和企业实验室。迈克尔·

泰勒迈对浙江海博食品有限公司的生产加工管理给予高度评价。

【中埃企业装运前检验座谈会】 2010年11月30日在义乌召开。国家质检总局检验监管司副司长刘世远、浙江检验检疫局副局长刘志研、埃及进出口控制总局主席沙菲克等出席会议。参加此次会议的还有海关总署、埃及财政部、埃中企业家协会、埃及驻华使领馆官员,在义经商的埃及客商,以及义乌组货单位的代表。

与会各方就中国输埃商品装运前检验、监装、核价工作规则,埃及产品质量法律法规、清关程序等议题进行了交流。驻义埃商代表及义乌组货单位代表分别就装运前检验工作中的清关、核价、证书传递,与埃及、中国质量监管部门官员进行了交流。中埃双方就共同关心的核价问题达成初步共识。

浙江是中国对埃贸易大省,2009年5月至2010年11月共实施输埃商品检验监装2万多批,占全国输埃监装总量的50%。义乌是浙江对埃贸易的重要基地,2009年5月至2010年11月共实施输埃商品检验监装1万多批,占浙江输埃商品检验监装总量的50%。

(顾梓耀)

亚太小水电中心

【涉外工作概况】 2010年,亚太地区小水电研究培训中心受中国商务部委托,举办两期援外培训班。在马其顿举办清洁能源技术与设备推介会。国际市场持续拓展,除开展已承接的越南小水电项目外,开拓与印度尼西亚、巴布亚新几内亚等国的水电技术合作。接待来访团组21批69人次,包括加拿大、法国、泰国等国的水电及能源官员、专家和技术人员;向马其顿、土耳其、尼泊尔等国派遣工作团组9批22人次。

◎中埃企业装运前检验座谈会在义乌召开

【马其顿清洁能源推介会】 2010年3月4日,亚太小水电中心在马其顿首都斯科普里举办清洁能源技术与设备推介会。此次推介会旨在向马其顿管理部门及项目开发者介绍中国在开发小水电与太阳能方面的技术与设备能力,为两国间的合作创造机会。中国驻马其顿大使董春风、马其顿经济部长贝西米出席开幕式并致辞。亚太小水电中心主任程夏蕾等分别作《中国小水电与农村电气化》等主题发言。

【发展中国家小水电技术培训班】 2010年4月28日至6月8日,受商务部委托,亚太小水电中心举办发展中国家小水电技术培训班,来自10个国家的18位工程技术人员参加培训。培训教学内容涵盖从中国小水电发展的综合经验到小水电的具体技术,组织学员参观考察中小水电站、水电设备厂家,并参观上海世博会。

【亚太小水电中心主任参加上海世博会小水电研讨会】 2010年5月25日,2010上海世博会"联合国工业发展组织周——小水电促进绿色经济与社区可持续发展研讨会"在上海世博园联合国馆举行，联合国工发组织总部及驻华代表处、国际小水电联合会等国际组织代表，水利部有关司局负责人，地方政府代表、专家学者与企业界代表共百余人出席研讨会。水利部副部长胡四一、联合国工发组织副总干事浦元义照到会并致辞。

亚太小水电中心主任程夏蕾参加小水电研讨会，并作为特邀嘉宾现场回答了中外代表提出的中国小水电标准如何走向世界并支撑中国小水电机电设备出口等问题。

【挪威石油与能源大臣等访问亚太小水电中心】 2010年5月29日，挪威石油与能源大臣泰里斯·约翰森及北挪威省省长欧德·埃里克森一行访问亚太小水电中心。中心主任程夏蕾、副所长黄建平等与代表团进行了会谈。程夏蕾介绍了中国小水电发展及中心在小水电领域开展的工作，并与中心其他成员一起回答了外方的有关提问。泰里斯·约翰森和欧德·埃里克森表示，希望在小水电技术方面与亚太小水电中心建立合作关系。

【发展中国家农村电气化研修班】 2010年6月11日至7月8日，受商务部委托，亚太小水电中心举办发展中国家农村电气化研修班，来自13个国家电力、能源和环境等领域的30名官员和技术人员参加培训。本次研修班由课堂教学、实地参观考察和交流洽谈三部分内容组成。课堂教学涵盖小水电专业技术、农村电气化与环境、农村电气化新能源等方面的内容；实地参观考察点包括典型的中小水电站、水电和风力发电设备厂等。

【尼泊尔、菲律宾客人访问亚太小水电中心】 2010年10月19日，亚太地区未来领导人计划参与者、来自尼泊尔的拉夫沙和来自菲律宾的艾力克到亚太小水电中心访问考察。中心主任程夏蕾介绍了中国小水电发展的基本情况以及中国在小水电发展领域的全局政策，并与各部门负责人一起解答了外宾关于可再生能源的开发与发展、能源领域的创新开拓以及领导人才的培养等问题。

【拓展小水电国际合作项目】 2010年，亚太小水电中心开拓了与越南、印尼、土耳其、巴布亚新几内亚等国的小水电合作项目，并进行越南、肯尼亚、阿尔巴尼亚、巴布亚新几内亚、美国等国项目的投标和前期项目洽谈、设计投标工作。小水电设备成套出口业务进一步拓展，积极加强与阿尔巴尼亚、秘鲁、肯尼亚等国的小水电合作。

（潘大庆）

◎挪威石油与能源大臣及北挪威省省长一行访问亚太小水电中心

省总工会

【涉外工作概况】 2010年，浙江省总工会接待来自10个国家和地区的工会代表团17批122人次；应邀组织5个代表团30人次，出访古巴、墨西哥、埃及、新加坡、挪威、瑞典、日本、韩国等国家。

【韩国劳总庆尚南道本部友好访华代表团访问浙江】 2010年4

月12日至13日，以朴俊守为团长的韩国劳动组合总联盟庆尚南道本部第8次友好访华代表团来浙江参观访问。代表团此次来访的主要目的是进一步加强两国工会组织之间的交流，探讨金融危机下的工会维权工作，促进双方友好关系深入发展。

代表团在杭期间，参观了杭州市总工会职工维权帮扶中心、普天东方通信集团有限公司，并与企业工会进行座谈交流。

省总工会党组书记、常务副主席金长征会见并宴请代表团，副主席姚炳甫参加会见和宴请。

【日本联合静冈会长访问浙江】 2010年5月10日至12日，日本劳动组合总联合会静冈县联合会（简称"联合静冈"）会长吉冈秀规一行访问浙江。吉冈秀规一行参观了杭州市总工会职工维权帮扶中心，并拜访浙江省总工会。省总工会党组书记、常务副主席金长征会见并宴请客人，向他们介绍了省总工会工作情况。副主席吴建宪参加会见和宴请。

【葡萄牙塞杜瓦尔总工会友好访华代表团访问浙江】 2010年5月13日至16日，以塞杜瓦尔总工会协调员路易·巴依绍为团长的葡萄牙塞杜瓦尔总工会第5次友好访华代表团访问浙江。

访浙期间，代表团参观了嘉兴加西贝拉压缩机有限公司、杭州经济技术开发区史陶比尔（杭州）精密机械电子有限公司，并与企业工会座谈交流；参观了中共一大南湖革命纪念馆。在与省总工会座谈交流时，双方探讨了在金融危机形势下如何开展工会工作，组织并动员广大职工为恢复经济作出努力。

13日晚，省总工会副主席陈世权宴请客人，副主席吴建宪参加宴请。

【浙江省总工会代表团访问埃及、新加坡】 2010年6月13日至22日，以省总工会副主席李锦平为团长的浙江省总工会代表团对埃及、新加坡进行友好访问。

代表团分别拜访了埃及铁路工会和新加坡食品饮料暨同行业工友联合会，听取两国工会关于组织体系、组织结构、主要工作、活动方式和工人福利及就业等情况的介绍，并就共同关心的问题与两国工会领导人进行了座谈交流。代表团还考察了开罗市的铁路建设和工人俱乐部，参观了新加坡全国职工总会的服务和办公场所。

【浙江省总工会代表团访问古巴、墨西哥】 2010年7月15日至25日，以省总工会副主席陈世权为团长的浙江省总工会代表团对墨西哥、古巴进行友好访问。

访古期间，代表团拜访了古巴工人中央工会，与马坦萨斯省总工会和部分产业工会有关领导进行了会谈和交流，考察了马坦萨斯省总工会干部学校等。

访墨期间，代表团拜访了墨西哥劳动者工会联合会，双方进行了座谈交流。墨西哥国会议员、原墨西哥劳工大会主席维克多·弗洛雷斯设宴欢迎浙江省总工会代表团。

【浙江省总工会代表团访问挪威、瑞典】 2010年8月16日至25日，以省总工会副主席姚炳甫为团长的浙江省总工会代表团对挪威、瑞典进行友好访问。

代表团拜访了挪威全国总工会、北挪威省政府和瑞典总工会，与挪威工业和能源工会、挪威全国总工会北挪威省工会、瑞典五金工业工会进行了友好交流与会谈，并实地考察了挪威ASCO和海上石油供油基地、桑那松石油钻井技校，与企业员工和工会负责人进行了座谈交流。

【俄罗斯伏尔加格勒州工会友好访华代表团访问浙江】 2010年9月15日至17日，以伏尔加格勒州工会培训中心主任道尔泽科·根纳季为团长的俄罗斯伏尔加格勒州工会第6次友好访华代表团来浙江参观访问。省总工会副主席吴建宪会见代表团，双方介绍、交流了各自经济社会发展和工会工作情况，续签两省州工会友好交流协议。代表团与杭州经济技术开发区总工会进行了座谈交流，参观了伊莱克斯电器（杭州）有限公司、省总工会工人疗养院体检中心。15日晚，省总工会副主席吴建宪设宴欢迎代表团。

【日本联合静冈、静冈县劳福协友好交流访华团访问浙江】 2010年9月20日至24日，以日本劳动组合总联合会静冈县联合会事务局局长天野敬久为团长的日本联合静冈·静冈县劳福协(全称"静冈县劳动者福祉协议会")第3次青年·女性友好交流访华团对浙江进行友好交流访问。访华团拜访了省总工会，双方进行了友好会谈。省总工会党组书记、常务副主席金长征宴请访华团一行，省总工会副主席姚炳甫、吴建宪参加宴请。

在杭期间，访华团成员参观了阿里巴巴集团，游览了西湖风景名胜，并分赴12户工会干部家庭进行家访。

【挪威全国总工会代表团访问浙江】 2010年9月26日至29日，以主席罗安·弗拉顿为团长的挪威全国总工会代表团来浙江参观访问。

27日，省人大常委会副主任、省总工会主席刘奇会见并宴请代表团。刘奇向挪威客人介绍了浙江省总工会在促进全省经济发展，维护职工合法权益，构建和谐劳动关系，加强工会组织建设，提高职工入会率等方面所开展的工作。中国职工对外交流中心秘书长章国贤，省总工会党组书记、常务副主席金长征，省总工会副主席陈世权、姚炳甫、李锦平、吴建宪等参加会见。

在浙期间，代表团考察了宁波港股份有限公司、北仑港区、宁波北欧工业园区，游览了杭州西湖风景名胜。

【日本联合福井友好访华代表团访问浙江】 2010年10月10日至13日，以事务局长山岸克司为团长的日本劳动组合总联合会福井县联合会(简称"联合福井")第10次友好访华代表团来浙江进行友好访问。代表团拜访了省总工会，双方就工会工作进行了座谈交流。省总工会党组书记、常务副主席金长征宴请代表团，副主席吴建宪参加宴请。

代表团在浙江期间，还赴嘉兴参观访问。

【浙江省总工会代表团访问日本】 2010年10月13日至22日，以省总工会党组书记、常务副主席金长征为团长的浙江省总工会代表团对日本、韩国进行友好访问。

访日期间，代表团与日本劳动组合总联合会静冈县联合会进行了工作交流，拜访了静冈县厅，会见副知事岩濑洋一；拜访了日本国会议员、国土交通大臣政务官津川祥吾；考察了静冈县劳动金库、全国劳动者共济生活协同组合联合会静冈县本部；参加了联合静冈第21回定期大会开幕式。

访韩期间，代表团考察了LG电子公司、FAG、KBC德日合资轴承企业，与韩国劳动组合总联盟庆尚南道本部进行了工作交流。

【瑞典五金工会代表团访问浙江】 2010年10月15日，以主席斯蒂芬·罗夫万为团长的瑞典五金工会代表团来浙江参观访问。代表团参观访问了浙江吉利控股集团有限公司，与公司行政和工会负责人进行了座谈交流，还赴宁波北仑吉利生产基地参观。省总工会副主席吴建宪宴请代表团并陪同参观访问。

【挪威北挪威省代表团访问省总工会】 2010年10月22日，以省长欧德·埃里克森为团长的挪威北挪威省代表团拜会省总工会。省总工会副主席姚炳甫、吴建宪会见客人，向他们介绍了省总工会工作情况。

【浙江省教育工会代表团访问日本】 2010年10月27日至11月1日，以省教育工会常委、浙江大学工会常务副主席曾广杰为团长的浙江省教育工会访日代表团对日本进行友好访问。代表团参观访问了宫崎市立加纳中学，与日本教职员组合九州地区协议会进行了座谈交流。

(刘鲁宁)

附表　2010年省总工会接待的其他访浙团组

序号	团组名称	人数	来访时间	访问目的	团　长	宴请领导
1	日本石川县劳动者福利协议会访华代表团	5	3月24～25日	参观游览	嶋垣利春	
2	越南胡志明市劳联访华代表团	7	4月11～12日	参观游览	阮辉近	姚炳甫
3	挪威奥斯陆市总工会访华团	5	5月22～23日	参观游览	斯文恩·托雷·莫腾森	吴建宪
4	日本横滨市劳联第14次访华团	13	6月30日～7月1日	参观游览	石井荣一	
5	澳大利亚工会理事会昆士兰州分会访华团	5	7月22～23日	参观游览	阿曼达·马里恩·理查兹	吴建宪
6	摩洛哥公用事业工会访华代表团	5	8月6～7日	参观游览	曼苏尔·阿布德斯兰	吴建宪
7	丹麦综合工会联合会访华代表团	4	8月21～22日	参观游览	斯蒂恩·安德森	吴建宪
8	日本荣电株式会社、荣电劳组第25次友好访华团	7	9月24～26日	参观游览	刑部嘉人	吴建宪

团省委

【涉外工作概况】　2010年，共青团浙江省委员会应邀组织6批33人次，赴日本、韩国、英国、南非、埃及、印度等国家交流访问。接待来自日本、韩国、俄罗斯、丹麦、奥地利、阿根廷、墨西哥等19个国家的青年代表团6批192人次。

【拉美政党青年干部代表团访问浙江】　2010年4月20日至22日，拉美政党青年干部代表团访问浙江。代表团参观考察了赛博大学生创业工场、西子奥的斯电梯有限公司、杭州滨江高新科技开发区、白马湖生态创意城、柴家坞和动漫广场。在西子联合优迈科技有限公司举行了座谈会，省经信委副主任吴家曦应邀出席，向代表团介绍了浙江省经济社会发展情况，并就代表团成员提出的如何帮助企业应对金融危机、转型升级等问题作了解答。

【欧洲青年代表团在杭参加国际论坛】　2010年5月6日至9日，欧洲青年代表团在杭州参加第2届青年组织发展国际论坛。来自欧洲各国的27名国际性、区域性和国家青年组织代表以及中国相关部委和青年组织的代表出席论坛。50余名中欧各级各类青年组织负责人围绕中欧关系与青年、文化体育与青年、教育与青年等主题进行了讨论，并就“中欧青年交流年”的活动框架提出建议，一致通过《中欧青年组织关于“中欧青年交流年”的联合声明》。中欧青年代表还就如何通过新媒体促进青年组织发展、青年组织在变化社会中的影响等议题进行了交流。团省委副书记、省青联主席蔡永波作为中方代表作主题发言，探讨了新媒体在青年组织发展中的作用。

代表团在杭期间，考察了杭州市上城区紫阳街道的青年工作。

【中俄友好、和平与发展委员会俄方青年工作分委会代表团访问浙江】 2010年6月2日至4日，以中俄友好、和平与发展委员会（简称“委员会”）俄方青年工作分委会委员、俄罗斯铁路公司总裁顾问布拉塔耶娃为团长的委员会俄方青年工作分委会代表团访问浙江。代表团参观考察了中国移动浙江公司、杭州国家高新技术产业开发区、阿里巴巴（中国）网络技术有限公司和浙江中南建设集团有限公司。

团省委副书记、省青联主席蔡永波会见并宴请代表团。

【团省委领导参加中国青年代表团赴美国培训】 2010年6月12日至27日，团省委副书记、省青联主席蔡永波随中国青年代表团，赴美国俄勒冈州波特兰市参加青年领导人社会建设培训项目。

【日本静冈青年交流代表团访问浙江】 2010年8月20日至24日，以静冈县前教育长、静冈文化艺术大学顾问杉田丰为团长的日本静冈县青年交流代表团访问浙江。

代表团参观了浙江工商大学、杭州青少年发展中心、中国移动浙江分公司客户服务中心、青年时报社，并到普通家庭民宿一天，体验市民生活。代表团还参观了青年时报社，代表团成员分成五路，与时报记者一起体验了采访工作。

22日，团省委副书记、省青联副主席苗伟伦，省外办副主任陆国灏会见并宴请代表团。

【韩国青年代表团访问浙江】 2010年9月7日至10日，以国务总理室福祉女性政策官李在洪为总团长的韩国青年代表团访问浙江。

代表团参观了杭州师范大学，与中方学生就中韩两国区域经济合作进行了座谈交流，省商务厅外贸研究所所长张汉东、韩国汉阳大学学者朴丁秀分别作主题演讲。代表团还考察了浙江京剧团、中国移动浙江分公司客户服务中心、杭州市上城区上羊市街社区。代表团分组赴湖州考察青年创业企业——湖州绿之源生态农业开发有限公司，赴嘉兴考察浙江众成包装材料股份有限公司，赴绍兴考察中环再生能源发展有限公司。

7日，团省委副书记、省青联主席蔡永波会见并宴请代表团一行。

【浙江青年友好代表团访问日本】 2010年10月14日至21日，以团省委副书记、省青联副主席苗伟伦为团长的浙江青年友好代表团赴日本进行交流访问。

代表团先后拜访东京国立博物馆名誉馆长、联合国教科文组

◎中韩青年联欢晚宴

◎浙江青年友好代表团访问日本静冈县

织日本代表部特命全权大使佐藤祯一等。代表团参观考察了静冈县地震防灾中心、金枪鱼罐头生产工厂、东京国立博物馆等。代表团与静冈青年就如何促进两国交流、促进经济发展等问题举行了青年论坛，并开展民宿活动，体验日本市民生活。

15日，静冈县副知事大村慎一会见代表团。

【阿根廷青年企业家联盟代表团访问浙江】 2010年11月2日至4日，以青年企业家联盟主席费德里克·库墨为团长的阿根廷青年企业家联盟代表团访问浙江。

代表团参观考察了义乌国际商贸城，并就双方开展国际贸易、交流合作等问题进行了交流。代表团还赴温州拜访了温州总商会，参观了海螺集团、中天昊宇等企业，与温州青年企业家就两地经贸合作举行专题座谈会，代表团表达了对温州和温州青年企业家的良好印象，并希望双方深入交流合作，进一步把温州丰富的民间资本、商品资源与阿根廷的农业发达、市场广袤等优势结合起来，发挥无限潜力。

温州市长赵一德、团省委副书记王征分别宴请代表团。

【团省委干部随中国青年代表团访问韩国】 2010年11月11日至20日，团省委青工部副部长陈继胜、组织部副部长盛乐参加团中央组织的中国青年代表团访问韩国。

【团省委干部随中国青年代表团访问印度】 2010年11月15日至25日，应印度青年事务与体育部的邀请，团省委统战部副调研员景丽敏参加团中央组织的中国青年代表团访问印度。

（景丽敏）

省 妇 联

【涉外工作概况】 2010年，浙江省妇女联合会组织出访团组1批6人次，参加全国妇联及省政府组团出访3批3人次；接待境外来访3批19人次。

【浙江省妇女代表团访问瑞典、挪威】 2010年9月9日至17日，以省妇联副主席陈美云为团长的浙江省妇女代表团访问瑞典、挪威，对两国的妇女维权工作进行考察。代表团拜访了挪威妇女与家庭协会、瑞典国际妇女协会、瑞典国际妇女协会马尔默分会等，了解两国在妇女维权及反家庭暴力等方面的做法和经验。

【约旦妇女代表团访问浙江】 2010年9月14日至16日，以约旦参议员阿曼尔·法尔哈为团长的约旦妇女代表团访问浙江。副省长陈加元会见并宴请代表团。

代表团访浙期间，双方举行了妇女教育培训工作座谈会，省妇联主席厉月姿主持会议，并陪同代表团参观考察了浙江省妇女干部学校、杭州市上城区上羊市街社区（新中国第一个居委会）、上羊市街姐妹手工坊、浙江省"妇字号"龙头企业名特优农产品展销中心等。代表团对浙江的经济社会发展、妇联工作给予高度评价,希望两国妇女组织进一步增进交流,促进共同发展。

【省妇联主席参加中国妇女代表团访问越南、柬埔寨】 2010年10月17日至26日,省妇联主席厉月姿应邀参加以全国妇联副主席孟晓驷为团长的中国妇女代表团,赴越南、柬埔寨访问。其间,代表团参加了在越南河内举办的东盟十国加三(中国、日本、韩国)妇联大会,与各国妇女代表进行了座谈交流。

◎省妇联主席厉月姿(右一)随中国妇女代表团参加在越南台开的东盟十国加三(中国、日本、韩国)妇联大会

【塔吉克斯坦考察团拜会省妇联】 2010年11月1日,以副主席拉季波夫为团长的塔吉克斯坦人民民主党干部考察团拜会省妇联。省妇联主席厉月姿陪同代表团参观了省妇联下属家庭教育杂志社,并就浙江省家庭教育相关情况及杂志社发展工作与塔方进行了座谈交流。

(徐　慧)

省　科　协

【涉外工作概况】 2010年,浙江省科学技术协会接待来自美国、德国、日本等国家和地区的代表团36批238人次;应邀组织17批60人次赴美国、德国、比利时等国家参加会议、考察、进修等;举办国际、双边学术会议及公众报告会18场;与比利时西弗兰德省政府签订科技教育合作协议。

【积极开拓合作项目】 2010年1月至2月,省科协国际部先后拜访、联系英国驻上海总领馆、芬兰驻上海总领馆、日本驻中国大使馆、以色列驻中国大使馆等,介绍近年来省科协开展的各类国际科技交流情况,并就开拓与各国的科技学术交流提出意向,各使领馆积极响应,落实了与英国驻上海总领馆的科技咖啡馆、绿色校园行动,以及与以色列使馆的“马沙夫”培训计划等多个合作项目。英领馆还牵线促成曼彻斯特科技馆与省科协建立合作关系。

【省科协科普代表团赴澳大利亚、新西兰考察】 2010年1月13日至22日,省科协科普代表团前往澳大利亚、新西兰进行科普考察。

在澳大利亚,代表团拜访了亚太科学技术中心以及有关科学技术机构,与对方交流科技领域的发展和普及问题,寻求合作机会,并与相关科研机构探讨了在新技术、新材料、可再生能源等领域开展合作的前景。代表团还拜访了墨尔本市科技部官员,双方希望能在医学、建筑科技、环保等方面开展合作。

在新西兰,代表团拜访了奥克兰科技创新中心,考察了当地的IT企业,了解IT技术在工业、农业、医疗卫生行业的应用;双方交流了科技领域的发展和创新问题,并寻求合作机会。

【2010年首场科技咖啡馆(杭州)活动】 2010年3月17日举办，由省科协和英国驻上海总领事馆文化教育处联合主办。140余位杭州公众报名参加活动，省科协党组书记鲁善增等出席。

此次活动，邀请英国洛桑实验站农业与环境部原主任、英国土壤科学学会原会长戴维·帕森和华南农业大学原校长、中国生态学会原副理事长兼农业生态专业委员会主任委员骆世明，就“低碳、农业与环境”这一主题，从不同角度阐述了农业与气候变化的关系，使公众了解发展低碳经济必须高度关注农业。两位嘉宾还回答了听众的提问。

所谓科技咖啡馆，是在一个远离传统学术环境和氛围的地方(如咖啡馆)，就可以兴趣盎然地探讨最新科学和技术发展的自由学术聚会。

【新型核电技术与项目发展国际会议】 2010年3月18日至19日在浙江海盐召开。会议由浙江省核学会、法中电力协会、法国核工业协会共同主办。来自国家发改委、环保部、省经信委、海盐县等政府部门，中国核工业集团及下属核电企业，中国广东核电集团及下属企业，国内有关核电装备制造企业，以及美国、加拿大、日本、韩国、法国、西班牙、德国和俄罗斯等国家的专家和设备供应商100余人(其中外宾50余人)参加会议。省科协秘书长董克军、海盐县委副书记姚加良、世界核能运营者协会东京中心局局长庄思卓、法国驻中国大使馆核工业参赞杜迪克洛等分别在开幕式上致辞。

国家发改委能源所高级顾问周凤起、世界核能运营者协会东京中心局长庄思卓、中国核工业集团副总经理张涛、法国大使馆核参赞杜迪克洛等分别作大会主题报告;来自中国、法国、美国、日本、俄罗斯的12名专家和嘉宾作专题报告。浙江省核学会理事长徐步进介绍了浙江省开展核应急准备活动的情况。

【2010春季海智活动】 2010年3月19日至23日，省科协邀请留日同学总会、全日本中国人博士协会的多位杰出旅日科学家、企业家，分别就新形势下企业如何继续应对国际金融危机冲击、加快转变经济发展方式以及发展低碳农业、养殖业等主题，连续在杭州、舟山等地组织举办“赢在借鉴——旅日企业家论坛”、“旅日农业生态专家论坛”、“舟山渔业健康养殖考察”等一系列活动，省科协2010“海智计划”正式实施。

“海智计划”全称“中国科协海外智力为国服务行动计划”，由中国科协和海外科技团体共同发起，中国科协总体协调，其他全国性的学会、协会、研究会、地方科协和海外科技团体共同参与实施，旨在吸引海外人才、智力，通过国家重大项目和政策咨询、项目合作、技术引进与创新、中介服务等方式为国家和地方科技、经济发展服务。省科协自2006年开展“海智计划”以来，成功实施了旅美医药专家浙江行、癌症研究和临床专家回国学术访问、城市医疗器械消毒配送中心理念推广等多个“海智计划”项目。

【省科协组团赴埃及、阿联酋考察】 2010年3月25日至4月3日，省科协党组书记、副主席鲁善增率团，对埃及、阿联酋进行科普考察和交流活动。考察团与两国有关人士尤其是科技、教育及政府官员广泛接触，与埃及工业部和埃中科技交流中心首次建立关系，双方均表示了进一步交流与合作的意愿。代表团参观考察了迪拜科技馆，与科技馆负责人进行了交流。迪拜科技馆表示希望在适合的时机访问浙江，实地了解浙江省科技馆建设情况，并希望合作开展青少年科普项目。

【日本物联网专家来浙讲学】 2010年3月26日至28日，著名信息工程学者、东京大学教授、日本YRP泛在网络研究所所长坂村健访问杭州，27日在浙江大学作题为《TRON系统与物联网》的学术报告。

省科协党组成员、秘书长董克军会见并宴请坂村健一行。

【省科协代表团访问澳大利亚、新西兰】 2010年4月6日至15日，省科协秘书长董克军率团赴澳大利亚、新西兰进行科普创新项目洽谈。

在澳大利亚，访问团与西澳SCITECH科技馆、西澳大学进行了合作洽谈。其中，与SCITECH科技馆拟定了从2011年开始开展以视频连线、科技教育项目为基础的科普创新项目合作；与西澳大学拟定了以医学交流为起点的人才培养项目合作。

在新西兰，访问团就高新科技转化等主题与邀请单位进行了深入的交流，双方协商将进一步开展科技学术交流与合作。

【启动"气候酷派"活动】 2010年4月12日、13日，浙江省气候酷派：绿色校园行动计划暨国际青少年气候大使评选（简称"气候酷派"）活动宁波、杭州两个赛区的辅导教师培训研修班分别在两地举行，"气候酷派"活动在浙江正式启动。浙江省"气候酷派"活动由省科协与英国驻上海总领事馆文化教育处共同发起，设立杭州和宁波两个赛区，与全国其他6个赛区进行比赛角逐。

在辅导教师培训研修班，来自英国的气候教育指导专家为宁波和杭州的教师们上了"气候酷派"课程。培训会后，教师们将回到学校组建学生小队，设计校园节能减碳、应对气候变化的行动方案，参与"气候酷派"活动。

英国驻上海总领事馆文化教育领事安格文亲临杭州赛区的辅导教师培训研修班，并与杭州赛区各主办方座谈，就"气候酷派"活动在杭州的实施进行了具体商议；参观了杭州青少年活动中心，双方就"气候酷派"活动青少年气候大使暑期夏令营落地杭州事宜进行了协商。

"气候酷派"活动由英国驻华大使馆文化教育处联合科技部中国科学技术交流中心于2007年发起，每年举办一次，每次历时8个月。该活动在英国、日本、南非和中国同步举行，各国优胜团队或个人都有机会参加国际交流活动。"气候酷派"活动以了解气候变化、改善自身行为、应对气候变化为主题，聚焦校园，通过设计创新的解决方案，帮助学校节约支出并改善环境，使学生能够参与实际的环境学习。

【日本科学技术振兴机构高层代表团访问浙江】 2010年4月15日至17日，日本科学技术振兴机构高层代表团访问浙江。代表团参观访问了省科协、省科技馆，了解科协系统开展的各类科普活动；参观了绍兴一中，了解青少年科学教育活动的有关情况。代表团表达了希望加强日中双方在虚拟科技馆、展品、巡展等科普资源方面的开发与合作，交流培养科普讲解员，以及加强两国校际交流、科学教师交流、学生交流的愿望。

【第3届中美急救急诊学术交流会暨院前急救流程和操作技能规范化培训】 2010年4月16日至18日在杭州举办，由省科协联合浙江省急救指挥中心、美国纽约上州医科大学共同主办。此次培训围绕如何更有效地利用院前急救这"黄金一小时"来提高伤病员存活率这一主题展开，来自全国各地的百余名院前急救医生与急诊科医生参加培训。

此次培训由美国纽约上州医科大学急诊医学院4位资深医师联合浙江省人民医院急诊专家共同授课。

【2010西湖灾难与创伤救治国际论坛】 2010年4月16日至18日在杭州举行，由省科协联合浙江大学医学院附属第二医院、美国纽约上州医科大学、挪威奥斯陆大学、浙江省医学会急诊医学分会共同举办，参会代表180余人。省科协秘书长董克军，浙江大学医学院附属第二医院副院长徐少文出席开幕式并讲话。

会议邀请美国上州医科大学医院院长约翰·麦克、保罗·高博士，德国灾难医学会前主席乌里克博士，德国柏林大学吴菁博士，香港危难应变医学会主席陈德胜，中华医学会创伤学分会主任委员蒋建新等国内外知名专家作专题报告。

【省科协组织美、德专家赴西藏开展学术交流】 应西藏自治区科协的要求，2010 年 4 月 20 日至 24 日，省科协组织美国、德国 8 位急诊专家以及省内 2 位急诊专家赴西藏，就西藏相对薄弱的现代急诊体系、严重创伤救治以及高原创伤救治等进行学术交流，并就在西藏举办“急救流程和操作技能规范化培训”进行初步协商。

【应邀参加上海世博会挪威等国家馆有关科技活动】 2010 年 5 月至 10 月上海世博会举行期间，省科协受邀组织省内科技工作者参加了挪威、英国、比利时、欧盟、澳大利亚等多个国家或组织举办的世博会科技学术交流活动。

5 月 11 日，省科协受奥斯陆大学医学院邀请，组织省科协国际医学交流项目合作医院浙医二院张苏展教授等 14 位专家参加了挪威馆“奥斯陆日”的“癌症研究与治疗”主题活动；19 日，省科协受邀参加英国馆贵宾特赏酒会，省科协秘书长董克军及省科协国际部部长张世丹等与英国驻上海总领事馆及英国有关政府官员进行了广泛的接触；28 日，省科协国际部部长张世丹等 3 人受邀参加比利时欧盟展馆组织的“弗兰德研讨周”活动的“健康环境、水、废弃物和土壤以及生物多样化相互之间的关系论坛”。6 月 15 日，省科协受邀选派省科技馆副馆长李瑞宏参加欧盟欧洲委员会科学社会司与上海世博局共同主办的中欧世博科技周的“城市中的科学”主题活动。8 月 30 日，省科协国际部部长张世丹等受邀参加澳大利亚馆“澳大利亚教育——跨越 2010”主题活动。9 月 17 日，省科协组织嘉兴市科协、浙江清华长三角研究院以及嘉兴新能源企业总经理等 5 人参加了比利时馆能源与科技主题活动；还组织浙江大学、省农科院、省海洋水产养殖研究所等 10 位专家参加了比利时西弗兰德省招待晚宴活动。

【中英美科普连线报告会：绿色建筑】 2010 年 5 月 15 日在宁波诺丁汉大学举办。报告会由省科协和美国新泽西自由科技馆首创，宁波市科协、宁波诺丁汉大学联合主办。浙江大学建筑设计及其理论研究所所长徐雷、诺丁汉大学宁波校区可持续能源技术研究中心主任和可持续发展学院院长乔大宽以及新泽西州自由科技馆的两位专家，分别通过现场讲解和视频连线阐述了绿色建筑的理念。省科协秘书长董克军、宁波市科协副主席钱爱民、诺丁汉大学宁波校区副校长靳地、新泽西自由科技馆馆长科斯特出席报告会并分别致辞。诺丁汉大学、宁波大学等宁波地区的高校和中学生共 500 多人参加连线报告会。

【省科协代表团赴芬兰、德国考察】 2010 年 6 月 16 日至 25 日，省科协副主席隗斌贤率团赴芬兰、德国进行低碳科技及科普工作考察。考察团与北欧科技教育交流中心、芬兰赫尤里卡科学中心、德国石荷州经济技术促进中心、德国德累斯顿工业大学等单位人员进行了多次座谈，隗斌贤向外方介绍了省科协的基本情况，省科协常委、省建筑设计院院长施祖元作绿色建筑和低碳科技专题报告。考察团详细了解了芬兰、德国两国的科学技术传播、科技咨询、科学技术转让、科技产品展示、科技民营企业发展、科技人员培训和科技馆建设等方面的情况，并达成部分合作意向。

【第 8 届亚洲白内障研讨会】 2010 年 6 月 18 日至 19 日在杭州举办，由省科协联合亚洲白内障研究委员会、中华医学会眼科学分会白内障学组主办。共有 100 多位专家学者出席会议，其中国外专家 30 多位。

大会邀请国际著名白内障研究专家、美国的约翰·克拉克教授及巴特教授作特别发言，另有 45 位中、外研究者作大会发言，发言内容涵盖白内障基础研究领域的多个热点。

【科技咖啡馆：修理我！人类干细胞！】 2010 年 6 月 24 日在杭州菲比咖啡馆举办，由省科协与英国驻上海总领事馆文化教育处联合主办。活动吸引了70余位自发报名参加的杭州公众和近60位杭州外国语学校学生参加，省科协党组书记、副主席鲁善增等全程参加。

此次科技咖啡馆活动，邀请通用电气医疗集团细胞技术研发中心全球总监斯蒂芬·明格和浙江大学医学部教授、博士生导师、浙医二院烧伤科主任韩春茂两位嘉宾，就“修理我！人类干细胞！”这一主题，从多个角度阐述了干细胞的现实作用以及对人类未来发展的意义。

两位嘉宾演讲结束后，回答了现场观众的提问。

【英国曼彻斯特大学教授来杭进行学术交流】 2010年6月25日，英国曼彻斯特大学化学工程与分析科学学院副院长阿迪莎应邀访问省科协和浙江省化工学会，并在浙江大学作题为《气候变化和可持续发展：人类活动的碳足迹》的学术报告。

阿迪莎还参观了浙江大学化工系的国家重点实验室，与浙江省化工学会理事长李伯耿进行了交流。

【国际医学合作项目美国、德国、挪威高层访问团访问省科协】 2010年5月至6月间，美国纽约上州医科大学医院院长约翰·麦克、德国切瑞特医学中心国际部官员莫妮卡及整形外科教授尼尔森、挪威奥斯陆大学医学院副院长索振和及国际部主任朱莉娅分别代表外方合作单位对省科协进行友好访问。约翰·麦克等访浙期间，还分别对正在开展的“内镜辅助下改良Stoppa入路治疗髋臼骨折及相应器械的实验研究”等5项临床医学合作项目进行了检查，对在杭州召开2012年国际口腔医学大会进行了初步筹备，对派遣医学进修生事宜进行最终落实。

【美国布朗大学教授来浙讲学】 2010年6月29日至7月1日，中国科协“海智”专家、美国布朗大学教授唐剑武应邀到温州讲学，并与浙江省水产学会、浙江省海洋水产养殖研究所交流，为当地科研人员、温州大学、温州医学院师生、温州市海洋与渔业局和乐清市海洋与渔业局有关领导作题为《气候变化环境下生态系统碳循环》的学术报告。唐剑武还深入到乐清湾西门岛红树林保护区、西门岛寄宿小学、南岙山村、海上乐园进行实地考察，与浙江省海洋水产养殖研究所、乐清市海洋与渔业局、西门岛寄宿小学等有关单位负责人进行了相关事宜的探讨，达成开展人员交流培训、国际学生教育，以及共同开展西门岛寄宿小学的素质拓展教育等多项共识。

【瑞典皇家理工学院教授访问省科协】 2010年6月30日至7月1日，瑞典皇家理工学院的能源教授、国际《应用能源》杂志主编、中国科协“海智”专家严晋耀访问省科协。严晋耀还赴杭州汽轮机股份有限公司，与有关技术人员就新型蒸汽机等作专业交流。

【省科协考察团赴比利时、德国考察】 2010年7月6日至15日，省科技馆调研员李锐宏率省科协考察团赴比利时、德国进行科普工作考察。考察团与比利时西弗兰德省政府外事办商讨了进一步开展实质性合作的建议与安排。考察团与德国石荷州经济技术促进中心有关人员就进一步加强双方交流与合作进行了洽谈，还赴拉维兰特工业城科技馆、不莱梅科技馆考察学习，与两家科技馆工作人员就科技馆建设与运营管理进行了深入的交流。

【西澳大学副校长访问省科协】 2010年7月9日，澳大利亚西澳大学副校长简·龙一行回访省科协，省科协秘书长董克军等与客人就开展医学交流、工程项目合作等进行了商讨，双方同意开展科技学术合作及医学人员互派项目。

【以色列“水产养殖技术及健康管理”培训班】 2010年8月1日至6日在温州举办，由省科协主办。来自温州市、县(市、区)海洋主管部门、渔业技术推广站、研究所及大专院校等十几家单位的近百位学员参加培训。以色列渔业技术专家向学员介绍了水产养殖的各个环节。

【2010国际青少年气候大使夏令营】 2010年8月5日至14日在杭州绿城育华学校举行，由省科协联合英国驻中国大使馆文化教育处共同主办。从绿色校园行动全国8个赛区选拔的140名青少年气候大使参加夏令营。省科协秘书长董克军和英国驻沪总领馆文化教育领事安格文在开营仪式上致辞并宣布夏令营正式开始。

此次夏令营的主题是低碳城市，旨在让青少年气候大使获得有关气候变化的知识和相关解决办法，尤其是加深对低碳城市的深入了解。开营仪式上，省科协邀请宁波气象局副局长顾骏强和浙江大学建筑学院徐雷教授分别以《气候变化及其应对》、《绿色建筑与低碳城市》为题作主旨报告。

夏令营日程主要包括各种互动有趣的工作坊、科普剧、实地科考，以及在世博园英国馆的展示交流活动。最终，从夏令营系列活动中评出15位优秀气候大使，代表中国与英国、日本、南非等其他国家的气候大使进行进一步的交流。

【"TRON之父"坂村健来浙讲学】 2010年8月16日，应省科协"科学会客厅"之约，东京大学教授坂村健专程赴浙江，向省直机关干部讲述物联网技术。

坂村健教授以《物联网：无处不在》为题，介绍了TRON系统和物联网技术在日本的最新研究与应用成果。TRON即嵌入式实时操作系统，万物安装了TRON感应芯片后，就能实现彼此之间的"自由对话"，从而形成一个"物物相连的网络世界"，亦即物联网。

【省科协考察团赴英国、俄罗斯考察】 2010年8月16日至25日，省科协考察团对英国、俄罗斯进行科普考察和项目合作洽谈。

在英国，考察团参观了曼彻斯特科技与工业博物馆，与该馆有关人员围绕2011年共同开展科普连线报告会活动进行了协商。考察团邀请曼彻斯特科技与工业博物馆派员参加11月底在嘉兴举办的国际数字科技博物馆学术研讨会。考察团还拜访了剑桥大学，参观了大英博物馆。

在俄罗斯，考察团拜访了莫斯科大学，并与俄罗斯与太平洋地区国际合作中心座谈，双方就俄方组织有关单位参加省科协主办的国际海洋生态文明论坛、对湖州科技园区提供咨询建议、医学相关杂志互相交流等取得初步共识。

【选派学生参加德国灾难医学夏令营】 2010年8月22日至9月4日，省科协选送浙江大学医学院和温州医学院各一位学生，参加在德国柏林举办的灾难医学夏令营。该夏令营主要通过模拟训练，加强和提高"准医师"面对大规模伤亡的灾难医学教育的技能和知识水平，营员来自德国、意大利、澳大利亚、韩国、中国等10多个国家，共25名医学生。

【省科协与比利时西弗兰德省签订合作协议】 2010年9月8日，副省长根特·皮尔崔率比利时西弗兰德省教育代表团访问浙江。在副省长郑继伟的见证下，省科协与比利时西弗兰德省签署科技教育合作协议及2011年度具体项目合作协议。根据协议，省科协和西弗兰德省将在医学、农学、可持续性技术、工程学等领域开展合作。

【意大利热那亚科技节主席访问省科协】 2010年9月11日，意大利热那亚科技节主席、意大利国家科学研究院技术转让部部长玛璐艾拉访问省科协，双方就科学诠释者项目、互相引荐科技节展品等合作事宜进行了商讨。意方希望与省科协合作，将阿基米德定律展及利玛窦纪念展等科普及科学与艺术相结合的优秀展品引进浙江，并邀请省科协参与2011年举办的庆祝意大利建国150周年科技节纪念展。

【捷克科学技术学会联合会主席访问省科协】 2010年9月18日，捷克科学技术学会联合会主席哈努斯、副主席瑞布卡一行访问省科协，省科协秘书长董克军等会见客人，双方举行了友好会谈，就开展学术交流和技术合作等进行了沟通。

【中美科普连线报告会(丽水)】 2010年9月18日在丽水市举行。中美科普专家通过网络视频连线的方式，与现场观众共同探讨"外来物种，朋友还是敌人"这一主题。报告会同时通过远程教育网络向全市进行现场直播。

此次中美科普连线报告会由省科协和美国新泽西自由科技馆主办。丽水市科技工作者、丽水学院师生和当地市民共360多人参加了报告会。同时，莲都区太平乡小安村、缙云县五云镇官店村远程教育点的观众通过网络视频连线与报告人进行了互动交流。

【中美科普连线报告会(桐乡)】 2010年9月21日在桐乡市举行，由省科协、美国新泽西自由科技馆共同主办。此次报告会的主题是"绿色能源"。桐乡市委常委、副市长张江琳，美国新泽西自由科技馆馆长艾姆林·科斯特等分别在各自会场出席报告会开幕式。桐乡高中及创建科普示范市领导小组成员单位代表、各市属学会代表、各镇街道科协代表等共200余人参与报告会。

美方老师通过实时连线，深入浅出地介绍了绿色能源的概念、组成，并介绍了太阳能、水能、核能等绿色能源，引起与会者的浓厚兴趣。

【法国"深海奇珍"展】 2010年9月29日至2011年1月20日在浙江省科技馆展出。省政协副主席徐辉，省科协党组书记、副主席鲁善增，国家海洋二所党委副书记兼纪委书记沈伟林，法国驻上海副总领事戴宁智等出席开展仪式并剪彩。浙江省科技馆馆长陈四敏主持开展仪式。

"深海奇珍"展览是一项国际巡回活动，展览内容及影像由多件珍奇深海动物标本和以背光投影的高清晰度深海生物照片组成，其中有许多为首次与世人见面的珍贵画面。

【科技咖啡馆"低碳——拯救世界?"】 2010年10月9日在杭州外文书店菲比咖啡馆举办，由省科协联合英国驻上海总领事馆文化教育处共同主办。此次活动以"如何收集二氧化碳，低碳拯救地球"为主题，邀请英国诺丁汉大学能源与技术协会主席梅赛德斯和浙江大学热能工程研究所方梦祥教授与观众面对面探讨。近150名自发报名的杭州公众参加，省科协党组书记、副主席鲁善增等全程参加。

两位报告人深入浅出地阐述了"碳捕捉和碳封存"的现实作用以及对人类未来发展的意义，并回答了现场观众的提问。

【朝鲜科技总联盟代表团访问省科协】 2010年10月14日至10月17日，朝鲜科技总联盟中央委员会秘书长金勇一行访问省科协，省科协秘书长董克军等会见并宴请代表团，双方就两国科协及总联盟的架构及运行模式等进行了交流。朝鲜代表团在杭期间还访问了浙江洪裕机械重工有限公司，双方就挖煤、采煤及铣煤的设备技术进行了探讨。

【中美科普连线报告会(台州)】 2010年10月15日在台州第一中学举行。中美科普专家通过网络视频连线的方式，与现场观众共同探讨有关气候变化的话题。省科协党组成员、副主席虞龙宝，台州市科协主席郭耀明出席报告会并分别致辞。

此次活动由省科协和台州市科协以及美国新泽西自由科技馆联合主办。台州市各县(市、区)科协领导，椒江区创建全国科普示范区领导小组成员单位领导，全区各中小学校科技辅导员、科技教师、少科院小院士、科技爱好者以及台州第一中学的师生近1300余人参加报告会。报告会同时通过农村党员干部现代远程教育网现场直播。

【2010海洋生态文明(温州)国际论坛】 2010年10月16日至20日在温州召开，由省科协联合国家海洋局国际合作司、温州市人民政府、浙江省海洋与渔业局共

同主办。来自美国、加拿大、泰国、马来西亚、科特迪瓦等8个国家以及香港等地区海洋研究领域的科学家，中国内地海洋学界知名科学家，以及各级政府管理部门官员共计180余人参加本次论坛。论坛主题为"生物多样性与海洋生态文明"，与会专家围绕"生物多样性保护与可持续性利用，海洋保护区建设与网络化"两个议题展开探讨。

国家海洋局副局长王飞，浙江省副省长、温州市委书记陈德荣，省海洋与渔业局局长赵利民，省科协党组书记鲁善增出席论坛并讲话。浙江省海洋水产养殖研究所所长谢起浪作特别发言。论坛期间，举行了温州海洋研究院授牌仪式。

【偏微分方程与数学物理国际研讨会】 2010年11月1日至3日在杭州举行，由省科协所属省数学会、省应用数学研究会共同主办，中国、美国、西班牙、日本等国家共70余名代表参加会议。此次研讨会共安排了13篇大会报告，另外还安排了辩论会、学术沙龙、自由发言、圆桌座谈等多种形式的交流。与会代表围绕偏微分方程和数学物理两个学科，针对非线性守恒律、双曲守恒律组的适定性理论等专题进行了研讨。

【澳大利亚西澳州SCITECH科技馆馆长访问省科协】 2010年11月6日至13日，澳大利亚西澳州SCITECH科技馆馆长艾伦·布赖恩访问省科协。省科协有关负责人向布赖恩介绍了与美国新泽西自由科技馆开展的"科普连线"项目，双方深入商讨了非常规科技教育课程开发及合作、科普连线项目合作等，确定了于2011年开始的科技馆创新合作项目的内容与实施计划。

布赖恩还赴杭州市科协、嘉兴科技馆、桐乡市科协等单位进行交流考察。

【美国新泽西自由科技馆副馆长访问省科协】 2010年11月12日，美国新泽西州自由科技馆副馆长韦恩·勒巴访问省科协。勒巴参观了浙江省科技馆，并与科技馆工作人员进行了交流，双方回顾了自2008年开始的以"科普连线"为主要形式的合作，并就于2011年或2012年举办科技馆相关国际会议进行了初步筹划。

【2010国际数字科技博物馆学术研讨会】 2010年11月26日至28日在嘉兴召开，由省科协联合上海市科协、江苏省科协和嘉兴市委、市政府共同主办。中国、法国、葡萄牙、新加坡、韩国等国的100余名代表参加研讨会。

研讨会除举办特邀报告外，还设5个分论坛，围绕区域统筹与创新发展、科学与艺术交叉以及数字科技博物馆的研究与应用问题展开多学科、多层次的深入交流和讨论。

此次研讨会是长三角地区两省一市共同举办的首届国际数字科技博物馆学术论坛。

【"气候酷派"杭州、宁波赛区决赛】 2010年12月3日、5日，浙江省"气候酷派：绿色校园行动计划暨国际青少年气候大使评选"活动杭州、宁波两赛区决赛分别在两地举行，两赛区分别有22所学校36支小队（杭州）和12所学校18支小队（宁波）参加决赛。最终，来自萧山临浦镇初中的"自制香皂纸"、宁波曙光中学的"'营造绿色校园，争做环保天使'校园绿色文化周"等12个项目分别获得高中组一等奖，这12支小队将分别代表杭州、宁波参加全国总决赛。另外，经评比，杭州外国语学校张鹏峰老师和袁行方、郦清于两位学生将于2011年2月赴日本进行国际青少年气候大使交流。

【中国科协海外人才战略考察团来浙调研】 2010年12月23日至24日，中国科协长三角地区海外人才战略考察团来浙江省调研。

考察团由中国科协海智办、国际部、计财部及5名来自美国、法国、德国、日本和澳大利亚的海外华人专家组成，先后赴杭州国家高新（滨江）技术开发区和浙江大学，分别就海外高级人才"创业"和"创新"进行深入调研，省科协党组成员、秘书长董克军等陪同考察。

通过调研，考察团将撰写考察报告上报中央，为吸引海外人才回国创业提供决策参考。

【派员参加联合国生物安全网络培训课程】 2010年12月至2011年6月，省科协选派浙江大学农业与生物技术学院副教授姚洪渭和浙江省质量技术监督检测研究院姜侃两位专业人员，参加由比利时西弗兰德省举办的2010/2011联合国生物安全网络培训课程。此次培训主要内容是基因食品、饲料安全及风险评估等。

【深入开展国际医学合作项目】 2010年，项目依托浙江医院、浙江省人民医院、浙江省肿瘤医院、浙江大学医学院附属第二医院、萧山区第一人民医院、嵊州市人民医院等6家合作医院以及浙江大学医学院、温州医学院等合作院校，开展中外双方高层互访、人员互派进修、国际会议、临床科研合作等多项工作。

年内，美国纽约上州医科大学医院院长约翰·麦克、德国切瑞特医学中心国际部官员莫妮卡及整形外科尼尔森教授、挪威奥斯陆大学医学院副院长索振和等，以及比利时西弗兰德省多位副省长，分别代表几家外方合作单位对省科协进行友好访问，双方对下阶段合作内容进行了磋商。在人员互派进修方面，2010年省科协选派2名医生赴德国攻读博士学位、12名医生赴美国进行短期进修、2名医学生赴德国参加急诊医学夏令营活动，接收8名德国医学生、4名美国医学生、2名挪威医学生来浙江实习。

此外，省科协还举办了第3届中美院前急救流程和技能规范化培训暨浙江省院前急救师资培训、首届西湖灾难与创伤救治国际论坛、第8届亚洲白内障研讨会暨全国白内障基础会议、第6届杭州国际分子影像研讨会等多个医学国际会议。

（陈炯炯）

省文联

【涉外工作概况】 2010年，浙江省文学艺术界联合会积极开展对外文化交流活动，在美术、摄影、戏剧、曲艺、电视、民间文艺等领域与国外文艺团体达成初步合作意向。组团出访8批13人次。

【浙江曲艺家随团参加"巴黎中国曲艺节"】 2010年5月22日至28日，以中国曲艺家协会分党组书记、副主席姜昆为团长的中国曲艺代表团参加首届"巴黎中国曲艺节"，省曲艺家协会主席翁仁康等3人随团出访。

"巴黎中国曲艺节"由中国曲艺家协会和法国巴黎中国文化中心联合举办，参加比赛的节目有来自中国各地21个曲种的各类节目，均由各地曲协推荐选拔，并报中国曲艺家协会严格审核，代表了国家水平。温州鹿城区曲艺家协会副主席、温州鼓词青年演员陈春兰演唱的鼓词开篇《锦绣中华美如春》获卢浮节目奖，还作为优秀曲目参加颁奖演出。这是温州鼓词首次走出国门，登上异国曲艺舞台。

【浙江省美术代表团访问南非、埃及和肯尼亚】 2010年5月23日至6月2日，以省文联党组书记、书记处常务书记林晓峰为团长的浙江省美术代表团赴肯尼亚、南非和埃及举办展览、进行交流。

在肯尼亚首都内罗毕，举办了"中国浙江农（渔）画展"，展出浙江具有代表性的农（渔）民画作品20余幅，这些作品具有浓郁的生活气息和强烈的视觉冲击力，得到肯尼亚画家的高度评价。5月28日，在南非的约翰内斯堡，代表团邀请当地画家以及部分华人华侨举办浙江农（渔）民画作品观摩会。代表团成员、省美术家协会秘书长骆献跃作题为《浙江农民画现状》的专题讲座。6月1日，在埃及首都开罗，代表团与埃及草纸画协会举行艺术交流活动，埃及艺术家介绍并演示了具有4000年历史的埃及草纸制作流程，以及草纸画的取材、绘制和艺术特色，代表团成员当场在埃及草纸上创作作品，受到埃及同行的高度评价。

【浙江摄影家随团访问欧洲】 2010年7月9日至19日，中国友协文化代表团应邀赴法国、德国、瑞士和列支敦士登访问，浙江省摄影家协会驻会干部毛小芳等3人随团出访。

7月15日，“魅力浙江摄影艺术展”在列支敦士登首都瓦杜兹举行，共展出摄影作品50幅，从不同角度展示了浙江省悠久的历史文化、奇山秀水、古镇风情和人文生态，使欧洲人民直观地感受浙江、认识浙江。

【浙江戏剧艺术代表团访问法国、德国和瑞士】 2010年9月26日至10月7日，由省戏剧家协会秘书长谢丽泓率领的浙江戏剧艺术代表团对法国、德国和瑞士进行考察访问。

在法国，代表团参观了当地剧院和音乐厅的演出设施，并召开座谈会。法国马尔罗剧院经理让·米埃尔·波当场表达了2011年邀请浙江绍剧到法国演出的意向。在德国，代表团同集森市民间艺术家协会的艺术家们进行了交流座谈，双方就剧团的人力资源管理以及将文化作为一种社会福利的发展模式等问题进行了深入探讨。

【浙江民间文化代表团访问新西兰、澳大利亚】 2010年10月19日至28日，以省民间文艺家协会秘书长蒋水荣为团长的浙江省民间文化代表团对新西兰华文文化中心、新西兰《联合日报》、澳大利亚新南威尔士州多元文化委员会及下属的塞普鲁斯传统文化活动社区等进行考察、访问。新西兰华文文化中心主任文扬、秘书长杨元勇等以及澳大利亚新南威尔士州多元文化委员会负责人汤姆等会见代表团一行。考察期间，双方就如何推进中国民间文化艺术与新西兰、澳大利亚民间文化艺术的推介和交流进行了探讨，并就共同举办民间艺术的互访、考察和展览、演示活动等达成初步合作意向。代表团还实地参观考察了新西兰毛利文化村落、澳大利亚土著文化点和大堡礁自然文化遗产保护项目等。

【浙江电视代表团访问巴西、智利和古巴】 2010年11月23日至12月4日，由省文联党组成员、书记处书记黄先钢率领的浙江电视代表团对巴西、智利和古巴进行电视艺术方面的交流访问。

在巴西，圣贡萨洛市政府文化和旅游局特别顾问埃德加·雷诺索向代表团介绍了巴西电视机构的现状。代表团带去了纪录片《西湖》、电视剧《十万人家》等宣传介绍浙江民情风俗、自然风光和改革开放成就的影音产品，雷诺索十分感兴趣，希望有机会能够更全面地了解中国、了解浙江以及浙江的电视发展情况。

在智利，智利国家文化艺术委员会国际交流部负责人弗朗西斯科、戏剧管理部负责人克斯坦格拉会见代表团一行，代表团观看了介绍智利广播电视的专题片。访问期间，中国驻智利大使馆文化参赞李保障会见代表团全体人员，介绍了中智两国文化交流的情况。

在古巴，代表团与古巴广电中心负责人交换了意见，了解了当地传媒业特别是广播电视行业的运作机制、管理特点和发展趋势。

（吕璐颖）

省工商联

【对外交流工作概况】 2010年，浙江省工商业联合会广泛联络海外工商社团和工商界人士，积极开拓对外交流渠道，推动浙江省非公有制企业与海外工商界的经贸合作和交流。全年接待来自9个国家和地区的工商界人士13批125人次。

【美中企业家商会代表团访问省工商联】 2010年1月5日，美中企业家商会会长、省工商联海外顾问孙文铁率美中企业家商会代表团访问省工商联。省政协副主席、省工商联主席徐冠巨，省工商联副主席陈以正会见孙文铁一行。陈以正介绍了浙江省民营经济发展现状、省工商联基本情况及对外交流情况。双方就两地企业及商会间如何加强沟通合作等进行了深入的交流。

【挪威工商会代表访问省工商联】 2010年1月19日，挪威工商会项目主任魏籁森、国际事务部主任卡斯腾访问省工商联，就中挪商会合作项目进行考察调研。省工商联副巡视员兼联络处处长李寅生向客人介绍了浙江省民营经济发展现状、省工商联基本情况及省工商联为帮助浙江企业“走出去”所做的工作。魏籁森介绍了中挪商会合作项目及此行的主要目的，希望通过此次访问了解浙江企业的真正需求，以提高合作的针对性和实用性。双方还就共同感兴趣的话题进行了深入交谈。

【丹麦西兰岛大区专家代表团访问省工商联】 2010年5月10日，丹麦西兰岛大区区域发展与国际关系部首席顾问克里斯蒂安·普瑞姆德尔率大区专家代表团拜访省工商联。

省工商联副主席陈以正会见普瑞姆德尔一行。陈以正对两地企业间合作的潜在领域和合作方式提出建议，希望加强商会间的交流和联系，为企业间的信息发布、项目对接和人员交流等提供平台。普瑞姆德尔希望尽快推动并促成双方在经济领域和企业间的合作。

【法兰德斯大区-浙江省企业对接洽谈会】 2010年5月26日在杭州举行，由比利时法兰德斯大区外国投资贸易促进署和省工商联共同举办。

参加此次对接的比方企业主要是寻找本地客户(直接供应)、代理商/经销商、国内类似产品生产商及业内专家等。省工商联组织直属商会，以及杭州、嘉兴、湖州、绍兴等地20家有意向的中小民营企业参加对接。对接洽谈会取得良好的效果。

【港澳及海外工商社团参加浙洽会、消博会】 2010年6月7日至9日，应省工商联的邀请，香港中华总商会会长蔡冠深、香港中华出入口商会会长李宗德、香港厂商联合会常务会董李嘉音、西澳中华总商会会长陈超群等分别率团参加浙洽会、消博会及其他经贸考察，并与有关企业进行对接洽谈，取得一系列重要成果。西澳中华总商会参加浙洽会、消博会后顺访杭州、湖州和义乌，分别在三地举办了投资西澳经贸推介活动。

省委书记、省人大常委会主任赵洪祝，省人大常委会副主任刘奇，省政协副主席、省工商联主席徐冠巨等分别会见上述代表团，省工商联副主席陈以正陪同会见。

【西班牙加利西亚经济促进会中国区首席代表访问省工商联】 2010年7月13日，西班牙加利西亚经济促进会中国区首席代表李鹤一行访问省工商联。

省工商联副主席陈以正会见李鹤一行，向客人简要介绍了省工商联的组织机构和职能、浙江省民营经济的特点和发展状况，以及浙江企业赴海外投资的主要做法和经验。李鹤详细了解了浙江企业“走出去”发展的主要投资领域和经济服务方面的需求，希望能为浙江企业在西班牙以至欧洲、拉丁美洲等地的投资提供更具针对性的服务。陈以正表示，省工商联非常愿意同加利西亚经济促进会建立长期联系并开展经贸领域的合作，并协助他们在浙江进行考察和开展经贸活动。

【菲律宾贸工部副部长访问省工商联】 2010年9月21日，菲律宾贸工部副部长克里斯蒂·潘利利奥、菲律宾驻上海总领事桑若雯一行访问省工商联，省委统战部副部长、省工商联党组书记汤为平会见来宾。

汤为平向客人介绍了浙江省民营经济发展概况、省工商联基本职能以及省工商联服务民营企业“走出去”发展的有关情况。克里斯蒂·潘利利奥说，浙江民营经济活跃，浙商具有国际影响，此行到访浙江，专程拜会省工商联，希望能进一步了解浙江民营企业,加强与省工商联的交流与合作,欢迎浙商到菲律宾发展。

【土耳其工商企业家协会代表拜访省工商联】 2010年12月8日,土耳其工商企业家协会北京代表处首席代表娥拉姿一行访问省工商联。省工商联副巡视员李寅生会见来宾,向客人介绍了浙江省经济社会和民营经济发展情况,以及工商联组织的职能作用等。他说,浙江省工商联十分重视并支持民营企业积极参与国际经济合作,也重视发展与土耳其的友好关系,希望今后能增进相互了解,加强往来,为推动两地企业间的经贸交流而努力。娥拉姿表示,土耳其与浙江在经贸、科技等领域有许多可以合作的地方,合作前景广阔。希望两地商会加强联系,共同开展经贸活动,推动两地工商界的合作和发展。

(杨　敏)

省残联

【涉外工作概况】 2010年,浙江省残疾人联合会接待来自澳大利亚、德国和香港的专家、友好人士共2批5人。应邀组派残疾人工作者出访考察、交流、参加研讨会、培训团组8批53人次;派遣2批2人次参加国家和省有关部门组织的出访团组赴国外考察学习。派遣优秀残疾人运动员、教练员4批18人,随中国残联代表团分别赴英国、美国、荷兰参加国际残疾人体育赛事。38名浙籍运动员入选中国代表团,参加在广州举办的亚洲第10届残疾人运动会。组织残疾人无障碍交流观光旅游团组出访1批16人。

【浙江省残疾人无障碍交流观光旅游团访问港澳】 2010年3月31日至4月1日,浙江省残疾人对外交流中心组织残疾人无障碍交流观光旅游团(其中2位重度肢残,全程需要轮椅服务)赴香港、澳门观光旅游。旅游团体验了香港、澳门的无障碍设施给残疾人旅游带来的便利。在港澳期间,旅游团一行得到当地市民的热情帮助。

【2010年浙江省暨杭州市城市无障碍环境论坛】 2010年5月20日至22日在杭州举行,由省残联和杭州市残联主办。来自德国、香港的专家与上海、浙江等地的专家和学者,就城市交通规划、无障碍设计等内容进行了研讨和交流。香港建筑师学会理事及教育事务部主席卫翠芷、德国技术合作公益有限责任公司伏尔加开发公司首席执行官马努埃尔·高舍在会上发表演讲。参加论坛的还有杭州市建委、市园文局、市旅委、市规划局、市交通局、市城管办、市规划设计院等单位的代表和杭州市无障碍促进会的无障碍监查员。论坛期间,还举办了“杭城无障碍设施大体验”,参加体验的人员从杨绫子学校出发,分别赴钱江新城、北山路景区、杭州大厦等地进行了无障碍设施的体验。

【浙江残疾人运动员获国际赛事佳绩】 2010年6月17日至27日,在英国举行的2010年国际盲人体育协会盲人门球世锦赛上,浙江残疾人运动员获得女子组金牌和男子组银牌;7月8日至20日,在美国举行的坐式排球世锦赛上,浙江残疾人运动员获得女子组金牌;12月12日至19日,在广州举办的亚洲第10届残疾人运动会上,浙江残疾人运动员共获得18枚金牌、16枚银牌、8枚铜牌和5个第四名、1个第五名、1个第六名,为浙江省参加亚洲残疾人运动会比赛以来最好成绩。运动员蔡余庆燕在广州亚残运会女子400米自由泳S9级决赛中,以4分56秒91的成绩获得冠军,并打破亚洲纪录,为中国体育代表团夺得首枚金牌。

·相关链接·

亚洲残疾人运动会

亚洲残疾人运动会的前身为起始于1975年的远东及南太平洋地区残疾人运动会,每四年一届的"远南"运动会在2006年的第9届以后,正式更改为亚洲残疾人运动会,并与亚运会在同一城市举办。广州是首次同时承办亚运会和亚残运会的城市。

【浙江省残疾人社会保障与服务体系考察团访问美国、古巴和墨西哥】 2010年8月27日至9月7日,以省残联理事长陈燕萍为团长的浙江省残疾人社会保障与服务体系考察团赴美国、古巴和墨西哥进行考察、交流。考察团访问了美国国际残疾人委员会、墨西哥城残疾人服务部和哈瓦那市政府,就残疾人教育、就业、社会保障、服务体系等内容分别与对方进行了交流座谈。

【第8届全国残疾人运动会浙江筹备工作考察团访问美国、古巴和墨西哥】 2010年9月1日至12日,省政府副秘书长、省第8届全国残运会筹委会办公室主任施利民率第8届全国残运会浙江筹备工作考察团赴美国、古巴和墨西哥考察访问。代表团成员与上述三国有关管理人员及专家就城市无障碍设施的建设和改造、举办大型残疾人体育比赛的经验等进行了交流探讨,参观了哈瓦那市残疾儿童医院和社区独立生活中心,实地考察了洛杉矶、墨西哥城奥林匹克体育馆的无障碍设施。

【澳大利亚西澳州政府高等进修教育部讲师访问浙江】 2010年10月6日至11月4日,澳大利亚西澳州政府高等进修教育部讲师安·渥他维访问浙江,进行残疾人教育、职业培训、就业、妇女维权等方面的考察。安·渥他维拜访了省残联,参观考察了浙江省听力语言康复中心、浙江省华强中等职业学校、自闭症儿童康复中心、杭州市上城区紫阳街道残疾人工疗站和南星街道残疾人工疗站等,并为省华强中等职业学校特殊教育班学生授课。安·渥他维曾在2007年、2010年两度获得澳大利亚事业魁首奖。

【浙江省残疾人工作访问团访问澳大利亚、新西兰】 2010年10月12日至21日,以省华强中等职业学校常务副校长王金林为团长的浙江省残疾人工作访问团赴澳大利亚、新西兰进行残疾人教育、康复、维权等方面的工作交流和考察。西澳州残疾人服务委员会主任苏珊·佩登陪同交流团参观了西澳州体育与文化部、戴维·布朗德残疾人学校、珀斯脑瘫服务中心等。

【浙江省残疾人辅助器具康复技术培训团赴德国培训】 2010年10月19日至11月8日,浙江省残疾人辅助器具康复技术培训团赴德国进行培训学习。其间,在奥托博克总部进行了残疾人辅助器具高新技术的培训;在莱比锡和慕尼黑,培训团就残疾人工场、残疾人托养中心、聋人康复学校、职业技术培训中心等方面内容进行了专门培训;考察了柏林残疾人辅助器具临床康复中心和柏林残疾人辅助器具科技馆,学习和

◎浙江省残疾人辅助器具康复技术培训团参观慕尼黑残疾人福利工厂

感受德国残疾人事业的发展理念、工作方式以及高新技术在残疾人领域的应用。

（朱秀芳）

省贸促会

【涉外工作概况】 2010年，中国国际贸易促进委员会浙江省分会加快发展与国外对口机构的合作关系，先后与美国亚特兰大商会、荷兰弗里福兰省商会、以色列商会联合会等13家机构签订双边机构友好合作协议，省贸促会的国（境）外合作协议单位增加到92家。全年开展外事活动65批次，其中自主接待和办会44批次，参加省级其他部门和外国驻上海领馆活动21次。接待和办会中，共接待外宾274人次、国外来访企业52家、国外来访机构98家；邀请中方企业116家、机构31家与之座谈交流。

全年组织执行出国经贸展览项目99个，总展位数3103个。全年签发一般原产地证73万份，出具国际商事证明书11.9万份，代办领馆认证3.2万份，办理ATA单证册739份，签发优惠原产地证14628份；通过网站及报刊发布经贸合作信息和预警信息2万余条；受理调解案件102件，涉案金额超过2000万美元；参与仲裁案件6件，涉案金额近1500万美元；为企业办理海外商标注册、续展、变更等业务1200件。

【美国企业家代表团访问省贸促会】 2010年1月5日，以美中企业家商会会长孙文铁为团长的美国企业家代表团拜访省贸促会，副巡视员王玉傅会见代表团。

王玉傅向客人简要介绍了浙江省经济社会发展情况和省贸促会工作职能。代表团成员分别介绍了各自企业的经营领域和对华合作意向。在杭期间，省贸促会安排代表团拜访了阿里巴巴副总裁李俊凌和杭州东部软件园董事长宋小春。美国INTERSHOP软件开发公司与阿里巴巴达成初步合作意向，双方将成立项目小组，进行联合攻关。杭州东部软件园与外方深入探讨了在软件开发、医疗器械等领域进行投资合作的可能性。

【巴基斯坦总领事访问省贸促会】 2010年1月21日，巴基斯坦新任驻上海总领事扎法尔·哈桑一行拜访省贸促会，副巡视员王玉傅会见客人。

王玉傅说，省贸促会和巴基斯坦驻上海总领事馆保持着紧密联系，相信总领事的上任能进一步深化双边交流，拓展经贸合作空间。

哈桑说，巴基斯坦总统去年10月曾访问浙江并出席巴基斯坦-浙江（中国）投资说明会，说明巴基斯坦非常重视与浙江的经贸合作交流。浙江与巴基斯坦的经济互补性很强，巴基斯坦为浙商准备了一揽子的优惠政策，欢迎浙江企业前去投资。

浙江中控集团有限公司、浙江省国际贸易集团有限公司、浙江正邦水电建设有限公司和杭州斌翔电子照明有限公司等企业的代表应邀参加会议。

【省贸促会分团出访中东三国】 2010年3月22日至4月2日，省贸促会副会长徐山参加由中国贸促会组织的经贸代表团出访巴林、黎巴嫩和阿联酋三国。出访期间，徐山率分团出席了在巴林首都麦纳麦举行的中国-海湾国家经贸合作论坛及中国和黎巴嫩经贸研讨会，并参加了拜访三国有关商会机构和友好合作组织等活动。

【省贸促会代表团参访美国、墨西哥和哥斯达黎加】 2010年4月5日至14日，中国贸促会副会长董松根率中国企业家代表团访问美国、墨西哥、哥斯达黎加三国，省贸促会秘书长吴莉芬率浙江港升控股集团等公司参团出访。

8日，中国-美国佐治亚州商务洽谈会在亚特兰大举行。会上，吴莉芬与美国亚特兰大商会副总裁费尔南德斯分别代表双方签署合作协议并发表演讲。12日，代表团出席了在墨西哥首都墨西哥城举行的中墨企业家大会第20次会议。中墨100多位企业家代表出席会议，分行业举行了对口洽谈。浙江企业受到墨方企业的关注，多家墨西哥企业与浙江企业达成初步合作意向。

【荷兰弗里福兰省商务代表团访问省贸促会】 2010年5月18日，荷兰弗里福兰省商务代表团拜访省贸促会，省国际商会常务副会长王玉傅会见代表团一行。王玉傅表示，弗里福兰省在农业、创新等领域具有优势，值得浙江省企业借鉴，今后两商会要积极搭建平台，为企业开展双向交流与合作提供便利。

省贸促会根据弗方企业经营领域和合作意向，为来访企业安排了18场对口洽谈活动，其中浙江传化江南大地公司与弗方签订了3份合作意向书。

在浙期间，弗方代表团还参观了传化江南大地农业科技园区、中国丝绸博物馆。

【省贸促会代表团访问秘鲁、哥伦比亚和古巴】 2010年6月22日至7月3日，由省贸促会副会长邵志华率领的经贸代表团访问秘鲁、哥伦比亚和古巴。代表团此次出访主要是考察三国的市场、投资环境，并与当地经贸机构建立联系，开展合作。

在秘鲁，代表团拜会了秘鲁中国商会，商会总经理、秘中文化协会创办人何莲香会见代表团，双方就举办商品展览会、扩大两国之间的经贸往来以及秘鲁企业引进竹子种植技术等议题进行了磋商。

在哥伦比亚，中国哥伦比亚商会会长米格儿·波佩达为代表团举行了欢迎会，哥伦比亚总统派代表出席。哥方希望与浙江省在皮革、化工、科技合作、学校学术交流等方面加强友好往来。

在古巴，代表团拜访了古巴商会，商会主席彼德罗·阿尔瓦雷斯会见代表团一行。

出访期间，邵志华代表省贸促会分别与秘鲁中国商会、中国哥伦比亚商会、古巴商会签订友好合作协议。

【非洲国家非政府组织负责人研修班代表团拜访省贸促会】 2010年6月28日，由18个非洲对华友好协会、地方政府、商会等机构组成的“非洲国家非政府组织负责人研修班”代表团拜访省贸促会，省国际商会常务副会长王玉傅会见代表团一行。

研修班学员共33人，来自14个非洲国家，包括津巴布韦劳工部副部长特蕾西·姆提尼里、肯尼亚地方政府协会秘书长哈米斯·姆博加、博茨瓦纳中国友好协会主席多特科·马切特等。王玉傅向客人介绍了浙江经济社会发展情况、省贸促会(国际商会)的主要职能和近年来对非工作情况。尼日利亚中国友好协会部门主任多乐丝·约翰逊作为学员代表致辞。

【“2010浙江企业走进欧盟”产业对接系列活动】 2010年9月7日至18日先后在荷兰、意大利、瑞士举行，由省贸促会组织。省政协副主席盛昌黎率浙江省

◎“浙江企业走进欧盟”产业对接系列活动

政府代表团出席此次活动。以省贸促会会长铁建设为团长、由43家浙江企业和省、市、县各级贸促会、商会及政府相关部门负责人组成的浙江省经贸代表团一行95人参加本次活动。这是浙江省迄今为止在欧盟举办的、以浙江中小企业海外投资为主题、规模最大的一次经贸活动。

"走进欧盟"活动由"中国浙江-荷兰产业对接洽谈会"、"中国浙江-意大利托斯卡纳大区产业对接洽谈会"、"中国浙江-瑞士提契诺州产业研讨会"三场主要会议及一系列交流组成，参加活动的浙江企业广泛接触荷兰、意大利、瑞士及其他欧洲国家的企业，进行了220多场一对一的洽谈，达成并购、销售、技术转让等合作30余项，合同及意向金额2000万欧元。

【中国浙江-英国伦敦商会及企业商务交流会】 2010年10月19日，省贸促会为到访的伦敦工商会商务代表团举办了中国浙江-英国伦敦商会及企业商务交流会。省贸促会针对到访英国企业的经营特点，邀请了12家浙江对口企业进行预先配对，并根据双方自愿原则，促成20场对接。

商务交流会前，省贸促会会长铁建设、伦敦工商会首席执行官柯林·斯坦布里奇分别致辞，来自伦敦的8家企业及英国贸易投资总署代表分别介绍了各自的情况。

【巴西巴拉那州工业联合会代表团拜访省贸促会】 2010年11月4日，巴西巴拉那州工业联合会副会长罗梅尔·巴里昂率代表团访问浙江。8日上午，代表团拜访省贸促会，副会长邵志华会见代表团。

邵志华介绍了省贸促会2011年将赴南美举办"浙江企业走进南美"活动的计划，并希望巴拉那州工业联合会能够积极组织当地企业家参加双边企业对接活动。罗梅尔·巴里昂表示很乐意协助邀请当地企业，并欢迎浙江代表团前往巴州开展商务活动。

巴西企业家们对于采购纺织品和机器有浓厚的兴趣，省贸促会特意安排他们考察了绍兴国际纺织城和当地工厂，并安排部分代表团成员参观了杭州经济技术开发区和浙江大学科技园。

【阿根廷总领事访问省贸促会】 2010年11月5日，阿根廷新任驻沪总领事弗朗西斯科·米格尔·费罗、副总领事孟古奇等访问省贸促会。副会长徐山会见代表团一行。

徐山着重介绍了省贸促会2011年要实施的"浙江企业走进南美"活动，并就团组签证等事宜与费罗进行了磋商。费罗表示愿意为代表团的签证提供便利。双方商议，2011年可以在浙江举办阿根廷食品展，扩大阿食品在浙江的影响力，以此加强合作，为双边企业创造机会。

【省贸促会代表团访问坦桑尼亚、博茨瓦纳和南非】 2010年11月10日至21日，浙江省贸促会首次组团出访坦桑尼亚、博茨瓦纳，并顺访南非。

在坦桑尼亚，该国国家级投资促进机构坦桑尼亚投资中心对外投资经理莫凡向代表团详细介绍了坦桑尼亚近两年的社会发展和投资贸易的政策措施。

在博茨瓦纳，代表团与该国出口发展与投资管理局进行了会谈，博茨瓦纳农业部、交通部、健康部等主要官员到场作项目推介。代表团与博茨瓦纳出口发展与投资管理局签署友好合作协议。

在南非期间，省贸促会与西开普省贸易发展局签署友好合作协议，并考察了浙江华友钴业股份有限公司南非分公司。

【浙江省经贸代表团访问美国、墨西哥和古巴】 2010年11月15日至26日，省贸促会会长铁建设率浙江省经贸代表团赴美国、墨西哥和古巴访问。代表团分别拜会了美国洛杉矶地区商会、佐治亚州贸易发展署、亚特兰大商会、美国江浙工商会，墨西哥外贸委员会以及古巴商会等机构。在纽约期间，铁建设接受了美国《世界日报》记者的采访。

代表团出访期间，美国纽约州众议员孟昭文、亚特兰大商会副会长乔治·费尔南德斯、美国江浙工商会会长瞿建国，墨西哥外贸委员会总经理阿托罗·马丁内斯，古巴商会国际关系部主任赛丽亚等分别会见铁建设一行，并向代表团详细介绍了当地的经济文化情况及贸易投资环境。铁建设介绍了浙江的经济社会发展特点和浙江省贸促会的机构及业务情况，并表示希望以此次访问为起点，加强联系，拓展多领域的合作，为双方企业合作搭建桥梁。

（朱晓冬）

附表　2010年省贸促会接待的其他重要来访团组

序号	来访时间	团组名称	人数	访问目的	会见领导
1	3月12日	波兰驻沪总领馆商务处	2	举办会议	
2	4月9日	荷兰弗里福兰省政府代表团	4	业务交流	王玉傅
3	7月2日	美国佐治亚州经济发展署	9	举办会议	铁建设、王玉傅
4	8月30日	哥伦比亚中国商会	8	业务交流	铁建设、邵志华
5	9月20日	澳大利亚维多利亚州政府驻华代表处	13	设立展示中心	徐山
6	10月11日	德国石荷州州政府	50	举办会议	徐山
7	10月17日	英国伦敦工商会	14	对接交流	铁建设
8	10月23日	瑞士瑞意银行	4	友好访问	铁建设、邵志华、王玉傅
9	10月27日	澳大利亚中国商会西澳分会	5	友好访问	邵志华
10	11月5日	阿联酋联合国民银行上海代表处	1	友好访问	邵志华

省农科院

【涉外工作概况】　2010年，浙江省农业科学院派遣科技人员90人次出国考察、参加项目合作、国际学术会议以及技术进修。接待国外官员和专家学者来访64批207人次。分别与美国加州大学戴维斯分校农业与环境科学学院、英国苏格兰作物研究所等签署工作协议或科技合作备忘录，与苏格兰作物研究所共建"可持续害虫和疾病控制国际实验室"。院外籍专家迈克·亚当斯获"浙江省国际科学技术合作奖"。

【澳大利亚西澳州农业部长访问省农科院】　2010年5月4日，澳大利亚西澳州农业部长罗伯·德兰一行访问省农科院大麦中心。副院长孟智启会见罗伯·德兰一行，向他们介绍了省农科院概况和科学研究、技术推广、国际合作的基本情况。双方讨论了开展科技合作的具体事宜。

【美国印第安纳州副州长访问省农科院】　2010年6月4日，美国印第安纳州副州长贝基·斯科尔曼一行访问省农科院。副院长孟智启会见客人，向他们介绍了省农科院概况，以及科学研究、技术推广、国际合作等情况。斯科尔曼表示，欢迎浙江省农科院与印州的普渡大学等进一步加强交流，就共同关心的研究内容展开合作。贝基·斯科尔曼一行参观了省农科院农业部农产品质量监督检验测试中心。

【省农科院与韩国西海环境科学研究所签订合作协议书】 2010年6月17日，省农科院与韩国西海环境科学研究所签订合作协议书，双方初步确认在"农业污染土壤的稳定化处理研究"等项目开展合作，并增加科技人员交流，不断深化合作关系。

【比利时西弗兰德省副省长访问省农科院】 2010年9月13日，比利时西弗兰德省主管农业的副省长巴特·奈亚特一行访问省农科院。副院长孟智启会见奈亚特一行，向客人介绍了省农科院概况。他指出，省农科院和西弗兰德省农业科研单位曾开展过富有成效的人员交流，具有一定的科研合作基础，希望以奈亚特副省长此次访问为契机，寻求双方共同感兴趣、具有发展前景的科研领域，继续开展科研合作和人员交流。奈亚特认为，西弗兰德省和浙江省在食品安全、环境修复、生态保护和利用等领域面临着相似的挑战，合作前景广阔，表示将积极促成西弗兰德省农业科研单位与浙江省农科院在以上领域开展交流和合作。

奈亚特一行参观了省农科院海宁杨渡科研基地。

【俄罗斯农科院院士访问省农科院】 2010年10月27日，俄罗斯肉品工业研究所所长、俄罗斯农科院院士里斯钦和俄罗斯肉品工业研究所标准化与认证部主管库兹涅佐娃访问省农科院，并作学术报告。

【省农科院外籍专家获"浙江省国际科学技术合作奖"】 2010年10月27日，2010浙江·中国国际科技合作交流大会暨国际科技合作高峰论坛授予在省农科院工作的英国籍专家迈克·亚当斯"浙江省国际科学技术合作奖"个人奖。迈克·亚当斯长期进行植物病毒合作研究。

【中日食品科学产学研暨功能性食品研讨会】 2010年11月4日在杭州举行，来自中日两国食品科学界的专家、学者以及知名食品企业的100多名代表参加研讨会，就近年来中日食品产学研现状及功能性食品研发动态进行了讨论和交流。

【省农科院与苏格兰作物研究所开展合作研究】 2010年11月19日，省农科院院长陈剑平访问英国苏格兰作物研究所，其间双方签订谅解备忘录，决定共建"病虫害可持续控制国际实验室"，初步确定在植物病理学、病虫害可持续控制、作物和环境分子生物学以及生物技术等方面开展合作研究。

【美国科学院院士访问省农科院】 2010年12月13日，美国科学院院士、斯坦福大学生物系名誉教授、卡耐基研究院植物研究所名誉所长温斯洛·布里格斯访问省农科院，并作学术报告。

（陈晓雯）

·外事礼仪知识·

"会见"和"签字仪式"

"会见"是指有身份、有地位的人士或上级领导出面给来宾的一种礼遇。安排会见，要注意三点：一是要按照来访外宾的身份、地位和内容来确定由什么样的人出面会见；二是要事先确定好会见的时间、地点和参加人员；三是赠送纪念品。

凡属重要的协议、协定、议定以及联合公报、联合声明或经济贸易、科技文教方面重要合作项目的合同书等，都需要双方签字。签字一般要举行签字仪式，由双方代表分别签字，然后交换文本。参加签字仪式的人员，可包括双方参加谈判的人员及其他必要的人员。为了表示对所签协议、合同等的重视，往往还要请更高身份或更多的人员出席。

高校和企业外事

Foreign Affairs in Higher Education Institutions and Enterprises

高校外事

·浙江大学·

【涉外工作概况】 2010年，浙江大学派出短期出国人员3068人次，接待来自30个国家的来宾128批584人次。

全校聘请长、短期外国专家634名(短期547名，长期87名)，包括2003年诺贝尔物理学奖得主莱格特教授和1987年诺贝尔化学奖得主J·M·莱恩教授。聘请名誉、客座教授52人，包括曾三次成为诺贝尔化学奖候选人的日本科学家饭岛澄男等。

全校新签、续签校际交流协议的院校共14所，此外，还建立了新西兰林肯大学-浙江大学-贵州大学三兄弟伙伴关系。

全校举办国际(双边)会议74个，来校参加会议的境外学者1465人次。

全校留学生4156人，其中来自欧美国家的1487人。学位留学生1733人。2010年秋季首次在学校内部设立留学生奖学金。

主要出访

【校领导访问日本和韩国】 2010年4月1日至8日，浙大校长杨卫应邀访问日本、韩国多所高校并出席"浙江大学-富士电机创新中心"理事会年会。

杨卫与京都大学校长松本紘就中日韩各一所大学共同组建三方合作体，与东京大学校长滨田纯一就推动中国九校联盟和日本国立大学联盟进行教育理念交流及在教学、科研方面开展合作、联合执行大型政府研究计划、派遣东大学生到浙大交流学习，与高丽大学常务副校长南尚丸就通过双方研究生院开展双学位合作项目，与首尔大学校长李长茂就中国九校联盟和韩国国立大学联盟进一步加强联系与合作，等等，进行探讨，达成共识。此外，杨卫与延世大学校长金汉中签署两校学术交流合作协议及学生交流协议。

【浙大代表团访问美国和墨西哥】 2010年5月25日至6月3日，校长杨卫率代表团访问美国、墨西哥。

访问美国期间，杨卫应邀出席在华盛顿特区举行的世界大学网络年会，与来自英国、美国、加拿大、南非、挪威的15所高校校长共同探讨全球化带来的机遇和挑战。随后，杨卫与耶鲁大学校长、布朗大学校长、斯坦福大学副教务长、加州大学洛杉矶分校副校长等就相关领域的合作事宜进行会谈并达成共识。受杨卫委托，代表团其他成员访问了浙大与美国罗德岛大学合作建设的孔子学院，双方就进一步合作和建设孔子学院、推广中华文化等进行会谈。

访问墨西哥期间，杨卫应邀出席在瓜达拉哈拉举行的国际大学协会第2届西语、葡语国家大学会议，并作《亚洲高等教育合作面临的机遇和挑战》的主题报告。

【浙大代表团访问英国和挪威】 2010年5月26日至6月1日，副校长吴平率浙大代表团访问英国诺丁汉大学和挪威生命科学大学。代表团与诺丁汉大学签署合作备忘录；与挪威生命科学大学就在动物、水产、生物技术、食品等领域开展学者互访、科研合作、学生交流等达成共识。

【浙大代表团出席国际大学联盟理事会议和研讨会】 2010年6月23日至26日，浙江大学作为中国唯一的理事单位，参加在立陶宛首都维尔纽斯举行的国际大学联盟第75届理事会议和国际大学联盟2010国际研讨会。立陶宛总统达利娅・格里包斯凯特到会致欢迎词。参会代表就高等教育全球化等问题进行了深入的交流。

会后，代表团成员与来自日本、印度、意大利、瑞典、法国、马来西亚、美国、匈牙利、巴西等国的大学校长等进行会谈，就留学生教育达成多项合作意向。

【浙大代表团访问联合国教科文组织】 2010年7月16日，校长杨卫率浙大代表团访问联合国教科文组织驻巴黎总部，与该组织负责国际合作的项目专员海斯密克・托辛会谈。海斯密克・托辛对浙江大学成为联合国教科文组织的"创业教育"教席单位表示祝贺，希望浙江大学能在创业教育领域积极推动科学研究、培训、信息和文献等综合系统的发展，促进与亚洲及世界其他地区有关机构的学者、教师合作。

【浙大代表团访问新加坡】 2010年8月25日至27日，校长杨卫率浙大代表团访问新加坡。在中国驻新加坡大使魏苇、新加坡教育部长黄永宏等见证下，杨卫和新加坡科技设计大学校长马尼安蒂签署两校合作协议，今后六年，两校将在教学、科研、学生交流、设计竞赛和学术交流方面开展全方位的合作。杨卫一行参观了新加坡科技研究局科技展，并访问新加坡南洋理工大学、新加坡国立大学、新加坡国立研究基金会，参观了新加坡大学城工地现场，分别与南洋理工大学校长徐冠林、新加坡国立大学校长陈祝全等就水、环境、能源、智能交通、城市规划、传染病研究等领域的科研合作进行商谈并达成共识。

【校领导应邀出席"建设世界一流大学"国际论坛】 2010年9月30日，浙大校长杨卫应邀出席在英国伦敦皇家科学院召开的国际论坛，论坛主题为"建设世界一流大学"。会上，杨卫代表浙江大学作题为《中国建设世界一流大学的动力》的报告。

【浙大代表团访问美国和加拿大】 2010年10月24日至11月3日，副校长吴平率浙大代表团访问美国、加拿大，分别与美国伊利诺伊大学厄本娜-香槟分校、威斯康辛大学麦迪逊分校签署合作教育项目协议。在哈佛大学燕京学社、东北大学、康奈尔大学和多伦多大学，代表团与对方就共同举办国际学术研讨会、开展学生交流实习项目、纳米生产领域交流合作、人文学科的跨文化师生交流合作等进行商谈并达成共识。

【浙大代表团访问日本】 2010年11月15日至19日，副校长吴平率浙大代表团访问日本，与东京大学大学院达成在农业生态环境领域全面合作的意向，与东京工业大学就建立合作研究中心、加强两校工学部教授之间的合作、推动学生交流等达成意向，与千叶大学就两校在工业设计方面进行合作达成共识。此外，吴平率代表团两次访问富士电机控股有限公司，与社长北泽通宏等就原有合作及"浙江大学-富士电机创新中心"的未来发展进行座谈，并达成共识。

主要来访

【德意志学术交流中心驻京办主任来访】 2010年3月11日，德意志学术交流中心(DAAD)驻北京办事处主任韩北山访问浙大。韩北山对浙江大学的发展和取得的成就，以及浙大"中国学"专业的创新模式等给予很高评价，表示DAAD将继续在资金和师资等方面对浙大提供支持，并通过DAAD在德国高校中对"中国学"项目进行宣传，为浙江大学和德国高校、研究机构的合作牵线搭桥，让更多的德国一流大学学生来浙大攻读专业学位。

【阿联酋沙迦酋长国市政委员会主席来访】 2010年3月23日，

阿联酋沙迦酋长国市政委员会主席萨利姆·欧贝德·沙姆斯率代表团访问浙江大学。校长杨卫会见代表团，双方就在海洋环境、海岸建设、医药学等领域的合作交流进行了探讨，并达成共识。

【美国威斯康辛大学麦迪逊分校校长来访】 2010年3月31日，美国威斯康辛大学麦迪逊分校校长马丁一行访问浙大。校长杨卫会见来宾，并与马丁签署两校校际合作备忘录。双方表示，两校将在平等、互惠、互利的基础上，建立全面合作伙伴关系，实现在教学科研、人才培养等领域合作的新突破。

【英国约克大学校长来访】 2010年4月12日至13日，英国约克大学校长布里安·坎托尔一行访问浙大，两校签署成立“认知网络与绿色通信联合实验室”合作备忘录。访问期间，布里安·坎托尔一行分别与浙大工学部、信息学部、理学部和人文学部的相关教授就纳米科学、认知通信、聚变能、化学和语言学等进行了学术讨论。

【美国罗德岛大学校长来访】 2010年4月16日，美国罗德岛大学新任校长戴维·杜里一行访问浙大。校长杨卫会见来宾，双方就两校在科研尤其是海洋工程学等领域开展深入合作交流、加强两校间师生交流、实施浙江大学-罗德岛大学双硕士学位项目等达成共识。

【加拿大西门菲莎大学-浙江大学签订“计算机硕博双学位项目”合作备忘录】 2010年5月13日，加拿大西门菲莎大学副校长乔纳森·迪弗尔一行访问浙大。校长杨卫会见来宾，副校长吴平与乔纳森·迪弗尔签署两校“计算机硕博双学位项目”合作备忘录。

【美国密西根州立大学代表团来访】 2010年5月17日至18日，美国密西根州立大学教授玛莎·莱伯利率团访问浙大，副校长吴平会见来宾。代表团与浙大相关学院及部门就合作研究、合作办学和人才培养等进行了探讨，达成一系列合作意向。

【瑞典教育与研究部副部长来访】 2010年5月25日，瑞典教育与研究部副部长彼特·霍耐特一行访问浙大，随同来访的有14位瑞典政府、高校与企业代表。副校长吴平会见来宾，两校签订建立创新及创业联合中心协议。根据协议，隆德大学和浙江大学将分别投入相当于20万瑞典克朗的启动经费，用于开展合作研究、联合培养学生等。

【瑞典哥德堡大学代表团来访】 2010年5月27日，瑞典哥德堡大学校长帕姆·弗雷德曼率教授代表团访问浙大。副校长姒建敏会见来宾。双方就在创新创业、环境资源、艺术、工业设计和文化遗产研究等各个领域开展多层次的实质性交流与合作进行探讨并达成共识。帕姆·弗雷德曼代表哥德堡大学与浙大医学部签署两校在医学领域的合作备忘录。

【瑞典皇家工学院副校长来访】 2010年6月8日，瑞典皇家工学院外事副校长雷蒙·怀斯一行访问浙大。副校长吴平会见来宾。双方就更新已有的校际合作协议，成立两校合作项目理事会，在能源、交通、生命和医学技术、材料等领域开展长短期交流生项目和“3+2”本硕连读项目等进行了探讨并达成合作共识。双方商定，在浙大举办“瑞典皇家工学院日”或“瑞典日”，在瑞典皇家工学院举办“浙大日”，以促进双方师生的相互了解和沟通。

【法国特鲁瓦技术大学校长来访】 2010年6月9日，法国特鲁瓦技术大学校长克里斯汀·莱荷米欧一行访问浙大。副校长吴平会见来宾。双方就鼓励两校教授互访和共同申报国家自然科学基金项目、开展长短期学生交流项目、接受法国工程师学生来浙大实习和交流等事项交换了意见，并就“2+3”硕博连读项目实施计划达成共识。

【法国驻沪教育领事来访】 2010年6月25日，法国驻上海总领事馆教育领事魏格曼一行访问浙大。双方就联合举办双学位硕士项目和接受法国学生来浙大进行短期实习及学习"中国学"专业等进行了探讨,并达成初步合作意向。

【英国达伦大学校长来访】 2010年9月13日,英国达伦大学校长克里斯·希金斯一行访问浙大。校长杨卫会见来宾。双方一致同意尽快启动两校强势学科之间的合作,并签署在人文、社科和工程等领域合作协议书。副校长吴平与克里斯·希金斯就双方进一步推动其他合作事宜进行了讨论,并就科研合作、师生交流等达成合作意向。

【丹麦哥本哈根大学副校长来访】 2010年9月16日,丹麦哥本哈根大学副校长汉纳·哈姆森一行访问浙大。校副秘书长兼外事处处长范捷平会见来宾。双方探讨了在医学、社会学、自然科学等各个领域展开科研和教学合作的可能性,并就签署校级合作备忘录及校级学生交流协议、开办暑期班等达成共识。

【浙大与德国考古研究院达成合作意向】 2010年9月21日,德国考古研究院代表团访问浙大。校党委书记张曦会见来宾。双方达成多方面的合作意向,并计划在浙大考古专业设立联合培养德国博士生项目。

【美国密西根州立大学代表团来访】 2010年9月25日至26日,美国密西根州立大学理学院院长詹姆斯·柯克帕特里克率团访问浙大,与理学部数学、物理、化学、地球科学等相关学科教师座谈,双方就尽快推动在科研合作、教师互访、学生交流等方面的实质性合作达成共识,并签署合作协议。

【世界大学网络代表团来访】 2010年10月14日,世界大学网络(WUN)首席执行官、澳大利亚悉尼大学副校长约翰·赫恩一行访问浙大。校长杨卫会见来宾。双方就WUN的未来发展规划、如何应对世界大学排名对学校带来的影响、2011年在上海举行的WUN年会等议题进行了深入的探讨。副校长吴平与约翰·赫恩一行就WUN的地位和近期的工作安排交换了意见,双方同意共同推动WUN成员学校间的实质性合作和交流。

【瑞典皇家技术考察团来访】 2010年11月11日,瑞典皇家工程科学院主席莉娜·托雷尔率皇家技术考察团访问浙大,随团来访的包括瑞典国王卡尔十六世·古斯塔夫以及30余位瑞典工商、教育、学术和产业界代表。校长杨卫会见来宾。双方就浙大与瑞典高校间的合作交流等进行了讨论,并表达了进一步推动浙大与瑞典高校、科研机构以及企业合作的共同愿望。

国 际 会 议

【汉语作为第二语言国际研讨会】 2010年8月27日至29日在浙大举行,由美国纽约州立大学(奥尔巴尼)、浙大人文学部、浙大语言与认知研究中心联合主办,来自美国纽约州立大学(奥尔巴尼)、加州大学洛杉矶分校、英国伦敦大学等80余所国内外高校与研究机构的专家学者参会。会议就"当前汉语作为第二语言从主要以经验和练习为基础的学科转化为有理论研究支撑的学科"这一话题进行了深入的交流和探讨。

【中瑞合作论坛】 2010年10月21日至23日在浙大举行,来自瑞典隆德大学、瑞典皇家工学院和乌普萨拉大学等瑞典高校的教师和留学生及校友,来自利乐中国等瑞典公司的代表和浙大的相关教师及学生参加论坛。论坛活动包括瑞典高校学生与校友见面会、中瑞代表在紫金港校区举行的科学会议等。

【亚太地区创新创业教育国际研讨会】 2010年10月28日在浙大举行。会议由浙江大学创业教育教席、香港教育学院大中华研究中心、浙江大学思高教育研究中心和温特博士基金会联合主办,来自中国、美国、英国、意大利、澳大利亚、日本等7个国家和地区的专家学者参会,共同探讨亚太国家的创业教育政策、高等教育变革、创业型大学建设等议题。

【第6届全球数字图书馆国际学术研讨会】 2010年10月29日在浙大举行，来自美国、印度、埃及、意大利、日本、澳大利亚等近10个国家和地区的150余位专家与会，围绕“数据海和云计算”主题进行了深入的交流和探讨。

【第3届中美二氧化碳减排控制技术研讨会】 2010年12月10日至12日在杭州举行，由美国能源部国家能源技术实验室和中国科技部高新司主办，浙江大学和美国哥伦比亚大学承办。近50家中美高校、研究机构、企业的百余名专家参会，共同商讨二氧化碳减排技术等问题。

合 作 项 目

【浙大与美国加州大学分校共建医学科研教学中心】 2010年10月22日，浙大医学部与美国加州大学洛杉矶分校医学院签约成立“联合医学科研教学中心”，双方在人才培养、师资建设及医学领域开展全面合作。校长杨卫和加州大学洛杉矶分校副校长兼医学院院长基恩·华盛顿共同为联合中心揭牌。

【“约克大学-浙江大学认知无线通信”高级研习班】 2010年10月25日在浙大举办。该研习班由英国约克大学-浙江大学认知网络与绿色通信联合实验室主持，英国研究理事会及世界大学联盟共同资助，汇集了中英双方无线通信与网络技术领域的知名学者。

【浙大与美国开展语言培训项目】 2010年11月2日，浙江大学继续教育学院与全球最大的教育集团美国卡普兰教育集团正式签约合作。根据协议，浙大-卡普兰语言培训项目将于2011年春季推出各类培训班，全面开展英语语言培训、托福模考、留学预科课程等方面的培训，为更多想去国外留学的学生提供高质量的培训途径。

【浙大与美国布朗大学拓宽合作领域】 2010年11月12日，美国布朗大学校长鲁思·西蒙斯率代表团访问浙大。校长杨卫等会见来宾。双方续签两校医学师生交流和科研合作协议。布朗大学代表与浙大工学部、信息学部以及研究生院、外事处、人事处等部门负责人就双方在优势学科开展强强联合，推动师资培训、人才培养和学生交流等进行了深入的探讨并达成合作共识。

【西澳大学与浙大签订联合培养本科生协议】 2010年11月12日至14日，澳大利亚西澳大学自然与农业科学学院副院长琳内特·阿伯特一行访问浙大动物科学学院，双方签署关于联合培养本科生（动物科学专业）的协议。根据协议，西澳大学将成为浙大动物科学学院本科生开展国际交流的新基地。

【浙大医学部与日本熊本大学医学部签署合作协议】 2010年12月13日，日本熊本大学医学部部长原田信志一行访问浙大医学部。浙大医学部主任段树民等会见来宾。双方签订正式合作协议，将开展教学和科研领域的学术交流、人员互访等。

【浙大医学部与艾伯塔大学医学及牙医学院开展合作】 2010年12月14日至16日，加拿大艾伯塔大学医学及牙医学院院长菲利浦·N·贝克尔一行访问浙大医学部。浙大副校长来茂德等会见来宾。双方就全科医生师资培训事宜进行会谈，决定从2011年开始从浙大附属医院选送教师到艾伯塔大学培训。此外，艾伯塔大学与浙大建立医学生交流计划，并决定从2011年开始双方各选派4名学生到对方院校进行为期6～8周的访学。

【浙大教育学院与美国伊利诺伊大学教育学院达成合作意向】 2010年12月30日，美国伊利诺伊大学厄本那-香槟校区教育学院代表团访问浙大教育学院。双方围绕师生互访、学生交换等问题进行了深入的讨论，就教师交流、全英文课程建设、实施“3＋2”交流项目等达成初步合作意向。

外专外教

【加拿大皇家科学院院士受聘浙大客座教授】 2010年4月7日，加拿大皇家科学院院士、艾伯塔大学杰出教授米奥德拉格·贝尔塞维克应邀访问浙大并受聘为客座教授。浙大副秘书长兼外事处处长范捷平会见米奥德拉格，向他颁发了"浙江大学客座教授"荣誉证书。

【浙大外国专家获"西湖友谊奖"】 2010年9月15日，经浙大推荐和浙江省外国专家局评审，浙大化工系加拿大籍专家朱世平教授、公共管理学院韩国籍专家朴寅星教授和医学部附属邵逸夫医院美国籍专家朱姆沃尔特获得2010年度"西湖友谊奖"。

【饭岛澄男受聘浙大名誉教授】 2010年10月11日，2002年富兰克林奖章获得者、2008年Kavli纳米科学奖获得者、日本名城大学教授饭岛澄男受聘为浙大名誉教授，校长杨卫向饭岛澄男颁发证书。

其　他

【"浙江大学-林肯大学-贵州大学三兄弟合作项目"正式启动】 2010年6月15日，副校长姒健敏代表浙大出席在上海举办的中国西部地区发展机遇研讨会，并与有关方面签署"浙江大学-林肯大学-贵州大学三兄弟关系"协议。会上，中国、新西兰两国教育部表示将共同建立合作科研经费，支持"浙江大学-林肯大学-贵州大学三兄弟合作项目"。

16日，浙大党委常务副书记陈子辰与新西兰林肯大学、贵州大学代表团在杭州举行三方会谈，进一步推动和落实三兄弟合作协议。

【i-CIPEC国际会议组委会授予岑可法"杰出贡献奖"】 2010年7月26日至29日，第6届燃烧、焚烧/热解和污染控制国际会议在马来西亚吉隆坡召开，来自27个国家的200多名专家学者参会。为表彰中国工程院院士、浙大机械与能源工程学院院长、热能工程研究所所长岑可法在学术上取得的杰出成就以及在推动国际合作和交流方面作出的突出贡献，会议组委会特授予他"杰出贡献奖"。

【"浙大海外学子浙江行"活动】 2010年10月28日至30日在浙大举行，本次活动是浙江省首次大规模组织掌握核心技术的浙大海外留学人员回浙江进行洽谈、对接，并通过政策介绍会、项目洽谈交流等形式为浙大海外学子搭建创业舞台和项目孵化服务平台。50余名来自美国、英国、德国、加拿大等国的浙大海外学子带着最新科技成果，齐集母校，"创业浙江、回馈浙大"。

【校领导参加美国罗德岛大学孔子学院理事会】 2010年12月11日，校长杨卫赴北京参加美国罗德岛大学孔子学院理事会。会上，杨卫和美国罗德岛大学校长戴维·M·杜利等交流了罗德岛大学孔子学院的建设与发展概况，就新一届理事会的组成和下一步工作进行了讨论并达成共识。

【浙大活体肝移植技术首度走出国门】 2010年12月11日至17日，受印度尼西亚大学邀请，中国工程院院士、浙大医学院附属第一医院院长郑树森率包括外科学、麻醉学、重症监护、影像学和护理学等20位专家在内的肝移植团队，赴印尼首都雅加达进行学术交流和技术支援，在印尼大学医学院附属医院及普瑞·茵达医院先后成功实施4例活体肝移植手术(供者手术、受者手术共8台)，救治了4名危重的终末期肝病患者。

港澳地区

【与港澳地区交流概况】 2010年，浙江大学赴港澳地区交流访问共514人次，其中香港特区459人次、澳门特区55人次。接待港澳来宾26批820人次，其中香港21批701人次、澳门5批119人次。聘请客座教授3名，均为香港地区。开展学生交流项目41项，参与交流学生529人，其中：香港40项，派出247人；澳门1

项，派出2人。

【浙大代表团赴香港参加“青年高峰会议2010”】 2010年3月5日至7日，浙大代表团应邀赴香港参加由香港特区政府民政事务局及青年事务委员会联合主办的“青年高峰会议2010”。峰会以“创建未来——青年人面对的挑战与机遇”为主题，邀请来自香港、内地及澳门的700多名青年代表参加，就青年人面对的挑战进行讨论交流。香港特区政府署理行政长官唐英年等出席峰会。

【查刘璧如受聘浙大名誉校董】 2010年3月29日，香港浸会大学荣誉社会学博士、香港求是科技基金会理事、香港妇女协会名誉会长查刘璧如受聘担任浙江大学名誉校董。校长杨卫代表浙大为查刘璧如颁发浙大名誉校董聘书并佩戴校徽。校发展委员会主席张浚生向查刘璧如赠送浙大名誉校董纪念牌。

【郭婉仪受聘浙大名誉校董】 2010年4月4日，香港新鸿基地产郭氏基金执行董事郭婉仪受聘担任浙江大学名誉校董。校党委书记张曦代表浙大向郭婉仪颁发名誉校董聘书、佩戴校徽并赠送名誉校董纪念牌。

【浙大基础医学系与香港中文大学生物医学学院签署合作协议】 2010年4月9日至11日，香港中文大学生物医学学院院长陈伟仪和副院长陈活彝率代表团访问浙大医学部基础医学系，双方经过商谈，在交换培养研究生、共同开展科研合作、开展经常性学术互访等方面达成一致意见，并签署学术交流友好合作协议。

【浙大代表团访问香港、澳门】 2010年4月13日至16日，浙大代表团赴香港、澳门主要高校进行交流访问。代表团分别与香港大学、香港中文大学、香港科技大学、澳门大学就本科生合作培养、研究生联合培养、行政管理干部培训、高校人力资源管理和人才引进等内容进行了深入的探讨，并达成多项合作共识。

【纪念《澳门特别行政区基本法》颁布17周年研讨会】 2010年4月20日，澳门特别行政区行政法务司司长陈丽敏率澳门特区政府代表团访问浙大，与浙大联合举办纪念《澳门特别行政区基本法》颁布17周年研讨会。会上，来自北京、澳门、上海等地的学者围绕《基本法》中有关“一国两制”方针政策的内涵，以及特区成功实践“一国两制”的历程和展望等主题展开了深入的交流和探讨。

【香港永新企业集团副董事长来访】 2010年10月9日，香港浙江大学教育基金会理事、浙江省政协常委、香港永新企业有限公司副董事长、中国侨商投资企业协会副会长曹其镛一行访问浙大。

校党委书记张曦等会见来宾。张曦希望早日建成中日青年交流中心，努力把两国的青年交流工作做好，让中心成为推动中日友好的桥梁和纽带。副校长张土乔、浙大建筑设计院、艺术与考古博物馆筹委会分别向曹其镛一行介绍了中日青年交流中心建设方案、樱花园新址设计方案以及艺术博物馆的建设情况。

校长杨卫会见曹其镛一行，双方就浙江大学中日青年交流中心的建设方案及今后的运行等进行了具体磋商。

曹其镛共向清华、北大、浙大、复旦、交通等5所内地大学捐资1亿元人民币，用于建设“中日青年交流中心”，以帮助两国学子共同学习、加深理解，推动中日民间友好交流。

【香港城市大学代表团访问浙大数学系】 2010年10月15日至17日，加拿大皇家科学院院士、欧洲科学院外籍院士、国际著名数学家、香港城市大学副校长王世全率团参加浙大数学系和跨学科应用数学中心主办的应用数学跨学科研讨会并在开幕式上发言。与会学者一致支持将应用数学跨学科研讨会建设成一个长期的交流合作平台。

【浙大代表团访问澳门】 2010年11月12日至14日，浙大发展委员会主席张浚生等率团访问澳门，拜访长期以来一直关心支持浙大发展的澳门立法委原主席、同济慈善会主席曹其真等澳门各界友人，并就浙大的教学、科研、管理以及紫金港校区的建设情况等分别与在澳校友交流，对广大校友一直以来对浙大的关心与支持表示感谢。

【香港浙江大学教育基金会成立两周年答谢晚会暨“浙江大学中日青年交流中心”捐赠仪式】 2010年11月17日，香港浙江大学教育基金会成立两周年答谢晚会在香港举行，多位香港知名人士、浙江大学友人及基金会理事等出席晚会。会上，就香港思源基金会主席陈曾焘捐赠设立的“思源讲座教授”项目、唐学元捐资继续支持的“唐大威优秀生赴港实习计划”项目、陈君实捐资支持的“浚生贫困学生助学基金”项目、董氏慈善基金会捐赠的“董氏文史哲奖励基金”项目、环球数码捐赠的“爱心基金”项目等举行答谢仪式，浙大党委书记张曦和发展委员会主席张浚生代表学校向捐赠人颁发捐赠证书和捐赠纪念牌。

会上，举行了“浙江大学中日青年交流中心”捐赠签约仪式。浙大副校长姒健敏、浙大秘书长张美凤分别代表浙江大学、浙大教育基金会与香港永新企业有限公司副董事长曹其镛在捐赠协议上签字，浙大党委书记张曦向曹其镛夫妇颁发捐赠证书及捐赠纪念牌。

【浙大教育基金会再获唐仲英基金会资助意向】 2010年12月6日，《唐氏（中国）投资有限公司等网新集团股东向浙江大学教育基金会捐赠2亿元股权实施备忘录》在江苏省吴江市签约。美国唐氏工业董事长、唐仲英基金会董事长唐仲英，浙大校长杨卫，浙大教育基金会副理事长吴朝晖共同签署《备忘录》。

根据《备忘录》，唐氏（中国）投资有限公司、网新资本管理有限公司将在2011～2016年的6年内，向浙大教育基金会各捐赠1亿元人民币的股权。

【浙大获批两项教育部重点对港教育交流项目】 2010年，浙大首次分别以学术交流和文化交流为主题申请的交流项目“‘区域文化传承与现代化’——2010浙港两地大学生文化交流营”、“‘齐贤听聪、之江授道’——浙港法律学生夏令营”成功获批教育部重点对港教育交流项目。

（姚　诚）

附表1　浙江大学2010年对外合作交流情况

学院名称	出国交流人次	聘请国外专家人数	举办国际学术会议次数
人文学院	66	10（短期）+3（长期）	5
外国语言文化与国际交流学院	78	14（短期）+22（长期）	4
传媒与国际文化学院	13	2（短期）+1（长期）	
经济学院	53	7（短期）	2
光华法学院	22	2（短期）+2（长期）	1
教育学院	33	2（短期）+3（长期）	2
管理学院	97	9（短期）+3（长期）	4
公共管理学院	80	14（短期）+5（长期）	9
思想政治理论教学科研部	3	2（短期）	1

续表

学院名称	出国交流人次	聘请国外专家人数	举办国际学术会议次数
数学系	53	16(短期)	2
物理学系	52	19(短期)+2(长期)	4
化学系	49	9(短期)	1
地球科学系	15	2(短期)+1(长期)	1
心理与行为科学系	41	1(短期)+1(长期)	
机械工程学系	89	2(短期)+1(长期)	
材料科学与工程学系	66	25(短期)+2(长期)	2
能源工程学系	72	6(短期)+5(长期)	2(承办 1)
电气工程学院	116	10(短期)+2(长期)	2
建筑工程学院	117	4(短期)	2
化学工程与生物工程学系	81	14(短期)+5(长期)	1
航天航空学院	17	9(短期)	2(承办 1)
高分子科学与工程学系	46	14(短期)+1(长期)	1
海洋科学与工程学系	6	5(短期)	
光电信息工程学系	58	9(短期)+4(长期)	
信息与电子工程学系	113	10(短期)+2(长期)	
控制科学与工程学系	113	6(短期)	
计算机科学与技术学院	200	8(短期)+2(长期)	5
生物医学工程与仪器科学学院	58	5(短期)+2(长期)	
医学院	307	30(短期)+5(长期)	6
药学院	41	7(短期)+1(长期)	
生命科学学院	88	27(短期)+2(长期)	1
生物系统工程与食品科学学院	51	41(短期)+2(长期)	
环境与资源学院	73	37(短期)	2
农业与生物技术学院	126	52(短期)+4(长期)	1
动物科学学院	76	22(短期)	
其他	499	95(短期)+4(长期)	11
合计	**3068**	**547(短期)+87(长期)**	**74(承办 2)**

附表 2　2010 年浙江大学其他校级出访团组

出访时间	团长姓名	出访事由
1 月 9～19 日	陈子辰	访问美国克莱姆森大学、密西根大学、麻省理工学院、加州大学伯克利分校，拓展与上述高校的交流范围，洽谈合作项目
1 月 17～23 日	吴朝晖	访问夏威夷大学、伍兹霍尔海洋研究所、罗德岛大学、纽约州立大学石溪分校、Scripps 海洋研究所、蒙特利湾水族研究所，开拓海洋方面的交流合作，建立合作关系
1 月 26～28 日	范捷平	赴日本参加第 5 届高校外事行政人员研讨会
4 月 21 日～5 月 3 日	陈子辰	访问新西兰、澳大利亚
5 月 29 日～6 月 8 日	陈子辰	访问英国开放大学、德国自由大学
6 月 4～5 日	吴　平	访问新加坡科技设计大学
6 月 19～25 日	罗卫东	访问韩国东国大学和韩国中央研究院，考察并洽谈合作交流事宜
6 月 23～29 日	张　曦	访问埃及开罗大学和希腊雅典大学
6 月 30 日～7 月 2 日	杨　卫	赴新西兰出席第 14 届环太平洋大学联盟校长年会，访问林肯大学
7 月 2～10 日	邹晓东、姒健敏	参加澳大利亚校友会议成立典礼，访问澳大利亚悉尼大学
10 月 18～23 日	杨　卫	赴印度参加第三世界科学院会议

·中国美术学院·

【涉外工作概况】　2010 年，中国美术学院派出短期出国（境）人员 41 批次 94 人次。其中：公派出访考察讲学 15 批次 41 人次；教师和学生自费出国考察、进修学习 26 批次 53 人次。

全年接待来自世界各国的外宾 46 批近 240 人次。进行各类外籍教师讲学交流项目 30 余项。聘请专业类长期外籍教师 7 名，分别来自美国、韩国、法国、德国、瑞典等国。举办涉外展览 6 个。

【中瑞剪纸艺术展览在象山校区展出】　2010 年 4 月 12 日，"东西合璧的剪纸艺术·剪纸元素与瑞士文化"展览在中国美术学院象山校区展览馆开幕。瑞士联邦院副主席汉斯·阿德荷尔偕夫人，瑞士驻上海总领事范威廉、副总领事石韬偕夫人、副总领事史凤雅等 70 余人以及中国美术学院院长许江、副院长王赞等 100 余名师生出席开幕式。

此次展览展出作品 140 件，其中瑞方作品 74 件。展览期间，瑞士剪纸艺术家恩斯特·奥普里格和布鲁诺·韦伯还在中国美术学院亲授剪纸技艺。

【中德艺术研究生项目】　经教育部批准于 2006 年 9 月正式启动，2010 年进入第五年，现有研究生 100 余名。该项目由中国美术学院与德国柏林艺术大学合作进行，以跨文化、跨学科为教学理念，以培养高级艺术人才为目标。2010 年 4 月，教育部批准中国美术学院与柏林艺术大学的续约，该项目延期至 2017 年春。4 月，第 2 届中德项目的 29 名学生举办毕业展览，约 70％的学生通过毕业答辩获得硕士学位。

【韩国衣恋集团代表团来访】　2010 年 5 月 20 日，韩国依恋集团董事长崔忠良率代表团来中国美术学院参观访问，并参加衣恋奖学金颁奖仪式。院长许江对衣恋集团在中国美术学院设立奖学金表示感谢，双方就进一步开展交流合作进行了讨论。

衣恋奖学金用以奖励优秀学

生，资助经济困难学生。

【中国美术学院代表团访问日本、韩国】 2010年5月23日至6月1日，应日本东京艺术大学和韩国大邱大学的邀请，院党委副书记胡钟华率中国美术学院代表团赴日本、韩国进行校际访问，此行目的是进一步增进双方的互相了解，更好地推动双方在教学、研究等各个领域的合作与交流。

【中国美术学院代表团访问澳大利亚、新西兰】 2010年5月28日至6月6日，应澳大利亚国立大学和新西兰奥克兰理工大学的邀请，副院长宋建明率中国美术学院代表团赴澳大利亚、新西兰进行校际访问，考察这两所院校设计学科的建设与发展，探讨双方在设计学科领域开展合作与交流。

【王澍获威尼斯建筑双年展特别荣誉奖】 2010年8月29日，中国美术学院建筑艺术学院王澍教授的作品《衰变的穹顶》获第12届威尼斯建筑双年展特别荣誉奖。王澍的作品《衰变的穹顶》以木头为材质，搭建了一个亦中亦西、兼具中国东方文化旨趣和西方宗教建筑特点的建筑。作品吸取中国传统建造方式，采用西方穹顶结构，给作品增加了思考的空间，评审团尤其赞许作品可快速搭建与拆卸、建筑环境零负担的建造方式。

【韩国文化艺术委员会代表团来访】 2010年9月9日，韩国文化艺术委员会代表团对中国美术学院进行友好访问。副院长宋建明向客人介绍了中国美术学院在学科设置和对外合作与交流等方面的规划和发展战略。韩国地域文化支援协议会事务局局长朴相彦介绍了韩国文化艺术委员会计划在亚洲，尤其是选派艺术家来华进行创作的计划，希望与中国美术学院开展合作和交流。

【美国加州美术学院院长来访】 2010年10月9日，美国加州美术学院院长史蒂芬·贝尔以及院长中国事务顾问任敏访问中国美术学院。院长许江、副院长宋建明会见美国客人。

许江向客人介绍了中国美术学院的建校历史和参与上海世博会项目设计的情况。史蒂芬对中国美术学院的办学条件、办学规模以及将参与国际活动的经验应用于教学的做法表示赞赏。双方就未来合作的可能性进行了深入的探讨。

【第3届中欧文化论坛】 2010年10月20日至22日在上海光大会展中心举行，由中国艺术研究院、欧盟文化中心合作组织、上海世博会事务协调局主办，中国美术学院、上海戏剧学院承办。文化部副部长、中国艺术研究院院长王文章，上海市副市长屠光绍，丹麦文化大臣佩尔·斯蒂·穆勒，欧盟文化中心合作组织代表团团长芬恩·安德森，中国美术学院院长许江等出席开幕式并讲话。约180位来自欧盟和中国内地的专家学者与会，就城市与文化多样性、文化与生态文明、中欧艺术界的相互理解与认知等话题进行了深入的交流和讨论。

为配合中欧文化论坛，中国美术学院主办、中欧艺术家共同参与的工作坊和展览“视觉对话——中欧艺术家联合工作坊”于10月19日晚在上海明圆文化艺术中心揭幕，院长许江和中国美术学院的师生、中外艺术家参加开幕式。

【中国美术学院代表团访问挪威、英国】 2010年10月21日至31日，应挪威奥斯陆国立美术学院和英国伯明翰艺术与设计学院的邀请，院党委书记钱晓芳率中国美术学院代表团赴挪威、英国访问，双方就未来合作的可能性进行了深入的探讨。

【中国美术学院代表团赴德国考察包豪斯收藏】 2010年11月7日至11月12日，应德国柏林Broehan设计基金会的邀请，副院长宋建明率中国美术学院代表团赴柏林考察包豪斯和其他设计收藏，并与Broehan设计基金会洽谈由杭州市政府和中国美术学院共同收藏这批作品的事宜。

·相关链接·

包豪斯

包豪斯是德国魏玛市“公立包豪斯学校”的简称，后改称“设计学院”、魏玛包豪斯大学，习惯上仍称“包豪斯”。包豪斯是世界上第一所完全为发展现代设计教育而建立的学院，它的成立标志着现代设计的诞生，对世界现代设计的发展产生了深远的影响。

【建筑艺术学院两教授获德国谢林建筑实践奖】 2010年11月14日，“2010谢林建筑实践奖和建筑理论奖”颁奖典礼在德国卡尔斯鲁厄举行，中国美术学院建筑艺术学院王澍教授、陆文宇副教授获得本年度谢林建筑基金会建筑实践奖。

谢林建筑基金会成立于1992年，每两年一次向全世界通过建筑设计实践对建筑学的发展或者建筑历史与理论作出突出贡献的个人授予建筑实践奖。

【“东西贯中——吴冠中艺术回顾展”及学术研讨会】 2010年11月20日，由文化部、浙江省人民政府主办，省文化厅与中国美术学院等多家学术单位联合承办的“东西贯中——吴冠中艺术回顾展”在浙江美术馆开幕。画展分“苦觅”、“热土”、“深歌”三个篇章，集中展示了吴冠中生前捐赠给浙江美术馆和中国美术馆、新加坡国家美术馆、故宫博物院、上海美术馆、香港艺术馆、北京鲁迅博物馆的350余件艺术精品。中国美术馆馆长范迪安，英国世界艺术研究学院院长约翰·奥耐因斯，美国密西根大学艺术史教授、中国研究中心主任马丁·包华石，清华大学教授刘巨德，美国国立美术馆教育部部长法亚·库斯，中国美术学院艺术人文学院院长曹意强等，分别在学术研讨会上作学术报告。

【中国美术学院代表团访问美国、加拿大】 2010年11月28日至12月7日，应美国宾夕法尼亚美术学院和加拿大艾米莉·卡尔艺术与设计大学的邀请，院党委副书记傅肃琴率中国美术学院代表团赴美国、加拿大访问，考察上述两校在教学、行政管理、校园安全等方面的情况，与艾米莉·卡尔艺术与设计大学洽谈建立正式校际交流和合作关系。

（张　蕾）

·浙江工业大学·

【涉外工作概况】 2010年，浙江工业大学派出教职工出国团组84批134人次，其中参加国际学术会议49批69人次，短期合作研究16批16人次。组团出访7批次，分别赴日本、韩国、澳大利亚、瑞典、加拿大、美国、德国、意大利等国家。实施“2010年学生海外游学计划”，派遣187名本专科学生、研究生赴国外友好学校及高等教育机构开展交换学习、文化交流、联合设计等活动。

接待国外各类来访团组146批次608人次。聘请29名外籍专家和教师、79名短期文教专家来校工作、开展科研合作和学术交流活动。美国籍专家盛光遥获2010年浙江省“西湖友谊奖”。

新增协议单位5个。举办各类国际学术会议和双边学术会议5次，其中国际学术会议3个、双边学术会议2个。

【日本金泽大学代表团来访】 2010年3月17日，日本金泽大学副校长长野勇、田中隆治一行访问浙工大，洽谈两校联合培养学生事宜。名誉校长沈寅初、校长张立彬、副校长肖瑞峰分别会见代表团。

代表团分别在屏峰校区和朝晖校区举行留学金泽大学情况说明会。2010年浙工大有3名学生以交换生等形式赴金泽大学学习。

【浙工大代表团访问日本和韩国】 2010年3月29日至4月6日，副校长肖瑞峰应邀率团访问日本足利工业大学和韩国庆州大学。

在足利工业大学，肖瑞峰一行会见了该校校长牛山泉、副校长蟹江好弘。双方介绍了各自学校的近况，对两校今后的共同发展提出了设想和建议。肖瑞峰还为足利工大师生作题为《唐诗与科举》的学术报告。

在庆州大学，肖瑞峰一行与该校校长李顺子就继续开展学生交流及完善韩国学生汉语进修班合作等交换了意见。

【校领导出席浙江省-西澳州大学校长论坛】 2010年5月5日至10日，校长张立彬赴澳大利亚西澳州，出席由浙江省和西澳州政府联合主办的第2届浙江省-西澳州大学校长论坛，作题为《开放式培养工程创新人才的思考与实践》的演讲。

出席论坛期间，张立彬代表浙工大与默多克大学校长约翰·约维奇签署《浙江工业大学与默多克大学建立战略性合作协议》。根据《协议》，浙工大将在默多克大学设立“浙江工业大学学生海外培养基地”，默多克大学将与浙工大共建“默多克大学中国商业研究中心”，双方还将在环境、生物、艺术、商务、可再生能源等领域开展学生培养、教师交流等一系列合作项目。

5月7日，浙工大首个学生海外培养基地在澳大利亚默多克大学设立，浙工大校长张立彬与默多克大学副校长盖瑞·马丁共同为“浙江工业大学学生海外培养基地”揭牌，省教育厅副厅长李鲁、西澳州发展部副部长索尼娅·格里塞利应邀出席揭牌仪式。

【第2届国际绿色化工产品和过程工程学术会议】 2010年5月9日至12日在杭州召开。来自美国、英国、德国和香港等18个国家和地区的300余位专家学者出席会议。与会专家学者围绕21世纪绿色化学与化工发展状况这一主题进行了交流和讨论。

【校领导出席“比利时国家馆日”活动】 2010年5月28日，比利时弗兰德大区“水资源日”论坛在2010上海世博会比利时国家馆举行，浙工大副校长马淳安应邀出席，作题为《研发和新技术推动的水需求》的演讲。该论坛是上海世博会“比利时国家馆日”活动的一项内容。

【国际著名催化科学家来访】 2010年6月7日，国际著名催化科学家、荷兰埃因霍芬理工大学教授汉斯·尼曼特维德里特访问浙工大，开展学术交流活动，并作题为《费托合成中的合成燃料：理论与实践》的学术报告。

【浙工大代表团访问瑞典】 2010年6月21日至27日，副校长马淳安应邀率团访问瑞典布莱金厄理工学院。学院副校长安德斯·赫德斯迪尔纳会见马淳安一行。双方就进一步加强研究生联合培养和科技合作等深入交换意见，并续签下一阶段校际合作协议。

【乌克兰激光制造专家来访】 2010年7月7日至29日，乌克兰工程院院士、乌克兰国立科技大学激光技术研究中心主任弗拉季米尔·科瓦连科一行来浙工大进行访问研究。其间，参加了系列学术活动和激光技术发明50周年庆祝活动，并作学术报告。

【浙工大学生管理干部赴香港培训】 2010年8月8日至15日，浙工大学生工作线中层干部赴香港大学参加学生事务管理专题培训。培训期间，学员们听取了香港大学亚洲研究中心、中国事务部、国际交流中心、学生发展与资源中心、专业进修学院等部门负责人所作的9场专题讲座，实地考察了香港科技大学、香港城市大学、香港教育学院等，并与有关高校的学生事务管理专家、学生干部进行了交流和探讨。

【浙工大代表团访问美国、加拿大】 2010年9月21日至10月1日，浙工大党委书记汪晓村应邀率团访问美国威廉·帕特森大学、费尔莱·迪金森大学和加拿大达尔豪斯大学。

在威廉·帕特森大学，汪晓村一行会见了校长凯瑟琳·沃尔德伦、常务副校长兼教务长爱德华·威尔等，双方举行了浙江工业大学学生海外培养基地威廉·帕特森大学站点揭牌暨两校姐妹大学签约仪式。在美期间，汪晓村一行还访问了费尔莱·迪金森大学，双方对开展学生互派和教师互访进行了探讨。

在加拿大达尔豪斯大学，汪晓村一行会见了校长汤姆·特拉维斯，双方重点就开展学生联合培养、教师互访、科研合作等事宜进行了讨论，并达成计算机本科生联合培养方案。

【德国石荷州政府代表团来访】 2010年10月12日，德国石荷州州长彼得·哈里·卡斯藤森率州议会议员、州政府官员及州高校媒体企业代表团访问浙工大。校长张立彬会见代表团，向客人介绍了学校的基本情况，特别是与德国吕贝克应用科技大学的友好合作与交流的情况和发展前景。卡斯藤森对两所学校长期以来的友好合作深表赞赏，称其为石荷州和浙江省在高等教育合作方面的一个典范，并表示石荷州政府将继续大力支持两校间的交流合作。

【浙工大代表团访问德国和意大利】 2010年11月5日至14日，浙工大校长张立彬率团访问德国吕贝克应用科技大学和意大利博洛尼亚大学。

在德国吕贝克应用科技大学，张立彬一行会见了校长斯蒂芬·巴特尔，双方讨论了庆祝两校交流合作25周年活动的相关事宜，明确了在建筑学科、环境工程学科深入开展教师学术交流和学生培养的意向，并签署两校2010—2011年度交流计划书。

在意大利博洛尼亚大学，张立彬一行与博洛尼亚大学农业机械与经济学院、工学院商讨了联合培养博士生的具体事项。

【澳大利亚默多克大学校长、常务副校长受聘为浙工大名誉教授】 2010年11月9日，澳大利亚默多克大学校长约翰·约维奇和常务副校长盖瑞·马丁等应邀访问浙工大，并受聘为浙工大名誉教授，浙工大名誉校长沈寅初出席授予仪式，为他们授证并佩戴校徽。

（陆　遥）

附表　2010年浙江工业大学对外合作交流情况

学院、部门名称	出国(境)交流(人次)	聘请国(境)外专家人数	学生出国(境)交流人数
化学工程与材料学院	11	15(短期)	2
机械工程学院	14	8(短期)+1(长期)	4
经贸管理学院	16	18(短期)	67
信息工程学院	4	8(短期)+1(长期)	5
计算机科学与技术学院	5	2(短期)	4
建筑工程学院	3	5(短期)	10
生物与环境工程学院	10	9(短期)+1(长期)	13
教育科学与技术学院			1
理学院	3	1(短期)+1(长期)	4
人文学院	2		13
艺术学院		9(短期)+1(长期)	10
法学院			3
健行学院			2
药学院		4(短期)	
外国语学院	2	13(长期)	21

续表

学院、部门名称	出国(境)交流(人次)	聘请国(境)外专家人数	学生出国(境)交流人数
国际学院	5	6(长期)	4
之江学院	7	5(长期)	24
其他	52		
总计	**134**	**29(长期)+79(短期)**	**187**

注："其他"指校机关各部门。

·浙江师范大学·

【涉外工作概况】 2010年，浙江师范大学派出短期出访团组84批145人次，其中交流访问29批61人次、参加国际学术会议38批63人次、会议研究14批18人次、参加培训3批3人次。共有311人次国(境)外人员来校工作、交流和访问，其中外籍教师50人次、考察访问46人次、援外培训99人次、参加国际会议116人次。全年招收留学生649人次，其中学历生153人次。新增美国、英国、韩国、喀麦隆、澳大利亚、南非、爱尔兰等国家和地区的合作院校16所，签署合作协议和交换生备忘录19份。

年内向美国、日本、韩国、乌克兰等5个国家和地区的17所高校派出104名交换学生。

【韩国春川教育大学校长两次来访】 2010年4月20日，韩国春川教育大学校长金善培一行访问浙师大。校党委书记梅新林、校长吴锋民先后会见金善培一行。6月29日，金善培率教授团再次访问浙师大。两校签订《相互派遣交换学生备忘录》。根据《备忘录》，两校每年互派4名本科生和研究生到对方学校学习一学期或一学年。

【喀麦隆雅温得第一大学校长来访】 2010年4月22日，喀麦隆雅温得第一大学校长乌马诺一行访问浙师大。校长吴锋民会见喀乌马诺一行，两校签订框架协议。根据协议，两校将开展合作研究、举办学术研讨会、合作办学、举办短期培训项目、开展学术交流、加强师资交流、开展学生交流以及开设短期学生特别课程等合作。

【乌克兰研究中心成立】 2010年5月13日，浙师大乌克兰研究中心正式成立。乌克兰驻华大使尤里·科斯坚科和浙师大校长吴锋民为中心揭牌。尤里·科斯坚科、乌克兰驻上海总领事谢尔盖·布尔杰利亚克受聘为浙师大乌克兰研究中心顾问。该中心是中国高校成立的首家综合性乌克兰研究机构。

【浙师大代表团访问挪威、爱尔兰和英国】 2010年5月15日至25日，校长吴锋民率团访问挪威、爱尔兰和英国。

在挪威，代表团访问了中国驻挪威大使馆，双方就浙师大与挪威高校开展教育和科技合作、设立常规交流项目等交换了意见。

在爱尔兰，代表团会见了都柏林大学校长、爱尔兰皇家科学院院士休·布雷迪等，双方在教师互派、学生互换、教育和科研合作等方面进行了广泛深入的交流，并签署合作协议。代表团还参观了该校国家重点研究机构——康威生物分子和生物药物研究院、合成生化研究中心和化学与化学生物学院。

在英国，代表团访问了英国中央兰开夏大学、曼彻斯特城市大学、牛津大学和剑桥大学，并与前两所学校分别签署合作谅解备忘录。

【中德流体力学与空气动力学研讨会】 2010年5月19日至23

日在浙师大举行。会议由中德科学中心资助，浙师大承办。来自中国、德国、日本的70余位数学家、数学工作者参加会议。会议共举办了27个学术报告。日本专家作为第三方代表参会。

【浙师大代表团访问苏里南、巴西和墨西哥】 2010年5月20日至29日，校党委书记梅新林率代表团先后访问苏里南、巴西和墨西哥。

在苏里南，梅新林与苏里南大学校长李福秀就科研合作、师生交流和创办孔子学院等达成共识并签署校际合作协议。

在巴西，梅新林与国立巴西利亚大学副校长就教师互派、学生互换、合作研究、举办学术论坛等达成共识并签署校际合作协议。代表团还考察了巴西利亚大学孔子学院。

在墨西哥，梅新林一行访问了墨西哥国立师范大学，双方就教师教育、科学研究、学生交流等达成合作意向。代表团还访问了拉美地区第一所孔子学院墨西哥城孔子学院，梅新林为该学院题词。

【美国华盛本大学校长来访】 2010年6月4日，美国华盛本大学校长法利一行2人访问浙师大。校长吴锋民会见法利一行。双方就进一步加强交换生、师资交流，拓宽学术研究合作领域等议题交换了意见，并达成共识。

【浙师大代表团访问德国】 2010年6月13日至18日，副校长王辉率团访问德国。代表团先后考察法兰克福、奥斯纳布吕克、伯恩、汉诺威、柏林、莱比锡等城市，与下萨克森州早期教育与发展研究所、奥斯纳布吕克大学、柏林的斐斯塔洛齐-福禄贝尔学校及3所幼儿园的相关人员进行了交流。

【第4届应用动力系统最新进展国际会议】 2010年6月17日至19日在浙师大举行。来自中国、美国、加拿大、日本、澳大利亚等国高校的专家、青年教师和研究生150多人参加会议。与会代表围绕会议主题进行了学术交流。

【数学教育的社会——文化研究专题国际学术研讨会】 2010年6月29日在浙师大举行。国际数学教育委员会秘书长伯纳德・霍德森出席研讨会。来自美国、加拿大、德国、意大利、澳大利亚等国家和地区的相关知名专家学者参加会议。香港大学、北京师范大学等20多所中国高校的60多位专家学者就“数学教育研究的社会文化视角”等议题进行了深入的研讨。

【浙师大代表团访问喀麦隆、南非】 2010年8月10日至19日，校长吴锋民一行赴喀麦隆和南非进行友好访问。

在喀麦隆，吴锋民一行访问了雅温德第一大学，与该校探讨了两校拟开展“中非高校20+20合作计划”项目的具体问题；参加了雅温德第二大学孔子学院第3届理事会；出席了非洲地区孔子学院联席会议。

在南非，代表团先后访问夸祖鲁那它尔大学和斯坦陵布什大学，分别与两校就开展学生交流、合作科研、学生呼唤等交换意见并初步达成合作意向，与斯坦陵布什大学签署两校合作框架性协议。

【非洲地区孔子学院2010年联席会议】 2010年8月12日在喀麦隆首都雅温德召开，此次会议由中国国家汉办主办，浙师大与喀麦隆雅温德第二大学共建的孔子学院承办。来自非洲18个国家25所孔子学院和孔子课堂的代表、中方院校校长、中国驻非洲使领馆官员及国家汉办领导等120余人参加会议。国务院参事、国家汉办主任、孔子学院总部总干事许琳，喀麦隆高等教育部部长法姆・恩东戈等出席开幕式。浙师大校长吴锋民出席会议，在大会上作主题发言并接受新华社和喀麦隆媒体采访。

【索马里留学生和丹获“汉语桥”在华留学生汉语大赛银奖】 2010年8月28日，由中央电视台、国家汉办、孔子学院总部主办的第3届“汉语桥”在华留学生汉语大赛总决赛中，浙师大索马里籍国际汉语教育专业硕士生和丹获银奖，喀麦隆籍商务汉语专业留学生宝力获优胜奖，张雯获优秀指导老师奖。

【非盟副主席来访】 2010年9月15日，非盟委员会副主席里亚斯塔斯·姆温查一行访问浙师大。校党委书记梅新林、校长吴锋民会见里亚斯塔斯·姆温查一行。双方就教育文化交流与合作、互派留学生、人力资源培训等交换了意见，并达成合作意向。浙师大聘请姆温查为荣誉教授。姆温查做客浙师大"尖峰论坛"并演讲，向浙师大师生介绍了非盟的历史、非洲与中国的合作、非盟在中非关系中的作用等，并回答了与会师生的提问。

【乌克兰籍专家获"西湖友谊奖"】 2010年9月15日，浙师大乌克兰籍专家尼娜·祖布科娃获得省政府颁发的2010年度"西湖友谊奖"。尼娜·祖布科娃2005年10月到浙师大任教后组建了合唱团。在她的带领下，浙师大合唱团2009年被评为浙江省金牌合唱团，先后获得第6届音乐金钟奖合唱比赛优秀奖、浙江省首届大学生合唱节一等奖（第一名）、浙江省金牌合唱团展演大赛最佳表演奖、海峡两岸合唱节银茉莉奖、第6届世界合唱比赛银牌等奖项。在2010年第14届CCTV青年歌手电视大奖赛中，浙师大合唱团以第9名的成绩进入决赛，并代表浙江电视台参加团体赛。

【第10届亚洲儿童文学大会】 2010年10月16日至18日在浙师大举行。大会由浙师大、中国作家协会儿童文学委员会、浙江省作家协会、金华市人民政府联合主办。来自中国、日本、韩国、马来西亚和香港等国家和地区的近200名作家、学者、出版界人士参加大会开幕式。与会专家围绕大会主题展开了7个场次的论坛研讨。亚洲儿童文学大会每两年举办一次。

【澳大利亚伊迪斯·科文大学副校长来访】 2010年10月24日至26日，澳大利亚伊迪斯·科文大学副校长切列德尼琴科一行访问浙师大。校长吴锋民会见切列德尼琴科一行。双方对两校合作的教育硕士项目进行了年度评估，并就联合开展教育博士培养达成初步意向。

【非洲博物馆建成开馆】 2010年10月29日，国内首个以非洲文明为主题的综合性非洲博物馆在浙师大建成开馆。来自非洲、欧洲和国内的100多位非洲研究专家、艺术家、收藏家参加开馆仪式。外交部非洲司司长卢沙野和浙师大校长吴锋民共同为博物馆揭牌并发表讲话，向博物馆首批藏品捐赠者颁发了捐赠证书。省外办副主任顾建新出席揭牌仪式并致辞。开馆仪式上，还举行了《非洲艺术研究》新书首发式。

【乌克兰驻华大使来访】 2010年11月4日至5日，乌克兰驻华大使尤里·科斯坚科一行访问浙师大。尤里·科斯坚科为浙师大师生作题为《现代国际关系背景下的乌克兰地位与作用》的主题演讲。大使夫人柳德米拉·斯吉尔达的新作《中国的呼吸》首发式同时在浙师大举行。

【纪念中非合作论坛成立10周年学术研讨会】 2010年11月18日在南非行政首都比勒陀利亚举行，由浙师大与中国驻南非大使馆、南非国际问题研究所联合主办。中南双方政府、学界、企业界以及部分国家驻南使节等近300人参加会议。国家副主席习近平出席研讨会开幕式并发表演讲。

浙师大校长吴锋民率非洲研究院学者代表团出席会议并在开幕式上致辞。

当晚，习近平在中国驻南非大使馆亲切会见参加学术研讨会的全体代表并发表讲话，随后与大家合影留念。习近平对主办这次中非合作论坛的专家学者表示感谢，对非洲学术研究的重要意义给予高度评价和期待。

【浙师大成立中非商学院】 2010年11月27日，浙师大成立中非商学院。该院为国内高校首个面向中非经济合作需要的专门涉非教学机构，致力于培养中国的“非洲通”和非洲的“中国通”人才，为国家对非外交战略、中非文化交流和商贸往来提供人才支撑。苏丹驻华大使米尔加尼·穆罕默德·萨利赫，喀麦隆驻华大使马丁·姆巴纳，埃及驻华大使馆副馆长依哈卜·哈桑应邀出席成立大会。浙师大聘请中国政府非洲事务特别代表刘贵今大使任中非商学院院长。马丁·姆巴纳、校党委书记梅新林为中非商学院成立揭牌。校长吴锋民为刘贵今等颁发聘书。

【浙师大共建孔子学院再获“先进孔子学院”】 2010年12月10日，在北京举行的第5届孔子学院大会上，浙师大与喀麦隆雅温得第二大学共建的孔子学院被评为“2010年度先进孔子学院”。这是继2009年该孔子学院被评为先进孔子学院后再次获此荣誉。中共中央政治局常委李长春对浙师大共建孔子学院取得的成绩给予充分肯定，并亲自颁发奖牌。

【援外培训】 2010年，浙师大共承办教育部、商务部、全国妇联等部委主办的援外培训项目4期，共有来自非洲20多个国家的99名学员分别参加了非洲法语国家高等教育管理研修班，非洲法语国家小学、中学校长研修班，非洲英语国家小学女校长研修班，援非洲法语国家小学、中学校长第2期研修班等。

（马松霞）

·宁波大学·

【涉外工作概况】 2010年，宁波大学派遣短期因公出国（境）90批162人次，其中校领导出访10批42人次；参加国际学术会议或进行合作科学研究54批75人次；参加教育交流与短期进修26批45人次。

接待来来访、交流、讲学和合作研究的外国专家、学者、友好人士125批400人次；接待港澳地区来访13批132人次。

全年聘请外籍教师56人（其中30人为短期专家），分别来自加拿大、英国、美国、德国、瑞典、奥地利、意大利、日本、韩国等国家。向合作院校派送交换学生（包括短期文化交流生）266名，接收交换学生（包括短期文化交流生）116名。新签或续签校际交流协议院校8所。

全年举办国际学术会议7次。

【王长来楼开工建设】 2010年4月2日，王长来楼工程开工典礼在宁波大学举行。香港甬港联谊会副会长、香港精明铝品压铸制造厂有限公司董事长王明康伉俪偕亲友，香港甬港联谊会会长、香港伟德实业有限公司董事长严信才伉俪等，市政协副主席常敏毅、宁波甬港联谊会会长卢良宝、市委统战部副部长史建华、市卫生局副局长邹鸣飞、市侨办副主任刘国平等参加开工典礼。副校长王文斌主持开工仪式。

校长聂秋华在开工典礼上讲话，代表宁波大学向心系桑梓、慷慨捐资助建王长来楼的王明康先生伉俪致以崇高的敬意，并赠送了纪念品。

王长来楼由王明康捐资550万港币助建，并以其父亲名字命名。该楼建筑面积约7000平方米，建成后将作为宁波大学医院教学科研大楼。

【校领导率团访问加拿大、墨西哥】 2010年5月11日至21日，党委书记程刚率宁波大学代表团访问加拿大和墨西哥。

在加拿大，程刚一行与汉伯学院副校长迈克尔·哈顿及其商学院4位副院长讨论了如何推进交换留学生项目，并参观了汉伯学院校区。代表团还访问了另一所合作高校曼尼托巴大学，双方就交换学生项目进行了磋商。程刚一行还与宁波大学在曼尼托巴学习的学生见面座谈。

在墨西哥，蒙特利尔技术学院校长费尔南多等会见程刚一行，双方就开展留学生交换事宜进行了磋商。程刚一行还拜访了移民局局长塞西莉亚，向其介绍了宁波大学的墨西哥留学生学习状况和新的项目意向，希望移民局能够在宁波大学与墨西哥各州和高校的合作项目上给予签证办理方面的支持。

【宁波大学代表团赴法国合作研究】 2010年5月22日至6月4日，校长聂秋华等赴法国雷恩大学开展合作研究。聂秋华等与该大学科研人员就多媒体通信与网络应用技术领域、纵横智能技术等方面的最新成果进行了交流。

【宁波大学代表团访问日本、韩国】 2010年6月5日至14日，副校长冯志敏率团访问日本和韩国。

在日本，宇都宫大学校长进村武男、副校长石田朋靖会见冯志敏一行，双方回顾了两校合作的历史和成果，并对未来合作的领域与方向进行了探讨。代表团还与宁波大学在宇都宫大学学习的交换学生进行了座谈。代表团访问了创价大学，该校校长山本英夫等会见代表团，双方就合作事宜进行了洽谈，并签订校际合作协议书。

在韩国，代表团访问了济州观光大学和顺天大学，与两校领导就校际合作的历史及未来合作的方向进行了探讨。代表团还探望了宁波大学在顺天大学学习的交换生。

【宁波大学首届江兴浩学生创业基金颁奖典礼】 2010年6月7日举行。香港甬港联谊会副会长、香港江兴投资有限公司董事长江兴浩，香港甬港联谊会会长、香港伟德实业有限公司董事长严信才伉俪，香港甬港联谊会副会长、香港通用制造厂有限公司董事长叶杰全伉俪等出席典礼。副市长成岳冲，校长聂秋华、校党委副书记唐绍祥出席典礼。

聂秋华在典礼上致辞，对江兴浩先生及家人捐资助学表示诚挚的谢意，并对获奖同学表达了深切的希望。

唐绍祥宣读宁波大学首届江兴浩学生科研成果奖获奖学生名单。33人获得江兴浩学生科研成果奖，130多项基础研究成果受江兴浩大学生科研英才培育基金资助。

市委统战部、市侨办、市教育局、宁波甬港联谊会有关负责人，宁波大学师生代表共300余人参加颁奖典礼。

【宁波市第2届国际大学生节闭幕式】 2010年7月10日举行。来自世界各国高校的百余名国际大学生和宁波市各高校的师生代表参加闭幕式。

联欢晚会上，宁波大学学生和宁波各高校的学生代表表演了文艺节目，来自日本、韩国、泰国等国家的大学生也表演了本国的传统舞蹈等。

本次宁波国际大学生节于7月6日至10日举行，由市外办、市教育局主办，宁波大学、宁波工程学院、宁波日报社等联合协办。

【宁波大学海外高校实习基地启动】 2010年7月12日，澳大利亚西悉尼大学在宁波大学的海外实习基地启动仪式在宁波大学举行，西悉尼大学20名基础英语教育专业的硕士研究生来宁波大学进行为期2周的教学实习。

【宁波大学代表团访问澳大利亚、新西兰】 2010年7月14日至25日，党委副书记刘剑虹率代表团访问澳大利亚和新西兰。

在澳大利亚，代表团访问了西悉尼大学。该校副校长约翰·英格尔森会见代表团，双方进行了实质性商讨，计划在派遣教师进修、开拓研究生和本科交换学生、联合培养研究生等多个层面开展深入的交流与合作。

在新西兰，代表团先后访问了奥克兰大学和奥克兰理工大学，与各方就校际交流合作进行了深入的讨论。

【宁波大学代表团赴荷兰和瑞典进行学术交流】 2010年8月19日至28日，校党委副书记唐绍祥等赴荷兰和瑞典进行学术交流。

在荷兰，代表团与艾文思应用科学大学国际商务学院院长等进行了交流，举行“中国金融创新与经济转型”等多个专题讲座，并参观艾文思应用科学大学校区，看望了宁波大学的交换生。

在瑞典，代表团在西部大学举行多个研讨会，并与来自德国、挪威和芬兰等国的专家开展“欧洲金融创新和经济转型"专题学术交流。

【中法旅游管理本科合作项目获教育部批准并启动】 2010年9月28日，经教育部批准的宁波大学与法国昂热大学合作举办的旅游管理专业本科教育项目举行启动典礼。

该项目每年招收40名学生，学生在宁波大学修完前三年课程后，成绩合格且法语水平达到B2级(含)以上水平者，可前往法国昂热大学修读最后一个本科学年，并有机会继续在昂热大学攻读研究生。

【荣华学者奖励计划第11届颁奖典礼暨第3届杏琴园研究生奖助学金发放仪式】 2010年11月3日在宁波大学举行。南非约翰内斯堡田茂贸易有限公司总经理赵亨衍、印尼荣华纺织有限公司总经理赵亨龙、香港荣华纺织有限公司董事总经理赵亨文伉俪偕亲友亲临会场颁奖。市人大常委会副主任陈旭，校党委书记程刚、校长聂秋华等出席颁奖典礼。

赵亨文宣读了第11届荣华学者奖励计划与第3届杏琴园研究生奖助学金获奖名单，主席台嘉宾与领导向获奖师生颁发证书。程刚向赵亨衍赠送纪念品。

市侨办、宁波甬港联谊会、市教育局、杏琴园教育基金会有关负责人，宁波大学老领导和师生代表共300余人参加颁奖典礼。

(翁华星)

附表1　2010年宁波大学接待的部分国外来访团组

来访时间	来访人员	来访内容
1月4日	韩国湖西大学教授全哲奎	交流学生带队老师
1月4日	加拿大多伦多大学克里斯托夫·佩吉	交流访问
1月22日	澳大利亚西悉尼大学副校长约翰·英格尔森、黛安·德怀尔	签署校际合作协议
1月23日	挪威奥斯陆大学巴德·约翰内森、莫娜·伊芙琳·弗隆费尔特	交流访问
2月10日	德国安哈尔特应用技术大学副校长鲁道夫·卢克曼	交流访问
3月5日	日本岩手大学、盛岗大学宇佐美公生、大石泰夫等	交流访问
3月5日	德国亚琛宁波友好城市促进会会长郝伯特·普罗姆波及夫人	交流访问
3月6日	日本宇都宫大学今泉繁良、佐藤刚史等	参加学术会议
3月8日	美国欧文斯社区大学、托利多大学副校长比尔·艾沃斯卡等	交流访问
3月15日	法国塞吉-蓬图瓦兹大学教授帕斯卡、法国驻上海总领事馆教育领事魏戈曼	交流访问
3月17日	法国高等电力工程师学院董事会主席裴兹埃·迪迪埃、校长纪莱曼·克洛德等	交流访问
3月19日	瑞典哈姆斯塔德大学和西部大学代表团	交流访问、面试学生
3月23日	奥地利维也纳音乐学院院长施密特、赵尚锋博士	交流访问
4月1日	美国巴吞鲁日市市长代表团	出席国际论坛
4月7日	国际创价学会副会长李刚寿、副理事长朱展荣	交流访问
4月16日	韩国湖西大学副校长一行	签署校际合作协议

续表

来访时间	来访人员	来访内容
5月19日	美国威斯康辛大学教授玛丽安·约翰逊、埃里克	交流访问
5月23～25日	美国普渡大学学生代表团	文化交流
5月28日	冰岛大学校长代表团	交流访问
6月1日	新墨西哥大学教学副校长费伊·沃威尔、学生工作副校长菲利普·法伦	交流访问、项目介绍
6月2日	瑞典克里斯蒂安斯特大学俄林·埃姆斯福什、弗雷德里克·弗里斯克	交流访问、面试学生
6月3日	京都信息大学院副校长寺下阳一	交流访问
6月7日	德中协会主席格雷戈尔·保罗	交流访问、出席国际论坛
6月8日	法国高等电力工程师学院白乐桑·马萨尹	交流访问
6月21日	美国威斯康辛大学代表团	交流访问
6月24日	美国特拉华州立大学校长哈里·威廉姆斯、校长助理刘凤山	签署校际合作协议
6月28～30日	美国中田纳西州立大学副校长戴安娜·米勒	交流访问
7月2日	波兰彼得哥什市艺术团	交流访问
7月6～10日	日本盛岡大学、岩手大学、岩手县立大学师生11人，泰国新罗大学师生4人	参加国际大学生节活动
7月12～30日	澳大利亚西悉尼大学教授凯文·沃森等，学生20名	学生教育实习
9月26～27日	香港国际创价协会名誉理事长李刚寿、副理事长吴志明等	交流访问
9月28日	法国瓦兹河谷省常务副省长阿兰·雷基纳等	出席国际论坛并作报告
9月26～29日	法国驻上海教育领事格雷戈里·维格曼、法国驻华大使馆法国教育服务中心上海中心主任让—诺埃尔·皮提、昂热大学副校长约翰·韦伯、昂热大学旅游管理学院院长维奥利亚·菲利普等	参加宁波大学中法合作旅游管理项目开班典礼及法国周系列活动
10月1～2日	瑞典哈姆斯特大学代表团	交流访问
10月19日	巴黎第九大学教授伊曼纽尔·莫诺	交流访问，讲座
10月19日	宁波北欧工业园区管理有限公司、挪威斯坦万格大学代表团	交流访问，讨论合作
10月26日	瑞典克里斯蒂·安斯塔德大学校长代表团	交流访问
10月28日	澳大利亚西悉尼大学教授斯蒂芬·沃特斯等	合作交流
11月15日	挪威奥斯陆大学莫娜等	合作交流
11月20日	挪威斯坦万格大学、卑尔根大学代表团	合作交流
12月3日	美国中田纳西州立大学洪东	合作交流

附表 2　2010 年来宁波大学访问和交流的部分港澳等海外人士

序号	日期	到访人士(团体)	交流访问事项
1	1月4日	香港甬港联谊会副会长叶泰海一行	商讨合作事项
2	3月29日	范氏慈善信托基金理事、香港教育统筹局原局长罗范椒芬和香港科技大学署理首席副校长郑绍远一行	莅校访问
3	4月6日	香港泰昌祥轮船有限公司董事局主席兼集团总裁顾建刚一行	莅校访问
4	4月8日	香港王宽诚教育基金会董事、幸福企业集团有限公司董事王凯彦、王彭彦等	参加王宽诚育才奖获奖代表座谈会
5	7月2日	香港沙田苏浙公学副校长王仲夷一行	就纵横码输入汉字进行交流
6	7月27日	“沈氏奖学金”捐赠者代表沈劭年一行	就加强“沈氏奖学金”的管理和运作进行商讨
7	8月29日	香港教育局高级教育主任李周若兰、香港城市大学协理副校长程星、香港科技大学理学院副院长吴大琪等	洽谈合作事宜
8	8月31日	香港大学校长资深顾问程介明	莅校访问
9	10月22日	香港恒丰喉业有限公司董事长、香港甬港联谊会副会长魏绍相伉俪一行	签订“宁波大学魏绍相数控培训中心”捐赠协议

·浙江理工大学·

【涉外工作概况】　2010 年，浙江理工大学派出因公出国(境)团组 48 批 68 人次，分别前往美国、加拿大、德国等国家和地区。其中：考察访问 5 批 10 人次，参加国际学术会议 21 批 23 人次，技术培训以及学习进修 1 批 1 人次，合作交流 18 批 30 人次，参加国外展览 3 批 4 人次。

接待国(境)外来访团组 77 批 203 人次，其中港澳地区来访 4 批 5 人次。聘请 46 名长短期外国文教专家和教师来校工作、开展科研合作。20 名外国专家来校考察访问、进行学术交流活动。举办国际学术会议 3 次，参会的国(境)外来宾 43 人次。

2010 年来浙江理工大学的留学生 194 人次，港澳等地区学生 12 人次。接收 13 名中国政府奖学金学生，8 名留学生获得 2010 年度浙江省政府来华留学生奖学金。一名留学生在“2010 年浙江省推广普通话形象大使选拔大赛暨浙江省第 3 届大学生中华经典诗文诵读大赛”中获优胜奖。

新签(或续签)校际交流协议的院校 5 所，全年累计派遣 126 名学生赴国(境)外院校、科研机构等交流学习。

【比利时西弗兰德省政府代表团来访】　2010 年 1 月 27 日，由西弗兰德省政府外事局国际关系与欧洲事务专员克里斯蒂娜·范达姆率领的比利时西弗兰德省政府代表团访问浙江理工大学。

校长裘松良会见代表团一行，并希望今后在与西弗兰德省各高校的交流中能取得实质性的成果。

克里斯蒂娜·范达姆表示，西弗兰德省政府非常愿意推动省内各高校与浙江理工大学开展全面的合作和交流。今后双方要在师生交流、科研等方面加强合作，不断发掘合作潜力。

【浙江理工大学获批“接受中国政府奖学金来华留学生院校”】　2010 年 1 月，经教育部国际合作与交流司批准，浙江理工大学正式成为“接受中国政府奖学金来华留学生院校”。学校将根据教育部委托，承担中国政府奖学金来华留学生的培养工作。

【日本福井大学代表团来访】 2010年3月17日，日本福井大学代表团在副校长堀照夫的率领下，对浙江理工大学进行友好访问。校长裘松良会见代表团一行。双方均表示，要在现有交往的基础上，拓宽合作领域，提升合作水平，为增进两校的友好交流与合作共同努力。

访问期间，代表团还与外国语学院日语专业的师生进行了座谈，堀照夫及其博士研究生为相关专业师生作学术报告。

【韩国、日本代表团来访】 2010年5月16日至24日，韩国汉阳大学、韩国水原女子大学、日本杉野服饰大学等多个国外代表团来浙江理工大学参加"浙江理工大学-美国纽约时装学院国际合作办学10周年庆典"、"中国服装文化及产业考察"等系列活动。

访问期间，韩国汉阳大学"中国服装文化及产业考察研修团"一行参观了汉帛集团、华鼎集团、中国丝绸博物馆，并考察了杭州丝绸市场等，浙江理工大学服装学院的教师分别为他们讲授了"中国传统服饰文化及手工艺"、"中国服装产业概况"等课程。

韩国水原女子大学、日本杉野服饰大学优秀学生作品分别在"浙江理工大学-美国纽约时装学院国际合作办学10周年庆典暨服装艺术设计(中美合作项目)毕业汇演"中展示。

【澳大利亚默多克大学代表团来访】 2010年6月30日，澳大利亚默多克大学常务副校长加里·马丁一行访问浙江理工大学。校长裘松良会见代表团，两校正式签署合作备忘录。双方均表示，愿以签署备忘录为契机，在合作研究、教师互派、学生交换等共同感兴趣的领域切实开展可持续的交流与合作。

【日本静冈县留学生来浙江理工大学交流学习】 2010年9月2日，日本静冈县文化观光部大学课代理课长古泽修带领静冈县有关方面派遣的19名留学生来浙江理工大学交流学习。

【浙江理工大学代表团访问美国、加拿大】 2010年9月18日至27日，党委副书记金瑾如率代表团赴美国和加拿大访问。

在美国，加利福尼亚州州立大学奇科分校校长保罗·辛格等会见代表团，双方就学生交流、教师互派以及孔子学院的筹建等进行了深入的交流。纽约州立大学时装技术学院副校长格雷琴·巴塔利等会见代表团。双方就进一步扩大合作范围、深化合作内容等进行了交流和探讨，希望能在服装领域的研究生培养方面开展相关合作。

在加拿大，代表团拜会了中国驻加拿大大使馆教育处，参观了多伦多大学。

【德国吕纳堡大学教授来访】 2010年10月18日至24日，德国吕纳堡大学产品与过程创新研究所维尔弗里德·阿达米教授访问浙江理工大学。校长裘松良会见维尔弗里德·阿达米，两校签署合作交流协议书。根据协议，浙江理工大学将与吕纳堡大学在师生交换学习、课程合作、科研合作、国际学术会议等领域全面开展交流与合作。

【日本静冈县文化学术局代表团来访】 2010年10月21日，由静冈县文化学术局局长宇佐美稔率领的日本静冈县代表团来浙江理工大学访问，校长裘松良会见代表团。双方就2011年互派留学生工作进行了磋商。

【美国南方理工州立大学代表团来访】 2010年10月21日，美国南方理工州立大学工业工程技术系主任托马斯·鲍尔等访问浙江理工大学。副校长陈文兴会见代表团。双方就建立服装纺织工程与管理研发中心进行了探讨，并就互派交换生、联合培养本科生及研究生等交换了意见。

【校领导随省学术代表团访问韩国】 2010年11月1日至6日，校长裘松良随省政协副主席徐辉率领的浙江省学术代表团赴韩国全罗南道进行友好访问。

裘松良参加了第12届中韩学术研讨会，并作题为《浙江理工大学与韩国高校间交流合作概况》的报告，并在随后举行的综合研讨与自由提问阶段与参会的教育界人士、公务员、大学生等进行了交流，并接受现场提问；访问了位于全罗南道的韩国国立木浦大学，与该校签订校际友好交流协议书。访问期间，裘松良还随访问团与全罗南道行政副知事等官员、全罗南道教育厅领导就双方合作交流事宜进行了研讨；访问大佛大学并与该校校长等进行了交流，参观了大佛大学孔子学院等。

【韩国水原女子大学代表团来访】

2010年11月16日至19日，韩国水原女子大学校长洪源珠等访问浙江理工大学。校长裘松良会见代表团。双方就中韩"人物造型教育基地"新一轮合作协议的签署，以及开展教师培训、实现学生互派学习常规化、加强人物造型专业方向的建设等相关事宜进行了深入的商讨。

（安晨宁）

附表1　2010年浙江理工大学对外合作交流情况

学院、部门名称	教师出国(境)交流(人次)	学生出国(境)交流(人次)	聘请长短期国(境)外专家(人次)	
			长期	短期
理学院	8	1		
材料与纺织学院	8	6		2
服装学院	5	39	2	2
机械与自动控制学院	16	5		1
建筑工程学院	1	7		
生命科学学院	0	1		
经济管理学院	2	10		
艺术与设计学院	2	6		1
法政学院	1	3		
外国语学院	2	19	38	
文化传播学院	1	2		
马克思主义学院		1		
科技与艺术学院	6	26		
行政部门	16			
总　计	**68**	**126**	**46**	

附表2　2010年访问浙江理工大学的部分国(境)外代表团

国家或地区	批次	人数	国家或地区	批次	人数
澳大利亚	6	8	意大利	7	12
日本	16	67	哈萨克斯坦	1	2
德国	3	15	挪威	2	6

续表

国家或地区	批次	人数	国家或地区	批次	人数
韩国	8	36	法国	4	10
比利时	2	4	英国	4	8
美国	18	27	新加坡	1	2
西班牙	1	1	香港	4	5

·杭州电子科技大学·

【涉外工作概况】 2010年，杭州电子科技大学派出因公出国(境)团组82批118人次。其中，学校出访团组3批12人次，双跨团组13批15人次，参加学术交流及科研合作团组66批91人次。全年公派出国留学团组9批12人次。

接待国(境)外合作交流、学术交流、项目洽谈友好代表团组83批167人次，分别来自美国、加拿大、英国、德国、法国、爱尔兰、西班牙、意大利、丹麦、挪威、瑞典、芬兰、澳大利亚、日本、韩国、印度、沙特等国家的院校和港澳等地区高校。

全年主请长短期专家56名，聘请名誉、客座教授12名，华裔外籍签约专家14名，语言类外教18名。新签或续签校际合作交流协议院校4所。举办国际和学术双边会议5个，参会代表1020人次，其中境外代表250人次。

【杭州电子科技大学4名学生获南丹麦大学奖学金】 2010年5月8日，杭州电子科技大学4名学生顺利通过丹麦南丹麦大学的面试和申请，被该大学工程学院录取为2010年硕士研究生，并获得全额奖学金资助，每年奖学金总额约合20万元人民币。这是杭州电子科技大学学生首次获得该校全额奖学金。

【中德联合培养项目工业工程专业教学指导委员会成立工作会】 2010年5月11日举行，副校长郑宁主持会议，校长办公室、国际交流合作处等部门负责人，相关开课学院教学副院长，管理学院工业工程工作小组成员等参加会议。

会议宣布成立中德联合培养项目工业工程专业教学指导委员会及顾问小组，布置了中德联合培养项目下一步工作。

德方专家、杭州电子科技大学外聘名誉系主任(管理学院工业工程系)伦特斯介绍了德国弗劳恩霍夫协会及其工业工程与组织研究所、斯图加特大学主要情况，并提出中德联合培养项目的相关核心课程要求。

【太古集团中国区首席执行官来访】 2010年5月27日，太古集团中国区首席执行官克莱夫·赛福利访问杭州电子科技大学，校长薛安克会见克莱夫·赛福利一行。

薛安克说，希望通过校企合作，指导大学生克服困难、健全人格、锻炼自己、努力学习、提高素质、服务社会。

【澳大利亚科廷科技大学代表团来访】 2010年6月4日，澳大利亚科廷科技大学研究和发展部主任托尼·塔特一行访问杭州电子科技大学，副校长朱泽飞会见代表团。塔特与杭州电子科技大学重点学科建设办公室负责人就光伏并网发电国际科技合作进行了交流探讨，与国际交流合作处就两校开展教师互访、博士生联合培养和学生交流等进行了洽谈。

【杭州电子科技大学代表团访问以色列和西班牙】 2010年6月15日至24日，校党委书记方华率团访问以色列和西班牙。

在以色列，海法大学校长本

泽维会见代表团一行,双方探讨了建立友好合作关系、开展交流与合作的可能性。以色列理工学院校长皮瑞慈、执行副校长奥蒂德等会见方华一行。双方就建立校际友好合作关系,开展师生交流、科技合作的模式等达成共识。代表团还应邀参观考察了以色列海法科技园。

在西班牙,代表团与胡安·卡洛斯国王大学校长帕特里奥·冈萨雷斯、副校长安娜·玛利亚等进行了友好会谈。双方表示,要进一步提升学生交流水平与层次,推动和深化两校的留学生项目交流。

【联合国前首席发言人莅校作专题讲座】 2010年10月10日,联合国前首席发言人弗雷德·埃克哈德和美籍华人赵晶晶教授应邀在杭州电子科技大学作专题讲座。校长薛安克,校团委、国际交流合作处等部门负责人,杭州电子科技大学部分学院教师、下沙高教园区部分院校教师,以及近500名学生聆听讲座。赵晶晶就中西方文化的差异与跨文化交流模式作演讲。埃克哈德讲述了自身成长和在联合国工作的经历。讲座结束后,赵晶晶和埃克哈德与杭州电子科技大学学生进行了互动交流。

【杭州电子科技大学校长出席中美高等教育合作分会】 2010年10月28日,由省教育厅国际交流协会、省科技厅主办的2010中国·浙江国际科学技术合作交流大会中美高等教育合作分会在杭州师范大学举行。来自美国、浙江高校的近20位校长、副校长出席会议。中美两国高校校长就中美本科生长短期交流、研究生联合培养、教师培训和科研合作、高校管理人员培训等进行了交流。杭州电子科技大学校长薛安克应邀出席、主持专题论坛,并作题为《提高共识,建立开放平台;信任尊重,促进合作共赢》的专题演讲。

【独联体、芬兰客人来访】 2010年10月28日,校党委书记方华会见来访的白俄罗斯国家科学院、乌克兰国家工程院、基辅理工大学、俄罗斯远东科学院、芬兰驻沪科技领事等独联体、芬兰来宾一行。

方华向来宾介绍了杭州电子科技大学五十多年来的发展历程、办学特色和实力,以及教学、科研等方面的重要成果。

白俄罗斯国家科学院对华合作委员会秘书长雷昂诺夫、乌克兰国家工程院副院长戈瓦连科、基辅理工大学副校长西多连科、俄罗斯远东科学院创新发展与国际合作局局长切里德尼奇克,以及芬兰驻沪科技领事海诺宁等来宾希望通过此次访问,能够进一步巩固互信和友谊,促进共同发展,推动合作共赢。

【IEEE第5届亚太服务计算国际会议】 2010年12月6日至10日在杭州召开,由杭州电子科技大学主办。校长薛安克、副校长朱泽飞出席会议,并分别会见出席会议的中外嘉宾。

薛安克在开幕式上致辞。陈俊亮、巴黎第十三大学教授克里斯托弗·赛瑞恩、新加坡南洋理工大学计算机科学系主任蔡文桐作大会主题演讲。来自美国、澳大利亚、奥地利、德国、印度、日本、突尼斯、香港等国家和地区,以及中国内地高校和科研机构的参会代表,就服务计算和云计算领域的热点问题进行了深入的讨论和交流。

(田　野)

·浙江工商大学·

【涉外工作概况】 2010年,浙江工商大学接待国外来访客人55批338人次。与美国、英国、法国、比利时等国共6所高校新签校际合作协议;与美国纽约州立大学奥斯维戈分校、英国伦敦欧洲商学院、日本爱媛大学续签合作协议;与英国考文垂大学签署学分互认协议。

举办国际学术会议9次,参会外宾188人次。主办世界大学校长联合会东北亚分会,14个国家的近60名校长和负责人参会。

全年聘请长短期外国专家、外教53名,其中外籍专家10名。聘请近百名国(境)外专家学者来校讲学，其中全外语学术讲坛——“五洲讲坛”聘请了来自美国、日本、加拿大、英国、法国等国著名或知名大学的27位专家学者来校讲学。

组团出访6批次；派送教职工出国（境）学习、考察和参加学术会议138人次，其中执行“蓝天计划”到世界知名大学进修的中青年教师48人次，首次派送国际经济管理培训团20人赴英国曼彻斯特大学集中学习。

派往美国、德国、新西兰、日本等国友好学校的长期交换生107名、短期交流生72名。招收来自40个国家的长短期外国留学生364人，来校短期交流考察学生209人。其中21名外国留学生获“浙江省政府来华留学生奖学金”。

【浙江工商大学教师培训团到世界著名高校培训】 2010年7月至8月，浙江工商大学首次派送教师培训团共20人赴英国曼彻斯特大学集中学习21天。本次培训项目由浙江工商大学与英国曼彻斯特大学共同组织，培训期间，团员们听取了20多个学术讲座，参观访问了曼彻斯特科学园区、大学生就业服务中心等机构，与曼大相关学院、知山大学等进行了交流。

【全省留学生“梦行浙江”文艺展演】 2010年11月12日，第4届“梦行浙江”——浙江省外国留学生中华才艺展演暨浙江省政府来华留学生奖学金颁奖典礼在浙江工商大学下沙校区举行。省教育厅副厅长蒋胜祥，省委宣传部副部长、省政府新闻办公室主任吕建楚，浙江工商大学校长胡建淼、副校长张仁寿和全省22所兄弟高校的领导，来自46个国家的近500名留学生参加活动。

【世界大学校长联合会东北亚分会2010年年会】 2010年11月26日至29日在浙江工商大学召开，来自14个国家和地区的40所高校的校长、机构负责人、有关部门负责人近百人参加会议。浙江工商大学领导蒋承勇、胡建淼、张仁寿等参加会议。世界大学校长联合会东北亚分会会长、浙江工商大学校长胡建淼主持开幕式，校党委书记蒋承勇和世界大学校长联合会秘书长海特·古尔古里诺·德苏扎分别代表浙江工商大学和世界大学校长联合会致辞。

开幕式后，安排了3场主题演讲会，来自日本、蒙古、英国、泰国、巴基斯坦、柬埔寨和中国的10位大学校长及校长代表发表演讲。

世界大学校长联合会是世界性高等院校负责人的联合会。浙江工商大学于2007年加入该组织，2008年被推选为东北亚分会会长学校。

【法语联盟成为浙江最大的法语培训机构】 2010年，浙江工商大学法语联盟开设6类法语培训课程，班级58个，学生1201人，比上年增长46.6%；组织中法文化交流活动58场，其中包括第6届中国国际动漫节法国主题日、与浙江星光院线合办的法国电影周、与中国美术学院合办的中法大学生美术作品展等；举办法国高等教育讲座50场，免费为省内大学生提供留法咨询。11月，由法国外交部资助的多媒体文库在浙江工商大学法语联盟落成。浙江工商大学法语联盟已成为浙江省最大的法语培训机构。

【对外教学特色项目初显品牌效应】 浙江工商大学国际教育学院于2009年推出“中国与中国商务”特色项目，为友好学校的交换生开设全英文授课的中国经济、文化与社会发展，外经贸政策、经贸法规、商务环境和中国企业文化等课程，加深他们对中国的了解。2010年，来自德国、加拿大、英国、土耳其、新西兰等国家的100余名长短期留学生在浙江工商大学学习“中国与中国商务”课程，至此已有240余位外国留学生参加此项目。该项目受到交换生的普遍欢迎和友好学校的充分肯定，“中国与中国商务”课程群已成为浙江工商大学颇具特色的对外教学项目。

【学生交流项目呈现新特色】 2010年，浙江工商大学与欧美等地区和国家高校的合作取得实质性进展，呈现新的特色。浙江工商大学与比利时西弗兰德省科技大学的合作获得西弗兰德省政府的支持，与其合作的孔子学院筹建工作正在推进，该校将于2011年春季学期派送40名学生来浙江工商大学进行短期交流；与美国加州大学河滨校区签订协议，浙江工商大学已派遣4名学生到该校学习，另有12名学生将于2011年春季赴该校学习；与美国中阿肯色大学的合作项目正式展开，浙江工商大学将派遣11名学生于2011年春季到该校学习。

学生交流层次上台阶。2010年学校派往美国、英国、德国、新西兰、日本等发达国家的友好学校长期交换生共107名；派往英国、土耳其、塞浦路斯、日本等国家的友好学校短期交流生72名。交换生项目成为浙江工商大学教育国际化工作的一个亮点。浙江工商大学与德国维尔道科技应用大学2009年开始实施学生交换项目，2010年进一步开展研究生层次的合作。是年，浙江工商大学11名应届本科生赴德方攻读硕士研究生学位，德方学校也将于2011年派送研究生来浙江工商大学交换学习。

（宋兴无）

·中国计量学院·

【涉外工作概况】 2010年，中国计量学院派出或随团因公出国（境）人员96人次，分别赴澳大利亚、英国、美国、日本等国高校和科研机构考察访问，或参加国际会议、进修、合作研究、进行短期学术交流活动。

接待国（境）外各类来访人员38批97人次。聘请外籍语言教师12人次，邀请来校讲学、合作研究类短期外国文教专家45人次。举办国际/地区（双边）会议（论坛）6场次。

全年完成学生出国学习交流32人次，接收国（境）外学生31人次来校交流学习。

【美国南方理工州立大学代表团来访】 2010年4月5日，美国南方理工州立大学外事办主任理查德·贝纳特一行访问中国计量学院，副校长俞晓平会见代表团。

理查德·贝纳特一行走访了经济与管理学院，双方就合作开展质量管理硕士项目、学术交流、共同举办国际会议等进行了深入的交流并达成共识。代表团还与外国语学院就英语专业、对外汉语专业学生短期交流、“2+2”合作培养双学位模式进行了可行性探讨，双方签订合作备忘录，拟定学生交流合作协议。

理查德·贝纳特还面向中国计量学院人文学院、外国语学院以及质量与安全工程学院学生，进行了为期两周的讲学。

【新西兰奥克兰理工大学项目主任来访】 2010年4月10日，新西兰奥克兰理工大学计算机与数理学院项目主任里奥·希契科克来中国计量学院访问，就两校合作举办“计算机科学与技术”专业本科教育项目，与项目组成员进行最后的协调和沟通。副校长俞晓平会见里奥·希契科克并对他为该项目作出的努力表示感谢。

【日本京都信息大学代表团来访】 2010年4月14日，日本京都信息大学代表团访问中国计量学院。国际处和信息学院负责人与代表团团长、日本京都信息大学副校长寺下阳一等就双方合作的可行性、合作形式等进行了探讨，双方表示将在联合培养研究生方面继续深入合作。

【葡萄牙阿威罗大学教授来中国计量学院讲学】 2010年4月26日，葡萄牙阿威罗大学陶瓷与玻璃工程学教授若泽·丰特·费雷拉应材料科学与工程学院的邀请，来学校进行为期一周的交流、讲学。副校长俞晓平会见费雷拉。

费雷拉在中国计量学院期间，就生物活性玻璃、陶瓷加工和常压烧结以及氧化铝陶瓷水处理等，与材料学院相关学科教师进行了探讨并作相关主题报告。

【印尼人事部、商务部等官员来访】 2010年5月12日，印度尼西亚人事部、商务部官员苏班迪里欧、班邦·塞蒂艾伊、帕马迪和驻华大使馆贸易参赞马龙珞等来中国计量学院访问。代表团此访主要目的是商讨印尼政府官员到中国计量学院攻读学士、硕士或博士学位合作项目以及在印尼合作筹建计量专业高等院校等事宜。

校长林建忠、副校长俞晓平会见代表团一行。双方进行了会谈，就合作方式、专业设置、师资配备、授课方式和办学经费等进行了探讨，一致表达了加强交流和开展项目合作的愿望。

【中国计量学院外籍专家获2010年度“西湖友谊奖”】 2010年9月17日，中国计量学院客座教授、国家磁性材料及其制品监督检验中心技术顾问、德国籍专家约翰内斯·西韦特教授获得2010年度浙江省人民政府授予的“西湖友谊奖”。

约翰内斯·西韦特是国际电工标准委员会磁性合金技术委员会秘书长、德国磁测量技术标准化委员会主席，在德国乃至国际磁学计量界有重要的学术地位。自2006年以来，西韦特每年都来中国计量学院进行讲学和技术指导，协助学校成功申请组建了国家磁性材料及其制品监督检验中心，使中国计量学院磁学实验室的设备精度及参数达到了国际计量标准。

【2010中日学术研讨会】 2010年10月9日在中国计量学院召开，由中国计量学院与日本静冈理工科大学共同举办。校长林建忠、副校长俞晓平以及相关部门负责人和相关学科的专业教师、研究生等出席会议。

林建忠、静冈理工科大学事务局局长泽田厚二先后在开幕式上致辞。两校来自机械、电子、信息工程、仪器科学、光学、材料化学及生物计量学等领域的20名专家在会上发言，交流研究和应用成果。

【美国国家水稻所中心主任来访】 2010年10月15日，美国农业部国家水稻所中心主任安娜·麦克朗、研究员严文贵一行到中国计量学院生命科学学院交流访问。

副校长俞晓平会见安娜·麦克朗一行。安娜·麦克朗一行参观了浙江省生物计量及检验检疫重点实验室和生命科学学院温网室，双方就实验室建设及使用进行了交流。

【美国南方理工大学工程管理学院院长来访】 2010年10月18日至23日，美国南方理工大学工程管理学院院长罗尼·理查德森对中国计量学院进行交流访问。

其间，罗尼·理查德森为08营销1、2班学生主讲了“运作管理”的课程，还与经济与管理学院领导和教师就科研、教学以及联合培养学生项目等进行了深入的交流。罗尼·理查德森作为嘉宾参加了经济与管理学院主办的第2届标准化与国际贸易论坛，并作《供应链风险作为贸易中的壁垒》的主题报告。

【加拿大主教大学副校长来访】 2010年10月22日，加拿大主教大学副校长迈克尔·蔡尔兹来中国计量学院访问，校党委副书记徐涌金、副校长俞晓平先后会见蔡尔兹。徐涌金与蔡尔兹就两校建立合作关系及开展合作研究、师生交流等交换了意见。蔡尔兹参观了中国计量学院的国家磁性材料检测中心、图书馆和工程训练中心等。

【第2届“标准化与国际贸易”国际论坛】 2010年10月23日在中国计量学院举行。校长林建忠、《国际贸易问题》杂志常务副主编郑宝银、美国南方理工大学工程管理学院院长罗尼·理查森分别在论坛开幕式上致辞。来自美国、澳大利亚、韩国等国的标准化领域专家、学者以及来自中国20余所高校的百余名研究人员出席会议，探讨标准化与国际贸易的最新发展。

【2010安全科学与技术国际会议】 2010年10月26日在中国计量学院举行。中国科协书记处书记、博士生导师冯长根，中国工程院院士范维澄，中国计量学院校长林建忠，北京理工大学党委副书记侯光明，河南理工大学副校长景国勋，南京工业大学副校

长蒋军成，省科协副主席罗建红，国际知名学者休·J·马克斯培登(美国)等出席开幕式。来自美国、荷兰、日本、德国、波兰、西班牙、韩国、新加坡等10多个国家和地区的40多位国外学者及100多位中国专家参加会议。会议就“安全理论，安全评价，风险分析”等相关议题展开讨论。

（栾复友）

·浙江中医药大学·

【涉外工作概况】 2010年，浙江中医药大学派出23批33人次赴美国、德国等18个国家和地区参加国际学术会议、讲学、培训、援外医疗、洽谈项目等；接待来自26个国家和地区来学校考察、访问、洽谈项目、讲学的各类人员81批432人次。与日本京都信息大学院、比利时西弗兰德省天主教大学、比利时布鲁日-奥斯坦德天主教大学、美国芝加哥中医学院、美国德州中医学院建立合作关系、签订合作协议，与英国格拉摩根大学就合作办学内容改签合作协议；聘请1名国(境)外专家为客座教授。举办3场国(境)外专家专题学术讲座。

2010年在校各类留学生402人，其中学历留学生150人、进修生252人，来自30个国家和地区。

【英国格拉摩根大学代表来访】 2010年3月26日，英国格拉摩根大学国际部官员朱丽叶·戴维斯访问浙江中医药大学，并与外国语学院、管理学院领导会谈，进一步深化了双方的教育合作项目。

浙江中医药大学自2008年开始与英国格拉摩根大学建立3+1课程合作关系，已有10多名外国语学院的学生赴英留学。2010年，双方的课程合作范围扩大至管理学院。

【美国安德森大学护理学生文化交流团来访】 2010年4月2日至11日，美国安德森大学护理学生文化交流团访问浙江中医药大学护理学院，进行文化交流。护理学院安排了内容丰富的交流活动。

【日本京都信息研究生院大学副校长来访】 2010年6月1日，日本京都信息研究生院大学副校长寺下阳一一行访问浙江中医药大学，寺下阳一向信息技术学院、管理学院的部分师生介绍了信息市场的最新情况以及该校信息研究生院的教学概况，希望浙江中医药大学多派学生赴该大学共同开展合作与科研活动。

【比利时西弗兰德省高校代表来访】 2010年9月7日，比利时西弗兰德省天主教大学代表、布鲁日-奥斯坦德天主教大学代表访问浙江中医药大学。两所大学均有意与浙江中医药大学建立合作关系。浙江中医药大学护理学院、管理学院负责人与比利时客人就师资交流、学生互访等方面的合作进行了深入的交流。会谈后，浙江中医药大学与两所大学分别签订合作备忘录。

【澳大利亚西澳州政府驻华代表处代表来访】 2010年9月15日，澳大利亚西澳州政府驻华代表处一行访问浙江中医药大学，外事处负责人等会见来访客人，双方就浙江中医药大学与西澳州的合作前景进行了深入的交谈。

【美国黄帝东方医学学院院长来访】 2010年10月4日，美国黄帝东方医学学院院长金云一行访问浙江中医药大学，外事处负责人等会见金云一行。双方商讨了两校潜在的合作领域。

【美国得州中医学院院长来访】 2010年10月12日，美国得州中医学院院长林曹平惠一行访问浙江中医药大学，外事处负责人等会见来访客人。双方就合作培养中医博士生的项目进行了深入的商谈。

【阿曼国务委员来访】 2010年10月14日，副校长李俊伟会见来访的阿曼国务委员、经济委员会委员佛自芽·艾法斯，以及英国伦敦中萨大学中医医院院长柯松轩一行。佛自芽·艾法斯受阿曼教育部长的委托，与浙江中医药大学商谈在阿曼合作建立中医学院的事宜，双方就此项目签署合作意向书。

【美国芝加哥中医学院代表团来访】 2010年10月20日，副校长李俊伟会见来访的美国芝加哥中医学院院长王永高一行。双方就两校硕士课程的合作项目进行了深入的交流，并签订合作备忘录。

【美国波利斯韦恩镇城市学区教育董事会主席参观浙江中医药大学附属医院】 2010年10月20日，美国印第安纳波利斯韦恩镇城市学区教育董事会主席菲利斯·路易斯一行参观浙江中医药大学附属第一医院，该院护士长向客人介绍了中医护理在日常护理中的作用与特色，并作了示范，让客人亲身体验了中医护理。

【巴西巴拉那宗座天主教大学副校长来访】 2010年10月21日，副校长李俊伟会见来访的巴西巴拉那宗座天主教大学副校长埃德瓦多·达米奥·达·席尔瓦。李俊伟向客人介绍了浙江中医药大学的办学情况。埃德瓦多表示，访问浙江中医药大学是他此次来中国印象最深的一次访问，回国以后他将竭力促成两校建立合作关系。

【浙江中医药大学成功申办世界针联教育基地和考试分部】 2010年10月29日，浙江中医药大学举行世界针灸学会联合会浙江教育基地和国际针灸水平考试部浙江分部揭牌仪式。世界针灸学会联合会秘书长、大学协作工作委员会主任委员、国家中医药管理局国际合作司原司长沈志祥，世界针灸学会联合会副秘书长等出席揭牌仪式。沈志祥和范永升共同为教育基地和考试分部揭牌。揭牌后，沈志祥发表讲话。他指出，此次浙江中医药大学成功申办世界针联的教育基地和考试分部，对世界针联的国际交流工作将起积极的促进作用。

【浙江中医药大学代表团访问日本滋庆学院】 2010年11月1日至6日，副校长李俊伟率代表团访问日本滋庆学院。访问期间，随行的第三临床医学院杨丹红教授作了题为《针灸腹针疗法》的学术报告，并进行了腹针疗法的刺法演示，引起日本针灸师生的浓厚兴趣。

【马来西亚董总代表团来访】 2010年11月12日，马来西亚华校董事联合会总会（简称“董总”）行政主任黄金贵一行访问浙江中医药大学。黄金贵与浙江中医药大学就今后双方进一步合作，扩大浙江中医药大学的马来西亚留学生规模等议题交换了意见。黄金贵一行与在校马来西亚籍留学生进行了座谈，了解他们在浙江中医药大学的学习和生活情况。

【美国威斯康辛大学分校国际教育中心主任来访】 2010年12月8日，美国威斯康辛大学欧克莱尔分校国际教育中心主任卡尔·马克格拉夫访问浙江中医药大学。双方就学生交流、课程合作、教师培训等事宜进行了友好商谈，初步确立了两校之间的合作内容与合作意向。卡尔·马克格拉夫还就留学美国的相关事项为浙江中医药大学学生举办讲座。

【韩国宇阳健康教育中心代表团来访】 2010年12月24日，韩国社会教育学院宇阳健康教育中心院长朴万哲一行访问浙江中医药大学，与外事处和国际教育学院负责人经过深入交谈，签署合作协议书。

【浙江中医药大学喀麦隆籍学生获中华经典诗文诵读大赛优胜奖】 在2010年浙江省推广普通话形象大使选拔大赛暨第3届浙江省大学生中华经典诗文诵读大赛中，由浙江中医药大学选送的喀麦隆籍学生他木的参赛视频经网络公开投票和专家评审，获得优胜奖。他木是浙江中医药大学2007级本科生，他参加比赛的朗诵作品是《相信未来》。

（汪静娜）

附表　2010 年访问浙江中医药大学的部分外国代表团

国　别	批　次	人　数	国　别	批　次	人　数	国　别	批　次	人　数
美国	19	102	马来西亚	3	9	乌克兰	1	1
以色列	2	2	西班牙	1	2	意大利	2	10
德国	10	17	印尼	4	8	墨西哥	1	1
日本	6	105	新西兰	2	7	瑞士	1	1
韩国	7	77	巴西	2	37	瑞典	1	1
英国	4	6	荷兰	4	23	阿曼	1	3
摩尔多瓦	1	1	比利时	2	4	爱尔兰	1	1
俄罗斯	1	1	哥伦比亚	1	1	尼日利亚	1	1
澳大利亚	2	10	加拿大	1	1			

·浙江海洋学院·

【涉外工作概况】　2010 年，浙江海洋学院派出教师 31 批 78 人次出国(境)进行学术考察、访问、学习交流、合作研究、培训等。其中：出国(境)合作研究 8 人次，参加国际学术会议 12 人次，参加国外培训 20 天以上的教师 23 人。派出 109 名学生，赴日本、挪威和香港、澳门等国家和地区的相关大学进行短(长)期交流或攻读学位等。接待来自美国、加拿大、日本、挪威、意大利、印度等国家和地区的代表团 32 批次 168 人次。学校与俄罗斯、菲律宾、意大利、韩国、澳大利亚、法国、挪威和日本等国的相关院校或科研院所签署校际交流和项目合作协议 10 项。举办国际学术会议等 4 个。增聘一名印度籍海洋生物博士来校进行长期合作研究。

【中日联合海洋生态环境实验室专家交流会】　2010 年 1 月 26 日在浙江海洋学院召开，来自中日双方海洋生态环境方面的 10 名专家与会。副校长吴常文出席会议并就有关问题进行了交流。

中日联合海洋生态环境实验室是由浙江海洋学院与日本国立环境研究所联合构建、设置在浙江海洋学院的研究机构，合作双方依托该平台共同承担海洋生态环境研究任务、开展技术交流、进行国际合作、发表学术论文。

【中国海洋科技创新引智园区正式签约】　2010 年 3 月 10 日，浙江省人民政府、国家外国专家局共建“中国海洋科技创新引智园区”协议签约仪式在北京举行。省委书记、省人大常委会主任赵洪祝，人力资源和社会保障部副部长、国家外国专家局局长季允石分别在签约仪式上致辞，季允石和省长吕祖善签署合作协议。省委常委、组织部长蔡奇，副省长陈加元，国家外国专家局副局长李兵、孙照华、陆明、刘延国，省教育厅厅长刘希平等省政府有关部门和单位领导，舟山市委书记梁黎明、市长周国辉，浙江海洋学院党委书记周达军、校长苗振清、副校长吴常文等出席签约仪式。

中国海洋科技创新引智园区由浙江省人力资源和社会保障厅、舟山市人民政府、浙江海洋学院共同承建和管理。

【菲律宾科技学院副校长来访】　2010 年 4 月 14 日，菲律宾科技学院副校长帕德尔一行访问浙江海洋学院。副校长吴常文会见代表团，双方就教师互派、学生交流项目进行了商谈，并签署教师、学生交流合作备忘录。

【挪威北挪威省代表团来访】 2010年5月13日，挪威北挪威省经贸部国际关系高级顾问佩尔·埃德斯维克、北挪威省罗浮敦群岛市市长雨果·约翰、韦斯特罗市市长思维恩一行访问浙江海洋学院。副校长吴常文会见来宾，双方进行了座谈。吴常文提出了双方高校间开展科技合作、罗浮敦群岛市与舟山市建立友好城市关系的建议。

北挪威省代表团此行是与舟山市洽谈"中国海洋科技创新引智园区"建设，并与浙江海洋学院开展交流。

【'10中国浙江国际海洋科技论坛暨世界头足类渔业学术大会】 2010年5月13日至17日在舟山召开，浙江海洋学院主办。来自俄罗斯、美国、澳大利亚、巴西、加拿大、法国、德国、印度、日本、韩国、挪威、菲律宾、西班牙等国家和地区的高校和科研院所的头足类科研专家、学者以及浙江海洋学院相关领域的外籍师生等国(境)外来宾36人参加大会。会议期间，浙江海洋学院分别与意大利、韩国、日本、印度、西班牙、俄罗斯等10个国家的高校及科研机构就合作事宜进行了商讨，签署国际科技合作协议7项。

【挪威北挪威省省长来访】 2010年5月26日，挪威北挪威省省长奥德·埃里克森一行访问浙江海洋学院。校长苗振清会见来宾。双方表示，浙江和北挪威省在海洋高等教育方面有很大的合作空间，将进一步推动两省海洋类高校在教师互访、学生交换、科研等方面的交流与合作。

【浙江海洋学院师生代表团访问日本】 2010年6月3日至13日，校党委副书记、纪委书记宋富军率团对日本东京海洋大学、创价大学、国立环境研究所等进行访问交流。其间，代表团看望了在东京海洋大学留学的浙江海洋学院全体学生；宋富军代表学校授予日本创价大学创始人池田大作浙江海洋学院名誉教授称号。

【浙江海洋学院代表团访问加拿大、美国】 2010年8月2日至11日，校党委副书记黄建钢率团访问加拿大里贾纳大学和美国圣地亚哥州立大学。访问期间，代表团与两校的校长、各相关二级学院院长及研究所负责人和部分专家就促进学生交流、学术合作等进行了深入的交流和探讨。代表团还慰问了在里贾纳大学进行学术交流的浙江海洋学院的访问学者。

【'10 Smartfish国际学术研讨会】 2010年10月28日在舟山举行，由浙江海洋学院主办。联合国粮农组织官员，美国、加拿大、英国、丹麦、意大利、日本、韩国等国家和地区的15位海洋渔业专家及代表出席会议。与会专家围绕渔业工程技术、渔具渔法选择性、渔业捕捞和节能技术等进行了交流。

【日本常石集团来浙江海洋学院颁发常石奖学金】 2010年11月1日，日本常石集团代表龟尾彰等2人来浙江海洋学院，给10名学生颁发常石奖学金，每人奖励人民币3000元。

2005年，日本常石集团与浙江海洋学院签署《关于设立常石奖学金的协议书》，根据《协议书》，常石集团每年资助浙江海洋学院机电工程、船舶工程和渔业等专业本科大三学生10名。

【浙江海洋学院代表团访问泰国】 2010年11月9日至14日，副校长吴常文率团应邀访问泰国东方大学、泰国农业大学和泰国国家科学博物馆。访问东方大学期间，代表团会见了该校校长、副校长等，双方就两校共建中泰海洋科技合作研发中心、本科生研究生交流交换培养、教师互访进修学习等事项进行了商谈并达成共识；在访问泰国农业大学和泰国国家科学博物馆时，双方就科研合作和学生交流等事宜进行了商谈。

【浙江海洋学院师生代表团赴香港、澳门交流】 2010年11月22日至26日，浙江海洋学院师生交流团一行33人应邀到香港中文大学、香港理工大学、澳门大学进行访问交流。

（钟伟良）

附表　2010年访问浙江海洋学院的部分外国团组

国　别	批　次	人　数	国　别	批　次	人　数
美国	6	11	日本	14	31
挪威	9	31	法国	2	2
意大利	4	4	加拿大	2	2
韩国	3	3	印度	2	2
英国	2	2	俄罗斯	2	2
菲律宾	2	9	澳大利亚	1	1
西班牙	1	2	巴西	1	1
德国	1	1			

·浙江农林大学·

【涉外工作概况】 2010年，浙江农林大学接待国(境)外来访客人87名，涉及校际访问、个人讲学、参加国际会议、政府官员参观考察等。派出45人次出国进修、合作研究、访问考察和参加国际学术会议。

全年招收长短期海外留学生145名，聘请长期外籍教师15名、外籍专家9名。与加拿大皇家大学环境科学管理专业和美国威斯康星大学密尔沃基分校微生物学专业建立合作关系。成功推广16项面向本科生和研究生的学分互认、交换生、带薪实习以及短期海外游学等项目，组织和协助60余名学生出国学习和交流。

【浙江农林大学学生在国际竞赛中获金奖】 2010年2月18日至22日，2010年美国大学生数学建模竞赛举行，浙江农林大学有3支参赛队获得金奖，还有一支参赛队获得三等奖。

美国大学生数学建模竞赛包括数学建模竞赛(MCM)和交叉学科数学建模竞赛(ICM)，每年举办一次，是世界上唯一的国际性学生数学建模竞赛。2010年MCM题目是棒球最佳击球点建模和系列犯罪嫌疑犯的地理定位(选做一题)，ICM题目为太平洋上垃圾大陆的分析。美国、英国、中国等14个国家总共2610支队伍参加竞赛。

这是浙江农林大学首次组队参加这一国际大赛，参赛队选做MCM的B题。

【日本立命馆大学代表来访】 2010年3月23日，日本立命馆大学政策科学学部学部长本田丰和立命馆孔子学院院长周玮生一行到浙江农林大学进行友好访问，双方就学生交流、学术交流等事宜进行了讨论，并取得共识。

【意大利LABA大学代表团来访】 2010年3月23日，意大利LABA大学校长伦吉·布拉奇一行访问浙江农林大学。副校长张立钦会见来宾。双方就对口的专业合作进行了探讨，初步议定在寒暑假期间进行短期游学互访，并希望通过短期交流加深彼此的了解，为进一步的学生交换、教师互访，以及研究生专业的合作做好准备。

【浙江农林大学外事工作会议】 2010年5月13日召开，学院教务处、人事处、国际合作与交流处等相关职能部门负责人，各学院分管外事的负责人和有关人员参加会议，副校长张立钦主持会议并讲话。张立钦肯定了学校近年来外事工作取得的成绩，要求各部门、各学院要紧紧围绕《国家中长期教育改革和发展规划纲要》，把高等教育国际化提到战略高度，加强国际交流合作，引进优质教育资源，提高交流水平，逐步构建以学校为主导、二级学院为主体的多学科、多领域、多特色、多样化、多层次的国际化平台。学院要提高教师国际化水平，扩大留学生规模，推出国际化课程及专业，完善培养计划，加大学分互认的力度，努力加强宣传力度，开创外事工作新局面。

【浙江农林大学代表团访问美国、加拿大】 2010年5、6月，副校长张立钦率代表团应邀参加在加拿大不列颠哥伦比亚大学举办的第2届国际林业教育研讨会。5月19日，张立钦主持研讨会并代表浙江农林大学作《区域高等林业教育发展——浙江农林大学实践》的报告。与会期间，代表团一行与不列颠哥伦比亚大学签署合作备忘录；与艾伯塔大学就项目合作进行商讨，并达成一致意见。

会后，代表团访问了美国威斯康星大学密尔沃基分校，重点考察了浙江农林大学客座教授杨庆鸿所在的生物科学系实验室。张立钦先后同该校研究基金会主席、国际教育中心主任、文理学院院长等就双方互派留学生、共同培养研究生、教师短期交流和讲学等共同感兴趣的问题进行了讨论，并达成一致意见，签署两校合作备忘录。

张立钦一行还访问了美国太平洋大学，看望了在该校学习的浙江农林大学教师和学生，同该校教务长等就下一年度学生学习和师资培养等议题进行了讨论，双方签署关于两校MBA项目的合作协议。

【浙江农林大学与加拿大艾伯塔大学签署合作备忘录】 2010年6月9日至10日，加拿大艾伯塔大学农业生命与环境科学学院院长约翰·肯内利和国际项目负责人莱尼·汗访问浙江农林大学，校长周国模、副校长张立钦等与来宾进行了会谈。双方就进一步加强学分互认项目等事宜进行了探讨；同时就艾伯塔大学在浙江农林大学开设短期课程、教师互访、引进艾伯塔大学优质资源等进行了沟通，两校签署合作备忘录。

约翰·肯内利和莱尼·汗还与即将前往艾伯塔大学学习的学分互认项目学生进行了座谈。

【浙江农林大学代表团参加国际林联第23届世界大会】 2010年8月23日至28日，国际林联第23届世界大会在韩国首都首尔举行，校长周国模率浙江农林大学代表团参加大会。

来自110个国家的3500多名代表与会。整个会议包括5个全体会议、15个分会以及大量的墙报。浙江农林大学代表团承办了“变化世界中亚洲竹林经营”科技分会，周国模任科技分会主席，周国模和团员沈月琴等在分会上作学术报告，其他团员以墙报的形式展示了各自的研究成果。

国际林联是全球林业研究者的组织，拥有110个国家700多家会员研究机构和大学的1.5万余名会员。国际林联每五年举行一次世界大会。

【周国模等研究成果在坎昆气候大会上引关注】 2010年11月29日至12月10日，第16次联合国气候变化大会在墨西哥坎昆召开。国际竹藤组织向大会提交的《竹林在缓解气候变化中的作用》的报告，引起与会各国专家学者的关注。这份报告的5位全球作者中，包括了浙江农林大学校长周国模。

为提高竹林全球生态服务功能的研究水平，国际竹藤组织及有关组织合作，由周国模等5位来自世界各国的学者，将关于竹子的研究成果进行汇总、整理、分析，最终形成了《竹林在缓解气候变化中的作用》的报告。

（鲍海勇）

·温州医学院·

【涉外工作概况】 2010年，温州医学院派遣出国（境）143人次，其中赴国（境）外进修学习58人次、学术访问35人次、参加国际学术会议24人次、科研进修11

人次、友好访问15人次；接待外国和港澳地区的友人和团组来访111批322人次。与国（境）外院校签署合作协议6项，至此，温州医学院已与海外62所院校、机构建立友好合作关系。

【美国太平洋大学代表团来访】 2010年1月，国际牙科教育联盟主席、美国太平洋大学牙学院院长帕特里克·费日罗率团访问温州医学院。两校签订合作协议，双方将在学生交流、临床实习、师生交流等方面进行合作。

【“流域研究与管理的可持续健康发展”国际学术会议】 2010年3月25日至28日在温州举行，由温州医学院主办。会议邀请了包括美国加州大学戴维斯分校、美国明尼苏达大学、加拿大艾伯塔大学的12位国外专家学者以及国内知名学者参加。与会学者就有关生态系统和人类健康的多方面水域研究和管理信息进行了交流。

【泰国清迈大学代表团来访】 2010年4月28日，泰国清迈大学校长潘松一行访问温州医学院，双方签订合作备忘协议。根据协议，双方将在教师及科研人员学术交流互访、学生互换交流、合作举办国际会议、科研合作、学术刊物和资料交流等方面展开合作。9月，温州医学院首批2名学生赴清迈大学医学院附属医院进行临床实习。

【美国托马斯大学代表团来访】 2010年5月29日，美国托马斯大学副校长安·兰迪斯率团访问温州医学院，就学分互认、课程具体实施、入学要求等护理合作项目中的具体事项与温州医学院展开进一步商讨，达成相关备忘录。温州医学院与托马斯大学合作举办护理学专业本科教育项目正式获教育部批准，这是中国首个护理学专业的中外合作本科项目。

【与美国纽约州立大学合作创立低视力康复中心】 2010年5月31日，温州医学院与美国纽约州立大学合作建立的低视力及视觉康复中心正式启动。院长瞿佳与纽约州立大学视光学院院长大卫·黑斯为中心揭牌。这是国内首家低视力及视觉康复中心。

【2010中美产科麻醉学术论坛】 2010年6月11日至13日在温州医学院举行，来自美国、加拿大的17位专家学者以及国内各单位学科带头人参会。

【温州医学院与瑞典林奈大学开展学生交流】 2009年12月，温州医学院党委副书记陈肖鸣率团访问瑞典林奈大学，双方就学生互换、教职工交流等达成合作意向。2010年8月，温州医学院首批8名学生赴林奈大学进行为期半年的交流学习。

【首届华人生长因子发展高峰论坛】 2010年10月15日至16日在温州举行，由中国生物工程学会、温州医学院共同主办。一批国内外知名专家参加论坛的研讨，会后成立了全球华人生长因子学会。

【温州医学院代表团访问美国亚利桑那大学】 2010年10月25日至31日，校长瞿佳率团访问美国亚利桑那大学，与该校国际事务副校长迈克·普罗克托尔、教学副校长盖尔·伯德等就学生交换、科研合作、学者互派等进行了探讨，双方希望尽早开展合作。

【温州医学院与美国纽约州立大学合办孔子学院揭牌】 2010年10月，温州医学院联合美国纽约州立大学视光学院成立的孔子学院在纽约曼哈顿正式揭牌，温州医学院院长瞿佳率团赴美参加揭牌仪式。

这是温州医学院继泰国之后在海外联合建立的第二所孔子学院。

【日本北陆大学在温州医学院完成日语入学考试】 2009年，温州医学院与日本北陆大学签署《友好交流协议书》及《关于插班生的备忘录》。根据协议，2010年，北陆大学在温州医学院顺利完成日语“2＋2”入学考试，温州医学院9名学生通过考试，将于2011年赴北陆大学学习。

【温州医学院外国专家获国家“友谊奖”】 2010年，温州医学院外国专家大卫·黑斯教授，因其在教育卫生事业和社会服务方面所作的突出贡献，获得2010年度中国政府“友谊奖”。大卫·黑斯教授在颁奖典礼上代表获奖专家发言，并接受温家宝总理接见和张德江副总理颁奖。《人民日报》专题采访了黑斯。黑斯因其突出贡献入选国家外国专家局重点聘请外国专家项目。

（夏　露）

附表　2010年温州医学院对外合作交流情况

学院名称	出国交流人次	聘请国外专家人数	举办国际或双边学术会议次数
眼视光学院	31	50（短期）+3（长期）	
第一临床医学院、附属第一医院	12	43（短期）+1（长期）	
第二临床医学院、附属第二医院	11	55（短期）	1
口腔医学院、附属口腔医院	2	14（短期）+1（长期）	
药学院	1	30（长期）	1
基础医学院	2		
护理学院	4	4（短期）	
检验医学院、生命科学学院	5	20（短期）	
环境公共卫生学院	5	1（短期）	1
外国语学院	20	17（短期）+6（长期）	
国际教育学院	1	4（短期）	
人文与管理学院		1（短期）	
其　他	39		
总　计	**149**	**239（短期）+12（长期）**	**3**

·浙江传媒学院·

【涉外工作概况】 2010年，浙江传媒学院派出因公出国（境）人员18批53人次，其中学校组团8批30人次；派至境外高级访问学者5人，攻读博士学位4人，参加国际学术会议6人次。接待来访的国（境）外合作交流、学术交流、项目交流代表团组57批174人次。

【英国科克里斯学院代表团来访】 2010年1月11日至18日，英国科克里斯学院艺术与设计高等教育主任大卫·安德鲁·查普曼率团访问浙江传媒学院。双方就旨在提高高校学生职业技能和就业能力的首相基金项目的实施事项进行了讨论，并拟定实施方案。

【浙江传媒学院师生团赴英国考文垂大学交流】 2010年1月24日至2月7日，浙江传媒学院组织23名师生赴英国考文垂大学进行短期交流。考文垂大学为浙江传媒学院师生举办了“学在英国、学在考文垂”等专题讲座。

【2009年度亚洲时尚高峰论坛及颁奖典礼】 2010年2月7日在浙江传媒学院举行，来自亚洲8个国家的17个时尚和媒体机构的代表与会，就广西卫视、浙江传媒学院和唐风汉格网络传媒联合成立“亚洲时尚传媒联盟”的倡议进行了讨论，并一致通过成立“亚洲时尚传媒联盟”倡议书。

8日，在浙江传媒学院举行了“亚洲时尚传媒联盟”成立仪式和“盛装亚洲2009年度时尚颁奖盛典”，颁发了包括年度时尚模特、年度时尚设计师和年度时尚摄影师等的12个奖项。

【浙江传媒学院与香港卫视国际传媒集团签署合作协议】 2010年3月19日，香港卫视国际传媒集团董事局主席高洪星和集团总裁周建顺率代表团访问浙江传媒学院，双方签订合作备忘录，就共同培养人才、互派教师和专家以及建立共同创作机制、打造业务平台等达成一致意见。

【承办动漫高峰论坛“大师班”】 2010年4月29日，由浙江传媒学院承办的第6届中国国际动漫节动漫高峰论坛“大师班”在杭州举行。其间，美国梦工场动画总监鲁道夫·格诺顿和梦工场中国市场推广负责人陈哲，就动画制作和市场推广两个方面对梦工场动画进行了解析和展示。电影《阿凡达》的概念设计师狄伦·科尔和人物造型设计师九度·谢尔就《阿凡达》的相关设计作了阐述。

【校领导随团访问澳大利亚、新西兰和新加坡】 2010年5月3日至14日，浙江传媒学院校长彭少健随省教育厅友好省州大学校长交流访问团对澳大利亚、新西兰和新加坡进行考察访问。其间，彭少健与澳大利亚默多克大学签署合作框架协议，与科廷科技大学签署关于开展学术合作的谅解备忘录。另外，澳大利亚埃迪科文大学承诺将提供全额奖学金支持浙江传媒学院一位教职工赴该校攻读博士学位。

【浙江传媒学院代表团访问香港卫视】 2010年5月14日至20日，校党委书记奚建华率团访问香港卫视的香港总部及深圳基地，并与香港卫视签订关于课题研究及师资培养方面的合作协议。

【韩国全国国公立大学新闻放送局主干教授协议会到浙江传媒学院交流】 2010年6月23日，韩国全国国公立大学新闻放送局主干教授协议会李相机教授一行9人到浙江传媒学院交流访问，双方就合作的可能性进行了商讨。李相机等与浙江传媒学院传播与文化产业中心进行了学术交流。

【韩国光州女子大学代表团来访】 2010年9月27日至28日，韩国光州女子大学总长吴长原一行来浙江传媒学院访问，双方签署缔结姐妹友好学校协议书。双方将促进学术及学者间的交流，互派教授执教、讲学和共同研究，还将互派交换生到对方学校学习。

【美国肯恩大学代表团来访】 2010年10月18日，美国肯恩大学校长达沃德·佛兰西率团访问浙江传媒学院。双方就进一步展开多层次、多渠道的合作办学进行了会谈，着重讨论了学分互认、联合培养、骨干教师及管理队伍培训和联合培养硕士等问题。

【澳大利亚默多克大学访问团来访】 2010年11月10日，澳大利亚默多克大学校长约翰·约维奇率团访问浙江传媒学院。校长彭少健会见来宾，表示希望尽快推进双方在学生短期交流项目上的合作，在2011年互派学生到对方院校交流学习。

【欧洲音乐联盟代表团来访】 2010年11月20日，欧洲音乐联盟组织负责人卢恩·约翰尼森和彼得·杰格尔豪奥特访问浙江传媒学院。双方就浙江传媒学院加入联盟的可行性、程序以及与联盟下属的高校开展联合培养学生等事宜阐明了观点，并就合作意向及合作框架达成一致。

【浙江传媒学院代表团访问英国、德国】 2010年11月20日至29日，副校长沈兵虎率浙江传媒学院代表团访问英国和德国的合作院校。

在英国,代表团与北爱尔兰奥斯特大学就合作建立孔子学院、合作培养模式以及教师继续教育等一系列问题达成初步共识。

在德国,代表团访问了斯图加特传媒大学,双方就开展教师交流和学生短期互访进行了探讨。

【浙江传媒学院产学研合作基地在香港卫视揭牌】 2010年11月29日,校党委书记奚建华率浙江传媒学院访问团到香港卫视深圳基地,出席浙江传媒学院产学研合作基地挂牌仪式。奚建华和香港卫视国际传媒集团董事局主席高洪星共同为浙江传媒学院产学研合作基地揭牌。双方表示,希望在建立产学研合作基地的基础上,进一步加深合作关系,使香港卫视更好地成为向世界展示中国优秀传统文化的窗口。

【浙江传媒学院代表团访问法国、意大利】 2010年12月11日至20日,校长彭少健率浙江传媒学院代表团访问法国和意大利的合作院校。

在法国勃艮第大学,双方就开展学生夏令营、学生交流和教师交流项目进行了会谈。在弗朗士-孔泰大学,代表团看望了浙江传媒学院在该校应用语言中心学习的16名法汉双播的学生,了解他们的学习和生活情况。

代表团访问了意大利米兰圣心大学和罗马大学,并与圣心大学就开展学生交流事宜进行了会谈。

(张文婧)

附表　2010年浙江传媒学院部分校级出访团组

出访时间	团长姓名	出访国家或地区	出访人数	出国事由
4月26日～5月1日	王文科	印度	2	赴印度电影电视学院交流访问
7月21日～8月1日	柴志明	泰国、越南、马来西亚	4	赴林国荣创意科技大学、清迈蒙福学校、胡志明市国家大学交流访问
8月2～7日	王文科	香港	3	应香港卫视邀请进行专业层面的指导
11月11～20日	项仲平	美国、加拿大	4	访问美国肯恩大学、圣迭戈州立大学,加拿大圣力嘉应用技术和艺术学院

·宁波诺丁汉大学·

【涉外工作概况】 2010年,宁波诺丁汉大学聘请外籍教师30名。新增9所交换留学合作院校。组织举办大型国际会议7次、国际学术讲座25次。招收国际生118名,分别来自41个国家和地区。学生出国761人次。

【第5届响应制造国际会议】 2010年1月11日至13日在宁波诺丁汉大学举行。来自世界各地的80多位可持续制造领域的企业代表、研究人员、学术人员和立法人士参加会议。会议主要围绕再制造、修理与翻新、可回收材料利用、可持续的商业模式运作和环境立法、可持续能源-绿色发电和减少消耗等议题开展讨论活动。

【新加坡南洋理工大学代表团来访】 2010年1月22日,新加坡南洋理工大学校长徐冠林率代表团来宁波诺丁汉大学考察交流。校长杨福家、执行校长罗杰·伍兹等会见来宾。徐冠林高度赞扬宁波诺丁汉大学中外合作办学的卓越成绩,希望两校进一步加强学术和科研交流。

【宁波诺丁汉大学学生获Evostar大会最佳论文奖】 2010年4月7日至9日,宁波诺丁汉大学计算机科学系学生邵建华应邀参加在土耳其伊斯坦布尔召开的2010 Evostar大会(欧洲演化计算领域的高端会议），获得大会颁发的最佳论文奖。邵建华在宁波诺丁汉大学完成两年学习后，进入英国诺丁汉大学计算机科学学院继续学习，为大四学生，已被英国诺丁汉大学录取为博士研究生。

【中英美科普连线报告会】 2010年5月15日在宁波诺丁汉大学举办。来自诺丁汉大学、宁波大学、浙大宁波理工学院、宁波教育学院、宁波工程学院、浙江万里学院的大学生，以及宁波、余姚市、奉化市的高中生等300余人参加报告会。

本次报告会以互联网为媒介，由代表三个国家的专家以“绿色建筑与可持续发展”为主题，通过现场报告会、实时视频科普报告、现场互动等交流平台，充分阐述了绿色建筑的理念。

【香港中文大学代表团来访】 2010年5月18日，香港中文大学校长沈祖尧、常务副校长华云生、副校长杨纲凯、协理副校长徐扬生等考察宁波诺丁汉大学中外合作办学情况。

【诺丁汉三校运动会】 2010年6月11日，由英国诺丁汉大学、诺丁汉大学马来西亚校区和宁波诺丁汉大学共同参与的诺丁汉大学第2届三校运动会在马来西亚校区闭幕。宁波诺丁汉大学56名运动员组成的代表队获得男子篮球、女子篮球、男子乒乓球、女子乒乓球、女子羽毛球比赛的银牌。

【志奋领年轻领导培训计划】 2010年7月5日至10日在宁波诺丁汉大学举行。中华全国青年联合会挑选的20名来自全国各地的青年专业人士参加本次培训。“志奋领年轻领导培训计划”是英国驻华大使馆与中华全国青年联合会合作的培训项目，旨在为表现卓越、专业能力强和具有领导潜力的中国年轻领导提供机会。在宁波诺丁汉大学完成培训的介绍课程后，学员们前往英国诺丁汉大学参加为期13周的集中培训。

【国际顶尖研究型大学联盟U21夏令营】 2010年7月5日至15日在宁波诺丁汉大学举行。U21是一个由全球23所优秀研究型大学组成的大学联盟，来自新西兰奥克兰大学、英国伯明翰大学、英国爱丁堡大学、印度德里大学、瑞典隆德大学、美国弗吉尼亚大学、英国诺丁汉大学和宁波诺丁汉大学等15所大学的67名学生参加本次活动。

【诺丁汉赛扶团队赴孟加拉学习】 2010年5月，宁波诺丁汉大学赛扶团队获得“2010年赛扶中国创新公益大赛”冠军，并于10月代表中国前往美国洛杉矶参加世界杯比赛。参赛项目之一的“参参不息”项目在东北建立了小额信贷业务，在各种基础工作基本完成后，为了能让该项目变得更具有可持续性和可复制性，从而帮助更多的参农，团队成员温俊杰、何贞、张皪彦于2010年8月15日抵达小额信贷的先驱国家——孟加拉国，在那里学习更多有利于项目发展的经验和知识。

【香港高层教育考察团来访】 2010年8月29日，甬港教育合作论坛大学组7位香港嘉宾考察宁波诺丁汉大学的中外合作办学情况，执行校长尼可·迈尔斯、校长助理沈伟其等会见考察团，并陪同参观了校园以及可持续能源技术研究中心。考察团嘉宾包括香港教育局高级教育主任李周若兰以及香港大学、香港中文大学、香港理工大学、香港城市大学、香港教育学院、香港科技大学的领导。

【英国外交国务大臣来访】 2010年9月12日，英国外交国务大臣杰里米·布朗访问宁波诺丁汉大学。布朗是诺丁汉大学的校友，他应邀给师生们作了题为《全球化时代下的教育》的演讲。

【高等教育国际化智库成立典礼暨中国高校毕业生就业国际研讨会】 2010年9月19日在宁波举行。宁波市教育局局长黄士力，联合国教科文组织英国委员会主席、英国诺丁汉大学教育政治经济学主席约翰·摩根以及宁波诺丁汉大学前任执行校长罗杰·伍兹分别在智库成立典礼上致辞。

为适应中国高等教育发展的需要，宁波诺丁汉大学专门成立了一个研究中国高等教育改革与国际化的智库。该智库利用宁波诺丁汉大学和国内的专家资源，并与英国诺丁汉大学、联合国教科文组织及诺丁汉大学中国政策研究所合作，共同构建一个沟通交流的桥梁。

【英国诺丁汉大学代表团来访】 2010年9月27日，英国诺丁汉大学理事会、捐助人学会代表团在执行校长大卫·格林纳威的陪同下访问宁波诺丁汉大学。英国诺丁汉大学理事会是该校的决策机构，捐助人学会是该校的荣誉机构，其会员都是各行各业的精英。

【宁波诺丁汉大学学生获赛扶世界杯亚军】 2010年10月10日至12日，赛扶世界杯全球大赛在美国洛杉矶举行，39个国家的赛扶冠军精英团队参赛。宁波诺丁汉大学赛扶团队凭借"中华土蜂"和"参参不息"两个参赛项目，4名代表队员精彩的项目陈述，获得亚军。"中华土蜂"项目致力于通过建立有效的商业模式，帮助宁波四明山地区的土蜂养殖户，并保护濒临灭绝的中华土蜂，通过有效运行两年，项目在中国地区完美实现了公益促进商业发展。"参参不息"项目旨在建立"蚂蚁河"品牌和公司，以帮助东北参农摆脱贫困，同时，通过公司盈利建立起中国第一个由学生创建的小额贷款基金，以此有效保障了项目的长期可持续发展。

赛扶世界杯拥有世界性影响力，是一个深入世界各地，汇聚了学生、学者以及商界领袖的国际网络。赛扶世界杯大赛每年举办一次，分为国家文化展示和赛扶比赛两个部分。每个国家的赛扶全国冠军团队被邀请参加赛扶世界杯的比赛。

宁波诺丁汉大学赛扶团队学生历经3年，成功运作了9个在社区中以公益帮扶为主题的商业类项目。

【宁波诺丁汉大学获"国际科技合作基地"称号】 2010年10月12日，国际科技合作基地授牌仪式在宁波举行，科技部国际合作司司长靳晓明为宁波诺丁汉大学等5家单位授牌，宁波市委常委、副市长余红艺，宁波市人民政府副秘书长陈炳荣，英国诺丁汉大学副校长罗伯特·韦布出席授牌仪式并致辞。执行校长尼克·迈尔斯接受"综合国际科技合作基地"的授牌。

【香港中文大学学生会常务副会长来访】 2010年10月12日至17日，香港中文大学学生会常务副会长巢景峰一行来宁波诺丁汉大学参观访问，并就中外合作办学情况进行专题调研，校学生会及师生代表接待访问团一行。

【高校国际领导力会议】 2010年11月8日至12日在宁波诺丁汉大学召开。20余位来自世界各大高校及高等教育研究机构的高层领导人就"如何管理全球化大学"为主题交流了各自的经验与看法。

英国《金融时报》首席评论员和副主编马丁·沃尔夫、英国《泰晤士报》副主编菲尔·巴蒂、英国国际毕业生研究团体负责人威尔·阿彻尔及哥伦比亚国立大学、英国普利茅斯大学、英国诺丁汉大学、澳大利亚墨尔本大学、浙江大学和宁波诺丁汉大学等高校的领导人作为主体发言人分别从经济、政治、教学等不同的方面阐述了他们关于高等教育全球化的见解。

【第3届GEP中国论坛】 2010年11月9日至10日在宁波诺丁汉大学举行。本届论坛以"中国转型下的企业和劳动市场的调整"为主题。来自英国牛津大学、美国加州大学圣地亚哥分校、瑞典斯德哥尔摩工业经济研究所、英国杜伦大学、英国诺丁汉大学、爱沙尼亚塔尔图大学、韩国高丽大学、香港岭南大学、北京大学、浙江大学、南开大学、中国人民大学、宁波诺丁汉大学等的40多名专家学者参加论坛。

【第2届"专门用途英语在亚洲"国际学术年会】 2010年11月11日至13日在宁波诺丁汉大学举行，由《亚洲专门用途英语》国际学术期刊和宁波诺丁汉大学共同举办。来自海内外的30余名顶尖语言专家和学者出席年会。

【交换生项目取得新进展】 2010年，宁波诺丁汉大学新增9所交换留学合作院校，包括澳大利亚悉尼大学、新南威尔士大学，加拿大协和大学，爱尔兰都柏林大学，荷兰阿姆斯特丹大学，挪威科技大学，美国南佛罗里达大学、康乃狄克大学。年内，宁波诺丁汉大学派送604名大三学生去合作院校交流学习一学期或一学年，派出交换的留学生数量占该年级学生总量50%以上。另外，学校还派送157名本科生和研究生赴英国诺丁汉大学参加夏令营活动。

（赵　莹）

附表　2010年宁波诺丁汉大学接待的部分国外主要来宾

日　期	来访单位	内　容
3月11日	悉尼大学	学术讲座
3月24日	华威大学	学术讲座
4月1日	美国康奈尔大学	学术讲座
4月7日	英国诺丁汉大学	学术讲座
4月9日	英国诺丁汉大学	学术讲座
4月12日	英国证券，苏格兰未亡人投资伙伴公司	学术讲座
4月22日	德蒙福特大学	学术讲座
4月23日	孟加拉国BRAC大学	学术讲座
5月5日	都柏林大学圣三一学院	学术讲座
5月7日	加拿大蒙特利尔麦吉尔大学	学术讲座
5月12日	西澳大利亚大学	学术讲座
5月21日	英国诺丁汉大学	学术讲座
9月3日	英国诺丁汉大学	学术讲座
9月28日	英国诺丁汉大学	学术讲座
10月16日	英国利兹大学	学术讲座
10月21日	英国诺丁汉大学	学术讲座
11月8日	英国诺丁汉大学	学术讲座
11月9日	美国《金融时报》	学术讲座
11月10日	英国诺丁汉大学	学术讲座
11月12日	英国诺丁汉大学	学术讲座
12月9日	美国阿德尔菲大学	学术讲座
12月15日	英国诺丁汉大学	学术讲座

·浙江外国语学院·

【涉外工作概况】 2010年,浙江外国语学院(原"浙江教育学院")派出出国(境)人员17批72人次,其中考察团组6批28人次、进修培训团组2批6人次、学生团组9批38人次。接待国(境)外来访团组15批75人次。与4所外国院校签订校际合作协议。聘请长期外国专家7名,短期外国讲学专家15名。

【浙江外国语学院与韩国高校合作】 2010年3月18日,韩国京畿大学代表团访问浙江外国语学院并出席两校合作协议签约仪式。根据协议,双方将开展交换师生、互派访问学者、共建韩语培训基地等项目,通过资源共享为两校的人才培养和可持续发展提供动力。8月,浙江外国语学院首批3名学生赴韩国参加为期半年的交换学习。

【浙江外国语学院女子木球队世界杯赛获佳绩】 2010年3月31日至4月4日,第4届世界杯木球锦标赛在泰国国家体育场举行,来自印度、日本、丹麦、印度尼西亚、泰国、马来西亚、菲律宾和中国香港等23个国家和地区的300多名选手参加比赛。受国家体育总局委托,浙江外国语学院女子木球队与宁波城市职业技术学院运动员共同组成男女团组参赛。浙江外国语学院队员最终获得女子团体第4名。这是学校女子木球队自2009年组队以来首次代表国家参加世界木球最高水平的比赛。

【德国莱比锡大学教授来浙江外国语学院讲学】 2010年4月29日,德国莱比锡大学实践教育学研究与发展中心主任迪特尔·舒尔茨来浙江外国语学院作题为《教师人格在教育与教学中的意义》的报告。舒尔茨对教师的角色意识、专业化要求作了生动而幽默的阐述。副校长骆伯巍、洪岗分别会见舒尔茨一行,双方围绕合作建立"德国教育研究所"的可能性进行了探讨,并初步达成共识。

【中美教师评价·行知论坛】 2010年5月10日在浙江外国语学院举行,由浙江外国语学院、浙江大学教育学院、美国西雅图太平洋大学教育学院联合主办。美国西雅图太平洋大学教育学院亚瑟·艾利斯教授、丹尼尔·瑞布拉博士,浙江外国语学院教师教育与教育管理学院肖远军教授,浙江大学教育学院课程与教育研究所刘徽博士,浙江省特级教师赵婷婷和杭州市崇文实验学校校长、浙江省特级教师俞国娣等分别在论坛上作专题报告。

"行知论坛"是学校改制为浙江外国语学院后新设立的一个"教师教育国际交流"系列专业论坛,本次"中美教师评价·知论坛"是该系列论坛的首次论坛。

【外宾参加"浙江外国语学院"成立大会】 2010年5月22日,"浙江外国语学院"成立大会在省人民大会堂举行,来自美国、德国、韩国、澳大利亚等国家和地区的近20位国(境)外高校或教育机构代表出席。美国威斯康星大学河城校区副校长弗内多·迪尔加多代表海外姐妹院校致辞。

【浙江外国语学院代表团访问美国】 2010年5月30日至6月8日,校党委书记姚成荣率团赴美参加美国国际教育者协会第62次年会,与来自全世界的7500多名教育人士一起,围绕"变化中的全球高等教育大环境"这一主题进行研讨和交流。在美期间,代表团专程拜访了美国国际实践与培训协会驻华盛顿总部,就浙江外国语学院学生暑期赴美实习事宜进行实地考察和细节商定。代表团还与美国纽约理工大学代表会谈,就两校合作办学等事宜交换意见。

【浙江外国语学院代表团访问德国】 2010年6月20日至28日,副校长洪岗率团赴德访问,重点考察了帕骚大学和慕尼黑应用科技大学旅游学院。双方就在教师教育、国际工商管理、旅游管理等专业领域开展师生交流、学生培养、科研合作等进行了深入的商谈。访问团还顺访魏因加藤教育大学，就两校已成功开展近七年的师生交换项目进行反馈交流，并商讨了汉语课程推广、师范生联合培养等新项目的合作可能。

【参加世界合唱比赛获金牌】 2010年7月，浙江外国语学院艺术学院教授陈祥文率绍兴爱乐教师合唱团参加在绍兴举行的第6届世界合唱比赛，获锦标赛混声组金牌和公开赛男声室内组金奖第一名。

【“发展中国家政府官员教育研修班”成员来访】 2010年8月31日，来自非洲和大洋洲的“发展中国家政府官员教育研修班”一行28人访问浙江外国语学院，并参加了“机遇与挑战”教育座谈会。校长鲁林岳，副校长骆伯巍、洪岗等与来宾就教师培训、汉语课堂建设、留学生教育等进行了交流和探讨。

【2010年中德教师教育学术研讨会】 2010年10月29日在义乌举行。浙江外国语学院副校长、浙江省师训干训中心主任骆伯巍，省教育厅有关人员，德国巴伐利亚州教师培训处主任阿尔伯特·穆尔多夫，义乌市教育局、义乌教育研修院的相关领导，以及来自全省各级教师培训机构的150余位代表参加研讨。

【浙江外国语学院与澳大利亚大学签署学分互认协议】 2010年11月17日，澳大利亚昆士兰科技大学代表来浙江外国语学院参加学分互认协议交换仪式。根据协议，浙江外国语学院国际贸易、会计、旅游管理等本科专业的学生在顺利完成前两年的课程学习并满足昆士兰科技大学的入学要求后，可直接转入该校继续后两年的学习，双方互认学分，学生顺利毕业后可获双学位。此外，相关专业的浙江外国语学院本科毕业生如入该校攻读硕士学位，可获得一学期的学分豁免，即只需一年时间便可读取硕士学位。

【留学生教育正式启动】 2010年9月，美国学生安德鲁·比尔德摩来浙江外国语学院学习汉语。11月底，浙江外国语学院的留学生招生资质通过省教育厅评估，留学生教育正式启动。

【中美教师培训研讨会】 2010年12月7日至8日，由浙江外国语学院和美国中阿肯色大学联合举办的“制度·课程·专业发展：中美教师培训研讨会”在杭州召开。中阿肯色大学校长、副校长、教授代表，中阿肯色州教育厅官员、中学校长代表，浙江省教师教育基地代表、地市培训机构负责人、浙江省中小学名师名校长工作站分站负责人等70余人参加研讨会，就中美教师培训制度、教师培训课程与教师专业发展等问题展开深入的研讨。

（陶国霞）

·温州大学·

【涉外工作概况】 2010年，温州大学因公赴国(境)外考察访问5批24人次，教师因公出国(境)参加国际会议、科研合作、访学交流16批19人次。接待国(境)外团体、高等院校来访42批272人次。新增合作协议院校与组织10个，新增合作协议17份。全年聘用长、短期外国专家和境外专家18名。

派出51名学生参加校际交流项目。其中，22名学生参加本科层次交换生项目，6名学生参加硕士层次交换生项目。全年招收来自19个国家的留学生153人，其中长期生75人、短期生78人。争取到国家汉办孔子学院奖学金97.1万元，省政府来华留学生奖学金3.2万元。接收9名日本学生来校参加短期文化交流项目。

截至2010年底，温州大学已与37个国(境)外友好合作院校和机构签订交流及合作协议。

【第1届世界温州人研究国际学术研讨会】 2010年4月8日至9日，温州大学主持召开第1届世界温州人研究国际学术研讨会暨第3届“普拉托的中国人”专题学术研讨会。参见第269页**【“普拉托的中国人”国际研讨会】**。

【温州大学代表团访问法国、意大利】 2010年7月5日至14日，校长蔡袁强率团访问法国和意大利。在法国，代表团与路桥大学土木工程学院院长、教授座谈，讨论了两校在土木、建筑领域的科研合作事宜。在意大利，佛罗伦萨大学校长阿尔伯特·特西等会见代表团，双方商谈了互派教师和合作培养硕士事宜，并签订两校合作协议书。代表团访问了普拉托省，副省长阿姆布拉·奇奥奇和议员代表会见代表团。代表团与莫纳西大学普拉托中心、佛罗伦萨大学普拉托分校、普拉托省政府签署四方合作备忘录；代表团与长期合作伙伴莫纳西大学普拉托中心主任洛蕾塔·巴达萨里就合作研究项目"普拉托的中国人"进行了深入的探讨。

【首批英语教师赴美国培训】 2010年8月4日至28日，温州大学组织首批22名英语教师赴美国西来大学培训，主要学习课堂互动、英语口语技能、对外英语教学理论和实践中的新议题、技术手段在学术英语教学中的使用和主要语言学习理论的历史和现状等，并赴加州大学洛杉矶分校、南加州大学及诺顿赛门艺术博物馆等进行考察和体验。

（熊　勇）

附表1　2010年温州大学部分出访团组

序号	出访时间	出访人员	出访地点	出访事由
1	6月26日～7月5日	生环学院院长吴明江等	美国、加拿大	联系合作办学
2	7月5～14日	校长蔡袁强等	法国、意大利	签订合作协议
3	12月6～15日	副校长林娟娟等	德国、丹麦	洽谈教育、科研合作
4	12月15～24日	副校长赵敏等	澳大利亚、新西兰	洽谈教育、科研合作

附表2　2010年访问温州大学的国(境)外团组

序号	来访时间	来访单位	交流访问事项
1	1月5日	德国BSK国际教育机构	探讨研究生合作教育、教师互访项目
2	3月13日	加拿大不列颠哥伦比亚省中文学校	与国际合作学院教师座谈，分享汉语与中国文化教育心得
3	3月24日	奥地利维也纳音乐学院	洽谈本科生交流及教师培训项目
4	4月4日	韩国全州大学	探讨师生交流、合作办学、人才培养方面的合作
5	4月10日	意大利普拉托省和佛罗伦萨大学	就佛罗伦萨大学经济学院和温州大学商学院具体合作进行商讨，签订合作备忘录
6	4月14日	美国中欧国际工商学校	就来华留学交流意见
7	4月22～23日	韩国京仁教育大学校	探讨进一步合作事项
8	4月29日～5月1日	日本广岛文化学园大学	续签合作交流协议
9	5月12日	德国BSK国际教育机构	赴德留学、签证政策座谈
10	5月13日	欧洲各国媒体代表	了解温州的高等教育

续表

序号	来访时间	来访单位	交流访问事项
11	5月21日	澳大利亚西悉尼大学	讨论两校法学院合作备忘录事项
12	6月13日	韩国全南大学	签署院级合作交流协议
13	6月17日	马来西亚霹雳州、怡保市代表团	参观校史馆、发绣馆、民俗馆
14	6月23日	法国欧贝维利耶市	合作交流洽谈
15	6月26日	美国加州州立大学东湾分校	讨论合作办学事宜，签订合作协议
16	6月29日	美国库克大学	温州大学中美合作库克项目2010届毕业典礼
17	7月19日	意大利普拉托省政府	洽谈合作
18	7月22日	老挝各省代表	参观校史馆、发绣馆、民俗博物馆
19	8月24日	加蓬驻华使节与政府官员	参观发绣馆、校史馆、民俗博物馆
20	8月18～20日	加拿大不列颠哥伦比亚大学	签署两校合作协议，明确与温州大学生环学院合作事项
21	8月27日	捷克国会上议院代表	参观发绣馆、民俗博物馆
22	9月13日	日本石卷专修大学、广岛大学	文化交流夏令营
23	9月25～29日	法国OMJA青年拍摄团	与温州大学学生一起拍摄反映青年人生活的短片
24	10月8日	韩国木浦大学	签署合作协议
25	10月21～22日	美国肯恩大学	就温州肯恩大学项目进行进一步磋商
26	10月21日	美国佛罗里达理工大学	讨论合作办学事项
27	10月21日	泰国东方大学	讨论合作办学事项
28	10月29日	韩国风险企业协会	签署合作协议
29	11月5日	德国吉森大学	参观校史馆、发绣馆、民俗馆和美术与设计学院
30	11月11日	韩国扬州别山台假面舞剧民俗保存会	探讨两国民俗文化
31	11月12日	德国耶拿应用科技大学	学术讲座
32	11月30日	世界大学校长联合会	就温州大学成为IAUP会员事宜进行商讨
33	11月29日～12月3日	美国肯恩大学	合作办学
34	12月1日	英国兰开夏大学	学术讲座
35	12月9～11日	日本、韩国参加2010年中韩日国际地域经济研讨会代表	国际会议

·浙江树人大学·

【涉外工作概况】 2010年，浙江树人大学派出短期出国（境）人员56人次。其中：访问考察28人次，技术培训及进修学习16人次，参加国际学术会议12人次。学生出国（境）交流109人次。

接待来自8个国家和地区的来宾44批83人次。新签或续签校际交流协议的院校6所。

全年举办2个国际学术会议，参会代表250多人，来自5个国家和地区。

【浙江树人大学代表团访问日本、韩国】 2010年2月26日至3月5日，副校长徐绪卿率浙江树人大学代表团访问日本和韩国。

代表团应邀参加了由日本浜松大学、静冈县、静冈县立大学联盟主办的“亚洲各国高等教育的现状与国际交流”国际会议，徐绪卿发表题为《中国大陆民办高等教育的发展现状与趋势》的演讲。代表团出席了浙江树人大学第一个海外校友分会——日本校友分会成立仪式。通过访问，浙江树人大学与上述高校就教师交流、学术交流、学生交换留学、课程衔接、学分互认、学位互认等校际交流与合作达成意向。在韩国，代表团与建国大学签订合作交流协议书。访问木浦大学时，代表团应邀访问了木浦市政府，市长丁钟得会见代表团一行。

【第4届中外民办高等教育发展论坛】 2010年4月23日至24日在浙江树人大学召开。来自日本、韩国的30余名专家、学者，与国内50多位民办高等教育的研究者和实践者出席论坛，就民办高校内部管理体制问题进行探讨，交流最新研究成果和体会。

【“日语专业国际化人才培养与日语教学”国际研讨会】 2010年4月24日在浙江树人大学召开。校长朱玉代表浙江树人大学致欢迎词，日本活水女子大学校长奥野政元出席会议并致辞。

国家外国专家局文教专家司副司长陈化北，中国社会科学院日本研究所党委书记、副所长孙新参加会议并对国际化背景下的日语教育提出了思考与建议；出席会议的日本活水女子大学、日本圣学院大学、北京大学、北京外国语大学、厦门大学、南京三江学院及省内部分高校代表就日语教育的国际化理念、现状及存在的问题作了发言。

【浙江树人大学访问团访问香港院校】 2010年4月27日至29日，以副校长徐绪卿为团长的浙江树人大学访问团赴香港珠海学院、香港树仁大学、香港理工大学以及香港科技大学进行访问考察。

访问期间，浙江树人大学与珠海学院达成选派学生赴该学院交换学习一个学期、双方合作举办暑期国家设计规范讲习班的意向；与树仁大学达成建立长期友好合作交流关系的意向；与理工大学、科技大学达成选派教师进修的意向。访问团还参观了上述大学的土木工程及钢结构实验室，访问团成员邢丽和赵伟分别为珠海学院师生作学术报告。

【第2期进修教师团赴加拿大培训】 2010年8月1日至25日，浙江树人大学派出第二期英语教学法进修教师团一行12人赴加拿大约克大学培训。

【浙江树人大学教师参加韩语教育论坛】 2010年8月9日至19日，浙江树人大学语言学院韩语教师占素萍应韩国建国大学的邀请，赴该校参加“2010年中国大学韩语专业教师韩语教育论坛”。

此次论坛由韩国专家讲授韩语授课方法等，与会者还见习了韩国教师的韩语教学方式。

【日本活水女子大学客人来访】 2010年9月7日，友好院校日本活水女子大学国际交流中心主任渡辺诚治和松田圣子访问浙江树人大学。执行校长郑吉昌会见来宾。

郑吉昌对两校的交流进行了回顾，希望今后有更进一步的合作，共同分享和探讨私立大学的办学经验，提高彼此的教育水平。

双方就日语专业2.5+2合

作项目的细节进行了深入讨论，并达成一致意向，计划从2011年4月开始实施该项目。

【韩国光州女子大学代表团来访】 2010年9月29日，韩国光州女子大学校长吴长原率团来浙江树人大学访问交流。执行校长郑吉昌会见韩国客人。

郑吉昌向客人介绍了学校基本情况及国际合作与交流等方面的情况，希望两校能在科学研究、教师交流、学生互换等方面开展深入合作。吴长原表示，希望以此次访问为契机，与浙江树人大学开展多方面的合作，以推动两校共同进步。经两校友好协商，双方签署合作协议书。

【加拿大约克大学教育专员来访】 2010年10月26日，加拿大约克大学教育学院国际教育专员罗拉·科瑞恩、加拿大约克大学中国区主任王瑜访问浙江树人大学，执行校长郑吉昌会见来宾。

郑吉昌希望两校在师资、课程合作、学生交流等方面坦诚交流、精诚合作，建立长期友好的合作伙伴关系，共同推动两校教育事业快速发展。

经过深入交流与商谈，双方达成教师及管理人员赴加培训、赴加访问学者、互派讲座教授、约克毕业生来杭实习、浙江树人大学学生赴加学习交流等多项合作意向。

【日本横滨国立大学院教授做客“大家讲坛”】 2010年11月2日，浙江树人大学现代服务业学院举办“大家讲坛”，日本横滨国立大学院的西村隆男教授作题为《现代的消费者问题与对应政策——日本的情况》的讲座。

执行校长郑吉昌、副校长徐绪卿会见西村隆男。

【第8期英国动画大奖精选作品展映】 2010年11月2日在浙江树人大学举办。英国驻华大使馆文化教育处艺术官员沈衍详细介绍了英国当代文化和以影视动画类为主的创意产业，并播放了英国动画大奖第8期作品。此次展映的22部作品均为近两年在英国获奖或提名的优秀短片，引起浙江树人大学学生的浓厚兴趣。

【浙江树人大学代表团访问澳门科技大学】 2010年11月8日至10日，执行校长郑吉昌率团赴澳门科技大学访问。澳门科技大学校长许敖敖及相关部门负责人会见郑吉昌一行。许敖敖向代表团简要介绍了澳门科技大学概况，希望加强与浙江树人大学现代服务业学院的合作与交流。郑吉昌简要介绍了浙江树人大学的办学情况，表示希望通过本次访问，能与澳门科技大学在教师培训、课程合作、学生交换等方面达成合作意向。

访问期间，郑吉昌还与澳门科技大学国际旅游学院院长梁文慧就旅游专业合作进行了磋商。

9日，郑吉昌参加了在澳门举行的首届亚太地区现代服务业高峰论坛，发表题为《“十二五”现代服务业发展的重点》的主题演讲。来自中国内地、香港、澳门、台湾等地区的120多位从事服务业研究的专家、学者参加会议。

【日本国际茶道·香道丹月流宗家来访】 2010年12月6日至10日，浙江树人大学客座教授、日本国际茶道·香道丹月流宗家丹下明月和理事长立山尚明夫妇来浙江树人大学进行文化交流访问。浙江树人大学终身名誉校长王家扬、党委书记毛雪非、执行校长郑吉昌等分别会见丹下明月夫妇等。

丹下自1992年起被聘为浙江树人大学茶文化客座教授。丹下非常支持和关注浙江树人大学的发展，为浙江树人大学的茶文化专业建设、青年教师茶文化的进修培训、茶文化实验室建设，以及中日茶文化的交流等作出了积极的贡献。2007年，丹下明月曾获得浙江省“西湖友谊奖”。

访问期间，丹下分别为人文学院茶文化专业学生和语言学院日语专业学生作茶道和日本和服礼仪讲座。

【浙江树人大学与日本活水女子大学“日语专业2.5＋2”项目招

生录取工作结束】 2010 年 12 月 23 日，浙江树人大学友好院校日本活水女子大学现代日本文化学科准教授宫崎圣乃、国际交流中心事务室长山田树市郎等来浙江树人大学，对两校合作开展的“日语专业 2.5＋2”项目的学生进行入学面试，并与浙江树人大学就项目学生毕业论文的合作指导、日语教师研修内容、学生短期研修等事宜进行洽谈，双方达成一致意见。

“2.5＋2”合作项目是浙江树人大学与活水女子大学就日语专业本科进行的双学位联合培养，修完两校毕业所需学分的学生，可分别获得两个大学的毕业证书与学位证书。根据两校协议，树人大学选派一名日语教师随项目赴活水女子大学研修一年。

（周惠丽）

附表 2010 年浙江树人大学对外合作交流情况

学院、部门名称	教职工出国（境）交流人次	学生出国（境）交流人次	举办国际学术会议次数
管理学院	1	22	
城建学院	5	5	
人文学院	3	18	
信息学院	1	5	
语言学院	17	18	1
艺术学院	1	10	
现代服务业学院	1	4	
生物与环境工程学院	4	5	
外经贸学院		18	
成人教育学院		4	
学校办公室	8		
学工处	3		
教务处	3		
科研处	1		
国际交流与合作处	7		
后勤保障处	1		
中国民办高等教育研究院			1
总　　计	**56**	**109**	**2**

·浙江万里学院·

【涉外工作概况】 2010年，浙江万里学院派遣短期出国人员21人次，其中合作研究8人次、交流访问12人次、参加国际学术会议1人次。有177名国(境)外专家学者、学生(短期)、院校代表来校学习、访问、作学术报告或进行项目洽谈。学校与6所外国高校新签校际交流协议。全年参加交换生或海外学习项目的在校本科生47名。招收留学生121人，来自27个国家，其中6人获浙江省人民政府来华留学生奖学金。

学校分别受宁波市发展和改革委员会及鄞州区经济发展局委托，与新加坡南洋理工大学开展企业家赴海外培训项目，2010年完成3批团组培训。

【德国物流协会会长来学院作学术报告】 2010年3月19日，德国物流协会会长、欧洲物流协会理事、德国达姆斯达特大学终身教授汉斯应邀为浙江万里学院师生作题为《中国采购与供应链管理》的学术报告。

【浙江万里学院与西班牙胡安·卡洛斯国王大学结为合作院校】 2010年5月26日，西班牙胡安·卡洛斯国王大学国际部主任戈瓦东加·冈萨雷斯·基哈诺访问浙江万里学院。执行校长陈厥祥代表学校与戈瓦东加·冈萨雷斯·基哈诺签署两校学生交流协议。9月，两校正式启动学生交流项目。

【中英"高等教育发展的区域政策"研讨会代表来访】 2010年5月27日，参加由教育部教育发展研究中心主办、宁波市教育局承办的中英"高等教育发展的区域政策"研讨会的英方代表一行到浙江万里学院参观。执行校长陈厥祥、副校长应敏会见代表团一行，向他们介绍了学校的概况和运作机制。

【浙江万里学院与日本京都信息大学建立合作关系】 2010年6月2日，日本京都信息大学副校长寺下阳一一行访问浙江万里学院，副校长钱国英会见来宾。两校达成合作意向，签署学生交流合作协议。

【浙江万里学院代表团访问西班牙、法国】 2010年6月15日至26日，副校长钱国英率浙江万里学院代表团访问西班牙胡安·卡洛斯国王大学、法国ESCEM高等商学院、法国昂热高等商学院以及法国巴黎第十二大学，宣传学校的国际化战略、学校发展情况。代表团会见了将到浙江万里学院交流学习的各校交换生，与各校探讨了下一步合作项目。

【美国纽约州立大学教授来浙江万里学院讲学】 2010年6月28日至7月2日，美国纽约州立大学普拉茨堡分校教授莎昆塔拉·楼应邀来浙江万里学院为新闻学专业学生讲授"跨文化传播"课程，并与文化传播学院的教师座谈，双方就媒介融合的发展趋势、中美新闻传播教育的差异、欧美跨文化传播研究的现状等话题进行了交流。

【德国石荷州政府代表团来访】 2010年10月13日，德国石荷州州长卡斯藤森率州政府代表团访问浙江万里学院。访问期间，浙江万里学院与德国吕贝克应用科技大学签署校际教师交流合作协议，并为双方共同设立的"中德合作工业网络控制实验室"剪彩。

【欧盟委派专家来浙江万里学院考察项目进展情况】 2010年11月3日，欧盟委派的国际发展咨询顾问詹姆斯·洪斯统来浙江万里学院生物与环境学院，就欧盟科技人才培训项目进展情况进行考察。在浙江万里学院进修的欧盟博士研究生廖何朝兴将在中德双方导师的指导下，用两年时间，通过对"慈溪滨海湿地生态结构及其对人类活动的响应"课题的研修，完成博士学位的主要学业。

(贺继军)

附表1　2010年浙江万里学院对外合作交流情况

学院、部门名称	出国交流(人次)	聘请国外专家(人数)	举办国际学术会议(次数)
外语学院	1	5(长期)	
商学院	1	2(短期)	
生物与环境学院	7	2(长期)	
电子信息学院	3		
文化传播学院		1(短期)	
计算机与信息学院		3(短期)	
基础学院		1(长期)	

附表2　2010年访问浙江万里学院的部分外国代表团

国家名称	批次	人数	国家名称	批次	人数
美国	4	6	日本	5	19
法国	3	7	新西兰	2	5
瑞典	3	32	荷兰	3	10
德国	1	50	马来西亚	1	3
英国	1	11	西班牙	2	2
波兰	1	2	韩国	1	1
克罗地亚	1	2	印度尼西亚	2	4

·义乌工商职业技术学院·

【涉外工作概况】 2010年,义乌工商职业技术学院派出短期出国(境)人员11人次,其中访问考察9人次、技术培训及进修学习2人次;接待国(境)外来访团组14批33人次。招收留学生232人,来自46个国家,5名留学生获浙江省人民政府来华留学生奖学金。

【美国华盛本大学官员来义乌工商职业技术学院举办讲座】 2010年3月19日,美国华盛本大学国际部驻浙江官员安德鲁·沃格尔和基思·巴克麦尔来义乌工商职业技术学院,为全院师生作题为《美国文化与华盛本项目》的英文讲座。

【澳大利亚中央技术与继续教育学院副院长来访】 2010年3月22日,澳大利亚中央技术与继续教育学院副院长滕可桢及该院驻华代表卜红军来义乌工商职业技术学院洽谈国际合作。学院党委委员陈沛森及相关部门负责人出席交流活动。双方就在国际贸易和创意设计领域进行多种形式的合作进行了探讨,初步达成合作意向。交流结束后,滕可桢一行参观了学院的创业学院和创意园。

【韩国济州观光大学教授来访】 2010年4月20日,韩国济州观光大学教授金渡炅、申荣大来义乌工商职业技术学院进行交流。院长王珉、副院长李慧玲参加交流活动,双方就学生交流、教师互访、项目开发等达成合作意向。

【义乌工商职业技术学院代表团访问新加坡、澳大利亚】 2010年4月20日至27日，学院党委委员陈沛森率义乌工商职业技术学院教育代表团访问新加坡亚伯顿管理学院、新加坡博伟国际教育学院，澳大利亚埃迪斯科文大学国际交流学院、珀斯技术与继续教育学院、西澳州政府教育部门佩斯教育推广处、墨尔本大学和澳大利亚皇家理工大学。访问期间，代表团与各高校的领导和部门负责人进行了座谈交流，与对方就可能合作的专业领域及下一步合作计划进行探讨，并参观了学校。

【美国华盛本大学校长来访】 2010年6月4日，美国华盛本大学校长杰瑞・法利及国际项目处主任张百里一行访问义乌工商职业技术学院。院长王珉、副院长李慧玲及相关部门负责人会见美国客人，双方对合作办学两年来的工作给予肯定，并就进一步合作进行了探讨。

【美国东南大学教授在义乌工商职业技术学院演讲】 2010年6月7日，美国路易斯安那州东南大学李世康教授为全院师生作题为《美国的高等教育》的演讲，院领导王珉、何少庆、陈沛森、李慧玲及各分院的师生参加讲座。

【韩国安山1大学代表团来访】 2010年7月14日，韩国安山1大学国际教育学院院长尹东烈率团访问义乌工商职业技术学院。院长王珉、副院长李慧玲会见韩国客人。双方就进一步加强学生交流、教师互派、海外实习等达成合作意向。

【美国耶鲁大学考察团来访】 2010年8月26日，由人类学系主任萧凤霞率领的美国耶鲁大学考察团访问义乌工商职业技术学院。副院长李慧玲以及外事处、外语外贸分院、人文旅游分院的教师参加座谈会。双方就义乌市场发展、在义外商生存状况等进行了探讨。

【巴西美国文化交流协会会长来访】 2010年9月14日，巴西美国文化交流协会会长、巴西中国经济贸易促进会顾问保罗・巴斯托斯访问义乌工商职业技术学院。副院长李慧玲及相关部门负责人会见巴斯托斯，双方就巴西高校和义乌工商职业技术学院的交流与合作事宜进行了洽谈。

【美国凯瑟大学副校长来访】 2010年10月13日，美国凯瑟大学副校长杨战军一行访问义乌工商职业技术学院。院长王珉与杨战军一行会谈，双方就国际合作办学等交流了经验和意见，并签署合作框架协议。

【义乌工商职业技术学院代表团访问美国、加拿大】 2010年10月18日至27日，院长王珉率团访问美国凯瑟大学、美国东南路易斯安那大学、加拿大威利斯学院和加拿大多伦多大学。访问期间，代表团观摩了各校的课堂教学，了解其办学特色及优势课程，与对方就可能合作的专业及合作形式进行了探讨，并与加拿大威利斯学院签署框架合作协议。

【中外大学校长来访】 2010年12月3日，来自日本宫城教育大学、韩国尚志大学、韩国淑明女子大学和海南师范大学、湖南师范大学、云南师范大学的十余位中外大学校长、专家来义乌工商职业技术学院参观考察。学院党委书记严金发和副院长何少庆、李慧玲参加座谈，并陪同客人参观校园。中外校长对义乌工商职业技术学院在创业、创意和国际教育方面的成绩给予肯定。

【韩国大真大学教授来访】 2010年12月15日，韩国大真大学国际交流学院教授孙云浩一行访问义乌工商职业技术学院。副院长李慧玲会见客人。双方表示，将从互派留学生开始，逐步在更多的领域开展合作。

（陈　群）

企业外事

·省能源集团·

【涉外工作概况】 2010年，省能源集团审核、审批因公出国(境)团组51批261人次；接待来自澳大利亚、日本、德国、西班牙等4个国家的客人17人次。

【澳大利亚自然资源信托基金董事访问省能源集团】 2010年3月22日，澳大利亚前总理、自然资源信托基金董事鲍伯·霍克一行拜访省能源集团公司，与公司高层领导会谈，商讨省能源集团公司投资澳大利亚煤炭生产企业、锁定长期稳定煤炭供应等事项。

【日本川崎株式会社董事访问省天然气公司】 2010年4月15日，日本川崎株式会社向井茂常务董事一行拜访省能源集团公司下属浙江省天然气开发有限公司，双方就分布式能源的市场发展、政策条件和技术经验等进行了交流。

【德国TECHNIP公司工程师访问乐清发电公司】 2010年5月22日，德国TECHNIP公司工程师帕威·库马·马利克访问省能源集团公司下属浙江浙能乐清发电有限责任公司，并指导4号机组捞渣机安装和调试。

【德国TAPP公司工程师访问乐清发电公司】 2010年6月3日，德国TAPP公司工程师沃克·威访问省能源集团公司下属浙江浙能乐清发电有限责任公司，双方就4号机组汽轮机保温安装工作进行了交流。

【西班牙北电集团代表团访问水利水电投资集团】 2010年9月15日，西班牙北电集团代表团拜访省能源集团公司下属浙江省水利水电投资集团有限公司，双方就城市网络和基础设施建设、可再生能源等进行了交流。

【日本商船三井株式会社访问省能源集团】 2010年9月28日，日本商船三井株式会社一行2人拜访省能源集团公司，双方就船务市场开发、布局和技术要求交流了意见。

【澳大利亚班布里港主席访问嘉兴发电公司】 2010年11月2日，澳大利亚班布里港主席尼玛·普瑞姆吉一行拜访省能源集团公司下属嘉兴发电有限责任公司，并参观了嘉兴发电厂的码头及堆场。

(杨　旸)

·巨化集团公司·

【涉外工作概况】 2010年，巨化集团公司审核、审批因公出国(境)组团15批48人次；办理邀请外国人来华10批37人次。接待来自美国、澳大利亚、日本、俄罗斯、韩国、德国、法国、比利时等8个国家的客人300余人次。

【世界银行对巨化集团公司进行年度核查】 2010年1月14日至17日，世界银行核查团对巨化集团公司全氯氟烃和甲基氯仿生产企业进行2009年度的生产情况核查。

巨化集团公司因履行《蒙特利尔条约》而淘汰F11、F12两种产品得到世界银行补偿款。

【IBM分公司总经理访问巨化】 2010年3月9日，国际商业机器全球服务(中国)有限公司(IBM)杭州分公司总经理宫文浩一行拜访巨化集团公司，双方就开展计算机信息合作进行了商讨。

(余云辉　朱礼波)

附表　2010年巨化集团公司主要出访团组

序号	出访时间	单位(团长)	国家或地区	访问内容
1	1月10～13日	巨化集团公司副总经理唐舟山	香港	参加“浙江周”相关活动。宣传介绍巨化集团公司
2	2月18～24日	巨化集团人工晶体厂	泰国	参加泰国国际宝石展览会及走访客户，拓展市场
3	4月10～21日	巨化集团进出口有限公司	德国、意大利	参加德国国际线缆线材展览会及走访德国、意大利客户
4	4月16～25日	巨化集团公司总经理蒋声汉	澳大利亚、新加坡	与澳大利亚(力拓)有限公司、新加坡(力拓)有限公司洽谈工业盐、铁矿石进口及烧碱出口事宜
5	6月5～11日	浙江锦华新材料有限公司	德国	走访客户及贸易洽谈
6	6月12～21日	巨化集团公司	日本	参加中日氟化工会议及考察相关企业
7	8月12～13日	巨化集团公司董事长杜世源	香港	对巨化集团(香港)有限公司进行现场调研
8	8月15～25日	巨化集团公司总经理助理吴周安	美国	开展引进海外高层次人才活动

·宁波港集团有限公司·

【涉外工作概况】 2010年，宁波港集团有限公司接待来自各国的客人82批1318人次。

【越南总理访问宁波港】 2010年4月29日，越南总理阮晋勇一行访问宁波港。阮晋勇一行在公司总裁吴金坤等陪同下，参观了宁波港沙盘模型，实地考察了北仑三期集装箱码头。

【西班牙费罗尔港口管理局官员访问宁波港】 2010年5月24日，西班牙费罗尔港口管理局市场总监朱利安·哈南德斯及加利西亚地区官员访问宁波港，公司副总裁等与代表团进行了深入的交谈。

【法国国会议员、人民运动联盟代表访问宁波港】 2010年6月2日，法国国会议员、人民运动联盟代表米歇尔·哈瓦尔一行访问宁波港。米歇尔·哈瓦尔一行在公司副总裁宫黎明的陪同下参观了宁波港沙盘模型，听取了宁波港情况介绍。

【多哥总统访问宁波港】 2010年8月21日，多哥总统福雷一行访问宁波港，宁波港集团总裁、宁波港股份有限公司董事长李令红向多哥客人介绍了宁波港有关情况。

【比利时西弗兰德省省长等访问宁波港】 2010年9月14日，比利时西弗兰德省省长保罗·布莱恩一行访问宁波港。宁波港股份有限公司总裁吴金坤向客人介绍了宁波港的有关情况，并陪同参观了宁波港北仑三期集装箱码头作业现场。18日，西弗兰德省副省长德克·德福偕同泽布鲁日港中国区首席代表杨帆考察宁波港，并与宁波港股份有限公司副总裁陈国荣就宁波港汽车滚装业务以及两港未来合作事宜进行了会谈。

（张　池）

附表　2010年宁波港集团接待的部分来访外宾

序号	来访时间	团组名称	人数	访问内容
1	1月5日	美国商会前主席彭士杰	3	经贸交流
2	1月6日	澳大利亚驻华大使芮捷锐	3	考察访问
3	3月20日	德国物流协会会长	12	经贸交流
4	5月13日	哥斯达黎加卡尔德拉港财政委员会主席、港口领导委员会秘书长查韦斯	1	经贸交流
5	6月3日	俄罗斯联邦工商会UST公司董事长	4	经贸交流
6	7月21日	西班牙马德里市财政厅厅长一行	13	经贸交流
7	8月4日	新加坡经贸代表团	80	考察访问
8	9月18日	德国亚琛市市长马塞尔·菲利普一行	18	考察访问
9	10月27日	土耳其工人党代主席迈赫迈特·贝德里·居尔泰金一行	4	考察访问
10	12月29日	韩国顺天市议会议长丁秉徽一行	10	考察访问

·浙江吉利控股集团有限公司·

【涉外工作概况】 2010年，浙江吉利控股集团有限公司派员出国访问与交流百余人次，接待各国来访客人30余批274人次。

【俄卡拉恰耶夫-切尔克斯共和国总统出席吉利CKD下线仪式】 2010年1月15日，吉利MK车型CKD(汽车散件)组装生产下线仪式在俄联邦卡拉恰耶夫-切尔克斯共和国首府切尔克斯克市举行，拉恰耶夫-切尔克斯共和国总统萨法洛维奇，切尔克斯克市市长克罗琴科，吉利控股集团总裁杨健等出席下线仪式并讲话。

CKD下线，标志着吉利海外营销进入了一个新的历史阶段，为实现吉利3年内出口俄罗斯10万套/年组装件和快速迈进百万辆的战略目标奠定了基础。

卡拉恰耶夫-切尔克斯共和国为俄罗斯联邦主体之一，位于高加索地区。

【吉利完成对沃尔沃轿车公司的收购】 2010年3月28日，吉利集团董事长李书福与福特汽车公司首席财务官刘易斯·布斯在瑞典哥德堡签署吉利收购沃尔沃轿车公司最终股权收购协议，吉利获得沃尔沃轿车公司100%的股权及相关资产(包括知识产权)。中国工业和信息化部部长李毅中、瑞典副总理兼工业与能源大臣毛德·奥洛夫松出席签署仪式。

根据协议，吉利集团此次收购沃尔沃轿车，除了股权收购，还涉及沃尔沃轿车、吉利集团和福特汽车三方之间在知识产权、零部件供应和研发方面达成的重要条款。这些协议充分保证了沃尔沃轿车的独立运营、继续执行既有的商业计划以及未来的可持续发展。吉利集团将保留沃尔沃轿车在瑞典和比利时的工厂，同时适时在中国建设新的工厂。

8月2日，吉利完成对福特汽车公司旗下沃尔沃轿车公司的全部股权收购，吉利集团董事长李书福、福特首席财务官刘易斯·布斯等出席在英国伦敦举行的交割签约仪式。同时，吉利控股集团公布了沃尔沃轿车公司董事会组成人员，李书福任沃尔沃轿车公司董事长。

【李书福随温家宝总理出访比利时】 2010年10月6日，吉利集团董事长李书福随国务院总理温家宝出访比利时，并应邀在第6届中欧工商峰会上作题为《努力把沃尔沃发展成中欧合作典范》的演讲。

【吉利汽车土耳其经销商受邀参加温家宝与土耳其工商界人士座谈会】 2010年10月9日，正在土耳其进行正式访问的国务院总理温家宝，在伊斯坦布尔与土耳其工商界知名人士举行座谈会，吉利汽车土耳其经销商阿纳多卢集团董事长唐克·奥兹勒汉作为土耳其工商业代表受邀参加会议。

会议期间，土耳其商务部门代表发出邀请，希望像吉利这样的中国自主汽车品牌能够到土耳其建厂。温家宝总理表示，商务部会着手深入研究此提议。

【瑞典国王会见李书福】 2010年11月10日，正在中国进行科考访问的瑞典国王卡尔十六世古斯塔夫在杭州会见吉利集团董事长李书福，双方就吉利企业发展、沃尔沃交割后百日运营情况、汽车产业未来技术和发展趋势、教育和人才培养等进行了交流。

陪同国王访问的瑞典皇家科学院和瑞典企业领袖共50多人，瑞典客人还与吉利控股集团的管理团队及吉利集团旗下4所大学的校长和学生，就感兴趣的话题进行了交流。

（余焱军）

附表　2010年吉利控股集团有限公司接待的部分来访团组

序号	来访时间	团组名称	来访人数	访问内容
1	1月28～29日	瑞典沃尔沃工会及管理层一行	9	实地了解吉利基本情况
2	2月4日	古巴旅游部长曼纽尔·马雷罗·克鲁兹及一行	4	出席古巴政府车辆采购签约仪式
3	2月18日	澳大利亚驻沪领事馆商务处商务经理一行	4	参观访问
4	3月12日	巴西巴中企业家委员会秘书长罗德里戈·马希尔	2	参观考察
5	4月6日	英国牛津大学教授埃里克一行	5	调研访问
6	4月21日	美国辉门集团动力总成全球副总裁雷纳·朱易克斯多克一行	4	技术交流
7	4月27日	日本JAPIA代表团一行	8	参观访问
8	5月18日	澳大利亚贸易部部长西蒙·克林率澳大利亚汽车产业精英代表团一行	16	参观访问
9	5月26日	美国康宁公司新技术与法规首席专家、国际汽车工程学会院士蒂莫西·约翰逊一行	4	技术交流
10	5月28日	瑞典哥德堡大学副校长帕姆·弗雷德曼一行	12	参观调研
11	6月24日	美国李尔集团全球首席执行官兼董事长鲍勃·罗斯特一行	5	洽谈交流
12	7月2日	法国佛吉亚集团首席执行官伊安·德拉布雷埃尔一行	5	出席佛吉亚-利民-吉利合资签约仪式
13	7月2日	德国FEV发动机技术公司总裁皮辛格尔、执行副总裁沙伊德一行	6	技术交流

续表

序号	来访时间	团组名称	来访人数	访问内容
14	9月2日	新加坡驻上海商务领事、新加坡国际企业发展局中国司副司长王俐恩一行	5	参观考察
15	9月2日	微软公司通用企业及渠道事业部亚洲区副总裁克里斯·阿金森一行	3	参观考察
16	9月8日	博世全球董事长弗朗茨·菲润巴赫一行	6	会晤交流
17	9月9日	新加坡总理公署部长、财政部兼交通部第二部长陈惠华率新加坡政府及企业家代表团一行	48	了解吉利发展，寻求合作机会
18	9月21日	菲律宾贸工部副部长克里斯蒂诺·潘利利奥一行	8	参观考察
19	9月29日	沃尔沃轿车工会执行委员会主席、沃尔沃轿车董事会成员格伦·布里格斯托姆一行	12	访问交流
20	10月15日	瑞典五金工会主席斯蒂芬·罗夫万	9	参观考察
21	10月19日	美国印地安纳州哥伦布市市长弗雷德·阿姆斯特朗一行	6	参观访问
22	10月20日	南瑞典工商会总经理斯泰凡·默勒率代表团一行	23	参观考察
23	11月2日	土耳其国务部长扎法尔·恰拉扬率土耳其经贸访问团一行	20	参观考察
24	11月12日	荷兰汽车工业代表团	8	访问交流
25	11月16日	瑞典哥德堡大学访问团	10	调研访问
26	11月30日	俄罗斯媒体访问团	8	参观采访
27	12月2日	法国佛吉亚集团总裁兼首席执行官严德胜	8	出席吉利集团、法国佛吉亚、浙江利民公司全球战略合作签约仪式

·浙江金轮机电实业有限公司·

【涉外工作概况】 2010年，浙江金轮机电实业有限公司接待来自43个国家和地区的客商130批478人次，与20个国家或地区签订水电发电机组合同，向智利、秘鲁、马来西亚、土耳其、巴西等国家或地区派出营销和水电技术人员63批110人次。

【阿塞拜疆水电技术人员在金轮培训结业】 2010年1月29日，阿塞拜疆AZENCO. JSC公司的6名水电技术人员到金轮公司，进行为期3个月的水轮发电机专业知识培训。6人经考试合格结业，公司董事长王杭伟代表国际小水电中心水电设备制造基地向他们颁发了结业证书。

【老挝考察团访问金轮公司】 2010年3月25日，世界银行水电援助项目老挝赴华考察团来金轮公司考察访问。考察团参观了公司的生产车间，总经理汪国跃向客人介绍了水电设备制造与出口的先进技术和管理经验。

【加拿大诺肯公司与金轮公司结成战略伙伴】 2010年5月22日，加拿大诺肯公司董事长约瑟夫·马丁一行来金轮公司参观考察。经会谈，双方结成战略合作伙伴关系。

【斯里兰卡国家开发银行考察团访问金轮公司】 2010年6月11日，斯里兰卡国家开发银行考察团到金轮公司考察访问，总经理汪国跃、副总经理徐从孝会见考察团一行，双方就水轮机出口斯里兰卡的生产经营情况进行了交流。考察团参观了公司车间和金华当地由金轮公司生产安装水轮机的两座水电站。

【国际小水电中心研修班学员访问金轮公司】 2010年6月18日，国际小水电中心小水电与农村社区可持续发展官员研修班的31名学员访问金轮公司，副总经理徐从孝与客人就水轮机农村应用情况进行了座谈，并陪同参观了公司生产车间、实地走访由金轮公司生产安装水轮机的河盘桥电站。

【印度能源考察团访问金轮公司】 2010年6月24日，印度新能源与可再生能源部常务副部长古部塔率领的能源综合利用考察团到金轮公司考察。古部塔一行参观了公司的生产车间，听取了董事长王杭伟关于公司发展情况的介绍，双方就金轮水轮机出口印度的经营情况和水轮机发电在印度的应用等进行了交流。

【金轮公司参加美国水电展望国际会议】 2010年7月27日，由总经理汪国跃、副总经理徐从孝带队的金轮公司代表团参加了在美国北卡罗来纳州夏洛特举行的水电展望国际会议2010展会，金轮公司是中国大陆唯一一家参展企业。

【蒙古技术人员来金轮公司培训】 2010年11月1日至11日，蒙古4名水电技术人员来金轮公司参加有关水电发电机组安装、调试、维护等方面的培训。蒙古4名水电技术人员经考试合格，全部结业。

（朱　冰）

·奥克斯集团·

【新加坡TT国际集团销售总监访问奥克斯】 2010年1月15日，新加坡TT国际集团销售总监梁慧仪一行访问奥克斯集团，与公司高层会谈，双方商讨了进一步合作事宜，特别是未来两年新项目的合作。

【南非依可艾尔公司总经理访问奥克斯】 2010年1月15日，南非依可艾尔公司总经理杰瑞德一行访问奥克斯，与公司高层会谈，重点讨论首批一拖一分体商用空调订单的采购细节。

【巴西埃尔金公司采购总监访问奥克斯】 2011年2月17日，巴西老牌公司埃尔金采购总监保罗、克罗蒂奥一行来奥克斯公司检验样机并洽谈订单细节，主要对2011年双方的合作细节进行磋商。

【巴基斯坦客商访问奥克斯】 2011年2月23日，巴基斯坦大客户纳宜老板新阿莱德访问奥克斯，双方回顾了2010冷年的合作情况，并对2011冷年的合作进行了洽谈。

10月11日，巴基斯坦大客户派尔公司总经理访问奥克斯，双方回顾了2010冷年的合作与存在的问题，对2011冷年的合作进行了商谈。

“冷年”即“冷冻年”，空调行业内的一种说法。从上一年的9月份开始到当年的8月份为止称为一个“冷冻年”。

【柬埔寨吉利可国际公司访问奥克斯】 2011年2月25日，柬埔寨吉利可国际客户负责人访问奥克斯，与公司领导会谈，当场签订首个试订单，双方对进一步的合作进行了商讨。

【惠而浦中国采购总监访问奥克斯】 2011年2月25日，惠而浦中国采购总监陈锐等访问奥克斯，与公司高层会谈，商讨进一步合作事宜，特别是空调海外市场的合作。

【南非顿罕布什公司执行总监访问奥克斯】 2010年4月10日，南非顿罕布什公司执行总监彼得·莫克等访问奥克斯，与公司高层会谈，并参观样品间和生产线。双方重点讨论了奥克斯直流变频空调新品出口南非市场事宜。

【突尼斯捷姆特公司总经理访问奥克斯】 2010年8月13日，突尼斯采购商捷姆特公司总经理拉萨等拜访奥克斯，双方就2010冷年的突尼斯总体市场情况及销售、库存情况进行了详细的交流。

【印度客商访问奥克斯】 2010年8月26日，印度四大家族之一的国得雷集团的空调公司技术团队访问奥克斯，对奥克斯针对印度市场开发的全系列产品进行技术确认。

9月26日，印度大财团"胜利"项目开发部总经理访问奥克斯，双方进行了会谈，印度客商参观了工厂，为其投资建立空调公司提供参考。

【土耳其维士特公司客人访问奥克斯】 2010年9月27日，土耳其第二大空调制造商维士特公司采购负责人及工程师一行拜访奥克斯，双方就2011年土耳其散件项目合作等进行了深入的探讨。

【阿尔及利亚艾瑞斯公司总经理访问奥克斯】 2010年10月21日，阿尔及利亚空调采购商艾瑞斯公司总经理亚塞尼等拜访奥克斯，双方就2010冷年的阿尔及利亚总体市场情况及其下客户的空调销售、库存情况进行了交流。

【摩洛哥菲特可公司总经理访问奥克斯】 2010年10月23日，摩洛哥菲特可公司总经理爱拉非访问奥克斯，与公司高层会谈，商讨双方在新销售年度的合作细节。

【埃及伊特·爱姆公司首席执行官访问奥克斯】 2010年11月10日，埃及伊特·爱姆公司首席执行官塔拉及其助手一行访问奥克斯，与公司高层会谈，重点讨论首批散件订单的采购细节。

【利比亚柴克公司总经理访问奥克斯】 2010年11月20日，利比亚空调采购商柴克公司总经理伊萨姆一行拜访奥克斯，双方就2010冷年的利比亚总体市场情况及其下客户的空调销售、库存情况等进行了交流，并就2011冷年进一步的合作进行了商讨。

【埃及联合艾尔集团发展部总监访问奥克斯】 2010年11月22日，埃及主流家电生产企业联合艾尔集团发展部总监黛莉一行拜访奥克斯，双方就如何加强贸易与合作进行了深入的洽谈。双方计划在原有的贸易基础上争取销售量翻一番，加快合资建厂项目的进程，实现非洲市场的战略覆盖。

【缅甸金力公司总经理访问奥克斯集团】 2010年12月10日，缅甸金力公司总经理一行访问奥克斯，与公司高层会谈，双方重点讨论了首批奥克斯家用空调订单的采购细节。

（陈　霞）

·知识窗·

APEC商务旅行卡

APEC商务旅行卡（中文全称"亚太经合组织商务旅行卡"，简称"旅行卡"）是亚太经合组织为便利区域内商务人员往来所创立的特殊旅行证件。除俄罗斯外，组织内其余20个经济体都已加入旅行卡计划。

APEC商务旅行卡持卡人凭有效护照和旅行卡在三年内无须办理入境签证，可自由往来于已批准入境的各APEC经济体之间，并在主要机场入出境时享有使用APEC商务旅行卡专用通道的便利，并且每次入境最多可停留两个月，优于单个签证，更有利于商务往来。

中国于2001年12月宣布加入APEC商务旅行卡计划，2003年11月份正式实施APEC商务旅行卡计划。

市县外事

Foreign Affairs in Municipalities and Counties

杭 州 市

杭州市简称“杭”，辖上城、下城、江干、拱墅、西湖、高新（滨江）、萧山、余杭8个区，建德、富阳、临安3个县级市，桐庐、淳安2个县。全市总面积16596平方千米，其中市区面积3068平方千米。2010年末常住人口810万人，其中户籍人口683.38万人。2010年，全市实现地区生产总值5098.66亿元；财政总收入1019.43亿元，其中地方财政收入520.79亿元。

概 述

【外事工作概况】 2010年，杭州市人民政府外事办公室（简称“市外办”）围绕中央总体外交，积极配合全市中心工作，为地方经济和社会发展服务。

推进对外交往，拓展国际交流合作渠道。全年完成市领导出访35批次，推动了全市科技、文化、教育、环保、城建规划等多领域、多层次的对外交往与合作。通过举办国际友城市长峰会，构建友城合作长效机制。杭州市的友好城市增至21个，友好交流与往来城市增至43个。通过民间往来，促进多领域友好交流合作。举办“2010中国杭州·中日韩茶文化交流大会”，来自日本、韩国的7个茶道团体的100余人以及三国专家学者与中国茶人参会，大会签署《以茶交流结缘、共享和谐健康》的杭州宣言。

着眼开放发展大局，服务杭州经济社会发展。通过接待新加坡副总理兼内政部长黄根成、总理公署及财政部兼交通部第二部长陈惠华，美国驻华大使洪博培，荷兰驻华大使裴靖康，以色列农业部长沙洛姆·辛洪，斐济地方政府及城市发展兼住房和环境部长萨穆厄拉·绍马图阿，加纳执政党全国民主党大会主席夸贝纳·阿杰依，牙买加农业与渔业部长塔夫顿和咖啡工业局局长金特尔，马来西亚旅游部副部长詹姆斯·达米特等副部级以上官员，以及美国、英国、奥地利、匈牙利、乌克兰、新加坡、印度、澳大利亚等国驻沪总领事，宣传杭州，提升杭州的国际知名度；通过接待美国微软、惠普、IBM集团、摩托罗拉、奥的斯、摩根士丹利、通用电气，法国赛诺菲，瑞典沃尔沃集团，芬兰诺基亚西门子公司，日本松下、NEC、三井住友等世界500强企业高层，促成相关项目落户杭州；通过接待世界文化遗产专家代表、瑞士申遗专家和世界古迹遗址保护协会专家，有力地支持了西湖“申遗”工作；通过为西湖国际博览会、中国国际动漫节、上海世博会·杭州论坛等重大涉外活动提供外事礼宾服务，增进了各国对杭州的了解。全年邀请接待境外来宾169批2008人次，其中副部级以上团组18批212人次，世界500强企业和国外著名大公司高层66批511人次，友好城市和友好交流关系及友好往来城市代表团32批586人次，民间友好交流团体21批356人次，港澳地区来访团组8批26人次，驻沪总领馆官员21批264人次。

做好护照签证办理工作，服务外向型经济。全年为1137批因公出国（境）团组的4092人办理因公出国（境）护照。其中新颁护照2073本（公务护照580本，公务普通护照1493本），为3168人办理了因公出国签证。加大外向型人才培养力度，选派18名公务员赴德国德累斯顿工业大学研修；通过政府间互派公务员向日本福井和韩国丽水派遣5名公务员，接收来自日本岐阜的3名公务员到市相关农业部门研修。与境外交流培训公务员26名。持续开展杭州、香港公务员交流，从公安、民政、交通、卫生、房管等部门选派5名干部赴香港交流实习，接收4名香港公务员到杭州市公安局、房管局和国土局进行实习交流。

配合中央总体外交，接轨上海世博会。市外办领导专程赴沪拜访美国、加拿大、俄罗斯等九国驻沪总领事馆，就世博会对接、签证事务及友城交流等进行友好磋商。根据全省上海世博会"环沪护城河"安保工作电视电话会议精神及市委、市政府的统一部署，落实好世博安保工作。顺利完成世博会期间杭州地区的各项安保工作。市外办多名工作人员获杭州市参与上海世博会先进工作者、世博"环沪护城河"安保先进个人、国家安全防线先进个人等荣誉称号。

加强规范管理，提高涉外管理服务水平。探索建立制止公款出国(境)旅游的长效机制。严格审批把关，完善出访计划报批制度，突出招商引资和旅游促销两大主题，大力压缩一般性公务考察，切实控制党政干部出访总量。全年审批因公出国(境)团组1118批3987人次(包括省管干部团组及省内组团240批627人次)，其中经贸团组606批1825人次，非经贸团组512批2162人次。党政机关、参公事业单位(公共财政)因公出国(境)1938人次，比上年下降7.67%。否决不符合规定的团组16批87人次，调整压缩32批23人261天。妥善处理涉外事件，营造良好城市形象。全年处理涉外案(事)件42起，涉外事件处理工作在全省涉外事务培训会上作经验介绍。全年接待境外记者来杭采访21批次96人次。

深化作风建设年活动，加强外事队伍建设。专门成立以主要领导为组长的深化作风建设年活动领导小组。结合外事工作实际和2010年度市直单位综合考评社会评价意见的整改，进一步巩固深入学习实践科学发展观活动和近年来加强作风建设的成果。切实贯彻执行党风廉政建设责任制，继续开展中层干部"公述民评"活动，增强干部自警自省意识；通过组织参加"杭州干部学习新干线"和各类普法教育等学习活动，不断提高外事干部队伍的综合素质。2010年，市外办及工作人员获得省外事系统先进集体及个人、中国国际动漫节先进集体及个人、西湖博览会项目金奖、全市政务接待先进个人等荣誉称号。

市领导出访

【杭州市政协代表团访问加拿大、古巴和牙买加】 2010年7月5日至16日，以市政协主席孙忠焕为团长的杭州市政协代表团访问加拿大、古巴、牙买加三国，考察各国宜居城市建设、文化遗产保护等方面的做法和经验。在加拿大，代表团与温哥华市政府的官员就宜居城市建设和文化遗址保护等进行了友好交流。在古巴，代表团考察了哈瓦那的历史文化等。在牙买加，代表团考察了杭州的友好交流城市蒙特哥贝市，中国驻牙买加大使陈京华等会见代表团一行。

【杭州市代表团访问瑞典、捷克和俄罗斯】 参见第61页**【黄坤明率团访问瑞典、捷克和俄罗斯】**。

【杭州市人大代表团访问瑞典、丹麦和印度】 2010年10月25日至11月4日，以市人大常委会主任王国平为团长的杭州市人大代表团出访瑞典、丹麦和印度。

在瑞典，代表团拜会了隆德市政府，双方就如何促进文化创意产业发展等议题进行了探讨。

在丹麦，代表团拜会了西兰岛大区议会，就推进两地在经贸、文化、旅游等领域的合作进行了交流，并访问西兰岛大区最大的城市罗斯基勒。

在印度，代表团与塔塔咨询服务有限公司高层商谈了该公司在杭州扩大投资事宜，与印度软件业协会商谈了加强软件外包服务合作等事宜。

附表1　2010年杭州市领导出访团组

序号	出访时间	团长职务、姓名	出访地点
1	4月12～23日	副市长陈小平	西班牙、希腊、美国
2	4月18～28日	副市长何关新	新西兰、印度尼西亚、斐济
3	5月2～13日	市人大常委会副主任于辉达	墨西哥、秘鲁、阿根廷
4	5月13～24日	市委副书记王金财	克罗地亚、捷克、匈牙利
5	5月17～28日	市委常委、副市长沈坚	丹麦、芬兰、瑞士
6	5月18～29日	市政协副主席张鸿建	尼泊尔、赞比亚、南非
7	6月3～13日	市委常委、组织部长于跃敏	俄罗斯、爱沙尼亚、捷克
8	6月29日～7月10日	市委常委、常务副市长杨戌标	爱尔兰、印度、塞舌尔
9	7月7～18日	市政协副主席董建平	美国、加拿大、香港
10	8月8～19日	市对外友好协会会长虞荣仁	英国、西班牙、南非
11	9月13～24日	副市长佟桂莉	美国、阿根廷、智利
12	11月17～22日	副市长佟桂莉	日本
13	11月22日～12月3日	市委常委、宣传部长翁卫军	巴西、阿根廷、智利
14	12月7～18日	副市长俞志宏	香港、日本、新加坡

重要外事活动

【市友协年度理事会】 2010年1月22日举行。市友协会长虞荣仁、市委副书记叶明、市委宣传部长翁卫军、副市长佟桂莉，省友协副会长虞希华以及市友协副会长和理事等150余人参加会议。市友协副会长谢国建作工作报告，市贸促分会、杭州师范大学、市文广新局介绍开展对外交流的情况和经验。会议审议通过接受浙江大立科技股份有限公司为市友协团体理事。

【2010驻华外交使团体育休闲系列赛杭州站比赛】 2010年6月4日至6日举行。5日，杭州市举行招待晚宴，省委常委、组织部长、杭州市市长蔡奇，副市长佟桂莉、陈小平出席。参加晚宴的还有国家体育总局和外交部、省体育局、省外办的有关领导和市有关部门负责人，以及参加系列赛的国际友人。

佟桂莉代表市政府在晚宴上致辞。参赛外交官代表约旦驻华大使哈姆德致辞。

驻华外交使团体育休闲系列赛是驻华外交官们通过体育比赛增进交流的一个平台。为了让他们更好地了解北京之外中国其他城市的发展和进步，为举办城市提供一次与世界各国友好交往的机会，国家体育总局对外交流中心首次将部分体育赛事移师京外举办。杭州市承办此次系列赛的高尔夫球赛和网球赛。来自36国、4个国际组织的外交官及随行人员共88人参加本次比赛，其中包括12国驻华大使、4国驻华公使。

在杭期间，参赛外交官们参观了杭州城市和社会发展成果，游览了西湖名胜。

【2010中国杭州中日友好青少年书法交流会暨书法交流展】 2010年8月26日至28日举行，由市友协、西泠印社共同举办，展出中日双方书法作品100件。日本书法家代表团、日本福井市日中友协青少年书道访问团、岩国青少年书道访问团等来杭参加交流展开幕式。

【2010 中国杭州中日韩茶文化交流大会】 2010 年 10 月 9 日至 11 日举行,由杭州市政府、中国人民对外友好协会、中国国际茶文化研究会共同主办,来自日本、韩国 7 个茶道团体的茶人以及三国专家学者与中国茶人参会。省委常委、市委书记黄坤明,市委副书记、代市长邵占维等参加会议并致辞。三国友好城市的茶文化研究团体共同签署《"以茶交流结缘,共享和谐健康"杭州宣言》,确定中日韩茶文化交流活动将长期在杭州举行,每两年举办一次。

【2010 年度杭州市因公签证工作说明会】 2010 年 11 月 19 日,市外办举行 2010 年度杭州市因公签证工作说明会,会议邀请墨西哥驻沪总领事馆签证领事迪爱多、马珍妮以及南非驻沪总领事馆签证领事布尼塔,分别就本国签证的相关问题进行现场说明和解答。杭州市各有关单位 80 余名代表参会。

主要来访

【惠普全球执行副总裁访杭】 2010 年 1 月 15 日,市长蔡奇、副市长沈坚会见惠普全球执行副总裁谢恩罗宾逊和 3COM 公司首席执行官毛渝南一行。蔡奇说,杭州的 IT 企业华三通信在 3COM 的领导下快速发展,而惠普公司收购 3COM,将有利于华三通信的发展,杭州希望通过华三通信的发展,扩大与惠普公司的合作。

【香港机场管理局行政总裁访杭】 2010 年 1 月 20 日,市长蔡奇会见香港机场管理局行政总裁许汉忠一行。蔡奇说,杭州萧山国际机场二期工程建设正在推进。杭州希望借鉴香港机场的经验,开创杭州机场的新局面。

【奥的斯全球总裁访杭】 2010 年 3 月 25 日,省委常委、市委书记黄坤明会见美国奥的斯全球总裁麦劭德一行。黄坤明说,西子电梯集团与美国奥的斯电梯公司的合作,是企业成功合作的典范,是地方政府支持和服务的典范,希望奥的斯抓住机遇,加大在杭投资力度。麦劭德说,奥的斯希望有更多的机会加入到杭州城市建设发展的进程中来,在这里寻求更大的发展。

【世界休闲组织主席访杭】 2010 年 4 月 13 日,省委常委、市委书记黄坤明,市委常委、秘书长许勤华,副市长张建庭会见世界休闲组织理事会主席德雷克·卡塞一行。黄坤明说,2006 年杭州举办了首届世界休闲博览会,希望世界休闲组织与杭州加强合作,推动第 2 届世界休闲博览会成功举办。

【香港汉基国际学校董事长访杭】 2010 年 4 月 17 日,省委常委、市委书记黄坤明,副书记叶明会见香港汉基国际学校董事长万志辉一行。黄坤明说,香港汉基国际学校是著名的教育机构,希望能与汉基合作,为杭州师生提供了解和体验国际教育的机会,提高教育水平。

【福布斯亚太集团总裁访杭】 2010 年 4 月 18 日,省委常委、市委书记黄坤明,副书记叶明,秘书长许勤华,宣传部长翁卫军会见福布斯亚太集团总裁威廉和复星集团首席执行官梁信军一行。杭州已连续多年被福布斯评为中国大陆最佳商业城市,黄坤明希望福布斯与杭州加深合作,欢迎福布斯全球首席执行官论坛来杭举办;并与梁信军商讨了复星集团在杭投资等事项。

【摩根士丹利董事总经理兼首席执行官访杭】 2010 年 4 月 27 日,省委常委、市委书记黄坤明,常务副市长杨戌标会见摩根士丹利董事总经理兼首席执行官孙玮一行。双方就加强金融领域合作进行了商讨。

黄坤明说,摩根士丹利作为世界著名的金融咨询公司,与杭州工商信托的合作,对杭州资本市场发展、产业引领起到了重要的推动作用。希望进一步加强与摩根士丹利的合作,积极引进产业龙头企业,加强金融与产业互动，实现互利双赢。

孙玮说，摩根士丹利十分看好杭州，将与杭州继续加强金融领域的合作，并不断扩大合作范围，为杭州经济社会发展贡献一己之力。

【国际儿童夏令营村中国区域主席访杭】 2010年5月25日至27日，联合国教科文组织国际儿童夏令营村中国区域主席邬明一行访问杭州。25日，省委常委、市委书记黄坤明，副书记叶明，副市长陈小平会见邬明一行，双方就联合国教科文组织国际儿童夏令营村落户杭州事宜进行了洽谈。

【世界包装组织客人访杭】 2010年6月4日，省委常委、市委书记黄坤明会见世界包装组织主席基斯·皮尔森一行。

黄坤明说，杭州市委、市政府及相关部门高度重视亚洲包装中心建设，衷心希望世界包装组织充分利用亚洲包装中心这个平台，吸引更多的世界包装研发设计团队和企业来杭投资。对世界包装组织将把亚洲总秘书处、亚洲教育委员会、亚洲技术标准委员会等机构落户杭州的建议，杭州将给予更多的支持。

市委常委、副市长沈坚会见时在座。

基斯·皮尔森此行来中国参加世界包装大会，并专程访问杭州，就在杭的亚洲包装中心建设进行交流。

·相关链接·

世界包装组织

世界包装组织成立于1968年，是一个旨在发展世界各国包装事业和为包装行业的共同利益提供服务的全球性国际组织。世界包装组织的主要工作目标是：促进包装技术、科学和工程的发展；促进包装技术和成果的发展；为对未来包装理念感兴趣的组织提供研讨论坛；与成员国就包装业生产力、环境保护、消费者的安全与健康等相关问题进行监控与交流；协助创造食物或其他被包装物的最优化储藏、保存和运输形式；为国际贸易的发展作贡献；为各国包装组织机构的成立和行动提供咨询服务；提供包装知识、教育及培训资源信息等。到2010年末，世界包装组织有65个成员国（地区）。中国于1978年加入世界包装组织。

【新加坡驻沪总领事访杭】 2010年6月4日，省委常委、市委书记黄坤明，副市长佟桂莉会见新加坡驻沪总领事叶伟杰一行。

黄坤明说，新加坡是杭州重要的战略合作伙伴之一。近年来，两地经贸往来频繁，越来越多来自新加坡的优秀、优质企业来杭州投资，并带来了先进的经营、管理经验。杭州希望能更多地借鉴新加坡的先进经验，加大服务业项目引进力度，通过不断创新合作模式，搭建新的合作平台，进一步加强两地的交流合作，促进共同发展。

叶伟杰说，新加坡企业家来杭投资的兴趣越来越浓。新加坡将进一步加强与杭州的交流合作，共同推进两地经济社会发展。

【美国高智发明核心管理层负责人访杭】 2010年6月8日，省委常委、市委书记黄坤明，常务副市长杨戌标会见美国高智发明核心管理层、高智投资联合创办人安德拉·李一行。黄坤明说，杭州希望利用高校学科优势，与高智发明共同搭建技术平台，建设重点实验室，投资成熟技术，开展学术交流。

【菲律宾首都银行集团董事长访杭】 2010年6月17日，省委常委、市委书记黄坤明，常务副市长杨戌标会见菲律宾首都银行集团董事长郑少坚一行。

黄坤明说，杭州正在大力推进金融业发展，着力打造长三角南翼金融中心，欢迎菲律宾银行来杭落户。杭州市委、市政府及相关部门一定会全力支持，为菲律宾首都银行在杭发展创造良好环境，实现互利双赢。

【新加坡副总理兼内政部长访杭】 2010年6月21日，省委常委、市委书记黄坤明，副市长佟桂莉会见新加坡副总理兼内政部长黄根成一行。

黄坤明说，新加坡是杭州重要的战略合作伙伴之一。近年来，杭州市与新加坡保持着密切的交流合作，双方在经贸、科技、教育、人才等领域的合作成效显著。希望能更多地借鉴新加坡的先进经验，进一步加强两地的交流合作，促进共同发展。

新加坡驻华大使陈燮荣、新加坡驻上海总领事叶伟杰、新加坡贸易与工业部兼新闻通讯及艺术部政务次长陈振泉等参加会见。

【日本三井住友海上火灾保险株式会社社长访杭】 2010年6月22日，省委常委、市委书记黄坤明，常务副市长杨戌标会见日本三井住友海上火灾保险株式会社社长柄泽康喜一行。

黄坤明说，杭州是中国金融机构最为齐全、金融业务发展最快的城市之一，日本三井住友海上火灾保险公司此次入股信泰人寿，必将对双方企业发展和杭州金融业发展产生积极作用。杭州市委、市政府一定全力支持，为日本三井住友海上火灾保险公司和信泰人寿的合作创造良好环境。

柄泽康喜表示，此次三井住友入股信泰人寿，除了在业务上开展合作之外，还将把公司保险方面的经验引入杭州，努力为杭州经济发展水平和人民生活水平的提高作出应有的贡献，实现互利双赢。

日本三井住友海上火灾保险公司是全球500强企业，该公司正式入股浙江省第一家法人保险公司信泰人寿，标志着其正式涉足中国寿险领域。

【默克公司主席兼首席执行官访杭】 2010年7月11日，省委常委、市委书记黄坤明，副市长沈坚会见默克公司主席兼首席执行官科瑞嘉一行。

黄坤明说，杭州市各级党委、政府高度重视医院建设和制药企业发展，相信通过与默克公司的合作，必将有力地促进杭州医药产业的整体发展。

科瑞嘉说，杭州默沙东公司只是我们合作的第一步，未来将与杭州展开更多的合作。

美国默克公司是全球第二大制药公司，世界500强企业。1994年，默克公司与杭州华东制药集团成立了合资企业杭州默沙东公司。科瑞嘉此行主要是与杭州签订战略合作协议，并参加杭州默沙东公司搬迁奠基仪式。

【法国赛诺菲公司全球工业事务部总裁访杭】 2010年7月20日，省委常委、市委书记黄坤明，副市长沈坚、佟桂莉会见法国赛诺菲公司全球工业事务部总裁、高级副总裁菲利普·卢斯坎一行。黄坤明说，赛诺菲-安万特(杭州)制药公司滨江生产基地的开工，是杭州市和滨江区经济发展中的一件喜事，也应该是赛诺菲公司发展中一件重要的事。我们期待有更多像赛诺菲一样的企业来杭州发展。

法国赛诺菲公司于1995年与杭州民生药业集团共同投资建立杭州赛诺菲-安万特民生制药有限公司。菲利普·卢斯坎此行主要是参加赛诺菲-安万特(杭州)制药公司滨江生产基地开工典礼。

【世界文化遗产专家代表访杭】 2010年8月21日，省委常委、市委书记黄坤明，副书记叶明，市委秘书长许勤华会见世界文化遗产专家代表、瑞士申遗专家约翰·穆纳和国家文物局文物保护司巡视员郭旃一行。

【新加坡总理公署部长、财政部兼交通部第二部长访杭】 2010年9月9日，市委副书记、代市长邵占维会见浙江新加坡经济贸易理事会新方主席、新加坡总理公署部长、财政部兼交通部第二部长陈惠华一行。新加坡代表团此次访杭，主要是考察杭州经济发展现状，并与有关部门就促进两地经贸往来，推动新加坡在杭投资项目的开展作进一步商谈。腾飞集团代表新加坡企业介绍了新加坡杭州科技园最新建设情况及未来发展设想。

【意大利前总理访杭】 2010年9月9日，省委常委、市委书记黄坤明，市委秘书长许勤华会见意大利前总理、欧盟委员会前主席普罗迪一行。

【美国驻华大使访杭】 2010年9月10日，省委常委、市委书记黄坤明，市委秘书长许勤华会见美国驻华大使洪博培一行。黄坤明介绍了杭州悠久的历史文化以及经济社会发展情况。洪博培高度评价杭州的历史、文化、活力、魅力，希望中美两国之间的很多交流，能够从杭州开始。洪博培一行此次来杭，是出席第7届网商大会暨第6届西湖论剑活动。

【世界古迹遗址保护协会专家访杭】 2010年9月29日，省委常委、市委书记黄坤明，副书记、代市长邵占维，副市长张建庭会见世界古迹遗址保护协会专家朴素贤。

【美国黑石集团财务主管访杭】 2010年10月21日，省委常委、市委书记黄坤明，常务副市长杨戍标会见美国黑石集团财务顾问、部门主管、高级董事总经理杜绍基一行，双方就黑石集团在杭寻求合作切入点，以及中小企业投资、创业基金管理等事宜进行了洽谈。

黑石集团是全球知名的另类资产管理公司和金融咨询服务提供商。

【法国巴黎市议员访杭】 2010年10月22日，省委常委、市委书记黄坤明，副市长张建庭会见法国巴黎市议员、中欧名流协会主席阿兰·德斯坦姆一行，双方就进一步加强杭州与欧洲的交流合作进行了深入的洽谈。阿兰·德斯坦姆介绍了中欧名流协会的基本情况，表示将帮助杭州加强与法国的交流合作，介绍更多法国企业来杭考察投资。

【法国赛诺菲-安万特集团董事会主席访杭】 2010年11月3日，市委副书记、代市长邵占维，副市长沈坚会见世界500强企业法国赛诺菲-安万特集团董事会主席万斯杰一行。此次万斯杰一行来杭，主要是出席杭州赛诺菲民生健康制药有限公司成立庆典，商谈杭州市政府与法国赛诺菲-安万特集团合作的有关事宜。

【摩根士丹利董事长访杭】 2010年11月7日，市委副书记、代市长邵占维，常务副市长杨戍标会见摩根士丹利董事长约翰·麦克一行。邵占维表示，杭州正在打造长三角南翼金融中心，希望摩根士丹利公司能够发挥机构、资金、人才等优势，积极帮助杭州市企业特别是中小企业融资和上市，同时在杭州引进和培养高端金融人才方面深入合作，共促双赢发展。

【世界休闲组织主席访杭】 2010年11月7日，省委常委、市委书记黄坤明，市委副书记、代市长邵占维，副市长张建庭会见世界休闲组织主席德雷克·卡塞一行。黄坤明说，首届休博会在杭举办以来，杭州旅游知名度和城市美誉度明显提高。第2届休博会正在筹备，杭州将努力办好第2届休博会，成为休闲城市的范例。

【韩国乐天集团资产开发董事长访杭】 2010年11月16日，省委常委、市委书记黄坤明，副市长俞志宏会见韩国乐天集团资产开发董事长金昌权一行，双方就乐天集团在杭州投资大规模商业百货及娱乐休闲项目进行了探讨。

【杭州铜艺大师作品赠送智利总统】 2010年11月17日，中国和智利在北京香格里拉饭店举行庆祝中智建交40周年招待会，中、智两国各界300多位来宾出席。

庆祝招待会上，杭州市著名国家级铜艺大师朱炳仁将一件价值30万元人民币的熔铜作品《情满天地》赠送给智利总统皮涅拉。此尊铜雕是朱炳仁专为智利人民创作的抗震救灾作品。

2010年2月27日智利发生特大地震时，朱炳仁正为上海世博会智利馆创作铜艺内饰。他将32万元工程款全部捐赠给智利政府，并答应再捐赠一件艺术作品，此次捐赠即是兑现其承诺。他在熔铜作品《情满天地》上刻了祝福语："祝亲爱的智利人民生活幸福。"

招待会上，中国驻智利大使吕凡，智利新任驻中国大使路易斯·施密特与朱炳仁就中国五千年铜文化艺术如何更好地融入中智友好交流进行了探讨。

附表2 2010年杭州市接待的部分来访团组

序号	来访时间	团组名称(团长职务)	团长姓名	人数	会见(宴请)
1	1月6日	微软大中华区总裁	梁念坚	3	蔡　奇 佟桂莉 陈小平
2	1月21日	摩托罗拉全球副总裁	白恩能	6	佟桂莉
3	1月29日	赛诺菲-安万特集团全球营运总裁	汉斯皮特·斯贝克	25	沈　坚
4	2月2日	日本著名经济学家	大前研一	7	蔡　奇 佟桂莉
5	2月4日	瑞士著名建筑设计师	赫尔佐格、德默隆	8	王国平 许勤华 张建庭
6	2月7日	建筑普利策奖获得者	汤姆·梅恩	13	王国平 张建庭 董建平
7	3月3日	英国利兹市联通中国友好协会副会长	乔安娜	3	
8	3月10日	奥地利驻沪总领事	海因茨	2	佟桂莉
9	3月22日	世界双人围棋协会主席	松浦晃一郎	15	王国平 翁卫军
10	3月26日	日本上尾市友好代表团	岡野栄二	30	
11	3月31日	丹麦驻沪总领事	何丽兰	10	佟桂莉
12	3月31日	匈牙利驻沪总领事	库蒂·拉斯洛	10	佟桂莉
13	4月8日	通用电气中国副总裁	陈然峰	10	金胜山
14	4月14日	世界卫生组织驻华代表处食品安全技术官员	康彼德	11	叶　明
15	4月21日	保加利亚驻沪总领事	伊凡·迪米特罗夫	8	
16	4月21日	埃及新任驻沪总领事	希沙姆·萨阿德·哈姆迪	12	
17	4月29日	日本总务省总务审议官	寺崎明	7	沈　坚
18	4月29日	英国驻沪副总领事	杰奎·布克	10	董祖德
19	5月5日	牙买加农业与渔业部长和咖啡工业局局长	塔夫顿、金特尔	12	张建庭
20	5月9日	荷兰驻华大使	裴靖康	36	张建庭
21	5月12日	日本驻沪总领事	横井裕	3	佟桂莉

续表

序号	来访时间	团组名称(团长职务)	团长姓名	人数	会见(宴请)
22	5月17日	波兰伯德拉谢省省长	雅罗斯瓦夫·德沃让斯基	15	佟桂莉
23	5月18日	美国AEG中国总裁兼首席执行官	葛伯强	4	佟桂莉
24	5月27日	爱尔兰科克市代表团	帕特里西亚·高什	6	杨戌标
25	5月28日	芬兰奥鲁市议会主席	里卡·莫伊拉宁	9	佟桂莉
26	6月4日	香港铁路有限公司中国业务首席执行官	陈岩	4	杨戌标
27	6月8日	泰国彭世洛府副府尹	拥友	7	佟桂莉
28	6月9日	新西兰怀特克里市市长	鲍勃·哈维	10	王基信
29	6月16日	上海合作组织秘书处秘书长	伊玛纳利耶夫	5	
30	6月29日	加纳执政党全国民主党大会主席	夸贝纳·阿杰依	13	佟桂莉
31	7月1日	厄瓜多尔洛哈市市长	霍尔海·阿贝德	5	董祖德
32	7月23日	世界华人协会会长	程万琦	6	黄坤明 许勤华 陈小平
33	7月26日	日本旭化成株式会社社长	藤原健嗣	11	佟桂莉
34	8月3日	联合国助理秘书长、世博会联合国馆总代表	贝楠·奥尼	7	王金财 何关新
35	8月6日	斐济地方政府、城市发展、住房和环境部部长	萨穆厄拉·绍马图阿	4	何关新
36	8月10日	马来西亚旅游部副部长	詹姆斯·达米特	9	张建庭
37	8月17日	美国摩托罗拉公司资深副总裁	高瑞彬	5	佟桂莉
38	8月24日	日本镰仓市日中友协会长	东山勉	8	虞荣仁
39	9月2日	印度驻沪总领事	戴思锐	16	解崇明
40	9月9日	泰国工业部长	差武·版纳瓦	24	沈　坚
41	9月25日	美国SOM纽约办公室设计副总监	阿巴斯	13	王国平 叶　明 金胜山
42	10月5日	美国驻沪总领事	康碧翠	17	
43	10月5日	国际展览局秘书长	洛塞泰斯	5	张建庭
44	10月6日	联合国人居署	英格·比约克	15	黄坤明 邵占维

续表

序号	来访时间	团组名称(团长职务)	团长姓名	人数	会见(宴请)
45	10月14日	以色列农业部长	沙洛姆·辛洪	18	黄坤明 何关新
46	10月17日	美国肯恩大学校长	达伍·法拉希	6	叶　明
47	10月19日	美国商务部总法律顾问	卡梅隆·克里	8	佟桂莉
48	11月1日	塔吉克斯坦人民民主党副主席	阿斯罗尔·拉季波夫	10	王金财
49	11月2日	国际外包专业联合会全球主席	克尔·卡伯特	15	佟桂莉
50	11月5日	日本琦玉县羽生市市长	河田晃明	20	佟桂莉
51	11月12日	阿根廷国际贸易协会会长	塞萨尔·法拉利	3	佟桂莉
52	11月22日	斯蒂芬·霍尔建筑师事务所	斯蒂芬·霍尔	6	王国平 叶　明 许勤华

友好城市交流

【爱沙尼亚塔林市儿童合唱团访杭】 2010年7月12日至16日，爱沙尼亚塔林市儿童合唱团一行51人来杭进行交流演出。14日下午，杭州少年合唱团与塔林市儿童合唱团在青少年活动中心进行了合唱交流。

【韩国丽水市市民代表团访杭】 2010年8月11日，韩国丽水市副市长郑仁和率150人组成的大型市民代表团来杭举办“丽水2012世博会”推介活动。2012年世博会将在韩国丽水举办。

【芬兰奥鲁市领导访杭】 2010年9月11日，芬兰奥鲁市副市长蒂莫·肯纳卡拉一行3人来杭访问，为奥鲁市代表团10月参加杭州市友城市长峰会、与杭州签署两市友好与合作交流备忘录做前期准备工作。

10月，奥鲁市市长马蒂·彭纳宁率团访问杭州，出席杭州国际友城市长峰会。会议期间，两市签署友好合作备忘录。

【2010杭州国际友城市长峰会】 2010年10月14日至18日举行，杭州市政府主办。此次峰会主题是“城市与宜居”，22个国家的29个城市代表团、6个国内城市代表团和2个外国驻沪总领事馆代表团参会。省委常委、市委书记黄坤明，全国友协秘书长罗勤分别致辞，市委副书记、代市长邵占维作主旨演讲。峰会通过研讨的方式，探讨国际化背景下的城市发展之路，分享各国在建设和谐城市、创造宜居生活方面的经验。

峰会期间，杭州市与牙买加蒙特哥贝市、斐济楠迪市正式缔结友好城市关系，与澳大利亚兰德维克市、芬兰奥鲁市签署友好合作备忘录。余杭区与美国安德森市签署友好交流关系协议书，滨江区与美国菲希尔市签署友好合作备忘录。

【韩国丽水市代表团访杭】 2010年11月3日，市长金忠锡和议长金荣圭率韩国丽水市代表团一行11人访问杭州。

代表团此次来访，主要是考察杭州市举办西湖博览会情况及世界休闲博览会筹办情况，推动2011年杭州休博会与2012年丽水世博会的友好交流与合作。

市委副书记、代市长邵占维，市人大常委会副主任顾树森会见金忠锡一行。邵占维说，丽水市和杭州市是多年的老朋友，2012年世博会在丽水市举办，杭州将积极参与和宣传推广，通过多种渠道寻求合作。同时，希望借世博会之机，进一步推动双方在经贸、旅游、教育、文化等领域的合作与交流。

金忠锡说，两座友好城市的合作与交流已取得丰硕成果，希望在此基础上不断密切关系，加强往来，谋求共同发展。他欢迎杭州市民届时前往韩国参观2012年丽水世博会。

【德国德累斯顿市客人访杭】 2010年11月11日，德国德累斯顿市莱布尼茨生态与区域发展研究院罗夫教授来杭访问，拜访市规划局，参观市规划馆。

11月19日，德累斯顿技术与经济高等专业学院师生一行15人来杭访问，参观杭州钱江新城、杭州市规划馆等。

（张尚辉）

县(市、区)外事

·萧　山　区·

【外事工作概况】 2010年，萧山区审批办理因公出国(境)团组251批次575人次。其中，区外办受理、审核，经区领导审批同意的因公出国(境)团组153批次284人次，实现因公出国(境)“零增长”目标。区政府自行审批经贸类团组54批次135人次，其中区内企业自组团组43批次90人次。萧山经济技术开发区管委会因公出国(境)团组41批次130人次，万向集团因公出国(境)团组57批次161人次。全年审核、转报上级外办审批外国人来华发邀请函电申请469批次495人次。

【重要外事活动】 2010年9月24日至26日，2010中国国际(萧山)钱江观潮节举行。众多国外友人参与观潮节。组织“外国朋友看潮团”，来自北美洲、欧洲和亚洲一些国家的外国朋友在南阳观潮城观看了钱江潮。

12月3日至6日，第16届中国羽绒制品及服装服饰博览会暨第2届萧山国际羽绒节在萧山举行。中国轻工业联合会、工信部、中国羽绒工业协会等国家相关部委领导，浙江省及杭州市领导，国内相关行业组织及科研院校代表，国内主要羽绒制品及服装服饰厂家代表，国际羽绒羽毛局、日本羽毛制品协同组合等机构的代表出席各项活动。

【主要出访】 2010年4月18日至29日，由市委常委、区委书记洪航勇带队的萧山区经贸代表团对巴西、阿根廷、秘鲁进行商务考察。代表团走访了欧诗玛船用设备公司、LEON公司等与萧山区有着长期贸易往来的企业，重点考察南美船用、车用零部件市场，推动萧山区企业在南美设立代表处和落实巴西LEON公司在萧山的投资项目。

12月3日至14日，由区长盛阅春带队的萧山区招商引资考察团出访美国、加拿大和香港。考察团对商务环境、新能源产业、留学人员创业等进行了全面的考察，走访了SUNPOWER公司、上方能源公司、喜瑞能源公司、香港钱江集团等多家公司，就多项在萧山投资及萧山企业对外投资达成协议；并在硅谷举办美国(萧山)海外高层次人才联谊会，吸引新能源、新材料、生物制药等行业的高科技人才来萧山创业就业。

【主要来访】 2010年7月9日，由海军总司令爱格斯·苏哈特诺带领的印度尼西亚海军访问团访问萧山区。访问团考察了杭州前进齿轮箱股份集团有限公司和杭州前进马森船舶传动有限公司。副区长蒋金梁会见代表团一行。

10月13日，由农业部长沙洛姆·辛洪率领的以色列农业企业考察团访问萧山。考察团考察了浙江省农业高科技示范园区，与多家农业企业进行了洽谈和项目对接，副区长赵立明陪同考察。双方还举行了中国(浙江)以色列农业合作项目签约仪式，省委书记、省人大常委会主任赵洪祝，省政协副主席、传化集团董事长徐冠巨，省外办主任阮忠训，省科技厅厅长蒋泰维，省农业厅厅长孙景淼，市委常委、萧山区委书记洪航勇，副市长何关新等共同见证了签约过程。

11月23日，美国安盈资本亚太区董事长威廉姆·欧文斯率领的投资考察团访问萧山。区长盛阅春、副区长方毅等会见考察团一行。双方就安盈资本与萧山企业合作等事宜进行了商讨并达成合作意向。

（朱建松）

·余　杭　区·

【外事工作概况】 2010年，全区受理因公出国(境)申报团组58批140人次。自行组团23批100人次，其中招商引资20批87人次、友好访问2批12人次、文化交流1批1人次。审核并办理邀请外国人来华469批683人次，其中商务考察、贸易洽谈、设备调试等440批654人次，就业29批29人次。接待来自美国、德国、比利时、瑞士等国的政府官员和企业家来访11批76人次。

【主要出访】 2010年5月10日至21日，以市委常委、区委书记朱金坤为团长的余杭区现代农业科技和旅游业发展考察团赴以色列、印度、马来西亚考察访问。考察团重点考察了以色列农业科技创新、印度IT及服务外包行业、马来西亚旅游业情况，并宣传推介余杭。

4月15日至26日，以区长姜军为团长的余杭区政府招商促销团赴瑞士、西班牙、德国招商。招商促销团访问了瑞士诺华公司总部、德国益利素勒公司总部。诺华公司表示将投资10亿元人民币，在余杭建立亚洲最优秀的疫苗生产基地；益利素勒公司表示将进一步扩大与余杭区的合作。

【友好往来】 2010年1月5日至6日，由国会议员索罗蒙和罗布斯敦市市长罗吉格率领的美国得克萨斯州罗布斯敦市政府代表团对余杭区进行友好访问，区长姜军等会见代表团一行。访问期间，罗布斯敦市政府代表团举办了投资推介会，并与余杭区签署建立友好交流关系备忘录。

1月14日、3月7日，澳大利亚布里姆班克市代表团两次赴余杭区进行友好访问，并专程考察了西溪湿地。

2月26日至3月7日，应新西兰亚洲基金会的邀请，“余杭滚灯”参加新西兰元宵灯会活动。余杭滚灯代表团在奥克兰和基督城共演出21场，累计观众约40万人次，新西兰总理、中国驻新西兰大使、当地媒体等给予高度评价。

4月8日，美国印第安纳州安德森市政府通过决议，正式与余杭区结为友好城市。10月14日，双方正式签署友好协议。

5月12日至18日，余杭第二高级中学兄弟学校德国德绍市瓦尔特·格罗陴乌斯高级中学师生团组来余二高进行交流访问。

【瑞士诺华制药代表三次访问余杭区】 2010年6月10日、11月23日和12月13日，瑞士诺华制药疫苗与诊断事业部代表三次访问余杭区，副区长屠冬冬会见代表团。诺华公司与浙江天元生物药业股份有限公司正式达成并购合作的框架性协议，双方就进一步加强项目投资合作、促进互利共赢等问题进行了商谈。

（徐来滢）

·富　阳　市·

【外事工作概况】 2010年，富阳市受理审核因公出国(境)41批109人次，其中党政人员出访32批72人次，主要赴国外进行经贸招商、商务考察等；受理申报邀请外商来富阳182批249人次；接待国(境)外重要来宾8批。

【重要外事活动】 2010年10月24日至25日，由北京大学历史文化研究所、中共富阳市委、市政府和杭州市历史学会共同主办的“黄公望与《富春山居图》国际学术研讨会”在富阳举行，国家、省、杭州市有关部门负责人出席开幕式。中国、美国、日本、韩国四国数十名历史及美术史方面的专家出席研讨会。

12月20日，乌克兰利沃夫国立艺术学院驻中国文化交流中心授牌仪式在富阳市受降镇杭州抱华楼国画研究院举行。省政协副主席陈艳华、乌克兰利沃夫国立艺术学院院长安德烈维奇为中心揭幕。

【主要出访】 2010年8月10日至21日，市委副书记、市长张锦铭率团赴日本、澳大利亚、新西兰三国进行经贸洽谈与城建考察。代表团分别与澳大利亚悉尼科格拉市政厅和新西兰威多摩市政府官员进行会谈，参观考察了日本住友电工株式会社和富士王子纸业等企业，双方就进一步拓展合作领域达成初步意向。

8月24日至9月5日，市委书记、市人大常委会主任徐文光率团赴巴西、智利、秘鲁进行旅游城市参观考察，借鉴吸收上述三国规划发展运动休闲产业的经验和做法。

【主要来访】 2010年7月21日，意大利罗马市政府移民执行委员会主席潘永长一行来富阳考察。代表团考察了银湖科创园、富阳经济开发区场口新区等，并与相关负责人就加强项目合作等进行了交流。

11月7日，美国GPYPHON生物制药公司董事局主席一行来富阳，就糖尿病合成药生产基地选址一事进行考察。

【友好往来】 2010年10月6日至7日，由市委常委、宣传部长赵玉龙带队的社区教育考察团赴美国加利福尼亚州，对姐妹城市里弗班克市进行友好访问，双方在教育、经济、社会等方面进行了深入的交流。

（胡飞飞）

·淳　安　县·

【外事工作概况】 2010年，淳安县办理因公出国(境)任务37批54人次，出访的主要内容为旅游促销、招商引资和业务培训等。邀请国外客商和朋友来访16批37人次。接待重要来宾17批206人次。

【主要出访】 2010年6月28日至7月9日，县委书记胡侠率代表团赴澳大利亚、新西兰和香港进行经贸招商及旅游推介。代表团与当地政府机构、游艇制造厂商进行了广泛的接触与交流，考察了游艇俱乐部的建设和管理。

10月20日至31日，县政协主席徐光进率代表团出访南非、埃及和肯尼亚，与三国有关政府部门进行友好交流，考察学习当地现代服务业发展方面的经验做法，宣传淳安的投资环境。

【友好往来】 2010年6月18日，加拿大友好访问团访问淳安，加拿大千岛湖周边的利兹千岛市、爱德斯博/卡迪诺市、布罗克维尔市、奥古斯塔市等四个市与淳安县签署《中加两国千岛湖友好合作协议》。双方建立政府互访制度，重点在自然环境保护、旅游管理、景区规划等领域进行深层次的交流，积极推进两个千岛湖旅游事业发展。

·相关链接·

加拿大千岛湖

加拿大千岛湖是世界闻名的旅游景点，也是加拿大三大自然奇观之一。位于美国和加拿大边界，距首都渥太华200多千米。北美洲安大略湖的湖水流出注入与大西洋相通的圣劳伦斯河，在圣劳伦斯河河湾有大小天然岛屿1865个，人工岛屿1个，故被称作“千岛湖”，又叫圣劳伦斯群岛国家公园。湖(河)中心的分界线将千岛湖一分为二，南岸是美国的纽约州，北岸则是加拿大的安大略省。千岛湖三分之二的岛屿在加拿大境内，千岛湖水深邃、碧蓝、广阔且非常宁静。

2010年是淳安县与日本奥多摩町友好交流第16年，11月10日至12日，奥多摩町议会副议长铃木贤一率市民友好访问团访淳，考察淳安的生态环保和城镇建设，参观千岛湖镇残疾人托养中心，双方就残障事业方面的经验和做法，以及残障事业的发展进行了交流和探讨。

（童月山）

宁　波　市

宁波市简称"甬",辖海曙、江东、江北、北仑、镇海、鄞州6个区,余姚、慈溪、奉化3个县级市,象山、宁海2个县,全市总面积9365平方千米。2010年末,全市户籍人口574.08万人。2010年,全市生产总值5125.8亿元;财政一般预算收入1171.7亿元,其中地方财政收入530.9亿元。

概　　述

【外事工作概况】 2010年,宁波市完成世博外事工作,谋划海外宁波周活动,推进外事服务民营企业"走出去",规范涉外事务管理,外事服务国家总体外交大局和服务地方经济社会发展的能力和水平进一步提升,外事工作科学发展取得成效。

围绕世博外事,不断创新外事服务外交大局工作。做好国宾、党宾等重要团组的访甬接待工作。全年接待越南总理阮晋勇、斐济总理姆拜尼马拉马、多哥总统福雷·纳辛贝、特立尼达和多巴哥总统乔治·理查兹、菲律宾副总统诺利·德·卡斯特罗等国宾团组5批128人次,接待省部级来宾团组22批331人次,党宾团组2批20人。做好世博会宁波主题论坛的相关工作,认真完成世博"环沪护城河"的涉外安保工作。

围绕重大活动,不断创新外事服务地方中心工作。市外办在德国、意大利、瑞士组织实施"2010欧洲宁波周"活动,在日本、韩国配合组织实施"东北亚·宁波周"活动。精心筹划市领导出访,认真做好重大涉外活动的组织、礼宾、翻译服务工作。积极做好使领馆工作,全年接待37国驻华使领馆官员32批128人次,其中大使7人次、总领事18人次。

扩大对外交往,不断创新对外友好交流工作。2010年宁波市与越南海防市、爱沙尼亚塔尔图市、克罗地亚里耶卡市、墨西哥科利马州加强了联系。与墨西哥曼沙尼约市签署建立友好交流关系协议书,与越南同奈省签署加强友好交流与合作备忘录,与克罗地亚里耶卡市签署加强经贸和港口交流与合作备忘录,与贝宁经济首都科托努市建立友好交流关系,与日本广岛和韩国釜山市的交流取得重大进展。推动余姚市与日本柳川市建立旅游友好城市关系,慈溪市与匈牙利考博士堡、奉化市与以色列塔马市、宁海县与匈牙利贝凯什乔包市、江东区与美国佐治亚州底克普郡签署友好交流意向书。各县(市、区)已结好16对。宁波市被全国友协授予"国际友好城市交流合作奖",宁波市友城德国亚琛市获得全国友协授予的"对华交流贡献奖"。推动多级结好,完善多层次、多领域的友好交流与合作,共促成12所国外友城中小学与宁波市中小学建立友好关系。不断加强友城间的经贸、文化交流,不断丰富民间交流。协助安排出访友城团组32批次266人次,共接待友城团组78批次947人次。

坚持规范有序,不断创新涉外事务归口管理和服务工作。完善因公出国(境)管理工作,全年审批确认因公出国(境)2520批7265人次,其中党政人员出国1935人次,比上年减少3.8%。做好全方位服务,提出宁波市外事为民营企业"走出去"服务实施意见,由市政府办公厅正式发文。办理因公出国(境)2931批7958次,其中因公签证2074批7023人次。发挥外事工作渠道优势,强化代办因私签证服务力度,共代办因私签证

4635批7839人次，分别比上年增长14%、16.8%。做好境外媒体来甬采访服务与管理，共协调安排37批境外媒体来甬采访。加强在甬外国专家和外籍人员的管理服务。组织实施对在甬外国专家的慰问、表彰，组织“茶花奖”评选和外籍荣誉市民候选人的推荐工作。加强涉外事件处置工作，全年处理各类涉外案(事)件30起。加强领事保护联动机制建设工作，建立健全领事保护工作联席会议机制，妥善处置10余起领事保护突发事件。

重要外事活动

【2010新年专场音乐会】 2010年1月15日晚在宁波音乐厅举行。来自英国、美国、加拿大、法国、德国、新西兰、俄罗斯、丹麦、挪威、土耳其、韩国、日本等45个国家的近500名外国友人欢聚一堂，共同迎接中国传统新年。

【中英工业设计与节能减排技术论坛】 2010年1月19日在甬举行。论坛旨在加强中英两国企业在工业设计与节能减排领域的交流和合作。多家英国公司的代表就企业可持续发展的途径、产品设计与节能技术等发表演讲，市政府副秘书长陈炳荣、英国驻上海总领事艾琳出席论坛并致辞。近100位宁波企业代表参加论坛。

【市友协第5届理事会年会】 2010年1月25日召开。市委副书记、市友协会长郭正伟及市友协全体理事出席会议。郭正伟在报告中指出，过去一年，市对外友协在扩大交流范围、开拓友城渠道等方面取得明显成效，为宁波经济社会发展和对外开放营造了良好的外部环境。今后友协要发挥优势、统筹兼顾、优化布局、改革创新、夯实基础，共谋民间对外交流的良好局面。市外办主任、市友协副会长孔玮玮总结了2009年市友协所做的工作，通报了2010年的工作思路。

【市政府在沪举行新春招待会】 2010年3月1日，市政府在上海举行新春招待会，意大利、西班牙、新加坡等16个国家驻沪总领事、领事及官员，外国商会、行业协会、跨国公司、经贸促进机构驻上海办事处代表等100余人应邀出席。市外经贸局局长俞丹桦向来宾通报了宁波市2009年经济社会发展情况，并介绍了2010年浙洽会、消博会和家居饰品常年展的筹备情况。

【在甬境外女性共庆“三八”妇女节诞辰百年】 2010年3月7日，市外办、市妇联、市外经贸局联合举办“共庆三八·共享和谐”联谊活动，庆祝“三八国际劳动妇女节”诞辰100周年。来自菲律宾、阿根廷、澳大利亚等10多个国家和香港、澳门等地区的在甬境外女性80余人参加。联谊活动包括参观宁波帮博物馆，参与宁波市“回眸百年、穿越梦想”万人广场活动等。

【2010上海世博会“信息化与城市发展”主题论坛】 2010年5月15日至16日在宁波举办。中共中央政治局委员、上海市委书记俞正声，工业和信息化部部长李毅中，浙江省委书记、省人大常委会主任赵洪祝，国际电信联盟秘书长哈玛德·图埃出席开幕式并致辞。菲律宾副总统诺利·德·卡斯特罗作为论坛特别嘉宾在开幕式上致辞。上海市领导丁薛祥，浙江省领导李强、龚正，中国科学院副院长江绵恒，中国工程院副院长邬贺铨等出席论坛。省委常委、宁波市委书记巴音朝鲁主持论坛开幕式。上海世博会参展方、城市最佳实践区和赞助企业代表，国内各省区市代表、专家学者等近650人参加论坛。

该论坛是上海世博会首场主题论坛，通过全体大会、信息创新和城市发展对话会，以及信息化与城市管理等7个平行论坛，探讨信息通信技术与城市发展，展望信息通信技术发展下的城市未来图景。

14日，市委副书记、市长毛光烈会见巴西发展工业和贸易部技术国务秘书弗兰塞利诺·戈兰多等国外演讲嘉宾，并于15日会见美国前任劳工部长赵小兰。

15日，省委常委、市委书记、

市人大常委会主任巴音朝鲁分别会见欧盟委员会副主席内莉·克勒斯和国际电信联盟秘书长哈玛德·图埃等演讲嘉宾。

【第10届全国副省级城市外办联席会议】 2010年5月19日至22日在宁波召开。与会代表围绕地方外事工作如何更好地服务国家总体外交大局、服务地方经济社会发展和如何进一步加强因公出国(境)管理与服务工作进行了探讨和交流。外交部外事管理司司长陈育明到会讲话,副市长邬和民和省外办副主任彭波分别致欢迎词。全国15个副省级城市外办领导和负责出国审批工作的处室负责人出席会议。

【2010欧洲·宁波周】 2010年6月18日至29日分别在德国比勒费尔德市、科隆市、斯图加特市,意大利佛罗伦萨市和瑞士苏黎世市举行。其间,分别举行了"宁波-德国经贸合作交流会"、"宁波-科隆石化与新材料产业对接推介会"、"宁波-意大利服装产业合作交流会暨服博会推介会"、"宁波-瑞士产业推介对接会"和"海外人才招聘洽谈会"。先期在斯图加特市举办了"宁波-德国汽车零部件与机械装备产业洽谈会",组织宁波市汽配企业参加了斯图加特汽车配件展。比勒费尔德市市长格鲁博,中国驻德国大使代表朱伟革,科隆市经济促进发展局局长约瑟·波维奇,佛罗伦萨市第一副市长纳德拉、副市长斯凡奈丽、乔琦,中国驻佛罗伦萨总领事周韵琦等分别出席所在城市的活动。本次宁波周推介了宁波投资环境总体情况,推介杭州湾新区、余姚经济开发区、慈东工业园区和镇海化工区等重点开发园区,举办了宁波经济社会发展和风土人情摄影图片展等活动。宁波企业与外方企业进行了对口洽谈,400余人次外国客商参加。达成20余个项目合作意向,签订合作协议3个,招聘人才85人次。活动期间,宁波市政府代表团会见了比勒费尔德市、科隆市、佛罗伦萨市、维罗纳市等市长、副市长或市长代表以及企业界、金融界人士,考察了国际知名企业,市领导接受了当地媒体采访。

【2010宁波国际大学生节】 2010年7月6日至10日举办,由宁波市外办、市教育局主办,宁波大学、宁波工程学院、宁波日报社等联合协办。来自英国、法国、德国、美国、韩国、日本等10余个国家的100多名大学生代表考察了宁波博物馆、东钱湖、南宋石刻公园、阿育王寺、河姆渡遗址等地。其间,还举办了国际大学生论坛等互动交流活动。

【"厄瓜多尔艺术在中国"美术作品展】 2010年7月14日至18日在宁波美术馆举办。市政协副主席、市文联主席傅丹,厄瓜多尔驻上海总领事孔嘉铭参加开幕式。此次展览展出厄瓜多尔绘画大师佩鲁卡其和维亚马瓜的油画作品40余幅。

【第2届中国宁波国际港口文化节】 2010年7月29日至31日举行。本届文化节由前期活动和集中活动两部分组成。其中集中活动分文化艺术类、思想交流类、商贸旅游类三大板块共八大活动。各国驻华使团、国内外嘉宾和国内著名专家学者等近400人参加,探讨现代国际港口发展趋势和发展战略。29日,市委副书记、市长毛光烈会见来甬参加文化节活动的驻华使节访问团一行。来自21个国家的驻华使节参观了宁波港、建设中的北仑(春晓)滨海新城、北仑现代农业园区和天一阁博物馆等,参加了宁波港口博物馆奠基仪式、"向世界说明"主题推介会和2010国际港口与城市发展论坛。

【"茶花奖"颁奖典礼】 2010年8月4日,市政府举行2010年"茶花奖"颁奖典礼,6名外国专家获"茶花奖",12名外国专家获"茶花纪念奖"。副市长邬和民在典礼上致辞并为获奖者颁发证书。

"茶花奖"是市政府为表彰在宁波改革开放和经济社会发展中作出突出贡献的外国专家设立的,至2010年已颁奖15届,共有289名外国专家获得"茶花奖"和"茶花纪念奖"。

【中日韩青年领导人论坛】 2010年8月5日至8日在宁波举办。中、日、韩三国议会、政府和经济、学术、新闻界及青年工作者等18位代表参加论坛，围绕论坛主题“2030年东北亚蓝图”进行交流探讨，并与宁波各界青年代表进行友好交流。

6日，市委常委、副市长谭大辉会见出席论坛的嘉宾。全国青联主席助理倪健，省青联名誉主席、团省委书记周柳军等参加论坛。

【援非洲英语国家职业技术学校校长研修班】 2010年11月12日至12月2日在宁波职业技术学院举办，来自乌干达、埃塞俄比亚、厄立特里亚等18个国家的24名学员参加研修班学习。

援非洲英语国家职业技术学校校长研修班是由中国商务部主办，宁波职业技术学院负责实施的援外人力资源项目之一。这是宁波职业技术学院第7次承办援外人力资源项目。

【在甬外籍人士与宁波国际化形象论坛】 2010年11月20日在浙江大学宁波理工学院举办，来自美国、英国、日本、韩国等10多个国家的30多位在甬外籍人士参加论坛，畅谈在宁波工作和生活的感受，并对宁波国际形象的提升提出建议。

【欧洲·宁波文化周】 2010年11月23日至12月4日，宁波市文化代表团赴友好城市法国鲁昂、友好交流关系城市奥地利维也纳新城举办“欧洲·宁波文化周”。“宁波文化周”以展示宁波文化为主，市文化代表团献演了《十里红妆·女儿梦》等宁波地方特色舞剧。

主要出访

【宁波市代表团访问印度、以色列】 参见第58页**【巴音朝鲁率团访问印度和以色列】**。

【宁波市代表团访问南非、埃及和希腊】 2010年6月4日至15日，市政协主席王卓辉率宁波市代表团访问南非、埃及和希腊，重点推进宁波与南非、埃及、希腊等国在经济、贸易、文化等领域的交流与合作，同时对宁波市调整外经贸发展格局和实施“走出去”战略的成效进行考察和调研。

在南非，代表团会晤西开普省议会副主席伯克·格耶及公共关系部主任马沙·帕克，并与宁波市兴隆车业有限公司南非分公司人员座谈。在埃及，代表团访问了埃及商会联合会，考察了开罗市场情况。在希腊，代表团拜访了雅典大区下属的马拉松市政府，并与宁波大丰体育设备有限公司的欧洲总代理座谈。

【宁波市代表团访问克罗地亚、意大利】 2010年11月4日至13日，市委副书记、市长毛光烈率宁波市政府代表团对克罗地亚、意大利进行工作访问。

在克罗地亚，代表团会见了经济劳动企业部副部长安卡·马特科维奇及海洋交通和基础设施部副部长丹耶·米拉达，就宁波市与克罗地亚加强经贸合作进行商谈。在里耶卡市，毛光烈会见了市长沃伊科·欧贝尔斯内尔和议长布科瓦茨，还与里耶卡经济商会就具体合作项目进行了交流，并拜访即将赴宁波投资的马可波罗贸易有限公司。

在意大利，代表团会见了意中基金会主席凯萨·罗米蒂、佛罗伦萨市市长马泰奥·兰奇和议长尤金尼奥·杰尼亚，双方就进一步开展在经贸、工业设计、文化和人才培训等领域的交流与合作进行了会谈，达成一系列共识。代表团考察了佛罗伦萨的城市建设、文化设施及菲拉格慕服装公司，与对方就相关合作项目进行了商谈。

主要来访

【澳大利亚驻华大使芮捷锐访甬】 2010年1月6日，省委常委、市委书记、市人大常委会主任巴音朝鲁会见到访的澳大利亚驻华大使芮捷锐一行。巴音朝鲁说，澳大利亚是宁波重要的贸易伙伴，双边经贸合作保持了稳步发展的态势，希望双方加强包括金融业在内的服务业领域的合作与交流。芮捷锐表示，希望进一步加强在能源、服务等领域的合作交流，促进共同繁荣。

副市长邬和民参加会见。

在甬期间，芮捷锐一行考察了宁波港集团有限公司、宁波钢铁厂等。

【IBM中国公司高管访甬】 2010年1月20日，市委常委、副市长余红艺会见国际商业机器(IBM)中国有限公司华东区总经理戴泽棠一行，双方就加强宁波市信息化建设交换了意见。

【也门政府渔业代表团访甬】 2010年3月11日至13日，由哈德毛省省长萨利姆·艾哈迈德·赛义德·哈姆巴希和马哈拉省省长阿里·穆罕默德·哈德姆率领的也门政府渔业代表团访问宁波。

在甬期间，代表团赴象山考察了世界银行沿海资源可持续发展项目、象山县海洋带管理中心、宁波飞日水产实业有限公司、中国水产城等，并与相关部门就海岸带管理、海洋环境保护、水产养殖和加工、渔民增收及水产品流通等进行了交流。代表团一行还走访了渔民家庭，了解渔民的生产、生活情况。

【印度驻沪总领事访甬】 2010年3月25日，省委常委、市委书记、市人大常委会主任巴音朝鲁会见印度驻上海总领事戴思锐一行。巴音朝鲁表示希望双方在巩固已有经贸合作关系的同时，能加强包括高新技术、软件开发和服务外包等新领域的合作与交流。在甬期间，戴思锐出席了印度美食节开幕式。

【泰国驻厦门商务领事访甬】 2010年3月28日至31日，泰国驻厦门商务领事金简妍一行访问宁波，拜访市外经贸局、工商局、贸促会、贸易局、工商联、宁波海关和出入境检验检疫局等，并参观宁波港集团和宁波正大粮油有限公司。

【德国拉尔市代表团访甬】 2010年4月6日，市委常委、副市长谭大辉会见由拉尔市市长穆勒率领的德国巴登符腾堡州拉尔市代表团。代表团此次访甬，旨在促进拉尔市与宁波市在经济、文化等方面的交流，寻求开展航空货运合作的机遇。其间，代表团与宁波栎社国际机场等就开展航空货运合作等事宜进行了商谈。

【越南政府代表团访甬】 2010年4月10日，市委常委、秘书长王剑波会见由外交部副部长胡春山率领的越南政府代表团。王剑波向客人介绍了宁波的基本情况。胡春山希望通过此行加深双方了解，加强越南与宁波的友好关系并促进双方的经贸交流与合作。

在甬期间，代表团考察了天一阁、宁波港集团、雅戈尔集团等。

【越共中央检查委员会干部培训团访甬】 2010年4月23日至24日，由越南共产党中央检查委员会副主任梅值率领的干部培训团来甬考察。市委常委、秘书长王剑波会见培训团一行。

在甬期间，培训团参观考察了慈溪家电博览会、宁波港和天一阁等。

【越南总理访甬】 2010年4月28日至29日，越南总理阮晋勇一行访问宁波。随同阮晋勇访甬的有越南工贸部部长武辉煌，驻华大使阮文诗，政府办公厅副主任范文风，外交部副部长胡春山、裴文南，对外通讯委员会常务副主任阮洪荣，文化体育旅游部副部长陈战胜，工商会主席武进禄，胡志明市人民委员会副主席阮中信，同奈省人民委员会副主席丁国泰等。

28日，省委常委、市委书记、市人大常委会主任巴音朝鲁会见阮晋勇等代表团主要成员。双方一致认为，宁波与越南在经贸、投资、旅游等领域有很大的合作空间，希望共同努力，优势互补，实现共同繁荣，不断取得新的发展成果。

29日，中国(宁波)-越南经贸合作论坛举行。越南总理阮晋勇、宁波市市长毛光烈分别在论坛上致辞，副省长龚正，中国驻越南大使孙国祥，越南工贸部部长武辉煌、驻华大使阮文诗等出席。毛光烈代表宁波市与越南同奈省人民委员会副主席丁国泰签订友好合作备忘录。120多家宁波企业与越南方面进行了合作洽谈。

【英国驻沪商务领事访甬】 2010年7月7日至8日，英国驻上海商务领事任彬和伦敦金融城驻上海办事处首席代表刘莹一行访问宁波。任彬等此次访甬，旨在与宁波市相关部门探讨在金融领域的交流与合作。在甬期间，任彬一行拜访了市金融办、宁波银行、渣打银行宁波分行和宁波诺丁汉大学等。

【日本阿尔卑斯电气株式会社社长访甬】 2010年7月12日，市委常委、副市长余红艺会见日本阿尔卑斯电气株式会社社长、宁波市荣誉市民片冈政隆一行。阿尔卑斯集团在中国宁波、无锡等地设有6个生产基地，宁波阿尔卑斯电子有限公司先后被授予宁波市外商投资先进企业、宁波市外向型经济示范企业等称号。

【丹麦马士基集团高管团访甬】 2010年7月15日，市委常委、常务副市长王勇会见丹麦A. P.穆勒马士基码头公司亚太区总裁纪奕信、丹马士物流北区总裁史可升一行。

9月10日，市委常委、副市长谭大辉会见由马士基集团副总裁、马士基航运公司首席商务官韩纳率领的马士基代表团。

【塞内加尔新闻部长访甬】 2010年7月27日，市委常委、宣传部长宋伟会见塞内加尔新闻部长、政府新闻发言人穆斯塔法·吉拉西及夫人。宋伟希望两地新闻机构加强合作与交流，增进两国人民友谊，推动双方各领域的交流合作不断迈上新的台阶。

在甬期间，吉拉西一行考察了奉化滕头村、宁波音王集团等。

【斐济总理访甬】 2010年8月9日至10日，斐济总理姆拜尼马拉马及夫人一行对宁波进行正式访问。

9日，市长毛光烈会见姆拜尼马拉马一行。市人大常委会党组书记、副主任郭正伟，副市长邬和民，外交部美大司参赞马占武，省外办副主任陆国灏及市政府秘书长王仁洲等陪同考察或参加会见。此次姆拜尼马拉马一行来访，旨在了解宁波港口航运、汽车、修造船等产业，寻求双方在上述领域交流合作的机会，随同来访的有斐济驻华大使何志美及夫人等。

在甬期间，姆拜尼马拉马一行参观了宁波吉利汽车制造有限公司，考察了位于奉化的浙江造船有限公司造船基地。

【以色列客人访甬】 2010年8月10日，市委常委、副市长余红艺会见以色列生—BDO公司董事总经理、以色列亚洲商会副会长、以色列驻上海前总领事马弈良等。

以色列生—BDO公司是一家全球领先的跨国咨询公司，为客户提供商业发展、投资银行和企业融资等系列服务，此次该公司偕以色列CAMEL砂轮公司负责人访甬，与宁波树脂砂轮厂成立合资公司。

【塔吉克斯坦农业访问团访甬】 2010年8月16日，由塔吉克斯坦总统办公室农业与土地垦殖部主任萨发罗夫率领的农业访问团访问宁波。副市长陈炳水会见访问团。

访问团一行实地考察了奉化滕头村、镇海九龙湖、象山世行项目、宁海现代农业企业等。

【多哥总统访甬】 2010年8月21日，市委副书记、市长毛光烈会见来访的多哥总统福雷·埃索齐姆纳·纳辛贝一行。毛光烈表示，宁波愿意与多哥加强经济、贸易、文化和科技等方面的合作，共同探索互利共赢、共同发展的合作方式，促进双方经济发展，造福两地人民。福雷对宁波的基础设施建设和港口发展表示赞叹，并希望不断加强与中国的友好关系，努力巩固两国友谊。中国驻多哥大使杨民、副市长邬和民、外交部非洲司参赞胡长春、省外办副主任顾建新和市政府秘书长王仁洲等参加会见。

在甬期间，福雷一行分别参观考察了杭州湾跨海大桥和宁波港集团。

【泰国商务考察团访甬】 2010年8月26日至28日，泰国商务部外贸厅厅长助理詹彭率商务考察团访问宁波。考察团拜会了市工商局、市质量技术监督局、宁波出入境检验检疫局和宁波海关，了解泰国大米和龙眼干的进口和销售情况，并就泰国茉莉香米商标保护和质量技术标准等问题与上述部门的负责人举行会谈。

【英国外交与联邦事务部长访甬】 2010年9月12日，英国外交与联邦事务部部长、国会议员杰瑞米·布朗到访宁波，并以诺丁汉大学校友的身份为宁波诺丁汉大学师生发表演讲。市政协副主席华长慧会见布朗一行，向来宾简要介绍了宁波市经济社会发展情况和宁波诺丁汉大学的中外合作办学模式。

【特立尼达和多巴哥总统访甬】 2010年9月15日，特立尼达和多巴哥总统乔治·理查兹和夫人在省外办主任阮忠训的陪同下专程来甬参观杭州湾跨海大桥。乔治·理查兹和夫人听取了大桥管理局负责人关于大桥规划、建设、管理情况的介绍，对大桥的雄伟气势表示赞赏。

【国际展览局秘书长访甬】 2010年10月4日至5日，国际展览局秘书长洛塞泰斯一行考察宁波。市委副书记、市长毛光烈会见洛塞泰斯一行，双方表示愿共同携手举办对世界有益的国际性重大项目。

在甬期间，洛塞泰斯一行考察了宁波博物馆、天一阁博物馆、奉化滕头村和溪口镇。

【泰国驻沪总领事访甬】 2010年10月13日，泰国驻沪总领事毕伦·莱诗密夫妇、泰国驻沪总领事馆投资处负责人、经济领事等一行访问宁波，拜会副市长邬和民，参观了宁波港。

【土耳其工人党代表团访甬】 2010年10月26日至28日，以代主席迈赫迈特·贝德里·居尔泰金为团长的土耳其工人党代表团访问宁波。市委常委、宣传部长宋伟会见代表团。

在甬期间，代表团与市委组织部、市委农办、市发改委、市经委、市外经贸局等进行了座谈，并参观考察宁波港、吉利汽车制造有限公司、宁波博物馆、天一阁博物馆、奉化滕头村等。

【瑞典企业家代表团访甬】 2010年10月28日至29日，瑞典驻上海总领事姚汉森率企业家代表团访问宁波，出席瑞典奥乐（宁波）有限公司成立仪式。市政协副主席常敏毅会见代表团一行。

【希腊驻沪总领事访甬】 2010年11月28日至29日，副市长邬和民会见希腊驻上海总领事玛利亚·萨兰蒂一行。

萨兰蒂一行与国家开发银行宁波市分行举行了会谈，并参观宁波港集团、宁波博物馆和老外滩等。

【巴基斯坦驻沪总领事访甬】 2010年12月14日至15日，副市长邬和民会见巴基斯坦驻沪总领事扎法尔·哈桑一行。在甬期间，哈桑一行与市外经贸局、市贸促会以及与巴基斯坦有业务往来的宁波企业举行会谈，并参观宁波经济技术开发区和吉利汽车制造有限公司等。

友好城市交流

【日本神户市副市长访甬】 2010年2月5日，日本神户市副市长兼港湾振兴机构会长鹈崎功一行访问宁波。常务副市长王勇会见代表团一行，双方就加强宁波港与神户港的合作交换了意见。

【人民友谊贡献奖】 2010年3月4日，宁波市举行仪式，授予来自德国友城亚琛市的郝伯特·普罗姆波“人民友谊贡献奖”。

“人民友谊贡献奖”由中国人民对外友好协会颁发。全国友协副会长李建平、宁波市人大常委会副主任陈旭出席颁奖仪式。

1986年，普罗姆波促成亚琛市与宁波市建立友好城市关系。多年来，他担任亚琛宁波友城促进会主席，致力于推动两市的友好交流。1996年，宁波市人大授予普罗姆波“宁波市荣誉市民”称号。

【乌克兰敖德萨市政府代表团访问宁波】 2010年3月12日，由敖德萨市港口事务协调全权代表瓦列里·卡尔波夫率领的乌克兰敖德萨市政府代表团访问宁波。乌克兰新任驻上海总领事谢军一同来访。副市长邬和民会见代表团和乌驻沪总领事一行，双方就在经贸、港口等领域进一步加强合作，共同推动两市友好交流关系不断发展交换了意见。代表团考察了宁波港集团。

【韩国大邱市企业家代表团访甬】 2010年3月16日至18日，由大邱市国际通商课官员率领的韩国大邱市企业家一行访问宁波，并在宁波举办中韩进出口贸易洽谈会。12家大邱市企业与宁波市20家企业进行商贸对接洽谈。大邱市国际通商课官员另行拜访了宁波市贸促会和市对外贸易经济合作局，商谈两市加强在经贸领域的交流与合作事宜。

【法国鲁昂市高校代表团访问宁波】 2010年3月16日至18日，法国鲁昂高等电力工程师学院董事会主席裴兹埃·迪迪埃、校长纪莱曼·克洛德一行访问宁波。代表团拜访了市教育局，参观了效实中学、宁波大学和两家企业，与宁波大学信息学院达成交换教师、学生交流等合作意向。

【美国巴吞鲁日市代表团访甬】 2010年4月1日，由美国路易斯安那州州府巴吞鲁日市市长梅尔文·霍尔登率领的代表团访问宁波。梅尔文·霍尔登一行参观了方太集团，与该集团就方太产品进入美国市场事宜进行了商谈，并考察了宁波大学等。

【越南同奈省代表团访甬】 2010年4月27日至29日，越南共产党同奈省委委员、省委宣传与教育部副部长阮文龙率同奈省代表团访问宁波。副市长成岳冲会见代表团一行，并与阮文龙共同签署友好合作备忘录。在甬期间，代表团一行考察了宁波博物馆、北仑港、吉利汽车制造有限公司和天一阁等。

【日本静冈县友好访华团访甬】 2010年5月12日，省委常委、市委书记、市人大常委会主任巴音朝鲁会见由静冈县知事川胜平太、议长浜井卓男率领的日本静冈县友好访华团。副市长邬和民参加会见。双方就进一步加强交流与合作交换意见。在甬期间，友好访华团一行参观了天一阁和北仑港。

【挪威斯塔万格代表团访甬】 2010年5月24日，市人大常委会副主任陈旭会见由斯塔万格市议长克里斯蒂安·瑞穆和斯塔万格大区桑内斯市市长诺恩·玛丽率领的挪威斯塔万格大区政府和企业代表团。代表团此次来访，主要考察宁波市经济社会发展情况，商谈两地交流与合作等事宜。

【日本静冈县日中友协代表团访甬】 2010年6月22日，副市长谭大辉会见由静冈县日中友好协会常务理事小松幸雄率领的日本静冈县日中友好访问团一行。访问团此次访甬，主要是考察宁波市佛教寺院，探寻中日佛教交流历史渊源。

【法国鲁昂工程师学院代表团访甬】 2010年7月6日，市政协副主席常敏毅会见由校长克罗德率领的法国鲁昂工程师学院代表团一行。代表团此次来访，是与宁波大学、宁波工程学院签署交流合作协议，并参加第2届宁波国际大学生节。

【波兰比得哥什市歌舞团访甬演出】 2010年7月6日，波兰比得哥什市歌舞团一行36人访甬，并在宁波大剧院为宁波市民上演一场波兰民族婚俗歌舞节目。波兰驻上海总领事安杰伊·维夏克夫妇专程到宁波观看演出。

【意大利佛罗伦萨市政府代表团访甬】 2010年7月10日，市长毛光烈会见由市长马泰奥·兰奇率领的意大利佛罗伦萨市政府代表团一行。毛光烈说，近年来，宁波与佛罗伦萨在文化、经济等方面都有良好的合作交流，取得了丰硕的成果。希望市长一行此次访甬把两市合作交流推向更高水平。

副市长邬和民、市政府秘书长王仁洲参加会见。

【日本广岛市代表团访甬】 2010年8月20日,市长毛光烈会见由广岛市长秋叶忠利率领的日本广岛市代表团。当天,代表团在甬举办推介会,向宁波市工商界人士推介广岛的文化、旅游、工农业产品等,并与宁波市有关部门、企业进行洽谈。访甬期间,代表团一行实地考察了和义大道、天一阁等地。

【奥地利维也纳新城市政府代表团访甬】 2010年8月30日,市委常委、宣传部长宋伟会见由市长伯恩哈德·马勒率领的奥地利维也纳新城市政府代表团一行。在甬期间,代表团考察了宁波港、吉利汽车制造有限公司,并与宁波工程学院会谈,商谈奥地利维也纳新城应用技术大学与宁波工程学院之间的交流和合作。

【英国诺丁汉市代表团访甬】 2010年8月30日至31日,由诺丁汉市议会副议长艾伦·克拉克率领的英国诺丁汉市代表团访问宁波。代表团在甬举办英国投资贸易座谈会,介绍英国投资贸易环境,并会同市外经贸局与有意向在英国投资和贸易的宁波企业进行洽谈。30日,市政协副主席华长慧会见代表团一行。

【比利时西弗兰德省代表团访甬】 2010年9月14日,省长保罗·拜恩率比利时西弗兰德省代表团一行50余人访问宁波。副市长邬和民会见代表团。代表团考察了宁波港、宁波经济技术开发区和两家比利时在宁波投资的企业。

【西挪威议会代表团访甬】 2010年9月16日,市人大常委会副主任陈旭会见以挪威罗加兰郡郡长、西挪威议会副主席汤姆·特维特为团长的西挪威议会代表团一行。代表团着重考察了宁波经济社会发展近况,并与相关部门商谈下一步交流合作事宜。

【亚琛市政府代表团访甬】 2010年9月17日至19日,市长马塞尔·菲利普率德国亚琛市政府代表团对宁波市进行友好访问。17日,德国亚琛-宁波经贸合作交流会在宁波举行。副市长邬和民在会上致辞。亚琛市工商界代表和40多家宁波企业代表参加交流。

18日,市委副书记、市长毛光烈会见代表团一行。市人大常委会副主任兼秘书长施孝国、市政协副主席王建康和市政府秘书长王仁洲参加会见。

【约翰·施特劳斯金人雕像在甬揭幕】 2010年9月20日,在宁波大剧院举行了约翰·施特劳斯金人雕像揭幕仪式,副市长成岳冲、奥地利驻上海总领事海敏凯为雕像揭幕。雕像高约1.8米,重约230千克,表面镀金,是根据奥地利维也纳城市公园的施特劳斯金人像1∶1复制的,展示了施特劳斯侧身演奏小提琴的优美姿态。

约翰·施特劳斯是世界著名作曲家,出生于奥地利维也纳,一生创作了500多首作品,其中《维也纳圆舞曲》最为著名。

【宁波-日本上田市庆祝结好15周年】 2010年10月12日晚,宁波市与日本上田市建立友好交流关系15周年庆祝酒会在宁波举行,市人大常委会代主任郭正伟、上田市教育总长小山出席酒会并致辞。出席庆祝活动的嘉宾还有市有关部门,与上田有交流关系的学校、企业以及友好人士等。

【德国石荷州代表团访甬】 2010年10月13日,市政协主席王卓辉会见由州长彼德·卡斯藤森率领的德国石荷州代表团一行,双方表示希望进一步开展两地实质性的交流与合作,促进共同繁荣。在甬期间,代表团考察了浙江造船有限公司,出席石荷州吕贝克应用科技大学与浙江万里学院建立友好校际关系签字仪式及浙江万里学院网络控制实验室揭牌仪式。

【韩国顺天市市长访甬】 2010年10月12日至13日,韩国顺天市市长卢官奎率领的代表团来甬考察。市委副书记、市长毛光烈会见代表团一行。毛光烈表示,希望两市今后在生态经济、旅游业、低碳经济发展等方面进一步加强交流与合作,同时巩固提升两市在公务员、青少年、文化、艺术等方面交流合作所取得的成效。市政府秘书长王仁洲参加会见。

在甬期间，代表团一行参观了宁波市东钱湖南岸湖线建设项目、高教园区图书馆和顺天市在宁波市设立的宣传馆。

【挪威企业家代表团访甬】 2010年10月17日至19日，挪威驻上海总领事诺和平率挪威企业家代表团对宁波市北欧工业园区进行工作访问。市政协副主席郁义康会见诺和平一行。

在甬期间，代表团一行参加了在北欧工业园区举行的挪威商务孵化基地成立仪式。

【意大利维罗纳市议会主席访甬】 2010年12月3日至5日，意大利维罗纳市议会主席阿方索率团对宁波进行友好访问。宁波市政协副主席郁义康会见代表团。

在甬期间，代表团一行实地考察了梁祝文化公园、宁波国贸平台、天一阁、宁波博物馆等地，并与宁波市相关部门就下一步交流与合作事宜进行商谈。

【韩国顺天市议长访甬】 2010年12月28日，市人大常委会副主任陈旭会见韩国顺天市议会议长丁秉徽一行。代表团在甬考察了老外滩、城市展览馆、大剧院、北仑港、东钱湖等。

（邓碧波）

县(市、区)外事

·海曙区·

【重要外事活动】 2010年11月30日，2010宁波海曙(香港)投资环境推介会在香港举行。区委书记陈奕君出席并致欢迎词，区政协主席王黎明、副区长谭国洪以及区贸易局、发改委、经济发展局、财政局、南站区域开发建设指挥部等部门领导，以及100多位香港客商出席推介会。海曙区对莲桥街地块、鄞奉路地块、南站广场、二十一码头、欧尚三宝地块等项目作了推介，特力屋、喜多屋餐饮集团、香港富德莱斯环球商业发展有限公司、香港西龙餐饮集团、意大利D&G服饰品牌及香港锦涛顾问有限公司等企业现场签约落户海曙。

【主要出访】 2010年4月15日至26日，副区长谭国洪率代表团赴德国、捷克和意大利，参加“2010欧洲·宁波周”活动，其间参加了宁波投资环境介绍会、宁波-德国经贸合作交流会、宁波-意大利服装产业合作交流会暨服装博览会推介会等活动，拜会捷中工业及商业联合会及相关知名企业、经济团体等，洽谈合作交流，促进项目推介。

6月22日至7月3日，区委统战部长赵剑光率团赴新加坡、澳大利亚和新西兰考察城市管理工作。

6月29日至7月10日，区人大常委会副主任李伟铭率团参观访问英国伦敦兰博斯、丹麦哥本哈根、瑞典赫尔辛堡三地的市政府和英国金桥公司，就欧洲市场经济法制建设等方面的成熟经验与对方进行交流探讨。

8月16日至27日，区长彭朱刚率团赴澳大利亚、新西兰和菲律宾，学习考察经贸和社区治安。代表团访问了当地企业，详细了解当地政府在加强企业服务和管理方面的经验，商讨企业间的商务合作。代表团还与菲律宾巴塞市政府、澳大利亚维多利亚市政府和新西兰警察协会等，就社区治安、警务法纪等进行了交流。

9月19日至30日，副区长叶正波率团赴瑞士、捷克和奥地利洽谈文化项目合作，考察历史文化建筑保护开发利用情况。

9月15日至26日，区委常委、宣传部长童经纬率团赴丹麦、瑞典和芬兰进行文化交流考察，与当地文化官员交流探讨了民俗文化的挖掘和保护、文化遗产的利用以及文化发展规划、文化产业发展途径的创新思路和经验做法等。

10月19日至30日，区政协主席王黎明率团赴芬兰、挪威和俄罗斯考察环境保护与管理工作，重点考察了当地的生态住宅和可持续型环保管理模式等。

11月16日至27日，区人大常委会副主任薛忠海率团赴新西兰、澳大利亚和新加坡，学习考察城市社区规划和公共设施保护管理，并考察了市政建设。

【主要来访】 2010年7月15日，由泰国、马来西亚、老挝、越南、文莱、柬埔寨、缅甸等七国组成的东盟经贸考察团赴海曙区交流考察，副区长谭国洪向客人介绍了海曙区投资环境和经贸发展情况，并陪同考察团走访天一广场、宁波狮丹奴集团有限公司。

（邵黎颖）

·江　东　区·

【重要外事活动】 2010年4月25日至28日，江东区组团赴香港开展招商推介系列活动。其间，代表团邀请荷兰驻港总领事罗伯特·舒德勃姆、世界中华宁波总商会会长周亦卿、甬港联谊会会长严信才等150余名嘉宾及客商参加宁波(香港)现代服务业暨江东区楼宇经济推介会、重要客商会见会和香港媒体联合采访会等系列活动。招商活动促成14个项目签约。

【主要出访】 2010年6月16日至27日，区委常委、常务副区长张极星率代表团赴英国、法国进行城市建设规划以及城市管理交流考察。

9月6日至17日，区委常委、组织部长徐大聪率团赴美国、加拿大和墨西哥进行友城交流和项目洽谈。考察团先后拜访加拿大不列颠哥伦比亚省议会、加拿大亚洲商务中心、墨西哥中国华人商会和当地政府，以及美国亚特兰大底克普郡政府，并与底克普郡正式签署友好交流意向书。

9月13日至23日，副区长那雁翎率团前往芬兰、挪威及瑞典，学习借鉴北欧国家社会保障的先进经验。

10月19日至30日，区委常委、纪委书记张霓率团赴新加坡、澳大利亚和新西兰进行政府效能及廉政建设交流。

10月24日至11月2日，区人大常委会副主任周本岳率团赴日本、韩国参加"东北亚·宁波周"，开展招商推介和项目洽谈活动。其间，代表团走访了一批日韩企业，宣传推介江东投资环境、产业政策及特色基地，推动日本技奥工业设计公司、韩国Design-next设计公司等加快落户江东。

【主要来访】 2010年6月8日，加拿大亚洲商务中心商务考察团赴江东区考察。考察团由加拿大不列颠哥伦比亚省议员布雷尔领队，随行的多家企业首席执行官分别就清洁能源、医疗设备、网络技术、水产养殖、矿产开发及退休养老社区发展等合作项目与江东区企业家进行洽谈。考察团参观了能士智能港等江东区重点企业。

9日，美国亚特兰大市底克普郡副首席执行官维伯·乔恩一行到访江东。常务副区长张极星会见代表团。

【友好往来】 2010年9月9日至11日，以区委常委、组织部长徐大聪为团长的代表团赴美国佐治亚州底克普郡进行友好交流，与该郡正式签订友好交流关系意向书，双方将在经济、贸易、科技、文化、教育、体育、卫生、人才培训等方面开展多种形式的交流合作。

（蒋　琳）

·江　北　区·

【重要外事活动】 2010年7月11日，第3届中欧社会论坛基础教育分论坛暨义务教育公平与质量论坛在江北区举行。中国教育协会副会长、亚太地区联合国教科文组织联合会主席陶西平，中欧社会论坛基金会秘书长让·保罗·迪拉特，省教育厅巡视员张绪培等出席开幕式。宁波市副市长成岳冲和江北区委副书记、区长张南芬分别在会上致辞，副区长戴瑜等出席。

8月30日至9月5日，第1届"亚洲杯"桥牌锦标赛在江北区举办，共有来自亚洲21个国家和地区的34支代表队，221名领队、教练和运动员参赛。世界桥联主席达米亚尼，副主席蔡国雄、马兹·杰弗里，亚太桥联主席陈凤翎等世界、亚太桥联官员出席开幕式。宁波市市长毛光烈，中国桥牌协会副主席、宁波市常务副市长王勇、市人大常委会副主任卓祥騄、副市长成岳冲等出席开闭幕式。

【主要出访】 2010年6月22日至7月3日，区长张南芬率团，赴德国、英国和意大利参加“2010欧洲·宁波周”活动，开展招商引资工作。代表团参加了宁波—德国经贸合作交流会、宁波—意大利服装产业合作交流会暨服装博览会推介会，推进项目合作，并考察企业，开展友城交流。

10月18日至29日，区委书记俞雷率团访问加拿大、美国和日本。代表团拜访了加拿大三五环球组织有限公司、美国嘉露酒庄和日本伊藤忠株式会社等知名企业，并就湾头开发和慈城新城项目与对方进行招商洽谈。

【主要来访】 2010年6月14日，区委书记俞雷会见法国迪卡侬集团中国发展总监邸百航一行。

8月5日，区委书记俞雷会见新加坡工商企业联合会考察团一行。

8月17日，区委书记俞雷会见新加坡悦榕庄集团中国区域董事总经理吴晓东一行。

（徐春艳）

·北　仑　区·

【重要外事活动】 2010年4月15日至26日，宁波经济技术开发区管委会副主任沈恩东率团参加“欧洲·宁波周”。

10月26日至11月4日，沈恩东率团参加在日本举办的“东北亚·宁波周”活动。

【主要出访】 2010年11月9日至20日，区长华伟率团赴巴西、秘鲁和古巴进行市场考察。其间，代表团访问了北仑区在南美的两家民营企业，了解经营情况；并向访问国介绍北仑区经济社会发展情况，推进在谈项目。

【主要来访】 2010年，北仑区（开发区）接待外宾、外商13批162人次，其中7月28日至31日接待参加第2届宁波国际港口文化节的外国驻华大使和使节夫人团组共49人。

（虞　雁）

·镇　海　区·

【重要外事活动】 2010年10月18日，北欧工业园区产业研发孵化中心举行开业典礼。挪威驻上海总领事佛雷德·诺姆、挪威驻华大使馆创新挪威商业顾问特朗雷等，区委书记马卫光、副区长王耀军以及北欧工业园区董事长兼首席执政官欧佛罗德兰等出席典礼。

【主要出访】 2010年4月17日，区委书记马卫光、副区长王耀军率团参加“2010欧洲·宁波周”活动，在德国、瑞士、意大利等国参加一系列经贸洽谈和产业推介。在德国比勒费尔德参加石化、新材料产业对接推介会分项活动，以及德国经贸合作交流会；在瑞士伯尔尼参加石化产业对接洽谈会分项活动，赴日内瓦与中国商会洽谈化工领域合作事宜；赴意大利佛罗伦萨与TAZZETTI公司洽谈潜在化工项目安全环保服务事宜。

【主要来访】 2010年8月6日，瑞士西部应用科技大学组织24名机械工程设计专业学生到宁波耀升工具实业有限公司考察研发制造情况。

8月16日，宁波市副市长陈炳水在镇海会见由塔吉克斯坦总统办公室农业与土地垦殖部主任萨发罗夫率领的塔吉克斯坦农业访问团一行。区长陈召华参加会见。

【友好往来】 2010年11月2日，区长陈召华会见来镇海龙赛中学交流的德国北威州斯维尔特综合中学师生。陈召华向德国师生介绍了镇海经济、文化和未来发展等情况。

11月4日，副区长翁雪莲，区政协副主席、区委统战部长胡文安会见瑞士中国学人科技协会考察团。

（刘斯琼）

·鄞州区·

【外事工作概况】 2010年,鄞州区审核办理因公出国(境)团组290人次,其中企业经贸团188人次,占因公出国(境)人员的64.83%;因公护照、通行证收缴率100%。

【重要外事活动】 2010年6月8日,鄞州区举行重大项目签约仪式暨招待酒会,区长薛维海出席并致欢迎词。现场签约外资项目15个。

6月8日,鄞州区举行投资环境推介会,来自19个国家和地区的近百名客商出席。推介会着重推介南部商务区、创新128园区、集士港卫星城等现代服务业重点发展区域。与会嘉宾考察了南部商务区、万达商圈和高教园区。

8月4日至14日,第7届中俄国际象棋对抗赛在宁波鄞州进行。中国队获得冠军。

9月26日至10月3日,国际女子网球挑战赛在鄞州举行。国家体育总局网球运动管理中心主任孙晋芳,省体育局局长李云林,市委常委、区委书记寿永年,市体育局局长金三叙等出席开幕式。意大利运动员比兰蒂获冠军。

10月31日,第3届天童国际登山邀请赛在天童森林公园举行。共有120名选手参赛,其中38人为外籍选手。

【主要出访】 2010年4月15日至25日,市委常委、区委书记寿永年率经贸交流团出访以色列、肯尼亚和塞舌尔,与三国有关政府部门进行友好交流,考察学习当地经济发展的先进经验,并推介鄞州区投资环境,进行招商项目洽谈。

6月17日至28日,副区长王洪平率团赴德国、瑞士和捷克参加"欧洲·宁波周"活动;在瑞士举行产业对接会,重点推介鄞州投资环境和投资机会,主要引进技术研发、金融服务、品牌运营、医疗保健等新型高端企业。

7月17日至28日,区长薛维海率团出访加拿大、美国和巴西。与美国迪斯尼公司和巴西尹氏集团洽谈其在鄞投资项目;在美国硅谷举行招才引智恳谈会;与加拿大企业进行合作交流,推介鄞州投资环境。

10月17日至20日,市委常委、区委书记寿永年率团赴香港举办"2010宁波市鄞州区现代服务业(香港)推介会",重点推介新城区十大功能区块和长丰、潘火等现代服务业重点区块,推进鄞州与香港在金融商务、动漫设计等领域的合作。

10月28日至11月2日,副区长王洪平率团赴日本参加"东北亚·宁波周",举办推介会,考察OSG株式会社汽车零部件生产工厂,参加名古屋博览会、宁波-日本经贸合作交流会及汽配企业合作对接会。

【主要来访】 2010年6月8日,副区长王洪平会见来鄞考察的美国佐治亚州底卡普郡代表团。

9月7日,南非东开普省农业及农产品加工部一行2人访问鄞州,考察郊区农业发展、农产品加工等情况,参观湾底村。

【友好往来】 2010年12月3日至5日,意大利维罗纳市议会主席阿方索率市议会代表团对鄞州区进行友好访问。代表团参观了宁波(鄞州)博物馆,并前往梁祝公园,探访了维罗纳市赠送给宁波的朱丽叶复制铜像。

(毛颖颖)

·余姚市·

【外事工作概况】 2010年,余姚市出国(境)234批次434人次,其中非企业出访56批次164人次,达到在2009年基础上零增长的要求。护照收缴率达到100%。

【重要外事活动】 2010年4月12日,2010(香港)·余姚市重点区块推介会在香港举行。余姚市领导陈伟俊、毛溪浩、陈长锋、李斌出席推介会。共推介14个重点地块项目。

11月6日,第4届中国裘皮服装节在余姚市举行。同期举行第22届世界模特小姐国际总决赛"余姚中国裘皮城杯"最佳上镜奖颁奖晚会。来自56个国家和地区的世界模特小姐进行总决赛，来自哈萨克斯坦的两名选手获得“最佳上镜奖”。

11月6日至9日，第12届中国塑料博览会在余姚市举行，同期举办了第6届中国塑料产业发展(国际)论坛，共有来自美国、德国、英国、韩国以及伊朗等国家的180多家企业代表参加。

11月8日至9日，第6届小家电博览会在余姚市举行，其间共有20万人次中外客商参会，比上届增长15%。

【主要出访】 2010年6月23日，市委副书记、市长毛溪浩率经贸代表团前往德国参加“欧洲·宁波周”活动暨宁波-德国经贸合作交流会。其间，毛溪浩与宁波市领导和各县(市)区主要领导共同会见比勒费尔德市市长赫斯特·格鲁博及当地工商会、经济促进局等政界、企业界、金融界人士。余姚经济开发区作为三大重点推介园区之一，向参会的180余位德国客商作了推介。活动结束后，代表团一行赴捷克、俄罗斯进行商务活动。

10月25日至11月1日，副市长陈长锋一行赴日本进行系列招商活动，同时参加在名古屋举行的“东北亚·宁波周”活动。10月26日，在东京大藏饭店举行日本·余姚投资环境说明暨日本产业园推介会和招待酒会，共邀请日本客商73名，其中包括三菱化学、海德鲁公司、富士通公司、丸红、住友等世界500强企业。余姚市招商局和经济开发区分别对余姚投资环境、开发区日本产业园及模具城三期进行推介。共有5个项目在推介会上签约和落户，协议利用外资2000余万美元。代表团参加了宁波市在名古屋举行的主体活动，安排10家企业参加宁波-名古屋汽配企业对接会和宁波名古屋节能环保企业对接会。此外，代表团还对三菱树脂、三菱伸铜、海德鲁公司、东京中小企业投资育成株式会社等重要客商进行了拜访和接触。

【主要来访】 2010年，先后有日本三菱材料集团副社长、三菱伸铜株式会社社长浅尾晴彦一行，澳大利亚好市围市市长菲腊·森信一行，波兰驻华大使塔德乌什·霍米茨基以及波兰NTS SA公司总经理曾小辉一行，美国摩根士丹利公司高级副总裁、瑞星斯达投资控股集团董事长江柏德一行，日本柳川市副市长刘茅初支一行，日本高岛市藤树先生献书会代表团，法国亚琛市企业家代表团等80余名外宾访问余姚。另有80位来自东盟、西欧和非洲等地区国家的政府官员先后来余姚参加“发展中国家中小企业发展研修班”和“非洲法语国家宏观经济发展研修班”。

【友好往来】 2010年5月18日，余姚市与日本柳川市签订建立旅游文化友好交流城市协议。两地旅游部门将在旅游市场营销、旅游人才培训、旅游景点建设、旅游企业管理等方面开展合作，共同开拓国内外客源市场。

8月23日，余姚市和日本高岛市共同举办中日书法家交流会。

(孙雪丹　沈建芬)

·慈　溪　市·

【外事工作概况】 2010年，慈溪市派遣因公出国(境)团组210批433人次，其中企业经贸团组142批275人次。接待各类外宾团组18批212人次。新增直报企业6家。推荐2家企业为宁波市级外事工作重点服务对象，确定5家企业为慈溪市级外事工作重点服务对象。

【重要外事活动】 2010年4月8日，慈溪市在上海举行重点投资项目对接洽谈会。来自欧美、东南亚、香港等地区的先进制造业、商贸企业等驻沪机构负责人共130余人出席洽谈会。市长徐华江出席并致辞。

4月22日至24日，由慈溪市政府、中国家电电器商业协会共同主办，以“绿色·资源节约”为主题的2010中国慈溪家电博览会在慈溪市会展中心举行。来自LG、博世、伊顿、通用电器、固特异、米其林等6家世界500强企业和美国、加拿大、澳大利亚等国家300多人组成的采购团到会采购。

6月8日，副市长严新章出席第12届浙洽会重大外商投资项目签约仪式，与泰国正大集团签订总投资2亿美元的杭州湾农业科技生态园项目。

7月16日，中美合资慈林医院举行奠基仪式。市委书记洪嘉祥在仪式上致辞，市长徐华江主持仪式。

12月14日，正大农业科技生态园开工仪式在杭州湾现代农业开发区举行。市委书记洪嘉祥致辞并为开工典礼剪彩。

【主要出访】 2010年4月11日至19日，市委副书记、市长徐华江率团赴泰国、菲律宾和印度尼西亚进行合作项目签约及招商活动。在菲律宾，代表团考察了正大集团在马尼拉的合作公司。在印尼，代表团参观考察了慈溪市投资的企业，参观了农产品种植基地，以及农产品和水果专业批发市场等。在泰国，代表团参观考察了正大集团的农牧业生产、加工销售产业链，同正大集团中国区副董事长谢毅等进行洽谈，并举行文件签约仪式。

7月21日至8月1日，市委书记洪嘉祥率团赴匈牙利、泰国和印度尼西亚进行合作项目推进及商贸考察活动。在匈牙利，代表团考察了亚洲世贸中心、中国商贸城、匈牙利科学院等。在印尼，代表团考察了省商务厅在雅加达设立的浙江省品牌企业展示中心，拜访慈溪市境外企业Depokita公司、源丰股份有限公司。在泰国，代表团与正大集团董事长谢国民等集团高层人员交流，考察了正大的现代化鸡食品加工企业及产业化新农村建设项目等。其间，慈溪市农业银行与正大集团签订项目融资合作意向书。

10月26日至11月4日，副市长胡建国率慈溪市经贸考察团赴日本、韩国参加“东北亚・宁波周”活动。代表团在神奈川县举办了“2010日本・慈溪汽配产业推介会”。

【主要来访】 2010年2月3日，市委书记洪嘉祥会见浙江三国精密机电有限公司日本总部生田社长一行。代表团此行主要是了解浙江三国精密机电有限公司在慈溪的发展情况。

4月23日，越南共产党中央检查委员会副主任梅值率领的干部培训团来慈溪考察家电博览会。

7月6日，市委书记洪嘉祥会见前来考察慈溪杭州湾湿地中心的匈牙利驻沪总领事库蒂・拉斯洛来。

7月15日，市委书记洪嘉祥会见参加中美合资慈林医院奠基仪式的HCA美国医院集团创始人托马斯・弗瑞斯特。

11月4日，市委书记洪嘉祥、市长徐华江分别会见由市长克洛伊泽塔宾率领的匈牙利考波什堡市友好访问团。

【友好往来】 2010年9月27日至29日，市政协主席胡惠强率团赴俄罗斯圣彼得堡市基洛夫区访问，会晤区长彼得罗夫，考察了基洛夫区相关企业和公共设施。

11月19日至21日，市人大常委会主任黄建钧率团访问美国贝克斯菲尔德市，会晤市长哈维・霍尔及该市姐妹城市委员会部分代表，商讨在经贸、文化、教育等领域加强进一步交流和合作的具体内容和措施，并在贝克斯菲尔德市举办经济推介活动。

（邹永夫）

・奉　化　市・

【外事工作概况】 2010年，奉化市接待外宾35批次378人次，办理因公出国(境)团组116批次207人次，其中党政人员因公出国团组52批次88人次，因公赴港澳7批次26人次；企事业因公出国(境)团组57批次93人次。因公护照、通行证收缴率达到100%。

【主要出访】 2010年3月19日至30日，市委书记戎雪海率经贸代表团赴英国、俄罗斯和印度进行经贸洽谈。在英国，代表团拜访了德文考威尔商业理事会和普利茅斯市市政府，考察了普利茅斯市滨海区域建设情况和游艇基地。在俄罗斯，代表团拜访了俄罗斯俄中经济合作发展中心和圣彼得堡市经济委员会，了解圣彼得堡的支柱产业及城市建设管理方面的做法。在印度，与印度中国经济文化促进会秘书长穆罕默德·萨奇勃等人进行了会谈，双方就在计算机、传媒产业方面开展合作进行了磋商。

4月11日至20日，市长张文杰率经贸团赴澳大利亚、新西兰进行经贸洽谈。

6月15日至20日，市委书记戎雪海率团赴香港、澳门进行招商引资推介活动。在香港，代表团参加了浙江奉化·香港投资合作推介会，宣传推介奉化的投资环境和资源优势。在澳门，代表团拜访了澳门贺田工业有限公司，商讨贺田来奉增资事宜。

9月9日至20日，以常务副市长周世君为团长的温泉项目和供水设备考察团赴英国、芬兰和瑞典考察。在英国，代表团拜会MCI投资有限公司，与该公司就溪口国际温泉城建设项目合作进行洽谈。在芬兰，代表团参观了赫尔辛基市中心污水处理厂。在瑞典，代表团拜访了诺迪克公司，就奉化市第二水厂工程购买该公司设备进行洽谈。

10月25日至11月5日，市人大常委会主任周涛率考察团赴英国、芬兰和瑞典进行物流考察。

10月27日至30日，副市长张行波率团赴日本参加“东北亚·宁波周”活动。其间，代表团与日方5家汽配企业达成初步合作意向。

10月31日至11月11日，副市长王海国率团赴英国、法国和德国进行农业考察。在英国，代表团拜访了英国土壤协会，就现代农业的发展和农产品加工销售进行洽谈。在法国，代表团访问了DJP水资源公司，了解法国的水利政策和水利建设情况。在德国，代表团拜会德国威尔堡市政府和汉源公司，考察和了解当地农庄和生态农业情况，学习政府在土地规划、水环境保护等方面的做法和经验。

11月23日至26日，常务副市长周世君率团赴香港招商引资。代表团拜访了华润集团香港总部，双方就阳光海湾和滨海新区集中供热项目的可行性进行了探讨。

【主要来访】 2010年7月15日至17日，联合国助理秘书长兼联合国驻上海世博会总代表贝楠一行赴奉化溪口，参加中国未来城市发展溪口峰会。德国、澳大利亚、坦桑尼亚和墨西哥四国的驻华大使及未来城市建设方面的专家学者参加会议，共同探讨旅游景区型城市在未来社会的发展模式。

8月10日，斐济总理姆拜尼马拉马一行参观浙江造船厂。

10月5日，国际展览局秘书长洛塞泰斯一行参观滕头村。

10月27日，土耳其工人党主席居尔泰金率代表团访问奉化，参观滕头村。

【友好往来】 2010年5月13日至15日，日本入间市副市长吉田竹雄一行对奉化进行友好访问，参加庆祝入间市与奉化市建立友好关系10周年庆典。双方就进一步加强在体育、文化等方面的合作进行了交流。

8月18日至23日，市教育局副局长王廉隅率奉化市锦屏中学师生一行8人赴日本入间市进行中学生交流访问活动。

9月9日至11日，以色列塔玛市市长多弗·内特文夫率友好访问团访问奉化，市长张文杰会见来宾。双方签署建立友好城市关系意向书。

10月21日至30日，副市长周海飞率代表团赴日本进行友好访问，参加入间市的万灯节。双方就进一步开展市民交流事宜进行了洽谈。

（虞　晶）

·宁　海　县·

【外事工作概况】 2010年，宁海县派遣因公出国(境)团组116批206人次，其中从事经贸活动70批151人次，分别占因公出国(境)团组和人员的60%、73%。

【重要外事活动】 2010年5月9日，宁海县举办投资洽谈会，来自法国、西班牙等11个国家和地区的139名客商参会。其间签约项目15个,其中外资项目12个,协议利用外资2.65亿美元。

11月5日,宁海县与西班牙加泰罗尼亚自治区亚挪威亚行政区举行商贸洽谈,签署经贸合作备忘录。

【主要出访】 2010年7月5日至16日,县委书记王剑侯率团赴巴西、秘鲁和加拿大进行经贸考察及合作洽谈活动,拜会多家文具、机械、电器类企业,就宁海县文具产业园区招商引资以及电子电器等项目的合作与外商进行磋商。

【主要来访】 2010年8月18日,塔吉克斯坦总统办公室农业与土地垦殖部主任萨法罗夫·居马坤率农业代表团来宁海县考察。

10月21日,荷兰林堡省和德国亚琛商会组织的企业代表团来宁海考察投资环境,并与部分企业洽谈商务合作等事宜。

11月5日,西班牙加泰罗尼亚自治区亚挪威亚行政区行政长官马克·卡斯特尔斯率团访问宁海,考察投资环境。

11月15日,印度尼西亚国家教育部中等教育标准化技术审定委员会主任一行参观考察跃龙中学。

【友好往来】 2010年12月5日至6日,匈牙利贝凯什乔包市代表团访问宁海,宁海县与贝凯什乔包市签署友好交流关系意向书。县领导会见代表团一行,双方就进一步加强交流、开拓合作渠道交换了意见。

(尤婷婷)

·象　山　县·

【外事工作概况】 2010年,象山县办理因公出国(境)团组77批136人次(包括赴港澳团组12批28人次),比2009年减少25人次。其中党政人员86人次,减少27人次。

【主要出访】 2010年4月18日至28日,县人大常委会副主任郑亚红率团赴德国、意大利和瑞士参加"欧洲·宁波周"经贸合作交流会,开展系列经贸招商及项目洽谈活动。

6月17日至18日,县委书记李关定率团赴香港参加甬港联谊会成立30周年庆典,参加与香港招商局、巴拉哥船务、保利地产的商务洽谈。

6月28日至7月9日,象山县产业区管理委员会主任周平飞率团赴新加坡、马来西亚和印度尼西亚,参加船用配件产业对接会,并进行招商考察。

7月21日至30日,县委副书记黄志明率团赴美国、加拿大,学习交流中小城镇建设综合管理经验。

10月24日至11月2日,县人大常委会主任金红旗率团赴美国、加拿大交流学习加强政府监督和政府绩效评估的经验,与美国切诺市政府和加拿大不列颠哥伦比亚省议会领导进行会谈和交流,并进行实地学习考察。

10月31日至11月11日,县委书记李关定率团赴法国、意大利和西班牙,学习中小城市建设规划和旅游经济发展模式,拜访法国戛纳市政府、意大利曼塔纳市政府和西班牙比亚尔巴市政府,考察学习当地城市建设和发展旅游经济方面的经验,寻求合作项目。

【主要来访】 2010年3月12日,也门哈德拉毛省省长萨利姆·艾哈迈德·赛义德·哈姆巴西率代表团访问象山,考察中国水产城。

8月15日至16日,新西兰黑斯廷斯市市长劳伦斯·耶率团访问象山,表达了与象山结为友好城市的意向。

8月17日,由塔吉克斯坦总统办公室农业与土地垦殖部主任萨法罗夫·居马坤率领的农业代表团访问象山,参观相关企业和中国水产城,并就水产渔业合作与有关方面会谈。

【友好往来】 2010年4月11日起,象山县派遣3名食品加工研修生,赴日本爱媛县宇和岛市进行为期9个月的研修。

9月13日至14日,日本爱媛县宇和岛市市长石桥宽久率交流团来象山进行友好城市交流。

(赖琼琼)

温　州　市

温州市简称“温”，辖鹿城、龙湾、瓯海3个区，瑞安、乐清2个县级市，洞头、永嘉、平阳、苍南、文成、泰顺6个县，陆域面积11784平方千米。2010年末全市户籍总人口786.8万人。2010年，全市实现地区生产总值2926.57亿元；财政总收入411.43亿元，其中地方财政一般预算收入228.49亿元。

概　述

【外事工作概况】　2010年，温州市人民政府外事办公室(简称“市外办”)整合内外温州人资源，突出为温州转型发展服务，全面推进外事工作科学发展。

为国家总体外交服务。一是完成中央交办的外交任务。市委副书记、市长赵一德陪同习近平副主席赴俄罗斯乌苏里斯克经济贸易合作区考察。副市长孟建新率团访问意大利，开展政治、经济全方位交流。2010年，因社会治安、经济纠纷造成温州籍侨民海外合法权益受到侵害的事件时有发生，市外办积极配合外交部及驻外机构，做好法国巴黎万人游行、俄罗斯“灰色清关”、西班牙埃尔切打击华人制鞋业等事件的处置工作。二是完成高级别来宾接待任务。全年接待外宾和港澳团组115批1339人次，其中副部级以上团组9批110人次，包括非盟主席让·平、捷克国会上议院副主席米兰什捷赫、泰国枢密院大臣贴卡蒙、巴西联邦参议院外交与国防委员会主席埃德华多·阿泽雷多等。三是服务上海世博会安保大局。成立市外办上海世博会安保工作领导小组，制订温州市外事系统上海世博会“环沪护城河”涉外安保工作方案。

服务温州经济社会发展。一是高层出访推进合作。2010年市领导出访23批25人次，开展经贸考察、议会交流、项目洽谈、技术人才交流、友好城市访问等活动。二是推动重点项目。在服务温州瓯飞滩围垦项目、温州肯恩大学合作项目、赴境外招聘高层次人才项目等事关温州城市发展的重大项目上，充分利用外事资源，取得一定成效。三是利用友城和友好交流资源为经济建设服务。市领导访问友城意大利普拉托省期间，两市就加强经贸合作，推进两地服装、面料、葡萄酒业合作等内容达成协议。友城美国匹茨堡市副市长率团访问温州，市外办安排多家温州知名企业与代表团商谈。市政府组织300余人的企业代表团赴怡保市举办马来西亚·中国(温州)名优产品博览会，霹雳州及怡保市组织120多位企业家参加第4届中国(温州)特色农业博览会。四是深化为企业服务活动。向外向型企业分发因公出国、因公赴港澳和申办APEC商务旅行卡宣传册。办理企业申请APEC商务旅行卡16批37人。对企业集中参加的各种展会、推介会出国(境)审批实行上门服务。支持下属单位拓展涉外服务领域，收集并在外事网上发布2010年国际展会信息，启动领事认证代办业务，开展因私签证代办，全年办理认证文书536本，办理因私签证584批1009人次。

友好交流工作取得新成绩。一是继续拓展新友城。温州市与马来西亚霹雳州怡保市、美国加利福尼亚州匹茨堡市缔结友好城市关系的议案通过市人大常委会审议。新增友好交流关系城市3对，与俄罗斯圣彼得堡市、西班牙巴塞罗那市、美国博尔郡建立友好交流关系。与荷兰海牙市签署合作协议。二是保持与已结好友城的密切交流。继续与日本石卷市保持官方与民间的密切交流，向石卷市派遣第26期水产加工研修生，石卷市多个民间团组访问温州。与意大利普拉托省开展政府间互访，达成合作协议。与德国吉森市共同资助一德国艺术家访问温州。与加蓬让蒂尔港市签订正式友好城市协议书。三是民间交流活动丰富。接待日本吴市青少年交流团、日中友好富山县地方议员联盟等民间团组。市友协派员随全国友协团组赴尼日利亚、贝宁访问。积极开展“千校结好”行动，通过友城资源为温州的学校物色结对学校，为温州市职业中等专业学校与韩国仁川广域市中区永中国际物流高级中学结好牵线。开展第8届“雁荡友谊奖”评选活动，配合省友协在温州开展“外国友人看浙江”征文活动。以外文学会为平台，举办温州市第6届“英语之星”电视大奖赛、“希望之星”英语电视大奖赛等活动，以及温州市第2届青年翻译大赛。四是以世博会为契机，开展友好交流。温州市积极参加上海世博会“加蓬国家馆日”、瑞典馆举办的“瑞典建筑高峰日”等活动。此外，市外办还参加了联合国馆及其他国家馆的有关活动。

加强外事管理。一是继续开展党政干部公款出国(境)旅游专项治理。完善与财政部门的经费联审机制，严格执行计划管理、任务审批、经费核销等制度，从根本上杜绝一般性出访。全年审核审批因公出国(境)团组812批1971人次，其中党政机关(含参公)人员出访643人次；未批准团组6批13人，调整压缩团组22批11人97天。二是扎实推进因公护照签证工作。做好日常的护照颁发管理和因公护照签证代办工作，全年颁发护照978本、通行证375本，护照入库率达到100%；办理因公签证380批1321人次。三是加强涉外事务管理，依托联席会议机制，牵头协调处置各类涉外事件27件。

【2010马来西亚温州名优产品博览会】 2010年6月23日至27日在马来西亚霹雳州首府怡保市举行，马来西亚贸工部长慕斯达法出席开幕式并致辞。温州共有156家企业以235个标准展位365人参展，创温州市企业境外抱团参展新纪录。展会期间共获意向订单1200多万美元。

25日，温州首家境外名优产品展示中心——马来西亚中国温州名优产品展示中心在怡保市开业，该中心为温州产品提供了一个长期的展示窗口和贸易平台。

【捷克国会上议院副主席访温】 2010年8月27日至29日，捷克国会上议院副主席米兰·什捷赫率团访温。副省长、市委书记陈德荣会见代表团。市政协主席包哲东，市委常委、秘书长葛益平，市人大常委会副主任钱成良，副市长孟建新参加会见。

在温期间，代表团参观了温州大学民俗博物馆和发绣馆、温州城市规划展、临江垃圾发电厂和正泰集团等。

【温州肯恩大学项目取得进展】 2010年10月20日，副省长、市委书记陈德荣会见美国肯恩大学校长达伍·法拉希一行，商讨温州肯恩大学项目。温州肯恩大学项目是温州大学与美国肯恩大学合作办学项目，项目建成后，将是中美两国合办的第一所大学。11月28日，市委、市政府成立温州肯恩大学筹建工作领导小组。11月30日，陈德荣和市长赵一德分别会见肯恩大学常务副校长菲利普·康奈利一行。康奈利一行与温州市相关部门、学校讨论了创办温州肯恩大学的相关事宜。

【让·平新作首发式】 2010年11月3日，非盟主席让·平新作《非洲之光》中文版首发式在温州人民大会堂举行。省委常委、秘书长李强，副省长、市委书记陈德荣，外交部非洲司参赞孙保红，市委副书记、市长赵一德等出席首发式。陈德荣致欢迎词。让·平出席首发式并讲话。

《非洲之光》中文版分前言、上篇、中篇、下篇、结论五部分，全书14万字。该书有助于读者了解非洲的过去、现状和未来。

【马来西亚霹雳州参展温州农博会】 2010年11月17日至24日，马来西亚霹雳州州务大臣顾问郑可扬和怡保市市长罗西迪带领62家马来西亚企业的120多位企业家，组织150多种特色农产品参加第4届中国（温州）特色农业博览会。

【"雁荡友谊奖"评选表彰】 2010年12月16日，温州市人民政府授予格瑞·约翰·莫瑞斯等14名外国专家第8届"雁荡友谊奖"荣誉称号。21日，市外办、市教育局、市人事局联合举办第8届"雁荡友谊奖"颁奖仪式暨迎圣诞联欢晚会。市领导赵一德、郭登明、钱成良、孟建新等出席颁奖仪式并向获奖者祝贺。市委副书记朱贤良在颁奖晚会上致辞。

市领导出访

【温州市经贸代表团访问俄罗斯】 2010年3月19日至21日，市委副书记、市长赵一德率温州经贸代表团访问俄罗斯。

代表团考察了乌苏里斯克经济贸易合作区的总体规划，出席乌苏里斯克经济贸易合作区揭牌仪式，了解合作区的建设进度、招商情况和合作成果，并考察了园区内的温州企业，还参加了中俄经贸合作区建设座谈会，赵一德分别就温州"走出去"所具有的独特优势、取得的成效和下一步推进思路等作了介绍。

乌苏里斯克经济贸易合作区位于俄罗斯滨海边疆区第二大城市乌苏里斯克市，是2006年经商务部批准建设的首批8家境外经贸合作区之一，也是中国在俄境内投资的第一个经贸合作区，由温州多家企业共同牵头组建。

【温州市政协代表团访问东欧三国】 2010年7月20日至31日，市政协主席包哲东率市政协代表团访问捷克、斯洛伐克和罗马尼亚。

在捷克，代表团拜访了议会、中国驻捷克大使馆及捷克温州商会。

在斯洛伐克，代表团访问了尼特拉市、格兰达市，分别与两市的市长及相关官员会晤。

在罗马尼亚，代表团拜会了康斯坦察县议会，参观了港口和集装箱码头，寻求与罗方进一步合作的可能。

【温州市经贸代表团访问意大利】 2010年10月11日至16日，副市长孟建新率温州市经贸代表团访问意大利，开展经贸和友好交流活动。代表团拜访了意大利外交部，与移民政策司官员和普拉托市议会议长就如何使温州侨民更好地融入当地社会和华人华侨转型升级等问题交换了意见。在罗马举办了"中国（温州）-意大利产业对接交流会"，达成12个合作意向协议。代表团还拜访了托斯卡纳大区主席、普拉托省省长、普拉托市市长等，孟建新在普拉托省政厅发表演讲，温州市政府与普拉托省政府再次签署合作意向书。

【温州市围海造地项目考察团赴荷兰、韩国和希腊考察】 2010年12月19日至30日，温州市围海造地项目考察团一行在副市长黄德康带领下访问荷兰、韩国和希腊。代表团在荷兰考察了三角洲工程，并拜访了荷兰著名的德尔夫特大学水利系，与有关专家进行了交流。在韩国期间，代表团参观考察了世界规模最大的围海造地项目新万金工程及仁川市的围垦造地工程。

附表1　2010年温州市其他重要出访团组

序号	出访时间	团长职务、姓名	出访地点	出访任务
1	1月15～18日	副市长陈宏峰	香港	金融合作交流
2	4月12～23日	市人大常委会副主任张林	巴西、阿根廷、墨西哥	议会制度考察
3	5月21日～6月1日	市委常委、军分区政委郭登明	英国、法国、西班牙	民防考察

续表

序号	出访时间	团长职务、姓名	出访地点	出访任务
4	5月24日～6月4日	副市长孟建新	希腊、土耳其、埃及、阿联酋	经贸访问
5	7月10～21日	市人大常委会副主任钱成良	瑞士、瑞典、俄罗斯	议会交流访问
6	8月23日～9月2日	市政协副主席戴祝水	芬兰、瑞典、丹麦	议会交流
7	9月5～16日	市人大常委会副主任叶际仁	美国、加拿大、墨西哥	议会交流、侨团拜访
8	9月15～26日	市政协副主席姜嘉锋	阿根廷、秘鲁、古巴	议会交流、经贸考察
9	10月9～21日	市人大常委会副主任卓高柱	南非、埃及、阿联酋	友好交流
10	10月13～23日	市委常委、统战部长陈作荣	美国、加拿大	侨团考察、联谊交流
11	10月31日～11月11日	市政协副主席黄兆鸽	法国、意大利、奥地利	友好访问、合作洽谈
12	11月4～15日	市委副书记朱贤良	俄罗斯、捷克、波兰	友好考察交流
13	11月15～26日	市政协副主席朱贵远	西班牙、希腊、瑞士	经贸考察、友好访问
14	11月23日～12月2日	市委常委、公安局长叶寒冰	美国、加拿大	警务交流
15	11月24日～12月5日	副市长徐育斐	南非、阿联酋、土耳其	科技、旅游交流考察

重要外事活动

【"普拉托的中国人"国际研讨会】 2010年4月8日至9日，温州大学主持召开第1届世界温州人研究国际学术研讨会暨第3届"普拉托的中国人"专题学术研讨会。市长赵一德，市委常委、鹿城区委书记余梅生，市委常委、统战部长陈作荣，温州大学党委书记陈福生、校长蔡袁强及温州市外办等有关部门领导，意大利普拉托省议会议员、普拉托省"发展与规划、市场与研究及国际合作"委员会主席埃米拉诺·奇塔雷拉，澳大利亚莫纳西大学副校长斯蒂芬妮·费伊等嘉宾出席开幕式。40多位国内高校、科研机构的专家及6个国家和地区的10多位专家学者参与研讨会。会议议题包括世界温州人研究历史与方法、回顾与展望，温州传统文化与世界温州人研究，温州移民与文化认同研究，教育与世界温州人发展研究，温州商人商会研究和温州人国际形象研究等。

2007年7月，温州大学与澳大利亚莫纳西大学签署合作备忘录，共同在意大利开展"普拉托的中国人"研究项目，此项合作已持续三年，研究成果丰硕。

【青年翻译大赛】 2010年9月19日，市外办、市友协主办的温州市第2届青年翻译大赛进行决赛。此次翻译比赛共有来自各县(市、区)、各高校的572名选手报名参赛。经过初赛、复赛、决赛，决出英语组一等奖2名、日语组一等奖1名及其他奖项。市委副书记朱贤良参加颁奖仪式并致辞。

【2010海洋生态文明(温州)国际论坛】 2010年10月17日至19日在温州举行。此次论坛由国家海洋局国际合作司、温州市政府、省海洋与渔业局、省科协共同主办，主题是关注生物多样性与海洋生态文明。副省长、市委书记陈德荣，国家海洋局副局长王飞，省海洋与渔业局局长赵利民，省科协党组书记鲁善增出席开幕式并致辞。来自美国、加拿大、泰国、马来西亚、科特迪瓦以及中国大陆、香港等国家和地区海洋学界的专家、学者、各级海洋管理部门官员共180余人参加论坛。

【海外招才引智】 2010年11月10日至21日，市委常委、组织部长王昌荣率团访问荷兰、法国、意大利、德国，开展招才引智等活动，分别在法国巴黎、德国法兰克福举行海外高层次人才恳谈会，温州企事业单位与海外人才达成用人意向36项。

12月4日至13日，市人事局局长陈进达率温州医学院、温州大学、温州留学人员创业园、浙江省亚热带作物研究所、温州建设集团有限公司、温州公交集团有限公司、温州市宏业投资发展有限公司、人民电器集团、兴乐集团和温州市华基化工有限公司等单位代表，赴美国、加拿大开展海外人才和科技项目洽谈活动，分别在美国旧金山、华盛顿及加拿大多伦多大学举办3场海外人才和科技项目洽谈会，500多名海外中国留学人员和专家学者参加洽谈活动，共有10家单位与39名中国留学人员和有关专家达成用人意向。

主要来访

【德国海德堡生命科技园负责人访温】 2010年2月5日，市长赵一德会见德国海德堡生命科技园负责人克劳斯·普拉特一行。市委常委、常务副市长彭佳学参加会见。

【新加坡驻沪总领事访温】 2010年4月2日，市委书记、市人大常委会主任邵占维会见新加坡驻沪总领事叶伟杰一行。叶伟杰此行旨在加强新加坡与温州的友好交流和经贸合作。

【泰国枢密院大臣访温】 2010年4月13日至15日，泰国枢密院大臣贴卡蒙、陈国光及总理顾问卡落等访温，考察温州经济社会发展情况。

【香港特区公务员研习课程班访温】 2010年4月26日至29日，由香港警务处深水埗警区指挥官吕汉国任团长的第71期"香港特区公务员清华大学国家研习课程班"学员一行访温。市委副书记朱贤良会见学员团一行。

【港龙航空高管访温】 2010年6月28日至29日，香港港龙航空公司行政总裁唐伟邦一行访温。代表团此行目的是调研港龙航空公司开通温州-香港航线事宜。副市长孟建新会见代表团。

12月14日至16日，唐伟邦率代表团再次访温，与温州市商谈港龙航空开通温州航线事宜。副省长、市委书记陈德荣会见代表团，副市长陈浩参加会见。

【美国基辛格事务所高管访温】 2010年7月10日至12日，美国基辛格事务所董事经理乔舒亚·库珀·雷默一行访温。10日，副市长周少政主持召开座谈会，向雷默一行介绍温州经济社会发展和民营企业走向世界等情况，双方就共同关心的问题交换了意见。市发改委、市经贸委、市外经贸局等有关部门负责人参加座谈会。

【老挝领导干部培训班访温】 2010年7月22日至26日，老挝总理府国家水资源与环境总署环境评估局局长本坎·沃拉吉率第4期老挝领导干部培训班一行访温。市委常委、副市长周少政会晤代表团。代表团与温州市十几个相关部门负责人座谈，并考察了正泰集团、康奈集团、法派集团等民营企业，实地了解温州发展民营企业的做法与经验，及民营企业党建、工会组织工作等情况。

【香港特区驻沪办主任访温】 2010年7月28日，市长赵一德会见香港特别行政区政府驻上海经济贸易办事处主任陈子敬一行，双方就两地加强经贸合作进行了深入的交流。

【百威英博亚太区高管访温】 2010年9月3日，市委副书记、市长赵一德会见百威英博亚太区首席财务官葛嘉浩一行，双方就温州与百威英博集团继续加强合作等问题进行了交流。百威英博是全球领先的酿酒制造商，世界500强企业。

【英国伦敦投资局主席访温】 2010年9月9日至10日，英国伦敦投资局主席白英杰一行访问温州。市委副书记朱贤良和市政协副主席郑胜涛分别会晤白英杰一行，双方就如何加强合作，推动温州企业国际化进行了交流。

【香港社区骨干访温】 2010年10月27日至29日，由中央人民政府驻香港联络办组织的香港九龙社区骨干访问团访问温州，了解温州改革开放以来取得的成就，尤其是温州基层社区工作和民营经济的发展和特色。

【非盟主席访温】 2010年11月2日至3日，非洲联盟委员会主席让·平一行6人访温，3日上午举行其新作《非洲之光》中文版首发式。

【巴基斯坦驻沪总领事访温】 2010年11月3日，副市长孟建新会见巴基斯坦驻沪总领事扎法尔·哈桑一行，双方就温州与巴基斯坦开展经贸合作达成共识。

【巴西联邦参议院代表团访温】 2010年11月9日，市人大常委会副主任钱成良会见由主席埃德华多·阿泽雷多率领的巴西联邦参议院外交与国防委员会代表团一行，双方就经贸合作及在民主机制、地方医疗制度、城市工业化进程中遇到的问题等进行了深入的交流。

在温期间，代表团一行还考察了温州奥康集团、文化用品市场及永嘉楠溪江古村落等。

【捷克驻华大使访温】 2010年11月19日，市政协主席包哲东会见来温访问的捷克驻华大使利博尔·塞奇克一行。

在温期间，博尔·塞奇克一行参观了温州大学民俗博物馆。

【加拿大驻沪总领事访温】 2010年12月20日至21日，加拿大驻沪总领事潘乃德访温。市长赵一德会见潘乃德一行。

在温期间，潘乃德一行走访了温州银行，希望双方加强金融合作，并参观了温州第22中学加拿大高中班和红蜻蜓集团。

附表2 2010年温州市接待的部分来访团组

序号	日 期	团组名称(团长职务)	团长姓名	人数	主要活动
1	1月20日	香港港龙航空有限公司中国华东地区经理	任梓文	3	拜访市外办港澳事务办公室
2	1月22日	俄罗斯斯维尔德洛夫斯克州叶卡捷琳堡市契卡罗夫物流商业中心总经理	尤利耶维奇	3	拜访市外经贸局和市外办，并与外办领导座谈
3	3月10～11日	美国驻沪总领馆领事	康曼	4	拜访市贸促会和市中小企业发展促进会，举行美国签证咨询会
4	3月22～23日	澳大利亚西澳州政府杭州代表处代表	王晓立	2	观摩"浙江省高中生英语口语大赛"温州赛区预决赛，拜访市教育局并参观学校
5	4月29～30日	俄罗斯圣彼得堡市政府外委会副主席	克拉萨维佐夫	4	拜访温州市及乐清市领导，商谈圣彼得堡市与温州市合作事宜
6	5月4～7日	美国加利福尼亚州匹茨堡市副市长	迈克尔·基	4	与市相关部门负责人及企业家商谈合作事宜

续表

序号	日　期	团组名称(团长职务)	团长姓名	人数	主要活动
7	5月9～10日	上海世博会加蓬馆馆长	尼娜·阿里达·阿波纳	2	参观正泰集团、康奈集团、兴泰家具有限公司
8	5月19～22日	荷兰乌特勒支省省长	罗尔·罗伯特森	5	考察文成县玉壶镇,游览雁荡山
9	6月12～14日	英国奇美电视公司记者	安德里安·潘宁克	5	来温州拍摄文明史
10	7月14～15日	哥伦比亚外交部长	海梅·贝穆德斯·梅里萨尔德	2	
11	9月16日	加蓬经济部长顾问	尼娜·阿利达·阿波纳	5	举办"走进加蓬"项目推介会
12	9月16～18日	俄罗斯伊尔库兹克州政府住房、能源、运输及网络部副部长	拉组毛夫·德米特里	5	拜访市政府领导,参观华通机电集团、康奈集团、法派集团、城市规划馆等
13	9月27～29日	巴巴多斯投资贸易公司代表团	贝弗利·艾伦	6	拜访温州瑞新集团、气动元件厂、菲斯特成衣有限公司和新澳集团
14	10月14～15日	澳大利亚驻沪商务领事	贝伦特	2	拜访市金融办、市外办
15	12月27～29日	美国驻沪签证领事	兰学天	4	与市贸促会负责人座谈,赴企业调研并与洛杉矶中国商贸城项目有关方座谈

友好城市交流

【新建友好城市】 2010年12月9日,温州市第11届人民代表大会常务委员会第29次会议通过关于同意温州市与马来西亚霹雳州怡保市、美国加利福尼亚州匹茨堡市缔结友好城市关系的决定。12月13日,省外办批复同意温州市与俄罗斯圣彼得堡市、西班牙巴塞罗那市建立友好交流关系。12月22日,省外办批复同意温州市与美国得克萨斯州博尔郡建立友好交流关系。

【马来西亚怡保市代表团访温】 2010年1月20日,市长赵一德会见由州务大臣顾问郑可杨率领的马来西亚霹雳州怡保市代表团一行。

【日本石卷温州友好交流协会会员访温】 2010年1月28日至31日,石卷温州友好交流协会会员阿部雄一来温,拜访市外办领导,与市外办退休老干部座谈,并游览楠溪江。

【意大利普拉托省议会议员访温】 2010年4月8日至10日,普拉托省议会议员艾米拉诺·奇塔雷拉率代表团访温。市人大常委会副主任钱成良会见代表团。

在温期间,代表团参观了永昌堡、空港国际商贸城、温州服装发展大厦、温州大学的校史馆和发绣馆,并与温州大学商讨相关合作事宜。

【美国匹茨堡市政府代表团访温】 2010年5月5日,副市长孟建新会见由副市长迈克尔·基率领的匹茨堡市政府代表团一行。代表团在温期间拜访了市外经贸局、服装行业协会、康奈集团和雪歌公司,与温州相关部门负责人及企业家就开展具体合作进行了探讨。

【马来西亚霹雳州代表团访温】 2010年5月10日,市人大常委会副主任钱成良会见由马来西亚霹雳州高级行政议员哈米达率领的政府代表团一行。代表团在温州举办了"温州产品展销会"参展企业交流会,参观温州泰马鞋业有限公司、浙江鼎铃电器有限公司,并赴洞头县考察。

【温州与马来西亚怡保市签订友好城市关系意向书】 2010年6月17日,市长赵一德会见由州务大臣赞比里率领的马来西亚霹雳州政府代表团和由霹雳州首府怡保市市长罗西迪率领的市政府代表团一行,并与怡保市签订建立友好城市关系意向书。

【意大利普拉托省代表团访温】 2010年7月17日至19日,普拉托省副省长安布拉·乔治率团访温。副市长孟建新会见代表团,双方就加强两地友好城市关系,尤其是加强教育领域交流合作事宜进行了深入的交流。

代表团参观了温州大学,并与副校长薛伟等就相关项目的合作事宜进行座谈。

【温州与加蓬让蒂尔港市签订结好协议】 2010年7月30日,副市长孟建新在上海与让蒂尔港市市长安德烈·朱利正式签订两市建立友好城市关系协议书。

【加蓬让蒂尔港市市长访温】 2010年8月2日,副市长孟建新会见让蒂尔港市市长安德烈·朱利和加蓬驻华大使艾玛于安尔·姆巴·阿罗一行。

【日本吴市经济交流协会会长访温】 2010年8月3日至4日,吴市经济交流协会会长槙冈一行访问温州,参观了温州城市建设规划馆、温州博物馆及市容市貌。

【日本吴市青少年交流团访温】 2010年8月3日至5日,吴市青少年交流团访问温州,参观了温州第二实验中学和温州博物馆。

【日本石卷市学者访温】 2010年9月13日,石卷专修大学和广岛大学学者一行访问温州,参加中日文化交流活动,参观温州大学校史馆、发绣馆和民俗馆,温州博物馆、五马街、朔门街以及温州大学学生创业园,游览雁荡山。

【温州市代表团访问意大利普拉托省】 2010年10月14日至15日,由副市长孟建新率领的市政府代表团访问意大利普拉托省。代表团拜访了普拉托省政厅,就加强两地经贸合作、为华人华侨企业发展创造宽松环境、推动华人华侨融入当地社会等问题达成共识,温州市政府与普拉托省政府签署合作意向书。孟建新在普拉托省政厅发表《加强交流,促进合作》的演讲。代表团还与普拉托省工商界人士进行了交流,签订了服装、葡萄酒两项合作意向。

【市鞋革行业协会代表团访问西班牙】 2010年10月17日至18日,温州市鞋革行业协会代表团访问西班牙阿利坎特市,在该市召开温籍侨胞座谈会,就埃尔切鞋业市场发展受挫等问题进行调研,提出市场完善、规范发展等意见,并向西班牙方面提出交涉,维护中国在海外法人机构和公民的合法权益。

埃尔切市位于西班牙东南部阿利坎特省,欧洲的鞋业中心之一。2004年9月17日,埃尔切的中国鞋城16个货柜、价值约800万元的温州鞋被当地不法分子烧毁。

【日本石卷市商工会议所代表团访温】 2010年10月24日至26日,石卷商工会议所及研修生接收企业代表团访问温州,就赴日水产加工技术研修生的派遣事宜与温州市协商,与温州市水产流通与加工协会座谈,参观温州城市建设规划展、瑞安华忠水产有限公司和温州香海水产有限公司。

【德国艺术家访问温州】 2010年10月27日至11月21日,吉森市政府资助德国艺术家安娜·派希克访问温州，开展跨文化交流项目，市外办对安娜在温期间的活动经费予以资助。安娜参观了温州大学、温州市第22中学加拿大高中班、温州实验小学等，与温州大学艺术系学生交流，还参观了温州博物馆、永嘉芙蓉村古村落等，并将所见所闻以文字和图片的形式在《吉森日报》上报道。

【温州市警务考察团访问美国匹茨堡市】 2010年12月1日，市委常委、公安局长叶寒冰率温州市警务考察团访问美国、加拿大期间，拜访匹茨堡市，双方进行了警务交流。

（叶　雪）

县(市、区)外事

·鹿　城　区·

【主要出访】 2010年10月9日至20日，区长王立彤率区政府代表团赴希腊、意大利、阿联酋进行考察和友好交流活动。在意大利，代表团拜会米兰市议会副议长斯特樊诺和塞斯托市市长，双方就区域发展和文化、体育、教育等进行了深入的交流，并就意大利历史上第一支由温州人赞助的足球队来温州进行友谊赛之事进行洽谈。

【主要来访】 2010年9月16日，由加蓬经贸工业旅游部部长顾问尼娜·阿利达·阿宝纳等组成的招商团在鹿城区举行招商项目推介会。

11月30日，商务部援外项目"发展中国家金融开放和金融风险控制研修班"一行考察鹿城区，研修班成员来自巴基斯坦、吉尔吉斯斯坦等12个国家。

【友好往来】 2010年5月10日至15日，马来西亚霹雳州行政议员哈密达等一行来温考察，考察了鹿城区企业泰马鞋业。5月12日，马来西亚康博学院院长郭绪森一行访问温州市第17中学。5月26日，马来西亚柔佛州国际贸易与工艺委员会主席陈国煌访问鹿城，参观考察浙江大虎打火机有限公司和泰力集团。6月22日至7月3日，副区长黄夏日率团出访马来西亚、印度尼西亚和印度。黄夏日一行出席了马来西亚中国温州名优产品博览会，鹿城区40多家企业参加该博览会。11月19日，马来西亚霹雳州州务大臣郑可扬及怡保市市长罗西迪等一行访问鹿城，区长王立彤会见郑可扬及罗西迪一行，双方表示将进一步加强两地在经贸、文化等各领域的交流与合作。鹿城区3家企业与马来西亚企业签订5项合作协议。

（李　前）

·瓯　海　区·

【主要出访】 2010年1月，区委常委、宣传部长张纯芳一行，赴澳大利亚、新西兰、新加坡等国考察。

2月，副区长王素贞一行赴意大利、英国和法国开展经贸文化活动。

【友好往来】 2010年6月23日，法国奥柏赫维利耶市代表团到瓯海区交流考察。双方就9月底在上海世博会互动的相关事宜以及届时双方正式签订友好交流城市关系协议书等细节进行了沟通。

9月26日，市长萨尔瓦多率奥柏赫维利耶市代表团访问瓯海区，区长厉秀珍会见客人。代表团与瓯海区企业负责人举行了企业对接会。

9月28日，副区长何宗静率瓯海区政府代表团赴上海，与奥柏赫维利耶市代表团进行互动交流，双方签订友好交流城市协议，两地文艺工作者为世博会中外参观者献演了文艺节目。

（黄希丹）

·龙　湾　区·

【主要出访】 2010年6月22日至7月3日，区委书记王祖焕率团访问英国、挪威和瑞典。代表团就龙湾区重点项目"引进笔尖制备技术"考察了英国市场及制笔企业。代表团还考察了挪威、瑞典的华人华侨及社团，推介龙湾区重点招商项目。

7月31日至8月11日，区

长陈玲玲率团访问古巴、巴西和墨西哥。

（胡玉华）

·瑞　安　市·

【主要出访】 2010年3月27日至4月5日，市人大常委会副主任盛志荣率团赴澳大利亚、新西兰进行农业经贸考察。

11月19日至30日，市委副书记叶世林率团访问俄罗斯、英国和西班牙，与俄罗斯、西班牙的瑞安籍华侨就建立瑞安市华侨海外联络站事宜进行了探讨。

（钱文静）

·乐　清　市·

【主要出访】 2010年5月18日至29日，副市长胡成剑率团赴西班牙、意大利和法国进行友好访问，考察渔业及农业经济。10月27日至11月7日，市委常委、组织部长张亨利率团赴阿联酋、巴西和墨西哥进行友好访问及人力资源考察。11月24日至12月5日，市委书记潘孝政率团赴阿联酋、埃及、南非，进行旅游和经贸推介。

【友好往来】 2010年2月27日至3月2日，副市长胡晓翔率团访问法国奥柏赫维利耶市，双方就建立友好交流关系进行初步洽谈。6月，奥柏赫维利耶市副市长哈兹艾拉应邀率团回访乐清。9月，奥柏赫维利耶市市长萨尔瓦多率团访问乐清，市长姜增尧与萨尔瓦多正式签署两市建立友好交流关系意向书。

4月29日至30日，俄罗斯圣彼得堡市政府外事委员会副主席、亚太拉丁事务局局长克拉萨维佐夫率工作组访问乐清，副市长胡晓翔、市中心区开发建设管理委员会等相关部门负责人与工作组就圣彼得堡市政府滨海区在乐清市设立商务信息中心事宜进行了探讨。

6月27日至30日，副市长方青率团出席在悉尼举办的中澳城市合作论坛暨商务高峰会议，乐清市与同时参会的澳大利亚杰尔顿-格润那福市政府签署建立友好交流关系意向书。

6月29日至7月3日，市长姜增尧率团赴俄罗斯圣彼得堡市滨海区，双方举行友好城市交流和经贸合作会谈。

（伍培利）

·洞　头　县·

【重要外事活动】 2010年9月10日，联合国千年发展目标城乡建设论坛组委会在上海世博会联合国馆内，与中国5个涉及城乡建设的实验园区缔结战略合作关系，其中洞头作为中国唯一被选定的海岛县，成为联合国千年发展目标生态人居实验园区。10月18日至19日，联合国人居署全球司司长、上海世博会联合国馆馆长、联合国千年发展目标城乡建设（中国）实验园区案例工程指导委员会执行主席拉斯率团访问洞头，参加联合国生态人居实验区洞头海西湖案例工程奠基仪式。该奠基仪式标志着联合国人居署和洞头县打造联合国千年发展目标（洞头）生态人居实验区正式启动。

【主要来访】 2010年6月30日，美国纽约大学校长博克、副校长黄天中率库克中国合作办学机构中国四校五院长及优秀学生代表50多人到洞头县进行旅游文化考察和交流。

（李　艳）

·平　阳　县·

【友好往来】 2010年11月9日，副县长雷文多率团赴墨西哥金字塔市进行友好访问，双方就开展经贸、文化、体育、旅游等交流和合作进行了深入的探讨，并签署建立友好城市关系意向书。

【妥善处理俄游客滞留南麂岛事件】 2010年8月30日，受台风"南川"的影响，平阳县鳌江至南麂的客轮停航，246名游客滞留在南麂岛，其中有6名俄罗斯游客。9月2日中午，平阳县派游艇将所有滞留在南麂岛的游客接回，6名俄罗斯游客安全启程回国。

（许孔会）

嘉 兴 市

嘉兴市简称“嘉”、“禾”，辖南湖、秀洲2个区，平湖、海宁、桐乡3个县级市，嘉善、海盐2个县，总面积3915平方千米。2010年末户籍人口341.6万人。2010年，全市实现地区生产总值2296亿元；财政收入334.33亿元，其中地方财政收入176.83亿元。

概 述

【外事工作概况】 2010年，嘉兴市人民政府外事办公室(简称“市外办”)充分发挥外事部门管理、协调和参谋职能，配合国家总体外交，促进嘉兴经济社会发展，提高嘉兴国际知名度和美誉度，为嘉兴市在新形势下统筹国内国际两个大局提供重要平台。

国际交流工作。不断完善“大外事”格局，加强对全市外事接待工作的指导，全面提升对外交往效益。全年完成48批580多人次的党宾、国宾、友城市长、议长、外国驻华使节以及重要经贸代表团的接待任务，其中包括：瑞典国王卡尔十六世，汤加王国公主萨洛特·皮洛莱乌·图伊塔，来自俄罗斯、匈牙利、美国、加拿大等25个国家的外国使节团，土耳其、安哥拉等40多个上海世博会国家馆的总代表、馆长代表团，国际奥委会市场开发考察团，印尼东努沙登加拉省友好访问团，西班牙加泰罗尼亚自治区政府代表团，德国哈勒市政府代表团，德国萨克森-安哈特州政府经济代表团，东盟十国经济贸易官员考察团等。

国际友城工作。2010年，嘉兴市新增国际友好城市与友好交流关系城市各1对。嘉兴市与德国哈勒市建立友好城市，桐乡市与西班牙马达罗市建立友好交流关系城市。海宁市与法国贝桑松市签署友好交流关系备忘录。嘉善县与澳大利亚麦吉玛珀郡、海宁市与澳大利亚玛格丽特河郡的结好事宜进入实质性商谈阶段。

11月上旬，嘉兴市与澳大利亚班布里市缔结友好城市10周年系列庆典活动在嘉兴举行，班布里市政府、港口、企业、教育、文化界等代表50人参加庆祝活动。

至2010年底，嘉兴市已与14个国家的38个城市建立友好交流城市关系，建立友好基层单位50余对。县(市、区)均有相应的友城，实现了全市国际友城结好“满堂红”，为助推经济建设和社会发展创造了有利的国际环境。

涉外管理工作。各县(市、区)建立或调整党委外事工作领导小组，外事工作机制进一步完善。初步建立涉外事件反应机制、境外嘉兴籍人员和机构安全保护工作联席会议制度、制止党政干部公款出国(境)旅游专项工作联席会议等工作机制。

与外国驻华使领馆沟通渠道进一步畅通。注重与外国驻沪领馆的沟通，增进互信，营造客观友善的舆论环境，努力借助领馆渠道打造嘉兴对外形象，促进嘉兴市与领馆派遣国之间的经贸、文化、旅游等各方面的交流与合作，为嘉兴市进一步提高开放水平，实施“走出去”战略创造条件。

借助外交部及中国驻外使领馆的渠道助推嘉兴企业“走出去”成效进一步显现。7月，外交部在杭州召开“外交为国内发展服务”座谈会，市外办组织嘉欣丝绸、新秀箱包、卡森实业和华友钴业等企业代表参加会议，集体会诊嘉兴民营企业在海外发展面临的机遇和存在的问题，初步建立起嘉兴企业与驻外使节团的联系渠道。

涉港澳工作进一步加强。加强与香港特区政府驻沪办事处等机构和在禾港资企业的联系，组织召开部分港资企业座谈会，为其排忧解难。做好来访港澳团组的接待工作，与市有关部门联合举办嘉兴市服务业项目(香港)推介会，推出80个服务业项目，耀华广场、丰裕总部大厦等12个服务业项目集中签约，总投资38.1亿元人民币。

加快电子政务建设和应用。成功开发运行因公出国(境)信息管理系统，出国(境)手续办理再次提速。

注重因公、因私出国(境)流量趋势研究，为企业人员提供因公、因私签证双通道服务。完善护照签证代理工作制度，为境外参展企业、外贸企业设立绿色通道、快捷通道，确定123家直报企业，确保其走得快、走得顺。继续推行计划报批、量化管理、计划审核、计划执行、经费约束和纪检监督等6项因公出国(境)管理措施。

全年审批确认因公出国(境)团组361批1118人次，因私签证197批1760人次。调整和压缩15批14人次，未予批准13批36人次。因公护照和《省管干部因公临时出国情况报告表》收缴率均达到100%。

民间交往工作。2010年，嘉兴市人民对外友好协会组织两批理事团体会员，分别随全国友协代表团赴西欧和北欧进行文化交流。在第2届中欧文化论坛期间，递交了题为《嘉兴市江南文化保护与旅游开发》的论文。在“瑞中城市文化和生态保护研讨会”上，嘉兴市友协代表作专题发言，介绍了嘉兴历史文化及保护情况，还举办了“中国乌镇、西塘古镇文化展”。

开展百名中外青少年拓展联谊会、中韩网球友谊赛、“外国友人看嘉兴”摄影比赛、第5届嘉兴市中学生英语口语大赛、2010中印文化交流、2010嘉兴国际漫画节等活动，与有实力、有影响的国外机构、国际友人、企业家或侨领建立稳固的关系。

市领导出访

【嘉兴市政协及教育代表团访问墨西哥、巴西和阿根廷】 2010年4月11日至22日，市政协主席刘冬生率嘉兴市政协及教育代表团访问墨西哥、巴西和阿根廷。

在墨西哥，瓜纳华托州经贸厅长、教育厅长会见代表团一行，双方就经贸和教育方面的合作进行了洽谈。该州伊拉帕托市市长率当地经济、教育和企业界代表会见代表团全体成员，双方进行了友好交流与座谈，形成互惠发展的共识。代表团还参观考察了位于该市的国家级生物技术研究中心、光学研究中心和瓜纳华托州内陆港、伊拉帕托市工业区及太阳能生产企业。

在阿根廷，代表团拜会了密西奥内斯省驻布宜诺斯艾利斯代表处，就嘉兴市与布宜诺斯艾利斯大学进行教育交流进行了探讨，并与阿根廷南美亚洲商会就促进两地贸易交换意见。

在巴西，代表团看望了嘉兴市阳光农业公司员工，了解该公司的运行和合作情况。代表团还专程看望了嘉兴市政协特邀委员及华商会代表。

【嘉兴市人大代表团访问阿根廷、巴西和墨西哥】 2010年9月19日至30日，市人大常委会主任徐士珍率嘉兴市人大代表团访问阿根廷、巴西、墨西哥。

在阿根廷，代表团拜会了密西奥内斯省政府代表、议会代表和阿根廷南美亚洲商会、阿根廷浙江华侨商会，与密西奥内斯省政府和议会代表、阿根廷南美亚洲商会商谈了开展两省市文化、教育交流的意向，与该州伊瓜苏市就建立友好城市关系进行了商谈。

在巴西，代表团拜访了巴中工商总会、尼特罗伊市政府执行官和议会代表，双方就进一步拓展两市友好关系进行了座谈，就两地企业合作尤其是利用嘉兴市木材加工优势，与当地丰富的木材资源优势互补合作的途径进行了商谈。

在墨西哥，代表团拜访了瓜纳华托州议会负责人和伊拉帕托市政府，就进一步探索和加强两地经济、文化、教育等领域的合作与交流进行了会谈。

【嘉兴市政府友好访问团访问英国、俄罗斯和捷克】 2010年10月21日至31日，市委常委、市纪委书记冯志礼率嘉兴市政府友好访问团对英国、捷克和俄罗斯进行友好访问。代表团先后拜会英国普利茅斯市市长、捷克亚希莫夫市市长和俄罗斯维堡市市长以及相关部门。与普利茅斯市经济发展优先委员会等部门磋商了2011年两市开展经贸、旅游合作事宜；与亚希莫夫市就政府、公务员行为的监督，政府机关行政监察和惩防体系的构建以及在教育、监察等领域的合作进行了交流，并商讨了两市发展友好城市框架建设；与维堡市就开展经济和教育合作、两市缔结友好交流城市等事宜达成共识，并签署建立友好交流关系备忘录。

附表1　2010年嘉兴市部分出访团组

序号	出访时间	团长职务、姓名	人数	出访地点	备　注
1	4月6～17日	市人大常委会副主任俞四兴	15	印度、以色列、埃及	经贸活动
2	4月13～22日	副市长蒋仁欢	11	日本、韩国	经贸活动
3	5月16～29日	市委常委、副市长张阳升	4	香港	经贸活动
4	5月31日～6月11日	副市长柴永强	6	法国、德国、荷兰	友好访问 科技考察
5	7月1～12日	市人大常委会副主任周楚兴	6	德国、丹麦、挪威	友好访问
6	9月3～12日	市委常委、组织部长杨立平	6	美国、加拿大	人才引进考察
7	9月6～17日	市政协副主席翁可雄	6	英国、德国、奥地利	经贸活动
8	9月8～18日	市政协副主席邵建华	6	美国、加拿大	友好访问
9	10月30日～11月10日	市委常委、宣传部长武亮靓	6	匈牙利、西班牙、法国	文化产业考察
10	11月7～16日	市委常委、副市长张阳升	6	美国、加拿大	友好访问
11	11月14～25日	市政协副主席、市委统战部长张兴华	6	意大利、德国、法国	友好访问
12	11月22日～12月2日	市人大常委会副主任王新民	6	西班牙、捷克、德国	友好访问
13	11月22日～12月4日	副市长张志伟	6	丹麦、瑞典、挪威	考察交流
14	11月26～30日	市政协副主席金锦根	6	香港、澳门	交流访问
15	11月28日～12月9日	副市长蒋仁欢	6	约旦、黎巴嫩、阿联酋	经贸活动
16	12月6～11日	副市长赵树梅	4	日本	康复医疗考察
17	12月7～16日	市政协副主席马玉华	6	美国、加拿大	友好访问
18	12月26日～2011年1月6日	市人大常委会副主任钱满程	6	斐济、瓦努阿图、印度	友好访问

重要外事活动

【第4届百名中外青少年拓展联谊会】 2010年1月23日在南湖国际实验中学举行，由嘉兴市人民对外友好协会、嘉兴市归国华侨联谊会、《南湖晚报》主办。来自全市的近100名中外中小学生和20名大学生志愿者参加活动。

活动组委会安排了体验式活动、经典趣味游戏、歌舞表演等节目，让每个参加活动的小朋友都有上台表演的机会。在体验式活动中，小朋友在大学生志愿者的带领下，现场编排节目，即兴表演，展示了各自的表演才能。

【嘉兴市首届中印文化交流活动】 2010年1月27日在嘉兴举行。印度驻上海总领事戴思锐率领印度库奇普蒂舞蹈团访问嘉兴，并作交流演出。市人大常委会副主任王新民、副市长蒋仁欢等观看演出，市外办主任马洪涛主持交流活动。

【外国使节走进嘉兴活动】 2010年4月7日，来自俄罗斯、匈牙利、美国、加拿大等25个国家的40多名外国使节抵达嘉兴，参加由省外办和嘉兴市政府共同举办的“外国使节走进嘉兴”活动。

7日，外国使节们出席了嘉兴市情推介会，推介会由市长李卫宁主持。会上，市委书记陈德荣从人文、历史、旅游、经济、对外交往等方面，向外交官们作了市情推介。保加利亚、斐济、阿曼等国的使节对嘉兴的投资环境、旅游资源、文化特色表现出极大的兴趣，表示愿在经贸合作、友城结好等方面加强与嘉兴市的交流。

各国使节还参观游览了南湖、嘉兴市博物馆、西塘古镇、五芳斋股份有限公司、嘉兴丝绸博物馆、王店镇建林村、九龙山旅游度假区等，并在嘉兴市国际友好园种下十多棵雪松，命名为“使节林”。

【浙江省第2期外办主任研修班】 2010年4月22日至24日在嘉兴举行。此次研修的主题是“迎世博、谋发展”，旨在提高全省外事系统“参与世博、服务世博、奉献世博”的能力和水平。市委常委、常务副市长裘东耀出席开班仪式并致辞。

外交部新闻司参赞邹建华、政策规划司副司长戚振宏和领事司处长张良分别为学员作新形势下的国际舆论引导和境外记者管理、世博外交与地方外事，以及新形势下涉外突发案(事)件处置工作的专题报告。上海世博局副局长黄耀诚以《中国的机遇，世界的盛会》为题作专题介绍。杭州市外办、宁波市外办、嘉兴市外办、绍兴市外办就参与世博情况、如何做好世博期间外事工作等进行了交流。

在结班仪式上，省外办副主任顾建新就做好世博期间外事工作提出要求。

【2010浙江嘉兴市服务业项目(香港)推介会】 2010年5月17日在香港举行。香港贸发局、香港总商会、香港国际投资总商会、香港《商报》、香港物流协会等各界来宾共200余人参加推介会。市委常委、副市长张阳升出席推介会并讲话。

此次推介会嘉兴市推出80个服务业项目，耀华广场、丰裕总部大厦等12个服务业项目集中签约，投资总额38.1亿元人民币。

【长三角城市“友谊日”系列活动】 2010年5月21日在嘉兴开幕。来自五大洲约50位上海世博会参展方代表来到嘉兴桂苑社区的10户家庭，与居民们一起吃粽子，学做端午香囊，写书法，欣赏剪纸，体验嘉兴百姓的生活；还参观了嘉兴创意园区、东方地质博物馆、嘉兴科技城，游览环城河，种植友谊纪念树，欣赏“嘉兴掼牛”、“江南船拳”、“江南七怪”等江南武侠文化表演，领略了嘉兴的历史文化底蕴、秀美风景和现代城市风貌。

·相关链接·

长三角城市“友谊日”活动

上海世博会是长三角城市共同分享发展机遇、共同繁荣城市文化、共同赢得区域合作一体化的实践平台。为了更好地服务长三角，上海提出了“机遇共抓、资源共享、主题共绎、活动共办、声势共造”，深化区域合作的办博思路，希望长三角地区作为上海世博会共同的东道主，办好世博会。世博会期间，共有11个长三角城市举办“友谊日”活动，邀请世博参展方代表进行参观访问和文化艺术交流，以此推进长三角地区共同办博，促进联动发展，嘉兴是“友谊日”活动的首站。

【嘉兴市政府表彰外籍友人】 2010年9月16日，“嘉兴市荣誉市民”和“南湖友谊奖”授予仪式暨中秋招待宴会在国际中港城举行。市政府授予朗德克等12名外国专家“南湖友谊奖”荣誉称号。根据市政府提请，市人大常委会授予克莱顿·内维尔·海德等4位外籍人士为“嘉兴市荣誉市民”。

市领导李卫宁、徐士珍、孙贤龙、王新民、蒋仁欢、金锦根等出席招待会，韩国驻上海副总领事朴振雄应邀出席。出席招待会的还有历届“嘉兴市荣誉市民”、“南湖友谊奖”获得者代表，知名外籍人士代表等。

【嘉兴市第5届中学生英语口语大赛】 2010年10月17日在南苑小学闭幕。市外办主任马洪涛、市教育局副局长武曜云和市友协副会长冯正毅等到场并为获奖选手颁奖。

本次大赛从4月份开始，由各县(市、区)外事办、教育局和友协共同组织，经过初赛和复赛，共选出21名初中组和21名高中组选手参加决赛。最终，秀洲现代实验学校的沈嘉希获得初中组一等奖，桐乡高级中学的潘思杨获得高中组一等奖。

【2010中国浙江国际科技合作交流大会】 2010年10月28日在嘉兴举行。其间，举行了国际物联网应用成果推介交流会，来自美国、欧盟、日本、韩国等国家和地区的物联网知名专家和中国物联网学者与专家、物联网产业相关企业及网络运营商，以及国内有关高校科研机构、嘉兴市政府有关部门和企业共300余人出席交流会。中国工程院常务副院长潘云鹤，国家信息化专家咨询委员会常务副主任周宏仁，嘉兴市委副书记、市长李卫宁等出席开幕式。

在同期举行的中俄新能源新材料对接会上，俄罗斯科学院西伯利亚分院与嘉兴市人民政府签署共建中俄嘉兴科技产业园的协议，俄罗斯卡维通科研生产企业股份有限公司与浙江兴科科技发展投资有限公司签署共建嘉兴中胜电子设备有限公司的协议。对接会上，4位专家被授予“乌克兰国家科学院-嘉兴科技合作成就奖”。

【嘉兴市·班布里市缔结友好城市10周年庆祝大会】 2010年11月1日在嘉兴大剧院举行。澳大利亚班布里市代表团一行50人，省外办副主任彭波，市领导李卫宁、徐士珍、刘冬生、杨立平、孙贤龙、张阳升、王新民、蒋仁欢、金锦根等出席庆祝大会，市委副书记鲁俊主持大会。

庆祝大会上，市委副书记、市长李卫宁，班布里市市长大卫·史密斯，省外办副主任彭波，西澳州地方政府部部长约翰·卡斯萃里先后致辞。王新民宣读市人大常委会《关于授予克莱顿·内维尔·海德等9位人士“嘉兴市荣誉市民”称号的决定》。李卫宁向克莱顿·内维尔·海德等人颁发“嘉兴市荣誉市民”证书及金钥匙。两市市长交换了缔结友好城市10周年纪念品。

李卫宁代表嘉兴人民向为发展两市友好关系作出贡献的各界朋友表示衷心的感谢。他说，两市缔结友好城市关系以来，彼此交流频繁，互动成果日益凸现。2007年以后，两市交流朝着实质性方向发展，嘉兴港与班布里港、嘉兴总商会与班布里工商联合会、嘉兴学院与伊迪丝·科文大学西南校区、海宁市与玛格丽特郡、嘉善县与麦吉马普郡建立了友好交流与合作关系。近两年，两市对应成立了商务办公室，该机构已成为两市交流的重要平台，为促进两市经贸合作长期稳定发展和科技、人才等方面的交流合作提供了更为便捷的渠道。此次举办缔结友城10周年庆典活动，是对嘉兴市与班布里市友好关系的一次总结，对于推动双方政治、经济、文化、社会等方面的交流与合作必将起到促进作用。

大卫·史密斯说，两市缔结友好城市关系10年来，双方政府和民间交流十分活跃，在经贸、科技、文化、教育等方面开展了广泛而富有成效的交流与合作，彼此的友谊不断加深，他坚信未来两市会有更好的交流互动和发展，祝愿两市更加繁荣昌盛。

随后，嘉兴市和班布里市的文艺工作者共同表演了文艺节目。嘉兴市级有关部门、单位和相关县（市、区）领导，学校师生代表、相关企业代表等参加了庆祝大会。

11月2日，嘉兴市·班布里市缔结友好城市10周年图片展在嘉兴市图书馆开幕。此次图片展由“友好历程”、“美丽班布里”、“魅力嘉兴”、“书画传情”四部分组成，展示了10年来两市友好交往的历史和各自经济社会发展的成就。

【中澳友好园开园】 2010年11月2日，中澳友好园开园仪式在嘉兴市国际友好园举行。澳大利亚西澳州地方政府部部长约翰·卡斯萃里、班布里市市长大卫·史密斯率领的班布里市代表团一行，市领导王新民、赵树梅、金锦根出席仪式。

副市长赵树梅、大卫·史密斯分别在开园仪式上致辞。随后，双方一起种下了象征两市人民友谊天长地久的雪松。

中澳友好园位于嘉兴市国际友好园东南角，占地约5000平方米，以植物造景为主。

【嘉兴·班布里投资贸易洽谈会】 2010年11月2日在嘉兴举行。嘉兴市政府和企业界人士，班布里市工商联合会、澳大利亚西南发展委员会相关负责人参加洽谈会。副市长蒋仁欢出席洽谈会并致辞。蒋仁欢在致辞中表示，嘉兴希望与班布里进一步加强交流，推动合作，实现互利双赢，共同开创美好明天。

【2010长三角·嘉兴投资洽谈会】 简称“嘉洽会”，2010年11月8日在嘉兴举行。来自20多个国家和地区的400多位客商参加洽谈会，市领导李卫宁、徐士珍、刘冬生、鲁俊、蒋仁欢等出席。

市长李卫宁在会上致辞。他表示，随着“后金融危机”时代的到来，国际产业调整转移将在更广范围、更大规模、更深层次上进行，新能源和新兴环保绿色产业将成为下一轮产业发展的战略制高点。嘉兴将进一步拓展对外开放的广度和深度，优化为投资者的多方面服务和法制保障，期待与各国、各地的投资者在科技创新、环境保护方面进一步加强合作，以科技创新、环境保护带动和深化产业领域的全面合作。

本届嘉洽会签约的25个项目中，有18个重大外资项目，平均总投资4333万美元，协议利用外资2000万美元，新能源、软件外包等新兴领域成为外资关注的热点。

主要来访

【瑞典卡尔马省代表团访问嘉兴】 2010年1月18日，以卡尔马省地区委员会主席雷夫·拉松为团长的瑞典卡尔马省代表团访问嘉兴。副市长蒋仁欢会见代表团一行并介绍了嘉兴的发展概况。雷夫·拉松表示，嘉兴是一个充满活力与潜力的城市，拥有优越的地理位置和交通条件，希望通过今后两地的密切交往与联系，介绍更多的瑞典企业来嘉兴投资。

【刚果（金）争取重建与民主人民党干部考察团访问嘉兴】 2010年4月27日至28日，以政治局委员莱奥纳·舍·奥吉坦杜为团长的刚果（金）争取重建与民主人民党干部考察团访问嘉兴。考察团一行参观了嘉兴市委党校、浙江华友钴业股份有限公司、嘉兴科技城、中国科学院嘉兴应用技术研究与转化中心、嘉兴闻泰通讯科技有限公司以及南湖新区，了解了嘉兴市经济社会发展状况。

27日晚，市委常委、宣传部长武亮靓会见并宴请考察团全体成员。

【荷兰乌特勒支省代表团访问嘉兴】 2010年5月19日，荷兰乌特勒支省省长罗尔·罗伯森一行访问嘉兴。代表团此行目的是了解嘉兴市的经济社会发展状况，探讨乌特勒支市与嘉兴市建立友好关系事宜。副市长张志伟会见并宴请访问团一行。省友协副会长虞希华，市外办主任马洪涛、副主任邱锦月等参加会见和宴请。

【德国萨克森-安哈特州经济代表团访问嘉兴】 2010年5月27日，德国萨克森-安哈特州经济部副部长戴特雷夫·舒伯特率该州政府经济代表团访问嘉兴。代表团此访主要是考察嘉兴经济、社会等领域的发展情况，并举行经贸洽谈会，寻找两地经贸合作契机。

下午，举行了嘉兴与萨克森-安哈特州经贸洽谈会，副市长蒋仁欢参加开幕式并致辞。

当晚，市长李卫宁会见代表团一行。李卫宁表示，嘉兴非常愿意在互利共赢的基础上，继续与萨克森-安哈特州开展更广泛领域的交流和合作，促进实质性项目的开展，为推动彼此共同发展，为中德两国人民的友谊谱写新的篇章。戴特雷夫·舒伯特表示，嘉兴地理位置优越，政府服务高效，发展前景良好，通过双方的交流，希望彼此都能有实质性收获。

【西班牙加泰罗尼亚自治区政府代表团访问嘉兴】 2010年6月1日，西班牙加泰罗尼亚自治区企业、教育和创新部部长约瑟夫·乌格特·比奥斯卡率该区政府代表团访问嘉兴，副市长蒋仁欢会见代表团一行。

蒋仁欢表示非常欢迎西班牙企业来嘉兴投资，也希望彼此能进一步加强各方面的联系和交流，促进共同发展。约瑟夫·乌格特·比奥斯卡表示，他们会努力做好牵线搭桥工作，积极引导西班牙企业来嘉兴投资，也希望嘉兴企业前往加泰罗尼亚自治区投资。

下午，代表团一行参加了西班牙企业艺巴萨印刷设备（嘉兴）有限公司的项目投产仪式。

【美国洛克维尔市政府代表团访问嘉兴】 2010年7月7日至8日，美国马里兰州洛克维尔市前任市长吉姆·科尔率该市代表团访问嘉兴。此次代表团来访主要是深入了解嘉兴经济社会发展情况，为两市开展实质性合作项目寻找契机。

7日，副市长蒋仁欢会见代表团中的6名政府成员，并举行两市交流座谈会。蒋仁欢说，嘉兴对洛市的城市管理特别感兴趣，希望能够学习借鉴这方面的成功经验。科尔介绍了洛市的基本情况，表示洛市政府和市民都非常希望看到两市尽快开展一系列的交流与往来，他认为两市合作前景十分广阔。

当晚，市政协副主席王淳宴请代表团一行。

在禾期间，代表团还参观考察了市民家庭、市博物馆、嘉兴大剧院、市图书馆、月河街、乌镇等。

【汤加王国公主访问嘉兴】 2010年7月27日，汤加王国公主萨洛特·皮洛莱乌·图伊塔一行前往乌镇参观考察，省外办副主任彭波、嘉兴市外办主任马洪涛、桐乡市副市长张江琳等陪同考察。

皮洛莱乌公主是汤中友好协会主席，汤加国王图普五世的胞妹，曾多次来华访问。皮洛莱乌公主非常欣赏乌镇独特的江南水乡韵味，表示将来有机会将再访这座美丽的水乡古镇，并希望在经济、文化、旅游等领域与嘉兴开展交流和合作。

【南非东开普省立法委员会代表团访问嘉兴】 2010年8月31日，以东开普省立法委员会道路及公共工程专委会主席克莫丝为团长的南非东开普省立法委员会道路及公共工程专委会代表团访问嘉兴。代表团此行旨在了解嘉兴市城市道路建设和交通的基本状况，学习交流经验。市人大常委会委员、城建农经委主任张京生会见代表团一行。

【比利时经济大臣访问嘉兴】 2010年9月15日，以经济大臣范·魁克纳为团长的比利时西弗兰德省政府官员和企业家代表团，到嘉善县浙江财纳福诺木业有限公司参观考察。嘉善县委常委、副县长马佩莲陪同考察。

财纳福诺木业有限公司是比利时、台湾共同投资兴建的大型合资企业，主要生产实木地板、复合地板、强化地板、高级实木复合地板。

【印尼东努沙登加拉省代表团访问嘉兴】 2010年10月23日，以内尔森·欧本特·玛塔拉为团长的印尼东努沙登加拉省友好访问团访问嘉兴。常务副市长蒋唯民会见并宴请访问团全体成员。在嘉兴期间，访问团与嘉兴市经贸及旅游部门举行了座谈会，并考察嘉兴经济开发区。

【日本坂井市政府代表团访问嘉兴】 2010年10月25日至28日，市长坂本宪男率日本福井县坂井市政府代表团访问嘉兴。

市长李卫宁会见代表团一行。市人大常委会副主任王新民、副市长蒋仁欢率市外办、工商联、旅游局、农经局等相关部门负责人与代表团举行了友好座谈交流会。代表团还考察了嘉兴港区、杭州湾跨海大桥、秀洲区王店建林村、嘉兴经济开发区、海宁皮革城、南湖等地。

附表2　2010年嘉兴市接待的部分来访团组

序号	来访时间	团组名称(团长职务)	团长姓名	人数	会见(宴请)
1	1月27日	印度驻上海总领事	戴思锐	9	王新民
2	2月8日	中国-以色列咨询管理有限公司总经理	阿米尔·鲁普维奇	2	
3	3月7日	国际奥委会副主席	杰哈德·海博格	2	
4	3月27日	日本胎内市教育长	小野达也	4	
5	4月7日	外国使节团(斐济驻中国大使)	何志美	43	陈德荣
6	4月19日	韩国江陵市艺总会长	金学男	4	
7	6月2日	美国中国留学人员创业协会		24	李卫宁
8	6月7日	日本富士市商工会议所会头	山本诚	19	赵树梅
9	6月14日	日本富士市民有志音乐文化交流团		7	张阳升
10	6月19日	乌兹别克斯坦驻上海总领事	伊尔霍·扎基洛夫	2	
11	6月21日	韩国江陵市副市长	金德来	5	蒋仁欢
12	7月19日	日本坂井市副市长	北川贞二	3	蒋仁欢
13	7月30日	日本爱知县小牧市副市长	服部动	18	蒋仁欢
14	8月20日	日本富士高等学校(高中)校长	吉田昌弘	10	柴永强
15	9月1日	上海世博园韩国企业联合馆执行馆长	金奎植	2	蒋仁欢
16	9月10日	日本静冈县企业局副局长	岩本佑次	4	
17	9月21日	美国莱克兰市姐妹城市委员会主席	吉姆·范普兰克	20	武亮靓
18	9月29日	韩国驻上海总领馆领事	秦基勋	3	
19	10月11日	美国驻上海总领事	康碧翠	3	

续表

序号	来访时间	团组名称(团长职务)	团长姓名	人数	会见(宴请)
20	10月18日	日本岐阜市市长	细江	5	李卫宁
21	10月18日	日本富士市民友好之翼访问团	铃木寿久	17	蒋仁欢
22	11月9日	韩国江陵市交通行政课	崔宗落	30	
23	12月10日	马来西亚政府种植业及原产品部副部长	哈姆扎·扎伊努丁	14	
24	12月15日	日本岐阜市审议监	花井敏博	8	陈越强
25	12月17日	摩洛哥人民力量社会主义联盟政治局委员	阿米娜·乌谢拉赫	12	

县(市、区)外事

·南　湖　区·

【外事工作概况】 2010年,南湖区承办因公出国(境)团组29批92人次,其中自组团18批81人次,参加省市团组11批11人次,主要出访美国、加拿大、英国、法国、越南等国家和香港、澳门等地区。全年接待重要外宾6批90人次。

3月上旬至5月下旬,举行第8届"南湖之春"文化经贸活动。此次活动突出全面融入世博,并与2010年浙江省运动会、嘉兴端午民俗文化节等大型节会结合。活动期间,南湖区与韩国达成郡、澳大利亚卧龙岗市等友好城市开展交流互访,与意大利蒂沃利市签署缔结友好交流合作城区意向书,并在主体活动期间举行澳大利亚、西班牙海外中小企业孵化基地挂牌仪式,双方在文化、教育、商业等领域达成多个合作意向。在签约仪式上,南湖区签下内外资项目79个,总投资额超过100亿元人民币。

【主要出访】 2010年4月11日至21日,区长董苗虎率团赴德国、西班牙进行经贸活动。

5月4日至12日,区政协主席张亚平率嘉兴市实验小学红蜻蜓合唱团一行,代表嘉兴市前往德国哈勒市参加第31届国际儿童合唱节活动。出访期间,嘉兴与德方在文化层面进行了广泛的交流。

7月27日至30日,区长董苗虎率团赴日本进行经贸活动。

10月8日至19日,以区委书记魏建明为团长的南湖区党政代表团对意大利蒂沃利市进行回访。代表团一行实地考察了该市的市政建设与管理,市长桑多·葛洛提会见代表团一行。

【主要来访】 2010年9月16日至17日,来自新西兰瓦卡回亚的毛利艺术团访问南湖区。在凌公塘文化主题公园举办了嘉兴南湖与新西兰瓦卡回亚文化交流活动,毛利艺术团表演了"毛利战舞"。

10月,由蒂沃利市环保局局长、前副市长佩切尼·安佐率领的意大利蒂沃利市代表团对南湖区进行友好访问。区委书记魏建明会见访问团一行,双方就在经济贸易、科学技术、文化教育、卫生体育等方面开展实质性的交流与合作进行了会谈。

·秀　洲　区·

【外事工作概况】 2010年,秀洲区承办因公出国(境)团组18批58人次,其中区级组团9批49人次,随上级团组出访9批9人次。

【重要外事活动】 2010年5月12日,美国雅奇航空材料项目签约仪式在秀洲会展中心举行,区领导盛付祥、周巍、徐永良以及区级相关部门负责人出席签约仪式。雅奇航空材料项目由美国雅奇国际有限公司投资兴建,总投资5亿美元，主要从事航空机翼发泡材料、发动机配套材料以及航空用复合材料的研发和生产。一期工程总投资1亿美元，建成后年产值可达3亿美元。

8月5日，嘉兴市恩埃埃悌服务外包软件培训学校启动仪式在秀洲新区丽晶广场举行。印度驻上海总领事戴思锐，嘉兴市副市长蒋仁欢，秀洲区主要领导以及市、区有关部门负责人，以及部分客户代表参加启动仪式。该学校由印度NIIT与秀洲区合作成立，为浙江省首个旗舰级NIIT软件教育中心。

9月20日，2010秀洲中外人士中秋联谊会在秀洲公园举行，区委书记祝亚伟等与来自全区40余家企业的50余名中外嘉宾欢聚一堂，共庆中秋佳节。联谊会由常务副区长周巍主持，区长盛付祥在致辞中向在秀洲工作、生活的中外人士以及他们的家属致以节日的问候和美好的祝愿。亚曦纺织整理(嘉兴)有限公司董事长裘里奥·巴劳斯(意大利)代表全体中外客商表达了对秀洲区政府和人民的诚挚感谢与节日祝福，并表达了进一步深化合作、共谋发展的信心和决心。

【主要出访】 2010年3月30日至4月10日，以原常务副区长祁海龙为团长的秀洲区考察团赴新西兰、澳大利亚和新加坡进行经贸洽谈及友好交流活动。考察团拜访了新西兰新普利茅斯市政府，考察了澳大利亚新南威尔士大学太阳能光伏研究中心以及新加坡NCS公司、百汇医疗集团公司等企业和研发机构，分别就拟投资秀洲的几个项目和设立研究中心等事项，与对方高层进行洽谈，并就相关政策、人才引进等深入交换意见。其间，考察团与新普利茅斯市国际交流工作委员会主席、议员莫里斯·贝茨，国际教育交流顾问琳·穆雷和新西兰塔拉纳基华联会会长梁林雪梅进行了会谈，双方就建立友好交流城市关系、加强互访、开展城市规划管理和文化交流等进行了深入的交流。

4月12日至23日，区人大常委会副主任包雷耿一行赴印度尼西亚、马来西亚、新加坡等国进行经贸考察和项目洽谈。其间，包雷耿一行拜访了芝普特拉集团董事长徐清华和维查雅集团董事长洪贵仁，分别与芝普特拉集团和普特拉努沙帝瓦特公司洽谈了水上游乐和酒店建造项目，举行了生态休闲旅游度假项目“浙江麟湖新城”签约仪式；与马来西亚塞班黄金海岸项目公司签署投资意向书。代表团参加了新加坡举办的亚洲食品博览会，并与印度尼西亚巴厘岛巴东县就建立友城关系达成初步意向。

5月15日至26日，区委常委、组织部长徐建设率代表团赴英国、西班牙和意大利考察。代表团先后拜访中国驻英国大使馆经济参赞李锋、驻西班牙大使馆经济商务参赞季先峥，还拜访了已在秀洲区投资的英国威尔克有限公司、西班牙博尔玛集团、意大利亚曦有限公司等。21日，在西班牙马德里市，代表团与该市南部企业家联合会联合举办秀洲投资环境推介会。马德里企业家联合会副会长兼西班牙企业组织联合会成员蒙托亚·拉扎罗，马德里商会对外投资部主任阿尔卡迪·埃切扎雷塔奥·圣拉蒙，西班牙华侨华人协会名誉主席徐松华，西班牙华人企业联合会主席团主席、西班牙博尔玛集团董事长刘光新，以及西班牙商界、企业界代表共50余人参加推介会。考察团在推介会上播放了秀洲区投资环境宣传片，详细介绍了秀洲新区投资环境、产业发展、园区优惠政策及服务承诺，不少西班牙与会代表表示愿意与秀洲建立合作关系并前来投资兴业。代表团还考察了英国牛津大学和格拉斯哥大学，与校方探讨了优秀人才引进等事宜。

8月22日至31日，以区委常委、常务副区长周巍为团长的秀洲区代表团，赴美国、日本进行经贸招商考察活动。代表团拜访了美国波士顿、旧金山以及日本东京的相关企业，深化前期的洽谈意向，促进项目落地。代表团先后与波士顿地区的医药企业洽谈，实地考察了硅谷地区的医疗器械企业；考察了日本东洋电机株式会社，与其主要负责人进行了友好深入的交流；在大阪举办了物流产业招商会，邀请相关物流企业负责人参会，推介秀洲，开展一系列招商、经贸考察和洽谈活动。

9月6日至17日，区长盛付祥率团赴英国、意大利、法国进行经贸洽谈考察活动。考察团先后与英国耐思工业有限公司、意大利丝凤兰公司、法国LYS集团、GHM公司等进行洽谈，加深了解沟通，确定洽谈意向，促进项目落地；分别在英国伦敦、意大利米兰举办投资说明会，重点推介秀洲区节能环保、新能源、新材料、服装设计、汽车配件、机械装备等产业和配套情况并解读了相关政策；参观了法国巴黎时装展，并与秀洲区参展企业座谈。

11月15日至23日，区委书记祝亚伟带队考察德国美因茨市、路德维希港市和荷兰小城鲁尔蒙德。祝亚伟一行考察了美因茨市政规划、高科技园区规划成果以及老城改造情况，与美因茨城市规划局代表就中小型城市和城镇的发展策略、能源布局、规划特点等进行了交流；考察了鲁尔蒙德的商业规划模式等。

【主要来访】 2010年3月20日至21日，以卡斯德尔德菲尔市副市长桑切斯为团长的西班牙经贸文化代表团，来秀洲进行经贸考察和友好访问。代表团一行考察了秀洲的投资环境，桑切斯与盛付祥区长围绕航空旅游项目合作深入交换了意见。代表团重点考察了油车港镇的麟湖湿地，双方就总投资1.2亿欧元的麟湖新城项目进行了深入的洽谈，并签署合作意向书。代表团中的油画艺术家还与秀洲区画家代表进行了友好交流。

8月2日，美国得克萨斯州博尔郡政府代表团应邀对秀洲区进行友好访问。3日，区长盛付祥与博尔郡政府议会议长凯文·沃尔夫签署经贸合作框架协议。

9月21日，印中商务理事会经贸代表团到秀洲进行经贸考察和友好交流。其间，双方签订了经贸合作框架协议。

·海　宁　市·

【外事工作概况】 2010年，海宁市外办承办因公出国（境）团组53批119人次，包括自行组团和参加浙江省、嘉兴市有关部门组团，进行经贸考察、参加国际会展、国际会议和业务培训等活动。来自40多个国家和地区的6.4万余人次国（境）外人士访问海宁。至2010年底，海宁市在国（境）外投资的企业（机构）有72家，主要分布在美国、巴西、日本、越南、韩国、澳大利亚、新西兰、俄罗斯、德国、意大利等国家和地区，总投资额16331万美元。

【重要外事活动】 2010年8月20日至29日，海宁举办国际轮滑节。共有22个国家和地区的1000多名运动员参加本次活动，近万名轮滑爱好者参与。此次轮滑节是海宁市继举办2008轮滑亚锦赛和2009国际速度轮滑赛后的又一大型国际性轮滑赛事。从2010年起，海宁市将每年举办国际轮滑节，以进一步提高海宁体育事业的国际化水平，努力打造世界性的“轮滑星城”。

9月14日至19日，2010亚洲职业男篮挑战赛在海宁举行。来自中国、菲律宾、日本、韩国和伊朗等的顶级球队参加比赛。

【主要出访】 2010年，海宁市主要出访团组有：市委书记沈利农率团赴香港进行经贸洽谈和联谊活动；市人大常委会主任戴雪根率团赴巴西、阿根廷和墨西哥开展友好交流活动；市政协主席张炜芬率团赴巴西、阿根廷和墨西哥开展友好交流活动；市委副书记徐辉率团赴加拿大、美国和日本开展经贸考察及项目洽谈活动；市人大常委会副主任王升高率团赴瑞典、芬兰和丹麦开展文化交流活动；市人大常委会副主任王海寿率团赴巴西、秘鲁进行友好访问；常务副市长沈向宏率团出访法国、德国，开展友城缔结和经贸洽谈等活动；副市长赵莫辉率团赴荷兰、意大利和瑞士，进行经贸产业对接活动；副市长许煜威率团赴德国、瑞典，开展经贸洽谈活动；副市长施震东率团赴香港，开展项目洽谈和经贸活动；市政协副主席朱明儿率团出访澳大利亚、新西兰，开展友城缔结和文化交流活动。

【主要来访】 2010年来海宁市访问的重要团组有:上海世博会国家馆总代表一行,澳大利亚西澳州奥古斯特·玛格丽特河郡政府代表团,澳大利亚班布里市代表团,日本坂井市政府访问团,浙江省-圣詹姆斯大区、杭州市-蒙特哥贝市姐妹关系委员会主席等。

【友好往来】 2010年海宁市友城结好工作取得突破,分别与法国贝桑松市、澳大利亚西澳州奥古斯特·玛格丽特河郡签订友好交流与合作备忘录,国际友好城市关系增至4对。

·平　湖　市·

【外事工作概况】 2010年,平湖市审核办理因公出国(境)团组34批96人次。调整压缩7批20人次。出访人员中,党政干部54人次。

【重要外事活动】 2010年9月17日,在2010中国·平湖西瓜灯文化节投资贸易洽谈会上,平湖市表彰了11位在该市经济发展、社会进步、公益事业建设和对外友好交往等方面作出重大贡献的境内外人士。市政府授予三星精密不锈钢(平湖)有限公司总经理黄宗国、斯凯孚驱动系统(平湖)有限公司总经理格雷厄姆·托姆林等7人"东湖之友"奖章。根据市政府提请,市人大常委会授予南六企业(平湖)有限公司总经理郑德明、日本电产科宝(浙江)有限公司总经理佐藤孝夫等4人为平湖市"荣誉市民"。

【主要出访】 2010年4月18日至25日,市委书记盛全生率团对日本、韩国进行考察,先后拜访智索株式会社、阿伊代斯株式会社、三井不动产株式会社、新东工业株式会社、日东工业株式会社等,推进了多个在谈新项目;还拜访了已在平湖投资的日本电产株式会社、日本电产东测株式会社、日本电产三协株式会社、津上株式会社、JFE商事、SK商事、三星物产等,与公司高层就项目推进中存在的问题进行了深入的交流。

8月29日至9月9日,市长翁建荣率团对巴西、秘鲁和新加坡进行友好访问。访问团主要考察了巴西弗莱斯乐公司、巴西南卡州汽车配件商会、秘鲁秘中友好交流协会、新加坡新劲集团、新加坡华辰能源公司等,与相关企业就合作项目进行了深入的沟通交流。翁建荣一行还与巴西卡西苏亚市市长克奥特就建立友好关系城市进行了商讨。

10月19日至28日,市政协主席徐春林率团赴澳大利亚、新西兰,先后考察澳大利亚威士纸公司、澳大利亚西尔公司、新西兰中国商会、中远新西兰公司,与有关企业就投资项目进行深入洽谈,并签订投资协议书。

【主要来访】 2010年3月7日至8日,国际奥委会副主席、国际奥委会市场开发委员会主席杰哈德·海博格来平湖市考察体育事业发展情况,市领导翁建荣、石云良、顾玉峰及相关负责人陪同考察。海博格一行实地考察了浙江伊思佳服饰有限公司、平湖市悦春毛衫制衣有限公司、浙江伴宇实业股份有限公司及九龙山旅游度假区。

4月15日至16日,日本宫崎县都城市市长长峰诚一行访问平湖,平湖市领导翁建荣、何大利、胡水良会见长峰诚一行,双方就今后的友好交流进行了探讨。长峰诚一行参观了东湖景区、李叔同纪念馆、平湖经济开发区,并参加了中日共同投资兴建的金龙门生态园开业庆典。

6月20日,乌兹别克斯坦驻上海总领事伊尔霍·扎基洛夫一行到平湖考察,参观了莫氏庄园、李叔同纪念馆。副市长石云良会见扎基洛夫一行,双方就今后的友好交流进行了探讨。

10月11日,美国驻上海总领事康碧翠一行来平湖访问,市委常委、副市长石云良和副市长金玉珍会见康碧翠一行,双方深入探讨了城乡发展模式,并就加强交流与合作进行了商谈。康碧翠还偕同世博美国馆团队参加了嘉吉公司和仁人家园共同发起的一项慈善活动,为平湖市一户受助居民的新家奠基。

【友好往来】 2010年4月15日，平湖中学与澳大利亚亚拉谷文法学校经协商同意结成姐妹学校，并签署合作协议。7月20日至8月3日，由宋水观校长带领的平湖中学师生一行17人赴亚拉谷文法学校进行友好交流。

11月8日至17日，市委常委、宣传部长王道平率团赴美国友城华盛维尔市和加拿大列治文市进行友好访问。华盛维尔市市长安东尼奥·列弗斯会见王道平一行。王道平一行与该市的商界、学校、社区教育代表就教育、经贸交流进行了商谈。考察团还考察了美国硅谷、英特尔公司总部、斯坦福大学、纽约市立大学，加拿大多伦多大学和列治文市代尔塔校区等，与有关学校就教育交流进行了洽谈。

·桐　乡　市·

【外事工作概况】 2010年，桐乡市办理因公出国(境)团组45批98人次，其中自行组团10批58人次。接待各类外宾324人次，包括汤加王国公主、刚果(金)争取重建与民主人民党干部考察团、挪威北挪威省省长、乌兹别克斯坦驻沪总领事等。进一步发展与加拿大韦兰市的友好城市关系，与西班牙马达罗市建立友好交流关系，积极拓展与日本胎内市的友好交流及与日本浜松市浜北区的教育交流。

【重要外事活动】 2010年7月15日，上海世博中法文化遗产保护与旅游发展论坛在世博园区最佳城市实践区法国罗纳·阿尔卑斯大区永久馆举行。罗纳·阿尔卑斯大区副主席艾尔维·苏里尼亚克、旅游局总经理马克·贝谢，桐乡市市长朱海平等出席论坛。法国和桐乡市有关部门及旅游企业50多人参加论坛。

7月27日，在上海世博会"日本大阪周"期间，市委常委、统战部长沈济贤一行专程赴上海世博会，向日本大阪馆馆长永井隆俗赠送了象征大阪城市精神的"难波之舞"书法作品("难波"是大阪的古称)，同时向大阪府知事桥下彻赠送了一枚刻有其名字的印章。永井隆俗代表桥下彻接受礼品，并向桐乡市赠送了代表大阪传统工艺的漆盘等礼物。

【主要出访】 2010年4月15日至24日，副市长费玉林率团赴日本、韩国开展经贸交流。

在韩国，代表团拜访了韩中文化协会仁川分会、仁川日报社；在首尔举行投资说明会，韩国总统特保、世界韩商工人总联合会理事长金得龙，韩国国会外交、通商、交通委员会委员长朴正，以及韩国当地近百家企业和在韩中资企业代表出席说明会。在日本，代表团拜访了世界500强之一的凸版印刷株式会社，与中日友好交流协会和阿含宗关西总本部进行了沟通交流，与冈山县政府及日本多家知名公司高层和新闻媒体见面并交流。

5月16日至21日，桐乡市崇福皮毛市场经贸考察团赴俄罗斯考察，拜会俄中贸易中心，介绍了崇福皮草业概况、近年皮草产业的发展，了解俄罗斯皮草市场的供需以及中国企业在俄投资的政策等；参观了第13届俄罗斯国际皮草展，并举办小型推介会；拜会圣彼得堡海关，就俄海关报关手续、海关关税、海关增值税、俄国家对进口服装的优惠政策等与俄方进行了交流。

【主要来访】 2010年3月26日至27日，日本静冈县滨北中小学生代表团一行11人应邀访问桐乡。代表团参观访问了桐乡市茅盾实验小学、求是实验中学、青少年宫，与中国学生交流互动，双方表演了特色节目。日方学生住宿在中方学生家中。

3月27日，日本胎内市教育长小野达也率领友好访问团访问桐乡，与桐乡市探讨在旅游等方面开展交流合作的可能性，并参观考察桐乡世贸中心、桐乡经济开发区和乌镇景区。4月，副市长费玉林率团在大阪举行专场交流会期间，与胎内市教育长小野达也率领的政府官员一行进行了友好会谈，双方签订友好交流合作意向书。

5月12日，由外交部、商务

部举办的发展中国家农业官员研修班在桐乡举行，来自格鲁吉亚、马里等13个发展中国家的30名主管官员考察访问桐乡国际新能源市场，参观了浙江比华丽电子科技有限公司、浙江华鹰风电设备有限公司，并考察古镇乌镇。

5月22日，由国家发展与改革委员会国际合作中心组织的亚洲区域合作专项资金“东盟+中国”应对金融危机挑战和后危机时代振兴研究班的东盟十国经济贸易官员14人访问桐乡。市外经贸局和相关单位向来宾介绍了桐乡经济和对外经济贸易发展情况，组织考察团与桐乡市相关出口企业进行座谈交流，并安排客人参观了桐乡四季汇家纺市场、濮院毛衫市场和乌镇。

10月22日至29日，由校长波赛斯基率领的德国马尔市因·络坎普一级文理中学29位师生访问桐乡市高级中学。访问期间，德方师生参与学国画，学打太极拳、长拳、孔明锁制作，学唱中国歌曲等，双方举行了学生交流会、篮球友谊赛和师生联欢会。德方师生游览了乌镇，参观了君匋艺术院、桐乡博物馆、非物质文化遗产博物馆、乡土文化大观园等。

【友好往来】 2010年5月10日至21日，桐乡市政府经贸团在西班牙巴塞罗那召开投资说明会，并拜访马达罗市政府，考察马达罗科技园区，双方就教育等领域合作达成初步意向。7月，双方签订友好交流关系协议书，马达罗成为桐乡市第二对国际友好城市。12月，桐乡市教育考察团访问马达罗。

7月28日至8月2日，市委常委、统战部长沈济贤应邀率桐乡市代表团赴日本访问，拜会饭塚市市长齐藤，考察了嶋田学院饭塚高等学校、饭塚卫生高等专科学校、饭塚医院医疗设施和管理模式，商谈桐乡市卫生学校与嶋田学院饭塚高等学校建立友好合作关系事项，双方签订缔结友好合作校际关系协议书。

12月2日至11日，桐乡市友好访问团访问加拿大安大略省韦兰市，拜会新任市长巴里·夏普，转呈了桐乡市委、市政府的祝贺信，双方就两市近两年来经济社会发展情况进行了交流。巴里·夏普表示要加强双方交流，特别是在教育等领域开展合作。

·嘉　善　县·

【外事工作概况】 2010年，嘉善县办理因公出国(境)团组25批71人次，其中外贸参展团组2批3人次；参加省、市双跨团组13批16人次。接待外宾来访10批190余人次。

【重要外事活动】 2010年4月8日，参加“外国使节走进嘉兴”活动的43位外国驻华使节参观西塘古镇。

12月10日，嘉善县举办外商迎新圣诞酒会，来自欧美、日韩等地的40多位客商欢聚一堂。县人大常委会主任盛玉良，县委常委、副县长马佩莲向参加酒会的外国客商及其家人表示问候和祝福，感谢外商企业对嘉善经济发展作出的贡献，并祝愿外商在嘉善得到新的发展。

【主要出访】 2010年5月16日至21日，常务副县长冯伟率团赴香港参加2010年嘉兴市服务业项目推介会，与港商代表就服务业发展的软硬环境、合作前景及有关扶持政策等进行了交流和沟通，达成1个签约项目。

11月10日至21日，副县长马佩莲率团赴英国、丹麦和德国进行招商活动。其间，代表团走访了企业，举办了中国嘉善大云德国机床产业招商推介会。

11月13日至24日，县委书记张明超率团对加拿大、巴西和阿根廷等国进行经贸考察。

【主要来访】 2010年6月27日，澳大利亚西澳州政府农业、食品和林业部部长、教育部部长泰利·雷蒙一行访问嘉善，了解嘉善经济社会发展情况，参观考察了台升实业有限公司、浙江财纳福诺(中国)有限公司。

9月15日，由比利时经济大臣范·魁克纳率领的比利时西弗兰德省政府官员和企业家代表团访问嘉善，参观考察了浙江财纳福诺（中国）有限公司。

12月18日，摩洛哥三党干部联合考察团参观考察西塘古镇。

【友好往来】 2010年5月12日至21日，县人大常委会副主任姚家明率团访问澳大利亚曼吉马普郡政府和新西兰怀塔哥雷市政府，并与曼吉马普郡政府签署建立友好城市关系意向书。

11月2日至4日，澳大利亚曼吉马普郡郡长韦德·迪坎普率友好访问团对嘉善进行回访，参观考察嘉善县的木业企业、学校、老年公寓等，了解嘉善县的经济、教育、文化及社会保障等发展情况，双方就进一步推进和加强友好交流与合作达成共识。

·海　盐　县·

【外事工作概况】 2010年，海盐县办理因公出国（境）团组28批65人次，其中党政干部因公出国（境）57人次。全年接待重要外宾团组11批90余人次。

【主要出访】 2010年4月，以县委常委、公安局长高海忠为团长的海盐友好访问团赴日本富冈町、韩国长兴郡进行友好访问。

7月29日至8月2日，海盐县天宁小学滚灯队代表嘉兴市赴韩国江陵市，参加江陵市第9届国际青少年艺术节，表演了“海盐滚灯”这一独特的地方民间艺术。

·相关链接·

海盐滚灯

滚灯源于海盐，古时盛行于海盐的元宵灯会。据传，海盐濒海，古代又有通商口岸澉浦港，常受海患及海盗侵袭，必须不断修筑海塘抵御海盗入侵。因此，海盐人尚武，民间盛行滚灯竞技比武。比武时有的村出红心灯，有的村出黑心灯，夺到黑心灯的村坊被认为武功高深，实力强大，连海盗也不敢侵犯。早在700多年前，滚灯就出现在海盐的民间灯会上，经过历代相传，逐渐成为节日中群众自娱自乐的一种方式，也是显示村坊实力的竞技表演。

海盐滚灯以毛竹为制作材料，中间悬一红绸小球，可以翻滚舞蹈，可以抛也可以掷，烛中的灯火始终不灭，灯壳也不会因为抛掷挤压而破碎。演员以武士装束，齐整威武，舞时以锣鼓伴奏，动作潇洒，竞技性强，广受群众喜爱。传统滚灯共有9套27个动作，每个动作都有固定的名称，如“张飞跨马”、“王祥卧冰”、“开荷花”等等。2008年，国务院公布第一批国家级非物质文化遗产扩展项目名录，海盐滚灯归入其中的舞蹈类，成为国家级文化瑰宝，海盐县天宁小学被命名为海盐滚灯的传承教学基地。

8月11日至20日，县长沈晓红率团赴巴西进行友好访问和经贸活动。

10月26日至29日，以县人大常委会副主任滕林华为团长的海盐县友好访问团对日本贺佐县小城市进行友好访问。代表团拜访了小城市政府、议会，双方就经济、农业、文化、教育等领域开展了交流。代表团还参观了该市的学校及市政设施。

【主要来访】 2010年10月17日至19日，日本富冈町长远藤胜也率富冈町政府、议会、国际亲善交流协会成员等一行来海盐进行友好访问，参加海盐县与富冈町正式缔结友好交流关系15周年庆祝活动。县人大常委会主任谢剑华、县长沈晓红、副县长马小平等会见代表团，双方就深化教育、青少年友好交流等领域的合作进行了探讨。代表团一行还参观了海滨公园、天宁寺等。

10月18日至20日，郡守李明钦率韩国长兴郡政府、议会友好访问团访问海盐。县人大常委会主任谢剑华、县长沈晓红、副县长吴炳芳等会见代表团一行，双方就加强文化、教育等领域的交流与合作进行了会谈。代表团一行还瞻仰了海盐南北湖金九避难处，访问了海盐高级中学，参观了绮园、天宁寺及杭州湾跨海大桥。

（王建军）

湖　州　市

湖州市简称“湖”，辖吴兴、南浔2个区，德清、长兴、安吉3个县，总面积5818平方千米。2010年末户籍人口259.98万人。2010年，全市实现地区生产总值1301.56亿元；财政总收入172.35亿元，其中地方财政收入97.29亿元。

概　述

【外事工作概况】 2010年，湖州市人民政府外事办公室(简称“市外办”)积极推进“和谐外事”建设，努力构建“大外事”格局，全面提升“两为”服务(即为国家总体外交服务、为地方经济社会发展服务)水平，扩大对外交流渠道，严明因公出国(境)纪律，落实上海世博会安全保卫责任，推进涉外事务管理，加强机关作风建设，提升机关工作水平。被省外办评为“全省外事系统先进集体”。

全年办理因公出国(境)团组264批903人次。其中：自行审批75批266人次，确认4批6人次。出访团组中，执行经贸交流任务112批494人次，执行访问考察任务87批262人次，执行以上两项任务的团组批数和人数分别占出访总数的54.70%、29.01%。全年自行审批来湖州外国人450批627人次，分别来自意大利、孟加拉、伊朗、巴基斯坦等38个国家和地区，主要从事经贸、科技等活动。

*以严格规定和严明纪律为抓手，规范因公出国(境)管理秩序。*一是加强总量控制，确保党政干部团组数不超过计划。二是严格审核审批，确保报批团组符合审批程序与要求。以市委办、市府办的名义印发《湖州市因公出国(境)审核审批暂行办法》。三是优化业务指导，确保重点团组获得全方位服务保障。做好市领导重点团组的服务保障，做好市内重大经贸招商活动和招才引智团组的服务保障；做好企业经贸团组的服务保障，为企业提供高效便捷的审批与办证服务，保证企业因公出国(境)享受绿色通道；积极推介APEC商务旅行卡，为企业申办商务旅行卡提供咨询。四是强化教育监督，确保出访团组遵守外事纪律并完成出访任务。

*以市重大活动为平台，加大服务经济社会发展力度。*2010年，湖州市主办和承办了多项重大外事活动。为配合第5届中日韩旅游部长会议闭幕式、湖州市第5届国际湖笔文化节、上海世博会湖州“友谊日”等重大活动，市外办专门成立领导班子，组织精干翻译队伍，办领导亲临现场指导督阵，确保外事服务保障落实到位。

*以经济、人文交流为重点，推进国际间务实合作。*2010年接待的重要外宾有：瑞典卡尔马地区委员会主席雷夫·拉尔森和首席执行官霍根·布利尼尔森，瑞典克鲁努贝里省行政委员会总督克里斯蒂娜·阿尔瑟，荷兰奈梅亨市市长托马斯·德·格拉夫，法国蒙达尔纪市镇联合体主席多尔，泰玛士集团总裁卡礼姆·哈加尔，塞舌尔前总统曼卡姆，韩国灵岩郡郡守金逸太，日本岛田市市长樱井胜郎和议长平松吉祝，美国哥伦布市市长弗莱德·阿姆斯特朗，韩国文化体育观光部长官柳仁村，日本国土交通大臣前原诚司等。

*以友城交流合作为渠道，提升对外友好交往水平。*2010年，市领导分别率团赴日本岛田市、韩国灵岩郡、法国蒙达尔纪市、西班牙雷嘎纳斯市等进行友好访问

和考察。通过友好恳谈、企业家座谈会与企业考察等，扩大友好交流范围，拓宽友城合作领域。日本岛田市、韩国灵岩郡、法国蒙达尔纪市和澳大利亚阿拉阿特市多次派遣友好团组访问湖州市，双方政府、议会和友协之间开展对口交流，进一步推进了友好关系。湖州市人民政府向灵岩郡赠送一尊太湖石，作为两市郡友好的永久见证。

在巩固既有友城关系的同时，积极拓宽友城渠道。加强与波兰拉多姆市的友好往来，市领导率团专程访问该市，在2009年签订友好交流关系意向书的基础上，就两市友好交流细节作进一步的磋商。年初，派遣友好代表团访问摩洛哥梅克内斯市，两市于5月份签订建立友好交流关系意向书。美国哥伦布市政府代表团访问湖州，双方就开展经济等方面的交流与合作达成协议。

以民间交流为基础，扩大对外友好交往领域。中小学校及大专院校的国际交流日益活跃，成为湖州市2010年民间友好交往的一个亮点。根据省"千校结好"计划，积极推进与国外学校的结好工作。湖州师范学院和湖州职业技术学院加快与国外著名院校开展结好工作的步伐。湖州中学与德国厄林根中学继续开展师生互访交流，通过听课、参观和住家等方式，不断充实交流内容，丰富交流形式。湖州市第四中学和爱山小学等与外国友好学校广泛开展交往。湖州市第二中学、湖州交通学校、湖州艺术与设计学校等相继与德国、韩国等国的学校开展校际交流。

积极开展体育领域的交流。9月，韩国国家羽毛球队与湖州市羽毛球协会举行了友谊赛；日本矢板市学生代表团访问德清，两地学生举办了乒乓球友谊赛。

以日常联络机制为手段，密切与外国驻沪领馆的关系。2010年，市外办积极开展与各国驻上海领馆的相关工作。2月，副市长李建平率市外办领导分别拜会瑞典和西班牙驻上海总领事，商讨双方合作的可能性。市外办领导先后拜访美国、希腊、捷克、日本、印度等国驻上海领馆，加强联系。捷克驻华大使利博尔·塞奇卡、捷克驻上海总领事胡米尔·马扎内克、印度驻上海总领事戴思锐等先后到湖州访问考察。市外办还派员专程赴上海，参加意大利、捷克、以色列、日本、印度等国驻上海领馆的相关庆典活动及相关国家的上海世博会国家馆日活动。

【举办外事礼仪接待培训班】2010年8月12日，第5届中日韩旅游部长会议闭幕式外事礼仪接待培训班在湖州举行，来自市直机关部门、县(区)部门、新闻媒体及全市各涉外参观点、涉外宾馆的200余人参加培训。省外办副主任陆国灏从涉外人员应遵守的外事纪律、外交礼仪等方面，为与会人员作了详细讲解。

【推进"三个年"活动】 2010年，市外办响应市委、市政府号召，开展"三个年"(即转型升级加速年、城乡建设提升年、作风建设加强年)活动。办领导带领有关人员多次赴联系点浙江临杭物流二期建设项目进行蹲点调研，实地考察项目进展情况，帮助协调解决项目建设中碰到的资金和土地等困难。

在赴联系企业澳普兰游艇(湖州)制造有限公司和合作共建企业红鹰集团调研过程中，市外办通过多种形式，问"需"于企业，充分发挥外事优势，为企业排忧解难。特别是在办理因公出国(境)审批、护照签证、邀请外国人来华和申办APEC商务旅行卡等手续中，积极为企业提供优质、高效和便利的服务。

市领导出访

【湖州市政府代表团访问香港】2010年1月10日至13日，副市长李建平率湖州市政府代表团赴香港参加"2010香港·浙江周"。

代表团出席了"浙江周"开幕式，湖州市共有3个港商投资项目签约。在港期间，代表团会晤了中联办香港办事处和香港贸发局负责人；拜访了香港浙江联合会名誉会长、香港湖州同乡会名誉会长、香港亚非集团主席陆增祺，香港中华出入口商会副会长、香港华嘉有限公司董事总经理庄成鑫，双方就港企在湖投资经营情况进行了交流。

【湖州市代表团访问肯尼亚、西班牙和摩洛哥】 2010年3月9日至20日，市政协主席王金根率团访问肯尼亚、西班牙和摩洛哥。

在肯尼亚，代表团拜访了内罗毕市政厅和肯尼亚贸易发展部，听取相关情况介绍，并考察了该国投资环境。

在西班牙，代表团与雷嘎纳斯市市长拉法尔·蒙托亚及经济、文化、教育等部门官员会晤，就两市政府代表团互访安排，两市友好交流联络机制的形成与运作，两市经济、教育和文化代表团互访等事宜进行了交流和探讨；拜会西班牙中国青年商会、西班牙周氏贸易公司等，参观了华人贸易园区。

在摩洛哥，梅克内斯-塔菲拉勒特大区区长穆罕默德·法伍兹、市长艾哈迈德·希拉勒等会见代表团。双方表示要在城市规划、环境治理、手工业制造等方面加强交流和合作。代表团还拜访了中国驻摩洛哥大使许镜湖。

【湖州市友好代表团访问波兰、印度和奥地利】 2010年9月19日至30日，市委副书记、市对外友协会长朱坤民率湖州市友好代表团访问波兰、印度和奥地利。

在波兰，代表团与拉多姆市市长考兹托维涅克等政府官员进行了友好会谈，就两市进一步巩固和发展友好关系取得共识；参观拉多姆市政府举办的湖州市经济社会发展情况图片展，出席记者见面会，回答了当地媒体记者的提问；参观拉多姆理工大学，探讨两市教育合作等问题。

在印度，代表团拜访了西孟加拉邦工商会；与印度全印产业协会和孟买世界贸易中心会谈，听取其机构基本情况和关于印度经济、市场、贸易、基础设施情况的介绍，代表团介绍了湖州市商会的发展情况；考察了与湖州企业有贸易往来的公司，双方就扩大经贸合作与交流事宜进行了洽谈。

在奥地利，代表团拜会了奥中工商联合会和奥中文化交流协会，就推动湖州与奥地利工商界及文化界的交流合作进行会谈；参观考察了在湖投资建设温泉高尔夫球场的奥地利新世界集团。

【湖州市友好访问与经贸考察代表团访问巴西、法国】 2010年10月6日至15日，市委书记、市人大常委会主任孙文友率湖州市友好访问与经贸考察代表团访问巴西和法国。

在巴西，代表团拜访了圣贡萨洛市政府，与该市官员就湖州企业在巴西投资等内容进行了探讨与交流，就今后双方加强联系交换意见并达成共识；拜会巴西副总统印第奥·达科斯塔的办公室主任法比奥·林斯·席瓦尔以及里约热内卢州的政府官员，向他们介绍了湖州的历史文化、地理环境、经济社会发展等情况，了解了巴西的投资环境；考察浙江世友木业有限公司的合作伙伴——美国强森木地板工业公司，了解该公司的生产技术和市场运作以及巴西原木市场现状。

在法国，代表团访问友好城市——蒙达尔纪市，与蒙达尔纪市镇联合体主席、蒙达尔纪市市长多尔等进行友好会谈，就2011年庆祝两市结好5周年的相关活动进行商讨；与该市纺织、精密仪器、化工、变压器等行业的企业家代表恳谈，就相关行业的经营和销售情况以及市场潜力等交换意见；考察该市的助残企业CAT公司，参观蒙达尔纪市旅游发展中心、文化交流中心，走访了“伟大的足迹”——二十世纪二十年代留法勤工俭学运动纪念景点。在法期间，代表团还考察了法国巴黎奥特莱斯华美村，了解其规划设计、资金筹措、配套设施建设、货源渠道拓展、专业管理人员培养等方面的运行模式。

【湖州市政府友好代表团访问韩国、日本和印度尼西亚】 2010年10月29日至11月9日，市长马以率湖州市政府友好代表团访问韩国、日本和和印度尼西亚。

在韩国，代表团与灵岩郡郡守金逸太就两市郡继续推进交流合作及2011年的友好互访计划进行会谈，并共同栽下象征两市郡友谊的茶花；出席灵岩郡第35届郡民节纪念活动，马以在大会上致辞；参观现代三湖重工业造船厂、光全PC水泥预制管道公司、王仁博士遗址、菊花节展览会等。

在日本，代表团与岛田市市长樱井胜郎及市政府、议会、日中友好协会的有关人员进行友好恳谈，就双方如何利用友城平台开展实质性经贸交流等进行探讨；考察富士食品和污水处理中心等，并与当地企业界人士会谈，介绍湖州投资环境，了解岛田的产业结构和优势项目；访问岛田第二小学和岛田第二中学。在日期间，代表团还拜访了大阪日中友好协会，就双方开展友好交流事宜，拓展经贸、文化、旅游合作等进行了洽谈，并形成初步的框架合作意向。

在印度尼西亚，代表团拜访了登巴沙市政府，与政府机关和相关企业座谈，考察投资环境，了解当地贸易政策，就双方开展多领域的经贸合作进行商谈；举办湖州市投资推介会，介绍湖州经济发展状况、投资环境、投资政策，并对优势项目进行推介。

附表1　2010年湖州市部分出访团组

序号	出访时间	团长职务、姓名	人数	出访地点	备注
1	3月	市政协副主席魏明	5	美国、日本、韩国	
2	4月	市人大常委会常务副主任沙铁勇	6	巴西、阿根廷、秘鲁	
3	5月	市人大常委会副主任徐嘉华	6	南非、埃及、阿联酋	
4	5月	副市长沈建平	6	荷兰、希腊、英国	
5	6月	市人大常委会副主任吴哲勇	6	英国、意大利、法国	
6	6月	市政协副主席杨金土	6	西班牙、希腊、英国	
7	7月	副市长周杰	7	香港	
8	7月	副市长沈建平		澳大利亚	参团
9	9月	副市长周杰	6	瑞士、法国、瑞典	
10	10月	市委常委、组织部长高玲慧	6	日本、美国、加拿大	
11	10月	市人大常委会副主任孙新耀	6	英国、西班牙、葡萄牙	
12	10月	市政协副主席叶鸣	4	瑞典、挪威、英国	
13	11月	副市长方新旗	4	巴西、阿根廷、秘鲁	
14	11月	副市长杨建新	6	埃及、阿联酋、肯尼亚	
15	11月	市政协副主席曹德平	6	南非、埃及、阿联酋	
16	12月	市委常委、常务副市长吴水霖	5	法国、希腊、阿联酋	
17	12月	市委常委金建新	5	韩国、西班牙、荷兰	
18	12月	军分区司令员徐永淮	6	澳大利亚、新西兰、韩国	

重要外事活动

【湖州交通学校与韩国潭阳工业高等学校结好】 2010年1月4日至6日，韩国潭阳工业高等学校校长郑泰昌一行访问湖州交通学校，双方签订友好合作交流协议书。

【第2届中国・湖州国际生态(乡村)旅游节暨第6届浙江山水旅游节】 2010年4月16日在湖州开幕。副省长王建满宣布开幕，国家旅游局副局长杜江，原环保总局党组副书记、副局长祝光耀，联合国世界旅游组织专家徐汎等分别致辞，市委书记、市人大常委会主任孙文友致欢迎词，市委副书记、市长马以主持开幕式。

本届生态节以"绿色世博、山水浙江、美丽乡村、生态湖州"为主题，主要活动有：生态(乡村)旅游论坛、世博精品体验之旅暨"世博旅游直通车"启动仪式、休闲旅游展示推介洽谈、高尔夫明星公益赛、迎世博生态乡村旅游摄影大赛、外国记者体验"绿色世博，生态湖州"等。

【中法精神卫生区域规划研讨会】 2010年5月6日在湖州召开。法国卫生部精神卫生规划专家组，湖州市卫生局相关人员，以及来自全省各地精神病医院的专家等约80人参加会议。

研讨会上，专家们就湖州市精神病防治现状及分规划设想、法国精神卫生政策等进行了交流。法国全国精神病协会主席克里斯琴・马勒就精神分裂症等相关学术专题与湖州市第三人民医院及其他市(地)精神病院的专家进行了探讨。会后，湖州市第三人民医院就与法国的大区精神病院建立协作关系等议题，与法国卫生部官员达成初步意向。

2009年4月，浙江省卫生厅与法国卫生部医院和医疗服务总局签订合作意向书，双方决定在卫生管理人员和专业人员交流、共同组织专题研讨及讲习班、科学研究等方面开展合作，共同推动区域卫生规划的发展。精神卫生分规划为浙江省与法国合作项目的首个试点分规划，湖州为该项目的试点城市。

【中澳"基于科学湖泊管理研讨会"】 2010年6月28日至7月1日，中澳太湖水污染治理试点项目"基于科学湖泊管理研讨会"在湖州举行。来自国家发改委、太湖流域管理局、江苏省太湖水污染防治办公室、环保部南京环境科学研究所，苏州市和湖州市发改委、环保局、水务局、农业局等单位的代表，与澳大利亚的专家、政府官员共同研究太湖流域水环境的综合治理。澳大利亚都市系统集团的专家在会上介绍了澳在该领域的优势与经验。

中澳环境发展项目由澳大利亚国际发展署出资2500万澳元发起设立，于2007年7月启动，为期5年，旨在支援中国的资源环境建设。太湖水污染治理试点项目是中澳环境发展项目中的一项，澳大利亚将投资200万澳元支持该项目的实施。项目于2009年8月正式启动，中澳双方执行机构——中国国家发改委合作中心与澳大利亚都市系统集团先后共同开展了多个活动，此次研讨会是该项目的活动之一。

【"捷克之夜"专场音乐会在湖演出】 2010年7月26日，捷克-中国文化交流与合作专场音乐会——"捷克之夜"在湖州升华音乐厅举行。市委副书记、市长马以，副市长李建平，捷克驻华大使利博尔・塞奇卡，捷克驻上海总领事胡米尔・马扎内克等出席观看。

音乐会上，捷克青年女高音歌唱家玛可塔・玛特洛娃和吉他手马太夫・勒木为湖州观众表演了精彩的节目。湖州市群艺馆的艺术家也表演了传统民族乐器演奏。

【中日两国学生同台演出】 2010年8月9日，以"和平・友谊"为主题的中日学生同台表演的合唱会在上海世博会的亚洲广场和日本馆演出厅分别举行。合唱会的主角是湖州艺术与设计学校和日本爱知县少年合唱团的青少年。

合唱会上，湖州艺术与设计学校的47名小歌手为观众演唱了《同一首歌》、《采茶舞曲》和《天空之城》等歌曲，日本学生演唱了日本校园歌曲、民间小调等。

演出前一天，爱知县少年合唱团专程访问湖州，与湖州艺术与设计学校学生一起进行彩排与交流。

【第5届中日韩旅游部长会议】 2010年8月21日至23日在杭州市和湖州市举行，会议于21日在杭州开幕，23日在湖州举行了中日韩旅游友谊纪念林植树仪式暨中日韩共倡低碳旅游倡议书签署仪式，这是第5届中日韩旅游部长会议主体活动之一。中国国家旅游局局长邵琪伟，韩国文化体育观光部长官柳仁村，日本国土交通大臣前原诚司，浙江省副省长王建满，国家旅游局副局长祝善忠和湖州市领导马以、朱坤民、李建平等出席。三国旅游部长及各国代表团成员和省市领导合力种下“中日韩旅游友谊纪念林”。友谊纪念林共有99棵树，其中银杏、雪松、樱花各33棵，象征着三国一衣带水的友好邻邦关系，寓意中日韩三国旅游市场共同繁荣，友谊天长地久。植树之后，三国旅游部长和省市领导一起为“中日韩旅游友谊纪念林”揭牌。三国旅游部长还共同签署《中日韩共倡低碳旅游倡议书》。

当天下午，在市领导朱坤民、胡菁菁、李建平的分别陪同下，中国旅游协会副会长吴文学、韩国文化体育观光部观光产业局局长赵显宰、日本国土交通省观光厅长官沟田宏等与会嘉宾，分别前往湖州市长兴、安吉、南浔等地的景区景点参观考察。

晚上，由国家旅游局、浙江省政府主办，浙江省旅游局、湖州市政府承办的第5届中日韩旅游部长会议闭幕式在湖州大剧院举行。邵琪伟、赵显宰、沟田宏、王建满分别致辞，并与湖州市委书记、市人大常委会主任孙文友共同启动闭幕式；吴文学主持闭幕式。市领导马以、朱坤民、胡菁菁、沙铁勇、李建平、杨金土，省旅游局局长赵金勇等出席闭幕式。闭幕式上，与会人士观看了大型风情音舞诗画文艺演出《太湖之州》。

【中法区域卫生规划合作项目暨围产期保健分规划研讨会】 2010年9月7日在湖州举行。省卫生厅相关处室负责人，湖州市卫生局、湖州市妇幼保健院等单位负责人，法国围产期保健代表团参加会议。

在湖期间，法国代表团考察了湖州市妇幼保健院妇产科、新生儿科等与妇幼保健密切相关的科室。法国新生儿科专家德比隆教授和妇产科专家莫维尔教授分别介绍了亚冬眠疗法在法国的应用、产后出血的治疗与剖腹产后自然分娩的可行性，并与中方专家进行了探讨，双方期待将来有更深入的合作。

2008年8月11日，卫生部部长陈竺与法国卫生青年体育部部长巴切罗在北京签署《关于发展卫生领域法中合作的意向声明》。在此框架内，浙江省卫生厅又与法国卫生部医院和医疗服务总局就开展区域卫生规划等方面的合作达成共识，并以湖州为试点开展了一系列交流活动。

【中欧国际学术研讨会】 2010年9月16日，“世博会与区域经济社会发展”中欧国际学术研讨会在湖州开幕。200多名国内外专家学者和学生代表参加开幕式，并聆听了相关专家的主题报告。

市委副书记朱坤民到会并致辞。

【第5届中国湖州·国际湖笔文化节】 2010年9月17日在湖州开幕，本届湖笔文化节的主题是“丝绸之府、湖笔之都、书画之郡”。市委书记、市人大常委会主任孙文友出席开幕式并致欢迎词，市委副书记、市长马以主持开幕式。

开幕式后，举行了招商引资洽谈会暨项目签约仪式。省商务厅副厅长周日星，省外商投资企业协会会长傅杜尔，上海市国际服务贸易行业协会副会长熊国相和市领导孙文友、马以、朱坤民、吴水霖、丁文贵、李建平、杨金土等出席。上海普华永道公司发布了湖州市投资环境评估报告；湖州经济技术开发区、太湖旅游度假区作了产业推介。签约仪式上共有 30 个项目签约,累计协议利用外资 4.3 亿美元。来自美国、德国、加拿大、法国、澳大利亚、日本、韩国、新加坡等国及中国香港、台湾地区、上海、杭州等地的嘉宾参加了洽谈会。

【上海世博会湖州"友谊日"活动】 2010 年 9 月 17 日在湖州市举行。50 多位来自上海世博会各国国家馆的总代表、馆长和工作人员,以及上海世博局、中国国家馆相关负责人访问湖州,市委副书记、市长马以,副市长李建平等出席欢迎仪式。

马以在欢迎仪式上表示,湖州与上海、与世博会有着深厚的历史渊源。160 年前,由商人徐荣村寄出的产自湖州南浔辑里的"荣记湖丝",在 1851 年首届英国伦敦世博会上获得金奖,牵起了中国与世博的第一根红线。希望各位嘉宾能够切身感受湖州践行"城市,让生活更美好"的努力与成果。

当天,外国嘉宾参观了南浔古镇、湖州博物馆等地,并应邀参加第 5 届中国湖州·国际湖笔文化节开幕式暨文艺演出等活动。

【湖州市组团参加世博会瑞典馆活动】 2010 年 10 月 7 日,副市长李建平率市外办、发改委、外经贸局、招商局、环保局等部门负责人前往上海世博园瑞典馆,参加斯莫兰-布莱金厄地区研讨会。研讨会围绕"商务与自然和谐并存"这一主题,湖州市与瑞典环保领域的专家,就城市规划与建设、可持续能源、可持续性水应用和处理、废物处理和回收再利用等课题进行了研讨,并就教育、科技创新、环保等方面的进一步合作达成共识。李建平还与瑞典卡尔马省代表进行了互动交流,寻求双方务实合作的机会。

【韩国永进专门大学友好访华团访问湖州】 2010 年 10 月 11 日,韩国永进专门大学友好访华团专程到湖州艺术与设计学校进行访问考察。双方就韩语教学、学生赴韩求学等内容签订教育合作协议。根据协议,双方合作主要采取订单就业班形式,参加订单就业班的学生在湖州艺术与设计学校接受 1～3 年的韩语培训,经考核合格后进入永进专门大学学习。学生在韩国完成学业并成绩合格的,就能取得永进专门大学大专毕业文凭和专门学士学位,同时,学生可选择在国内的韩资大中型企业工作或者到韩国四年制大学继续深造。

永进专门大学位于韩国第三大城市大邱市,是韩国著名的专科大学,以实用技术教育为主。

【湖州广电集团与韩国 MBC 建立友好合作关系】 2010 年 10 月 13 日,湖州广播电视传媒集团与韩国文化广播公司的全资子公司 MBC PLUS MEDIA CO. LTD. 签订建立友好合作交流关系备忘录。市委常委、宣传部长胡菁菁,副市长沈建平出席签约仪式。双方合作的内容有:分阶段开展人才、节目、产业等方面的交流合作,开展有利于双方提升品牌和核心竞争力的优势项目。

在签约仪式上,湖州广播电视传媒集团总裁吴宝宏向韩国友人介绍了集团的情况。韩国 MBC PLUS MEDIA 公司社长安贤德介绍了公司的基本情况。成立于 1961 年的 MBC(韩国文化广播公司)是韩国三大电视主流媒体之一。

【德国中学生访问湖州】 2010 年 10 月 21 日,德国莱茵兰-普法尔茨州黑克海姆市帕米娜一级文理中学校长及两名教师带领 17 名学生到湖州市第二中学进行交流。在湖期间,德国师生与二中学生一起听课、交流、参加校运会,并参观了湖州博物馆、金洲集团等,游览了湖州市容。

副市长沈建平会见德国师生代表。

帕米娜一级文理中学是欧洲范围内跨国办学的典范。2010 年暑假期间,湖州二中相关领导、教师曾带领 30 名学生赴该校交流。

主要来访

【瑞典卡尔马省地区委员会代表团访问湖州】 2010 年 1 月 14 日,瑞典卡尔马省地区委员会主席雷夫·拉尔森率代表团访问湖州。

副市长李建平会见并宴请瑞典客人。雷夫·拉尔森表示，希望在继续与长兴县发展友好交流关系的基础上，与湖州市建立长期而良好的合作关系，开展一系列的实质性交流。李建平与席雷夫·拉尔森签署《湖州市人民政府与瑞典卡尔马省地区委员会相互理解备忘录》。

在湖期间，瑞典客人参观了湖州博物馆和渔人码头。

【印度驻沪总领事访问湖州】

2010年2月26日至27日，印度驻上海总领事戴思锐一行访问湖州。

市委书记、市人大常委会主任孙文友，副市长李建平会见并宴请戴思锐。孙文友表示，湖州与印度有着广阔的合作前景。戴思锐希望双方在现有良好关系的基础上，进一步加强交流与合作，共同推动两地发展。

在湖期间，戴思锐考察了湖州市的中心城市建设情况和南浔古镇。

【荷兰奈梅亨市代表团访问湖州】

2010年4月13日，以市长托马斯·德·格拉夫为团长的荷兰奈梅亨市代表团及荷兰驻上海总领事汪一力到湖州进行友好访问。市委副书记、市长马以，副市长李建平等会见荷兰客人。双方表示，将以此次访问为起点，加强联系，增进彼此间的了解和友谊。

在湖期间，代表团一行参观了湖州博物馆。

【瑞典东南四省代表团访问湖州】

2010年8月11日，以卡尔马省地区委员会首席执行官霍根·布利尼尔森为团长的瑞典东南四省代表团访问湖州。副市长李建平会见并宴请瑞典客人。

李建平希望双方以年初签订的相互理解备忘录为契机，在经济、文化等领域开展形式多样的交流与合作。霍根·布利尼尔森介绍了将于10月在湖州长兴举行的第6届中国长三角与欧洲波罗的海地区合作发展论坛的筹备情况和瑞典东南四省参与上海世博会的相关情况。他向湖州市政府正式发出邀请，出席瑞典东南四省10月上旬在世博会瑞典馆举行的推介活动。

在湖期间，代表团参观了翔顺工贸公司和湖州博物馆。

【南非东开普省客人访问湖州】

2010年9月1日，南非东开普省立法委员会道路及公共工程分委会主席科莫斯一行访问湖州。

代表团拜访了市交通局，听取关于湖州市交通基础设施建设发展情况的介绍。科莫斯也介绍了东开普省道路和公共工程的建设情况及未来发展。她表示，湖州在道路和公共工程方面有许多好的经验和做法，值得学习和借鉴。双方表达了今后要在道路和公共工程方面交流合作、共同发展的意愿。

在湖期间，代表团参观了南浔古镇。

【美国哥伦布市代表团访问湖州】

2010年10月19日至20日，由市长弗莱德·阿姆斯特朗率领的美国印第安纳州哥伦布市代表团到湖州访问。市委副书记、市长马以，副市长李建平等会见代表团一行。

马以希望以这次哥伦布市代表团来湖访问考察为起点，架起双方加强合作联系的桥梁，增进彼此间的了解和友谊，在经济技术合作等领域开展富有成果的交流合作，实现共同繁荣。

阿姆斯特朗表示，哥伦布市非常欢迎湖州企业前去投资，也非常支持有意愿的美国企业来湖州投资兴业，共同推进两地的经贸合作与发展。

双方举行了企业座谈会。

【挪威北挪威省代表团访问湖州】

2010年10月22日，省长欧德·埃里克森率挪威北挪威省代表团一行访问湖州安吉，副市长李建平会见并宴请挪威客人。

李建平向挪威客人介绍了湖州市概况及近年来经济社会发展情况。欧德介绍了北挪威省的相关情况。双方都表示，今后要加强联系和交流，寻求在经济、科技等领域的合作机会。

代表团参观了安吉竹博园和毛竹生产基地，考察了安吉的生态环境和竹产业。

附表 2　2010 年湖州市接待的部分来访团组

序号	来访时间	来访代表团	人数	会见（宴请）
1	2 月	荷兰得宝机械制造公司董事委员会主席阿里艾·克拉杰维特	6	周杰
2	5 月 25～26 日	上海世博会捷克馆总代表巴威尔·安·斯戴赫李克	7	李建平
3	6 月 30 日	泰玛士集团总裁卡礼姆·哈加尔	5	周杰
4	7 月 17 日	巴西巴拉那州政府特别顾问贾娜·佩苏齐	9	
5	7 月 25～27 日	捷克驻华大使利博尔·塞奇卡，驻沪总领事胡米尔·马扎内克	8	马以
6	9 月 11 日	塞舌尔前总统曼卡姆	2	
7	11 月 16～17 日	日本帝人集团坂井志朗	3	李建平

友好城市交流

【日本岛田市少年合唱团在湖演出】 2010 年 3 月 24 日至 26 日，以竹岛茂吉为团长的日本岛田市少年合唱团访问湖州。副市长沈建平会见并宴请合唱团一行。

25 日，岛田市少年合唱团湖州音乐会在升华音乐厅举行，沈建平和市外办、财政局、教育局、文广新局等部门的领导，以及湖州市的中小学生代表观看演出。

访问期间，合唱团与湖州市第四中学和爱山小学学生进行了交流。在四中，合唱团参观了编织课等兴趣小组的活动，并与中国学生一起练习健美操；在爱山小学，合唱团参观了书法课和湖笔制作室，中日学生共同种下了象征友谊的银杏和樱花。

【法国蒙达尔纪市镇联合体主席代表团访问湖州】 2010 年 5 月 20 日至 21 日，由蒙达尔纪市镇联合体主席、蒙达尔纪市市长多尔率领的法国蒙达尔纪市镇联合体主席代表团对湖州进行友好访问。市委副书记、市长马以，市委副书记朱坤民，副市长李建平等分别会见代表团。

双方表示，湖州和蒙达尔纪多年来有着非常广泛、深入的交流与合作，相信未来双方的交流与合作将向更深层次发展和推进。

在湖期间，代表团一行参观考察了湖州博物馆和德清下渚湖湿地。

【韩国灵岩郡友好交流代表团访问湖州】 2010 年 10 月 12 日，由郡守金逸太率领的韩国灵岩郡友好交流代表团到湖州访问考察。市委副书记、市长马以，副市长李建平等会见代表团。

马以表示，湖州市与灵岩郡之间有着许多共同点，相信通过双方共同努力，两地在经济、教育、文化、科技等领域的交流与合作将更加深入，两地间的友谊将更加深厚。

金逸太表示，相信通过此次考察访问，必将进一步加深双方在旅游、农业等各方面的合作交流，推动两地友好关系健康发展和经济共同繁荣。

在湖期间，代表团参观考察了湖州市的企业和旅游景点。

【日本岛田市友好访华团访问湖州】 2010 年 10 月 13 日，由市长樱井胜郎、市议会议长平松吉祝率领的日本岛田市友好访华团到湖州访问。市委副书记、市长马以，市人大常委会副主任丁文贲，副市长李建平等会见访华团一行。

马以表示，希望以此次访问为契机，推动湖州市人大与岛田市议会之间开展更加紧密的接触和交流；也希望通过双方共同努力，两市在各个领域的交流与合作进一步深入，结出更丰硕的成果。

樱井胜郎表示，希望今后进

一步加强来往与合作，共同推进两地繁荣发展。

在湖期间，访华团一行考察了在湖的日资企业和渔人码头、大唐贡茶院等。

【澳大利亚阿拉阿特市政府代表团访问湖州】 2010年10月17日至20日，澳大利亚阿拉阿特市经济发展和外事部主任克莱德·汉弗莱斯一行访问湖州。

市外办主任黄春安会见并宴请澳大利亚客人。双方就即将在湖州举行的阿拉阿特品酒会相关内容和细节进行了探讨。

在湖期间，代表团参观了德清下渚湖湿地等。

【阿拉阿特品酒会】 2010年10月25日在湖州国际大酒店举办。来自澳大利亚阿拉阿特市的国际交流官员、酒类协会主席以及首席酿酒师等，与湖州市20多家酒类经销商、餐饮企业代表共同品尝了产自阿拉阿特的12种葡萄酒。阿拉阿特市纯正的红酒受到了与会嘉宾的肯定与欢迎，湖州红酒商对阿拉阿特红酒表示了浓厚的兴趣。会后，湖州电视台记者专门采访了阿拉阿特市酿酒协会主席赖斯。

阿拉阿特市位于澳大利亚南部的维多利亚州，是澳大利亚唯一一个由中国人建立起来的城市，盛产葡萄，酿酒业非常发达，其葡萄酒产量约占全澳大利亚的三分之一。2008年，湖州市与阿拉阿特市签订建立友好交流关系协议书。

县(区)外事

·吴兴区·

【主要出访】 2010年7月30日至8月1日，区长蔡旭昶率吴兴区政府代表团一行，对美国印第安纳州瓦尔普莱索市进行友好访问和考察，受到市长乔恩·考斯特斯等政府官员的接待，双方就今后开展友好交流进行洽谈。

代表团出席了市政府举行的招待会，参观了瓦尔普莱索市精密食品加工设备制造公司俄秀实验室、世界领先的消防器材制造商TFT公司和瓦尔普莱索大学，对该市的工业经济、城市规划建设和教育卫生事业进行了实地考察。

【主要来访】 2010年5月26日至27日，以规划局局长克雷格·菲利普斯为团长的美国印第安纳州瓦尔普莱索市政府代表团对吴兴区进行友好访问，双方就两地今后进行友好交流事宜进行会谈。代表团一行先后参观考察了移沿山农庄、吴兴大道周边景观、吴兴高级中学和全美国际、晶日照明等企业，对吴兴区在城市规划、经济、教育、文化传承等方面的发展给予高度评价，并表示将竭力推进两地在各个领域的联系与合作。2010年初，经省外办牵线，吴兴区与瓦尔普莱索市开始发展友好交流关系。此次是瓦尔普莱索市代表团首次到访吴兴区。

6月1日，阿尔及利亚住房部部长穆萨等7人，到吴兴区参观考察新农村建设项目。代表团考察了八里店西山社区施工现场和东部新区建设指挥部。

·南浔区·

【外事工作概况】 2010年，南浔区派出各类因公出国(境)团组22批52人次，其中自组团7批35人次、“双跨”团组15批17人次。全区企业邀请外国人来华69批106人次，分别比上年增长15%、8.16%。

【重要外事活动】 2010年6月22日，为增进上海世博会参展方对中国首届世博金奖故里——南浔的了解，上海世博村管理部与南浔区政府共同举办“世博馆长探访金奖故里”活动，包括数位世博热门场馆馆长在内的16位参展方工作人员参加此次活动。外宾们参观了丝业会馆、刘氏悌号、张石铭旧宅和嘉业堂藏书楼，观赏了窖里婚俗吹打、古代印书工艺和多个中西合璧的私家园林，对富含中国元素的南浔给予很高的评价。

7月，国际绘画艺术院会员、俄罗斯功勋画家萨菲耶夫·阿列克沙德尔·葛纳季耶维奇和俄罗斯著名画家德罗获夫·耶维格尼·伊德米特里耶维奇应邀在南浔古镇举办画展，展示他们创作的近百幅画作。展出的作品不仅展现了俄罗斯优美的山川风物和绚烂多彩的生活，还描绘了南浔古镇的人文景观。展品艺术风格独特，生活气息浓郁，具有强烈的视觉冲击力，吸引了大批文化人士、美术爱好者和当地群众前来参观。

【主要来访】 2010年，印度驻沪总领事、上海世博会捷克馆总代表、世博馆长代表团、捷克驻华大使、中日韩旅游部长会议代表团、南非东开普省代表团、上海世博会湖州“友谊日”活动代表团、“世博会与区域经济社会发展”中欧国际学术研讨会与会外籍学者代表团、上海世博会芬兰馆代表团等重要团组访问南浔，考察南浔区的人文环境、产业经济和新农村建设等。

·德　清　县·

【外事工作概况】 2010年，德清县派出因公出国(境)团组35批111人次，其中自组团组11批60人次，因公出国“双跨”团组20批27人次，赴港澳团组4批24人次。

【重要外事活动】 德清县投资贸易洽谈会2010年6月19日至20日举行，全国政协原副主席王文元宣布开幕。全国工商联副主席、上海市政协副主席王新奎，浙江省人大常委会副主任徐宏俊，湖州市委副书记、市长马以分别致辞。来自海内外的550余名客商与会。本次洽谈会上，共有74个项目达成合作协议和意向，总投资240.64亿元，其中外资项目36个，总投资12.53亿美元，协议利用外资4.09亿美元。

7月21日，2010杭州国际民间艺术交流周德清巡演举行。德清是2010年杭州西湖国际博览会分会场的新成员。来自俄罗斯、斯洛伐克、土耳其、希腊、印度尼西亚、罗马尼亚等7个国家和地区，由251人组成的国际民间艺术交流团，与德清的民间艺人一起，为市民、游客展现了各国的民间艺术。

【主要来访】 2010年6月2日，挪威创新署亚洲部主任哈根等3人到德清县考察，挪威客人听取了德清方关于外贸、投资和科技新城发展现状及未来规划等的情况介绍，参观了浙江泰普森休闲用品有限公司、浙江德清亿丰花卉有限公司、德清县博物馆、居民住宅区，游览了莫干山。

7月5日至6日，联合国人口基金驻华代表处代表伯纳德一行赴德清县考察中国/联合国人口基金项目第六周期生殖健康/计划生育项目，省人口计生委副主任宋贤能，湖州市人口计生委主任沈晓蓝、副主任邵慧敏，德清县委副书记罗国建、县政协副主席沈连华、副县长潘月山等参加考察。考察组召开了项目座谈会，听取县人口计生局局长沈亦红关于项目实施情况的汇报，并与项目领导小组成员单位负责人和青年代表座谈，了解项目进展情况和存在的问题；考察了德清县计划生育指导站、县中医院妇幼保健门诊、新市镇计划生育服务站、士林卫生服务站、钟管镇下塘村卫生服务站和计生服务室等三级计划生育、卫生服务机构，与基层计划生育、妇幼保健服务工作人员座谈；最后观摩了德清县第一中学的青春健康同伴教育活动。在考察组举办的反馈会上，考察组对德清县第六周期项目工作表示满意，并对下阶段工作进行了指导。

8月26日，芬兰瑞玛公司董事会主席、克拉斯率领的考察团访问德清。考察团参观了浙江贝维尔纺织科技有限公司、德清伊唯尔袜业有限公司、浙江泰普森休闲用品有限公司和瑞玛德清代表处，还观看了德清产品展示。克拉斯表示，德清企业重视研发创新，不断开发多样性产品，德清经济今后必将有良好的发展前景，希望将来能与德清开展进一步的合作交流。创办于1944年的瑞玛公司，是北欧最大的设计、生产加工、销售童装的著名专业公司，在中国上海、浙江德清分别设有代表处。自1993年以来，该公司与浙江贝维尔纺织科技有限公司一直保持合作关系。

10月11日至13日，日本矢板市教育长大森敏率第6次中学生代表团一行20人访问德清。

中日学生举行了联欢活动，日本学生住宿中国学生家中。代表团还参观了德清县第二中学、华盛达外语学校和千秋外国语学校，并游览了下渚湖湿地风景区。

11月11日，美国蒙特塞罗市市长杰生·汤普森文访问德清，县委副书记、县长胡国荣会见杰生·汤普森，双方进行了友好会谈，就深入开展经济、文化和教育等领域的交流达成一致意见，并希望时机成熟时正式建立友城关系。杰生·汤普森还参观了浙江泰普森休闲用品有限公司、德清实验学校，并游览了下渚湖湿地和莫干山风景区。

·长　兴　县·

【外事工作概况】 2010年，长兴县办理因公出国(境)团组32批93人次，其中本县自组团组18批75人次，受理参加中央、省、市“双跨”团组14批18人次；出访党政干部11批13人次。接待国外政府、企业代表团来访8批56人次。

【重要外事活动】 2010年4月28日，陈香梅社会活动65周年暨85华诞庆典活动在长兴举行。美国国际委员会主席、美国太平洋国际资本公司名誉董事长陈香梅，美国国际委员会副主席郝福满，中国国务院侨办党组成员熊昌良，中共中央统战部三局局长、中华海外联谊会秘书长殷晓静，以及湖州市、长兴县领导马以、李建平、刘国富、章根明、徐永方等出席活动。庆典活动上，举行了《陈香梅自选集》首发仪式、陈香梅网站开通仪式以及电视连续剧《陈香梅》首播式。中国侨联、世界华人企业协会等给陈香梅及本次活动组委会发来贺电、贺信。

10月12日，第6届中国长三角与欧洲波罗的海地区合作发展论坛暨2010中国·太湖明珠——长兴国际投资贸易洽谈会在长兴举行。副省长金德水宣布开幕；省政协副主席冯明光，湖州市委副书记、市长马以分别在开幕式上致辞；上海市政协副主席周汉民和湖州市领导王金根、李建平，瑞典驻上海总领事姚汉森，瑞典卡尔马省地区委员会主席雷夫·拉尔松、南斯莫省地区委员会主席玛丽·路易斯·海默生以及卡尔马省地区委员会成员等出席开幕式。活动期间，举行了交流合作对口洽谈会。长兴县介绍了其投资环境和对外开放等情况。洽谈会期间，20多家来自波罗的海地区的企业与50多家来自长三角地区的中方企业进行了对口洽谈。本次活动集中签约项目20个，其中外商总投资2亿美元。

【主要来访】 2010年2月4日，由国家农村发展和反贫困委员会主任、内阁部长奥勒·蓬马占率领的老挝国家农村发展和反贫困委员会代表团访问长兴。代表团先后考察了浙江大学现代农业科技园、水口乡徽州庄村等地。他们表示，长兴实施的扶贫措施、发展效益农业的新举措以及新农村建设取得的成效，给了他们有益的启示，他们将把长兴发展经济和建设新农村的经验带回老挝。

5月5日，由凯莱国际马丁·辛册博士率领的高盛、PAI慕尼黑、凯莱代表团访问长兴。县领导会见美国客人。

6月11日，由日本千叶兴业银行的客户及经营者组成的日本企业投资考察团访问长兴。县政府召开长兴投资环境说明会，介绍长兴的交通地理优势、支柱产业及茶文化、古生态文化等。考察团参观了县开发区整体框架及城市建设展览馆。

7月15日，由西班牙桑坦德银行亚洲区主席胡安马率领的西班牙桑坦德银行考察组访问长兴。考察组听取了长兴联合村镇银行的情况介绍，双方就筹建村镇银行的重点和难点进行了沟通交流。长兴联合村镇银行成立于2008年5月，是浙江省首批成立的两家村镇银行之一。至2010年6月末，该行整体经营规模在全国村镇银行中处于领先地位。桑坦德银行为西班牙第一大银行，正与中国建设银行合作筹建村镇银行金融控股公司。此次桑坦德银行考察组到长兴联合村镇银行考察调研，是为其参与组建控股公司做准备。

8月11日，瑞典卡尔马省地区委员会首席执行官哈肯·布吕尼尔森率瑞典东南四省代表团访问长兴。2004年，长兴县与瑞典卡尔马省建立了联系。2005年初，双方正式建立经济等友好交流关系。自2005年起，两地每年共同举办的“中国长三角与欧洲波罗的海地区合作发展论坛”，为中国长三角地区与欧洲波罗的海地区的经贸、科技的合作与交流创造了一个有利的平台。哈肯·布吕尼尔森表示，瑞典将会邀请更多的波罗的海地区企业参加2010年长三角与波罗的海地区合作发展论坛，尤其是一些在低碳和环保上有建树的科技型企业，将积极与长兴企业对接，寻求合作空间，为保护地球环境作出努力。

9月17日，法国枫丹白露区维廉塞纳市市长雅克·夏伯涅率代表团访问长兴。双方签署缔结友好城市备忘录。在长兴期间，法国客人考察了开发区、大剧院、城市展览馆、图书馆、市民广场等，详细了解长兴县的城市发展、行政设施、未来规划等方面的情况。

·安　吉　县·

【外事工作概况】 2010年，安吉县呈报因公临时出国(境)团组和人员28批80人次，其中自行组团14批65人次，随省市团组出访14批15人次。完成组织党政公务团组27批75人次；完成地方因公出国(境)名额18批66人次。全年接待巴西巴拉那州政府代表团、斯里兰卡环境代表团、塞舌尔前总统一行、韩国全罗南道潭阳郡副郡长崔熙旭、挪威北挪威省代表团等重要外宾和团组。

【主要出访】 2010年11月13日，安吉县友好代表团访问韩国潭阳郡。代表团拜会新任郡守崔亨植，双方就2011年的青少年交流活动进行了商议。代表团还考察了郡史博物馆、竹产业博物馆、十里水杉长廊、绿竹苑，观摩了当地一年一度的美食节。

【主要来访】 2010年4月14日，美国印第安纳州马里昂市市长韦恩·西伯尔德等访问安吉。双方表示今后要在多个领域开展交流与合作。美国客人还考察了安吉远凯家具有限公司和金润家具有限公司。

5月8日，由美中工商协会常务副会长陆诚率领的美国百人华商世博访问团考察安吉县，了解投资环境。在“走进中国美丽乡村”安吉投资说明会上，安吉县向美国客人介绍了安吉的基本情况和产业特色。访问团考察了永裕竹制品有限公司、恒林控股集团、华特斯聚合物科技有限公司等企业，并到竹博园、报福镇洪家村参观中国美丽乡村建设。美国百人华商世博访问团以在美华人工商企业家、专家学者和社会各界精英为主要成员，访问团此次访华，将参观世博会并考察访问上海及其周边城市，安吉是此行第一站。

5月22日至24日，国际竹藤组织成员国竹藤产业发展部级研讨班代表团在安吉考察。代表团36位成员来自马达加斯加、肯尼亚、坦桑尼亚等20个国家，其中6位为成员国的部长、副部长。在安吉期间，代表团参观了安吉竹博园、国际竹艺商贸城、天下银坑、永裕公司、圣氏公司等，并与当地竹产业专家交流。塞拉利昂农业部副部长洛菲尔·托马斯对安吉的竹产业和竹产品市场产生浓厚兴趣。他说，回国后，将就此次在中国的所见所闻做一个报告，并组织人员调查本国的竹资源，发展竹产业，为人民提供更多的就业机会。

8月1日，以国际休闲农业组织联盟副主席格雷姆·米歇尔为团长的国际休闲农业机构负责人访华团到安吉进行休闲农业和乡村旅游考察。考察团参观了安吉大竹海、竹博园、中南百草园、溪龙万亩白茶观光园及白茶文化展示馆。格雷姆·米歇尔表示，安吉的农业发展模式值得很多国家学习和借鉴。

8月11日至12日，美国印第安纳州马里昂市市长韦恩·西伯尔德率友好交流团访问安吉。韦恩·西伯尔德介绍了该市情况和对企业的优惠政策，他希望能吸引更多的安吉企业到美国投资。韦恩·西伯尔德一行还考察了相关公共设施和企业。

（窦　锋）

绍 兴 市

绍兴市简称“绍”，辖越城区和诸暨、上虞、嵊州3个县级市，绍兴、新昌2个县，全市总面积8256平方千米。2010年末总人口438万人。2010年，全市实现地区生产总值2782.74亿元；财政总收入349.25亿元，其中地方财政一般预算内收入193.23亿元。

概 述

【外事工作概况】 2010年，绍兴市人民政府外事与侨务办公室（简称“市外侨办”）以服务国家总体外交为基础，进一步强化为地方经济社会发展服务的能力。

狠抓落实，全力保障合唱比赛。7月，第6届世界合唱比赛在绍兴举行，绍兴市邀请8个国家12名驻华使节、12个海外友城59名代表，以及13个国家和地区的36名海外重点社团侨领、旅外专家、侨界实业家来绍参加2500周年城庆，观摩世界合唱比赛。

抓住契机，积极扩大对外交流。以第6届世界合唱比赛、建城2500周年庆典、上海世博会、上海世博会“经济转型与城乡互动”主题论坛为契机，组织2010年“上海·绍兴周”和欧登塞城市馆日活动。组织7批95人次重点团组赴南非开普威尔兰区多个友城访问；接待匈牙利佩奇市等23批263人次友好访问团组，并与佩奇市签署建立友好交流关系备忘录。举行绍兴市与日本西宫市结好25周年庆典系列活动。9月份世博论坛期间，参与欧盟委员会前主席等5位重点嘉宾的来访接待工作。

严格把关，切实加强涉外管理。全市通过因公渠道的出访团组357批1316人次，其中党政机关工作人员838人次，占出访总人次的64%，为省下达指标的93%。全市办理来华邀请1515批2061人次，分别比上年下降23%、22%。做好涉外突发事件处置工作，全年处理或参与处理涉外事件6起。

优化服务，努力创造良好环境。搞好外事工作五年规划，为外事事业可持续发展提供有力保障。落实好为全市企业和公民“走出去”提供优质便捷外事服务的各项举措。加强与在绍外国人的联谊，与市妇联共同举办“三八”国际劳动妇女节100周年暨中外妇女大联欢活动；举办“迎中秋、叙友情、话发展”中外友好人士中秋联谊会。

注重管理，不断强化队伍建设。扎实开展群众观点、群众路线教育活动。成功创建学习型机关。修改完善友协服务中心管理考核办法。做好对新昌县梅渚镇宋家村的结对帮扶工作。

【全市因公出国（境）管理工作会议】 2010年3月12日召开。副市长徐明光出席会议并讲话，市外侨办主任傅陆平对有关政策文件作了解读。会议要求切实加强因公出国（境）管理工作，尽可能控制团组、控制人员、控制经费，提高团组出访质量。

各县（市、区）政府分管领导、外办主任，市级各有关部门负责人，以及相关涉外服务机构负责人等近130人参加会议。

【第18期全国地级市外办主任培训班】 2010年3月31日至4月3日在绍兴举行，全国150个地级市的202名代表参加培训班。外交部副部长吕国增到会并作国际形势报告，省外办主任阮忠训等参加培训班。

【俄罗斯浙江绍兴商会成立】 2010年6月16日，俄罗斯浙江绍兴商会在莫斯科孔府饭店举行成立大会，市人大常委会副主任沈焕根率绍兴市友好访问团专程与会，绍兴市外侨办、市侨联致电祝贺。中国俄罗斯总商会会长蔡桂茹、诸暨市国际友城——俄罗斯叶戈里耶夫斯克杜马主席尼基金，俄罗斯各界华人华侨联合会及有关兄弟商会领导，绍兴市各县(市、区)企业在俄厂商代表等100余人出席。

【日本友人为新昌捐款】 2010年6月21日，日本关西学院大学教授高坂健次夫妇一行专程访问新昌县梅渚镇宋家村，向该村捐赠3万元人民币，帮助该村改善饮水条件，解决村民饮水难问题。市外侨办、县外办、梅渚镇领导及宋家村村民参加捐赠仪式。

【国外使节及友城代表参加绍兴城庆活动及世合赛开幕式】 2010年7月15日至17日，泰国等6个国家驻华使节代表团及日本南砺市市长田中幹夫率领的南砺市友城代表团等12个海外友城代表团，参加绍兴建城2500年庆祝活动及第6届世界合唱比赛开幕式。

市委书记张金如分别会见外国驻华使节代表团和日本友城代表团，市长钱建民分别会见欧美亚澳各洲友城代表团和法国艾克斯地区共同体代表团。

【第6届世界合唱比赛】 2010年7月15日至26日在绍兴举行，由国际文化交流基金会和绍兴市人民政府共同举办。这是新中国成立以来浙江省内举办的规模最大的国际性文化赛事，共有来自83个国家和地区的472个合唱团队，2.17万名嘉宾、评委、歌手、乐者参加比赛、展演和观摩等各项活动。中共中央政治局常委、书记处书记、国家副主席习近平发来贺信，中共中央政治局委员、国务委员刘延东，全国人大常委会副委员长韩启德，全国政协副主席何厚铧等党和国家领导人，赵洪祝、吕祖善、周国富等省领导，24位副部级领导，国内外知名人士，共910余位嘉宾来绍观摩第6届世界合唱比赛。比赛期间，举行了20个组别近500场合唱比赛，54场综合音乐会、友好音乐会、冠军音乐会，穿插了世界舞蹈及民间音乐展示、世界青年管弦乐展演、上海世博合唱节、“美国之夜”晚会、颁奖典礼、绍兴戏曲展演和烟花大会等15项活动，举行了6场由国际知名音乐人士主讲的音乐讲座。

世界合唱比赛期间，还举行了绍兴建城2500年庆祝典礼等重要活动。25日，下一届世界合唱比赛主办城市——美国辛辛那提市在中国轻纺城国际会展中心举行“美国之夜”晚会。

26日晚，第6届世界合唱比赛在中国轻纺城国际会展中心闭幕。省委副书记夏宝龙、全国政协人口资源环境委员会副主任李金明、副省长郑继伟、省政协副主席王玉娣，国际文化交流基金会主席冈特·铁驰，美国辛辛那提市市长马洛里，绍兴市领导张金如、钱建民、黄秋芳等参加闭幕式。市委副书记谭志桂主持闭幕式。

·相关链接·

世界合唱比赛

世界合唱比赛由总部设在德国的国际文化交流基金会组织，是世界上规模最大的合唱比赛，每两年举办一次。

自1988年以来，国际文化交流基金会以“音乐萌笛”为品牌，在世界各地举办国际合唱音乐节和合唱比赛，其中规模最大的全球比赛是合唱奥林匹克比赛，即现在的世界合唱比赛。这一比赛的宗旨是：让人们在共同的歌唱中，体会人类发展个性和寻求合作的力量。世界合唱比赛不仅包括500场为争夺奖牌而进行的各种合唱比赛，同时还举办一系列文化活动，如高水准的综合音乐会、由国际音乐界知名人士举办的合唱讲座等。

市领导出访

【绍兴市友好经贸代表团访问芬兰、冰岛和挪威】 2010年7月27日至8月7日，市政协主席顾秋麟率绍兴市友好经贸代表团访问芬兰、冰岛和挪威。

在芬兰，代表团拜访了南萨沃地区政府主席马库·卡克莱耐，双方介绍了各自经济社会发展情况，希望通过搭建友好城市平台，加强各领域的交流合作。

在冰岛，代表团与冰中商会进行了交流，并考察了相关企业。在挪威，代表团访问了ASB公司，双方就促进绍兴企业与挪威的合作进行了深入的交流。

【绍兴市友好经贸代表团访问芬兰、挪威和俄罗斯】 2010年9月14日至24日，市委常委、纪委书记王文序率绍兴市友好经贸访问团访问芬兰、挪威、俄罗斯。

在芬兰、挪威，访问团先后拜会赫尔辛基市和哈尔登市，并前往德拉门市拜访绍兴同乡会侨领。

在俄罗斯，访问团与莫斯科工商总会对外经济和国际关系部主任阿克弗·乔治进行了洽谈，并与在俄绍兴商会的部分会员共度中秋节。

【绍兴市友好经贸代表团访问马来西亚、柬埔寨和印度尼西亚】 2010年11月8日至19日，市人大常委会主任、市人民对外友好协会会长黄秋芳率绍兴市友好经贸代表团访问马来西亚、柬埔寨和印度尼西亚。

在马来西亚，代表团拜会了马来西亚中华工商联合会总会长钟廷森，了解当地的投资环境，寻求扩大双方合作。代表团还与马六甲州政府相关官员就深化两地经贸合作进行了交流。

在柬埔寨，代表团分别与柬埔寨中国商会、柬埔寨浙江同乡会、柬埔寨温州同乡会等进行了广泛的交流，寻求合作机会。

在印度尼西亚，代表团拜会了印尼纺织协会，重点考察了印尼纺织业的生产和市场情况。

附表1　2010年绍兴市部分出访团组

序号	出访时间	团长职务、姓名	人数	出访地点	备　注
1	3月	副市长徐明光	12	日本、菲律宾、印度	友好访问
2	4～5月	副市长陈长兴	12	瑞典、保加利亚、罗马尼亚	经贸交流
3	4～5月	副市长陈月亮	12	阿联酋、巴西、南非	经贸交流
4	5月	市委常委、组织部长翁鲁敏	12	埃及、肯尼亚、南非	友好访问
5	5月	市人大常委会副主任沈焕根	10	俄罗斯、乌克兰	友好访问
6	5～6月	市人大常委会副主任何国梁	12	俄罗斯、瑞典、丹麦	其他任务
7	5～6月	市政协副主席、市总工会主席吴耘	10	瑞典、丹麦	业务考察
8	5～6月	市人大常委会副主任吕斌	10	英国、捷克	业务考察
9	6月	市政协副主席李露儿	5	香港	友好访问
10	6月	副市长杨文孝	12	丹麦、匈牙利、土耳其	其他任务
11	8月	市人大常委会副主任陈忠瑶	12	芬兰、挪威、俄罗斯	友好访问

续表

序号	出访时间	团长职务、姓名	人数	出访地点	备　注
12	9月	市政协副主席齐宽明	10	阿联酋、南非	经贸交流
13	9月	市委副书记谭志桂	12	以色列、希腊、土耳其	经贸交流
14	10月	副市长丁晓燕	10	美国、加拿大	业务考察
15	10月	市政协副主席解晓波	10	南非、埃及、肯尼亚	友好访问
16	10月	市长钱建民	12	日本、澳大利亚、新西兰	友好访问

重要外事活动

【上海世博会主题论坛在绍兴举行】 2010年9月8日至10日，由国家发改委、上海世博会执委会、世界银行和绍兴市政府共同主办的“2010年上海世博会主题论坛——经济转型与城乡互动”活动在绍兴举行，来自美国、荷兰、日本、意大利、香港等国家和地区的10位旅外知名人士应邀出席，并围绕互动话题开展了讨论。

中共中央政治局委员、上海市委书记俞正声，省委书记、省人大常委会主任赵洪祝分别在开幕式上致辞。市委书记张金如主持开幕式，市领导钱建民、黄秋芳、顾秋麟等参加。

【中外友好人士中秋联谊会】 2010年9月19日，市人民对外友好协会举行“迎中秋、叙友情、话发展”中外友好人士中秋联谊会。部分在绍的外国经济、文教专家代表，侨领、侨资企业家代表和友协理事代表等欢聚一堂，共话发展。市领导黄秋芳、翁鲁敏、阮顺泉、徐明光、解晓波等出席联谊会。

【美国绍兴同乡会举行成立10周年庆典】 2010年11月18日，美国绍兴同乡会在纽约举行成立10周年庆典仪式，副市长丁晓燕率绍兴市友好访问团专程到会祝贺，纽约市议会议员、中国驻纽约总领事馆侨务领事、旅美江浙社团主要侨领及旅居纽约的绍兴籍乡亲等100余人出席。

主 要 来 访

【外国驻沪总领事馆签证官访绍】 2010年1月8日至10日，市外侨办邀请19国驻沪总领馆的33名助理签证官员来绍兴参加联谊活动。副市长徐明光会见并宴请客人。

在绍兴期间，客人还专程赴绍兴县和嵊州市进行经贸交流和休闲旅游等考察。

【国际文化交流基金会主席访绍】 2010年3月14日，国际文化交流基金会主席冈特·铁驰一行来绍考察第6届世界合唱比赛筹备情况，市长钱建民会见访问团一行。副市长丁晓燕，市政府秘书长徐挺富，副秘书长、节会办主任张纪尔，市外侨办主任傅陆平参加会见。

【德国黑森州社民党考察团访绍】 2010年3月14日，德国黑森州社会民主党主席托斯腾·舍费尔—君贝尔率考察团来绍，就参与世界合唱比赛等事宜进行访问考察。市委副书记谭志桂、副市长徐明光会见考察团一行。市委副秘书长杨大明、市外侨办副主任张小华参加会见。

【外交部副部长吕国增来绍考察】 2010年4月3日至5日，外交部副部长吕国增一行在绍兴考察调研，了解绍兴的经济社会发展情况和风土人情，并走访沈园、西施故里等历史文化名胜和诸暨珍珠市场等特色产业基地。副市长陈月亮、市外侨办主任傅陆平等陪同考察。

【澳门特区政府代表团来绍考察】 2010年4月22日，以澳门特区政府行政法务司司长陈丽敏为团长的澳门特区政府代表团来绍兴市参观考察。市长钱建民会见并宴请陈丽敏一行。市委秘书长魏伟、市政府副秘书长马民、市外侨办主任傅陆平和副主任盛伯钧参加会见和宴请。

在绍期间，代表团参观了鲁迅故里、沈园、兰亭等地。

【刚果(金)争取重建与民主人民党干部考察团访绍】 2010年4月28日至29日，由刚果(金)争取重建与民主人民党政治局委员、参议员莱奥纳·舍·奥吉坦率领的刚果(金)人民党干部考察团来绍访问，市人大常委会副主任沈焕根会见并宴请考察团一行。在绍期间，考察团参观了袍江新区马山镇红江村、浙江贝利生科技有限公司等地，并与袍江新区管委会座谈交流。

【亚洲博鳌论坛秘书长来绍考察】 2010年4月29日至5月1日，亚洲博鳌论坛秘书长周文重一行来绍兴市考察，副市长徐明光会见并宴请周文重一行。

周文重一行参观了沈园、鲁迅故里等历史文化名胜。

【匈牙利佩奇市市长访绍】 2010年5月12日，匈牙利佩奇市市长帕瓦·索特率佩奇市友好访问团访问绍兴。市领导钱建民、黄秋芳、徐明光会见访问团一行。会见结束后，两市签署发展友好交流关系备忘录。访问团参观考察了袍江新区、绍兴文理学院。

【全美苏浙同乡会总会代表团来绍考察】 2010年5月17日，以会长朱元忠为团长的全美苏浙同乡会总会代表团来绍兴市参观访问。副市长徐明光宴请代表团一行。

代表团参观了鲁迅故里。

【西宫市友好访问团访问绍兴】 2010年5月20日，在绍兴市和日本西宫市结为友好城市25周年之际，西宫市代市长安富保、议长田中渡率友好访问团来绍访问。市领导钱建民、黄秋芳、徐明光、齐宽明会见访问团一行。

在绍期间，安富保一行参观了绍兴文理学院、浙江越秀外国语学院，出席绍兴、西宫结好25周年美术作品展等系列活动，并赴诸暨参观考察了华东珠宝城、斯宅和五泄等地。

【澳大利亚西澳州上议院代表团访绍】 2010年6月10日，澳大利亚西澳州上议院议长班睿·豪斯率该州上议院代表团访问绍兴，市人大常委会主任、市对外友好协会会长黄秋芳，市人大常委会副主任阮顺泉会见代表团一行。

代表团参观了鲁迅故里、八字桥景区等。

【奥地利记者代表团访问绍兴】 2010年6月13日至15日，以奥地利记者俱乐部主席弗雷德·图恩海姆为团长的奥地利记者代表团到绍兴市参观、采访。

记者团参观、采访了绍兴袍江新区、绍兴黄酒集团下属的中央酒库以及绍兴黄酒博物馆，游览了八字桥、兰亭、仓桥直街等景点。

【联合国副秘书长访绍】 2010年8月4日，联合国副秘书长阿瓦尼·贝楠一行到绍兴参观访问。市人大常委会主任黄秋芳宴请阿瓦尼·贝楠一行。

来宾们参观了鲁迅故里，游览了环城河。

【澳门土生葡人中华文化访问团来绍考察】 2010年9月5日至6日，以中华海外联谊会理事、澳门土生教育协进会管理委员会主席戴明扬为团长的澳门土生葡人中华文化访问团来绍兴参观考察。市人大常委会副主任阮顺泉宴请访问团一行。

【新加坡经贸代表团访绍】 2010年9月7日，新加坡总理公署部长、财政部兼交通部第二部长、新加坡-浙江经济贸易理事会联合主席陈惠华率新加坡经贸代表团来绍兴考察，参加由绍兴市举办的绍兴投资环境推介会。

市长钱建民在推介会上介绍了绍兴的产业基础、投资环境，尤其是正在着力打造的滨海新城等开放型经济平台情况。钱建民希望通过代表团这次走访考察，为绍兴和新加坡的经贸往来产生积极推动作用，并以此为契机使双方合作向更深层次、更广领域拓展。

陈惠华表示，新加坡政府十分关注浙江经济发展，包括绍兴在内的民营经济发展取得的成就和经验很值得学习借鉴。此次来访既增进了对绍兴历史文化的了解，也让随团前来的20多家新加坡公司负责人以及更多企业看到了在绍投资的商机，相信双方必能加强业务拓展，取得发展共赢。

【芬兰南萨沃地区主席访绍】 2010年10月8日，芬兰南萨沃地区主席马库·卡克里安能率该地区友好代表团来绍访问，市政协主席顾秋麟会见代表团一行。市外侨办副主任张小华，市发改委、市财政局和镜湖新区相关领导参加会见。

代表团一行考察了镜湖新区、袍江经济技术开发区，参观了鲁迅故里等地。

附表2　2010年绍兴市接待的部分来访团组

序号	来访时间	团组名称(团长职务)	团长姓名	人数	会见(宴请)的领导
1	1月8～10日	外国驻沪总领馆助理签证官一行		50	徐明光
2	2月4日	JAQ集团公司代表团	莎琳·美茵克	3	张小华
3	5月20～24日	日本西宫市结好25周年访问团	安富保	51	钱建民
4	5月31日	美国印第安纳波利斯大学	雅达夫	4	钱建民
5	6月28～29日	美国EHRA公司	张伟明	2	
6	7月2日	澳大利亚西澳州中学生团		33	
7	7月14～16日	以色列驻沪总领事	杰克·埃尔顿	1	张金如
8	7月14～16日	日本南砺市代表团	田中幹夫	5	张金如
9	7月14～16日	日本芦原市代表团	桥本达也	5	张金如
10	7月14～16日	日本小山市代表团	大久保寿夫	6	张金如
11	7月14～16日	日本西宫市代表团	河野昌弘	5	张金如
12	7月14～16日	法国艾克斯地区共同体代表团	克里斯蒂安·路易特	10	钱建民
13	7月14～16日	澳大利亚白马市代表团	威廉·潘伯顿	7	钱建民
14	7月14～16日	俄罗斯莫斯科州列宁大区	卢金	2	钱建民
15	7月14～17日	日本富士宫市代表团	小室直义	5	张金如
16	7月14～17日	韩国丽水市代表团	金京仙	5	钱建民
17	7月14～17日	丹麦欧登塞市代表团	布莱恩·戴布	1	钱建民
18	7月14～17日	美国卡马里罗市代表团	迈克尔·摩根	5	钱建民
19	8月2日	日本静冈县议会代表团	岩濑水	16	
20	8月26～29日	纳米比亚经贸访问团	比欧克斯	30	丁晓燕
21	9月1日	塞舌尔前总统一行	曼卡姆	3	徐明光

续表

序号	来访时间	团组名称(团长职务)	团长姓名	人数	会见(宴请)的领导
22	10月11日	韩国前副总理、大国家党名誉总裁赵淳一行	赵淳	10	钱建民
23	10月13日	日本静冈县知事代表团	川胜平太	26	张金如
24	10月28～29日	澳大利亚新道信集团公司	史蒂夫·桑德森	6	
25	10月25～27日	日本南砺市福光老年协会团	石崎荣一	12	
26	11月17日	日本静冈县环境部环境局代表团	山中宽次郎	3	
27	11月21日	俄罗斯外交官联合会访华团	阿科波夫	5	徐明光
28	12月3～4日	印度非政府组织考察团	亚尔拉加达·文卡特斯瓦拉奥	13	

友好城市交流

【日本南砺市福绍会友好访问团访问绍兴】 2010年3月21日至25日，日本南砺市福绍会会长西村胜三率友好访问团来绍访问。市政协副主席、市友协常务副会长解晓波会见并宴请访问团全体人员。

访问团参观游览了樱花林、湿地公园、兰亭等景区。

【日本小山市第4次高中生代表团访问绍兴】 2010年3月25日至28日，日本小山市城市发展部长齐野秀幸率第4次高中生代表团来绍访问，参观了绍兴市高级中学、鲁迅故里、八字桥等，并与绍兴市高级中学进行了交流。市人大常委会副主任车晓端会见并宴请代表团。

【丹麦国家水务局代表团访问绍兴】 2010年5月21日，丹麦欧登塞市议员、水务局长卡斯腾·莫勒率丹麦国家水务局代表团访问绍兴，与绍兴市水务集团交流，并参观绍兴市水处理公司、制水公司等。

【绍兴市交通城建考察团访问丹麦】 2010年6月18日，副市长杨文孝率绍兴市交通城建考察团访问友好城市丹麦欧登塞市，会晤市长恩柯·鲍耶，并与欧登塞市城市规划、交通、旅游等部门座谈交流。

【市领导参加上海世博会"丹麦国家馆日"活动】 2010年6月29日，市人大常委会主任、友协会长黄秋芳和副市长徐明光赴上海参加上海世博会"丹麦国家馆日"活动。在世博会最佳城市实践区欧登塞展馆，黄秋芳、徐明光会晤了率团来沪参加该活动的丹麦王储腓特烈，欧登塞市市长鲍耶向绍兴市赠送了"飞旋之轮"纪念品。

【绍兴市元培中学友好访问团访问日本】 2010年7月18日至25日，绍兴市元培中学友好访问团赴日本友城西宫市访问，受到西宫市市长、议长、教育长等西宫市各界的欢迎。访问团参观了西宫市学文中学，与该校师生进行了联欢交流。

【绍兴市昌安实验学校友好访问团访问日本】 2010年7月27日至8月2日，绍兴市昌安实验学校中学生友好访问团赴日本友城富士宫市和小山市访问。富士宫市教育长佐野敬详等会见并宴请访问团一行，访问团成员与该市中学生进行了交流。小山市市长大久保寿夫会见并宴请访问团一行。

【绍兴市文澜中学友好访问团访问日本】 2010年8月2日至7日,绍兴市文澜中学中学生友好访问团访问日本友城南砺市,市长田中干夫等会见并宴请访问团一行。访问团成员与友好学校福光中学师生进行了交流。

【绍兴文理学院附中中学生友好访问团访问日本】 2010年8月16日至21日,绍兴文理学院附中中学生友好访问团访问日本友城芦原市,市长桥本达也、议长山川丰等会见并宴请访问团一行。访问团成员与芦原中学师生进行了交流,并参观了鲁迅恩师藤野严九郎故居。

【丹麦欧登塞市圣汉斯学校访问团访问绍兴】 2010年8月26日至29日,丹麦欧登塞市圣汉斯学校校长拉斯·埃里克森率该校访问团访问绍兴,与元培中学开展友好交流。

市外侨办副主任张小华、市教育局副局长分别宴请访问团一行。

【日本裾野市日中友好协会友好访问团访问绍兴】 2010年9月10日至17日,日本裾野市日中友好协会会长大庭纪雄率友好访问团访问绍兴,参观鲁迅故里、兰亭、东湖等景点。

市政协副主席、市友协常务副会长解晓波会见并宴请访问团一行。

【丹麦欧登塞市友好访问团来绍考察】 2010年9月30日,丹麦欧登塞市副市长严博业率友好访问团来绍,考察绍兴旧城保护经验。副市长徐明光会见访问团一行。市外侨办副主任张小华,市旅委和市名城办相关领导会见时在座。

【绍兴市兰亭书会代表团访问日本】 2010年10月14日至19日,兰亭书会会长谢有才率绍兴市兰亭书会代表团出访日本,其间先后访问绍兴友城西宫市、小山市,参加了在西宫市举办的绍兴市西宫市结好25周年纪念活动,并在西宫市举办"绍兴兰亭书会书法作品展"。

【日本南砺市福光中学第6次少年使节团访问绍兴】 2010年10月31日至11月4日,由福光中学校长幸道带领的第6次日本南砺市少年使节团一行访问绍兴。市人大常委会副主任车晓端会见使节团一行。

在绍期间,使节团与绍兴文澜中学师生进行了深入的交流,并游览了东湖、兰亭风景区。

【韩国丽水市友好访问团访问绍兴】 2010年11月2日,以市长金忠锡为团长的韩国丽水市友好访问团访问绍兴。市长钱建民、市人大常委会主任黄秋芳会见访问团。市人大常委会秘书长赵兴旺、市政府秘书长徐挺富、市外侨办副主任张小华参加会见。

在绍期间,访问团游览了兰亭和东湖景区。

【日本小矢部园艺高等学校友好访问团访问绍兴】 2010年11月9日至11日,日本富山县小矢部园艺高等学校副校长北岛秀也率第16次访问团访问绍兴,与市农科院开展交流学习。访问团一行还参观了兰亭、鲁迅故居、东湖等景点。

【日本兵库营养学校中国烹饪进修团访问绍兴】 2010年11月18日至21日,以日本兵库营养学校副校长深泽让为团长的第9次烹饪进修团访问绍兴,参观了黄酒博物馆、兰亭景区等。该校每年定期组团访问绍兴,与绍兴市职教中心烹饪班开展交流学习。

【日本芦原市第25次少年使节团访问绍兴】 2010年11月29日至12月4日,以市教委委员安田典子为团长的日本芦原市第25次少年使节团访问绍兴,与绍兴文理学院附属中学、鲁迅中学交流,并参观游览鲁迅故里、兰亭等景点。

市政协副主席齐宽明会见并

宴请使节团一行。

【日本西宫市中学生友好访问团访问绍兴】 2010年12月7日至12日，以校长泷明知慧子为团长的日本西宫市第23次中学生访问团访问绍兴，与元培中学进行交流，并参观鲁迅故里、黄酒博物馆等。

市人大常委会副主任车晓端会见并宴请访问团一行。

县(市、区)外事

·诸暨市·

【主要来访】 2010年5月22日，日本西宫市市长安富保一行访问诸暨，寻求在食品加工、机械制造等方面与诸暨市加强经贸合作，同时希望更加深入地开展在教育、文化、体育、旅游等方面的交流。

7月22日，博茨瓦纳副总统蒙帕蒂·梅拉费率领的代表团访问诸暨。市委书记王继岗、市长钱三雄与蒙帕蒂·梅拉费一行进行了会谈。蒙帕蒂·梅拉费一行还参观了达亨控股集团。

8月6日至10日，日本仁贺保市青少年访问团访问诸暨，与诸暨高中学生进行了居家交流活动。

8月11日，斐济总理姆拜尼马拉马及夫人一行访问诸暨，参观了诸暨市天洁集团有限公司。

11月9日，市长钱三雄会见美国印第安纳州曼西市市长麦克·雪莉一行，双方签署两市缔结友好交流关系协议书。

12月5日，意大利维罗纳市议会主席埃尔伏叟一行访问诸暨。埃尔伏叟表达了希望两市在经济、文化、旅游等领域加强合作交流的意愿。

·绍兴县·

【重要外事活动】 2010年3月31日至4月3日，第18期全国地级市外办主任培训班在绍兴县举行。参见第304页**【第18期全国地级市外办主任培训班】**。

【主要来访】 2010年5月3日，以帕瓦·佐尔特为团长的匈牙利佩奇市市长访问团访问绍兴县。县长孙云耀会见帕瓦·佐尔特一行，副县长丁生产陪同访问团参观了中国轻纺城和柯岩-鲁镇风景区。

8月19日，以静冈县议会副议长岩濑護为团长的日本静冈县友好访问团访问绍兴县。县领导陪同访问团参观了中国轻纺城和鲨莎家纺有限公司。

9月13日，以市长库尔特·范里科赫姆为团长的比利时瓦乐海姆市代表团访问绍兴县。县长孙云耀会见代表团一行，双方就建立友城事宜进行了商洽。副县长丁生产陪同代表团考察了中国轻纺城和柯桥经济开发区。

10月13日，日本静冈县菊川市友好访问团在市长太田顺一率领下访问绍兴县。市委常委、县委书记何加顺会见并宴请访问团一行。

10月24日至25日，印度驻沪总领事馆官员德祥声出席2010中国(柯桥)国际纺织品博览会开幕式，并参观柯桥新县城。副县长陈德洪会见德祥声一行。

10月24日至25日，以副郡守崔长周为团长的韩国全罗南道灵光郡友好访问团访问绍兴县。访问团出席了2010中国(柯桥)国际纺织品博览会开幕式。双方还就友好城市结交事宜作进一步商洽。县长孙云耀、副县长陈德洪会见并宴请访问团一行。

10月24日至25日，澳大利亚中国工商会主席迈克·约翰访问绍兴县，并出席2010中国(柯桥)国际纺织品博览会开幕式。

11月3日至4日，以长崎县水产部长野口市太郎为团长的日本长崎县渔业代表团考察绍兴县渔业，并参观绍兴县唐宋酒业有限公司。

12月3日，以印度和平团结组织执行官、安得拉邦印共(马)书记处成员亚尔拉加达·文卡特斯瓦拉奥为团长的印度非政府组织代表团考察绍兴县新农村建设。

(魏　民)

金华市

金华市简称“金”、“婺”，辖婺城、金东2个区，兰溪、东阳、义乌、永康4个县级市，武义、浦江、磐安3个县，总面积1.09万平方千米。2010年末总人口466.65万人。2010年，全市实现地区生产总值2094.7亿元；财政总收入272.68亿元，其中地方财政收入155.93亿元。

概述

【外事工作概况】 2010年，金华市人民政府外事与侨务办公室（简称“市外侨办”）围绕全市中心工作，坚持服务中央总体外交、服务地方经济社会发展的方针，严格执行外事政策法规，发挥职能优势，全市外事工作上了一个新台阶。

开展“外侨为企服务月”活动。4月至5月，在全市外侨系统开展“外侨为企服务月”活动。重点开展为企业对接上海世博会牵线搭桥活动、深入基层送服务活动、选报第二批涉外企业“红名单”活动、全市翻译人才调查活动，以及举办“金华市涉外企业（单位）商务英语口语大赛”，在部分企业举办企业外事礼仪外语知识讲座等活动。

做好友城交流工作。全年完成14个市领导团组出访任务，接待国外来宾49批600多人次。分别与美国印第安纳州阿尔卡特郡、土耳其埃雷利市及斯里兰卡中部省肯迪市签订友好交流备忘录，促成永康市与南非西开普省温兹堡市建立友好交流关系。

加强因公出国（境）管理。从严制订全市党政机关、参公管理事业单位（简称“事业单位”）因公出国计划，党政机关、事业单位因公出国（境）人数得到有效控制。2010年，全市审核审批因公出国（境）任务294批758人次。属于因公出国（境）计划管理的，共审批164批366人次（不含义乌市）。

市因公出国（境）办证中心全年办理因公出国（境）护照签证238批519人次。办理来华工作签证514批。办理日本签证487批919人次，韩国签证27批46人次，其他国家签证45批69人次。办理各类认证77批142件。办理APEC商务卡4批5人次。承办全省对外交流服务中心主任工作交流座谈会。

做好涉外事件调处和国外媒体采访接待工作。2010年市外办协调处理涉外事件223起251人次。全年接待来自日本、德国、巴西、匈牙利、法国、秘鲁、俄罗斯、韩国、西班牙、美国等11个国家的16家新闻媒体记者来金采访。借国外媒体之力，宣传金华，提高了金华在国际上的知名度。

市领导出访

【金华市人大常委会代表团访问埃及、南非】 2010年4月20日至29日，市人大常委会副主任杨守春率金华市人大常委会代表团访问埃及和南非。代表团访问了埃及国家议会，拜访了南非西开普省议会和比陀市交通局。

【金华市代表团访问澳大利亚、新西兰】 2010年5月11日至20日，市人大常委会主任阎寿根率金华市代表团访问澳大利亚、新西兰。

在澳大利亚，代表团拜访了西澳州议会下议院议长伍德汉姆和西澳州发展部中国处处长苏约翰热。代表团还访问了西澳州弗里曼特尔市，与市长佩蒂特探讨了两市建立友好关系的可能性。

在新西兰，代表团访问了但尼丁市，双方就今后加强经济、教育领域的合作达成共识。

【金华市友好访问团访问土耳其、俄罗斯】 2010年7月3日至12日，市人大常委会副主任程子林率金华市友好访问团访问土耳其和俄罗斯。

在土耳其，代表团拜会埃雷利市市长哈里·珀思比克，双方签订两市建立友好交流关系备忘录。代表团还参加了埃雷利市国际文化节，考察该市造船厂。

在俄罗斯，代表团拜访了圣彼得堡亚太地区国际合作中心主任弗拉基米尔，听取列宁格勒州总体情况的介绍，双方就两市州开展合作的可能性进行了探讨。

【金华市友好访问团访问日本、印度和斯里兰卡】 2010年9月3日至14日，市长陈昆忠率领金华市友好访问团访问日本、印度和斯里兰卡。

在日本，访问团参加了金华市与枥木市友好交流20周年纪念仪式，双方栽下象征友谊的两市市花——茶花，并签订《2011年两市友好交流备忘录》。

在印度，访问团参加了由金华市今飞集团投资参股的Rico-JinFei集团开工仪式。访问团一行还参观了印度英雄本田公司。

在斯里兰卡，代表团访问了康堤市。

【金华市教育考察团访问美国、加拿大】 2010年10月12日至21日，市政协副主席朱恒钱率金华市教育考察团访问美国和加拿大。

考察团访问了美国麻省理工学院、哈佛大学和波士顿大学。考察了加拿大多伦多大学、多伦多百年理工学院和多伦多私立卡纳大高级学院，探讨了金华市高校和中学与两国有关学校的合作、交流等事宜。

【金华市经贸考察团访问英国、南非】 2010年10月28日至11月6日，市政协副主席王建平率金华市经贸考察团访问英国、南非。

在英国，考察团一行与谢菲尔德市政府官员、企业家代表进行了广泛的交流。

在南非，考察团考察了西开普省的投资环境，促成永康市与该省温兹堡市达成建立友好交流城市意向；在约翰内斯堡市，考察团一行与南非浙江商会正副会长及浙江有关地市南非商会进行了广泛的接触，并就五金工具销售等项目的考察安排进行了对接。

重要外事活动

【"签证官看民企——走进金华"暨签证工作座谈会】 2010年10月14日至16日在金华举行，来自美国、法国、巴西、澳大利亚等20个国家的25位驻沪领馆官员参加会议。座谈会上，美国、巴西、法国驻沪总领馆的领事官员分别介绍了本国的签证政策。各国领事与金华市50多家企业负责人围绕签证方面的问题进行了面对面的交流。领事官员们还参观考察了浙江今飞机械集团有限公司、浙江皇冠投资集团有限公司和东阳木雕城、横店清明上河图等景区。

主要来访

【韩国全进集团理事长访问金华】 2010年3月11日，韩国全进集团理事长安义焕访问金华，市委书记徐止平会见安义焕一行。

韩国全进集团是一家生产混凝土泵车、高空作业台、电工装备等大型装备的跨国公司。安义焕一行考察了金华开发区的相关产业和企业，以及金华的投资环境。

【英国诺丁汉郡校长代表团访问金华】 2010年5月17日至21日，由英国诺丁汉郡议会国际教育交流负责人埃里森·艾伦和诺丁汉郡9所学校校长组成的代表团到金华访问。

代表团先后访问了金华市外国语学校以及金华师范附属小学

等8所小学。

【非洲国家非政府组织负责人研修班学员团访问金华】 2010年6月24日至28日，非洲国家非政府组织负责人研修班学员团访问金华。

学员团先后参观访问了婺城区琅琊小学、琅琊镇移民新村和浙江师范大学非洲研究院，并参加了在非洲研究院举行的中非NGO与中非地方政府合作研讨会。

非洲国家非政府组织负责人研修班由中国非洲人民友好协会主办，40名学员来自18个非洲英语国家和与中非友协已有联系或合作的对华友好组织。

【非洲发展中国家民间组织能力建设研修班学员访金】 2010年7月13日至15日，非洲发展中国家民间组织能力建设研修班一行来金华考察。

副市长金中梁会见非洲客人。访金期间，研修班一行赴浙江师范大学非洲研究院参加了中非非政府组织研讨会，参观了义乌国际商贸城。

【美国阿尔卡特郡郡长访问金华】 2010年7月19日至20日，美国印第安纳州阿尔卡特郡郡长特伦斯·约瑟夫·罗迪诺与该州“全球印第安纳”教育交流协会董事邹东江等来金华进行友好访问，市委副书记、市长陈昆忠，副市长金中梁会见罗迪诺一行。

在金期间，两市郡签署缔结友好交流关系备忘录，双方将在经贸、科技、教育、体育、卫生、人员交往等方面开展多种形式的交流与合作。

【美国洛杉矶中国商贸城总裁访问金华】 2010年7月21日至22日，美国洛杉矶中国商贸城总裁史帝文·普尔一行来金访问。

史文·普尔一行考察了义乌国际商贸城，双方就义乌国际商贸城与洛杉矶中国商贸城的合作对接事宜进行了座谈交流。

【哥斯达黎加国会顾问访问金华】 2010年9月14日至17日，哥斯达黎加国会顾问李宝墀一行到金华访问。副市长金中梁宴请李宝墀一行。

在金期间，代表团考察了青年汽车、今飞集团、万里扬集团和金字火腿股份有限公司，初步确定购买20辆青年公交车。

【法国音乐家访问金华】 2010年10月11日至28日，法国音乐家杰拉德·贝努瓦访问金华。杰拉德·贝努瓦先后到金华市艺术学校、国贸景澜大饭店等地演唱。

【美国“全球印第安纳”教育交流协会主席访问金华】 2010年10月21日，美国“全球印第安纳”教育交流协会主席马可力一行访问金华。副市长金中梁会见马可力一行。

马可力一行先后考察了金华师范附属小学、东苑小学、艾青中学、义乌宾王中学和群星学校等5所中小学校，以便推荐为美国阿尔卡特郡的姐妹学校。

友好城市交流

【德国迪恩市代表团访问金华】 2010年1月9日至14日，金华市友城德国迪恩市政府外办主任海尔莫特·戈尔戴茨一行访问金华。副市长林一心、市政协副主席邵国强会见代表团一行。

迪恩市代表团考察了义乌、武义等地，与市委组织部、市外经贸局、开发区管委会、市内贸局、中心医院、职业技术学院、艺术学校、外国语学校、美佳机电科技有限公司、金华芊讯信息科技有限公司等多个部门和单位进行了交流或洽谈。

【金华市小学生访问团访问日本栃木市】 2010年6月30日至7月5日，以金华师范附属小学40名小学生为主的金华市小学生访问团访问日本栃木市。栃木市市长铃木俊美会见访问团一行。访问团访问了栃木市立第三小学，体验了日本的课堂教育，中日学生之间进行了交流与互动。访问团还访问了日本市民家庭，体验他们的日常生活。

【德国迪恩市医生代表团访问金华】 2010年9月21日至28日，

德国迪恩市医生代表团访问金华市中心医院。代表团参观了医院，与该院医生就儿科、外科、推拿针灸以及传统中医中药等进行交流并就相关病例进行讨论。

县(市、区)外事

·永　康　市·

【外事工作概况】 2010年，永康市受理因公出访团组12批22人次；接待外国人来访53批76人次。

【重要外事活动】 2010年9月26日至28日，第15届中国五金博览会在永康举行。

印度驻上海总领事馆代商务领事迪维迪、英国驻上海总领事馆商务领事孙莲达、英国汽车工业研究会商务拓展经理林畅畅、英中贸易协会代表周骏、新加坡君华国际有限公司高级副总裁庄钦翔、意大利拉瓦清洗设备有限公司总经理保罗·罗斯等以及浙江师范大学国际商务研究考察团40多人参加了博览会。韩国、日本等国还组织了买家采购团。

【主要出访】 2010年6月13日至24日，市长卢跃东率永康市汽车产业考察团访问英国、德国和意大利。

考察团访问了英中贸易协会伦敦总部、英格兰中西区发展署、英格兰中西区汇丰银行、英国汽车城伯明翰，德国北威州安斯贝格市和斯图加特；考察了英国著名汽车设计、开发和验证服务企业米拉公司、德国知名企业MBS公司、意大利技术服务有限公司；会见了英国达得利市市长彼得·米勒及议长等政要，卢跃东与彼得·米勒签署两市建立友好城市意向协议。

【主要来访】 2010年3月11日，印度驻上海总领事戴思锐访问永康。市长卢跃东会见戴思锐一行，双方对永康与印度的经贸合作前景寄予厚望。戴思锐一行参观了科技五金城展馆、四方集团等。

·兰　溪　市·

【外事工作概况】 2010年，兰溪市审核、报批因公出国人员22批次46人次。其中：自组领导干部团组(赴港澳)3批11人，自组其他团组(出国)4批19人次，参加上级部门培训、考察11人，企业因公出国5人。接待来访外宾2批50余人次。

【主要出访】 2010年4月13日至18日，副市长陆献龙率兰溪市经贸考察团访问德国，访问了OZOSL公司，与弗罗伊登斯塔特市政厅进行了经济会谈。

8月31日至9月9日，市委副书记朱建军率兰溪市教育考察团访问英国、法国。

考察团一行先后访问英国巴金-达格南学院、法国国立行政学院和联合国教科文组织，了解英法两国的技能教育和公务员培训情况。

11月9日至20日，市委书记宋志恒率兰溪市卫生考察团访问美国、墨西哥和古巴。考察团拜访了美国辛辛那提市卫生部、墨西哥托卢卡市和古巴哈瓦那市议会有关官员，了解当地卫生管理方面的状况和疾病预防措施，学习对方灾后疾病防控经验及农村卫生保障体系、救济贫困方面的制度。

12月10日至19日，副市长陈艳率兰溪市政府考察团访问埃及、南非，拜访了埃及联合商会和南非布莱德谷市政厅，考察了当地纺织业。

【主要来访】 2010年6月1日至2日，德国弗罗伊登斯塔特市考察团在市长奥斯瓦尔德尤·尤里安率领下访问兰溪。

考察团先后参观了浙江哈钛克科技有限公司等企业和兰溪市职业技术学校。兰溪市举办了两市友好交流会。两地市长都希望今后双方能在多个领域特别是职业教育方面进行交流合作，努力推进两市友城缔结工作。

（叶　峻）

衢 州 市

衢州市简称“衢”，辖柯城、衢江2个区，江山市和龙游、开化、常山3个县，总面积8841平方千米。2010年末总人口251.24万人。2010年，全市实现生产总值752.8亿元；财政总收入75.35亿元，其中地方财政收入46.98亿元。

概 述

【外事工作概况】 2010年，衢州市外事与侨务办公室（简称“市外侨办”）紧紧围绕“以科学发展观为指导，以服务外向经济、创新外侨工作为主线，进一步夯实外侨工作基础，拓展对外交往领域，提升对外交流层次，努力打造“经济外侨”品牌，积极做好“城市外侨”文章，实现从常规业务向特色业务、被动服务向主动服务转变，推进外侨工作上新台阶。

全年审核审批因公出国（境）团组（包含企业人员）152批350人次，其中自行组团69批252人次，参加省、部委组织的“双跨”团组83批98人次。出国（境）团组中，经贸、技术类团组56批171人次，占总人次的49%；考察访问、培训等团组96批179人次，占总人次的51%。全年审批企业因公出国（境）49批104人次，比上年增长50%以上。

全年办理企业邀请外国人来华签证通知112批126人次。

市领导出访

【衢州市政府代表团赴香港、美国考察】 2010年8月26日至9月3日，以市长尚清为团长的衢州市政府代表团赴香港特别行政区和美国进行友好访问和考察洽谈活动。

在香港，代表团专程看望了部分市政协港澳委员和香港衢州同乡会负责人，走访了香港卫视国际传媒集团，与该集团董事局主席高洪星、总裁周建顺（均为衢州籍）就今后合作进行了商讨。

在美国，代表团访问了雷德温市，参加了由雷德温市姐妹城市委员会组织的交流会，该市市长约翰·豪威，雷德温市工商、卫生、教育、文化等各界人士以及雷德温市姐妹城市委员会成员共20多人出席。双方就共同关心的产业发展、政府管理、财政税收体制、医疗保险、城市建设、教育文化合作等议题进行了探讨，介绍了各自的做法和经验，提出了加强两市合作交流的意见和建议。尚清一行在约翰·豪威、雷德温市姐妹城市委员会主席汤姆·布莱士的陪同下，考察了雷德温核电厂、玉米大豆产业园、奶牛场以及粮食储存库。在欢迎晚会上，尚清和约翰·豪威分别代表两市政府签署两市2011年度友好交流合作协议书。雷德温各界人士和衢州市代表团成员共40多人参加欢迎会。

【衢州市经贸考察团访问美国、加拿大和韩国】 2010年9月13日至24日，以副市长诸葛慧艳为团长的衢州市政府经贸考察团，赴美国、加拿大、韩国三国考察。

在美国，考察团一行与图拉瑞市市长凯瑞格·维杰伏达、新老市议员及其他市政府官员就开展农业、制造业、文教、科技等方面的交流合作进行会谈。两市签署建立友好交流关系意向书。考察团还参观了该市市政设施和格瑞集团公司等企业。

在加拿大，考察团重点考察了该国农牧业发展情况，与不列颠哥伦比亚省西斯敏市政府进行了交流。

在韩国，考察团拜访了中华总商会，介绍了衢州经济社会发展情况，宣传推介衢州。

重要外事活动

【“人民友谊贡献奖”在衢颁奖】 2010年3月3日，衢州市举行全国友协2009年度“人民友谊贡献奖”颁奖仪式，全国友协副会长李建平、副市长诸葛慧艳向俄罗斯化学专家西特里维·得米特里颁发奖章和获奖证书。

西特里维于1994年10月到巨化集团工作，担任中俄合资企业浙江巨圣氟化学有限公司副总经理兼总工程师，对浙江巨圣氟化学有限公司的发展壮大起了重要的作用。

【市领导走访三国驻沪总领馆】 2010年4月8日至9日，副市长诸葛慧艳一行走访俄罗斯、印度、日本等三国驻上海总领事馆，市外侨办主任叶正义、副主任周立年等陪同走访。

在俄罗斯驻上海总领事馆，鲨龙·亚历山大总领事夫人、谢尔盖·安德罗索夫副领事等接待诸葛慧艳一行。鲨龙夫人积极推荐图拉市(托尔斯泰的故乡)与衢州市建立友好关系，并就衢州市友好代表团访问俄罗斯事宜进行了安排。

在印度驻上海总领事馆，戴思锐总领事会见诸葛慧艳一行，双方就促进两地经贸、旅游、科技、文化等领域的交流合作交换了意见。

在日本驻上海总领事馆，诸葛慧艳与总领事横井裕、经济领事佐佐木·明彦就申请日本利民工程小额无偿援助项目——江山市四都镇生活污水处理工程以及衢州市市民访日代表团等事宜进行了座谈。

诸葛慧艳一行还拜访了日本静冈国际经济上海事务所，与新任所长野村芳一就促进两地经贸合作、农业科技交流以及互派研修生等事宜进行了探讨。

主要来访

【印度驻沪总领事两度访问衢州】 2010年3月12日，印度驻上海总领事戴思锐首次访问衢州，市长尚清会见戴思锐一行，副市长诸葛慧艳等参加会见。戴思锐表示将努力促成印度企业与衢州企业的合作与交流，进一步深化双方间的互利关系。戴思锐一行还参观了衢州孔氏南宗家庙、龙游石窟，考察了衢州市经济开发区。

7月23日，戴思锐再次访问衢州，市委书记孙建国会见戴思锐一行。双方就进一步加强衢州与印度在经济、商贸、文化等领域的交流合作进行了深入的探讨。

【IBM公司浙江分公司总经理访衢】 2010年3月21日，美国IBM公司浙江分公司总经理宫文浩率团考察衢州。副市长诸葛慧艳会见代表团一行，向客人介绍了衢州市经济社会发展和投资环境等情况，双方就开展长期技术合作事宜交换了意见。

【泰中友好协会副秘书长拜会市外侨办】 2010年4月1日，泰中友好协会副秘书长吴杭伟拜会市外侨办。市外侨办主任叶正义向来宾介绍了衢州市经济社会发展情况，并就衢州与泰国以及东盟之间开展旅游、文教、经贸方面的合作和友城建设等双方共同关心的问题交换了意见。吴杭伟表示愿意促进双方民间交流，为衢州市企业赴泰国投资经商开辟渠道，为两地县市结好牵线搭桥。

【德国环保专家访衢】 2010年4月12日，德国柏林工业大学环保专家艾娃等来衢考察访问，市长尚清会见德国客人，双方就在低碳城市建设等领域加强交流与合作进行座谈。

副市长诸葛慧艳等参加会见。

【非洲减贫与社会发展政策研修班学员考察衢州】 2010年6月13日至15日，由国务院扶贫办中国国际扶贫中心承办的“非洲法语国家推进 MDG 进程中的减贫与社会发展政策研修班”学员，到衢州市衢江区、江山市、龙游县考察。衢州市政协主席居亚平举行欢迎晚宴，并向研修班学员介绍了衢州市的扶贫工作。

研修班学员来自贝宁、布隆迪、多哥、刚果(布)、吉布提、几内亚、几内亚比绍等 15 个国家，包括 29 名部、司、处级官员。在实地考察中，研修班学员深入村庄、企业、农户、社区医院，听取市、县(市、区)、乡镇、村的工作情况介绍，详细了解当地扶贫工作的政策、措施和取得的成效，以及农民群众增收致富的途径。

【印度宝莱坞歌舞团来衢演出】 2010 年 7 月 23 日，印度宝莱坞歌舞艺术团在印度驻上海总领事戴思锐带领下访问衢州，在衢州市工人文化宫演出宝莱坞经典剧目《宝莱坞入场券》。衢州市领导及各界群众 1000 余人观看演出。

【韩国大田广域市校长代表团访问衢州】 2010 年 9 月 27 日，以韩国中南大学孔子学院院长严贵德为团长的大田广域市校长代表团访问衢州，参加纪念孔子诞辰 2561 周年祭祀典礼。副市长诸葛慧艳会见代表团，双方就衢州市与大田广域市进一步发展友好交流城市关系事宜交换了意见。

【八国孔子学院代表参加孔子诞辰 2561 周年祭祀典礼】 2010 年 9 月 27 日至 30 日，衢州市举行纪念孔子诞辰 2561 周年祭祀典礼，摩洛哥、西班牙、德国、柬埔寨、芬兰、冰岛、亚美尼亚和韩国等八国孔子学院院长和代表应邀参加典礼。其间，市委书记孙建国，市长尚清、副市长罗卫红等会见八国孔子学院院长和代表。

【加拿大“孔子故里探索团”访衢】 2010 年 10 月 28 日至 11 月 1 日，加拿大法兰西娃-拉贝尔学校“2010 孔子故里探索之旅友好访问团”访问衢州，副市长诸葛慧艳会见访问团一行，向客人介绍了衢州市情。在衢期间，该校与柯城区大成小学签署建立友好学校关系意向书。访问团成员和大成小学师生进行了互动交流。访问团一行还参观了孔氏南宗家庙、衢州博物馆、九华古民居和石梁坎底村等。

友好城市交流

【美国印第安纳中小学与衢州市 5 所学校结对】 2010 年 3 月 17 日至 19 日，以美国中部印第安纳州教育服务中心执行董事、“全球印第安纳”教育交流协会秘书玛丽·安·德文为团长的美国“全球印第安纳”教育交流协会代表团考察衢州。市政府副秘书长王建华、市外侨办主任叶正义、市教育局局长姚宏昌等就中美教育交流与合作相关问题与代表团进行座谈。代表团一行考察了龙游县桥下小学、柯城区新华小学、衢州市实验学校、江山市实验小学和江山中学等 5 所中小学，双方就推荐上述 5 所备选学校供印州中小学匹配，建立一对一的姐妹学校关系达成初步意向。

10 月 17 日至 19 日，以美国印第安纳州教育交流协会董事詹妮弗·奥利弗为团长的“全球印第安纳”教育交流协会代表团再度访问衢州，副市长占跃平会见代表团一行。代表团成员分别赴衢州市实验学校、柯城区新华小学、江山中学、江山市实验小学和龙游县桥下小学等 5 所结对学校，双方签署建立姐妹学校关系意向书。

【日本佐野市日中友好协会理事长访衢】 2010 年 6 月 21 日至 22 日，日本枥木县佐野市日中友好协会理事长宫森胜市访问衢州，开展书画艺术领域的交流与合作。副市长诸葛慧艳会见宫森胜市。宫森胜市先后与市文联、柯城区大成小学、衢州市中等专业学校进行了交流，并考察了柯城区余东村农民画，就农民画赴日展出的具体问题与农民画协会进行了座谈。宫森胜市计划 2011 年选送 100 幅大成小学的学生书画赴日本展出，并将介绍日本小学生书画来衢交流展出。

【衢州市民友好代表团访问日本】 2010 年 8 月 4 日至 10 日，以市人民对外友好协会副会长、市外侨办主任叶正义为团长的衢州市民友好代表团赴日本栃木县佐野市进行友好访问，这是衢州市与佐野市正式建立友好交流城市关系以来首次组织市民出访日本友城。佐野市市长冈部正英、议长岩崎俊道、国际交流协会会长远藤康次等会见代表团一行。代表团出席了佐野市一年一度的“秀乡节”活动，与日本市民同台表演了《茉莉花》、《日本剑道》等文艺节目，参观了佐野市的城市建设和文化艺术中心、火车站、学校、医院等公共设施，并与学生、老师和民间艺术家进行了友好交流。

【衢州市与意大利卡坦扎罗省签署友好交流备忘录】 2010年10月23日，衢州市、江山市、常山县政府在上海世博园意大利馆与意大利卡坦扎罗省的代表举行友好城市推介活动，衢州市与卡坦扎罗省、江山市与拉梅齐亚泰尔梅市、常山县与苏福利亚·马内里市签署建立友好交流城市关系备忘录。

（徐忠友）

县(市、区)外事

·柯城区·

【外事工作概况】 2010年，柯城区办理因公出国(境)团组6批12人次；办理外国专家来华审批2批3人次；接待外宾5批50人次。区外办获得“全省外事系统先进集体”荣誉称号。

【主要出访】 2010年8月初，柯城区经贸考察团赴德国、瑞士和法国进行鲟鱼产业深加工项目考察和对接。考察团参观了鲟鱼养殖基地、鱼子酱加工车间和销售商店，与德、瑞、法三国相关专业人士进行了接触、座谈，深入了解了鲟鱼养殖、污水处理、鱼子酱加工和等级鉴别技术等。考察团还考察了国外的鱼子酱消费市场。

【主要来访】 2010年3月、10月，美国“全球印第安纳”教育交流协会代表团两次来柯城区开展友好学校结对交流活动。10月19日，美国印第安纳州沃森小学与柯城区新华小学正式签订《友好校际关系意向书》。

6月、11月，日本佐野市友协理事长宫森胜市先后两次来柯城区进行友好访问活动。11月30日，柯城区大成小学与宫森签订两地《校际文化友好交流备忘录》，双方同意开展学生书画作品的友好交流与展出，并以此为桥梁，促进两地校园文化的深入交流，积极开展友好学校结对。大成小学88幅学生书画作品参加了佐野市书画作品展。佐野市也将选送88幅学生书画作品来柯城区展出。

10月28日至11月1日，加拿大和邦吉尼市法兰西娃-拉贝尔学校的学生和家长39人，组成“2010年孔子故里探索之旅友好访问团”，来柯城进行以教育交流为主要内容的友好访问活动。此次活动中，确定了柯城区大成小学与法兰西娃-拉贝尔学校建立对口交流关系，并建立包含互动界面的双语网站，使两地学生在见面之前就能开展网上互动与交流。

【助推余东农民画走出国门】 2010年，区外办两次邀请日本佐野市友协理事长宫森胜市考察沟溪农民画，并达成初步合作意向，沟溪农民画有望在2011年赴日本举办巡展推荐活动。

沟溪乡余东村是柯城区的特色文化村，余东村农民文化创作协会有会员153人，开展书法、绘画、篆刻、竹雕、根雕等10多项民间工艺品创作。近年来，余东农民画逐步走向市场，走出国门。

（余莉春）

·衢江区·

【外事工作概况】 2010年，衢江区外事办审核因公出国(境)人员14批26人次，为6家企业办理邀请外国人来华(短期)签证6批8人次。

【主要出访】 2010年6月23日至7月4日，以区人大常委会主任周小平为团长的经贸考察团访问丹麦、冰岛和挪威。

考察团一行实地考察了哥本哈根、雷克雅未克、奥斯陆、金沙维克和莱达的市场现状，对当地的食品加工、机械制造、造纸等工业行业发展情况进行了深入的调研。

8月31日，浙江夏王纸业有限公司总经理王敏良在美国杜邦公司总部，与杜邦签署战略伙伴关系合作协议。

【主要来访】 2010年6月13日，"非洲法语国家推进MDG进程中的减贫与社会发展政策研修班"一行来衢江区湖南镇华家村，考察下山脱贫点(食用菌园区)及湖南镇湖南村、白坞口村村庄整治、产业发展等情况。考察团一行听取了湖南镇镇长、华家村党支部书记对下山脱贫、村庄整治、产业发展及农民增收等基本情况的介绍。参加此次考察的有来自贝宁、布隆迪、赤道几内亚、多哥、刚果(布)、吉布提等国的扶贫相关部门司、处级官员。

（彭雪芳）

·江　山　市·

【外事工作概况】 2010年，江山市派出因公出国(境)团组11批17人次，分别比上年下降15.38%、10.52%。为15家企业办理邀请外国人来华25批36人次。参与接待外宾5批43人次。市外办获得"衢州市外侨工作先进集体"荣誉称号。

【主要出访】 2010年7月22日至8月2日，根据中国丹霞申遗办的统一部署，应巴西费拉兹瓦斯康塞勒斯市文化旅游局的邀请，以市委书记傅根友为团长的江山市政府代表团赴巴西参加第34届世界遗产大会。北京时间8月2日，在第34届世界遗产大会上，包括江山江郎山在内的"中国丹霞"成为中国第40个世界遗产地，江郎山成为浙江省首个世界遗产地。

8月4日至10日，江山市外办公开选拔出5名优秀中学生，参加衢州市民友好代表团赴日访问。这是江山市首次组织学生赴国外进行友好交流。

8月8日至19日，以市长陈锦标为团长的江山市政府代表团赴美国、加拿大、韩国考察。在美国奇洛市，陈锦标与市长丹尼斯·雅茨探讨了双方建立友好城市和开展生态环保合作事项；在洛杉矶市，与丽白国际公司就扩大红曲素的投资贸易合作事项进行了深入的洽谈。在加拿大本拿比市，代表团听取了生态环保专家关于加拿大生态环保方面的政策举措介绍等。

【主要来访】 2010年3月17日至19日，以美国中部印第安纳州教育服务中心执行董事、"全球印第安纳"教育交流协会秘书玛丽·安·德文为团长的美国"全球印第安纳"教育交流协会代表团来江山考察。副市长王卫明、市教育局局长毛建华等就中美教育交流与合作相关问题与代表团进行了交流。10月17日至19日，以印第安纳州教育交流协会董事詹妮弗·奥利弗为团长的"全球印第安纳"教育交流协会代表团再度访问江山，副市长吴耀光会见代表团一行，并陪同客人考察了两所学校。最终，印第安纳州南本德约翰·亚当斯高级中学、印第安纳波利斯市高级中学与江山中学，迪卡尔布中学与江山市实验小学结为友好学校，并签署建立友好学校意向书。

4月8日至9日，在衢州市副市长诸葛慧艳的带领下，江山市外办拜访了日本、印度等国驻沪总领事馆。在日本总领馆，市外办就江山市四都镇集镇污水处理站工程申报"利民·人的安全"无偿援助项目事宜，向横田裕总领事作了情况介绍。11月4日，日本驻沪副领事小川恭子赴四都镇实地考察，该项目通过了日本总领馆的审查。

6月14日，"非洲法语国家推进MDG进程中的减贫与社会发展政策研修班"一行来江山市清湖镇花园岗村、廿八都镇浔里村考察"中国幸福乡村"建设情况。在浔里村敬老院考察时，研修班人员还自发为该院老人捐款。

【友好往来】 2010年10月23日，江山市市长陈锦标在上海世博园意大利馆与意大利卡坦扎罗省拉梅齐亚泰尔梅市代表举行友好城市推介活动，双方签署建立友好交流城市关系备忘录，这是江山市首次与国外城市建立友城交流关系。

（姜 励）

·常 山 县·

【外事工作概况】 2010年，常山县派出因公出国(境)团组8批24人次。全县接待外宾4批40人次，其中友好访问1批28人次，经贸活动1批3人次，外国专家1批2人次，教育合作与交流1批7人次。

【主要出访】 2010年3月，县长徐焕凤率团赴瑞典、芬兰和挪威进行城市建设与生态环境保护等方面的考察。

8月，以县委副书记刘龙为团长的亲友访问团和副县长甘土木为团长的经贸洽谈团先后访问香港，拜会香港衢州同乡联谊会会长叶欣，看望在港常山籍人士，并与香港中小企业促进协会主席甘水容、犇鑫集团执行董事林国雄洽谈，向他们推介常山县经济发展情况以及旅游、投资环境情况。8月29日，香港常山同乡联谊会召开成立大会。

【友好往来】 2010年8月1日至2日，意大利教育代表团来常进行暑期夏令营活动。代表团与常山县师生进行了互动交流，参观了胡柚基地，了解了常山的风土人情。

10月23日，副县长甘土木带队赴上海，会见意大利苏福利亚·马内里市市长雷纳尔多·斯列安尼，双方就今后在经贸、科技、文教、体育、旅游、卫生、人员等方面开展交往进行了协商，达成共识，并签署建立友好交流关系备忘录。

（徐小莲）

·龙 游 县·

【主要来访】 2010年6月15日，“非洲法语国家推进MDG进程中的减贫与社会发展政策研修班”一行实地考察龙游县，重点了解下山脱贫、产业化扶贫等情况。

7月25日，日本东京大学综合文化研究科教授后藤则行一行考察龙游县农村生态环境及环境保护工作。后藤则行一行先后走访庙下乡芝坑口村、梅林村等地，实地察看农村生态环境及农村污水处理工程，并与当地干部群众交谈。后藤则行介绍了日本农村污水处理经验，并对龙游县农村水资源循环利用、提高水资源利用率提出建议。

8月2日，正在浙江访问的日中友好协会副会长、福井县日中友好协会会长、福井市前市长酒井哲夫来龙游县考察访问，并为龙游石窟题写“世界奇迹、无我有道”字幅。

9月29日，来自摩洛哥、冰岛、西班牙、德国、柬埔寨、芬兰、亚美尼亚、韩国等8个国家的孔子学院院长和代表来龙游县参观考察。来宾们参观了龙游石窟、民居苑等景区。

10月9日，来自德国、日本、美国、加拿大和中国的农产品精深加工专家，实地参观考察龙游外贸笋厂有限公司和浙江茗皇天然食品开发有限公司。

12月31日，日本日中民族考察团来龙游县石佛乡三门源村参观考察，日本古民俗研究专家福田亚细男等深入三门源村村民家中，考察古民俗、古建筑、古生产等情况。

【友好往来】 2010年3月17日，美国“全球印第安纳”教育交流协会代表团考察龙游县桥下小学，探讨与该校建立教育交流合作关系的可能性。10月19日，印第安纳州乡村草地学校校长金伯莉到桥下小学访问考察，双方就师资互派交流、学生互动交流、教学资源共享等达成合作共识，并签署建立友好学校协议书和友好合作备忘录。

（秦宏杰）

舟 山 市

舟山市简称“舟”，辖定海、普陀2个区，岱山、嵊泗2个县，总面积2.2万平方千米。2010年末全市常住人口107.7万人。2010年，全市实现地区生产总值633亿元；财政总收入98.5亿元，其中地方财政一般预算收入61亿元。

概 述

【外事工作概况】 2010年，舟山市人民政府外事与侨务办公室（简称“市外侨办”）创新思维，真抓实干，各项外事工作取得显著成绩。市外事服务中心孔江被评为浙江省外事工作先进个人。

加强涉外审批与管理。2010年，市外侨办牵头召开全市因公出国管理联席会议，将106家行政和事业单位进行分类，提出因公出国（境）三种不同情况的计划管理意见。全年审核、审批因公出国（境）团组217批675人次，其中行政、参公人员364人次，企、事业人员311人次；邀请外国人来华975批1923人次。

提高涉外事件处理水平。牵头召开全市涉外部门联席会议，举办全市涉外渔事案件处理座谈会、外国人在舟现状及管理座谈会、全市涉外企业涉外工作座谈会等会议。全年妥善处理涉外事（案）24起，在市外侨网上发布最新涉外动态、外事知识和出国提醒等100多条。

做好外宾接待和市领导出访团组服务工作。全年接待外宾团组37批355人次，其中有俄罗斯、美国、法国、阿根廷、保加利亚等18个国家的38名驻沪领事官员组成的代表团，美国里士满市政府代表团，意大利拉斯佩齐亚省政府代表团，日本福山市政府代表团，日本气仙沼市政府代表团，韩国江华郡政府代表团等。主要出访团组有：市委书记、市人大常委会主任梁黎明赴新加坡、阿联酋、埃及开展招商推介；市委副书记、市长周国辉赴德国、匈牙利、奥地利进行考察、招商、推介活动。

巩固并拓展友城关系，深化交流与合作。2010年，舟山市进一步巩固与原有国际友好城市、国际友好交流城市以及国际单项友好交流城市的关系，同时拓展新友城，与意大利拉斯佩齐亚省、秘鲁帕伊塔市、日本福山市开展互访并与意大利拉斯佩齐亚省签署友好交流协议书。

做好世博会期间的涉外安保工作。制订“上海世博会环沪护城河”涉外安保工作实施方案，将各项任务落实到相关部门和县、区；市外侨办被评为舟山市世博安保通报表扬单位，金连夫被评为舟山市世博安保先进个人。

市领导出访

【舟山市代表团访问新加坡、阿联酋和埃及】 2010年3月21日至4月1日，以市委书记、市人大常委会主任梁黎明为团长的舟山市代表团赴新加坡、阿联酋和埃及考察，参加“新加坡·舟山海事产业推介周”，拜访中国驻外使领馆、海外社团、相关企业和机构，召开市情说明会，推介舟山优势产业。

【舟山市政府代表团访问德国、匈牙利和奥地利】 2010年8月29日至9月10日，以市委副书记、市长周国辉为团长的舟山市政府代表团出访德国、匈牙利和奥地利，参加“德国汉堡·舟山周”活动，其间举办19场次活动，与德国相关机构和客商在船舶、港口、海洋、科技、人才等领域进行洽谈对接。此外，还举行了欧洲舟山同乡联合会成立仪式，聘请8位热心家乡建设的侨胞担任舟山驻欧洲商务代表。

附表　2010年舟山市部分出访团组

序号	出访时间	团长职务、姓名	人数	出访地点	备　注
1	1月9～19日	市人大常委会副主任冯淑仙	6	巴西、古巴	红十字会考察
2	4月9～20日	市人大常委会副主任余志祥	6	澳大利亚、新西兰、香港	海岛港口和口岸建设、管理考察
3	4月26日～5月7日	副市长王忠志	6	意大利、法国、比利时	参加欧洲水产博览会等
4	5月3～12日	副市长马国华	6	美国、墨西哥	参加国际海洋工程技术展等
5	5月20～29日	市委常委、宣传部长江建国	6	埃及、南非	海洋经济资源推介等
6	6月21日～7月4日	副市长刘宏明	6	巴西、秘鲁、乌拉圭	远洋渔业境外基地建设考察等
7	8月22日～9月2日	市委秘书长忻海平	6	美国	洽谈低碳经济产业和环保能源项目的引进与合作
8	9月26～29日	副市长马国华	4	新加坡	海工项目考察及洽谈
9	10月26日～11月6日	市委常委、组织部长张兵	6	埃及、肯尼亚、阿联酋	就高层人才的培养、引进和交流等进行考察
10	11月7～18日	市委副书记钟达	6	南非、肯尼亚、阿联酋	考察旅游业开发、管理等
11	10月26日～11月6日	市委常委、统战部长周克非	5	南非、阿联酋	考察投资环境及加强与海外舟山同胞的联谊
12	11月28日～12月6日	副市长李善忠	5	新加坡、阿联酋、香港	考察并洽谈港口合作项目
13	12月22～31日	副市长陈松菊	6	澳大利亚、马尔代夫	教育交流合作洽谈等

重要外事活动

【驻沪领事舟山行】 2010年8月5日至6日，舟山市外侨办组织“驻沪领事舟山行”活动。来自俄罗斯、美国、法国、阿根廷、保加利亚等18个国家的38名驻沪领事官员参加活动。驻沪领事官员观看了城市宣传片，参观了舟山跨海大桥，游览了风景名胜区等。

【第12届舟山国际沙雕节】 2010年9月29日至2011年7月31日，第12届中国舟山国际沙雕节（简称“舟山沙雕节”）在朱家尖南沙举行。本届舟山沙雕节以“非洲之旅”为主题，通过沙雕作品生动地展示了非洲的风土人情、自然景观、特色建筑、地形地貌等。来自中国、美国、荷兰等10个国家的32名沙雕手参加创作。

主要来访

【日本气仙沼市政府代表团访问舟山】 2010年1月21日至23日，以市长铃木升为团长的日本气仙沼市政府代表团访问舟山。市委副书记、市长周国辉会见代表团一行，双方探讨了在教育、文化、经济等领域深化实质性交流合作的可能性。代表团参观了舟山-气仙沼两市友好纪念碑、南海学校、定海小学、东港水产交易市场、富丹旅游食品公司、普陀山景区等。

【阿根廷渔业代表团访问舟山】 2010年3月25日，以农牧渔业部副秘书长夏伍哈尔为团长的阿根廷渔业代表团访问舟山。副市长刘宏明会见代表团一行。舟山市政府与阿根廷布宜诺斯艾利斯省马德普拉塔市签署友好交流意向书。

【挪威北挪威省政府代表团访问舟山】 2010年5月25日至27日，以省长欧德·埃里克森为团长的挪威北挪威省政府代表团访问舟山。市长周国辉会见代表团一行。双方就深化经贸合作进行了交流，在渔业、旅游业、海洋新能源、教育等方面达成合作意向，并签订合作协议。

【意大利拉斯佩齐亚省代表团访问舟山】 2010年11月10日至13日，以副省长吉亚克麦里·莫里齐奥为团长的意大利拉斯佩齐亚省代表团访问舟山。市长周国辉会见代表团一行。双方签署《友好交流协议书》。根据协议，双方将在经济、贸易、科技、文化、教育、卫生、体育、旅游等领域开展多种形式的交流与合作。

友好城市交流

【拓展新的友好城市】 2010年，舟山市与意大利拉斯佩齐亚省、日本福山市建立友好交流关系事宜经市政府常务会议专题研究并获得通过。年内，市外侨办派出15人次，分别参加13批团组，赴日本、美国、意大利、印尼、越南和缅甸进行友城工作专题考察，促成并推进舟山远洋渔业在南美、东盟国家的基地建设项目，意大利拉斯佩齐亚省Pro-ship公司与舟山阿尔法船舶公司的75英尺游艇合作项目，美国汽车储运公司、里士满市港务局与舟山市港务局的舟山汽车滚装船码头项目，日本福山与岱山岛的玫瑰种植项目等。舟山市与意大利拉斯佩齐亚省、秘鲁帕伊塔市、日本福山市开展互访，并与意大利拉斯佩齐亚省签署《友好交流协议书》。

（袁　滢）

·短消息·

礼宾改革

2010年4月12日，中国国家主席胡锦涛访问美国。当地时间12日11时，胡锦涛主席乘坐的专机抵达华盛顿安德鲁斯空军基地。停机坪上，美方官员和中国驻美大使等热情迎候。11时03分，胡锦涛主席走下舷梯，同美方官员和中国驻美大使等一一握手，随后乘车离开机场，整个过程仅持续了5分钟。与以往不同的是，这次机场没有出现欢迎队伍和欢迎横幅。这是中国领导人出访礼宾改革的新举措。由此开始，中国领导人到访期间，所在国的海外华侨华人、留学生等不再举行迎送仪式。这是中央一贯倡导的礼宾改革的继续，充分体现了以人为本的理念和求真务实的作风。

改革开放以来，根据国际惯例和国内实际，中国礼宾工作进行了一系列重要改革：1978年秋天开始，为外宾访华举行欢迎仪式的地点由机场改至人民大会堂东门外广场，不再组织群众夹道欢迎；上世纪80年代开始，中国领导人出访一般不再举行答谢宴会或答谢招待会；1991年开始，中国领导人出访的离、返京送迎仪式从机场改在人民大会堂举行；2003年开始，中国领导人出访离、返京不再举行送迎仪式。

台 州 市

台州市简称"台",辖椒江、黄岩、路桥3个区,临海、温岭2个县级市,玉环、天台、仙居、三门4个县,总面积9411平方千米。2010年末总人口583万人。2010年,全市实现地区生产总值2415亿元;财政总收入311亿元,其中地方财政收入165亿元。

概 述

【外事工作概况】 2010年,台州市外事工作紧紧围绕全市经济社会发展和服务世博,突出工作重点,各项工作取得明显进步。

立足市情,努力推进对外交流与合作。全年组织出访21批120人次。市级代表团出访遍及各大洲。巩固了与国际友城的关系,推进了经贸、科技、城建、文教、体育、医疗等多领域的国际交流合作。

积极发展国际友好城市关系。全市有两个政府代表团出访国外友城,波兰凯尔采市友好代表团访问台州,与德国哈瑙市、加拿大本拿比市就建立友好交流城市关系达成初步共识。友城工作重心下移,帮助县(市、区)拓展对外交往空间,促成路桥区与美国富兰克林市、天台县与日本岩手县平泉町结为友好交流城市。临海市与韩国横城郡、温岭市与韩国大田广域市西区、天台县与日本平泉町及岩舟町、三门县与德国哈瑙市,都在政府层面及文化、教育等方面开展了富有成效的交流。

严审细核,涉外管理水平进一步提高。全市派出团组678批1480人次,其中市政府审批435批1011人次,报省政府及省外办审批84批384人次,台州参团167批186人次。

强化因公出国管理。在因公报批中,按照谁审核谁负责的原则,对出访人员身份、出访性质、团员构成、邀请单位、公务安排、出访时间和国家等严格把关。全年取消出访团组8批16人次,调整压缩团组3批11人。

做好世博会台州市涉外安保工作。根据台州市《安保工作总体方案》,市外办出台《上海世博会"环沪护城河"涉外安保工作意见》,明确工作职责、工作措施,建立主要领导担任组长的领导小组,设立专门联络员。

预防和妥善处置涉外事件。全年处理涉外突发性事件12起,主要是渔事和经济纠纷。

创先争优,外事服务经济工作进一步增强。完善直报企业制度,支持企业走出去谋发展。通过调整,全市直报企业增至181家,包含企业子公司及关联企业则达到379家。制发《台州市直报企业因公出国须知》,方便企业办理相关手续。

2010年代办因公护照签证628批1430人次,代办外国人来华就业工作申请104人,办理因私签证1131批1845人次,邀请外国人来华715批1021人次,认证280批。

【《台州外事年鉴》(2010)出版】 2010年9月,《台州外事年鉴》(2010)正式出版。年鉴分特载、总情、部门外事、院校医院外事、县(市、区)外事、市部分重点外向型企业介绍、涉外旅游、附录等八部分内容,较为全面地记录了2009年台州对外交往的大事、新事和要事。

市领导出访

【台州市友好访问团访问澳大利亚、新西兰和斐济】 2010年4月18日至29日,市人大常委会主任薛少仙率台州市友好访问团访问澳大利亚、新西兰和斐济。访问团拜访了澳大利亚西澳州议会和政府，双方就发展议会、政府间的友好交流，拓展经济、教育领域的合作等事宜进行了商谈；拜访了新西兰爱诗伯顿市政府，双方就发展友好交流城市关系等事项进行了磋商；在考察斐济卡萨尔投资集团时，双方商谈了在沿海产业互相投资的可能性。

【台州市友好考察团访问俄罗斯、匈牙利和罗马尼亚】 2010年5月26日至6月6日，副市长赵跃进率台州市友好考察团访问俄罗斯、匈牙利和罗马尼亚。考察团拜访了俄罗斯莫斯科市政府国际关系处、匈牙利哥塞格市政府、罗马尼亚塔古市政府，就开展友城交流、发展多领域交流合作关系等与对方进行了交谈。考察团还走访了俄罗斯中国贸易中心、匈牙利中国品牌贸易中心；看望了俄罗斯台州商会和罗马尼亚台州商会人员。

【台州市经贸考察团访问津巴布韦、阿联酋和以色列】 2010年6月17日至28日，市政协主席陈子敬率台州市经贸考察团赴津巴布韦、阿联酋和以色列进行友好访问。考察团拜访了津巴布韦中国商会、迪拜政府旅游及商业市场部及以色列提比利亚市政府，就加深双边友谊和经贸合作与各方进行了深入的交流。

【台州市友好访问团访问匈牙利、波兰和俄罗斯】 2010年12月5日至16日，市委书记陈铁雄率台州市友好访问团赴匈牙利、波兰、俄罗斯访问。代表团先后拜访匈牙利巴拉顿福瑞市、波兰凯尔采市和皮尔塞克斯尼区、俄罗斯莫斯科市和弗拉基米尔州等地政府机构，就进一步发展双边友好关系与对方进行了交流，探讨在经贸、投资等领域合作的可能性。访问期间，代表团还走访了部分当地台州企业，走访了俄罗斯台州商会。

【台州市经贸考察团访问印度、土耳其和阿联酋】 2010年12月19日至30日，市委副书记、市长吴蔚荣率经贸考察团赴印度、土耳其和阿联酋进行友好访问。

在土耳其，考察团拜访了伊斯坦布尔商会，商讨拓展双边经贸合作空间；在访问阿克赛市政府时，代表团听取了该市投资环境和金融政策的介绍，双方就政府财政对经济运作的管控和支持交流了经验。

在印度，考察团拜访了印度工商联合会，深入了解了印度在医药化工、汽车摩托车等产业方面的扶持政策和产业发展状况。

在阿联酋，考察团拜访了迪拜台州商会、沙迦商业和工业联合会。

附表　2010年台州市部分出访团组

序号	出访时间	团长职务、姓名	人数	出访地点	备　注
1	3月10～21日	市人大常委会副主任洪显周	5	希腊、埃及、印度	议会文化交流团
2	4月15～26日	市委常委、纪委书记王文娟	6	阿联酋、埃及、土耳其	友好考察团
3	4月19～30日	市人大常委会副主任胡宣义	5	英国、加拿大、西班牙	议会司法交流团
4	5月31日～6月11日	市人大常委会副主任樊友来	6	美国、加拿大、古巴	财政监督交流团
5	9月15～26日	市委常委、组织部长马晓晖	6	俄罗斯、瑞士、捷克	人才工作考察团
6	9月17～28日	市政协副主席张正煜	6	加拿大、阿根廷、巴西	友好交流团
7	9月18～29日	副市长叶阿东	6	俄罗斯、奥地利、土耳其	友好考察团
8	9月23日～10月4日	市人大常委会副主任王金生	5	土耳其、捷克、匈牙利	议会交流团
9	10月11～22日	副市长徐仁鹤	6	美国、加拿大、日本	文化交流团

续表

序号	出访时间	团长职务、姓名	人数	出访地点	备　注
10	12月19～30日	副市长李跃程	6	阿联酋、埃及、土耳其	友好交流团
11	12月19～30日	副市长高敏	4	美国、阿根廷、巴西	教育文化交流团
12	12月25～31日	市委常委、常务副市长元茂荣	6	卡塔尔、阿联酋	经贸考察团

主要来访

【老挝内贸考察团访问台州】 2010年3月14日至18日，老挝内贸厅厅长桑蒂苏率内贸考察团访问台州。考察团参观考察了椒江、黄岩、路桥、温岭和玉环等地的企业，双方就来料加工、进出口等事务进行了交流和探讨。

【美国富兰克林市政府代表团访问台州】 2010年4月27日，美国印第安纳州约翰逊郡富兰克林市市长弗莱德·巴里斯率市政府代表团访问台州市路桥区。区长陈才杰与巴里斯签订两地友好交流备忘录。

【波兰凯尔采市政府代表团访问台州】 2010年6月2日至3日，波兰凯尔采市市长鲁巴斯基率市政府代表团访问台州。市人大常委会主任薛少仙会见代表团一行。薛少仙说，中国与波兰有着传统的友好关系，近年来，台州与波兰贸易交往密切，与凯尔采市关系不断发展，双方的往来必将进一步促进交流与合作。鲁巴斯基表示，希望与台州在经济等方面开展进一步的合作。

代表团参观了台州企业，举行了凯尔采市推介会。

【美国纽约州中小企业发展中心总署代表团访问台州】 2010年6月13日，美国纽约州中小企业发展中心总署代表团访问台州。代表团参观了台州国际塑料城。团长詹姆斯·金表示，希望能够扩大与台州的经贸往来。

【俄罗斯弗拉基米尔州经贸代表团访问台州】 2010年7月29日，俄罗斯弗拉基米尔州经贸厅厅长、工业委员会主席布拉尼斯·拉瓦维奇率该州经贸代表团，来台州考察经济合作情况。副市长赵跃进会见代表团一行。

【阿根廷驻沪总领事访问台州】 2010年11月29日，市长吴蔚荣会见来访的阿根廷驻沪总领事弗朗西斯科·费洛，双方就经贸合作等事宜进行了交流。吴蔚荣简要介绍了台州经济社会发展情况，希望总领事对台州企业给予更多的关注，积极推介台州企业到阿根廷投资兴业，也希望有更多的阿根廷人到台州旅游观光、投资兴业。

弗朗西斯科·费洛说，台州经济活跃，市场繁荣，文化兴盛，创业氛围浓厚，将积极推介阿根廷企业家到台州走走看看，洽谈合作项目，同时十分欢迎台州企业家多到阿根廷考察投资，加强经贸往来和文化交流。

副市长赵跃进参加会见。

友好城市交流

【路桥区与美国富兰克林市签订友好交流备忘录】 2010年4月27日，台州市路桥区与美国印第安纳州约翰逊郡富兰克林市签订友好交流备忘录。

县(市、区)外事

·临　海　市·

【友好往来】 2010年，临海市与韩国横城郡开展了内容丰富的城市交流。2月,临海市外国语学校学生代表团与横城郡中学生访问团互访。3月,横城郡政府工作访问团访问临海。同月,双方互派研修公务员。6月,临海市友好代表团访问横城郡。11月,临海市文化艺术交流团访问横城郡,参加该郡第6届“韩牛节”活动。

·相关链接·

横城韩牛节

韩国江原道横城郡是韩牛的原产地,横城韩牛全国闻名。每年9月,横城郡都会举行“横城韩牛节”,为该郡最大的庆典。

韩牛节的大部分活动围绕“韩牛”这一主题展开。游客们可以参加韩牛美食大赛、韩牛肉试尝会、韩牛评价会、吃全牛等活动,还可以参观牛棚、牛肉市场,乘坐牛车,亲自体验牵牛耕地等。此外,活动期间还举行韩牛摄影展、雕刻展等活动。各个活动场地还举行交响乐演出、传统国乐表演、农乐表演等。韩牛节期间还举行全国摔跤大赛、泡菜女王大赛,评选出最巧手的泡菜美食家。

·温　岭　市·

【友好往来】 2010年,温岭市进一步巩固与各友好城市的关系。5月,温岭市友好代表团访问韩国大田广域市西区。11月,西区政府代表团访问温岭,双方签订两地青少年交流协议。11月,温岭市友好代表团访问澳大利亚洛根市。

通过政府间的交流,带动以教育系统为代表的民间交流。是年,温岭市第二中学与韩国培材大学、温岭市第三中学与韩国大田广域市西区凤宇中学结为友好学校。韩国HANBAT大学学生到温岭市钱江摩托集团、爱仕达集团实习。

·天　台　县·

【友好往来】 2010年6月27日至29日,日本岩手县平泉町政府代表团访问天台,两地签订建立友好交流关系协议书。5月,日本栃木县岩舟町政府代表团访问天台。5月和11月,天台组织两批中小学生教育代表团分别访问韩国、日本。

·三　门　县·

【主要来访】 2010年4月,德国哈瑙市卡尔·吕贝恩一级学校师生代表团访问三门中学,德方学生入住中方学生家里,体验中国普通家庭生活。10月,三门中学师生代表团回访哈瑙市卡尔·吕贝恩一级学校。

(王小辉)

·知识窗·

世界经济论坛

世界经济论坛是以研究和探讨世界经济领域存在的问题、促进国际经济合作与交流为宗旨的非官方国际性机构,总部设在瑞士日内瓦,1971年由日内瓦大学教授克劳斯·施瓦布创建。因为每年年初都要在瑞士东部小镇达沃斯举行年会,世界经济论坛也被称为“达沃斯论坛”。每年的世界经济论坛年会均有来自数十个国家的千余位政界、企业界和新闻机构的领袖人物参加。世界经济论坛已成为全球政界、企业界人士以及民间和社会团体领导人研讨世界经济问题最重要的非官方聚会和进行私人会晤、商务谈判的场所之一。随着国际形势的发展和变化,世界经济论坛所探讨的议题逐渐突破了纯经济领域,许多双边和地区性问题以及世界上发生的重大政治、军事、安全和社会事件等也成为论坛讨论的内容。

从1979年起,中国多次应邀派团参加世界经济论坛年会。2005年,世界经济论坛主席施瓦布提出了“中国夏季达沃斯”的设想。2006年6月,世界经济论坛北京代表处正式成立。2007年9月6日,首届夏季达沃斯论坛年会在中国大连举行。

丽 水 市

丽水市简称"丽",辖莲都区、龙泉市(县级)和青田、缙云、遂昌、松阳、云和、庆元、景宁7个县,总面积1.73万平方千米。2010年末全市人口259.65万人。2010年,全市实现地区生产总值644.04亿元;财政总收入76.84亿元,其中地方财政收入44.94亿元。

概 述

【外事工作概况】 2010年,丽水市外事办公室(简称"市外办")围绕中央总体外交,积极配合全市中心工作,为地方经济建设和社会发展服务。

围绕中心工作,发挥职能优势。一是保障全市赴国外经贸考察、友城交流、干部培训等重点团组顺利出访。全年完成市领导出访任务8批。二是精心做好外宾接待工作。全市外事系统接待来自世界各地的考察团和外国友人21批160人次,主要有:日本三岛市友好访问团、韩国丽水市友好访问团、日本静冈县三光三岛株式会社经贸考察团、老挝国家农村发展和反贫困委员会代表团、美国纽约州立大学考特兰分校青瓷文化交流团、国际陶艺代表团、巴西中国经济贸易促进会、西班牙巴达罗那市政府考察团、哥伦比亚外交部长海梅·贝穆德斯等。

固老拓新,友城交流稳中求进。2010年,丽水市与日本三岛市、韩国丽水市,龙泉市与韩国康津郡在友城互访、教育交流等方面均取得很大进展。2月,第2届韩国康津郡女子高中学生访问团访问龙泉。5月,市政协副主席陈翠仙率团访问韩国丽水市。8月,丽水市中学生第4次友好交流团赴日本三岛市进行交流访问。同月,龙泉市第3届学生访问团赴韩国康津郡与Saint Josepn女子高中开展教育交流活动。10月,市政协副主席吴炳全率团访问韩国丽水市、日本三岛市。11月,韩国丽水市市长金忠锡、议长金荣珪率友好访问团访问丽水,两市签订进一步加强友好交流与合作的谅解备忘录。市外办积极谋划全市友城工作的全新布局和纵深发展,构建与英国、意大利、巴西等国相关城市的友好关系。龙泉、青田、遂昌、云和等县(市)也结合本地特色,通过多种渠道拓展友城工作。3月,以静冈县国际交流室专门监县裕子为团长的日本静冈县代表团访问龙泉。县裕子带来了川根本町町长希望两市町缔结友好关系的亲笔信。8月,由副议长高畑雅一率领的川根本町友好代表团访问龙泉,商议两市町建立友好交流关系事宜。6月19日,遂昌县委书记葛学斌率文化交流团访问英国斯特拉福市,双方就开展互访、缔结友好关系、开展文化交流、开展莎士比亚和汤显祖逝世400周年纪念活动事宜及其他相关合作项目进行了商洽。

严格把关,因公出国(境)管理更加规范有序。严格按照丽水市2010年度因公出国(境)出访计划组织实施出访任务。按照"有重点、有内容、有目的、有任务的原则安排出访"的要求,认真把关,严格审核审批。全年办理因公出国(境)审核审批268人次,党政干部团组19批83人次,学校等事业单位团组6批20人次,企业团组1批1人次。切实加强出访团组的行前教育,对出访总结、出国情况报告表等进行督促检查,基本杜绝出访团组擅自更改行程,增加出访国家、地区,延长境外停留时间等违规现象。

《省管干部因公临时出国情况报告表》、出访总结、因公护照、通行证收缴率均为100%。

履行职能，涉外管理与沟通机制进一步加强。 一是召开2010年度涉外部门联席会议。二是做好上海世博会“环沪护城河”涉外安保各项工作。三是做好邀请外国人来华审批工作。全年办理邀请外国人来华审批手续24批31人次。

强化服务，外事为民服务意识日益增强。 市外办走访了莲都、云和、龙泉、松阳、遂昌等县(市、区)的涉外企业和部门，倾听基层和企业对涉外服务的要求。召开全市外事服务工作座谈会。全年代办因私签证58批99人次，领事认证73批147份，来华工作签证9批9人次，APEC商务旅行卡1批3人次。

【丽水市涉外部门联席会议2010年第一次会议】 2010年1月21日在丽水召开。会议传达了市委外事工作领导小组会议精神，通报了2009年外事工作情况和2010年外事工作思路。市委常委、组织部长林天宁，副市长梁细弟出席会议。

【全市侨台(外事)办主任会议】 2010年3月1日在丽水召开。会议回顾总结了2009年全市侨台外事工作情况，部署了2010年各项工作。副市长梁细弟出席会议并讲话。各县(市、区)侨台办、外事办主任参加会议，进行了汇报交流。

【全市外事服务工作座谈会】 2010年4月20日在丽水召开。会议主要内容是推介APEC商务旅行卡，宣传市外事服务窗口(丽水市国际交流中心)各项业务。座谈会还就APEC商务卡申请、因私签证办理、领事认证办理、外国人来华邀请等问题进行了答疑、交流。省外办护照签证处、省外事出国人员服务中心负责人出席座谈会。各县(市、区)外办、公证处及部分外向型企业代表参加座谈会。

重要外事活动

【德国摄影家捐赠相机及作品】 2010年5月18日，中国丽水摄影博物馆举行捐赠仪式，德国著名摄影家吴敏安向摄影博物馆捐赠3台珍贵相机和两幅摄影作品。

吴敏安，德籍华人，德国著名摄影家，德国皇家摄影师。吴敏安捐赠的3台相机中，一台是前西德制造的双取景中画幅相机，另一台是前西德制造的摄影史上第一款最轻便的中画幅“傻瓜”相机，还有一台是哈苏生产的第一款500系列相机。

【“非洲法语国家高等教育管理研修班”学员到丽水交流考察】 2010年5月21日，来自贝宁、马里、毛里塔尼亚、塞内加尔、布隆迪、赤道几内亚、多哥、刚果(金)等13个国家的25名“非洲法语国家高等教育管理研修班”学员到丽水职业技术学院进行交流考察。该研修班学员都是这些国家的教育官员、高等教育机构管理人员和教授。学员们听取了丽水职业技术学院领导关于学院的情况介绍，并与学院师生就人才培养、校际合作、农业技术支持等内容进行了座谈交流，并参观了校园、地被植物种质资源基因库，以及水培大棚、观叶植物大棚、盆景园、名特优果园、食用菌基地等院内专业生产性实训基地。

【第8届中国(庆元)香菇文化节】 2010年12月10日至12日在庆元举行。省政协副主席冯明光宣布开幕。市委副书记、市长卢子跃致辞。国际著名菌蕈专家张树庭，国际蘑菇科学学会主席格雷格·西摩尔，市人大常委会主任焦光华，市政协主席虞红鸣，市委常委、宣传部长陈建波出席开幕式。

主要出访

【丽水市政协代表团访问澳大利亚、新西兰】 2010年1月21日至30日，市政协副主席吴永水率团赴澳大利亚、新西兰进行议会交流和侨务访问。

【丽水市政府代表团访问阿联酋、埃及和土耳其】 2010年3月4日至15日，副市长蔡小华率团赴阿联酋、埃及和土耳其开展经贸活动。代表团拜会了阿联酋温州商会、埃及华人联谊会、土耳其-中国商业促进会，了解当地的经贸法律法规、相关行业的市场准入标准、投资环境、各国主要进出口产品，特别是丽水市出口产品在当地的市场规模和潜力；介绍丽水市经济社会发展情况、投资环境，探讨双方加强在经贸信息、会议展览、投资与贸易等领域合作的可能性；考察迪拜中国商品城、龙城中国商品分拨中心、埃及开罗汽配市场、CEZER集团下属的休闲鞋生产厂；举行了丽水温州总商会与温州迪拜商会建立友好商会签约仪式。

【丽水市政府代表团访问西班牙、意大利和希腊】 2010年5月22日至6月2日，副市长梁细弟率团赴西班牙、意大利、希腊访问。代表团走访了三国近百个侨团组织、侨团会所和30多家丽水籍侨胞开设的餐馆、超市、大型批发市场、货场、进出口公司，以及丽水籍华人参与创办的《新华·联合时报》等3家华文媒体。其间，代表团与100多名侨领和企业家进行了广泛的接触和深入的交谈，看望了500多名侨胞，与他们进行了交流。

【丽水市人大代表团访问美国、加拿大】 2010年9月15日至24日，市人大常委会副主任宋永平率团赴美国、加拿大访问。

在加拿大，代表团拜访不列颠哥伦比亚省议会，与议员、议会全体委员会副主席、财政预算委员会主席等进行了座谈。

在美国，代表团拜访了奇诺市政府，与市议员、前市长格兰·德凯恩进行了座谈交流。

【丽水市政府代表团访问瑞典、挪威和英国】 2010年9月20日至10月1日，副市长廖思红率团赴瑞典、挪威和英国进行文化交流。代表团先后与瑞典TV4电视台、挪威广播电视台和英国伦敦斯洛区政府就文化、广播电视等方面的情况进行了交流，并参观考察了瑞典瓦萨博物馆、英国大英博物馆。

【丽水市政府代表团访问巴西、智利和秘鲁】 2010年11月17日至28日，副市长叶朝丐率团赴巴西、智利和秘鲁进行综合交通交流访问。

【丽水市政府代表团访问澳大利亚、新西兰】 2010年11月19日至28日，副市长金建新率团赴澳大利亚、新西兰进行水生态系统保护和修复工作交流。

主要来访

【日本三光三岛株式会社社长访问丽水】 2010年1月18日至20日，日本静冈县三光三岛株式会社社长大川元司一行到丽水进行投资考察。市政府副秘书长吴益由会见大川元司一行。

在丽期间，大川元司一行与丽水开发区进行了座谈交流，考察了开发区东扩区块、江南景洁铝业有限公司、嘉利工业有限公司。

三光三岛株式会社位于丽水市友好城市日本三岛市，主营金属回收、精炼、铸造、制品等业务。

【泰中友好协会副秘书长访问丽水】 2010年4月2日，泰中友好协会副秘书长吴杭伟访问丽水，与市外办、市外经贸局进行了座谈交流。

【香港华侨华人商会会长访问丽水】 2010年5月19日，香港华侨华人商会会长古宣辉率团访问丽水，副市长梁细弟会见古宣辉一行。

【哥伦比亚外交部长访问丽水】 2010年7月14日至15日，哥伦比亚外交部长海梅·贝穆德斯、哥伦比亚驻华大使吉列尔莫·里卡多一行到丽水进行私人访问。

海梅·贝穆德斯一行参观考察了纳爱斯集团，双方进行了商务洽谈。

【尼泊尔驻华大使访问庆元】 2010年12月22日至24日，尼泊尔驻华大使坦卡·卡尔基访问庆元，出席庆元县百山茶业——"世博会名优茶金奖"颁奖和"国际旅协指定产品"授牌仪式。县委书记陈景飞会见塔卡·卡尔基，双方就庆元与尼泊尔之间的交流和合作进行了会谈。在庆元期间，坦卡·卡尔基参观考察了西洋殿、香菇博物馆、百山茶叶基地。

【香港中华工商业协会代表团到丽水考察】 2010年8月31日，香港中华工商业协会执行主席梁永安率团到丽水考察。丽水市与代表团举行座谈会，副市长蔡小华出席。座谈会上，市外贸局与香港中华工商业协会签订《开展长期合作的框架协议》。根据《协议》，香港工商业协会将每年组织客商到丽水开展投资考察活动，协助丽水在香港等地举办投资推介会、项目对接会等。丽水经济开发区、丽水开发区景宁民族工业园区、遂昌县、龙泉市在座谈会上进行了投资环境推介。部分企业、部门与代表团成员进行了项目合作对接。市直有关部门、丽水经济开发区、各县(市、区)工业园区、招商部门有关负责人以及企业代表参加座谈会。

友好城市交流

【丽水市政府代表团访问韩国】 2010年5月3日至8日，市政协副主席陈翠仙率团访问韩国丽水市。代表团参加了"丽水市2010龟船节"系列活动，访问了栗村初等学校、钟鼓中学校、丽水高等学校，与三所学校初步达成与中国丽水市的丽水中学、实验学校结成友好学校的意向。

·相关链接·

龟船节

龟船是15世纪至18世纪间，朝鲜对日反侵略作战的一种大型战船。船身装有硬木制成的如同龟壳的防护板，全船形似乌龟，故名"龟船"。朝鲜民族英雄、三南水师统制使李舜臣改进了龟船的结构和设备，把船身造得更大更坚固。明万历二十六年(1598)十一月，侵朝日军在朝鲜东南沿海一带遭到中朝联军围歼痛击，爆发露梁海战。李舜臣驾龟船全速追击溃退的日军，中途不幸牺牲。

龟船节是韩国丽水市的主要文化活动之一，是为了纪念抗倭将领李舜成将军而举行的节日，重头戏是统制营游行，游行队伍由民间团体自发集结，护送仿制当年军队打仗用的"龟船"，表达群众对民族英雄的敬仰。

【韩国丽水市栗村初等学校代表团访问丽水】 2010年8月22日至23日，韩国丽水市栗村初等学校校长李福仪率团访问丽水市，副市长廖思红出席欢迎宴会并致辞。代表团与丽水实验学校师生进行了友好交流，11名韩国学生入住中国学生家中体验家庭生活。代表团成员还参观游览了南明湖、古堰画乡和仙都风景区。

【丽水市中学生友好交流团访问日本三岛市】 2010年8月23日至29日，丽水市中学生友好交流团对三岛市进行友好交流访问。交流团团员寄宿于日本家庭，体验日本学生的日常生活；参加三岛市中学生暑期夏令营活动，参观了三岛市井田中学、箱根培训中心，双方开展了丰富多彩的文艺、体育等交流活动。

【日本三岛市友好访问团访问丽水】 2010年10月14日至15日，由副市长落合光一、议长佐藤晴率领的日本三岛市友好访问团访问丽水。市长卢子跃会见访问团一行。市人大常委会副主任宋永平、副市长梁细弟等参加会见。

落合光一转交了小池政臣市长写给卢子跃市长的亲笔信。

在丽期间，访问团访问了莲都区花园中学，并参观了缙云仙都景区、青田石雕博物馆。

【丽水市政府代表团访问韩国、日本】 2010年10月24日至11月2日，市政协副主席吴炳全率团赴韩国和日本进行友好访问。

在韩国丽水市，代表团拜会了副市长郑仁和，就两市开展经济、教育、文化、旅游等方面的交流与合作进行洽谈。代表团还考察了2012丽水世博会筹备情况，参观了世博会宣传馆等。

在日本三岛市，代表团拜会了市政府、市议会和国际交流协会，与市长小池政臣、副市长落合光一、议长佐腾晴、国际交流协会会长朝日智雄等80多位各界人士进行会谈、交流。代表团还参观了三岛新车站建设工程、图书馆、名胜景点等。

【韩国丽水市政府友好访问团访问丽水】 2010年11月1日至2日，市长金忠锡、市议会议长金荣珪率韩国丽水市政府友好访问团访问丽水。市长卢子跃、市人大常委会主任焦光华、副市长梁细弟等会见并宴请访问团一行。两市签署2012丽水世博会期间进一步加强友好交流与合作谅解备忘录。

卢子跃说，韩国丽水市成功申办2012年世博会让世界瞩目，衷心祝愿丽水世博会取得成功。希望两市全面加强在经贸、文化、教育、旅游等方面的交流与合作，实现互利共赢。

金忠锡说，因为拥有同一个名字，两市有缘缔结为友好城市。希望今后两个丽水市进一步加强合作交流，携起手来，共谋发展。金忠锡诚挚地邀请中国丽水市的领导和丽水人民参加2012年韩国丽水世博会。访问团一行还参观了青田石门洞景区。

县(市、区)外事

·龙　泉　市·

【外事工作概况】 2010年，龙泉市外办接待重要外宾9批109人次，办理因公出国(境)20人次，邀请外国人来华7批10人次。

【重要外事活动】 2010年9月14日至19日，“中国意境——人类非遗龙泉青瓷巴黎展”在法国巴黎杰拉勒艺术中心举行。本次展览由国际陶瓷艺术学会、龙泉市人民政府及龙泉市青瓷行业共同举办，共展出包括徐朝兴、夏侯文、毛正聪、张绍斌等4位国家级大师在内的37位陶艺家的39件作品，同时介绍了龙泉青瓷的历史、炼制艺术、风格特征以及龙泉青瓷与法国的缘分。国际陶瓷艺术学会主席珍妮特·曼斯菲尔德出席开幕式并致辞，联合国教科文组织非物质文化遗产处、中国驻法国大使馆官员以及海外华人、留学生共200多位嘉宾出席开幕式。在巴黎参加国际陶艺大会的各国陶瓷艺术家参观了展览，并与参展的龙泉青瓷大师进行了交流。此次展览是龙泉青瓷“申遗”成功之后，首次在国外展出。

3月9日，日本利民工程无偿援助龙泉市安仁镇分散型污水处理站建设项目签约仪式在杭州花家山庄举行。日本驻上海副总领事平木场弘人、领事佐佐木明彦，浙江省外办主任阮忠训、副主任陆国灏，龙泉市市长梁忆南、市长助理熊树生、安仁镇负责人等参加签约仪式。

【主要出访】 2010年9月14日至19日，副市长罗诗兰率团赴法国参加国际陶瓷年会，举办龙泉青瓷展。

【主要来访】 2010年2月1日至2日，老挝国家农村发展和反贫困委员会主任、内阁部长昂纳·彭马占率代表团到龙泉考察新农村建设和扶贫工作情况。

3月2日至4日，以静冈县国际交流室专门监县裕子为团长的日本静冈县代表团访问龙泉，探讨两市町友好关系发展问题。代表团带来了川根本町町长的亲笔信，町长对龙泉市与川根本町缔结友好城市充满了期待。在龙期间，代表团参观考察了龙泉宝剑厂、龙泉金观音茶叶基地、大窑古窑址、龙泉中等职业学校、浙江天和食品有限公司、青瓷宝剑苑等。

5月28日至30日，美国纽约州立大学考特兰分校艺术系师生一行访问龙泉，与龙泉陶瓷基地——龙泉中等职业学校陶瓷专业学生进行了陶瓷制作工艺交流，参观了龙泉青瓷大师工作室、龙泉青瓷宝剑园、上洋古窑坊。

8月18日至19日，由副议长高畑雅一率领的日本川根本町代表团访问龙泉，商议两市町建立友好城市事宜。

11月15日至17日，国际陶艺学会主席珍妮特·曼斯菲尔德率18个国家的国际陶协代表和陶艺家一行访问龙泉，参加龙泉撤县设市20周年庆祝大会暨第5届中国龙泉青瓷·龙泉宝剑节。

【友好往来】 2010年2月1日至4日，第2届韩国康津郡女子高中学生访问团访问龙泉，与龙泉中学生开展交流活动。

8月6日至13日，龙泉市第3届学生访问团赴韩国康津郡访问交流。

11月14日至16日，韩国康津郡副郡守鲁斗根、议长金银植率团访问龙泉，参加龙泉撤县设市20周年庆祝大会暨第5届中国龙泉青瓷·龙泉宝剑节。市委书记赵建林、市长梁忆南、市人大常委会主任钟鸣会见访问团一行。在龙期间，访问团参观了龙泉青瓷宝剑苑、龙泉成就展、龙泉特色产品展销会、龙泉市第一中学、龙泉中等职业学校等。

12月13日至19日，以康津郡青瓷协会会长金庆镇为团长的韩国康津郡青瓷访问团访问龙泉，与龙泉中等职业学校陶瓷专业学生、国家级青瓷大师等进行青瓷文化交流，并实地考察青瓷烧制技艺和古窑保护情况。

·青　田　县·

【外事工作概况】 2010年，青田县外办接待重要外宾3批20人次，办理因公出国(境)团组8批18人次，邀请外商8批10人次。

【主要出访】 2010年9月5日至11日，应美国奇诺市议会的邀请，县政协副主席叶传兴率访问团赴美国进行议会交流。

10月14日至26日，县委副书记、青田县海外联谊会名誉会长叶水源率团访问意大利、奥地利和西班牙进行侨务考察，宣传推介华侨总部经济，加强与海外侨团、侨胞的联络联谊工作。

12月2日至14日，应美国纽约州政府、巴西圣冈萨洛市政府、智利莫利纳市政府的邀请，县长徐光文率团访问美国、巴西和智利，进行友好交流与侨务访问。

【主要来访】 2010年10月11日，奥地利驻上海总领事米歇尔·海因茨访问青田，参加奥地利维也纳市政府向青田县人民政府捐赠小约翰·施特劳斯小金像仪式暨落成典礼。县委书记王通林会见米歇尔·海因茨一行。青田县领导季力华、廖宝云、陈海民及奥中友协华人委员会主席詹伟平等参加会见。

10月10日，西班牙加泰罗尼亚大区巴达罗那市政府顾问理查德·维罗格率团访问青田。考察团参观考察了塔山小学、青田中学、方山龙现村、石雕博物馆，并就教育、卫生、社会福利等内容与青田县有关方面进行了交流。

11月12日，保加利亚驻华大使格奥尔基·佩伊奇诺夫访问青田。县委书记王通林会见格奥尔基·佩伊奇诺夫一行。双方表示要以华侨为桥梁，加强两地之间的友谊，促进更广泛、更深入的交流。

(余红慧)

·知识窗·

“海外”的含义

改革开放以来，随着中国对外交往的不断扩大，“海外”一词在经济社会及日常生活中被普遍使用。“海外”的含义是什么呢？

历史上，“海外”通常指国外。现在“海外”所指，一般包括除中国大陆以外的地域(当然包括外国)，也包含已回归中国的香港和澳门，还有尚未统一的宝岛台湾。香港和澳门被称作“海外”，是因为两地曾被英国、葡萄牙殖民统治长达100多年，国人习惯上称其为“海外”。

义乌市

（县级市）

【外事工作概况】 2010年，义乌市接待国(境)外来访代表团等290批1869人次，其中副部长以上18批274人次。因公出国审批40批134人次，审核45批198人次；办理因私签证280批373人；办理邀请外商344批366人次；代办企业因私出国(境)签证310批412人次，代办领事认证62批121份；处理和协助处理涉外涉侨案(事)件131起。

【美国驻沪总领事访问义乌】 2010年3月9日至10日，美国驻上海总领事康碧翠一行访问义乌。市委书记黄志平、市长何美华会见康碧翠一行。黄志平邀请美国的代表团来义乌访问考察，欢迎美国的机构和企业参加义乌的四大展会。何美华提出了在美国设立义乌市场贸易窗口的设想，希望总领事介绍美国的商业城市和商业项目与义乌市对接。

康碧翠一行参观了义乌国际商贸城、知识产权投诉中心和博物馆等，与义乌市工商局和公安局就知识产权保护工作进行了座谈交流。

【义乌市与美国圣安东尼奥市签署友好合作意向书】 2010年3月23日，美国得克萨斯州圣安东尼奥市议员战琬瑜和国际事务处处长伊丽莎白·科斯戴罗访问义乌，副市长王奎明会见战琬瑜一行，双方签署两市友好合作意向书。根据意向书，两市将在交通物流、贸易、旅游、教育和文化等领域开展互利互信的合作。

【义乌市代表团访问南非和阿联酋】 2010年4月12日至23日，以常务副市长宋英豪为团长的义乌市政府代表团赴南非、埃及、阿联酋访问考察。

代表团在南非约翰内斯堡举行义乌市场及非洲产品展销中心座谈会，南非贸易工业部营销处处长布特莱奇及南非贸易商、南部非洲浙江义乌总商会筹委会会长骆玲娟等共45人出席座谈会。宋英豪介绍了义乌市经济社会发展情况以及非洲产品展销中心情况，表示欢迎更多的非洲产品特别是南非产品入驻义乌。

在埃及，宋英豪一行与亚历山大省省长阿德尔·拉比布、议长塔瑞克·埃尔凯伊等进行了座谈。宋英豪简要介绍了义乌市场、展会和非洲产品展销中心，表达了将埃及产品引入义乌的强烈愿望，并邀请阿德尔·拉比布、塔瑞克·埃尔凯伊在参加上海世博会期间顺访义乌。

在阿联酋，代表团分别与迪拜海关对外交流处主任阿巴斯·吉川、杰贝·阿里自由区副主席穆罕默德·班纳和迪拜经济发展局副局长阿里·易卜拉欣·穆罕默德进行座谈，了解海关运作基本情况。代表团还就杰贝·阿里自由区管理模式、收入来源、配套设施、居住人员管理，迪拜经济发展局职能和贸易便利化政策措施等与阿方进行了沟通和交流。代表团还考察了阿联酋的市场、龙城、迪拜购物中心，走访了当地华侨华人。

【密克罗尼西亚总统再访义乌】 2010年5月2日至3日，密克罗尼西亚总统伊曼纽尔·莫里一行访问义乌，市委书记黄志平会见代表团。莫里一行参观了浪莎公司和国际商贸城，市长何美华和副市长米斌陪同参观。莫里说，2007年初次访问义乌，就对义乌的活力与生机印象深刻；两年后再度访义，发现义乌更加朝气蓬勃。莫里邀请义乌人民前往密克罗尼西亚旅游参观。

【举办“外侨服务月”活动】 2010年5月25日，市外侨办启动“外事与侨务服务月”活动。在启动仪式上，市外侨办向义乌市外事与侨务工作法律顾问颁发了聘书，向部分企业和市场经营户颁发“国际交流示范单位”和“国际交流示范经营户”匾牌。启动仪式后，开展了现场咨询活动，向咨询人员分发资料800多份，主要是海外领事保护知识，邀请外国人来华、出国境、领事认证、APEC商务旅行卡知识，外国人在义生活工作和工商登记咨询等。外交部领事司专门派出国签证处、来华签证处、领事保护中心的工作人员来义进行现场解答。

“外事与侨务服务月”活动还通过举办在义外国人法律知识培训、走访企业、召开座谈会、到市场分发宣传资料等形式，进一步加强对在义外国人、华侨华人、企业和市场经营户的服务。

【义乌市代表团访问日本、澳大利亚和澳门特区】 2010年5月31日至6月11日，以市委书记黄志平为团长的义乌市代表团访问日本、澳大利亚和澳门特区。

在日本，代表团考察了福冈市国际礼品展会场、北九州生态工业园区和家电回收再利用制造工厂，以及名古屋的丰田产业技术纪念馆。考察组还先后拜访、会见福冈市长吉田宏、大阪府副知事木村慎作、日中经济贸易中心理事长青木俊一郎及日本国会总务省副大臣内藤正光等政商界人士，对他们在推动义乌与日本有关方面的交流合作中作出的努力表示感谢，并邀请他们组团参加义乌的重要展会。

在澳大利亚，代表团与帕拉玛塔市市长、墨尔本市政府议员杰尔·卡特、阿拉瑞特市政府首席执行官史蒂芬·切伯尔等进行了会谈，就大学合作办学、义乌国际商贸城国际馆引入更多澳大利亚商品等议题进行了深入的交流。

在澳门，代表团拜访了中联办副主任高燕和澳门贸促局主席张祖荣，分别就如何更多地引进葡语系国家产品进入义乌进口商品馆、加强两地展会和物流合作等事项进行了深入的讨论。

【新加坡副总理访问义乌】 2010年6月21日至22日，以副总理黄根成为团长的新加坡代表团访问义乌。市委书记黄志平会见并宴请黄根成一行，黄根成高度肯定义乌人民的创业精神，并邀请义乌企业到新加坡投资创业，将新加坡作为义乌商品进入东盟国家的一个平台。

在义乌期间，新加坡代表团参观了国际商贸城一区、二区、历史陈列馆、进口商品馆和浙江梦娜袜业有限公司。市长何美华陪同参观。

【义乌市代表团访问阿根廷、智利和巴西】 2010年6月26日至7月7日，以市长何美华为团长的义乌市政府代表团赴阿根廷、智利和巴西进行友好访问。代表团考察了巴西最大的小商品批发市场圣保罗二十五街区市场和巴西最大的港口桑托斯；考察了阿根廷布宜诺斯艾利斯十一街区批发市场，以及智利圣地亚哥中央区批发市场和伊基克自由贸易区。

【博茨瓦纳副总统访问义乌】 2010年7月22日，博茨瓦纳副总统蒙帕蒂·梅拉费一行访问义乌。市委书记黄志平会见并宴请蒙帕蒂·梅拉费一行，蒙帕蒂·梅拉费希望加强双方中小企业之间的交流和合作，以帮助博茨瓦纳创造富有活力的经济。

蒙帕蒂·梅拉费一行参观了义乌家具市场和国际商贸城一区、二区，市长何美华、副市长米斌等陪同参观。

【斐济总理访问义乌】 2010年8月10日至11日，斐济总理乔萨亚·沃伦盖·姆拜尼马拉马一行访问义乌。市委书记黄志平会见姆拜尼马拉马一行，姆拜尼马拉马得知义乌可以在国际商贸城给斐济提供场地，用以展销斐济的特色产品，表示将由斐济驻华大使何志美负责与义乌市相关部门就具体细节作进一步的沟通。

姆拜尼马拉马一行参观了国际商贸城一区、二区和进口商品馆，市长何美华、副市长米斌陪同参观。

【纳米比亚住房与农村发展部副部长访问义乌】 2010年8月29日，纳米比亚住房与农村发展部副部长普里西拉·布克斯率该国企业家一行访问义乌。市委常委、副市长汤飞帆会见并宴请代表团一行。普里西拉表示，此行是为了寻求双方的合作，今后将会介绍更多的代表团来义乌考察学习。考察团一行参观了国际商贸城一区、二区和进口商品馆等。

【义乌市与西班牙巴塞罗那市签署合作协议书】 2010年9月2日，义乌市与巴塞罗那市在上海世博园签署合作协议书。义乌市市长何美华与巴塞罗那市市长乔迪·俄瑞武分别代表两市政府在协议书上签字并致辞。根据协议，双方将探索政府机构间互访的可能性，增进相互的认知和文化理解，从而为两市企业家营造更好的经济合作环境。

【义乌市与澳大利亚帕拉玛塔市签订友好合作备忘录】 2010年9月9日至11日，澳大利亚帕拉玛塔市市长保罗·加拉德率团访问义乌，双方举行义乌和帕拉玛塔商务对接会暨友好交流合作备忘录签字仪式，市长何美华与保罗·加拉德在备忘录上签字。

【义乌市翻译协会成立】 2010年11月27日，义乌市外侨办牵头成立义乌市翻译协会。截至2010年11月20日，已有个人会员51人、单位会员代表17家。

【义乌市代表团访问牙买加、加拿大】 2010年12月12日至21日，市委副书记陈秀仙率团对牙买加、加拿大进行友好访问。

在牙买加，代表团考察了由中国政府援建的蒙特哥贝会展中心、蒙特哥贝市港口、自由区、拟设立贸易中心的地块等，与该市市长查尔斯·辛克莱尔进行了会谈。

在加拿大，代表团参加了旺市市政府举办的招待晚宴，与新当选的市长茅里奇奥·贝维拉加和多位政府官员、商界代表进行了交谈。在多伦多，代表团拜访了加中贸易理事会。

【聘请涉外涉侨法律顾问】 2010年，义乌市外侨办聘请海内外知名律师事务所的资深律师作为义乌市外事与侨务工作的法律顾问，专门为义乌市的涉外涉侨企业、华侨华人及归侨侨眷、港澳同胞及眷属提供国内外的法律服务。截至2010年5月，共有国内及美国、西班牙和阿联酋等国的12名律师应邀担任义乌市外事与侨务工作法律顾问。

【积极对接上海世博会】 2010年，在上海世博会期间，义乌市应邀参加了一些国家驻华使领馆、城市和机构在世博会展馆举办的20余场活动。其中，市长何美华出席了西班牙“巴塞罗那日”活动，与巴塞罗那市市长乔迪·俄瑞武签署合作协议书。

借助世博会平台，邀请国外代表团来访。先后有密克罗尼西亚总统、斐济总理、新加坡副总理等来义乌访问。

【四大展会取得好成绩】 2010中国义乌文化产品交易博览会：来自12个国家29个驻华使领馆、国际友好交流城市及工商团体、协会的官员和代表74人出席。此次文博会首设“国际文化产品展销区”，展位数103个，成交额126.59万元。

2010中国国际旅游商品博览会：来自32个国家的驻华使领馆和各级政府官员、友好交流城市和工商团体代表共92人出席，国际区展位数34个。

2010中国义乌国际小商品博览会：来自31个国家和地区的40批代表团共130人出席。其间，副省长龚正会见非洲部长及使节代表团，举办了澳大利亚产品暨西班牙巴塞罗那投资环境推介会。

2010中国义乌森林产品博览会：来自16个国家和地区的近30位驻华使领馆官员和机构代表出席，国际展位数30余个。

（王　宁）

外国人看浙江

Zhejiang in Foreigners' Eyes

海宁是我的家

特勒西·托马斯(美国)

回想起我怀孕的时候,本来一切都很顺利。我关注健康,热爱运动,注重营养,喜欢健康的食物并且积极阅读那些教育孩子的书本。我在中国生活快两年了,在这段时间,我深爱着我的丈夫,我热爱我的工作,随时准备着成为一名母亲。尽管孩子在我肚里的时候有些偏小,但我对自己充满了信心,所以我异常平静地等待着他的出生。但是平静在7月18日早上被打破了。我感觉孩子好像不动了,于是丈夫带我去医院做个小检查。我们期待医生可以微笑着告诉我们,别紧张,孩子很好,只是在休息罢了,这样我们就可以放心地回家了。但是医生焦急却又坚定的话语夺走了我们的安全感:"孩子有问题了,脐带缠住了他的脖子,整整有两圈;他的心跳在逐渐减弱。你现在就要把孩子生下来。"

医生的话让我有些措手不及,我感觉当别人围着我的时候时间好像停了下来。回过神来后,我马上跑去准备手术。我都不记得要和我丈夫说"再见"了。我好像进入了一个人的小世界。然后我就觉得我躺在了手术台上。当医生小心翼翼地切开我的子宫,把我的孩子取出来的时候,屋里的每个人都屏住了呼吸。剪刀剪断脐带的声音划破了手术室的空气,我儿子的哭声打破了所有的宁静。是的,医生救了他的命,我们顿时围着孩子喜极而泣。这一切也拉开了我和我的儿子在浙江省生活这段神奇的经历的序幕。

两年后,我第二个儿子出生,这时候我们一家四口都把浙江省海宁市当作了我们的家。每年秋天的时候,我们都要在我们创办的外语学校欢迎许多美国高中和大学的代表团来访问,以及接待外国学生来这里学习中文。多半时候,他们在地图上找不到海宁。他们知道上海,知道杭州,却不知道海宁在哪。我只好耐心地向他们解释,海宁离杭州大概有一个小时的车程,它是嘉兴市下面的一个县级市。终于,他们在地图上找到了嘉兴,知道海宁以发达的皮革产业闻名。但是海宁不仅仅是一个皮革工厂的集聚地,它也是一个紧密联系的社区,在这个社区里,我可以为当地居民提供教育服务;在这个社区里,我的孩子茁壮成长。

在英国有一句流行的格言:"需要一个村子的人才能把一个孩子养大。"这话对我而言,真是再正确不过了。而海宁就是那个村子。今天上午我们去超市,在那里至少有10个超市营业员停下来对我们的儿子说"你好"。是的,他们甚至还知道我们儿子的名字。那个超市甚至为我们调整了存货,增加了许多去骨牛肉和鸡胸脯肉。他们开玩笑说这是因为我们吃了太多的肉。任何一天,我开车外出,每当在红绿灯停下的时候,我总是认识停在我边上的车里的人。于是我们大家都会摇下车窗,享受招呼的乐趣。每当我们走进我们家最爱的中餐馆的时候,女服务员都不用问我们想吃什么,因为她们早就记下了我们常点的食物。我们家外面有不少老奶奶带着自己的小孩玩。她们一看到我们的儿子,就会过来一起玩,并给我们一些像在暖冬如何保持身体健康的小建议。在节日,虽然我们没有别的亲人陪在身边,但有很多中国朋友邀请我们一起过节。我们的两个儿子,除了有一个保姆,他们还有至少6个中国爷爷奶奶，还有几十个叔叔、阿姨、兄弟姐妹。是的，海宁就是我的家。

就在上周，我丈夫和我带我们的儿子出去走走。时间有点晚了，已经过了10点，我们在一个有点偏僻，光线有点暗的公园散步。路灯底下，有几个黑影在草丛的另一头舞动，那是我们的儿子在互相追逐和嬉戏。我本能地高度紧张起来，因为那些树和阴影可是坏人最好的隐蔽场所。我丈夫心有灵犀地感受到了我的担心，他温柔地抱了抱我，说："放松点，这里可是海宁啊。"完全没错。你知道在我长大的地方，晚上出去和小孩散步，尤其是走在那些灯光照不到的地方，绝对是个蠢主意，真的是太危险了。海宁真的是给了我一个很棒的礼物，它让我们可以放心地去养育我们的小孩。是的，海宁就是我的家。

作为一个雄心勃勃想在社会上做一番事业的人，我充满激情，承担起需要我的不同角色。在一天里，我是一个母亲，一个老师，一个妻子，一个导师，一个商人，一个老板，一个朋友。我想我只有在海宁才可以灵活自如地在这些角色里不断转换。浙江省繁荣的经济为我创业提供了条件；与此同时，海宁这个大家紧紧联系在一起的小社会，对我的家庭来说是最好的地方。是的，海宁就是我的家。

虽然我在浙江生活了很多年，把中国当作了我自己的家，我讲中文，我喜欢当地食物，我热爱中国文化，我学习中医药，一日三餐都吃米饭并且喝茶，但我们总是被贴上老外的标签。我们白色的肤色，我们淡颜色的头发，使我们和周围人产生距离。但是，海宁给了我们这些老外机会去表达自己。我们的邻居们能够理解我们真的不想被当做接近不了的外国人，我们希望自己也能够为社会创造一份贡献。虽然走在路上我们也有不少尴尬：陌生人会激动地看着我们，对着我们窃窃私语，孩子们注视的目光，路人对着我们拍照，向我们回头，围观我们，但是在海宁的绝大多数人知道我们的理想，原则，关心，希望，动力和梦想。出了海宁，我们只是老外，但在海宁，我就是Traci（注：作者的名字）。海宁人愿意了解我们的内心，倾听我们的想法，了解其他白皮肤、蓝眼睛的外国人。他们重视我们，把我们当做一个真正的朋友，一个待人真诚的邻居。他们给了我们这些老外机会去展现自己。是的，海宁是我的家。

在海宁，我能够感受到围绕在我家的一股温馨，这种感觉真的很神奇。在我们学校，我们可以碰到好多人，有年纪大的，有年轻的；我们帮助他们提高沟通技巧，增加他们的自信心和自我价值感。我和我的丈夫用我们自己的知识、文化背景和生活体验影响我们的学生；与此同时，我们的学生也在用他们自己的知识、文化背景和生活体验影响我们。这样一个圈子帮助我们更好地融入海宁。我们将尽我们自己最大所能，充分利用赋予我们的机会，通过我们学到的教训和收获，继续为人们提供更多。是的，海宁是我的家。

去年圣诞，我妈妈给我的孩子们准备了T恤衫。衣服是白色的，前面的设计也很简单。衣服上还有一个标签，这个标签在很多美国卖的衣服上都有，上面写着"中国制造"。有意思的是，和很多别的在美国卖的东西一样，其实我们的孩子也是"中国制造"。今年，我妈又问我要给孩子准备什么中国礼物。去年她准备的T恤衫有些撕裂了，上面染上了橙汁。我告诉她，还是帮我们准备T恤衫吧。但这一次，要在上面写"为在中国制造而骄傲"。我为海宁是我家而感到自豪。

感谢你，海宁人，你们接受了我的孩子，接受了我的丈夫还有我。你们对我们的信任和信心深深地打动了我们。我们希望自己能够继续为海宁，为嘉兴，为浙江的发展作出自己的贡献，努力回报给我们关爱的社会。是的，海宁是我的家。我希望她永远是我的家！

（特勒西·托马斯，女，美国缅因州人，2006年随丈夫来浙，在海宁开设英语培训中心。许晨彦译）

浙江之美

沈荣大（新加坡）

在中国生活三天的外国友人，回味时，可洋洋洒洒写出一本书；在中国生活三月的外国友人，提笔在手，可得字字珠玑的一篇妙文；在中国生活三年的外国友人，心底千言，口里只言“中国也故乡”。

中国文化的灿烂，让人目眩神迷，品味时，惊喜连连，故有三日可著书之心潮澎湃；中国文化的博大精深，让人望而生畏，近而生敬，了解后便知“德先生”和“赛先生”早为中国的“老先生”——“民为贵，社稷次之，君为轻”的思想传承已久，发明创造之事历史可见，故有纵然为“一文”也难免有重复古人深意而不及之羞怯；中国文化的开放性和包容性，让每一位旅居中国的外国友人都倍感温馨，如梦故里。

爱中国的大好河山，爱中国的人文历史，爱中国的生气勃勃，爱中国的万般可爱。植根浙江，深爱不已，究其原因，一言蔽之：自然之美，美不胜收。

浙江不止有杭州，杭州不止有西湖，然而，谁若不言西湖于先，而言其他，来日必然后悔道：无西湖，不杭州！

“水光潋滟晴方好，山色空濛雨亦奇。欲把西湖比西子，淡妆浓抹总相宜。”苏轼《饮湖上初晴后雨二首》可谓赞美西湖美景的绝妙之诗，其“绝妙”而不“绝”，是因为，在历史匆匆的长河里，拜倒在西湖美景下的文人骚客，接二连三，千千万万。

不同时分，伫立西湖的不同位置，思绪绵绵：之于生活，惬意心怀；之于情感，初恋咫尺；之于事业，信心满满。纵览万千城市之中心，山与水，近相呼应，西湖美景，绝无仅有。

西湖已倾心，西溪湿地留有情，千岛湖上雾缥缈，雁荡山脉神仙晓，嵊泗荡舟拥抱海，北仑港口通物产……

情因景生，爱缘人起。浙江之可爱，可爱在于人。较中华大地其他省市，浙江并无丰富的自然资源；然而，若言当今商品，不单是中国超市的货架，就连无数发达国家的货架上，都摆满了浙江出产的各类物品。商贾之地，智慧的写照。勤劳、勇敢、智慧和创新，这是浙江人引领中国经济发展，取得辉煌成绩的重要保障。

如果说挣钱是一种本领，那么，花钱更显示出一种品位和档次。从城市建设，到教育事业，浙江是一个名不虚传的“宜居、宜学和宜游”之地。

在杭州生活五年，对我而言，并非是置身事外的旁观者，更是一名发展建设的参与者。新加坡杭州科技园的建设，远远超出了一个单纯科技园的概念，她象征着中国和新加坡两国的深厚友谊，是杭州国际化征程中的重要标志之一；是杭州，乃至浙江省，促进经济结构调整，实现产业升级，创建和谐社会的战略之举。新加坡杭州科技园，集工作、生活和娱乐于一体，将自然、人文和科技有机融合，一方面代表着新加坡政府和企业对杭州这座城市，在城市建设、产业发展和人文底蕴方面的肯定和赞赏；同时，这也是新加坡政府和企业想要与中国政府及企业分享的，自己在发展过程中的经验和理念。

浙江之美，自然之美；浙江之美，人文之美；浙江之美，创新之美。放眼未来，浙江之美，必然是自然、人文和科技融合之美。

（沈荣大，男，新加坡人，2006年来到浙江杭州，新加坡腾飞集团的资深房地产专家，新加坡杭州科技园总经理。原题《自然之美》。）

拾荒老人金子般的心

安德鲁·沃格尔(美国)

楼小英住在浙江的中心城市金华,至今已有70年了。

最近,我费尽周折跟踪采访了这位已85岁高龄的楼奶奶,这次采访让我深受感动和震惊。

在我心目中,她是一位高大的英雄,是无人能超越的英雄,是激励我们成为好人的英雄。

楼奶奶是福建人,15岁来到金华。她有一个亲生儿子叫张福田,今年41岁。丈夫张洪斌,心地善良,却在儿子28岁时患肝癌不幸去世。

楼奶奶唯一的经济来源就是捡拾垃圾中的可再生品。让我们感动的是,楼奶奶和她的丈夫还从垃圾堆里捡拾了18个(也可能多至35个)弃婴。有些孩子还有生理缺陷,他们的父母因没钱为他们治病而将他们遗弃。被楼奶奶捡到的时候,大多数孩子都病得奄奄一息。楼奶奶和她的丈夫为了给他们治病、买吃的,日复一日在垃圾堆里翻找有用的东西,省吃俭用,就像对待亲生孩子一样抚养他们长大。

在她的精心照料下,大部分孩子恢复了健康。在当地政府的帮助下,这些被抛弃的孩子找到了新的领养家庭,才有了安定的生活。

楼奶奶亲自带大了3个孩子,她身边最大的孩子也是她捡到的第一个孩子。现在这个孩子已经38岁,而且成了一位富裕的女商人,在金华成功地经营着一家商店。另外两个孩子也都有了体面的工作,分别住在金华和杭州,过着幸福的生活。

我去她家采访的时候,受到了他们全家的欢迎,还品尝了她烧的菜。

在她家的时候,我感到了她家洋溢着快乐和安详的氛围,还看到楼奶奶在精力充沛地细心照料着她的孤儿孙子。

在采访过程中,楼奶奶很少开口,大多数时间只是安静地倾听别人的述说,因为几年前她曾经做过一场挽救了她生命的喉部手术,现在说话还有困难。

是她的儿子张福田为我们讲述了这个家庭的故事,楼奶奶只是在必要的时候插嘴做些补充。

近年来,中国国民的生活水平快速提高,人们对医药费的承受能力也大幅提高,可是令人不可思议的是,仍然有些孩子被他们的父母遗弃。

楼奶奶家的周围堆满了捆扎好的一堆堆的瓶子或碎纸片,从可回收垃圾中得到的收入越来越少,当地政府每年给这个家庭1600～1800元生活费。我确信,如果老奶奶能够像以往那样走动方便,她将会继续资助新的生命。

楼奶奶的这种无私奉献感动了金华当地许多居民,媒体也相继报道了她的事迹。

在楼奶奶生病住院的时候,需要16000元住院费,当医院得知她的事迹后,为她和她的家人终生致力于慈善的精神所感动,免去了她所有的医疗费用。

今年5月,楼奶奶第二次发病,而且病得不轻。当地的一个商人以他公司及个人的名义先后捐了6000元。另外有一位普通的教师,从他不多的收入中拿出了6000元钱。

因为有了这些慈善捐款,一位美国医生执刀为她实施了喉咙手术,手术非常成功,楼奶奶得救了。

尽管因为喉咙手术,楼奶奶的声带生涩,讲话时声音微弱,然而,我们仍能深深感受到从她灵魂深处某个神圣的地方折射出的那种无条件的爱和不屈不挠的精神,正在发出令人震撼的声响。

(安德鲁·沃格尔,男,美国堪萨斯州人,就职于浙江师范大学。童年译)

难忘的嘉兴朋友

川副秀子（日本）

不知从何时开始，我的身心融入到中国文化的海洋中去了。5岁生日时，父亲给我穿上了一件漂亮的中国衣服。大概从那时起，我就开始喜欢上中国了。

我爱听二胡演奏，特别喜欢京剧《霸王别姬》。美丽的汉诗也时常让我感动。我每天都喝中国茶，向中国人学习汉语、烹调和太极剑。我家里有很多中国的摆设，一个朋友笑着说："去了你家，就像游了中国。"

是的，我自己和我的周围全与中国有关。在我的生活中，还有几位让我难忘的嘉兴人。叶勤是嘉兴市第一中学的副校长。去年是我的家乡富士市和浙江省嘉兴市成为友好城市20周年。叶勤带着10名学生来富士访问。圆圆的脸上一双圆圆的大眼睛，在眼镜后边灿灿地笑着，像母亲一样。学生们都很信赖她。

10名学生中，有两名男生住在我家，一个17岁，一个15岁。

我的两个儿子于1998年和2000年作为富士市友好访问团成员访问过嘉兴市，参观过学校等设施，在市民家里受到过热情的接待。孩子们第一次访问的外国城市就是嘉兴。而来我家住的两个孩子金超晖和仲亦涵第一次访问的外国城市就是富士市。他们的年龄正好与我的两个儿子访问嘉兴时的年龄分别相同，这真是缘分啊！

金超晖和仲亦涵是两个既懂礼貌又很阳光的孩子。为了与他们见面，两个已长大成人在外面工作的儿子特意回了家。他们拿出以前访问嘉兴的照片，说着当年难忘的故事。"有着悠久历史的浙江正在面向未来迅猛发展"，金超晖和仲亦涵说话的口气，闪亮的双眸，感染着我们。他们邀请我们："请一定去嘉兴！"从他们的眼睛里，我们仿佛看到了美丽的景色，让我们心动。他们虽然刚来，我们却像是久违的老朋友。我也像成了这四个人的妈妈，从心里感到高兴。

到了晚上，我跟他们说："有要洗的东西拿出来。""我们自己洗，我们自己洗"，他们可能有些客气吧。"别客气，把毛巾、T恤衫放到洗衣机里，没关系，快点儿！"让我惊讶的是，其中一个孩子说："老师告诉过我们，自己的事自己做。在没有人帮助的外国更要这样。您的儿子在北京留学时，不也是这样吗？"说着，两个人在院子里用水桶开始洗衣服。外面有些黑了，我儿子拿着手电给他们照着。不知情的人肯定会想，他们在干什么呢？这是让我难忘的一个画面。

仅仅在我家住了三天，我和家人从他们身上学到了很多东西。同时对他们的老师叶勤以及他们的父母都萌生出敬重之心。

分别那天，我对叶勤说："您学校的孩子很懂礼貌，十几岁的孩子已经像成人一样能自立了，真了不起！"她忽闪着一双大眼睛高兴地笑了，然后对金超晖和仲亦涵说："和你们的日本妈妈说再见吧。"我们相互拥抱着相约再见。

虽然只是数日，但是分别的时候，还是流下了眼泪。向叶勤说了几句道别的话，她的眼镜后边的大眼睛静静地带着惜别的微笑，她也与我相约再会。

回去不久，他们三人就给我回了信，还寄来了照片、茶和我儿子喜欢的CD。

为了与他们见面，我决定参加那年秋天在嘉兴市举办的嘉兴市与富士市友好城市缔结20周年纪念活动，10月第一次去嘉兴市访问。

盼望已久的再次见面是在庆祝两市缔结友好城市20周年文艺演出之后。

作为教育界友好交流的先进工作者，叶勤与其他很多人一起到台上受到表彰。我在最前排为她鼓掌，她也看到了我，我看到她在眼镜后面的大眼睛里流露出喜悦的神情。虽然没有说话，但是我们彼此已经明白了对方要说的话。能够与献身教育、特别受到孩子们爱戴的叶勤再次会面，我非常高兴！我的欢喜加上叶勤的欢喜就是两个欢喜！

当然也见到了金超晖和仲亦涵，还去了他们的家，见到了他们的家人。我父亲曾经对我说，重感情的中国人很多，果真如此！

今年夏天，来自嘉兴一中的学生友好访问团的两名学生将访问我家。我期待着能与更多的嘉兴朋友相识。现在写着这篇文章，再次相逢的念头在我心中跳跃。

中国茶在壶中慢慢展开，在阵阵茶香中，叶勤、我的两个中国儿子、善良的嘉兴人、美丽的景色浮现在我眼前，我感谢在我的一生中能够与他们相识。

我从心里祝福浙江省不断发展，在这片土地上生活的人们幸福！祝中国和日本的友好更加深远。

（川副秀子，1958年1月30日生，主妇。）

日新月异的宁波

武尔夫·诺尔（德国）

我选择了宁波，而不是上海。因为已有太多的人在上海，因此我选择了宁波。即使在德国，上海也经常出现在媒体的报道中，而宁波就默默无闻了。一位在杜塞尔多夫的朋友建议我去咨询赫曼先生，他曾在宁波工作过。但是，赫曼的经验已不再准确了。当时，他也是在上海工作，但时常前往宁波。但这一切都已发生在20年前了……

世界上没有一个国家会比中国变化得更快，世界上也没有一个国家可以展示如此神速的发展和改变。我深信，如果现在赫曼来宁波看我，他肯定再也认不出我和宁波了。

“宁波”的字面意义是平静的波浪，但这里的情形完全不是如此。摩天大楼、公园绿地、河流喷泉遍布于这个拥有600万人口的城市。这是宁波市行政区域内的人口数字。在德国，没有一个城市的人口超过600万。柏林人口350万，杜塞尔多夫作为北莱茵-威斯特法仑州首府，人口只有不到58万。在德国，人口超过10万的城市就被称为大城市；而在中国，一个村庄的人口也许就不止于此。

宁波坐落于海边，位于三条河流之畔，是一座重要的工业及港口城市。也许海岸线上的海浪是宁静的，但这座城市本身却远非如此。喧嚣杂乱的车水马龙比西西里岛的交通更甚。这样繁忙的交通简直让人难以置信。与此相比，即使是德国大城市的交通也显得井然有序得多。在德国，行人拥有优先通过权，因为这些行人也许都是一些特殊的人物，是浪漫主义者亦或是诗人。但在宁波，行人需要让道于车辆，小车需要为大车让路。

幸运的是，我住在满是香樟树、山茶花的校园里，那里远离尘嚣，没有嘈杂的交通，只有众多悠闲的学生。校园就像城中之城，带着一些梦幻，独立一处。啊，我在想什么呀。我不再是学生了，我是一名老师。但自从我来到中国，在宁波生活，我感觉自己越来越年轻了。这都归功于那些充满活力的大学生们，我和他们一起活动、吃饭、看戏，甚至一起旅行。

一年后，我已是一个“宁波通”了，而且能为来自德国、日本以及斯里兰卡的朋友做导游。大多数时候，我们的游览都从天一阁藏书楼开始。天一阁藏书楼是一片宽广的建筑群，里面有众多的亭台楼阁、花园水榭，还有会说话的鸟儿。这儿太美了，人们根本不会感到无聊。画像上天一阁的创始人戴着一顶当时学者的帽子。每当我陪同参观者前来时，画像上的人仿佛总是向我开心地眨眼。参观了天一阁后，我们总是步行至月湖以及周边的公园。老城区、城隍庙集市以及武则天女皇下令建造的天封塔就在附近，现存的天封塔建筑可以追溯到12世纪。接着人们可以看到天一广场。外国人总愿意把它叫作“蒂凡尼”广场，奥黛丽·赫本主演的影片《蒂凡尼的早餐》是一部优美的影片。

早餐的时间已经过了，但我们可以在天一广场后现代风格的星巴克咖啡馆品尝咖啡。从咖啡馆里可以看到漫步者和恋人们穿梭于广场的喷泉边。在这里我也恋上了美林(音译)，我最喜欢与她一起在咖啡馆里聊天、深谈。但她可能不会相信，我恋上了她，或者她不想相信。中国的女性总是思考着结婚，思考着严肃而实际的未来规划。爱、热情被忽略了。

傍晚时分，我可以和客人们在老外滩度过——宁波的外滩位于甬江边。人们需要跨过新江桥，那里姚江与奉化江汇集在一起。而在此汇集的第三条河——甬江流经大学的校园，穿过镇海港口区注入东海。在老外滩，人们既可以在西式或中式餐厅用餐，也可以在各种酒吧、俱乐部玩乐。码头上停靠着游艇，岸边是欧洲风格的建筑，摩天大楼倒映在江水中。河流的两岸流光溢彩。

老外滩、天一广场上的星巴克咖啡馆以及大学的校园就是我在宁波生活的中心。我尽情享受着校园里宁静的生活。这里有生活所需的一切，这里有年轻的学子们。我难以想象没有年轻人的工作，那会多么缺乏激情。与日本学生相比，中国的学生要放松、坦诚以及善于沟通得多，这让我们彼此间也更加融洽。在日本，学生们总是鞠着躬跟在我后面，始终保持着三步的距离。即使我禁止他们这样，也无济于事。而在这里，我是学生中的一分子，学生们也对我礼貌有加。他们用“你”，而不是用“您”来称呼老师，这在德语中会困难得多。另外，所有的人都会按自己的意愿行事，但他们也会发现一些事情要共同去完成。我想，我大概是来自杜塞尔多夫的最酷的老师，至少在中国是如此吧。

赫曼能来宁波看我，但他肯定不再认得这座城市，也认不出我了，因为我们都改变得如此之快。海曙区曾是城市的中心，但这片古老的江东之地也已换上了新颜。另一个新区——鄞州正在崛起，这里住着众多宁波的百万富翁。宁波的一切都改变了，或者正在改变中。人们寄希望于建造地铁来改造混乱的交通，而地铁的建设又使本已繁忙的交通雪上加霜。

我非常愿意成为赫曼的向导。在许多年后，我们仍然可以从天一阁藏书楼出发。我们可以参观位于鄞州的美丽的城市博物馆——一座典型的后现代主义建筑。我们可以参观宁波帮博物馆，它坐落于大学校园附近的文化区域内。宁波是一个具有未来潜力的城市，而它的潜力也根植于历史中。与它相比，上海是一座多么年轻的城市。宁波帮是宁波生意人的团体，最早于19世纪及20世纪在上海及香港建立。如今世界各地都有宁波帮，芝加哥、波士顿以及汉堡都有他们的分支。

宁波及其周边有许多值得去的地方，我就无法详述了。而给我印象最深的是一些禅宗古寺名刹，如市区的七塔寺，太白山麓的天童寺。日本僧人道元曾来天童寺参禅，并将禅宗佛教传到了日本。我不信佛教，但我喜爱这些庙宇，因为它们是那么优美，那样深入人的内心。我相信，所有外部的东西都有内部的因缘，反之亦是如此。宁波有我留恋的东西，比如星巴克咖啡馆里的美林。我爱着她，她使我如此多愁善感。

宁波原名明州，是一座古老的城市。上世纪70年代河姆渡新石器时代文化遗址的发现进一步证明了这座城市的历史。如今，通过不同的计算方式以及考古的证据，人们认为，宁波应该有7000多年的历史，或者更长至9000年。在这新石器时代文化遗址中发现了涂漆的碗和木盘，还有磨光过的由几何图案装饰的黑色瓶子。这些是河姆渡文化的典型陶器。中国的历史也因河姆渡文化遗址的发现而改写。

那么宁波的大学呢？大学的历史并不久远，或者应该说它非常年轻。但一些研究历史的中国学者，人们尊称他们为专家，看起来似乎很有新石器时代的气息……

（武尔夫·诺尔，男，德国黑森州人，作家。吴越译）

访浙偶感

大仓裕（日本）

2009年9月，我作为关西日中和平友好会访华团的一员，访问了浙江省。尽管我与中国的交往始于1991年初次访华之时，近20年的时光已经流走，但访问浙江省则还是首次。迄今为止的访华，多为友好交流和观光。此次则是抱着明确的“商务访问”的目的，与15位企业界人士一起访问浙江。

从杭州萧山国际机场前往宾馆的道路，交通非常通畅，道路两侧满是田园风光和崭新时髦的3层楼农居。从接待人员那里得知，因为道路扩建的缘故，这些房子都将被拆除。而这些房子三年前才盖好，也就是说三年前尚无道路扩建计划，换言之浙江省正以超出三年前预测的迅猛速度发展着！这令我惊叹。

访问中，印象最深的还是阿里巴巴公司和义乌小商品市场。直到参观一个月前才竣工的新公司大楼时，我还从没听说过有阿里巴巴这么家公司。我首先被壮观的新公司大楼震惊了，还得知该企业拥有数千名员工，平均年龄23岁，真是家年轻的企业。10年前18个人开始创业，现今已成长为一家全球瞩目的企业。接待我们的钱江峰氏用一口地道的日语向我们作了介绍，他的说明详细易懂，就连对因特网的影响力毫不关心的人听了也能明白。我感觉到他不但熟识阿里巴巴的政策方针，还有一种身为阿里巴巴一员的自豪感。

“让生意不再难做”！这使迄今局限于一部分大企业使用的商业模式不再神秘，通过因特网，中小企业也能把自己的产品卖给全世界的消费者。而且还能因此创造雇佣机会，这是当今社会最希望的事了。

义乌的小商品市场如果不亲眼目睹，你就无法明了它为何产生，又预示着将来的什么。参观市场既不能全部看，也不能抱着目的意识去看。但是，我确实感到，今后随着商品质量提高，购买力得到刺激，她会成为全世界的一大潮流。阿里巴巴也好，义乌的小商品市场也好，发展的关键在于拥有庞大数量的中小企业的商品。网上信息和巨大市场的现货展示虽有区别，但去了市场，就能便宜地买到想要的物品，对顾客而言也算是最大限度的服务啦。

假使义乌市场里，阿里巴巴

引以自豪的商品与价格信息的检索能够一体化，那无疑是件了不得的事。两家企业的共通之处，在于创造新的模式，拓展巨大市场。中国作为世界工厂的产品出口和以巨大的国内市场为依托的经济发展还将持续，浙江省拥有的爆炸式的能量，或将在其中发挥自己的核心作用，这一点是我切实感觉到的。

当然，为了营造高品质的社会环境，需要基础建设的充实，更重要的是软件方面（道德、意识等）的完善。基础建设的技术吸收可能立竿见影，软件方面的完善则需要几代人的努力。发展过程中各种问题都会陆续出现，在正视现实一一克服的时候，我觉得日本的经验和累积的技巧或许能派上大用场吧。

（大仓裕，男，1947 年生。1991 年始，作为日中和平友好会成员十几次访华。2002 年任常好有限公司社长，2004 年担任日中和平友好会会长，2008 年起担任日中和平友好会顾问。郑竹筠译）

浙江的一切让我折服

琳达·道沃森（美国）

我来自美国印第安纳州的安德森市，今年（按：指 2010 年）我将第三次访问浙江省。访问浙江的经历给我留下了难忘的记忆。

热情好客的浙江人

我曾遍访中国的许多地区，像广州、北京等，但我可以说，我最喜欢的地方肯定是浙江！这里的人民、当地政府官员和商人对我敞开心扉，十分友好。虽然我不会讲中文，但是外出购物或者就餐时从来没有遇到障碍，总是会有人帮助我与他人沟通交流，对我微笑，这一切让我感觉到我在这里非常受欢迎。

神奇的“中国制造”

我曾经访问过浙江的许多企业，每次我都被这些企业的规模、清洁的环境和高效的运作所震撼。无论是纺织行业还是汽车相关行业，都表现出浙江工业产业的多元化，显示出浙江经济强势发展的内在动力。在美国，我们的许多商品都是“中国制造”，现在我终于明白了，“中国制造”是建立在一整套高效的生产体系基础之上的。我相信，浙江省正沿着推动国际经济发展的道路稳步前进。

我在浙江的许多“第一次”

我在浙江经历了许多个第一次。我曾经第一次在一个环境优美的旅馆和度假胜地休闲，第一次在西湖上泛舟，第一次购买上好的丝绸，第一次坐竹筏漂流江上，第一次乘牛车漫步乡村，第一次参加圆桌晚餐，品味异国风味的美味佳肴，第一次品尝清香诱人的茶饮和炒甘栗，还有第一次游览风格各异的博物馆。

（琳达·道沃森，女，美国印第安纳州安德森市经济发展部执行主任，曾获得为杰出商业女性颁发的 ATHENA 奖。童年译。有删节）

附录

Appendix

中国领事认证指南

（2010年版）

浙江省人民政府外事办公室

一、什么是领事认证

领事认证是指一国外交机构、领事机构及其授权机构在涉外文书上，确认公证机构、相应机关或者认证机关的最后一个签字（签章）或印章属实的活动。经过认证的证书具有域外法律效力，可为文件使用国有关当局所承认。

中国内地出具的有关涉外文书或其他相关证明文书等在送往国外使用前，按照国际惯例和中国领事实践，一般情况下，需办理外交部领事司或其授权的地方人民政府外事办公室和文件使用国驻华使（领）馆的领事认证。反之，外国出具的有关文书拟送往中国使用前，一般情况下，需在当地办理有关公证及认证后，再到中国驻该国使领馆办理领事认证。

办理领事认证的目的，是使一国出具的公证书或有关文书能在另一国境内被有关当局所承认且具有法律效力，不致因怀疑文书上的签名或印章是否属实而影响文书的法律效力。

二、什么是单认证、双认证

省外办办理的领事认证，简称单认证。办理省外办领事认证后，还需办理该国领馆的领事认证，简称双认证。

一般情况下，应按照有关驻华使（领）馆和文书使用国的要求办理单认证或双认证。

三、办理认证之前，需要先到哪些地方办理材料

民事认证需到省外办填写领事认证申请表，商业认证提供单位介绍信原件即可办理领事认证。如需办理使（领）馆认证，需按各使（领）馆的要求提供相应的辅助材料。

办理认证之前，民事材料需到当地涉外公证机构办理公证书。商业材料（如发票、产地证、报关单、动植物出口检疫证明等）需到当地贸促会或出入境检验检疫局盖章。

四、到哪里去办理浙江省领事认证

浙江省外办是经外交部授权可办理领事认证的地方外事办公室。一般在上海设立领事馆的国家，其领区（即该领馆管辖的范围）基本包括浙江省，因此只要该国驻上海领事馆开展领事认证工作，浙江省公民、企业就只需在省外办办理领事认证后送往该国驻上海领事馆办理领事认证。

（一）省外办办理领事认证及代办有关国家驻沪领馆领事认证的具体流程：

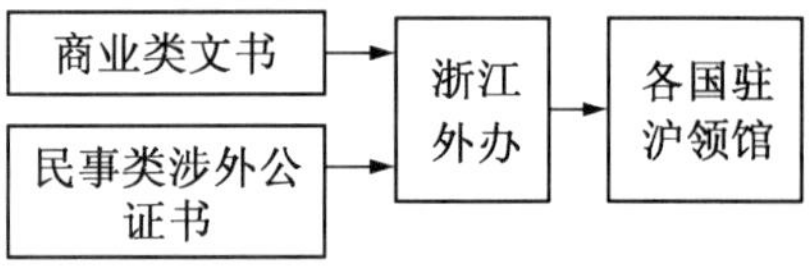

（二）外交部领事司办理领事认证、确认及代办各国驻华使馆领事认证的具体流程如下图。

除浙江省外事办公室可以办理领事认证外，宁波市外办也可以办理宁波地区出具材料的领事认证。另外，嘉兴市外办、金华市外办、台州市外办、温州市外办、湖州市外办、绍兴市外办、衢州市外办、义乌市外办等，也都可以代办领事认证。

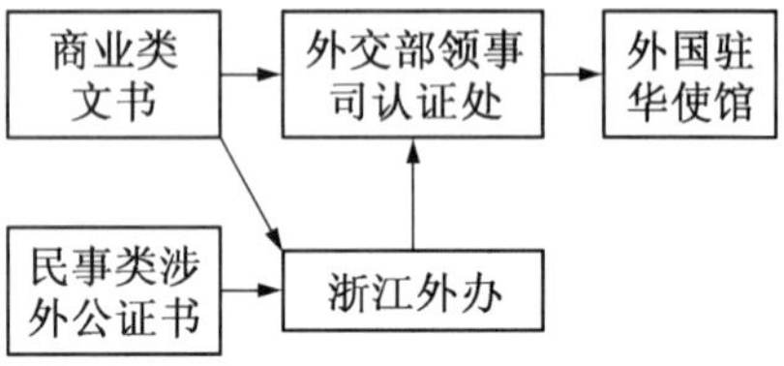

五、哪些文书需在浙江外办办理领事认证

送往外国使用的，文书使用国在中国设有领馆且开展领事认

证业务，同时该领馆辖区包括浙江省的，浙江省（市、区）内涉外公证处、出入境检验检疫局、中国国际贸易促进委员会地方分会出具的涉外公证书、相关证明及单据等。

例如，意大利在上海设有总领事馆，并且开展领事认证业务，其领区（即该领馆管辖的范围）包括上海、浙江、福建等省市。如文书在浙江省出具拟送往意大利使用，应在浙江省外办办理领事认证后，再送往意大利驻上海总领馆办理领事认证，无需送外交部领事司和意大利驻华使馆办理领事认证。

六、哪些文书需在外交部领事司办理领事认证

送往外国使用的，在省外办认证范围之外的，浙江省涉外公证处、出入境检验检疫局、中国国际贸易促进委员会及其有关分会、中国伊斯兰教协会出具的涉外公证书、相关证明及单据等。

七、拟送香港特区使用的文书如何办理确认手续

送往香港特区使用的涉外公证书需在外交部领事司办理确认手续，而不是办理领事认证。

八、办理领事认证的文书范围

（一）各涉外公证处出具的公证书。

主要包括：出生公证、未受刑事处分公证、婚姻状况公证、亲属关系公证、委托书公证、学历公证或职业资格公证等。

（二）一些特定机关出具的证书。

1. 中国国际贸易促进会、各省、自治区、直辖市及各对外开放城市国际贸易促进委员会分会出具的产地证明、发货清单、形式发票、规格证明、重量证明、装箱单、提单、保险单等。

2. 各省、自治区、直辖市和各开放城市中华人民共和国出入境检验检疫局出具的商品检验、动植物出口检疫证明书和产地证明书等。

九、办理浙江省领事认证注意事项

（一）申办商业类文书的国内领事认证，须凭单位介绍信，介绍信内须注明申办国家、份数、申办内容并盖有单位印章等。

在省外办认证范围之外、需送往外交部领事司申办领事认证的，企业可直接委派本单位工作人员凭单位介绍信、个人有效身份证明及单据等原件向外交部领事司办理领事认证，也可委托省外办到外交部领事司办理领事认证。

（二）如申办的民事类涉外公证书不在省外办认证范围内，国内领事认证须送外交部领事司办理，这类领事认证一般由省外办代办外交部领事司领事认证，外交部领事司一般不受理申请人的材料。

十、国内领事认证对文书的要求

（一）涉外公证书的格式

根据中国《公证法》的有关规定，涉外公证书只能由涉外公证处出具。在证词、格式及用纸等方面都有专门规定，而且必须有相关外文译文。普通公证书不能申办领事认证，也不能送往国外使用。

（二）涉外公证书的时效性

部分种类的涉外公证书所涉及的事实的真实性或权利与义务的关系具有可变性，如结婚状况、未受刑事处分、授权委托等，因此，在申办国内领事认证前，需先核对涉外公证书所涉及的内容是否属实有效。如公证书已失效，需重新办理公证后再申办领事认证。

十一、外国驻华使领馆办理领事认证对有关文书的要求

（一）不同国家对送往该国使用的涉外公证书、相关证明或单据有不同要求，在向涉外公证处提出办理公证书的申请时，应先明确告知文书拟送往使用的国家、使用目的及其他相关信息，以便公证机构准确出证。

（二）各个国家对各种公证书的时效有不同的规定，如意大利要求结婚公证书 3 个月有效，阿根廷要求未刑公证书 2 个月有效等。应根据有关要求和需要及时办理领事认证，并在办理后尽快使用。

（三）如需要了解各个国家对公证书的具体要求，可参考浙江签证网（网址：www.zjvisa.cn）。

十二、不予认证的规定

领事认证是外交或领事机构以国家名义进行文书推介和确认的活动，因此，当文书中有违反中国及文书使用国法律法规，损害中国主权和尊严及社会公共利益等内容时，认证机关有权不予认证。同时，涉外公证书、相关证明、单据等不符合《公证法》及《公证程序规则》等有关规定时不予认证。关于领事认证的相关解释权归外交部及浙江省外办所有。

因公出国(境)办事指南

浙江省外事办证中心

因公护照及因公赴港澳通行证

一、护照的概念、种类及颁发机关

2007年1月，《中华人民共和国护照法》颁发施行。根据《护照法》规定，中华人民共和国护照是中华人民共和国公民出入境和在国外证明国籍和身份的证件。任何组织或者个人不得伪造、变造、转让、故意损毁或者非法扣押护照。中国护照分为外交护照、公务护照和普通护照，公务护照又分为公务护照和公务普通护照两个类别。其中外交护照、公务护照、公务普通护照又称因公护照。

公民出国执行公务活动持用因公护照。浙江省外办、杭州市外办、宁波市外办和温州市外办为浙江省公务护照、公务普通护照的颁发机关。杭州、宁波、温州三市外办负责为本市因公出国人员颁发护照；省外办负责为杭州、宁波、温州三市之外的全省因公出国人员颁发护照；外交护照由省外办负责统一向外交部申办。持用因公护照出国是公务行为，持照人在国外应注意行为要与身份相符，要遵守外事纪律，言谈要有分寸，礼貌要合乎常规，完成公务必须按时回国，并在规定期限内上交因公护照。

二、申办因公护照

(一)因公出国人员须事先向任务审批机关和人员审查机关申请办理《因公出国任务批件》和《因公出国人员审查批件》。办妥任务批件和人员审查批件后，向护照颁发机关申请办理因公护照或办理使用原有护照手续。如特殊情况，申请人在办理出国任务批件时，可同步申请办理护照等有关手续。

(二)申办因公护照必须提供的材料

申办因公护照应提供任务批件、人员审查批件、出国人员身份证及复印件、申办因公护照介绍信、照片及其他有关材料。

1. 出国任务批件原件。如属于跨地区、跨部门组团出国(指参加省外组团)，须提供出国任务通知书的复印件、出国任务确认件原件，以及浙江省外办的同意函复印件。

2. 出国人员审查批件原件。如系再次出国人员，其原审查批件仍在有效期内，可提供原审查批件复印件。复印件必须字迹、印章清晰，不得涂改。正处级以上干部如已在任务批件中注明经某某党委(党组)审核同意，可不再提供人员审查批件。

3. 交验前往国邀请函(电)。邀请函(电)应有邀请单位函头(单位名称、地址、电话)，内容应齐全(访问目的、出国人员名单、访问时间、停留时间、费用承担),且应与任务批件有关内容相一致,落款应有邀请人签名或单位盖章。前往免办签证的国家或在境外办签证的国家可提供邀请函(电)复印件。

4. 出国人员身份证。提供复印件,原件由单位专办员负责审核。发照机关认为有必要时可查验身份证原件和户口簿。

5. 申办因公护照介绍信。按出访人员隶属关系,分别由市外办、省级主管部门、大专院校等因公护照保管部门开具介绍信。如由因公护照保管部门专办员前来申办护照,可出示专办员证,不需要介绍信。

6. 填写并提供《浙江省申请因公出国事项表(护照)》、《浙江省申请因公出国事项表(签证)》、《因公护照个人资料登记卡》。

7. 照片2张(不包括申办签证所需照片),持有效老护照者可提供一张。照片的要求是:

(1) 小2英寸、正面、免冠、半身、近期白底彩色照片。1英寸底片放大,旧照翻拍,脸部偏大或偏小,色彩不均匀或偏黄均不能使用。

(2) 仪表端庄大方,衣着整齐。留大胡子、理怪发型、戴墨镜或变色镜、佩戴明显饰物、围围巾的照片均不能使用。

(3) 素背景、证件照。艺术照、风景照、侧面或半侧面照、人像模糊或背景不清的照片均不能使用。

8. 凡再次出国人员须提供原有因公护照(已上交发照机关者除外)。

9. 凡需经中央有关部门批准的出国任务,还需提供中央有关部门的批件(如外经贸部批件、文化部批件、国务院外国专家局批件等等)。

10. 外省、中央直属单位人员参加浙江省组团的,需提供任务确认件、政审批件及护照;杭州、宁波、温州地区人员参加省里组团的,需提供当地外办介绍信及护照。

11. 提供有关需要说明的材料(如减少人员,申请办理第二本因公护照,曾持因私护照申请前往往访国情况说明等)。

三、因公护照管理

1. 为加强对护照的管理,因公护照实行统一收缴保管。持因公护照出国是为执行公务,公务完成后,应在回国7天内将护照上交护照保管单位。省外办统一负责全省(除杭州、宁波、温州市外)因公出国人员的护照收缴和管理工作。

2. 严禁同时持用因公和因私两种护照出国(境)。按规定应通过因公途径出国(境)的人员,不得通过因私途径出国(境)。持因私护照申办签证受阻后,原则上不能再通过因公途径渠道办理护照签证。

3. 如因公护照遗失、被窃,在国内应即向就近的公安部门报案,并通过所在单位报告发照机关注销护照;在国外除及时向当地警察部门报案外,应尽快就近向中国驻外使领馆报告,中国驻外使领馆在征得国内发照机关同意后可为其补发证件回国。

四、办理因公赴港澳通行证及签注

(一) 签发《因公往来香港、澳门特别行政区通行证》和签注

香港、澳门回归以后,内地人员因公前往香港、澳门两个特别行政区的人员统一持用《因公往来香港、澳门特别行政区通行证》。

签注是通行证持有人前往港澳的出入境许可,以及对其在港澳从事活动的性质和停留时间、进出方式的限定与证明。

1. 浙江省因公临时出访(在香港、澳门一次停留时间不超过30天,包括多次往返港澳签注)进行一般性商贸、科教等交流活动的人员的通行证和签注,由省外办或杭州、宁波、温州市外办签发。

2. 浙江省企业人员一年期因公赴港澳多次往返通行证及签注由省外办签发。因公赴港澳中资企业常驻工作人员的通行证和工作签注,由省外办签发。

3. 因公通行证在香港、澳门的换发、补发、加注及签注等工作由外交部驻香港、澳门特派员公署领事部负责。

(二) 申办因公通行证和签注应提供的材料

1. 任务批件、人员审查批件。具体要求同申办因公护照的要求。

2. 填写并提供《申请因公往来香港、澳门特别行政区通行证及签注事项表》、《因公往来港澳事项登记卡》。

3. 邀请函电。

4. 照片2张。具体规格要求同申办因公护照的要求。

5. 身份证。复印件自行贴在《登记卡》上，原件由单位专办员负责审核。

6. 因公通行证收缴保管部门的介绍信。

（三）因公通行证的收缴保管

因公通行证的收缴保管部门和具体方式，遗失后的处理方法（在香港、澳门遗失报外交部驻港澳特派员公署），均与因公护照的有关事项一致。

五、申办因公出国流程

基本流程：

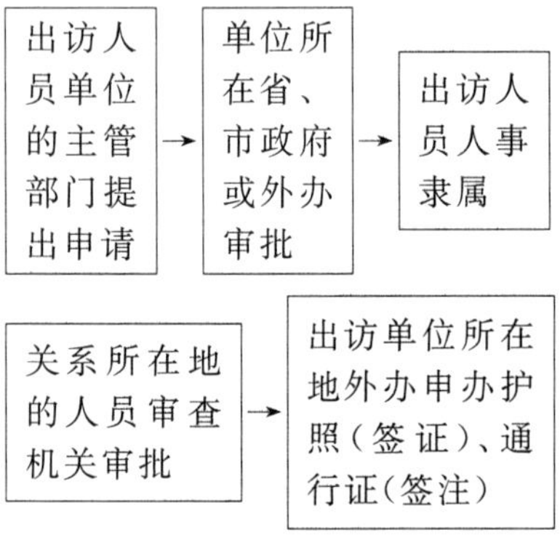

因公签证

一、签证的概念、类别及内容

签证是一个主权国家发给本国公民或外国公民允许其入、出国境，经过国境或在本国停留、居住的许可证明。签证均做在护照或其他代替护照的身份证件上，加盖印章并签署。

签证类别一般分为入境签证和过境签证。

签证的入（过）境有效次数一般为一次有效、二次有效或多次有效。

签证的内容主要包括：签证号码，签证签发日期、有效期、停留期、有效次数，签署机关印章和签署人签名等。

二、因公出国团组、人员如何申办外国签证

1. 履行审批手续。

各派遣部门在为因公出国人员申办护照签证前，须按中央、国务院有关审批权限的规定，严格履行审批手续。

2. 提供《浙江省申请出国签证事项表（签证）》（简称《事项表》）。

《事项表》必须根据审批出国文件和实际情况逐项准确填写，字迹清楚，不得涂改。如改动需加盖公章。

3. 提供有效护照。

4. 填写外国签证申请表。

5. 根据各使、领馆要求提供国外邀请信及有关材料。

6. 交纳签证费。

三、申办签证前后的注意事项

（一）检查护照有关内容

1. 持照人信息是否正确。

2. 持照人是否已签名。

3. 对于旧护照要注意有效期。

4. 护照是否涂改，填写有否技术性错误，是否漏盖章。

5. 翻阅做签证及各种检验章用的空白页是否足够。

6. 不要持办妥以色列签证的护照申办赴阿拉伯国家（埃及、约旦除外）签证。

7. 不能持有韩国签证的护照前往朝鲜。

（二）检查签证有关内容

1. 签证上的发证日期。

2. 出入境次数及有效期。

3. 停留期。

4. 签证官签署、姓名、印章及使馆印章。

5. 持照人姓名、性别、出生日期、护照号码等信息是否准确。

6. 相关备注事项。

四、可以办理因公签证的外国驻上海领事馆

外国驻上海总领事馆可以受理因公签证的50多个国家是：美国、加拿大、巴西、墨西哥、智利、阿根廷、德国、法国、意大利、芬兰、奥地利、西班牙、瑞典、挪威、比利时、荷兰、丹麦、英国、瑞士、俄罗斯、爱尔兰、罗马尼亚、波兰、捷克、乌克兰、澳大利亚、新西兰、日本、韩国、新加坡、印度、以色列、伊朗、泰国、柬埔寨、马来西亚、埃及、菲律宾、南非、秘鲁、乌拉圭、哈萨克斯坦、葡萄牙、卢森堡、乌兹别克斯坦、匈牙利、斯里兰卡、保加利亚、斯洛伐克、希腊、尼泊尔、委内瑞拉、白俄罗斯。

五、申根签证及申请办法

（一）申根签证

德国、法国、西班牙、葡萄牙、荷兰、比利时和卢森堡七国于1995年7月签署《申根协议》。《协议》规定上述七国为短期往返的外国人签发“申根七国统一签证”，简称“申根签证”。申请者只需办妥一国签证，即可在七国境内自由流动。此后，陆续有更多国家加入了该《协议》，参加《申根协议》的国家已增加到25个，即德国、法国、西班牙、葡萄牙、荷兰、比利时、卢森堡、意大利、希腊、奥地利、芬兰、挪威、冰岛、瑞典、丹麦、捷克、波兰、匈牙利、斯洛伐克、斯洛文尼亚、拉脱维亚、立陶宛、马耳他、爱沙尼亚、瑞士。

（二）申根签证种类

入境签证有一次入境、二次入境和多次入境几种。签证持有者分别最多可一次入境连续停留90天，或每半年多次入境累计不超过90天。如需长期停留，可向某一成员国申请只在该国使用的国别签证。

过境签证一般有一次、二次两种，特殊情况下可颁发多次过境签证。每次过境时间一般为3天，最长为5天。

（三）申请办法

1. 只前往某一成员国，应申办该国的签证。

2. 过境一成员国前往另一成员国，应申办另一成员国(入境国)的签证。

3. 前往几个成员国，应申办主要访问成员国或停留时间最长的成员国的签证。

4. 无法确定主访国时，应申办前往访问的第一个成员国的签证。

5. 途经或访问多个申根国家需填写行程，即所访国家及路线、详情和停留时间表，提供往访国家的邀请信；申请哪个国家的签证，就使用哪个国家的签证申请表，必要时受理国可要求提供附加材料。

（四）赴部分新申根成员国注意事项

中国持外交、公务护照人员，根据双边协议，可免签赴波兰、匈牙利、斯洛伐克、斯洛文尼亚、立陶宛及马耳他等6个新申根成员国；但如过境其他申根国家，则须提前办妥过境国家的入境签证，以免影响行程并造成损失。

六、互免签证

（一）互免签证是有关国家之间为了便于相互间的交往，采取签证双边或多边协议的方式，互相免除对公民出入本国的签证手续，是各国签证制度的一种合作形式，互免签证协议是在对等和互利原则下签订的，签证协议的各方给予对方免检签证的范围项目是相同的。

（二）持外交护照、公务护照和公务普通护照者互免签证的国家(27个)：阿塞拜疆、巴基斯坦、贝宁、秘鲁、波黑、玻利维亚、朝鲜、厄瓜多尔、格鲁吉亚、古巴、圭亚那、黑山、吉尔吉斯斯坦、老挝、马其顿、毛里求斯(60天以内)、蒙古、孟加拉、摩尔多瓦、塞尔维亚、圣马力诺、塔吉克斯坦、土耳其、土库曼斯坦、亚美尼亚、越南、斐济。

（三）持外交护照和公务护照者互免签证的国家(43个)：阿尔巴尼亚、阿根廷、阿曼、埃及、巴西、白俄罗斯、保加利亚、波兰、赤道几内亚、菲律宾、哥伦比亚、哥斯达黎加、格林纳达、哈萨克斯坦、柬埔寨、科摩罗、克罗地亚、立陶宛、罗马尼亚、马尔代夫、马耳他、缅甸、墨西哥、尼泊尔、塞内加尔、塞浦路斯、塞舌尔、斯洛伐克、斯洛文尼亚、苏丹、泰国、坦桑尼亚、特立尼达和多巴哥、突尼斯、委内瑞拉、文莱、乌克兰、匈牙利、牙买加、伊朗、印度尼西亚、约旦、智利。

（四）持外交护照者互免签证的国家(5个)：巴哈马、俄罗斯、乌拉圭、乌兹别克斯坦、英国。

索　　引

一、本索引采用内容分析法编制。按标引词第一字的汉语拼音字母(同音字按声调)顺序排列;同音同调,按该字的笔画多少排列,以此类推。

二、标引词后的阿拉伯数字表示内容所在页码,数字后的a、b、c分别表示该页的左、中、右栏。

三、本索引编有参见系统,款目所示第二个页码起,表示参见内容所在位置。

四、"特载"、"大事记"、"外国人看浙江"、"附录"仅以栏目名作索引,表格未作索引。

五、为便于检索,除产生歧义者外,一般将单位、组织和事件前的"浙江"二字省略。

A

B

C

D

T

W